Força Muscular

CIÊNCIA E PRÁTICA

Timothy J. Suchomel

Força Muscular

CIÊNCIA E PRÁTICA

Tradução e prefácio à edição brasileira de
Maiza Ritomy Ide

manole
editora

Título original em inglês: *Science and Development of Muscular Strength*

Publicado mediante acordo com a Human Kinetics.

Produção editorial: Retroflexo Serviços Editoriais

Tradução: **Maiza Ritomy Ide**
Fisioterapeuta pela Universidade Estadual de Londrina (UEL)
Mestre em Ciências pela Faculdade de Medicina da Universidade de São Paulo (FMUSP)
Doutora em Reumatologia pela FMUSP
Pós-doutora em Reumatologia pela Universidade de Cantabria (Espanha)
Revisão de tradução e revisão de prova: Depto. editorial da Editora Manole
Projeto gráfico e diagramação: Deborah Takaishi
Ilustrações: © Human Kinetics
Fotos (interior): © Timothy J. Suchomel, a menos que indicado de outra forma
Capa: Ricardo Yoshiaki Nitta Rodrigues
Foto da capa: freepik.com

CIP-BRASIL. CATALOGAÇÃO NA PUBLICAÇÃO
SINDICATO NACIONAL DOS EDITORES DE LIVROS, RJ

S938f

Suchomel, Timothy J.
Força muscular : ciência e prática / Timothy J. Suchomel ; tradução Maiza Ritomy Ide. - 1. ed. - Barueri [SP] : Manole, 2026.

Tradução de: Science and development of muscular strength
ISBN 9788520470176

1. Força muscular. 2. Musculação. 3. Exercícios isométricos. I. Ide, Maiza Ritomy. II. Título.

CDD: 612.74
25-101521.0 CDU: 612.73:612.74

Carla Rosa Martins Gonçalves - Bibliotecária - CRB-7/4782

1ª edição brasileira – 2026

Direitos em língua portuguesa adquiridos pela:
Editora Manole Ltda.
Alameda Rio Negro, 967 – cj. 717 – Alphaville
06454-000 – Barueri – SP – Brasil
Fone: (11) 4196-6000
www.manole.com.br | https://atendimento.manole.com.br/

Impresso no Brasil
Printed in Brazil

Para Shana, que me deu a força necessária para escrever um livro sobre força. Sou profundamente grato por você ter enxergado além do nosso primeiro encontro junto ao equipamento de isometric mid-thigh pull. *Amo você e não tenho palavras suficientes para agradecer por estar ao meu lado.*

Sumário

Sobre o autor

Timothy J. Suchomel, PhD, CSCS,*D, RSCC,*D, mISCP, é professor associado e diretor do programa de mestrado em Ciência do Esporte da University of Pittsburgh. É autor de mais de 110 artigos científicos revisados por pares, abordando temas como desenvolvimento da força e potência, exercícios de levantamento de peso olímpico e suas variações, métodos de treinamento excêntrico, potenciação pós-ativação e monitoramento de atletas.

Na National Strength and Conditioning Association (NSCA), exerceu os cargos de presidente do Sport Science Special Interest Group, diretor no estado de Wisconsin e membro do comitê de pesquisa. Atualmente, atua como editor associado sênior do *Journal of Strength and Conditioning Research* e editor associado do *Strength and Conditioning Journal.* Foi premiado pela NSCA com o *State/Provincial Director of the Year Award* (2019), o *Terry J. Housh Outstanding Young Investigator Award* (2022) e o *Journal of Strength and Conditioning Research Editorial Excellence Award* (2023). É certificado pela NSCA como especialista em força e condicionamento com distinção (CSCS,*D) e treinador registrado com distinção (RSCC,*D), além de possuir a certificação mISCP (*master international strength and conditioning practitioner*), concedido pela International Universities Strength and Conditioning Association (IUSCA).

Formou-se em Cinesiologia pela University of Wisconsin-Oshkosh (2010), concluiu o mestrado em Desempenho Humano pela University of Wisconsin-La Crosse (2012) e o doutorado em Fisiologia e Desempenho Esportivo pela East Tennessee State University (2015).

Agradecimentos

Antes de tudo, preciso agradecer ao meu mentor, um verdadeiro pioneiro na ciência do esporte e no treinamento de força e condicionamento. Minha mais profunda gratidão ao Dr. Mike Stone, que transformou minha visão sobre força muscular e lançou os alicerces para tantos de nós nessa área. O senhor é um dos gigantes sobre cujos ombros nos erguemos.

À Sophia Nimphius, que me ensinou a enxergar além do óbvio e me abriu para novas perspectivas dentro da nossa área. Você é brilhante, e sou grato por poder chamá-la de mentora, colega e, mais do que tudo, amiga.

À Katie Hirsch, por nossas conversas e reflexões sobre os temas tratados no Capítulo 11 (Considerações nutricionais para o desenvolvimento da força muscular). Suas ideias elevaram minha compreensão sobre nutrição e sua aplicação prática – algo pelo qual serei eternamente grato.

À Shona Halson, por compartilhar seu conhecimento sobre os muitos métodos de recuperação e por suas contribuições notáveis à nossa área. Sou muito grato por você ter dedicado seu tempo para discutir comigo as ideias que deram forma ao Capítulo 12 (Aspectos da recuperação relacionados à força muscular).

À minha família, por todo amor e apoio. Não existem palavras suficientes para dizer o quanto sou grato por ter vocês na minha vida. Mãe e pai, vocês são meus super-heróis – e nunca vou conseguir agradecer o bastante por todo o incentivo e inspiração que sempre me deram. Obrigado por estarem sempre dispostos a me ouvir quando precisei. Mark e Christie, o talento e a criatividade de vocês me impressionam e me motivam a continuar. Obrigado por serem o melhor irmão e a melhor irmã que alguém poderia ter.

Aos meus mentores, colegas e amigos da área de força e condicionamento – Meg Stone, Kimitake Sato, Paul Comfort, Travis Triplett, Jason Lake, John Wagle e Bryan Mann –, obrigado pelas oportunidades, pelas conversas, pelos conselhos e pelos momentos compartilhados. Somos todos engrenagens na grande máquina da ciência do esporte e do treinamento de força, mas acredito que tudo se torna mais fácil e prazeroso quando se trabalha com pessoas excepcionais como vocês.

A Roger Earle, por me confiar este projeto e por toda a orientação e disponibilidade durante o processo de publicação. A dedicação que você demonstra aos seus projetos e autores é inestimável.

Aos meus alunos, antigos e atuais, tem sido uma honra trabalhar com vocês ao longo dos anos. Obrigado pela inspiração que me proporcionaram. A paixão de vocês é incomparável, e eu espero de coração que vocês alcancem tudo aquilo que buscam em nossa área.

Por último, mas certamente não menos importante, devo agradecer aos nossos dois companheiros felinos, Nubz e Keelo, por me manterem equilibrado durante esse processo. Obrigado por serem meus animais de apoio durante as longas madrugadas de escrita. A força extra de "pai de gato" que vocês me deram foi essencial para terminar este livro.

Prefácio à edição brasileira

Nos últimos anos, a área de força e condicionamento evoluiu de forma notável, acompanhando o ritmo acelerado da produção científica e a crescente sofisticação das práticas de treinamento. Poucos campos dentro da ciência do esporte avançaram tanto em conhecimento, aplicação e relevância quanto o estudo da força muscular. Do levantamento de peso olímpico ao treinamento funcional, das academias aos laboratórios, compreender e aplicar os princípios científicos da força muscular tornou-se requisito essencial para qualquer profissional da área.

Contudo, esse progresso nem sempre chega de forma acessível aos profissionais brasileiros, frequentemente disperso em artigos e publicações especializadas de difícil acesso. A tradução deste livro para o português representa, portanto, um importante passo nesse processo de atualização e integração entre teoria e prática. A obra de Timothy J. Suchomel oferece uma visão ampla, integrada e atualizada dos fundamentos científicos que sustentam o desenvolvimento da força muscular.

Com mais de 2.500 referências e uma estrutura didática cuidadosamente elaborada, o livro articula conceitos teóricos e aplicações práticas de maneira exemplar. Ele aborda desde as respostas neuromusculares e adaptações fisiológicas ao treinamento até questões mais complexas como genética, variabilidade motora e monitoramento do desempenho. O leitor encontrará aqui não apenas uma síntese da literatura científica mais relevante, mas também orientações claras para o desenho e a implementação de programas de força eficazes, adaptáveis e sustentados por evidências.

Para os estudantes, este texto oferece uma base sólida que conecta teoria, pesquisa e prática. Para os profissionais, serve como um guia para decisões mais fundamentadas no cotidiano do treinamento, seja no esporte de alto rendimento, na reabilitação ou na saúde. Ao reunir ciência, clareza e aplicabilidade, *Força muscular – ciência e prática* reafirma o papel da força como um dos pilares centrais do desempenho humano.

A edição brasileira foi preparada com o objetivo de preservar o rigor científico e a clareza conceitual da obra original, ao mesmo tempo que busca aproximar o conhecimento de nossa realidade acadêmica e profissional. Que esta tradução sirva de ponte entre o que se produz nos principais centros de pesquisa do mundo e o que se aplica nas quadras, pistas e academias do país.

Maiza Ritomy Ide
Fisioterapeuta pela Universidade Estadual de Londrina (UEL)
Mestre em Ciências pela Faculdade de Medicina da Universidade de São Paulo (FMUSP)
Doutora em Reumatologia pela FMUSP
Pós-doutora em Reumatologia pela Universidade de Cantabria (Espanha)

1

Como definir força muscular

A força muscular é uma característica do condicionamento físico frequentemente empregada como critério para diferenciar atletas de maior ou menor nível em uma competição. Ainda que a natureza das competições seja diversa, diferentes tipos de força podem determinar os vencedores e os perdedores em eventos esportivos específicos. Além disso, em algumas competições esportivas, os vencedores são determinados exclusivamente pelas características de força do atleta (p. ex., levantamento de peso básico e levantamento de peso olímpico [halterofilismo]). A *força muscular* é frequentemente definida pela máxima quantidade de peso que um atleta é capaz de levantar em única ou em múltiplas repetições. Embora essa capacidade possa ser demonstrada em termos absolutos ou relativos, essa definição pode carecer de contexto adicional. O objetivo deste capítulo é fornecer aos leitores um conceito mais robusto de força muscular e discutir sua relação com o desempenho e sua importância para o desenvolvimento de um atleta.

A história das competições de força muscular

Por milhares de anos, a natureza competitiva dos seres humanos incluiu a pergunta: "Quem é o mais forte?". A busca por ser o mais forte dá aos atletas a noção de que são o ser superior naquele momento. As origens do levantamento de peso e dos feitos de força remontam à China e ao Egito antigos.[106] Entre 3600 e 3500 a.C., imperadores chineses já exigiam que seus súditos se exercitassem diariamente. Além disso, no final da dinastia Chou (1122-249 a.C.), os soldados em potencial tinham que passar por testes de força muscular antes de serem autorizados a ingressar no exército. Embora esses testes normalmente envolvessem o uso de pedras pesadas, o *dinglifting* (levantar um caldeirão de bronze de 3 ou 4 pernas) tornou-se o principal teste de força usado na China antiga durante o período dos Estados Combatentes (475 a 221 a.C.).[17,76] Isso evoluiu por fim para competições entre indivíduos nas quais os vencedores de *dinglifting* eram chamados de "Guerreiros do *dinglifting*".[109,110] No Egito, pinturas na tumba de Beni Hassan datadas de 2040 a.C. mostram os filhos dos faraós diariamente correndo, lutando e levantando objetos pesados, incluindo sacos de areia.[78] Curiosamente, as ilustrações também retratam as origens do levantamento de peso como esporte, apresentando gestos que remetem ao arranco (*snatch*) realizado com apenas uma das mãos.

Na Grécia, o século VI a.C. foi conhecido como a "Era da força".[106] As competições de força baseavam-se na capacidade dos indivíduos de levantar pedras enormes; embora o primeiro teste de força individual não possa ser rastreado, uma inscrição em um bloco de 480 kg na ilha grega de Thera indica que a pedra havia sido levantada por Eumastas.[78] Talvez os feitos de força mais memoráveis da época tenham sido realizados em Olímpia, onde atletas como Bybon ergueram uma pedra cilíndrica de 143,5 kg sobre a cabeça com um braço, e Milo de Crotona levantou e carregou uma novilha de quatro anos sobre os ombros em torno do estádio.[25] O bloco de Eumastas e a Pedra de Bybon podem ter sido alguns dos primeiros exemplos de "Pedras da masculinidade". Berger e Weidt[9] escreveram que jovens escoceses da Idade Média eram obrigados a colocar uma pedra de no mínimo 100 kg sobre outra para serem considerados homens. Em 1569, o médico italiano Girolamo Mercuriale publicou *De Arte Gymnastica Libri Sex*,[65] que apresentou o uso de sacos de areia, pedras e outros objetos como ferramentas para aumentar a força muscular, além de testar a força de vontade do indivíduo. Por volta da mesma época (séculos XVI e XVII), ocorreram competições de força no Japão, nas quais os indivíduos levantavam pedras (*ishi*) ou fardos de arroz (*kome tawara*).[78] Outras competições em diferentes países começaram a seguir o exemplo; o Unspunnenfest em Interlaken, Suíça, inclui o *Steinstossen* (arremesso de pedras), no qual os competidores levantam a Pedra de Unspunnen (83 kg) até o peito ou acima da cabeça antes de arremessá-la o mais longe possível. Existem vários outros exemplos de levantamento de pedras (p. ex., a Pedra Húsafell, as Pedras Nicol, a Lápide Odd Haugen e as Pedras Atlas), mas talvez as pedras de levantamento mais conhecidas sejam as Pedras de Dee ou as duas Pedras Dinnie em Potarch, Aberdeenshire, Escócia.[106] As Pedras Dinnie têm um peso combinado de 332,5 kg, com a pedra mais pesada pesando 188 kg e a mais leve, 144,5 kg. O objetivo do desafio das Pedras Dinnie é levantar as pedras e carregá-las por aproximadamente 5,22 metros pela largura da Ponte Potarch. Com a adição de movimentos e tarefas, as competições baseadas na força evoluíram de feitos simples de levantar e soltar e passaram a incluir habilidades com demandas de força específicas em uma variedade de competições.

Nos tempos modernos, as competições de levantamento de peso básico, levantamento de peso olímpico (halterofilismo), *strongman* e jogos das Terras Altas (*highland games*) são os principais cenários para competições de força. Embora livros inteiros tenham sido dedicados a cada competição,[2,78,107] o desejo de ser o mais forte do evento homenageia as origens de cada esporte e possibilita que os indivíduos disputem com figuras históricas e feitos de força anteriores. Por exemplo, o atleta britânico Eddie Hall levantou 500 kg na competição Giants Live de 2016 em Leeds, tornando-se o primeiro humano a fazê-lo, ao mesmo tempo que quebrou seu próprio recorde mundial anterior em 35 kg (465 kg, levantados mais cedo, no mesmo dia). Quatro anos depois, o atleta islandês Hafþór Björnsson levantou 501 kg a fim de superar Hall e estabelecer um novo recorde mundial. No levantamento de peso, Lasha Talakhadze, da Geórgia, atingiu o maior total da história (492 kg: 225 kg no arranco e 267 kg no arremesso) no Campeonato Mundial da Federação Internacional de Halterofilismo de 2021. Deve-se notar que, no momento da redação deste texto, o maior desempenho (total de 504 na escala Sinclair) foi alcançado pelo levantador de peso turco Naim Süleymanoğlu nas Olimpíadas de Seul em 1988; ele totalizou 342,5 kg (152,5 kg no arranco e 190 kg no arremesso) com um peso corporal de 59,7 kg (classe de 60 kg), um feito de força relativa inigualável. Alguns indivíduos buscam feitos de força focados em levantar o peso mais pesado em um determinado exercício, enquanto outros se orgulham de sua capacidade de levantar os pesos mais pesados em relação à sua massa corporal ou da capacidade de carregar, puxar ou arremessar um peso. Embora as demandas de cada esporte ou evento sejam únicos, o que não muda é o persistente desejo de ser o indivíduo mais forte.

Definições de força muscular

A força muscular tem sido definida de maneiras diversas na área de força e condicionamento. Enquanto muitas dessas definições se concentram no peso máximo que um atleta pode levantar durante um determinado exercício, outras se concentram no desempenho de uma tarefa específica. Os parágrafos a seguir fornecerão aos leitores diferentes definições de força, destacarão o contexto em que são usadas e discutirão como podem ser úteis no esporte e no desenvolvimento físico dos atletas. Embora informações gerais sobre a avaliação dessas qualidades sejam mencionadas em cada seção, uma visão geral completa dos testes de força muscular é fornecida no Capítulo 9.

Força absoluta

As pessoas são naturalmente competitivas e costumam se comparar em vários aspectos – aparência, jeito de ser, habilidade esportiva etc. De fato, as redes sociais e os influenciadores *fitness* têm capitalizado a pergunta: "Quanto você levanta no supino?". Embora essa questão possa não ser levada a sério por muitos da área da força e do condicionamento, a base da pergunta ainda está enraizada na competição humana. Nesse contexto, *força absoluta* refere-se ao peso máximo que um atleta pode levantar em uma única repetição ou em uma quantidade específica de repetições. Essa medida da capacidade de força é bastante geral, pois não leva em conta o peso, o tamanho ou a composição corporal do atleta. Embora esse tipo de comparação possa ser aplicável ao comparar atletas que praticam o mesmo esporte ou que ocupam a mesma posição dentro do esporte (p. ex., jogadores de linha do futebol americano, *props* do rúgbi), comparações entre atletas com peso corporal significativamente diferente são menos aplicáveis e não fornecem aos profissionais da área de força e condicionamento um contexto adicional sobre as capacidades de um indivíduo. Em geral, atletas mais pesados apresentam uma vantagem em força absoluta sobre atletas mais leves por terem magnitudes potencialmente maiores de volume muscular e, por extensão, maior área de seção transversa muscular.[34,35,70]

Força relativa ou escalonada

Como atletas mais pesados podem ter uma vantagem na força máxima, é difícil compará-los diretamente com atletas mais leves. Para reduzir a vantagem competitiva de atletas mais pesados, certos esportes (p. ex., levantamento de peso olímpico, judô, luta livre) criaram categorias de peso nas quais atletas de tamanho semelhante competem entre si. Nesses esportes, aqueles que são mais fortes detêm uma vantagem competitiva; na verdade, a força relativa de um atleta pode determinar diretamente a classificação final na competição em alguns esportes (p. ex., levantamento de peso olímpico e levantamento de peso básico). Como nem todos os esportes incluem categorias de peso, os profissionais da área de força e condicionamento podem necessitar de um método para comparar diretamente as características de força de atletas de diferentes tamanhos corporais. Isso pode ser realizado calculando-se a *força relativa* de um atleta; trata-se do peso máximo que um atleta pode levantar em uma única repetição ou múltiplas repetições, dividido por sua massa corporal (carga levantada/massa corporal). Cabe observar que existem diversos métodos de escalonamento, incluindo o *escalonamento por razão* (descrito anteriormente), o *escalonamento alométrico* (carga levantada ou força produzida/massa corporal^{0,67}) e o *escalonamento alométrico específico de grupo* (carga levantada ou força produzida/massa corporal^{a}; em que a = expoente de escalonamento alométrico ajustado, derivado de uma transformação log-log específica para a população avaliada).[13,34,35,70,95] Todavia, deve-se ressaltar que aqueles que realizam a mensuração do desempenho precisam garantir previamente o cumprimento das premissas apropriadas antes da aplicação de um método específico.[95]

Força muscular concêntrica

As ações musculares concêntricas são caracterizadas por um encurtamento das fibras musculares resultante de forças contráteis maiores do que as forças resistivas. Portanto, *força concêntrica* refere-se à quantidade máxima de peso que um indivíduo pode levantar durante a fase concêntrica de um exercício (p. ex., fase ascendente do agachamento, supino reto). Embora valores de 1 repetição máxima (1 RM) apenas na fase concêntrica já tenham sido avaliados antes,[27,32,97-99,103] a fase concêntrica de um exercício tradicional – que inclui tanto ações excêntricas quanto concêntricas – limita o potencial de força do atleta naquele levantamento, porque os atletas têm menos força nas ações concêntricas do que nas excêntricas.[72] Assim, os profissionais da área de força e condicionamento provavelmente utilizam ações musculares combinadas ao avaliar as características de força concêntrica de um atleta (p. ex., agachamento, supino reto). Deve-se notar que alguns eventos esportivos, como o ciclismo[7] e a natação, utilizam quase exclusivamente ações musculares concêntricas, o que pode indicar a utilização de testes máximos apenas concêntricos nesses atletas.

Força muscular excêntrica

Enquanto as ações concêntricas encurtam o comprimento do músculo, as *ações excêntricas* são caracterizadas por um alongamento das fibras musculares decorrente de forças resistivas maiores do que as contráteis. Demonstrou-se que a força excêntrica é 20 a 60%[29] ou aproximadamente 40%[72] superior à força concêntrica. Assim como nos testes apenas concêntricos, pesquisadores também utilizaram 1 RM apenas excêntrico para avaliar as características de força excêntrica dos participantes.[29,84] É importante observar que, em relação a diferentes tarefas realizadas no esporte, as ações musculares excêntricas raramente ocorrem de maneira isolada. Aliás, as ações excêntricas e concêntricas em geral são realizadas em sucessão durante movimentos como saltos, *sprints* e mudanças de direção – uma combinação denominada *ciclo de alongamento-encurtamento.* Isso levou alguns pesquisadores a avaliar as qualidades de força excêntrica durante ações do ciclo de alongamento-encurtamento;[12] contudo, mais pesquisas precisam ser realizadas para determinar se esse é um método válido.

Força muscular isométrica

As ações musculares isométricas são caracterizadas pela ausência de mudanças observáveis no comprimento da fibra muscular, devido ao equilíbrio entre forças contráteis e resistivas. Embora ações musculares isométricas possam ocorrer em situações esportivas específicas (p. ex., *scrum* do rúgbi, escalada competitiva, luta livre), essas ações, mesmo que breves, também ocorrem entre as fases excêntrica e concêntrica como parte do ciclo de alongamento-encurtamento (denominada *fase de amortização* nos exercícios pliométricos). Em geral, a *força muscular isométrica* de um atleta será maior que sua força muscular concêntrica, mas menor que sua força muscular excêntrica.[18] Enquanto as forças concêntrica e excêntrica, em geral, são medidas em libras ou quilogramas, a força isométrica é quantificada em Newtons ou quilogramas-força e pode ser avaliada em testes uniarticulares (p. ex., extensão ou flexão do joelho)[73,77] e multiarticulares (p. ex., puxada isométrica do meio da coxa [*mid-thigh pull*], agachamento, supino reto).[4,14,68] Embora a força isométrica possa aparentemente não ter relação com a força dinâmica (ou seja, ausência de movimento dinâmico), estudos mostraram relações positivas entre a força isométrica e a força dinâmica.[58,59]

Força-resistência

O termo *força-resistência* refere-se à capacidade de um atleta de realizar uma grande quantidade de repetições de um exercício com um determinado peso ou percentual do seu máximo. Embora esteja relacionado com o desempenho de resistência de um atleta, é importante observar que os termos *força-resistência*, *resistência muscular* e *resistência cardiorrespiratória* não são sinônimos. A força-resistência pode ser definida como a realização de 8 a 12 repetições usando cargas moderadas a moderadamente pesadas, com o objetivo de melhorar a capacidade de trabalho; a resistência muscular envolve a realização de uma grande quantidade de repetições (≥ 12) usando uma carga submáxima que pode não contribuir para as adaptações de força máxima; a resistência cardiorrespiratória é uma característica aeróbica que se refere à capacidade de usar oxigênio para a produção de energia durante atividades submáximas de longa duração (p. ex., corrida, ciclismo). Embora não seja ideal em razão do amplo espectro de tamanhos corporais e força relativa, o National Football League (NFL) Combine exige que os atletas realizem repetições de supino reto com 102 kg (225 lb) até a falha (chamado de *Teste NFL-225*).[56] Em 2023, o recorde oficial do NFL Combine era de 49 repetições; em última análise, isso o torna um teste de resistência muscular em vez de força máxima para muitos atletas. Essa noção é corroborada pelo fato de que o teste de supino reto NFL-225 pode não ser um bom teste para monitorar a força máxima em jogadores universitários de futebol americano.[55]

Força-velocidade

O termo *força-velocidade* descreve tipos de treinamento ou exercícios cujo objetivo principal é a produção de movimento rápido contra cargas elevadas. Exemplos de exercícios que podem ser classificados como sendo de força-velocidade incluem os movimentos do levantamento de peso olímpico e seus derivados (p. ex., arremesso [*clean*], puxada em posição suspensa com pegada de arremesso [*clean grip hang pull*], puxada de arranco do solo [*snatch pull from the floor]*),[89] bem como saltos com sobrecarga elevada (p. ex., saltos hexagonais com barra).[91,92] Embora a prescrição de exercícios de força-velocidade possa variar de acordo com as necessidades individuais de cada atleta, esses exercícios podem ser incluídos tanto em fases de força geral e absoluta quanto em fases de força-potência e de redução gradual a fim de aprimorar as características iniciais de desenvolvimento rápido de força.[93]

Velocidade-força

Em contraste com a *força-velocidade*, os métodos e exercícios de treinamento de velocidade-força são caracterizados pela intenção de mover cargas leves rapidamente. Exercícios que se enquadram na categoria de velocidade-força em geral são de natureza balística e implementados utilizando cargas relativamente leves, com o objetivo de melhorar a capacidade de desenvolvimento rápido de força e potência (p. ex., exercícios pliométricos, saltos sem carga e com carga leve, arremessos *medicine ball* no supino reto).[91-93] Durante fases de treinamento de força-potência, os profissionais da área de força e condicionamento também podem combinar exercícios de força com exercícios de velocidade-força a fim de formar um complexo de potencialização (ver Cap. 6 para mais detalhes) e potencialmente aumentar o estímulo de treinamento recebido por um atleta.[8,80,90,100] No entanto, assim como os exercícios de força-velocidade, os de velocidade-força devem ser prescritos de acordo com as necessidades do atleta, em fases que complementem seus objetivos gerais de treinamento.

Força muscular reativa

As características de *força muscular reativa* de um atleta referem-se à sua capacidade de transitar rapidamente entre ações musculares excêntricas e concêntricas.[111] Pesquisadores indicaram que a força reativa está fortemente associada à força máxima, especialmente à força excêntrica.[5] As características de força reativa de um indivíduo são frequentemente avaliadas durante exercícios pliométricos, como o salto de profundidade (*drop jump*), e são quantificadas por meio de um índice de força reativa (altura do salto/tempo de contato com o solo).[63] Enquanto pesquisadores examinaram o índice de força reativa modificado durante um salto com contramovimento (altura do salto/tempo até a decolagem),[19,60,88] deve-se observar que cada variante pode refletir diferentes qualidades do atleta.[50] Isso provavelmente se deve às diferenças na duração das fases de frenagem e de propulsão entre os saltos de profundidade e saltos com contramovimento, já que estes últimos são menos reativos por natureza. Deve-se notar que, embora seja possível realizar "saltos" de profundidade com a parte superior do corpo,[96] são necessárias mais pesquisas para determinar se essas ações são de fato caracterizadas como reativas, considerando a duração de suas fases.

Força muscular isocinética

Ações musculares isocinéticas são aquelas em que a velocidade do movimento é constante. As qualidades de força isocinética de um atleta normalmente são avaliadas usando um dinamômetro isocinético e quantificadas como um torque (Newtons × metros). Além de algumas pesquisas de correlação,[57,77,101] as características de força muscular isocinética raramente são examinadas em atletas sem lesões. Por exemplo, atletas que retornam de uma ruptura do ligamento cruzado anterior podem realizar testes isocinéticos para determinar o torque produzido pelos músculos flexores e extensores do joelho.[102] A possibilidade de avaliar atletas lesionados por meio desse procedimento pode oferecer aos profissionais de reabilitação e de força e condicionamento dados relevantes sobre as características de força do atleta, mensuradas em condições controladas (p. ex., de velocidade), como parte de um protocolo de retorno à prática esportiva. No entanto, na prática, os testes isocinéticos podem não ser realizados com frequência em atletas saudáveis em razão da necessidade de equipamentos especializados, de espaço para a realização dos testes, de competência do avaliador e de avaliar cada articulação isoladamente. Em relação à avaliação isolada de articulações, estudos mostraram que as mudanças na força dinâmica (1 RM) e isocinética não são equivalentes;[24] portanto, a aplicabilidade da força muscular isocinética e seu valor preditivo para o desempenho podem ser, em certa medida, limitados.

A importância da força muscular no esporte

A força muscular pode ter um impacto significativo sobre a capacidade de desempenho de um atleta. Além disso, atletas mais fortes podem ser considerados mais resilientes e menos propensos a lesões. Por essas razões, pode ser de extrema importância desenvolver as características de força de um atleta desde cedo. Os parágrafos a seguir fornecerão uma visão geral de como melhorias na força de um atleta podem afetar suas características gerais e específicas de desempenho, o potencial de lesões, o desenvolvimento do atleta a longo prazo e as diferenças na literatura entre indivíduos mais fortes e mais fracos.

PONTO-CHAVE

Pode ser de extrema importância desenvolver as características de força de um atleta desde cedo.

Desempenho

Os autores de uma revisão de 2016 forneceram uma visão geral completa das relações entre força muscular máxima (absoluta e relativa) e diversos desempenhos gerais (p. ex., salto, *sprint* e mudança de direção) e específicos do esporte (Fig. 1.1).[94] Posteriormente a essa revisão, estudos têm reforçado associações significativas entre diferentes indicadores de força e medidas de desempenho esportivo, incluindo a potência do golpe em boxeadores,[49] o tempo final em provas de canoagem de velocidade (*sprint kayak*),[51] os ganhos no arranco e no arremesso em halterofilistas[113] e o desempenho na largada e ao longo de toda a prova em nadadores velocistas.[40] Embora correlação não signifique necessariamente causalidade, os profissionais da área de força e condicionamento não podem ignorar a tendência dos dados acumulados ao longo de quase 50 anos que sustentam a importância da força muscular e sua influência no desempenho. Também é preciso lembrar que, mesmo que elevar a força máxima de um atleta em alguns exercícios não signifique automaticamente que ele terá mais sucesso no esporte, a força muscular é o fundamento a partir do qual outras habilidades são desenvolvidas.[94]

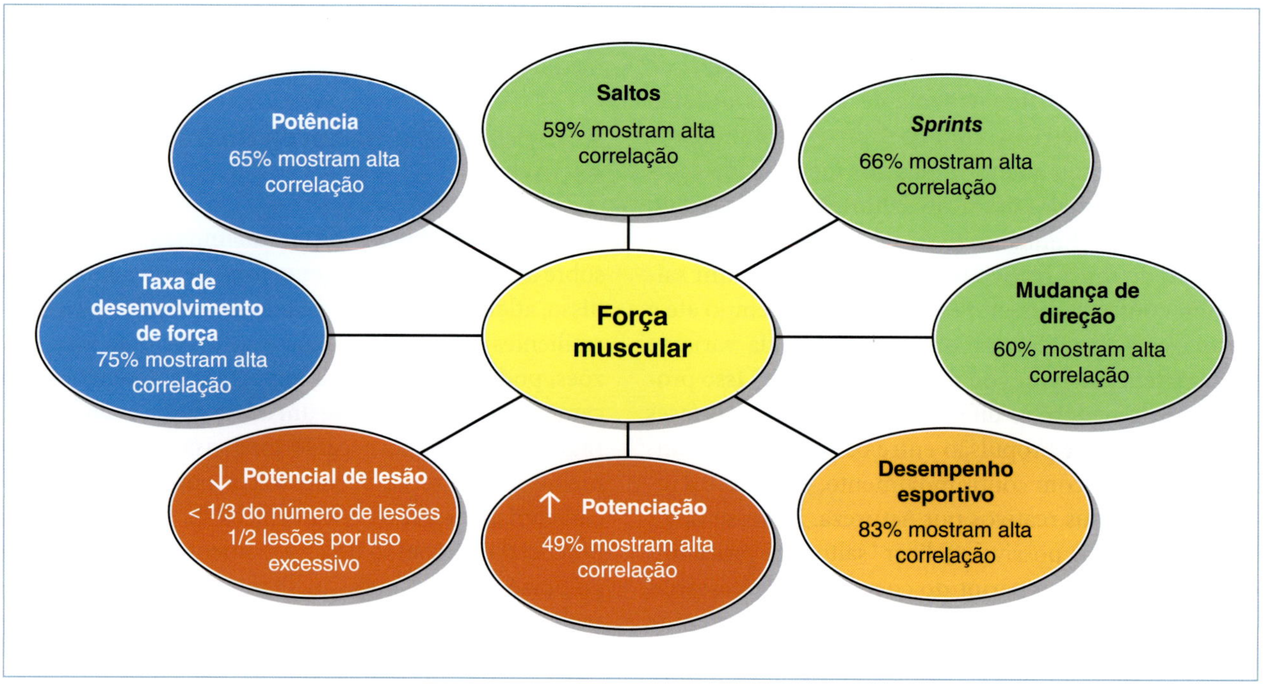

FIGURA 1.1 Influência da força muscular.
Baseada em Suchomel et al.[94]

PONTO-CHAVE

Mesmo que elevar a força máxima de um atleta em alguns exercícios não signifique automaticamente que ele terá mais sucesso no esporte, a força muscular é o fundamento a partir do qual outras habilidades são desenvolvidas.

Risco de lesões

Uma razão frequentemente mencionada para treinar a resistência é desenvolver resiliência e reduzir o risco de lesões. Embora não seja possível prevenir totalmente uma lesão, pesquisadores indicaram que o treinamento de força reduziu lesões esportivas agudas para menos de um terço e lesões por uso excessivo em aproximadamente 50%.[45] Além disso, concluiu-se que um aumento progressivo no volume do treinamento de resistência de apenas 10% pode diminuir a ocorrência de lesões em 4,3%.[44] Isso provavelmente se deve ao fato de o treinamento de resistência crônico servir como um estímulo para fortalecer não apenas os músculos, mas também cartilagens, tendões e ossos.[52] Ao aumentar a capacidade do atleta de tolerar cargas externas, isso o torna mais robusto. Outros estudos demonstraram que níveis mais baixos de força relativa serviram como indicador para risco aumentado de lesões[54] e discutiram padrões específicos de força relativa relacionados com a ocorrência de lesões.[11] No entanto, embora melhorar a força relativa de um atleta possa reduzir seu risco de lesões até certo ponto, a prática de perseguir proporções específicas de força relativa pode não ser recomendada. No contexto dos protocolos de retorno à prática esportiva, é importante salientar que se observaram correlações expressivas entre a força do quadríceps femoral pré e pós-operatória,[46] além de evidências de que a reabilitação realizada no período pré-operatório pode favorecer a função do joelho e o ganho de força muscular no período pós-operatório.[1] Coletivamente, parece que melhorar a força muscular de um atleta pode não apenas reduzir o risco potencial de lesão, mas também, em certa medida, reduzir o tempo de retorno à prática esportiva. Por fim, incentiva-se que os profissionais da área de força e condicionamento promovam exercícios de amplitude de movimento completa, pois eles têm se mostrado estratégia eficaz para reduzir o risco de lesões.[74]

PONTO-CHAVE

Melhorar a força muscular de um atleta pode não apenas reduzir o risco potencial de lesão, mas também, em certa medida, reduzir o tempo de retorno à prática esportiva.

Desenvolvimento a longo prazo do atleta

Um assunto recorrente de debate na área é a adequação do treinamento de força muscular para atletas em idade juvenil e adolescente. Por exemplo, afirma-se, sem evidências, que "é preciso ser adolescente para levantar pesos", "levantar pesos prejudicará o crescimento de uma criança" e "levantar pesos é perigoso para crianças". Na última década, diversas pesquisas buscaram dissipar esses mitos. Por exemplo, a crença de que os indivíduos devem esperar até alcançar uma idade específica para iniciar o treinamento de força muscular não é apoiada por evidências. Aliás, Behringer et al.[6] concluíram que o treinamento de força muscular pode ser um método eficaz para aprimorar habilidades motoras – como saltos, corrida e arremessos – durante a infância e a juventude. Além disso, observou-se que o desenvolvimento de habilidades motoras e de força muscular constitui um dos 10 pilares do desenvolvimento atlético de longo prazo;[47] descobriu-se ainda que crianças entre 10 e 14 anos, especialmente meninas, podem se beneficiar desse tipo de treinamento.[105] Aliás, foram fornecidas recomendações gerais de treinamento resistido para auxiliar profissionais da área de força e condicionamento no desenvolvimento de atletas jovens.[20,47,48]

A crença de que levantar pesos em idade precoce danificará as placas de crescimento e prejudicará o desenvolvimento tampouco é sustentada por evidências. Na realidade, o oposto parece ser verdadeiro; sugere-se que o estresse mecânico proveniente do treinamento resistido ou de outros esportes de alta exigência (p. ex., levantamento de peso ou ginástica) pode, na verdade, atuar como um estímulo eficaz para a formação e o crescimento ósseo.[10,15,21,22,53,104] Em relação à crença de que o levantamento de peso é perigoso para crianças e adolescentes, achados de pesquisas anteriores demonstram que existe um risco relativamente baixo de lesão durante o treinamento resistido quando os indivíduos seguem diretrizes apropriadas para a idade e recebem supervisão e instrução especializadas.[21,28,53,69] Além disso, a maior parte das lesões sofridas foi considerada acidental.[69]

Pichardo et al.[75] sugeriram que um programa de treinamento estruturado combinando exercícios resistidos e pliométricos pode reduzir fatores de risco de lesão associados à aterrissagem em saltos em adolescentes do sexo masculino. É provável que isso ocorra porque o treinamento resistido supervisionado em sala de musculação proporciona um ambiente controlado em comparação com o ambiente de prática esportiva, que é menos controlado e mais caótico. Outros estudos mostraram que as características de força de meninas também se relacionam com seu desempenho no salto e na corrida, bem como com sua habilidade de movimento durante um exercício de agachamento.[82] Deve-se notar que, em jogadores de futebol juvenil e adolescente de elite, a força relativa no agachamento também está fortemente relacionada com o desempenho no salto vertical, no salto com contramovimento e em *sprints* de 30 metros.[37] Keiner et al.[38] mostraram que o treinamento resistido estruturado de longo prazo (2 anos) pode determinar atletas jovens e adolescentes relativamente fortes para suas idades. Além das medidas apresentadas, o mesmo grupo de pesquisa também demonstrou que o desempenho em tarefas de mudança de direção pode melhorar simultaneamente ao aumento da força relativa no agachamento e no agachamento frontal ao longo de um período prolongado (2 anos) em jogadores de futebol juvenil de elite.[39]

PONTO-CHAVE

A crença de que levantar pesos em idade precoce danificará as placas de crescimento e prejudicará o desenvolvimento não é apoiada por evidências.

Comparações entre indivíduos mais fortes e mais fracos

Embora incrementos na força máxima possam não se traduzir diretamente em uma melhora no desempenho,[94] a relação entre níveis mais elevados de força muscular e o desempenho atlético não pode ser ignorada. Em comparação com indivíduos mais fracos, demonstrou-se que indivíduos mais fortes saltam mais alto e mais longe,[3,42,81] correm mais rápido[6,30,64,82,108] e executam melhor tarefas de mudança de direção.[71,112] Além disso, atletas mais fortes apresentaram desempenho superior ao de seus pares mais fracos durante tarefas específicas do esporte, como velocidade de arremesso em posição estática e depois de três passos no handebol,[26] corrida de 100 metros rasos,[64] tempo de corrida até a 1ª e a 2ª base no softbol,[71] habilidade de *tackle* no rúgbi[83] e desempenho no ciclismo de pista de 25 metros.[87]

PONTO-CHAVE

Demonstrou-se que indivíduos mais fortes saltam mais alto e mais longe, correm mais rápido e executam melhor tarefas de mudança de direção em comparação com indivíduos mais fracos.

Além do desempenho em competições esportivas, os indivíduos mais fortes podem se beneficiar de diferentes tipos de treinamento em comparação com aqueles mais fracos. Por exemplo, evidências científicas indicam que atletas com maior nível de força tendem a melhorar seu desempenho de forma mais imediata em complexos de potenciação, quando comparados a indivíduos com menor força.[79,98] Além disso, Miyamoto et al.[66] descobriram que os indivíduos podem aumentar sua magnitude de potenciação após adquirirem força adicional. James et al.[33] também demonstraram adaptações de treinamento únicas em indivíduos mais fortes em resposta ao treinamento de levantamento de peso, pliométrico e balístico. Coletivamente, esses achados sugerem que indivíduos relativamente mais fortes podem necessitar de métodos de treinamento inovadores para aprimorar ainda mais seu desempenho. O Capítulo 6 fornece uma discussão aprofundada de diversas táticas avançadas de treinamento.

Redefinindo força muscular

Apesar das muitas definições de força muscular já apresentadas neste capítulo, é importante que os profissionais da área de força e condicionamento não limitem sua definição de força à quantidade de peso que um atleta é capaz de levantar. Como a produção de força muscular é a base do movimento, a compreensão das leis do movimento e do teorema do impulso-momento – e como eles se relacionam com a força muscular – é essencial para que se tenha uma definição mais completa.

> **PONTO-CHAVE**
> Os profissionais da área de força e condicionamento não devem limitar sua definição de força muscular à quantidade de peso que um atleta é capaz de levantar.

Leis do movimento de Newton

Embora as características de força absoluta e relativa de um atleta sejam importantes para sua capacidade de desempenho,[94] a habilidade de levantar cargas mais pesadas nem sempre se traduz em melhor desempenho. Assim, pode ser considerado reducionista limitar a definição de força muscular à quantidade de peso que um atleta é capaz de levantar em termos absolutos ou relativos. Portanto, a fim de fornecer uma definição mais robusta de força muscular, é importante que os profissionais da área de força e condicionamento compreendam como o movimento é produzido (i.e., como os atletas se movem e como os pesos são levantados). *As leis do movimento* de Isaac Newton e o *teorema do impulso-momento* fornecem um contexto adicional e são descritos na Tabela 1.1.

Impulso

Um *impulso* é caracterizado pela quantidade de força aplicada ao longo de um determinado período. Entretanto, quando se trata da produção de força muscular em um contexto específico à tarefa, o *impulso líquido* (i.e., o impulso que excede o peso do corpo do atleta ou o peso do corpo mais a carga que ele está levantando ou movendo) é o aspecto mais importante a ser considerado. Por exemplo, o impulso líquido propulsivo determina diretamente a altura do salto vertical de um atleta,[41] mas também pode influenciar no desempenho no levantamento de peso competitivo.[23]

Como o impulso líquido influencia o movimento do atleta, os profissionais da área de força e condicionamento devem compreender como as características de produção de força afetam a forma do impulso produzido. Em síntese: dois atletas podem produzir o mesmo impulso propulsivo; no entanto, esse impulso pode ser produzido de maneiras significativamente diferentes (Fig. 1.2). Embora a forma do impulso produ-

TABELA 1.1 Leis do movimento de Newton e teorema do impulso-momento e sua relação com a força muscular

Lei ou teorema	Descrição	Exemplo do levantamento-terra
Lei da inércia	Um objeto em repouso permanece em repouso e um corpo em movimento permanece em movimento até que seja afetado por uma força externa.	Uma barra permanecerá em um estado imóvel até que o atleta produza força suficiente para levantá-la.
Lei da aceleração	A aceleração de um objeto é diretamente proporcional às forças resultantes que atuam sobre ele.	Se um atleta produz uma magnitude de força maior, a aceleração da barra será maior.
Lei da ação-reação	Para cada ação, há uma reação igual, oposta e simultânea.	As forças produzidas no solo são recebidas pelo atleta na direção oposta.
Teorema do impulso-momento	O impulso experimentado por um objeto é igual à sua variação de momento.	O impulso gerado por um atleta na barra produzirá uma mudança igual no momento da barra.

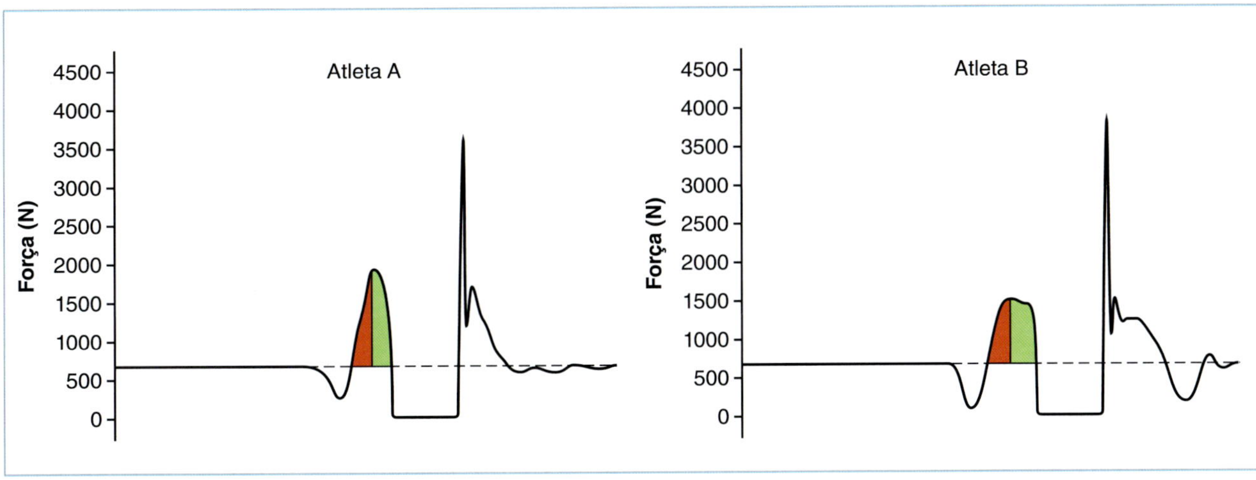

FIGURA 1.2 Comparação da forma do impulso produzido que excede a massa corporal (ou seja, impulso líquido) entre dois atletas durante o salto com contramovimento. Os atletas A e B alcançaram a mesma altura de salto; no entanto, os impulsos de frenagem (laranja) e propulsão (verde) foram mais agudos e de menor duração durante o salto do atleta A em comparação com o atleta B.

zido por um atleta possa ser determinada por sua capacidade de produzir força rapidamente, ela também pode ser influenciada pela estratégia utilizada durante a execução da tarefa em si. Por exemplo, McMahon et al.[62] demonstraram que a forma das fases de frenagem ou propulsão de um salto com contramovimento pode ser mais alta e estreita – produzida por uma fase de alívio rápida ou por características de produção de força aprimoradas – ou mais curta e larga, indicando uma fase de alívio menos rápida ou uma incapacidade de desacelerar seu impulso descendente de forma eficaz. Em outras palavras, atletas mais fortes podem ter a capacidade de produzir impulsos mais altos e estreitos com base em sua magnitude e características de produção rápida de força. Essa noção é corroborada por achados que demonstraram impulsos maiores durante as fases de frenagem e propulsão do salto com contramovimento em atletas de rúgbi de nível sênior, em comparação com atletas universitários.[61] Outros estudos mostraram que diferenças na aceleração durante o *sprint* seguem o mesmo padrão, já que atletas que produzem impulsos propulsivos maiores aceleram melhor.[31,36,43,67] Com efeito, Morin et al.[67] demonstraram que velocistas de elite mundial desenvolviam impulsos líquidos mais altos e mais estreitos em comparação com velocistas de alto nível.

Definição de força muscular

O fator comum nas leis do movimento de Newton e no teorema do impulso-momento é a produção de força. Como essa característica do atleta pode ser aprimorada com a prescrição de treinamento progressivo, a produção de força pode ser definida como uma *capacidade*.[85,86] Além disso, pode ser necessário que o atleta produza a força contra a gravidade, contra outro jogador ou contra um equipamento usado no esporte;[94] desse modo, cada tarefa de desempenho apresenta exigências próprias e singulares de produção de força (Figs. 1.3 e 1.4). Portanto, para os propósitos deste livro, a força muscular é definida como a capacidade de produzir força contra uma resistência externa em um contexto específico à tarefa. Deve-se observar que essa definição envolve uma magnitude de força, uma velocidade na qual a força é produzida, e uma duração durante a qual essa força é aplicada. Esses são elementos que se relacionam às demandas únicas de cada tarefa de desempenho.

PONTO-CHAVE

A *força muscular* é definida como a capacidade de produzir força contra uma resistência externa em um contexto específico à tarefa.

Dadas as demandas únicas de cada atleta, os treinadores esportivos frequentemente dizem aos profissionais da área de força e condicionamento que seus atletas precisam desenvolver "força específica para o esporte". No entanto, de acordo com a definição de força que acabamos de apresentar, pode-se argumentar que isso não existe. Talvez o termo mais apropriado

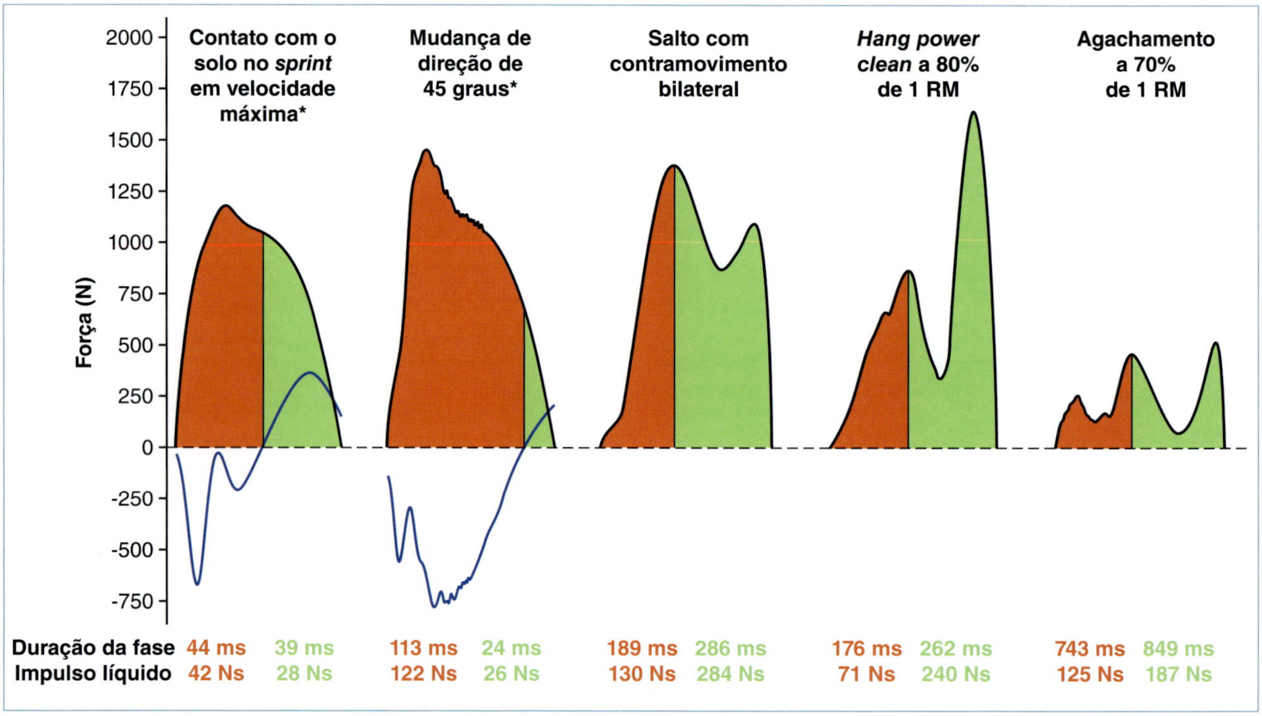

FIGURA 1.3 Características da força de frenagem vertical líquida (laranja) e de propulsão (verde), durações das fases e impulsos líquidos do contato com o solo no *sprint* em velocidade máxima, mudança de direção de 45 graus, salto com contramovimento bilateral, *hang power clean* a 80% de 1 RM e agachamento a 70% de 1 RM. O asterisco indica uma tarefa unilateral, a linha preta tracejada indica o peso do sistema e as linhas azuis indicam a produção de força horizontal.

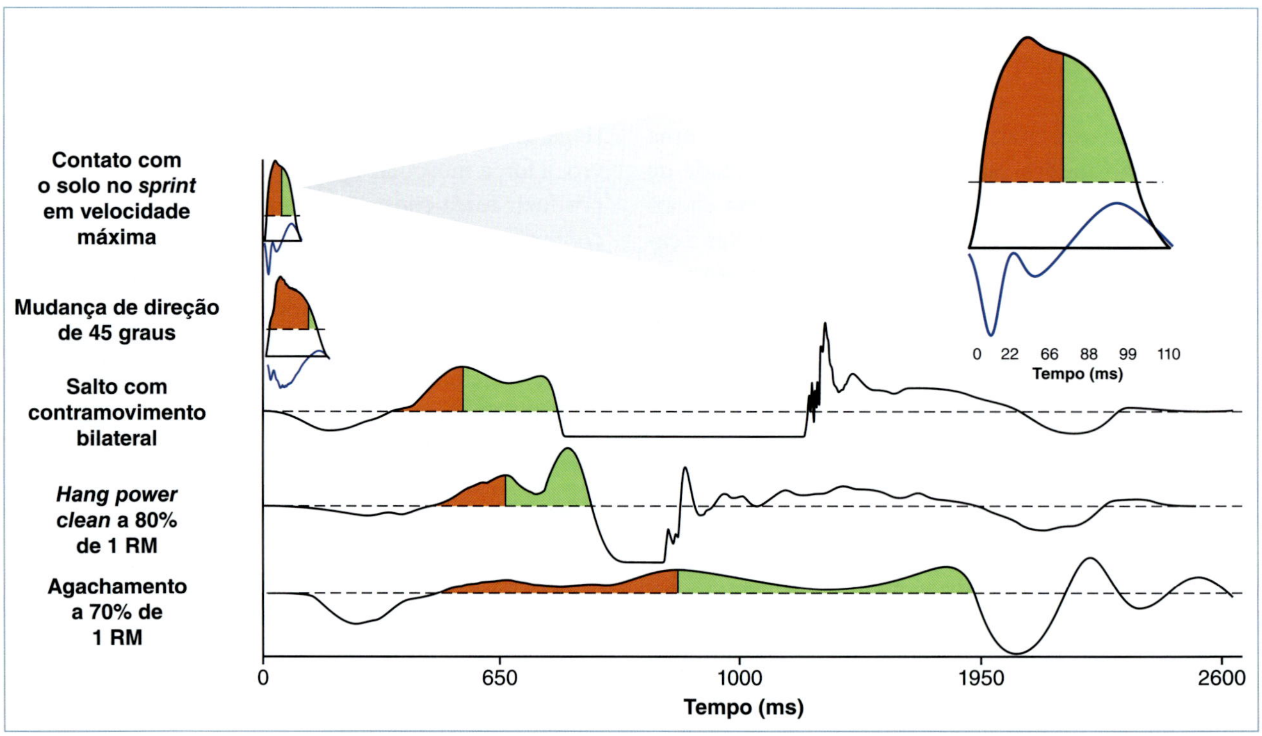

FIGURA 1.4 Desempenho do contato com o solo no *sprint* em velocidade máxima, mudança de direção de 45 graus, salto com contramovimento bilateral, *hang power clean* a 80% de 1 RM e agachamento a 70% de 1 RM em relação ao tempo. *Observação:* As repetições de salto com contramovimento, *hang power clean* e agachamento tiveram aproximadamente a mesma duração desde o início do movimento (sem peso) até a estabilização após a repetição. As linhas pretas sólidas indicam a força vertical, as linhas pretas tracejadas indicam o peso do sistema, as linhas azuis indicam a força horizontal, o laranja indica a fase de frenagem e o verde indica a fase de propulsão.

seja *força específica da tarefa*, pois há uma quantidade específica de força que deve ser produzida ao longo de um determinado período para realizar cada tarefa. Além disso, para executar a tarefa de forma eficaz e obter uma vantagem competitiva, seria benéfico produzir mais força muscular durante o mesmo período ou em um período menor do que o adversário. Assim, embora a individualização quanto à prescrição do treinamento seja crucial, existem muitos atletas em um espectro de esportes que podem ser treinados usando estratégias de treinamento semelhantes, voltadas a melhorar suas características de produção de força.

PONTO-CHAVE

Força específica da tarefa pode ser um termo mais apropriado do que *força específica do esporte*, porque há uma quantidade específica de força que deve ser produzida durante um determinado período para completar cada tarefa.

Pontos principais discutidos no capítulo

- Além das competições de levantamento de peso, a força muscular demonstrou ser um aspecto importante do desempenho do atleta, porque parece aumentar a capacidade de executar várias tarefas de desempenho, como saltar, *sprintar*, realizar mudanças de direção e movimentos específicos do esporte.
- Aumentar a força muscular de um atleta ajuda a torná-lo mais resiliente e robusto, possivelmente reduzindo o risco de lesões.
- Em razão de seu impacto no desenvolvimento atlético de longo prazo e no desempenho esportivo, a força muscular é o fundamento a partir do qual outras habilidades são desenvolvidas.
- As leis do movimento de Newton e o teorema do impulso-momento fundamentam a capacidade de um atleta de produzir força muscular e realizar diversos movimentos esportivos.
- A *força muscular* é a capacidade de produzir força contra uma resistência externa em um contexto específico à tarefa. Essa definição envolve uma magnitude de força, uma velocidade na qual a força é produzida, e uma duração durante a qual essa força é aplicada.

2

Respostas relacionadas com a força muscular e adaptações ao treinamento

É importante que os profissionais da área de força e condicionamento tenham conhecimento de base sobre como o corpo de um atleta pode responder e se adaptar a estímulos de treinamento específicos. Para compreender plenamente como estímulos diversos afetam as características de força muscular de um atleta, é necessária uma descrição do sistema neuromuscular e dos processos fisiológicos que resultam na produção de força pelo músculo. Além disso, deve-se considerar também informações sobre como ocorre uma adaptação, a linha temporal dessas adaptações e os fatores que podem influenciar tal processo. Assim, o objetivo deste capítulo é fornecer aos leitores uma visão geral da estrutura e da função do sistema neuromuscular, das respostas e adaptações que podem ocorrer resultantes dos estímulos de treinamento voltados a melhorar características da força muscular, bem como dos fatores que podem impactar em adaptações específicas do treinamento.

Sistema neuromuscular

Antes de discutir as respostas e adaptações aos estímulos de treinamento, é necessário um entendimento básico do *sistema neuromuscular* a fim de compreender as mudanças fisiológicas que são fundamentais às adaptações da força muscular. O sistema neuromuscular é composto pelos sistemas nervoso e musculoesquelético. Nesse sistema, células nervosas (neurônios) inervam células musculares (*miócitos* ou fibras musculares) e as estimulam a produzir força. Como as fibras musculares estão acopladas ao sistema esquelético, a força produzida em cada músculo pode ser utilizada para gerar movimento. Os músculos podem ser divididos em lisos e estriados; este último pode ser subdividido em músculos esquelético e cardíaco. Embora cada tipo de músculo tenha as mesmas propriedades básicas (Tab. 2.1), a discussão a seguir se concentrará no músculo esquelético, especificamente em sua estrutura, função e características relacionadas ao desenvolvimento de força muscular. Como uma discussão aprofundada sobre a fisiologia neuromuscular está além do escopo deste livro, recomenda-se que os interessados em aprender mais sobre esse assunto consultem fontes adicionais diversas.[26,118,196]

Estrutura e função

Há músculos esqueléticos com as mais diferentes formas e tamanhos, com uma arquitetura relativamente complexa, que pode ser um fator primário na definição de sua função.[119] Em linhas gerais, os músculos esqueléticos consistem em várias camadas de tecido conjuntivo que diferem em tamanho e orientação (Fig. 2.1). A camada mais externa e espessa, denominada *epimísio*, recobre toda a superfície do músculo e é formada por fibras colágenas que se entrelaçam em feixes compactos e se conectam a subcamadas adicionais (especificamente o *perimísio*).[196] Sob o epimísio estão feixes de fibras musculares chamados *fascículos*, cada um envolvido por outra camada de tecido conjuntivo denominada *perimísio*. Cada fascículo muscular em geral contém de 100 a 150 fibras musculares; no entanto, músculos responsáveis por movimentos pequenos ou muito finos têm uma quantidade menor de fibras,[59] enquanto aqueles que produzem magnitudes maiores de força podem conter mais fibras dentro de um mesmo fascículo.[112,119]

TABELA 2.1 Características dos músculos

Propriedade muscular	Descrição
Adaptabilidade	Capacidade de adaptar e alterar a fisiologia ou o tamanho de acordo com volume, intensidade e período de um estímulo de treinamento
Condutividade	Capacidade de conduzir um potencial de ação
Contratilidade	Capacidade de aumentar a tensão e encurtar
Distensibilidade	Capacidade de ser esticado por uma força externa
Elasticidade	Capacidade de resistir ao alongamento; capacidade de retornar à posição de repouso original após alongamento ativo ou passivo
Irritabilidade	Capacidade de reagir quando estimulado
Relaxamento	Capacidade de retornar ao estado de repouso após uma ação muscular

Propriedades baseadas em McComas[119] e MacIntosh et al.[112]

Cada fibra muscular individual é revestida por outra camada colágena chamada *endomísio*. Assim como as camadas musculares discutidas anteriormente, as fibras do endomísio conectam-se ao perimísio e também à membrana basal; portanto, fornecem estabilidade adicional à estrutura geral do músculo.[112,119] Cada fibra muscular é composta por organelas em forma de bastonetes chamadas *miofibrilas* – constituídas por diversos filamentos proteicos (p. ex., actina, miosina, titina, nebulina) que formam as unidades funcionais da célula muscular denominadas *sarcômeros* (Fig. 2.2). A aparência estriada do músculo esquelético se deve à orientação paralela (empilhada) dos sarcômeros, o que pode possibilitar a produção de maiores magnitudes de força.[222,223] Uma discussão mais detalhada sobre os eventos que levam à produção de força será apresentada mais adiante neste capítulo; contudo, os leitores devem observar que a interação (i.e., a *ponte cruzada*) entre as proteínas actina e miosina no interior de cada sarcômero resulta na produção de força. Embora frequentemente visualizada em uma perspectiva bidimensional, é importante observar que seis filamentos de actina circundam cada filamento de miosina, enquanto cada filamento de actina é cercado por três fila-

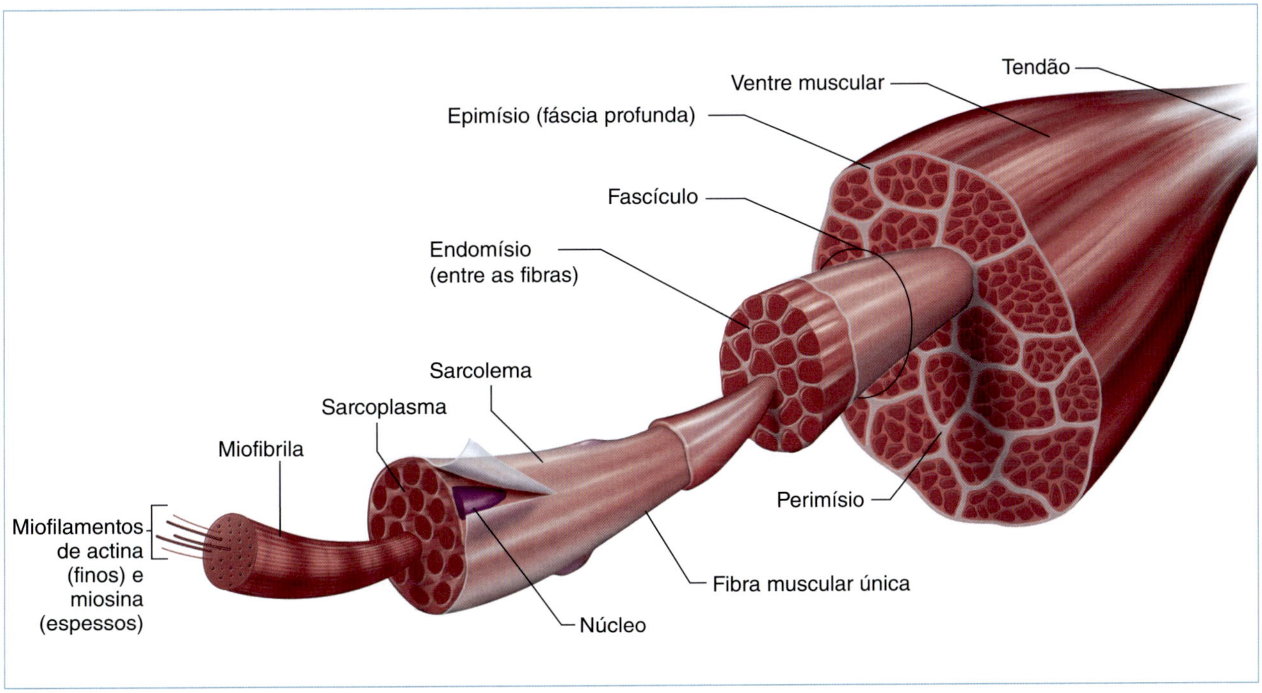

FIGURA 2.1 Representação esquemática de um músculo ilustrando três tipos de tecido conjuntivo: epimísio (a camada externa), perimísio (que envolve cada fascículo ou grupo de fibras) e endomísio (que envolve fibras individuais).
Reproduzida de N.T. Triplett, "Structure and Function of Bory Systems", in *Essentials of Strength Training and Conditioning*, 4.ed., editada por G.G. Haff e N.T. Triplett (Champaign, IL: Human Kinetics, 2016), 4.

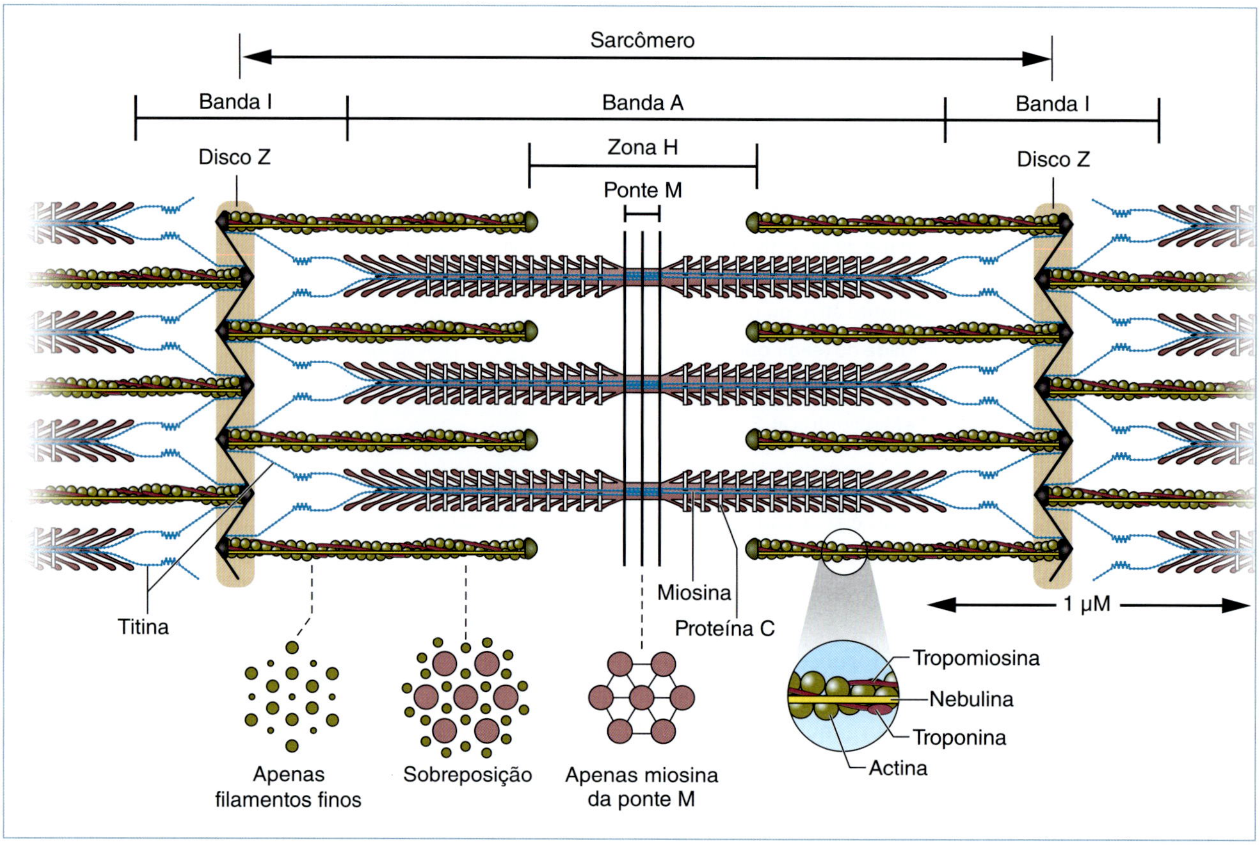

FIGURA 2.2 Estrutura de um sarcômero.

mentos de miosina (Fig. 2.3), proporcionando, assim, amplas oportunidades de interação e subsequente produção de força. Além da actina e da miosina, as grandes proteínas filamentosas *titina*[77,214] e *nebulina*[97] também podem contribuir para a rigidez da estrutura do sarcômero, possibilitando maior transmissão de força. Em resumo: embora a força seja produzida no nível mais profundo do músculo, a organização estrutural do músculo possibilita que a força seja transmitida de maneira efetiva ao longo de suas camadas, pelo tendão e, por fim, até o osso, possibilitando que o movimento ocorra.

A orientação das fibras musculares é outra consideração estrutural que pode modificar tanto a magnitude quanto a taxa de desenvolvimento de força. As fibras musculares podem estar dispostas em formato fusiforme ou penado, nos quais as fibras se alinham de maneira paralela ou oblíqua (angulada) em relação ao eixo longitudinal do músculo, respectivamente. Enquanto fibras fusiformes podem correr paralelas, convergir ou formar um arranjo circular, músculos penados podem apresentar orientações de fibras unipenadas, bipenadas ou multipenadas (Fig. 2.4). De acordo com o arranjo das fibras musculares, os sarcômeros podem ser organizados de maneira que favoreça tanto uma maior produção de força quanto uma maior velocidade de encurtamento das fibras.[222,223] Por exemplo, uma força maior pode ser produzida em músculos penados, porque mais fibras podem existir em uma área do músculo (ou seja, compactação das fibras).[56,158] Além disso, o ângulo de penação de um músculo pode mudar após o treinamento,[1] o que indica que o arranjo das fibras pode ter um efeito significativo sobre as adaptações da força muscular. O Capítulo 3 contém detalhes adicionais acerca desse conceito.

Unidade motora

Uma *unidade motora* consiste em um neurônio motor α e todas as fibras musculares por ele inervadas.[181] Cada neurônio motor é constituído por corpo celular (soma), axônio e dendritos (Fig. 2.5); em síntese, os dendritos de um neurônio recebem sinais excitatórios ou inibitórios do sistema nervoso, sendo todos somados no *cone axônico* (i.e., a projeção cônica do corpo celular do neurônio que se conecta ao axônio).

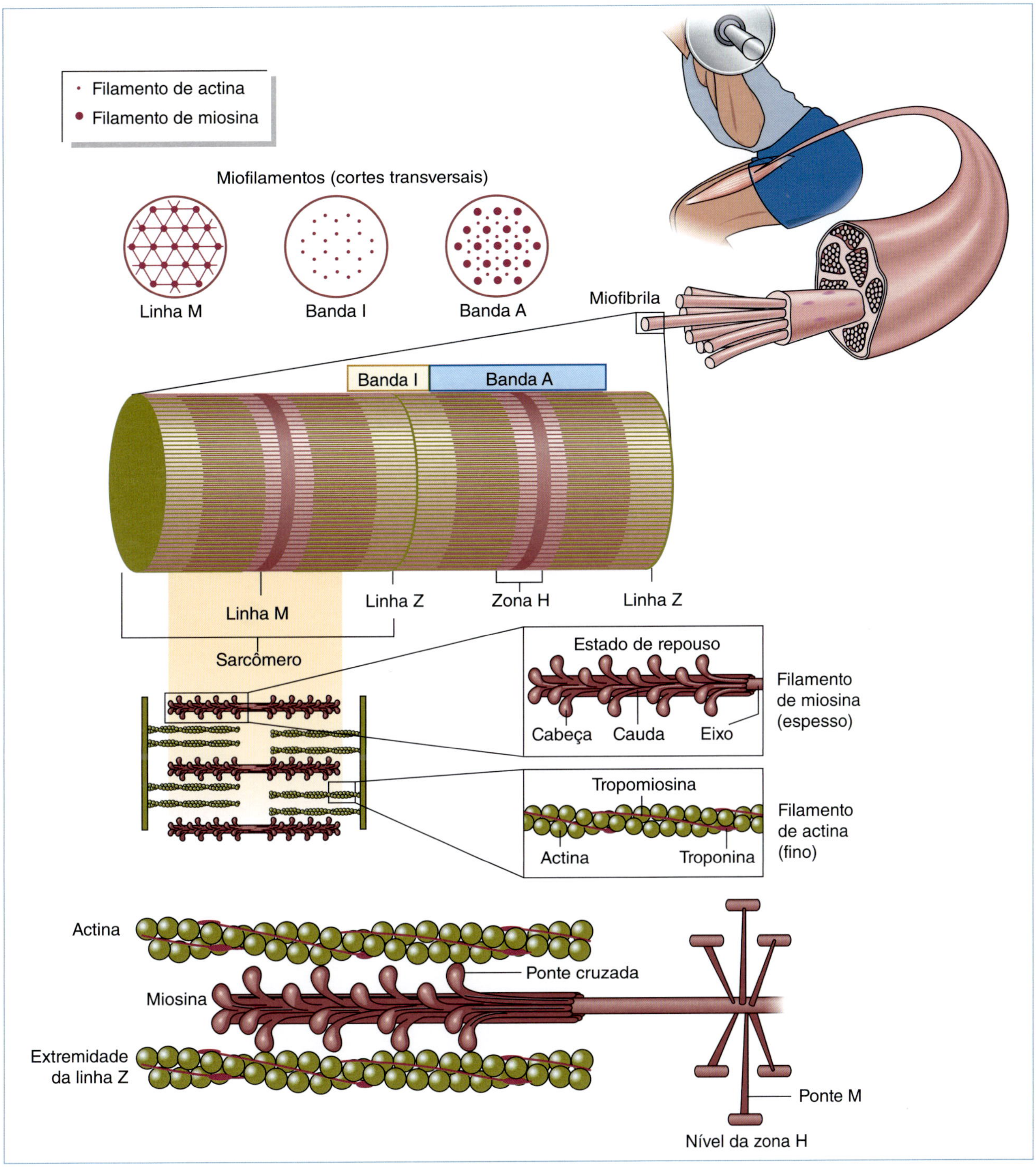

FIGURA 2.3 Visão detalhada dos filamentos de proteína miosina e actina no músculo.
Reproduzida de N.T. Triplett, "Structure and Function of Body Systems," in *Essentials of Strength Training and Conditioning*, 4.ed., editada por G.G. Haff e N.T. Triplett (Champaign, IL: Human Kinetics, 2016), 6.

Se a soma dos sinais excede um limiar de disparo, um potencial de ação é gerado e transmitido ao longo do axônio. Assim, quando um potencial de ação é transmitido por meio de um neurônio motor α, todas as fibras musculares por ele inervadas são estimuladas a produzir força – o chamado *princípio do tudo ou nada*.

Outro aspecto das unidades motoras que deve ser considerado é a *razão de inervação*, que se refere à quantidade de fibras musculares inervadas por um único neurônio motor. As razões de inervação podem variar consideravelmente entre os músculos intraoculares do olho e músculos pequenos, variando de 1:3 a

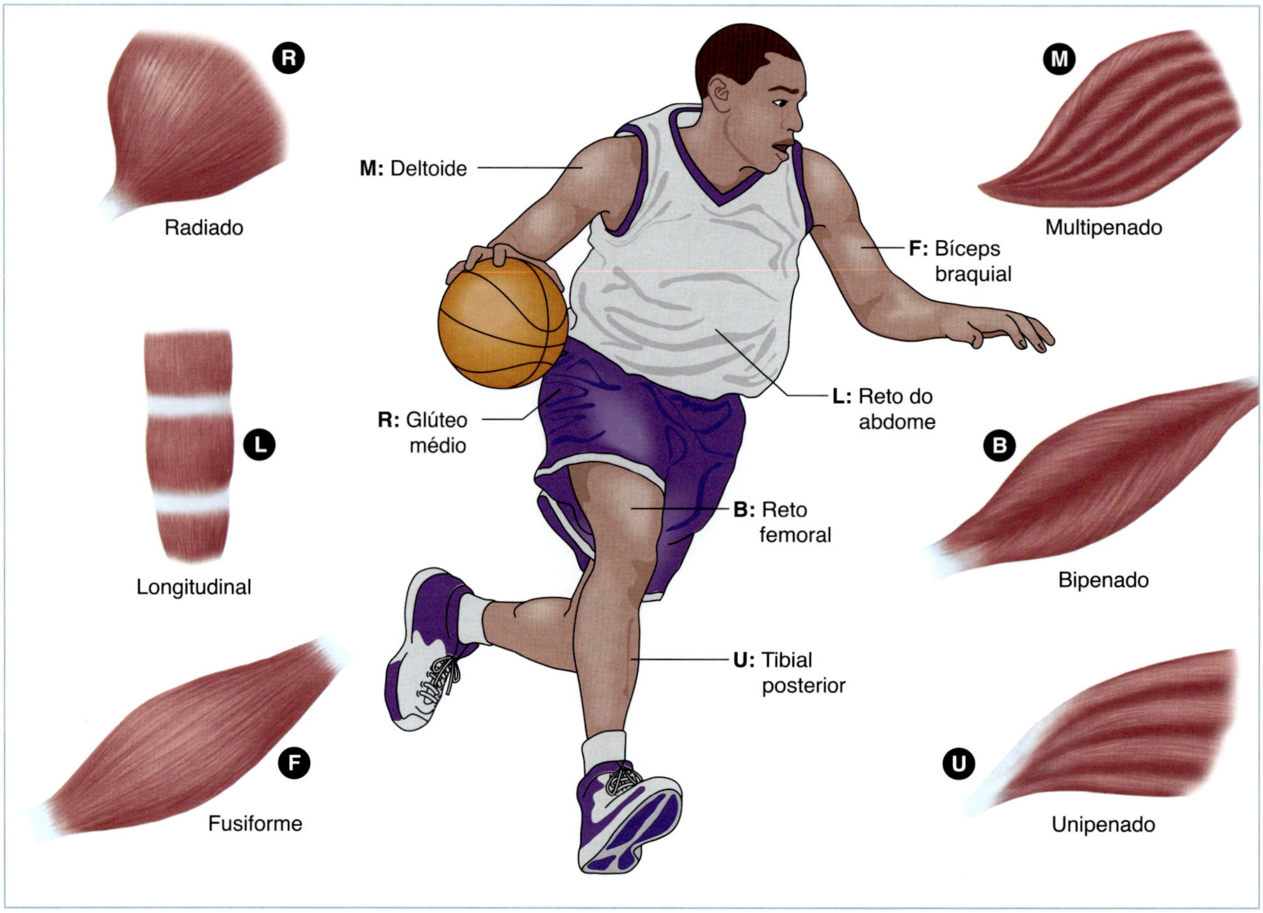

FIGURA 2.4 Orientação das fibras musculares.
Reproduzida de NSCA, *Essentials of Strength Training and Conditioning*, 3.ed., editada por T. R. Baechle e R. W. Earle (Human Kinetics, 2008), 76.

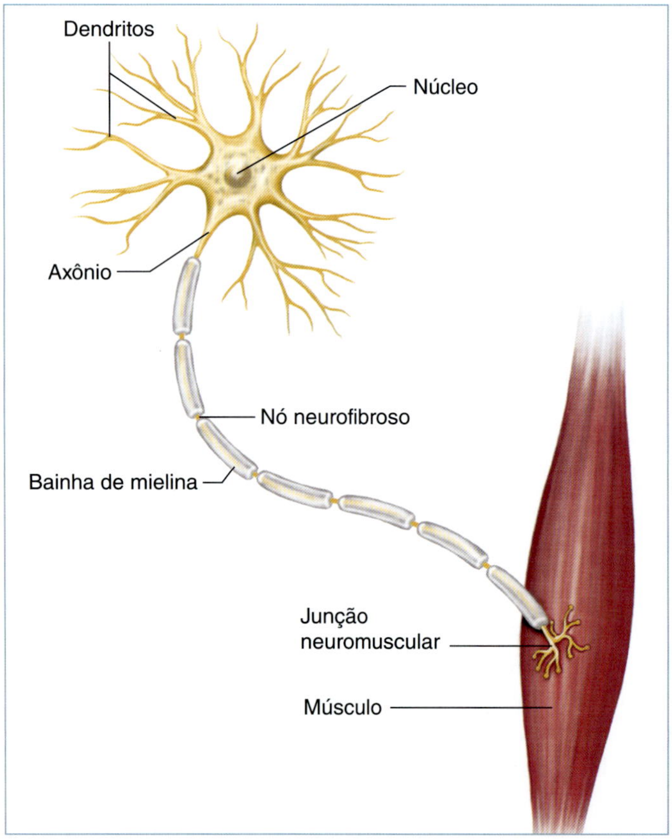

FIGURA 2.5 Unidade motora, composta por um neurônio motor e as fibras musculares por ele inervadas. Em geral, há centenas de fibras musculares em uma única unidade motora.
Reproduzida de NSCA, *Essentials of Strength Training and Conditioning*, 4.ed., editada por G.G. Haff and N.T. Travis (Human Kinetics, 2016), 5.

1:150; enquanto isso, músculos maiores podem apresentar razões tão elevadas quanto 1:2.000.[59,119] Além disso, essas razões normalmente determinam o tipo de movimento com os quais as unidades motoras estão associadas; por exemplo, razões pequenas e grandes estão associadas, respectivamente, ao controle motor fino ou a movimentos que requerem magnitudes elevadas de força, com menor ênfase no controle motor fino. Dentro desse espectro, as unidades motoras do tipo II (particularmente do tipo *IIx*) em geral apresentam razões de inervação muito elevadas, possibilitando, assim, a produção de magnitudes maiores e mais rápidas de força; contudo, pode haver uma ampla variabilidade tanto na quantidade de unidades motoras presentes em cada músculo como em seu tamanho.[94,112,119]

Teoria do filamento deslizante

O encurtamento e o alongamento de um músculo são causados pelo deslizamento dos filamentos de actina em relação aos filamentos de miosina; isso é amplamente conhecido como *teoria do filamento deslizante.*[85-87] Antes de o filamento de actina se mover, é necessário que ocorra uma série de eventos fisiológicos para que uma ação muscular voluntária aconteça. A iniciação do movimento voluntário começa no sistema nervoso central, quando um sinal excitatório é transmitido por uma cadeia de neurônios que se inicia no córtex motor. Ao alcançar os dendritos dos neurônios motores α que inervam as fibras musculares necessárias para a execução do movimento, sinais excitatórios e inibitórios são somados no cone axonal. Supondo que a soma dos sinais ultrapasse um limiar específico, um potencial de ação é enviado ao longo do axônio até a placa motora terminal. Na placa, o potencial de ação é transferido para o sarcolema de uma fibra muscular por meio da liberação do neurotransmissor acetilcolina na junção neuromuscular, posicionada entre a placa motora terminal e o sarcolema. As moléculas de acetilcolina ligam-se a receptores no sarcolema, o que desencadeia um evento de despolarização decorrente do influxo de íons sódio (Na^+). O sinal de despolarização desloca-se ao longo do sarcolema até percorrer um túbulo transverso (*túbulo T*) que leva ao interior da fibra muscular.[55,112] Ao alcançar as cisternas terminais que circundam os túbulos T, o potencial de ação ativa um canal de di-hidropiridina dependente de voltagem, que, por sua vez, ativa os receptores de rianodina; a função desses receptores é mediar a liberação de íons cálcio (Ca^{2+}) armazenados no retículo sarcoplasmático.[46] O Ca^{2+} liberado então se liga ao complexo da troponina, o que desencadeia uma modificação conformacional da tropomiosina, resultando na exposição dos sítios ativos de ligação no miofilamento de actina. Nesse ponto, as cabeças de miosina se ligam aos sítios expostos formando uma *ponte cruzada,* e é produzida força no músculo.

Durante ações musculares concêntricas, ocorre um evento conhecido como *golpe de potência (power stroke)*; neste, as cabeças de miosina realizam um movimento de catraca ao se ligarem à actina, puxando o filamento de actina sobre o filamento de miosina, encurtando, assim, o sarcômero e o músculo como um todo. Supondo que haja uma quantidade suficiente de trifosfato de adenosina (ATP), a miosina se desprende, reposiciona a sua cabeça e se reconecta a outro sítio de ligação mais adiante no filamento de actina a fim de formar uma nova ponte cruzada. O contínuo processo de ligação e desprendimento da miosina à actina é conhecido como *ciclo das pontes cruzadas.*

Durante ações musculares excêntricas, o músculo resiste ativamente à força externa por meio do alongamento das pontes cruzadas, formadas entre a actina e a miosina. Além disso, foi proposto que existe uma diminuição na taxa de ciclo das pontes cruzadas durante as ações musculares excêntricas; isso possibilita que uma quantidade maior de pontes cruzadas permaneça ligada e que a tensão aumente.[79] Embora nem sempre consideradas, deve-se observar que tanto a titina[77,78,80,127,151] quanto a nebulina[10,84,97,142,143,228] podem desempenhar um papel significativo na produção de força durante várias ações musculares; o Capítulo 3 apresentará uma discussão mais aprofundada a respeito.

Espectro de tipos de fibra muscular

Os distintos tipos de fibras musculares apresentam propriedades fisiológicas específicas e se distribuem ao longo de um espectro funcional. Embora diversos métodos possam ser utilizados para classificar os tipos de fibras musculares[15,28,187,197] e existam tipos híbridos de fibras,[124,149] os três tipos mais comumente identificados em humanos são as fibras dos tipos I, IIa e IIx. Cada tipo de fibra varia em tamanho, capacidade de produção de força, fatigabilidade e outras características fisiológicas (ver Cap. 3 para mais detalhes). Como mencionado, cada fibra é inervada por um neurônio motor α como parte de uma unidade motora; entretanto, o tamanho da fibra inervada é diretamente proporcional ao tamanho do neurônio motor α e à sua capacidade de produção de força. Essa é uma consideração importante, porque as unidades motoras são recrutadas em uma ordem específica de acordo com as necessidades de produção de força de uma determinada tarefa (i.e., unidades motoras menores são recrutadas antes das maiores); essa ordem de recrutamento tem sido denominada *princípio do tamanho*.[75,76] O tipo de fibra muscular pode variar de acordo com o sexo[64,140,186] e a raça,[30] mas também pode influenciar no sucesso esportivo. Atletas velocistas de elite e de nível internacional,[32,210] halterofilistas[54,68,178] e arremessadores de peso[17] apresentam maiores percentuais de fibras do tipo II em relação ao tipo I. Esses dados oferecem não somente uma visão mais aprofundada das exigências específicas de diferentes esportes ou competições, mas também contribuem para elucidar de que modo o treinamento pode influenciar as características dos tipos de fibras musculares. Pesquisadores apresentaram uma síntese das evidências disponíveis acerca das transições entre os tipos de fibras;[150] este capítulo traz uma discussão sucinta a respeito de como o treinamento pode induzir tais transições e repercutir nas características de força muscular.

Síndrome de adaptação geral

O modelo da *síndrome geral de adaptação* (*general adaptation syndrome* [GAS]) foi inicialmente introduzido e desenvolvido por Hans Selye entre as décadas de 1930 e 1950.[171-175] Embora seu trabalho inicial tenha se concentrado nas respostas a "agentes nocivos diversos"[171] – que incluíam as fases de alarme, resistência e exaustão –, o modelo foi posteriormente desenvolvido de modo a incluir a resposta ao estresse relacionada com a homeostase e as subsequentes adaptações.[175] Em escritos posteriores, Selye indicou que a GAS poderia ser aplicada a fim de promover adaptações e evitar a exaustão, incluindo aquelas produzidas após o exercício.[176] De forma resumida, quando um estímulo (estresse) é introduzido, ocorre uma resposta negativa inicial (*fase de alarme*), que resulta em uma redução do desempenho em relação ao nível basal do indivíduo. Em seguida, manifesta-se uma resistência ao estresse introduzido, o que possibilita que o desempenho do indivíduo retorne aos níveis basais, utilizando aquilo que Selye denominou "energia de adaptação" (*fase de resistência*).[172]

Deve-se observar que um efeito de supercompensação, pelo qual o desempenho de um indivíduo supera o seu nível basal original, também pode ocorrer durante a fase de resistência; esse conceito foi originalmente descrito no modelo de estímulo-fadiga-recuperação-adaptação, apresentado por Yakovlev.[225,226] Contudo, como já salientado, a melhora que vai além dos níveis básicos de desempenho pode estar ligada aos mecanismos de homeostase e aos pontos de ajuste individuais, como a temperatura corporal, a pressão arterial e os níveis de hormônios, entre outros. Embora esses pontos de ajuste sejam controlados por circuitos de *feedback* positivo ou negativo, deve-se notar que eles também podem ser alterados pelo treinamento consistente.[39,41,185]

Por fim, a fase de exaustão ocorre se o estímulo excede as capacidades de adaptação de um atleta ou se é insuficiente para promover uma adaptação. Na prática, provavelmente haverá múltiplas ocorrências de fases de alarme e resistência em resposta às várias sessões de treinamento realizadas em uma determinada semana, além de variações gerais nos estímulos de treinamento que alteram tanto o volume quanto a intensidade. Para uma visão geral detalhada do modelo GAS, os leitores podem consultar Cunanan et al.[35]

Paradigma da aptidão-fadiga

O *modelo*, ou *paradigma, da aptidão-fadiga* é uma extensão do modelo GAS e foi introduzido por Banister na década de 1970.[14] Esse modelo se concentra em potenciais alterações no desempenho de acordo com a interação entre as características de condicionamento e de fadiga após a introdução de um estímulo de treinamento. De forma resumida, as características de *condicionamento físico* são os fatores de base que ajudam a alcançar um bom desempenho ou uma adaptação positiva. No que se refere à força muscular, esses fatores podem envolver aspectos genéticos, o tipo de fibra muscular, o impulso neural motor (como o recrutamento, a frequência e a sincronização das unidades motoras), a área de seção transversa do músculo e outros (ver Cap. 3 para mais informações). Em oposição às características de condicionamento físico, a *fadiga*, no âmbito do modelo de aptidão-fadiga, refere-se simplesmente ao acúmulo de fadiga resultante da aplicação de um dado estímulo de treinamento.

A interação entre as características de condicionamento físico e de fadiga refere-se a um estado de desempenho denominado *preparação*, que representa o potencial de um atleta de apresentar um bom desempenho. Contudo, tanto as características de condicionamento físico quanto as de fadiga contribuem para os efeitos residuais de um estímulo de treinamento e, portanto, podem influenciar as adaptações subsequentes. Em termos simples, se as características de condicionamento físico predominam e a fadiga diminui em um ritmo mais acelerado, o atleta apresenta um nível mais elevado de preparação. Por meio da manipulação sistemática do volume e da intensidade, os profissionais da área de força e condicionamento podem fazer o planejamento com o objetivo de que os atletas maximizem sua preparação e alcancem seu desempenho máximo em momentos competitivos previamente determinados.[11-13] Em contrapartida, níveis elevados de fadiga podem mascarar os benefícios das características de condicionamento físico, resultando em um nível inferior de preparação física. Nesse sentido, volumes maiores de treinamento podem afetar negativamente as características de produção rápida de força em razão da magnitude da fadiga que podem induzir.[114,198]

Apesar de existir há quase 50 anos, o modelo de aptidão-fadiga resistiu ao teste do tempo e pode fornecer aos profissionais da área de força e condicionamento *insights* valiosos a respeito da interação entre estímulos de treinamento e adaptações no desempenho. No entanto, estudos continuam examinando sua validade em relação à carga de treinamento[217] e sua interação com abordagens de inteligência artificial.[88] Com o crescimento contínuo da tecnologia e da inteligência artificial, esperam-se mais pesquisas nessa área.

PONTO-CHAVE

A interação entre as características de condicionamento físico e de fadiga refere-se a um estado de desempenho denominado *preparação*, que representa o potencial de um atleta de apresentar um bom desempenho.

Deve-se observar que o paradigma da aptidão-fadiga pode ser considerado em sua forma de curto prazo quando aplicado aos complexos de potenciação. Nesses complexos, uma atividade de condicionamento físico é empregada com o objetivo de promover uma melhora imediata das características de condicionamento capazes de favorecer o desempenho da tarefa seguinte; a título de ilustração, diversos pesquisadores examinaram o impacto de variações de agachamento pesado sobre o subsequente desempenho em saltos.[25,34,205,206] No entanto, os profissionais da área de força e condicionamento devem observar que tanto as características do atleta (p. ex., força relativa, tipo de fibra) quanto a metodologia do complexo de potenciação (p. ex., modo, volume, intensidade, intervalo de descanso, amplitude de movimento) podem ter impacto significativo no subsequente desempenho.[201] A linha temporal da potenciação foi previamente ilustrada por Sale[161] e por Tillin et al.[209] a fim de demostrar que a potenciação e a fadiga coexistem após a execução de um estímulo de condicionamento. Como os atletas podem ter diferentes capacidades de resistência à fadiga em resposta a uma atividade de condicionamento, os efeitos residuais tanto da potenciação quanto da fadiga podem dissipar-se em ritmos distintos, razão pela qual podem ser observadas múltiplas janelas de potenciação após diferentes intervalos de descanso.[209] Isso representa um desafio particular aos profissionais da área de força e condicionamento que buscam utilizar esse método como estratégia de treinamento. Para mais informações sobre o uso de complexos de potenciação para o desenvolvimento de força muscular, os leitores devem consultar os Capítulos 5 e 6.

Linha temporal da adaptação

Existem diversos fatores subjacentes que podem contribuir para melhorias na força muscular, incluindo fatores genéticos, epigenéticos, tipo de fibra muscular, fatores neuroendócrinos, fatores neurais, arquitetura muscular e aprendizado motor (ver Cap. 3 para mais detalhes). Apesar das contribuições de cada fator, em geral, aceita-se que os ganhos iniciais de força muscular são atribuídos a mudanças neurais. Aliás, estudos mostraram que melhorias na coordenação e no aprendizado,[160] bem como aumentos na ativação muscular e na frequência de disparo,[9,67,69,129,134] contribuem em maior medida para os ganhos iniciais de força muscular quando comparados à hipertrofia muscular. No entanto, é importante observar que ganhos posteriores na força podem ser atribuídos a um aumento na hipertrofia muscular[162] e podem estar baseados no desenvolvimento de longo prazo de um atleta. Por exemplo, um atleta jovem e inexperiente deve primeiro desenvolver características de literacia física e uma técnica adequada de execução do exercício; só depois, ao alcançar a maturidade física, ele pode se beneficiar dos efeitos dos fatores neuroendócrinos que promovem a hipertrofia e ganhos de força muscular.

Cabe fazer uma observação importante acerca da sequência de fatores determinantes da força muscular quando se trata de esportes organizados em categorias de peso. Nessas modalidades, o atleta deve obrigatoriamente enquadrar-se no limite de peso estabelecido para competir; desse modo, incrementos sucessivos na massa muscular – ou seja, hipertrofia – podem se tornar inviáveis. Contudo, se esses atletas seguirem competindo na mesma categoria de peso, mantendo praticamente a composição corporal e ainda assim obtiverem ganhos de força muscular, é lógico pensar que essas melhorias vêm de adaptações neurais.[193,194] Portanto, parecem existir múltiplas janelas de adaptação que podem ocorrer durante o desenvolvimento das características de força muscular. É importante que os profissionais da área de força e condicionamento compreendam as contribuições dos fatores fundamentais para as melhorias na força muscular no decorrer do desenvolvimento de longo prazo de seus atletas.

Adaptações ao treinamento

Conforme já salientado, vários tipos de adaptações podem acontecer quando o atleta é exposto a estímulos que buscam melhorar a produção de força muscular. Os parágrafos a seguir discutirão como o treinamento afeta a aprendizagem motora, o tipo de fibra muscular, além das adaptações neurais, neuroendócrinas e da arquitetura do músculo.

Aprendizagem motora

O desenvolvimento de habilidades motoras é um aspecto fundamental para a melhora do desempenho atlético. Nesse sentido, o treinamento de força muscular pode ser entendido como um modelo dinâmico de desenvolvimento motor, em que os intervalos temporais para alcançar desempenhos de pico e consolidar habilidades motoras apresentam paralelismos quando a prática ou o treinamento são organizados de forma distribuída ao longo de períodos prolongados.[130] De modo ideal, um atleta adapta-se a um determinado estímulo de treinamento e, em seguida, recalibra-se de modo a executar uma tarefa motora de maneira mais eficaz.[93] Para que os atletas aprendam a se mover de forma mais eficiente e se tornem de fato habilidosos, é importante que sejam expostos a práticas variadas, o que aumenta sua adaptabilidade,[38,93] ajudando-os a serem mais eficazes em diferentes situações de tarefa.[135] Isso pode ser feito propondo restrições relacionadas ao próprio corpo (como fatores físicos, fisiológicos, biomecânicos ou psicológicos), ao ambiente (como temperatura ou altitude) ou à tarefa em si (como seu objetivo). Todavia, cabe aos profissionais da área de força e condicionamento reconhecer que, na ausência de variações nas restrições impostas pela tarefa, os atletas podem regredir a padrões motores previamente adquiridos – e, em certos casos, menos eficientes –, o que compromete sua capacidade de adaptação a novas situações.[139] Ao ensinar a técnica de exercícios, os atletas devem ser orientados sobre movimentos mais eficazes sob diferentes restrições, possibilitando-lhes buscar uma solução ideal para a tarefa em vez de restringi-los a um único padrão de movimento.[42] Isso pode contribuir para que desenvolvam a habilidade de empregar sua "força recentemente adquirida" na produção e aplicação da força de forma mais efetiva.[93,202,204]

> **PONTO-CHAVE**
>
> Para que os atletas aprendam a se mover de forma mais eficiente e se tornem de fato habilidosos, é importante que sejam expostos a práticas variadas, o que aumenta sua adaptabilidade, ajudando-os a serem mais eficazes em diferentes situações de tarefa.

Tipo de fibra muscular

Conforme discutido, os tipos de fibras musculares distribuem-se ao longo de um espectro, cujas propriedades influenciam de forma decisiva as características de produção de força muscular do atleta.[24,125,145,147] Evidências científicas indicam, inclusive, que atletas de elite ou de nível internacional apresentam maiores proporções de fibras do tipo I (fibras de contração lenta) – no caso dos corredores de longa distância[33] – ou de fibras do tipo II (fibras de contração rápida), como observado em velocistas,[32,210] levantadores de peso[54,68,178] e arremessadores de peso.[17] Embora esses atletas possam ter nascido com percentuais específicos de fibras dos tipos I, IIa e IIx, pesquisadores sugerem que pode ser possível promover mudanças nos tipos de fibras existentes.[150] Por exemplo, fibras híbridas, como aquelas que ocorrem no espectro de fibras do tipo II, podem servir como intermediárias para diferentes fenótipos de fibras musculares.[124,149] Estudos mostraram que fibras híbridas podem desaparecer de acordo com volume e intensidade específicos prescritos durante o treinamento.[148,163,197,212] No entanto, transições entre fibras de contração lenta e rápida podem resultar de mudanças na atividade neuromuscular, na carga mecânica ou em condições como o hipotireoidismo ou o hipertireoidismo.[148,150]

Vale destacar que maiores volumes de treinamento tendem a induzir uma transição das fibras musculares para fenótipos de contração mais lenta, enquanto programas de maior intensidade e menor volume podem favorecer a mudança para fenótipos de contração mais rápida (Fig. 2.6). Ainda assim, a manipulação estratégica do volume e da intensidade pode ser aplicada para otimizar a composição das fibras em períodos específicos do treinamento. Como exemplo, depois de um pro-

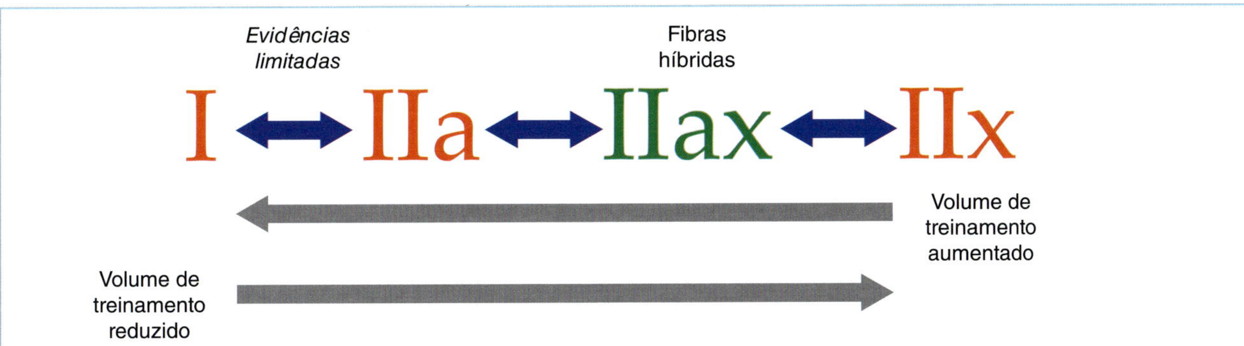

FIGURA 2.6 Transições dos tipos de fibra muscular.

grama de treinamento resistido de seis semanas – que incorporou uma fase de sobrecarga planejada seguida de uma redução gradual (*step taper*) –, halterofilistas apresentaram uma diminuição significativa na porcentagem de fibras de fenótipo apenas tipo I e um aumento na porcentagem de fibras de fenótipo apenas tipo IIa.[212]

Por fim, por causa das exigências de produção rápida de força, o treinamento de velocidade pode recrutar preferencialmente fibras do tipo II, potencialmente levando a transições de fibras em direção a fenótipos de contração mais rápida. Deve-se observar, porém, que permanece em discussão se as fibras musculares podem de fato se transformar totalmente de tipo I para tipo II em seres humanos.

Adaptações neurais

As adaptações neurais decorrentes do treinamento manifestam-se em um amplo espectro de respostas, abrangendo a elevação do recrutamento de unidades motoras, o aumento da frequência de disparo e da sincronização, além da diminuição da inibição neuromuscular. Ainda que parte dessas adaptações esteja relacionada a alterações no desenvolvimento dos programas motores, deve-se salientar que as adaptações neurais tendem a apresentar especificidade em relação ao estímulo de treinamento aplicado. Por exemplo, o exercício balístico pode reduzir o limiar de recrutamento de unidades motoras de alto limiar, visto que são necessárias maiores magnitudes e taxas de produção de força para completar a tarefa.[113,216] Outros estudos mostraram que o treinamento balístico – utilizando movimentos do arremesso e seus derivados[110] – e a corrida de velocidade[164] podem melhorar a frequência de disparo das unidades motoras. Do ponto de vista da linha temporal do treinamento, pesquisadores mostraram que o treinamento balístico realizado ao longo de 12 semanas pode levar a melhorias na frequência de disparo.[216] De modo análogo ao aumento observado no recrutamento e na frequência de disparo das unidades motoras, a sincronização dessas unidades também tem se mostrado potencializada tanto pelo treinamento resistido de alta intensidade[4] quanto pela execução de ações musculares rápidas.[177] Por fim, evidências indicam que a inibição neuromuscular tende a diminuir após programas de treinamento resistido de alta intensidade,[2-4] o que resulta em aprimoramento nas características de produção de força máxima e rápida.

Além do treinamento resistido, o treinamento de velocidade também pode induzir a adaptações tanto no sistema nervoso central como no periférico, que melhoram o impulso neural motor das fibras musculares recrutadas.[157] Diante das evidências atuais, recomenda-se que os profissionais da área de força e condicionamento avaliem a utilização de exercícios de alta carga ou de natureza balística, bem como de métodos de treinamento com ênfase em ações balísticas, a fim de potencializar as adaptações neurais que sustentam as características de força muscular. Embora alterações específicas nos neurônios motores (p. ex., alterações funcionais na sinapse neuromuscular, síntese proteica, expressão gênica e modificações biofísicas do transporte axonal) estejam além do escopo deste capítulo, os leitores podem consultar Gardiner et al.[57] para uma discussão mais aprofundada.

PONTO-CHAVE

Recomenda-se que os profissionais da área de força e condicionamento avaliem a utilização de exercícios de alta carga ou de natureza balística, bem como de métodos de treinamento com ênfase em ações balísticas, a fim de potencializar as adaptações neurais que sustentam as características de força muscular.

Adaptações neuroendócrinas

A elevação nos níveis séricos dos hormônios catecolamina[48,53,152] e testosterona[65,70,188] que ocorrem após o treinamento tem sido associada a melhorias nas características de força muscular, enquanto o cortisol não apresenta essa associação.[221] Além disso, sabe-se que os níveis de hormônios podem subir dependendo do tipo de treinamento, do volume e da intensidade usada; por exemplo, um treinamento de força e potência em alta intensidade mostrou aumentar bastante os níveis séricos de catecolaminas depois da sessão de treinamento resistido.[102] Outros estudos mostraram que exercícios anaeróbicos de alta intensidade podem aumentar os níveis séricos de catecolaminas em até 15 vezes.[96,121]

Muitos estudos confirmaram que elevações nos níveis séricos de testosterona estão diretamente relacionadas com o volume, a intensidade e o tamanho da musculatura envolvida durante exercícios aeróbicos[91,224] e anaeróbicos.[90,96,99,101,122,170,220] Outros trabalhos mostraram que exercícios multiarticulares de grandes grupos musculares, assim como o uso de resistências elevadas (85 a 95% de 1 RM), volumes moderados a altos de treinamento, intervalos de descanso curtos e treinamento resistido consistente, podem levar a elevações agudas nos níveis séricos de testosterona.[45,51,98,99] De modo semelhante, estudos mostraram que tanto o volume quanto a intensidade do treinamento podem elevar de maneira relevante os níveis séricos de cortisol.[49,96,144] No entanto, pesquisas adicionais indicaram que volumes mais baixos podem reduzir de forma significativa os níveis de cortisol em repouso em diferentes tipos de atletas.[21,83,144]

É importante observar que, embora o exercício agudo possa afetar os níveis desses hormônios, o treinamento crônico e de longo prazo pode produzir efeitos diferentes. Por exemplo, pesquisadores observaram uma redução considerável nas respostas catecolaminérgicas com o treinamento crônico e de longa duração,[109] o que sugere que podem ocorrer efeitos de acomodação.[47] Detectaram-se achados semelhantes em relação ao cortisol com o treinamento crônico aeróbico[92,179,208] e de resistência.[121,191] Alterações crônicas nos níveis de testosterona são únicas porque podem estar relacionadas com os diferentes estágios do desenvolvimento físico. Por exemplo, verificou-se que homens mais jovens (p. ex., por volta dos 30 anos) apresentam concentrações mais elevadas de testosterona livre após um treinamento resistido em comparação com homens de mais idade (p. ex., 62 anos).[100] Embora em magnitude muito menor, também pode ser possível que mulheres na faixa dos 20 anos apresentem níveis elevados de testosterona após um treinamento resistido.[138,218] Conclui-se que a modalidade de treinamento pode influenciar de maneira relevante as respostas da testosterona em longo prazo; por exemplo, atletas submetidos a treinamento de força apresentaram maiores elevações em comparação com aqueles treinados em resistência[213] ou não treinados.[5] Além disso, pesquisadores verificaram que atletas de modalidades de força-potência apresentam níveis circulantes de testosterona mais elevados em comparação com atletas de esportes de resistência.[61,89]

Arquitetura do músculo

A estrutura de um músculo pode sofrer várias modificações em resposta à aplicação de diferentes tipos de estímulos de treinamento. Os diferentes estímulos de treinamento podem levar a diversas mudanças na arquitetura de um músculo. Entre essas mudanças, aquelas mais bem estudadas em relação às características de força de um atleta são as mudanças no tamanho muscular (ou seja, hipertrofia).[29,66,190] Conforme será discutido em mais detalhes no Capítulo 3, a elevação da hipertrofia pode favorecer um incremento no potencial de produção de força, em virtude da maior quantidade de formações de pontes cruzadas entre os filamentos de actina e miosina nos sarcômeros. Estudos mostraram que magnitudes semelhantes de hipertrofia muscular podem ser produzidas tanto com cargas leves levantadas até a falha quanto com cargas pesadas.[165-168] No entanto, é importante que os profissionais da área de força e condicionamento distingam entre hipertrofia sarcoplasmática (i.e., elementos não contráteis) e hipertrofia miofibrilar (i.e., elementos contráteis), pois o tipo pode afetar a magnitude e a taxa de desenvolvimento de força, assim como as adaptações específicas da tarefa.[211] Além disso, o tipo de treinamento também pode ditar a magnitude da hipertrofia produzida; por exemplo, estudos mostraram que ações musculares excêntricas ou combinadas (excêntricas e concêntricas) podem produzir maior hipertrofia em comparação com ações exclusivamente concêntricas.[31,219] Outro aspecto da hipertrofia a ser considerado é o modo como os sarcômeros são adicionados (i.e., em paralelo ou em série). Em teoria, o treinamento de força em alta intensidade pode desencadear a adição de mais sarcômeros em paralelo, enquanto o treinamento em alta velocidade pode adicionar sarcômeros em série, o que pode causar maior produção de força via empacotamento das fibras[56,158] ou maiores velocidades de encurtamento,[222,223] respectivamente.

Melhorias na produção de força máxima e rápida também podem ser promovidas por alterações no ângulo de penação,[1,95] na rigidez do tendão[20] e em outras microestruturas do sarcômero (p. ex., actina, miosina, titina).[113,155] No que diz respeito ao ângulo de penação, estudos mostraram que o treinamento resistido levou a incrementos simultâneos na espessura do músculo e no ângulo de penação.[1,95] Além disso, observou-se que um acréscimo no ângulo de penação durante ações musculares dinâmicas quase máximas ou máximas está associado a aumentos tanto na magnitude quanto na taxa de desenvolvimento de força.[7,44] Adicionalmente, estudos têm mostrado que o comprimento do fascículo muscular pode se ampliar, mesmo na ausência de modificações no ângulo de penação, após programas de treinamento em alta velocidade com cargas relativamente leves (inferiores a 60% da 1 RM).[6,19] Esse ajuste estrutural pode possibilitar que se alcancem velocidades de encurtamento muscular mais elevadas.[200] A produção de força pode melhorar ainda mais por aprimoramentos na rigidez dos tendões. Evidências científicas indicam que o treinamento isométrico,[104,106] assim como o treinamento pliométrico,[105] é capaz de aumentar a rigidez dos tendões, o que contribui para uma transmissão mais eficaz da força e, consequentemente, para a execução de movimentos de forma mais eficiente e oportuna. Por fim, junto à adição de mais sarcômeros via hipertrofia, pode haver um aumento na tensão passiva nos sarcômeros decorrente da adição de filamentos de titina,[81] especialmente durante ações musculares excêntricas.[78]

Influência dos estímulos de treinamento nas adaptações de força muscular

As adaptações específicas descritas provavelmente são específicas do treinamento prescrito ao atleta. Portanto, é importante que os profissionais da área de força e condicionamento físico direcionem as adaptações fisiológicas relevantes usando estímulos específicos para cada atleta. Nesse sentido, ao elaborar um programa de treinamento, deve-se considerar as variáveis do programa discutidas no Capítulo 7 (ou seja, escolha dos exercícios, frequência das sessões de treinamento, ordem de execução dos exercícios, volume total, organização das séries, intensidade aplicada e duração dos intervalos de descanso). Os parágrafos a seguir discutirão como as variáveis descritas afetam as adaptações na produção de força máxima e rápida.

Escolha dos exercícios

Os exercícios prescritos podem influenciar de maneira significativa as características de produção de força máxima e rápida de um atleta. Por exemplo, se um atleta não tem níveis adequados de força máxima, é importante que os profissionais da área de força e condicionamento optem por um exercício que possibilite o uso de cargas mais elevadas visando incrementar a produção de força máxima. Nesse contexto, a execução do agachamento frontal pode promover um maior aumento da produção de força máxima nos membros inferiores em comparação ao agachamento cálice (*goblet squat*). Para o desenvolvimento da capacidade de produção de força máxima e rápida, exercícios de natureza mais balística podem constituir opções mais eficazes.[82] Todavia, deve-se observar que mesmo exercícios convencionalmente classificados como não balísticos podem ser executados com intenção balística (i.e., em máxima velocidade), o que potencializa as características de produção de força associadas ao exercício.[16,207,227] Além disso, é importante prescrever exercícios que apresentem transferência para os movimentos específicos da prática esportiva ou do evento competitivo do atleta. Desse modo, priorizar exercícios monoarticulares em detrimento de multiarticulares em atletas saudáveis pode ser uma escolha discutível, visto que tal abordagem pode limitar suas potenciais adaptações de força.[8,18,141,189]

PONTO-CHAVE

Os exercícios prescritos podem influenciar de maneira significativa as características de produção de força máxima e rápida de um atleta.

Frequência

A frequência das sessões de treinamento pode variar de acordo com o *status* de treinamento do atleta, com os objetivos das diferentes fases de treinamento, com o momento dentro da periodização do treinamento e com a quantidade de competições em um determinado intervalo. Embora o efeito de distintos períodos de treinamento sobre as adaptações de força seja tratado posteriormente neste capítulo, é relevante considerar a frequência do treinamento dentro de uma perspectiva de relação dose-resposta. Um atleta iniciante pode se beneficiar de uma frequência menor de sessões de treinamento antes de progredir para frequências mais elevadas;[123,180] isso, por sua vez, pode possibilitar ao atleta desenvolver sua capacidade de trabalho e tolerância a intensidades de treinamento mais altas. Deve-se observar que a frequência de treinamento pode não afetar de maneira significativa as adaptações de força quando o volume é igualado;[36,60,154] entretanto, em estudos anteriores nos quais o volume não foi controlado, observou-se maior aprimoramento com a utilização de frequências de treinamento mais altas.[60] Em relação aos objetivos de cada fase de treinamento, frequências mais altas podem expor o atleta a um estímulo geral maior, o que pode beneficiar uma variedade de características de força muscular. Contudo, é importante notar que frequências mais elevadas podem resultar em maiores volumes de treino e, consequentemente, em maior fadiga. Portanto, profissionais da área de força e condicionamento podem se beneficiar das características de força-resistência e produção rápida de força se a frequência do treinamento for aumentada ou diminuída, respectivamente.

Ordem dos exercícios

A ordem dos exercícios prescritos em uma sessão de treinamento pode afetar a capacidade do atleta de realizar repetições subsequentes de outros exercícios, especialmente quando grupos musculares semelhantes são utilizados.[182] Assim, os profissionais da área de força e condicionamento devem programar os exercícios de maior demanda neuromuscular para o início da sessão de treinamento; essa ordem pode possibilitar que os primeiros exercícios recebam os maiores benefícios de força.[43,183,184] No entanto, deve-se observar que o método de treinamento adotado pode igualmente influenciar a ordem dos exercícios; por exemplo, complexos de potenciação podem empregar tanto exercícios de alta força[205,206] quanto de alta velocidade[27] com o objetivo de promover, de maneira aguda, melhorias nas características de produção de força do atleta em um exercício subsequente. Apesar de ambas as ordens de exercícios poderem gerar adaptações positivas,[117] a natureza dessas adaptações pode ser altamente individualizada, em função tanto do delineamento do protocolo quanto das particularidades do atleta.[201]

Volume

O impacto do volume sobre as adaptações de força muscular pode estar baseado na relação dose-resposta.[146,153] Embora as características de força máxima dos atletas possam inicialmente se beneficiar de volumes adicionais de treinamento,[103] volumes maiores podem produzir mais fadiga[229] e afetar negativamente as características de produção rápida de força;[115,198] no entanto, isso também pode depender do indivíduo e da intensidade relativa do treinamento. É importante que atletas iniciantes sejam expostos a volumes maiores de treinamento não apenas para melhorar sua capacidade de trabalho, mas também para solidificar sua técnica por meio de uma maior quantidade de repetições. Como já salientado, acréscimos na frequência de treinamento também podem afetar o volume total de treino ao qual um atleta é exposto. Assim, é importante que os profissionais da área de força e condicionamento priorizem a qualidade do treinamento em vez da quantidade, especialmente à medida que o tempo em treinamento (idade de treinamento) do atleta aumenta. Isso, por sua vez, pode reduzir o potencial de sobrecarga não funcional, treinamento excessivo e lesão, ao mesmo tempo que promove adaptações positivas na força muscular.

PONTO-CHAVE

Embora as características de força máxima dos atletas possam inicialmente se beneficiar de volumes adicionais de treinamento, volumes maiores podem produzir mais fadiga e afetar negativamente as características de produção rápida de força.

Estrutura das séries

As séries de exercícios podem ser prescritas de diversas maneiras, incluindo a forma tradicional ou diferentes configurações de séries agrupadas.[133] Embora o uso de séries tradicionais, nas quais os atletas realizam todas as repetições prescritas em sequência, possa ajudar a desenvolver as características de produção de força de um atleta, esse tipo de série não está isento de limitações. Séries tradicionais podem ser caracterizadas por uma redução na velocidade de movimento[58,215] e pela deterioração da técnica,[72] especialmente quando é realizada uma quantidade elevada de repetições. Como isso pode afetar negativamente o estímulo geral do treino, os profissionais da área de força e condicionamento podem considerar dividir a série maior em séries menores, denominadas *séries agrupadas*. Os principais benefícios das séries agrupadas incluem a possibilidade de utilizar cargas mais pesadas, manter maiores velocidades de movimento e melhorar a qualidade geral do trabalho,[63,215] os quais podem melhorar o estímulo para as características de produção de força máxima e rápida.

Intensidade

Não há dúvida de que cargas de treino mais pesadas podem beneficiar as características de força máxima de um atleta. Embora isso possa levar alguns profissionais da área de força e condicionamento a prescrever cargas elevadas executadas até a falha, é importante observar que esse método de prescrição pode não proporcionar benefícios adicionais de força em comparação ao uso de cargas submáximas não executadas até a falha.[40,146] No entanto, a literatura incentiva o uso tanto de cargas pesadas quanto leves, com uma variedade de estratégias para promover o desenvolvimento das características de produção de força máxima e rápida.[62,136,137,199] Ao avaliar a intensidade do treinamento, os profissionais da área de força e condicionamento devem considerar também a velocidade e a fase do *sprint*,[132] assim como o ângulo[74] e a velocidade de entrada[37] em tarefas de mudança de direção. Isso se justifica porque esses parâmetros do treinamento são componentes essenciais para o desenvolvimento tanto das habilidades específicas do esporte quanto das características de força do atleta.

PONTO-CHAVE

Treinar até a falha pode não proporcionar benefícios adicionais de força em comparação ao uso de cargas submáximas não executadas até a falha.

Intervalos de descanso

Como já salientado, a qualidade do treinamento é de suma importância quando se trata de desenvolver as características de produção de força de um atleta. Nesse sentido, pesquisadores sugerem que se deve utilizar *intervalos de descanso* mais longos *entre séries* quando o objetivo é melhorar a força.[156,169] É importante observar que, embora pesquisas prévias tenham sido realizadas com séries tradicionais de treinamento, os *intervalos de descanso intrassérie* também podem ser usados durante séries agrupadas para beneficiar o estímulo de produção de força máxima e rápida que o atleta recebe. Por exemplo, *intervalos de descanso* mais longos entre repetições podem melhorar a qualidade global do trabalho realizado,[73] possibilitando que o atleta preserve melhor sua técnica[72] e, além disso, contribuindo para reduzir a percepção subjetiva de esforço.[71] De forma geral, intervalos de descanso mais longos – utilizados tanto em séries tradicionais quanto em séries agrupadas – podem promover melhor adaptação na força muscular em comparação com intervalos mais curtos.

Impacto da estrutura de ano de treinamento

A estrutura do ano de treinamento pode influenciar diretamente o grau em que um atleta é capaz de desenvolver e manifestar suas capacidades de produção de força. De modo geral, o ano de treinamento costuma ser segmentado nas seguintes fases: fora de temporada (*off-season*), pré-temporada (*preseason*), temporada competitiva (*in-season*) e pós-temporada (*postseason*). A ênfase principal de cada fase deve estar no desenvolvimento de adaptações fisiológicas específicas que contribuem para as características de produção de força de um atleta. No entanto, o estímulo de treinamento prescrito e o volume associado de prática esportiva ou competições podem afetar a capacidade de um atleta de realizar adaptações específicas na força muscular. Os parágrafos a seguir discutem como as diferentes partes da temporada de treinamento podem afetar as adaptações de produção de força dos atletas.

PONTO-CHAVE

O estímulo de treinamento prescrito e o volume associado de prática esportiva ou competições podem afetar a capacidade de um atleta de realizar adaptações específicas na força muscular.

Fora de temporada (*off-season*)

Os ganhos mais expressivos no desempenho tendem a ocorrer durante a fase fora de temporada do treinamento, uma vez que há menor volume de treinamento específico da modalidade, possibilitando concentrar a ênfase no desenvolvimento físico do atleta. Sob a perspectiva do desenvolvimento de força, o período fora de temporada é quando se pode desenvolver os mecanismos essenciais para a produção de força; isso pode incluir mudanças na arquitetura muscular (p. ex., desenvolvimento de maiores magnitudes de massa muscular) e treinamento de alta intensidade para melhorar a capacidade de produção de força máxima do atleta.[203] De modo geral, o treinamento na fase fora de temporada é caracterizado por volumes mais altos de atividade, que podem coincidir com maior acúmulo de fadiga. Embora isso possa afetar negativamente as características de produção rápida de força,[115,198] esses efeitos de treinamento podem ser temporários e são resolvidos à medida que o volume é reduzido e a intensidade é aumentada quando o atleta entra na fase de pré-temporada. No entanto, deve-se observar que a prescrição de treinamento específico à tarefa pode atenuar a redução na produção rápida de força, o que pode favorecer de forma mais significativa as características essenciais para a produção de força.[211]

Pré-temporada (*preseason*)

O principal objetivo da pré-temporada é consolidar o que foi obtido durante a fase fora de temporada, a fim de preparar o atleta para a competição. Por exemplo, se o foco da fase fora de temporada foi aumentar a massa muscular do atleta, a fase de pré-temporada pode funcionar como o momento destinado a transformar esse potencial em ganhos efetivos de produção de força máxima.[203] Além da produção de força máxima, é importante que os profissionais da área de força e condicionamento deem ênfase ao desenvolvimento das características de produção rápida de força durante essa fase, a fim de aumentar tanto a especificidade do treinamento quanto a probabilidade de transferência para as tarefas de desempenho esportivo. Em geral, alcança-se esse objetivo reduzindo o volume e aumentando a intensidade durante as sessões de treinamento, mas também fornecendo uma combinação de estímulos de treinamento que enfatizem ambas as características.[62,199] Outro benefício associado a essas manipulações no treinamento é possibilitar que os profissionais da área de força e condicionamento controlem a fadiga, especialmente quando o volume de treinamentos específicos do esporte aumenta na fase que antecede a competição. Em esportes individuais em que há apenas uma competição principal, a diminuição do volume ou da frequência, associada ao aumento ou à manutenção da intensidade, pode favorecer um processo de redução gradual mais eficiente e resultar em um desempenho superior.[23,131,212]

Temporada competitiva (*in-season*)

Os principais objetivos do treinamento durante a temporada competitiva são, no mínimo, manter as características de produção de força desenvolvidas durante as fases fora de temporada e pré-temporada, alcançar o pico de desempenho nos eventos mais importantes da temporada competitiva e gerenciar a fadiga. O treinamento durante a temporada competitiva em geral é caracterizado por volumes menores de treinamento, incluindo frequências mais baixas, ao mesmo tempo que se utilizam métodos de treinamento ou exercícios que possibilitam ao atleta continuar produzindo altas magnitudes e taxas de desenvolvimento de força. Como a quantidade de competições em uma temporada (p. ex., esportes coletivos *vs.* individuais) ou no período específico da temporada podem variar (p. ex., torneios, mudanças de cronograma), os profissionais da área de força e condicionamento devem adaptar os programas de modo a prescrever o estímulo de treinamento mais eficaz. Em outras palavras, é importante enfatizar os estímulos de treinamento com a maior relação "retorno-investimento", sem adicionar volume adicional que possa contribuir para a fadiga. Por exemplo, embora os exercícios unilaterais possam aumentar a ativação muscular da musculatura envolvida em maior extensão do que o treinamento bilateral,[120] esses exercícios apresentam limitações quanto à possibilidade de aplicação de cargas elevadas; além disso, podem demandar maior volume de repetições, uma vez que ambos os membros precisam ser trabalhados individualmente[203] (p. ex., afundos). Esse fator pode influenciar tanto a eficiência do exercício quanto o tempo total da sessão.

Pós-temporada (*postseason*)

A temporada competitiva tende a impor elevadas demandas físicas e psicológicas ao atleta; por essa razão, o período de pós-temporada deve ser caracterizado por uma diminuição no volume e na intensidade globais do treinamento, de modo a favorecer a recuperação. Estudos indicaram que a cessação do treinamento pode impactar de maneira substancial as características de força muscular dos indivíduos.[22] Contudo, aqueles com *status* de treinamento mais elevado evidenciaram diminuições menos pronunciadas no desempenho, indicando maior aptidão para reter essas características. Ainda que o treinamento não seja totalmente suspenso na fase de pós-temporada, recomenda-se que os profissionais de força e condicionamento diminuam a ênfase no aprimoramento da produção de força máxima e rápida nesse período inicial. Em contrapartida, deve-se enfatizar a recuperação e a prática de padrões básicos de movimento. A falta desse ajuste pode, ao contrário, promover o excesso de treinamento não funcional e, potencialmente, o sobretreinamento,[50,52,192,195] uma vez que o atleta pode não ter se recuperado completamente dos efeitos da temporada competitiva.

Destreinamento (*detraining*)

O processo de destreinamento está fundamentado em um princípio específico do treinamento denominado *reversibilidade*. Segundo esse princípio, um atleta pode experimentar deterioração ou perda de sua capacidade de produção de força; esse princípio é discutido com mais detalhes no Capítulo 4. Há uma variedade de situações em que um atleta pode perder sua capacidade de produzir força (p. ex., remoção de um estímulo de treinamento, lesão, treinamento monótono). Portanto, é importante que o profissional da área de força e condicionamento esteja ciente do problema, organize um plano para mitigar potenciais prejuízos e forneça um estímulo de treinamento que, por fim, promova o desenvolvimento de produção de força máxima e rápida.

Como mencionado, uma lesão é uma situação comum que pode levar ao destreinamento de características específicas da força muscular. Depois de uma lesão, a equipe de medicina esportiva deve implementar estratégias para restabelecer padrões motores voltados à execução de funções básicas antes de implementar movimentos e habilidades específicos do esporte (p. ex., flexão ou extensão de joelho antes de agachar e saltar). No entanto, depois que um atleta é capaz de executar padrões básicos de movimento novamente, é importante restabelecer sua capacidade de produzir e aplicar força muscular, além de melhorar sua coordenação motora.[159,160] Os protocolos de retorno à prática esportiva variam ao longo de um espectro, de acordo com as limitações do atleta. Enquanto protocolos de reabilitação em estágio inicial podem incluir séries de alta repetição com cargas baixas ou muito baixas (p. ex., 3 séries de 10 repetições usando apenas com o peso corporal), os atletas devem ser progressivamente expostos a cargas mais elevadas a fim de submeter os tecidos previamente lesionados a maiores exigências, possibilitando, dessa forma, desenvolver e melhorar suas características de produção de força. Estudos concluíram que o treinamento de força muscular pode reduzir lesões para menos de um terço e reduzir pela metade as lesões por uso excessivo;[108] comprovaram ainda que um aumento progressivo de 10% no volume de treinamento de resistência também pode diminuir a ocorrência de lesões.[107] De acordo com o âmbito de atuação, a equipe de medicina esportiva deve ser a primeira a fornecer ao atleta lesionado um estímulo inicial de treinamento; no entanto, é exceção, e não a regra, que esses profissionais conheçam conceitos de desempenho na mesma medida em que compreendem a reabilitação de tecidos lesionados. Assim, é importante que haja um esforço colaborativo entre os profissionais da medicina esportiva e da área de força e condicionamento para que seja desenvolvido um protocolo de retorno ao jogo bem estruturado, promovendo o desenvolvimento das características de força muscular do atleta. Por exemplo, se um atleta tem amplitude de movimento limitada, um profissional da área de força e condicionamento pode sobrecarregá-lo dentro de suas limitações e, ao mesmo tempo, fornecer um estímulo de treinamento eficaz. É importante que o principal responsável pelo programa de retorno ao jogo compreenda as características biomecânicas das habilidades esportivas e das tarefas realizadas pelo atleta durante a competição e que, então, elabore o programa de maneira a possibilitar o redesenvolvimento de padrões motores eficazes para cada habilidade ou tarefa.[126]

PONTO-CHAVE

É importante que haja um esforço colaborativo entre os profissionais da medicina esportiva e da área de força e condicionamento para que seja desenvolvido um protocolo de retorno ao jogo bem estruturado, promovendo o desenvolvimento das características de força muscular do atleta.

Estressores externos

Apesar de os profissionais de força e condicionamento terem a capacidade de gerenciar os aspectos operacionais em diversos ambientes ou centros de treinamento, nem sempre é viável contabilizar os estressores externos que afetam um atleta. Por exemplo, tanto o estresse acadêmico quanto problemas de relacionamento podem comprometer de maneira adversa a capacidade de um atleta de treinar de forma eficiente.[111] Além disso, estudos mostraram que períodos de alto estresse acadêmico aumentam a probabilidade de restrições decorrentes de lesão em jogadores de futebol americano da primeira divisão da NCAA, independentemente de o atleta jogar regularmente.[116] Estudos também mostraram que, embora tenham sido observadas melhorias iniciais nas características de força muscular durante a primeira fase de um semestre universitário, observaram-se quedas no desempenho quando cargas adicionais de estresse de condicionamento foram introduzidas na segunda metade do semestre.[128] Se esses resultados forem combinados com o estresse acadêmico adicional que pode ocorrer no final de um semestre típico em razão das provas finais, a capacidade de um atleta de treinar e melhorar suas características de força pode ser negativamente afetada. No entanto, fatores adicionais, como maus hábitos de sono e nutrição inadequada, também podem agravar essas questões. Assim, os profissionais da área de força e condicionamento devem desenvolver protocolos eficazes de avaliação dos atletas e cultivar relacionamentos sólidos com eles a fim de monitorar o progresso (ou regressão) e, ao mesmo tempo, combater o impacto que os estressores externos podem ter sobre o desempenho, dentro de seu âmbito de prática. Informações adicionais sobre a avaliação da força muscular e considerações de recuperação são apresentadas, respectivamente, nos Capítulos 9 e 12.

Pontos principais discutidos no capítulo

- Ao serem submetidos a um estímulo novo, os atletas podem manifestar modificações em suas características de produção de força muscular, decorrentes tanto de processos de aprendizagem motora quanto de alterações no tipo de fibra muscular, nos padrões de ativação e disparo das unidades motoras, nas influências do sistema neuroendócrino ou ainda na arquitetura do músculo.
- As primeiras adaptações relacionadas ao desenvolvimento da força decorrem, sobretudo, de ajustes neurais, incluindo maior recrutamento de unidades motoras, elevação da frequência de disparos e da sincronização, além da diminuição da inibição neural.
- Expor atletas a diferentes restrições de tarefa pode favorecer uma maior eficiência motora, ao possibilitar que identifiquem soluções de movimento mais adequadas. Consequentemente, isso pode contribuir para que desenvolvam a habilidade de empregar sua "força recentemente adquirida" na produção e aplicação da força de forma mais efetiva.
- A magnitude e o momento das adaptações experimentadas podem depender do estímulo que um atleta recebe; esse estímulo pode ser modificado conforme a escolha dos exercícios, a frequência das sessões de treinamento, a ordem de execução dos exercícios, o volume total, a organização das séries, a intensidade aplicada e a duração dos intervalos de descanso.
- A fase do ano de treinamento, a presença de lesões e estressores externos também podem afetar a maneira como o atleta se adapta a diferentes estímulos de treinamento.
- Deve-se adotar uma abordagem interdisciplinar ao desenvolver protocolos de retorno ao jogo para atletas lesionados, incluindo tanto a equipe de medicina esportiva quanto os profissionais da área de força e condicionamento.
- Os profissionais da área de força e condicionamento não devem subestimar o impacto dos estressores externos não relacionados ao treinamento físico sobre as características de produção de força de seus atletas.

3

Mecanismos da produção de força muscular

Existem vários fatores que podem influenciar a capacidade humana de produzir força muscular. Este capítulo destacará e discutirá diversas considerações fisiológicas, biomecânicas e de aprendizagem motora que podem afetar o desenvolvimento da força muscular. No entanto, é importante notar que os mecanismos que melhoram a capacidade de produzir força de um atleta são multifatoriais e podem ser influenciados por seus níveis de força,[14] *status* de treinamento[34] e genética. Para prescrever com eficácia diferentes estratégias de treinamento a fim de melhorar as características de produção de força máxima e rápida de seus atletas, é importante que os profissionais da área de força e condicionamento entendam os mecanismos essenciais para a produção de força muscular. Portanto, o objetivo deste capítulo é destacar muitos dos fatores que influenciam as capacidades de produção de força de um atleta, o que pode, por consequência, modificar suas habilidades de força.

Genética e epigenética (natureza e ambiente)

O matemático, filósofo e lógico britânico Bertrand Russell escreveu certa vez: "escolha seus pais com sabedoria".[223] Embora o contexto dessa citação não se referisse às capacidades de desempenho de um atleta, é importante reconhecer que pode não haver substituto para o talento inato (i.e., genético) no que diz respeito ao sucesso esportivo e à capacidade de adaptação e recuperação.[252] Os atletas podem herdar características específicas – como um somatótipo mais mesomórfico,[205,239] concentrações mais altas de testosterona e tipos específicos de fibras musculares e funcionalidades enzimáticas metabólicas –,[68,150,195] que podem beneficiar suas características de produção de força. Assim, a menos que sejam seus pais biológicos, os profissionais da área de força e condicionamento não são capazes de influenciar as características genéticas herdadas por um atleta; no entanto, eles têm a capacidade de influenciar de maneira significativa a adaptação do atleta por diferentes meios.

PONTO-CHAVE

Pode não haver substituto para o talento inato (i.e., genético) no que diz respeito ao sucesso esportivo e à capacidade de adaptação e recuperação.

As características epigenéticas referem-se a modificações herdáveis no DNA de um indivíduo que não alteram a sequência de nucleotídeos em si, mas que podem impactar os padrões de expressão dos genes.[63,88,289] Essas características são específicas de cada indivíduo e podem representar centros de controle cruciais que determinam a capacidade de desempenho de um atleta.[254] É importante salientar que múltiplos fatores podem afetar as características epigenéticas de um atleta; entre esses fatores incluem-se os estímulos oriundos do treinamento, a qualidade da interação entre treinador e atleta, os padrões de sono, a alimentação, as demandas de trabalho, as viagens, a vida social, as lesões, entre outros.[88,254] Isso, por sua vez, pode afetar de forma significativa a recuperação e a adaptação de um atleta e, em última instância, sua expressão de força muscular. Essa noção remete a um tema de debate frequente: natureza (genética) *versus* ambiente (treinamento). Georgiades et al.[88] (p. 835) resumiram essa relação da seguinte maneira:

Apesar dessa complexidade, evidências avassaladoras e acumuladas – obtidas por meio de pesquisas experimentais realizadas ao longo de quase dois séculos – inclinam a balança a favor da natureza no debate entre "natureza" e "ambiente". Em outras palavras, atletas verdadeiramente de elite são construídos – mas apenas a partir daqueles que nasceram com habilidades inatas.

À luz dessas considerações, deve-se destacar que atletas com predisposição genética favorável podem alcançar desempenhos esportivos de sucesso, ainda que o processo de treinamento não tenha promovido aprimoramentos significativos em sua preparação física.[224] No entanto, os profissionais da área de força e condicionamento também devem considerar a "janela de adaptação", pois cada atleta pode responder de maneira diferente a um estímulo de treinamento específico.[46,68,113,221] Portanto, mesmo que os fatores epigenéticos sejam determinados geneticamente,[18,63,88] deve-se levar em conta que o potencial de adaptação diminui progressivamente à medida que os atletas se aproximam de sua capacidade genética máxima.[8] Dado que a genética, a idade de treinamento e o comprometimento de um atleta podem influenciar sua adaptação ao treinamento,[90] é importante que os profissionais da área de força e condicionamento implementem estratégias para maximizar o potencial de adaptação (p. ex., programas de treinamento individualizados, monitoramento do indivíduo, educação do atleta) simultaneamente, reconhecendo o impacto que fatores externos podem ter sobre o desempenho.[161]

Para compreender melhor a influência da genética no desempenho esportivo, realizaram-se grandes projetos genômicos multinacionais.[212] Dois polimorfismos genéticos – a inserção/deleção da enzima conversora de angiotensina I (ACE I/D) e o gene da α-actinina-3 (ACTN3) R577X – receberam considerável atenção na literatura da área de força e condicionamento. Enquanto a ACE I/D tem sido comumente associada a eventos de resistência,[44,162,269] a ACTN3 foi relacionada a eventos de força-potência[67,162,163,202] e a melhores características de força muscular.[43,211,276,280,293] No entanto, deve-se observar que também foram encontrados resultados conflitantes.[10,191,194,218,222] Embora as pesquisas sobre a influência de características genéticas específicas no desempenho de atletas ainda estejam em desenvolvimento, os achados de tais estudos podem influenciar atletas, pais, treinadores e entidades reguladoras nacionais a submeterem amostras para testes genéticos. Entretanto, é fundamental que os consumidores reflitam sobre a magnitude da influência que cada uma dessas características pode ter no desempenho e reconheçam, ao mesmo tempo, as limitações inerentes a esse tipo de avaliação.[284] Para uma compreensão mais aprofundada do panorama atual dos testes de DNA e de sua relação com a identificação de talentos, recomenda-se que os leitores consultem a revisão publicada em 2022 por Varillas-Delgado et al.[274]

Tipo de fibra muscular

Como já discutido, as características genéticas de determinados atletas podem conferir a eles a habilidade inata de produzir forças de maior magnitude e mais rapidamente em comparação com aqueles que não apresentam as mesmas características. Parte disso pode ser explicada pelas características herdadas do tipo de fibra.[68,150,195] É importante salientar que há múltiplos métodos para classificar os diferentes tipos de unidades motoras e de fibras musculares, incluindo as propriedades contráteis,[35,36] os esquemas histoquímicos fundamentados na atividade da ATPase da miosina e em características enzimáticas,[16,207] a análise da ATPase miofibrilar[33,208,243] e os procedimentos de imuno-histoquímica voltados à identificação das cadeias pesada e leve da miosina.[45,257] Embora isso possa modificar a quantidade de tipos de fibras musculares identificados, a discussão atual será centrada em três tipos fundamentais de fibras: tipo I, tipo IIa e tipo IIx (Tab. 3.1).

A composição das fibras de um atleta influencia diretamente sua capacidade de produção de força máxima e rápida.[30,178,206,208] Em resumo, as fibras do tipo IIx produzem as maiores forças, taxas de desenvolvimento de força e potência, seguidas, nesta ordem, pelas fibras dos tipos IIa e I. Portanto, atletas com maiores percentuais de fibras do tipo II em comparação com o tipo I têm maior potencial para produzir forças de maior magnitude e mais rapidamente. Pesquisadores apoiam essa ideia, já que velocistas,[47,263] halterofilistas[82,98,237] e arremessadores de peso[20] de elite e de nível internacional demonstraram ter maiores percentuais de fibras tipo II em comparação com fibras tipo I. Observaram-se achados semelhantes em levantadores de peso de nível nacional em comparação com indivíduos não treinados.[83] Os pesquisadores também constataram que os homens têm, em geral, maiores quantidades de fibras tipo II do que as mulheres.[95,193,242]

TABELA 3.1 Principais características dos tipos de fibras musculares

Característica	Tipos de fibra		
	I	IIa	IIx
Tamanho do neurônio motor	Pequeno	Grande	Grande
Limiar de recrutamento	Baixo	Intermediário/alto	Alto
Velocidade de condução nervosa	Lenta	Rápida	Rápida
Velocidade de contração	Lenta	Rápida	Rápida
Velocidade de relaxamento	Lenta	Rápida	Rápida
Resistência à fadiga	Alta	Intermediária/baixa	Baixa
Resistência	Alta	Intermediária/baixa	Baixa
Produção de força	Baixa	Intermediária	Alta
Potência	Baixa	Intermediária/alta	Alta
Teor de enzimas aeróbicas	Alto	Intermediário/baixo	Baixo
Teor de enzimas anaeróbicas	Baixo	Alto	Alta
Complexidade do retículo sarcoplasmático	Baixa	Intermediária/alta	Alta
Densidade capilar	Alta	Intermediária	Baixa
Teor de mioglobina	Alta	Baixa	Baixa
Tamanho e densidade mitocondrial	Alto	Intermediário	Baixo
Diâmetro da fibra	Pequeno	Intermediário	Grande
Cor	Vermelha	Branca/vermelha	Branca

Reproduzida de NSCA, *Essentials of Strength Training and Conditioning*, 4.ed., editada por G.G. Haff e N.T. Travis (Human Kinetics, 2016), 10.

PONTO-CHAVE

A composição das fibras de um atleta influencia diretamente suas capacidades de produção de força máxima e rápida.

Embora os atletas possam nascer com um percentual específico de fibras dos tipos I, IIa e IIx, pode ser possível modificar de forma significativa os tipos de fibras existentes (p. ex., de tipo I para tipo IIa) a fim de produzir características de produção de força mais favoráveis. Isso pode ser atribuído, em parte, à existência de fibras híbridas (p. ex., tipo IIax) no músculo esquelético. Essas fibras híbridas atuam como intermediárias durante as transições de tipo de fibra e organizam-se em um espectro funcional de fenótipos de fibras musculares.[175,210] Alterações no tipo de fibra podem ser decorrentes de diferenças na composição de cadeias pesadas de miosina ao longo do comprimento de fibras musculares individuais. Há evidências que sugerem que essas fibras híbridas podem desaparecer em função do volume e da intensidade prescritos no treinamento.[209,225,257,265] Em resumo, transições de tipo de fibra entre rápidas e lentas podem ser causadas por modificações na atividade neuromuscular, na carga mecânica e em condições como hipotireoidismo ou hipertireoidismo.[209,213] Na prática, volumes mais altos de treinamento tendem a causar mudanças no tipo de fibra em direção a fibras mais lentas, enquanto reduções de volume de treinamento podem induzir a mudanças no sentido oposto. Por exemplo, ao investigar as diferenças entre reduções progressivas graduais e exponenciais (*step vs. exponential tapers*) em levantadores de peso, Travis et al.[265] mostraram que transições de tipo de fibra podem ocorrer em apenas seis semanas. Embora a maior parte das evidências existentes apoie a ideia de que os tipos de fibras podem transitar ao longo do espectro de fibras do tipo II, ainda há debate sobre se a transformação completa da fibra (i.e., de tipo I para tipo II e vice-versa) pode ocorrer em seres humanos. Plotkin et al. realizaram uma discussão aprofundada das evidências disponíveis acerca das transições no tipo de fibra.[213]

Fatores neuromusculares

Há diversos fatores neuromusculares que podem contribuir para a capacidade de produção de força de um atleta, incluindo o recrutamento de unidades motoras, a frequência de disparo e a sincronização, bem como contribuições do ciclo de alongamento-encurtamento e da inibição neuromuscular. Os parágrafos seguintes apresentam uma visão geral de cada um desses fatores e de como eles contribuem para a força muscular.

Recrutamento de unidades motoras

A capacidade de recrutar maior quantidade de unidades motoras – e, por extensão, maior quantidade de fibras musculares – pode levar a melhorias tanto na produção de força máxima quanto na produção rápida de força.[111] As unidades motoras são recrutadas de acordo com seu tamanho (das menores para as maiores), de maneira sequencial; isso é frequentemente denominado *princípio do tamanho de Henneman* (ver Fig. 3.1).[112] Nesse sentido, as unidades motoras são recrutadas de acordo com as necessidades de produção de força (magnitude e taxa) de uma determinada tarefa, sendo as fibras de contração lenta tipo I recrutadas em tarefas menos exigentes, e as fibras de contração rápida tipo II recrutadas em tarefas mais exigentes. Pesquisadores mostraram que a ordem de recrutamento se mantém em ações lentas, graduais e isométricas,[180] bem como em ações balísticas.[58,59] Deve-se observar, entretanto, que, embora o princípio do tamanho seja válido durante ações balísticas, os limiares de recrutamento das unidades motoras podem ser reduzidos em razão da necessidade de maior magnitude e taxa de produção de força.[164,272] Isso serve como evidência de que as demandas de cada tarefa ditarão quais unidades motoras serão recrutadas.

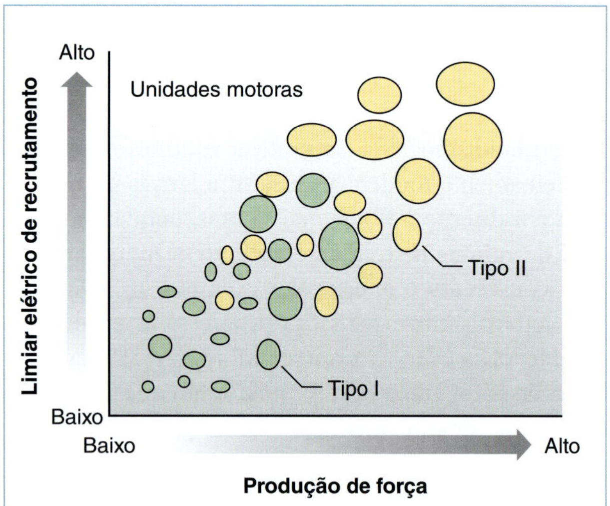

FIGURA 3.1 Representação gráfica do princípio do tamanho, segundo o qual as unidades motoras que contêm fibras dos tipos I (contração lenta) e II (contração rápida) são organizadas de acordo com algum fator relacionado com seu "tamanho". As unidades motoras de baixo limiar são recrutadas primeiro e têm capacidades de força menores do que as unidades motoras de limiar mais alto. Em geral, para ativar as unidades motoras de alto limiar, o organismo precisa inicialmente recrutar as unidades de baixo limiar. Todavia, há exceções, sobretudo em contrações de caráter explosivo e balístico, que podem recrutar seletivamente unidades de alto limiar para obter rapidamente mais força e potência.
Reproduzida de D. French, "Adaptations to Anaerobic Training Programs," in *Essentials of Strength Training and Conditioning*, 4.ed., editada para a National Strength and Conditioning Association por G.G. Haff e N.T. Triplett (Human Kinetics, 2016), 91.

Para que uma unidade motora se adapte a um estímulo, ela precisa ser recrutada. Embora todos os atletas precisem produzir força muscular durante uma competição, as exigências de seus eventos ditarão o tipo de unidade motora recrutada. Por exemplo, corredores de longa distância necessitam de elevados níveis de resistência muscular (i.e., a capacidade de produzir repetidamente forças submáximas por períodos prolongados); assim, é provável que esses atletas, em geral, recrutem unidades motoras de baixo limiar e de fadiga lenta (tipo I). A menos que a natureza de seu evento mude e passe a exigir que esses corredores produzam magnitudes de força maiores ou mais rápidas para sustentar o desempenho, é improvável que unidades motoras de alto limiar e fadiga rápida (tipo II) precisem ser recrutadas. Já os halterofilistas necessitam de grandes magnitudes e taxas de desenvolvimento de força para terem sucesso nos movimentos de arranco e arremesso. Assim, é provável que tanto unidades motoras de baixo quanto de alto limiar sejam recrutadas de acordo com a ordem de recrutamento. Aliás, pesquisadores sugeriram que o recrutamento preferencial de unidades motoras de alto limiar beneficiaria as características de produção rápida de força dos atletas.[62,138] De acordo com a literatura existente, parece ser benéfico implementar estratégias de treinamento que possibilitem aos atletas recrutar tanto unidades motoras do tipo I como do tipo II, de maneira condicional, a fim de aprimorar suas características de produção de força.

Frequência de disparo

A produção de força máxima e rápida também pode ser sustentada pela taxa na qual os impulsos neurais são transmitidos (i.e., "disparados") para as fibras musculares pelo neurônio motor α de uma determinada unidade motora (ver Fig. 3.2). Isso tem sido chamado de *frequência de disparo* (*rate coding*). Estudos mostraram um aumento significativo na produção de força (300 a 1.500%) quando a frequência de disparo

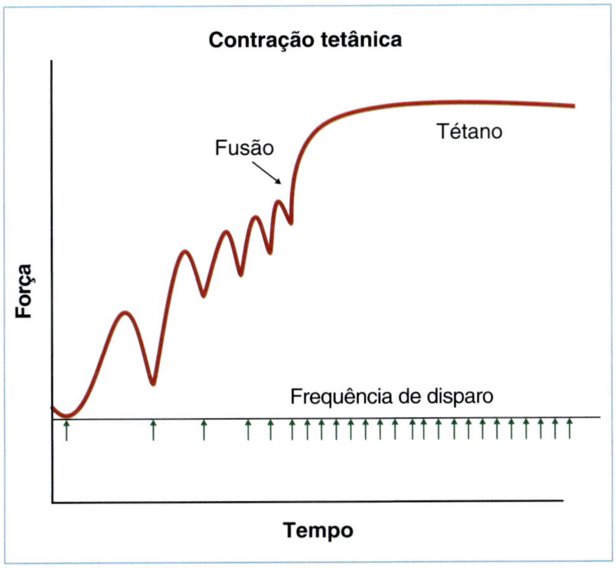

FIGURA 3.2 Influência da frequência de disparo na produção de força.
Adaptada de M. Stone, T. Suchomel, W. Hornsby, et al., *Strength and Conditioning in Sports:* From *Science to Practice* (Routledge, 2022), 27.

das unidades motoras aumenta de seu potencial mínimo para seu potencial máximo.[65] Por causa da relação entre frequência de disparo e aumento de cargas duplas (*doublet charges*, isto é, dois disparos consecutivos de uma unidade motora em um intervalo de 5 ms), a frequência de disparo tem sido associada a incrementos nas características de produção rápida de força.[272] Isso, por sua vez, pode sugerir que a frequência de disparo sustenta a capacidade de melhorar as características de força de um atleta durante tarefas dinâmicas que exigem grandes magnitudes de força em curtos períodos. Pesquisadores mostraram que 12 semanas de treinamento balístico podem melhorar a frequência de disparo das unidades motoras.[272] Assim, métodos de treinamento que incluem ações balísticas – como os movimentos do levantamento de peso olímpico e seus derivados,[156] bem como o *sprint*[226] – podem beneficiar as características de frequência de disparo de um atleta e, por extensão, suas características de produção de força.

Sincronização das unidades motoras

A *sincronização das unidades motoras* refere-se ao disparo simultâneo de múltiplas unidades motoras. Embora essa sincronização não pareça afetar positivamente o desenvolvimento de força isométrica máxima,[294] pode estar mais relacionada às características de produção rápida de força de um indivíduo.[233] O treinamento resistido é uma ferramenta eficaz para melhorar a sincronização das unidades motoras.[179] Essa concepção é corroborada pela frequência de exposição ao treinamento resistido, evidenciada pelas diferenças nos padrões de sincronização observadas entre levantadores de peso em comparação com músicos e indivíduos não treinados.[236] Assim como outros mecanismos essenciais para a produção de força muscular, a sincronização das unidades motoras pode ser aprimorada pela implementação de treinamento resistido pesado.[4] Deve-se observar, no entanto, que o treinamento balístico não melhorou a sincronização das unidades motoras em um estudo,[272] mas foi aprimorada durante ações musculares rápidas em outro.[235] Por causa desses achados conflitantes envolvendo o treinamento balístico, são necessárias mais pesquisas na área. No entanto, parece que tanto métodos de treinamento pesado quanto balístico têm o potencial de produzir adaptações favoráveis na sincronização das unidades motoras a fim de melhorar ainda mais as características de produção de força máxima e rápida.

Contribuição do ciclo de alongamento-encurtamento

As ações do ciclo de alongamento-encurtamento ocorrem quando uma ação excêntrica (alongamento do músculo) precede uma ação concêntrica (encurtamento do músculo), em que ambas são realizadas em sucessão imediata. Estudos indicaram que os ciclos de alongamento-encurtamento podem beneficiar as características de produção de força de um atleta.[25,51] A melhora da fase concêntrica resulta de uma interação de diferentes mecanismos, entre os quais se destacam a utilização da energia elástica acumulada, a ativação do reflexo de estiramento e a realização das ações musculares em um comprimento de músculo otimizado, associado a padrões de ativação muscular mais eficientes.[25,26] Meechan et al.[176,177] mostraram que as características de produção de força foram aprimoradas durante variações da puxada do levantamento de peso olímpico quando um contramovimento foi incluído.

Inibição neuromuscular

A *inibição neuromuscular* pode ser definida como uma redução do impulso motor neural de grupos musculares que afeta negativamente a produção de força devido ao *feedback* neural proveniente de receptores musculares e articulares durante ações musculares voluntárias.[85] Em outras palavras, o *feedback* enviado a partir de receptores musculares e articulares resulta em uma redução na quantidade de força produzida. Assim, se possível, um dos objetivos do treinamento de força deve ser reduzir a inibição neuromuscular de modo a possibilitar uma maior produção de força. Aagaard et al.[4] indicaram que o treinamento de resistência com altas cargas pode atenuar os mecanismos de inibição neural e favorecer o aumento da produção de força. Esse efeito ocorre em parte pela redução do *feedback* aferente proveniente das fibras do tipo Ib para o conjunto de neurônios motores espinais. Outros estudos mostraram uma redução da inibição neuromuscular[3] e uma melhora na produção rápida de força[2] após o treinamento resistido, simultaneamente ao incremento no impulso motor neural espinal e supraespinal. Os ganhos na produção de força máxima tendem a ocorrer em paralelo à realização de treinamentos de resistência com cargas elevadas. De acordo com as evidências disponíveis, esses ganhos podem ser, em parte, explicados pela diminuição da inibição neuromuscular.

Sistema neuroendócrino

O *sistema neuroendócrino* combina aspectos dos sistemas nervoso e endócrino a fim de controlar a homeostase e outras funções biológicas no nível celular.[135,136] Diversos ciclos de *feedback* negativo e positivo, bem como fatores externos – como a nutrição –, podem influenciar significativamente as respostas hormonais.[135] Deve-se notar que as concentrações de cada hormônio antes, durante ou após o treinamento parecem ser ditadas por aspectos diversos do programa de treinamento (p. ex., método de exercício, volume total, intensidade aplicada, intervalos de descanso).[147] Os hormônios regulam as demandas do metabolismo, manipulam a regulação hídrica, afetam o crescimento dos tecidos, adaptam a síntese e a degradação de proteínas, influenciam o uso de substratos energéticos e têm o potencial de alterar o estado de humor de um atleta.[74] Como esses efeitos e adaptações podem ter um impacto direto na hipertrofia e na força muscular, uma breve discussão se justifica. Observa-se que os hormônios – como o hormônio do crescimento humano, fatores de crescimento semelhantes à insulina, insulina e glucagon – podem afetar significativamente a hipertrofia e a atrofia do músculo esquelético;[74,134,228] no entanto, não exercem influência direta no aumento da força muscular. Assim, nos concentraremos no efeito que as catecolaminas, a testosterona e o cortisol exercem sobre as características de força dos atletas.

Catecolaminas

As *catecolaminas* atuam como neurotransmissores ou hormônios circulantes.[89,92,291] Sua liberação pode resultar em aumento da produção de força, da taxa de contração muscular, da pressão e fluxo sanguíneos, além da disponibilidade de energia, mas também pode intensificar as taxas de secreção de outros hormônios (p. ex., testosterona).[134,148] A justificativa para isso pode estar relacionada à resposta antecipatória antes de um treinamento desafiador,[75] que promove um aumento do estado de alerta e desencadeia uma série de adaptações fisiológicas relacionadas ao aproveitamento de substratos – como diminuição da captação de glicose pelas células, elevação da secreção de glucagon e intensificação da lipólise –, além de favorecer a redistribuição do sangue em direção aos músculos em exercício.[74] Além disso, as catecolaminas podem atuar como potentes estimuladores do sistema motor central e como agentes vasodilatadores periféricos. Elas também intensificam a atividade enzimática e a liberação de cálcio no tecido no músculo,[146] contribuindo para uma elevação aguda da capacidade de produção de força.

A concentração de epinefrina circulante pode se elevar em exercícios realizados a cerca de 40% do consumo máximo de oxigênio ($\dot{V}O_{2máx}$);[174] entretanto, incrementos expressivos ocorrem em intensidades mais altas.[168] Estudos mostraram que o treinamento de resistência com carga elevada e alta potência resulta em uma elevação significativa nos níveis plasmáticos de catecolaminas pós-treino.[144] Apesar de estudos demonstrarem que o exercício anaeróbio pode provocar um incremento de até quinze vezes nos níveis séricos de catecolaminas,[132,172] foi constatado que elevações pós-exercício dos níveis de epinefrina correlacionam-se com os mais expressivos ganhos de força muscular.[75,215] Fry et al.[79] mostraram correlações significativas entre os níveis plasmáticos de catecolaminas (epinefrina e norepinefrina) e a porcentagem de mudança na força. No entanto, deve-se observar que o treinamento crônico pode atenuar as respostas de catecolaminas desencadeadas pelo exercício.[155] Isso sugere que pode haver um fenômeno de acomodação associado ao processo de treinamento.[74]

Testosterona

A testosterona é reconhecida como o principal hormônio anabólico existente.[279] Sugeriu-se que fosse usada como um marcador fisiológico representativo do estado anabólico tanto em homens como em mulheres.[103,151] Embora a testosterona sinalize a síntese de proteínas e possa reduzir sua degradação – o que pode beneficiar o tamanho do músculo[74] –, ela exerce também funções no sistema nervoso: interage com receptores neuronais, eleva a liberação de neurotransmissores, promove o aumento do corpo celular e de parâmetros dendríticos (como comprimento e diâmetro), além de modular alterações em proteínas estruturais, contribuindo de modo adicional para a produção de força.[23,24,81,131,185] Adicionalmente, evidências indicam que elevações nos níveis séricos de testosterona estão associadas não apenas ao aumento da força muscular, mas também à transformação de fibras do tipo IIx em IIa.[244] Esses níveis elevados também têm sido correlacionados com hipertrofia muscular, maior capacidade de produção de força máxima e rápida, além de incrementos na potência.[29,101,255] Na realidade, a testosterona pode potencializar as adaptações neurais associadas às melhorias de força em atletas de força e potência com alto nível de treinamento.[96,104] Essas adaptações podem ser ainda mais acentuadas quando o programa de treinamento resistido é estruturado de modo a promover elevação das concentrações séricas de testosterona.[106,219]

Bhasin et al.[19] determinaram que doses suprafisiológicas de testosterona (600 mg/semana) produziram um aumento de 17,7% na força no *leg press*, apesar da ausência de estímulo de treinamento resistido. Em homens, a testosterona pode ser elevada tanto após atividade aeróbia de alta intensidade quanto treinamento resistido,[86,145] com aumentos potencialmente pequenos também ocorrendo em mulheres após treinamento resistido.[190,277] O aumento nos níveis de testosterona parece ser proporcional à intensidade relativa, ao volume e ao tamanho da musculatura envolvida durante o exercício aeróbio[126,290] e anaeróbio[125,132,140,143,173,231,285] Adicionalmente, há evidências de que os níveis plasmáticos de testosterona podem aumentar de forma aguda quando se utilizam combinações de exercícios multiarticulares que recrutam grandes grupos musculares, aliados à aplicação de cargas elevadas (85 a 95% de 1 RM), volumes moderados a altos de treinamento, curtos intervalos de descanso e prática consistente de treinamento resistido por um período mínimo de 2 anos.[69,78,139,140] Curiosamente, programas de treinamento voltados a melhorar adaptações morfológicas, com a utilização de volumes elevados de treinamento, parecem produzir maiores níveis séricos de testosterona quando comparados a programas voltados ao aumento de força sustentado por adaptações neurais.[49,141,157]

O treinamento resistido pode não produzir alteração ou até mesmo levar a uma diminuição nas concentrações de testosterona em homens jovens sedentários e moderadamente treinados[196,256] e em homens de meia-idade,[188] mas pode aumentar a testosterona em repouso em meninos,[270] homens treinados em resistência,[244] homens sedentários de meia-idade[127] e mulheres jovens.[167] Apesar de a testosterona alcançar seu pico pela manhã nos homens, não parece haver diferença nas melhorias de força máxima entre sessões de treinamento resistido realizadas pela manhã ou à tarde.[232] Em contraste, há pouca variação nos níveis séricos de testosterona em mulheres; no entanto, os pequenos aumentos que elas apresentam após um treinamento resistido podem beneficiar desempenhos subsequentes.[277] Deve-se observar que homens mais jovens (i.e., 30 anos) apresentaram concentrações mais altas de testosterona livre após o treinamento resistido em comparação aos de mais idade (i.e., 62 anos).[142] Além disso, atletas treinados em resistência apresentaram respostas de testosterona maiores em comparação a indivíduos treinados em resistência[266] e não treinados.[5] Ademais, aqueles que competem em esportes de força e potência podem apresentar maiores concentrações de testosterona circulante em comparação a atletas de resistência,[94,124] o que pode explicar parcialmente as capacidades de produção de força de cada tipo de atleta; entretanto, são necessárias mais pesquisas nessa área. Kvorning et al.[152,153] demonstraram que homens jovens com concentrações séricas normais de testosterona apresentaram maior incremento na força muscular e na massa magra do que aqueles que receberam bloqueadores do hormônio luteinizante, que reduziram drasticamente os níveis de testosterona, mas não afetaram outras sinalizações anabólicas.

É importante reconhecer as diferenças nos níveis de testosterona em repouso entre meninos e meninas, bem como entre homens e mulheres. Vingren et al.[278] indicaram que a puberdade produz grandes aumentos na testosterona em repouso em meninos, ao passo que efeitos muito menores são observados em meninas. De modo geral, as mulheres apresentam concentrações de testosterona aproximadamente 15 a 20 vezes menores em comparação aos homens.[105] No entanto, mulheres fisicamente ativas podem apresentar concentrações basais de testosterona maiores em comparação às sedentárias.[53] Além disso, pesquisadores mostraram que pequenos aumentos nas alterações de testosterona total e livre resultantes do treinamento de força em mulheres estavam relacionados às suas características de produção de força.[104] Uma revisão de 2021, realizada por Hilton e Lundberg,[118] concluiu que a supressão da testosterona em mulheres transgênero pode afetar de forma trivial a força muscular, a massa magra, o tamanho muscular e a densidade óssea. Contudo, os autores observaram que há pouquíssimos dados coletados sobre atletas transgênero do sexo feminino. Como o tema da participação de mulheres *trans* em competições com mulheres biológicas continua em debate, mais pesquisas nessa área são justificadas.

Cortisol

O cortisol, comumente chamado de *hormônio do estresse*, tem uma ampla variedade de funções relacionadas com o metabolismo. Ele é de natureza catabólica e estimula a gliconeogênese no fígado, a redução do uso de glicose pelas células, a degradação de proteínas, o aumento da disponibilidade de aminoácidos, efeitos anti-inflamatórios e a eritropoiese.[72,279] Em relação à produção de força muscular, o cortisol tem seu maior efeito sobre as fibras musculares do tipo II[49,147] porque reduz a síntese proteica e aumenta a degradação de proteínas nessas fibras. Embora a degradação proteica também possa ocorrer em fibras do tipo I em razão do aumento do cortisol, maior quantidade de degradação pode ocorrer nas fibras do tipo II devido à maior quantidade total de proteína nessas fibras.[227] Em termos agudos, as respostas de cortisol subsequentes ao treinamento de resistência podem desempenhar papel fundamental no processo de remodelação, uma vez que o tecido muscular necessita ser inicialmente perturbado para que ocorra adaptação ao estímulo imposto.[147] Por exemplo, a maior disponibilidade de aminoácidos pode favorecer tanto a síntese de proteínas quanto a regeneração dos tecidos.[279] No entanto, deve-se observar que uma perda líquida de proteína contrátil, via processos catabólicos ou atrofia muscular, pode resultar em reduções na capacidade de produção de força muscular.[70] Além disso, o cortisol também pode reduzir a produção e a liberação de hormônios anabólicos, como a testosterona,[50,60,134,135] o que, conforme já exposto, pode afetar seus efeitos anabólicos sobre o desenvolvimento de força.

A relação entre a testosterona e o cortisol (T:C) tem sido utilizada por alguns pesquisadores como parâmetro para indicar o *status* de treinamento de um indivíduo.[103,201] No entanto, o uso da relação T:C dessa maneira e como preditor das características de força e potência tem sido questionado por outros especialistas.[147] Curiosamente, Fry e Schilling[80] indicaram que o treinamento consistente ao longo de vários anos pode aumentar a relação T:C, servindo como indicador da tolerância ao treinamento. Entretanto, isso pode ser uma simplificação excessiva, uma vez que a secreção de testosterona permanece relativamente normal, apesar dos níveis mais elevados de cortisol.[135] French[74] sugeriu, em vez disso, que a relação T:C pode simplesmente representar uma medida indireta geral das propriedades anabólicas e catabólicas no músculo esquelético. De modo semelhante ao observado com a testosterona, respostas mais acentuadas de cortisol ocorrem em programas caracterizados por maiores volumes de treino e intervalos de descanso curtos, em contraste com sessões de força máxima realizadas com cargas elevadas.[48,49,137,240] Entretanto, outros estudos sugerem que existe um papel dependente da dose para a testosterona e o cortisol que pode afetar a capacidade de desempenho dos atletas.[50] Na realidade, alterações sutis na relação T:C durante programas de treinamento resistido mostraram correlações de moderadas a fortes com o desempenho de força.[7,37,77,100,102,201] Stone et al.[253] mostraram relações inversas entre a T:C e a carga-volume entre levantadores de peso olímpico de nível nacional dos Estados Unidos, demonstrando a sensibilidade da T:C ao estresse do treinamento. Dessa forma, a relação T:C pode servir como indicativo de um estado de "preparação",[121] sendo que valores mais altos dessa razão estão associados a um potencial superior de desempenho.[201]

PONTO-CHAVE

Alterações sutis na relação T:C durante programas de treinamento resistido mostraram correlações de moderadas a fortes com o desempenho de força.

Há poucas informações sobre como o treinamento resistido afeta os níveis de cortisol em homens e mulheres. Entretanto, Vingren et al.[277] identificaram que, em homens, a quantidade de receptores de glicocorticoides (de natureza catabólica) se apresentou inferior à das mulheres, tanto em condições de repouso quanto no período de até 70 minutos após a sessão de exercício. Em contraste, as mulheres apresentaram um aumento na capacidade de ligação androgênica após o exercício, enquanto os homens mostraram uma redução contínua. Depois de um protocolo pesado de 5 RM, as mulheres mantiveram seus níveis de cortisol, enquanto os homens apresentaram um aumento. Pesquisadores também demonstraram que o treinamento pode inicialmente elevar os níveis séricos de cortisol, mas o treinamento em longo prazo pode fazer com que os níveis retornem ao normal ou fiquem ligeiramente abaixo da linha de base, tanto em exercícios aeróbios[128,238,262] como em treinamento resistido.[172,246] Assim como as catecolaminas e a testosterona, as respostas do cortisol parecem estar relacionadas ao volume e à intensidade do treinamento.[76,201] Entretanto, uma redução no volume de treinamento também mostrou reduzir as concentrações de cortisol em repouso em diferentes tipos de atletas.[28,121,201]

Arquitetura do músculo

Fatores arquitetônicos do músculo, incluindo sua hipertrofia (i.e., a área de seção transversa), arranjo das fibras e proteínas estruturais que contribuem para a rigidez musculotendínea – como a titina e a nebulina –, também podem contribuir para a capacidade de produção de força de um atleta. Os parágrafos a seguir destacam cada um desses fatores e seu impacto sobre a força muscular.

Hipertrofia muscular

A hipertrofia muscular, especificamente nas fibras do tipo II, pode afetar de maneira significativa as características de força-velocidade[38,245] e, por consequência, as características de produção de força máxima e rápida do músculo como um todo. Curiosamente, estudos mostraram que aproximadamente 50 a 60% das mudanças na produção de força foram atribuídas a um aumento na área de seção transversa e a alterações na arquitetura do músculo em indivíduos não treinados.[186] Pesquisas adicionais mostraram uma correlação muito forte (r = 0,70, R^2 = 0,49) entre a área de seção transversa do músculo e a produção de força em atletas de elite de força, resistência e velocistas.[97] Do ponto de vista fisiológico, a hipertrofia muscular contribui para ampliar a capacidade de produzir força, uma vez que promove o aumento na quantidade de interações entre os miofilamentos de actina e miosina presentes nos sarcômeros já existentes e naqueles que se formam durante o processo de adaptação. Além disso, observa-se que músculos hipertrofiados tendem a desenvolver ângulos de penação mais amplos do que os músculos normais.[130] Essa modificação estrutural pode aumentar a capacidade de produzir força, em razão da maior quantidade de interações de pontes cruzadas atribuíveis ao empacotamento de fibras na unidade de área.

Apesar das evidências apresentadas, existem vários fatores que podem influenciar o efeito da hipertrofia muscular nas características de força de um atleta. Primeiro, o método de treinamento ou os tipos de ações musculares podem determinar se os sarcômeros serão adicionados em série ou em paralelo.[258] Por exemplo, ações musculares puramente excêntricas ou combinadas (excêntricas e concêntricas) mostraram produzir maiores magnitudes de hipertrofia em comparação com ações puramente concêntricas.[41,282] Isso pode ser explicado, em parte, pelo recrutamento preferencial das fibras musculares do tipo II durante ações musculares excêntricas,[61,260] que pode contribuir para adaptações superiores no que se refere à capacidade do atleta de produção de força máxima e rápida.

Uma segunda explicação pode estar relacionada às discrepâncias no tipo de hipertrofia resultante do treinamento. Travis et al.[264] identificaram as diferenças entre a hipertrofia sarcoplasmática e a miofibrilar; em particular, os autores discutiram como esta última pode contribuir para maiores ganhos de força máxima, produção rápida de força e potência. Taber et al. realizaram outro estudo sobre os efeitos contributivos da hipertrofia miofibrilar sobre as melhorias da força máxima.[261] Em resumo, a hipertrofia sarcoplasmática refere-se a um aumento crônico no volume do sarcolema e de elementos não contráteis (p. ex., mitocôndrias, túbulos transversos);[216] por outro lado, a hipertrofia miofibrilar refere-se a um aumento no tamanho ou quantidade de miofibrilas (e sarcômeros) ou na abundância de proteínas relacionadas à produção de força.[110,273]

Por fim, pode haver variações na hipertrofia e nos subsequentes ganhos de força devido a diferenças no momento em que a primeira é medida e quando a força é expressa durante uma determinada tarefa.[189,249] Além disso, o aprimoramento das características de força não depende apenas da hipertrofia, mas também pode ser impactado por diversos fatores fisiológicos e neurais, cuja contribuição varia conforme cada indivíduo.[14]

Os ganhos observados nas características de força muscular de um atleta podem decorrer de mecanismos de potenciação entre fases de treinamento e dos efeitos residuais de treinamentos prévios.[181,245,259,297] Estudos demonstram que as adaptações oriundas de fases anteriores podem ser mantidas e influenciar positivamente fases posteriores, intensificando os resultados.[107,123] Assim, pode-se argumentar que os maiores benefícios do treinamento de resistência podem advir de uma sequência ou progressão específica. Esse achado é sustentado por evidências que sugerem que as características de força se beneficiam de fases de treinamento que primeiro aumentam a área de seção transversa dos músculos (i.e., hipertrofia) e sua capacidade de produção de força (i.e., capacidade de trabalho).[181,248,297] Incrementos na hipertrofia muscular, combinados com mudanças concomitantes ou subsequentes na arquitetura muscular, no tipo de fibra e em outros fatores neurais, podem potencializar a capacidade de ganho de força máxima de um atleta.[181,247,297] Embora pesquisadores anteriores tenham indicado que hipertrofias musculares semelhantes possam resultar de prescrições de treinamento com cargas baixas e altas repetições e de treinamentos com cargas altas e poucas repetições,[229] deve-se observar que os aumentos de força foram maximizados com este último. Dessa forma, torna-se evidente a necessidade de pesquisas adicionais que elucidem de que maneira as fases de treinamento centradas na hipertrofia, bem como a utilização de sequências invertidas de séries e repetições (p. ex., 10 séries de 3 repetições em vez do tradicional esquema de 3 séries de 10), influenciam as adaptações relacionadas às características de força do atleta.

PONTO-CHAVE

Incrementos na hipertrofia muscular, combinados com mudanças concomitantes ou subsequentes na arquitetura muscular, no tipo de fibra e em outros fatores neurais, podem potencializar a capacidade de ganho de força máxima de um atleta.

Outro aspecto da hipertrofia muscular que pode influenciar as características de produção de força de um músculo é a razão entre fibras do tipo II e do tipo I. Campos et al.[38] descobriram que o aumento da hipertrofia muscular está associado a uma elevação na razão entre fibras do tipo II e do tipo I, resultado da maior taxa de hipertrofia observada especificamente nas fibras do tipo II. Além disso, estudos têm mostrado que existe uma forte associação entre o aumento da produção de potência no salto com agachamento e a mudança percentual na razão entre fibras do tipo II e do tipo I, observada depois de oito semanas de treinamento resistido.[99] Conceitualmente, músculos que apresentam razão mais elevada entre essas fibras têm maior potencial para produzir mais rapidamente forças de maior magnitude. Contudo, é importante salientar que a maneira como o treinamento é prescrito – incluindo o método utilizado e a carga total – influencia significativamente quais tipos de unidades motoras (e, consequentemente, quais fibras musculares) serão ativados e sofrerão adaptações. Além disso, pode influenciar o modo como os sarcômeros são adicionados aos sarcômeros preexistentes no músculo. O treinamento caracterizado por elevadas demandas de força pode promover a adição de sarcômeros em paralelo, enquanto o treinamento de alta velocidade pode adicionar sarcômeros em série (Fig. 3.3). Ainda que diferentes métodos de adição de sarcômeros contribuam para ampliar a capacidade de produzir força, em virtude do aumento na quantidade de interações entre os miofilamentos de actina e miosina, observa-se que a adição em paralelo potencializa a produção de força, ao passo que a adição em série favorece a velocidade de encurtamento.[87,220] Quando uma maior quantidade

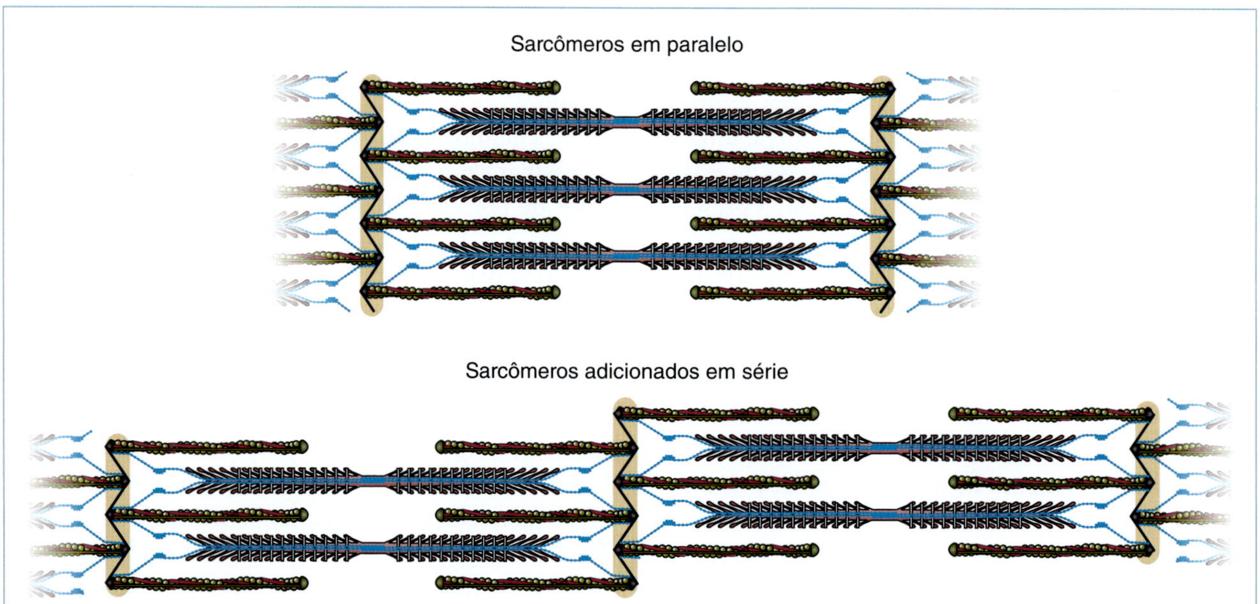

FIGURA 3.3 Sarcômeros em paralelo e em série.

de sarcômeros é adicionada em paralelo, há maior potencial de densidade de empacotamento de fibras, em que existem mais interações de pontes cruzadas por unidade de área; quando os sarcômeros são adicionados em série, toda a unidade muscular se contrai em uníssono, possibilitando, assim, maiores velocidades de encurtamento.[287,288]

Arranjo das fibras

Diversos livros da área de força e condicionamento destacam as diferenças na capacidade de produzir força entre músculos com diferentes arranjos de fibras.[136,228,250,254] Por exemplo, sabe-se que as fibras musculares dispostas em um arranjo penado ou bipenado têm maior capacidade de produzir força em comparação com aquelas em arranjos paralelos, circulares, fusiformes e multipenados. Embora as fibras musculares possam ter o mesmo tamanho e a mesma área de seção transversa anatômica, os músculos penados têm maior capacidade de produção de força. Isso ocorre porque sua arquitetura produz uma área de seção transversa fisiológica mais ampla – definida como a maior distância através do ventre muscular perpendicular ao alinhamento das fibras – em relação a outros tipos de disposição fibrilar (Fig. 3.4). Estudos indicam que o treinamento de força é capaz de promover, de forma concomitante, o aumento da espessura muscular e a ampliação do ângulo de penação.[1,130] Essas adaptações estruturais possibilitam que um volume superior de fascículos musculares (i.e., conjuntos de miofibrilas) seja compactado em uma área específica, aumentando, consequentemente, a quantidade de interações de pontes cruzadas e, assim, a magnitude da força produzida.[122] Entretanto, outras evidências mostraram um aumento no comprimento dos fascículos musculares, apesar da ausência de mudanças no ângulo de penação, após treinamento de alta velocidade com cargas leves (< 60% de 1 RM).[6,22] Nesse cenário, ângulos de penação menores possibilitam maiores velocidades de encurtamento muscular, porque os feixes estarão posicionados de maneira mais paralela às aponeuroses do músculo (i.e., tecido conjuntivo que conecta o músculo ao osso ou a outro tecido).[258]

Durante uma ação muscular dinâmica, o ângulo de penação pode variar e alterar os parâmetros funcionais de alguns músculos.[84,197] Por exemplo, uma elevação no ângulo de penação durante ações dinâmicas próximas ao máximo ou máximas pode contribuir para maiores valores de força e para uma taxa mais acelerada de desenvolvimento da força nas fases finais da curva força-tempo.[9,66] Esse processo pode resultar em um "efeito de engrenagem" (caracterizado pela rotação das fibras musculares), no qual parte da velocidade de encurtamento é sacrificada em prol da obtenção de maiores taxas de desenvolvimento de força e de maiores níveis de força absoluta.[11,31] Por outro lado, pode igualmente ocorrer a situação inversa, na qual a redução dos ângulos de penação promove um aumento da velocidade, embora à custa da magnitude da força produzida. Nesse contexto, as relações de engrenagem mais baixas (associadas a maior força) e mais altas (associadas a maior velocidade) nos músculos penados constituem um mecanismo singular de modulação da produção de força durante diferentes tipos de ações mecânicas.[11] Por exemplo, modificações no formato do músculo ao longo da execução do movimento possibilitam que os músculos penados transitem entre regimes de baixa e alta engrenagem. Isso favorece a transmissão eficiente da força, seja em situações que exigem cargas elevadas (baixa engrenagem) ou cargas mais reduzidas (alta engrenagem).

Conforme já discutido, as modificações na arquitetura muscular, em especial aquelas ligadas ao ân-

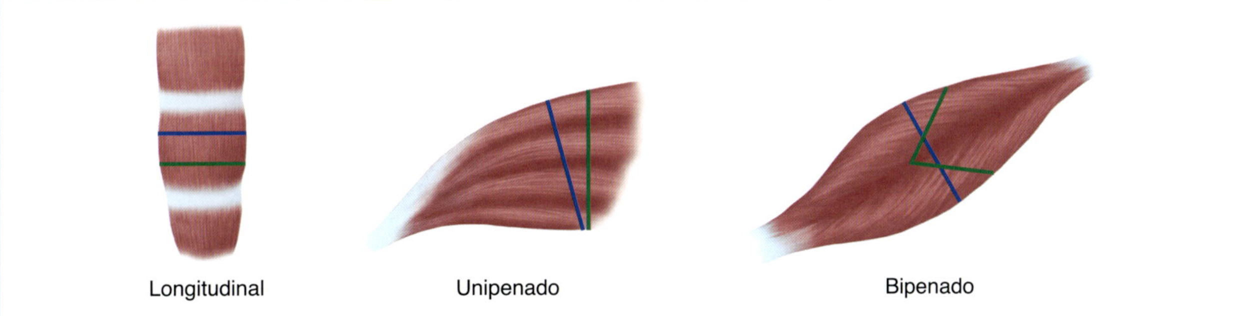

FIGURA 3.4 Áreas de seção transversa anatômica (linhas azuis) e fisiológica (linhas verdes). *Nota:* a área de seção transversa fisiológica é maior que a anatômica em músculos unipenados e bipenados em comparação aos músculos longitudinais.

gulo de penação, podem apresentar especificidade em função das ações musculares realizadas durante o treinamento. Estudos já evidenciaram que ocorrem adaptações arquitetônicas distintas em resposta tanto ao treinamento excêntrico quanto ao concêntrico.[21,73] Além disso, demonstrou-se que os halterofilistas têm comprimentos de fascículos musculares maiores em comparação a arremessadores do atletismo.[298] No entanto, deve-se observar ainda que as mudanças arquitetônicas nos músculos podem não ser uniformes em todo o ventre muscular.[64,286] Por exemplo, as demandas de ações musculares em diferentes tarefas esportivas podem variar (p. ex., corrida de velocidade ou ciclismo), o que pode ativar os músculos de uma forma única.[281] Trata-se de um aspecto relevante que deve ser levado em consideração pelos profissionais da área de força e condicionamento no processo de escolha dos exercícios, com o objetivo de otimizar a transferência das adaptações decorrentes do treinamento para o desempenho esportivo.

Rigidez musculotendínea

Rigidez musculotendínea é um termo utilizado para descrever as propriedades de transmissão de força da unidade musculotendínea. Dado que a força muscular depende da capacidade de produzir força em um contexto funcional específico, torna-se essencial compreender o comportamento elástico, semelhante ao de uma mola, dos tecidos e o modo como esse comportamento afeta a produção de força. Em termos práticos, a elevação da rigidez tecidual pode favorecer a eficiência da transmissão de força dos músculos e tendões para o osso, o que possibilita ao atleta realizar movimentos de forma mais eficaz e em menor tempo. Na realidade, estudos mostraram que adaptações na rigidez do tendão,[27] com modificações em diferentes microestruturas presentes nos sarcômeros – como actina, miosina, titina e nebulina –, são capazes de impactar tanto a produção de força máxima quanto as características de produção rápida de força,[164,217] além de influenciar a produção de potência.[27,149]

Titina

A titina é uma grande proteína filamentosa ou mola viscoelástica que frequentemente é sinônima do termo *rigidez* (discutido anteriormente). É a maior proteína do corpo humano, e abrange metade do comprimento de um sarcômero.[114] Do ponto de vista estrutural, a titina tem uma associação rígida com a miosina, mas também se conecta à actina próximo ao seu ponto de inserção no disco Z do sarcômero; assim, proporciona uma ligação entre a actina e a miosina e sua interação de pontes cruzadas.[267,268] Powers et al.[214] mostraram uma redução na produção de força muscular nos sarcômeros após a remoção da titina. Aliás, evidências científicas indicam que a proteína titina pode exercer uma função ainda mais significativa no desempenho muscular, atuando principalmente na manutenção da rigidez do sarcômero e, consequentemente, favorecendo uma transmissão mais eficiente da força.[114,267] Essa noção decorre de achados que sugerem que a titina pode produzir tensão passiva no sarcômero,[117] especialmente durante ações musculares excêntricas.[115] Ademais, vários grupos de pesquisa sugeriram que a titina exerce um papel maior no sarcômero além de atuar como um tecido estrutural.[116,183,217] Alguns autores sugerem que a titina pode agir como o terceiro microfilamento contrátil, ao lado da actina e da miosina.[116] Isso é apoiado por pesquisas adicionais que indicam que as características da titina podem estar relacionadas à força e à potência muscular.[82,169] Embora os pesquisadores ainda estejam investigando o papel da titina durante ações musculares diversas, suas contribuições para a força muscular e a transmissão de força não podem ser negligenciadas. Para uma discussão mais aprofundada sobre como a titina contribui para a produção de força, recomenda-se a revisão de Herzog.[114]

Nebulina

Outra proteína de grande porte do sarcômero que pode contribuir para a produção de força é a nebulina. Ela se conecta tanto ao disco Z do sarcômero como à actina, próximo ao ponto onde as cabeças da miosina se ligam durante a formação de pontes cruzadas.[40] Especificamente, a nebulina se liga à tropomodulina nas extremidades pontiagudas da actina,[170] o que pode ajudar a regular o comprimento do filamento de actina.[40,203] Além de modificar o comprimento da actina, a nebulina pode atuar na regulação da produção de força.[154,198,200] Assim como a titina, a regulação da força pode ocorrer por meio de mecanismos de rigidez, em que a nebulina aumenta a estabilidade da actina durante a contração muscular.[133] Achados adicionais sugerem que a presença da nebulina também pode aumentar a força isométrica, a rigidez e a taxa de desenvolvimento de força, influenciando o ciclo das pontes cruzadas e otimizando as interações entre a actina e a miosina.[15,93] Pesquisas sobre as propriedades e funções da nebulina estão em andamento; no entanto, já existem diversas revisões que fornecem informações sobre a influência da nebulina na produção de força.[154,199,200,296]

Aprendizagem motora e aquisição de habilidades

Em síntese, as habilidades motoras envolvem a execução voluntária de movimentos por diferentes segmentos corporais com a finalidade de cumprir um objetivo específico.[165] Essas habilidades são, em geral, categorizadas como habilidades motoras grossas, finas, contínuas, discretas, abertas ou fechadas.[182] Para que o atleta alcance com eficácia o objetivo de uma tarefa, o desenvolvimento sistemático dessas habilidades por meio da prática revela-se vantajoso para o desempenho em competições esportivas.[54] Entretanto, é importante considerar que cada componente independente do sistema motor de um atleta (p. ex., unidades motoras, músculos, articulações) atua como um grau de liberdade; assim, a coordenação desses componentes produz um movimento específico do corpo em uma determinada tarefa motora. Portanto, melhorar os padrões de coordenação existentes e desenvolver novos padrões capazes de responder às exigências dinâmicas do treinamento e da competição pode ser considerado um dos objetivos centrais para a otimização do desempenho global do atleta.[182]

Para cumprir com eficácia diferentes tarefas motoras em contextos competitivos, os atletas expressam padrões de movimento durante a execução de habilidades motoras de acordo com as restrições derivadas de suas capacidades motoras – por vezes denominadas *limites (fronteiras funcionais)* – e do nível de habilidade previamente desenvolvido pela prática.[129] Nesse contexto, as características de produção de força de um atleta podem ser classificadas como uma medida da capacidade ou aptidão motora.[119] Contudo, ao abordar a prática de uma habilidade motora (como a mudança de direção, p. ex.), é essencial que os profissionais da área de força e condicionamento coloquem os atletas em contextos que os obriguem a buscar soluções motoras para diferentes demandas da tarefa. Essa abordagem favorece o desenvolvimento adequado de habilidades específicas, como a capacidade de reagir a estímulos ou de aumentar a velocidade de execução de determinada ação. No contexto específico do treinamento resistido, aprender a fazer um exercício de agachamento – considerado uma habilidade motora por si só – demanda uma progressão pedagógica que transite de variações mais simples para formas mais complexas. Exemplos incluem a prática inicial do agachamento usando apenas o peso corporal, seguida do agachamento com haltere na frente do tórax, do agachamento frontal, do agachamento com barra nas costas e, posteriormente, do agachamento acima da cabeça. Essa progressão possibilita o refinamento dos padrões de coordenação para executar o movimento de forma eficiente. Assim, introduzir novas variações no treinamento pode beneficiar o desenvolvimento de novos padrões de coordenação,[54] para o aprimoramento das características de produção de força [184] e para o desenvolvimento de um controle mais eficaz diante de diferentes restrições impostas pela tarefa.[187]

PONTO-CHAVE

As características de produção de força de um atleta (i. e., força) podem ser classificadas como uma medida da capacidade ou aptidão motora.

Utilizando uma abordagem guiada por restrições, os profissionais da área de força e condicionamento têm a possibilidade de direcionar o desenvolvimento de habilidades motoras específicas. Essas restrições podem se manifestar de diferentes maneiras: no nível do organismo (como limitações físicas, fisiológicas, biomecânicas ou psicológicas), no nível ambiental (como condições de temperatura ou altitude) ou ainda no nível da tarefa, relacionado ao próprio objetivo a ser alcançado.[54] Usando o *sprint* máximo como exemplo, uma característica do organismo que pode influenciar o desempenho da tarefa é a força do atleta. Goodwin[91] indicou que uma força muscular insuficiente pode levar a passadas excessivamente longas em velocidade máxima em razão da incapacidade de tolerar e produzir os impulsos verticais necessários durante fases de apoio mais curtas. Do ponto de vista ambiental, os pesquisadores mostraram que o vento e a altitude,[158] assim como o terreno,[204] podem igualmente alterar de maneira significativa a velocidade da corrida, que também pode ser afetada negativamente por restrições específicas da tarefa – como carregar uma bola[17] ou um taco de hóquei sobre a grama,[283] ou correr com equipamento adicional.[32] Restrições extras da tarefa podem vir na forma das instruções dadas ao atleta durante um teste de desempenho; por exemplo, Young et al.[295] mostraram que o desempenho no salto em queda pode ser modificado ao instruir o atleta a saltar o mais alto possível, a minimizar o tempo de contato com o solo ou uma combinação de ambos. Independentemente das restrições utilizadas na prática, uma abordagem guiada por restrições oferece aos atletas a oportunidade de encontrar soluções específicas que lhes permitam alcançar o objetivo de uma determinada tarefa.[54] Embora os profissionais da área de força e condicionamento possam utilizar uma variedade de restrições a fim de desenvolver movimentos eficazes e eficientes, é importante que compreendam como diferentes restrições podem afetar a demanda imposta ao atleta.[129,182] Isso, por sua vez, pode afetar diretamente o movimento realizado pelo atleta e sua capacidade de produzir e aplicar força durante a tarefa em si.

Outro método utilizado para aprimorar a execução de uma tarefa motora consiste na utilização da abordagem de sistemas dinâmicos. Em síntese, um sistema dinâmico associado à execução de uma tarefa motora pode ser entendido como o conjunto funcional do sistema motor do atleta, que se encontra em contínua adaptação e transformação ao longo do tempo.[55] Esse sistema distingue-se pela grande quantidade de graus de liberdade presentes em cada tarefa. Na abordagem de sistemas dinâmicos, o atleta desenvolve estruturas coordenativas – entendidas como a organização temporária; e o controle dos graus de liberdade do movimento[271] – por meio de processos de auto-organização mediados pelas restrições impostas pela tarefa.[230] Em outras palavras, um atleta pode desenvolver um padrão de movimento eficaz a fim de realizar uma determinada tarefa motora em resposta às condições que lhe são apresentadas. Assim, a estrutura coordenativa de um determinado padrão motor pode tornar-se relativamente estável se as restrições da tarefa não mudarem e pode possibilitar que os atletas retornem a esse padrão de coordenação, apesar de mudanças nas restrições.[192]

À medida que os atletas continuam elaborando diferentes padrões de coordenação, passarão a convergir para o que é denominado *estado atrator*, que normalmente se limita a diversos padrões de coordenação estáveis.[230] Apesar da presença de um estado atrator, alguns pesquisadores sugerem que a prática deve servir como um meio de direcionar os atletas a explorarem além desse estado inicial, favorecendo a busca por soluções mais eficientes para a tarefa, em vez de limitá-los rigidamente a um padrão de movimento específico.[56] Contudo, é importante que os profissionais da área de força e condicionamento contextualizem essas recomendações, pois alguns exercícios ou movimentos são mais complexos que outros, e deve-se evitar qualquer atividade que possa promover lesões. Em um artigo publicado em 2023, Morrison e Newell[184] sugeriram que o treinamento de força pode funcionar como um modelo dinâmico aplicável à promoção do desenvolvimento motor. Especificamente, os autores sugeriram que parecem existir mudanças compatíveis entre o treinamento de força e a aprendizagem de habilidades motoras devido a estados atratores comuns que surgem de restrições tanto da prática quanto do treinamento. Além disso, observa-se que os intervalos necessários tanto para alcançar o desempenho máximo[250] quanto para a aquisição de habilidades motoras[12,275] apresentam semelhanças, sobretudo quando o processo de treinamento ou a prática das habilidades é distribuído em períodos mais longos. Embora grande parte da discussão prévia tenha se referido ao desenvolvimento de movimentos durante um exercício específico, deve-se observar que um modelo dinâmico pode ser usado na coordenação de movimentos entre dois atletas durante um esporte coletivo.[13] Abordagens semelhantes têm sido discutidas em relação ao desenvolvimento de habilidades motoras em tarefas de agilidade.[39,241] Contudo, evidências sugerem que a aplicação de uma abordagem baseada em sistemas dinâmicos pode contribuir de maneira efetiva para o desenvolvimento e a otimização de habilidades motoras, englobando, inclusive, a melhoria na capacidade de produzir e aplicar força durante a execução das tarefas. Haug et al.[109] comprovaram isso ao mostrar que, por meio da aprendizagem de um exercício complexo (i.e., *hang power clean*), um atleta pode melhorar sua capacidade de produzir e aplicar força. A Figura 3.5 mostra um exemplo de diferentes etapas que podem ser adotadas para auxiliar no desenvolvimento de uma habilidade motora (p. ex., arranco).

Não se deve subestimar a contribuição da atenção focada, das instruções ou dicas e do *feedback* sobre o movimento. Por exemplo, sabe-se que um foco de atenção externo (i.e., o foco em elementos externos ao corpo e no desfecho da tarefa) é, de modo geral, mais eficaz para a aprendizagem em comparação com um foco interno (i.e., foco em elementos internos ao corpo e no movimento durante a tarefa).[292] Como já salientado, as instruções fornecidas atuam como uma restrição ao atleta; assim, é importante compreender como eles responderão a instruções específicas e à sua formulação a fim de promover os melhores resultados. Por fim, o *feedback* dado a um atleta pode assumir várias formas, incluindo verbal, visual e, quando apropriado, tátil. A maneira, o momento e a frequência com que o *feedback* é fornecido também podem afetar a aquisição de habilidades. Por exemplo, um atleta aprendendo a realizar um *power clean* pode precisar de bastante *feedback* sobre sua técnica. Nesse caso, é importante não impor uma quantidade excessiva de restrições ao atleta, de modo que ele possa aprender e realizar adequa-

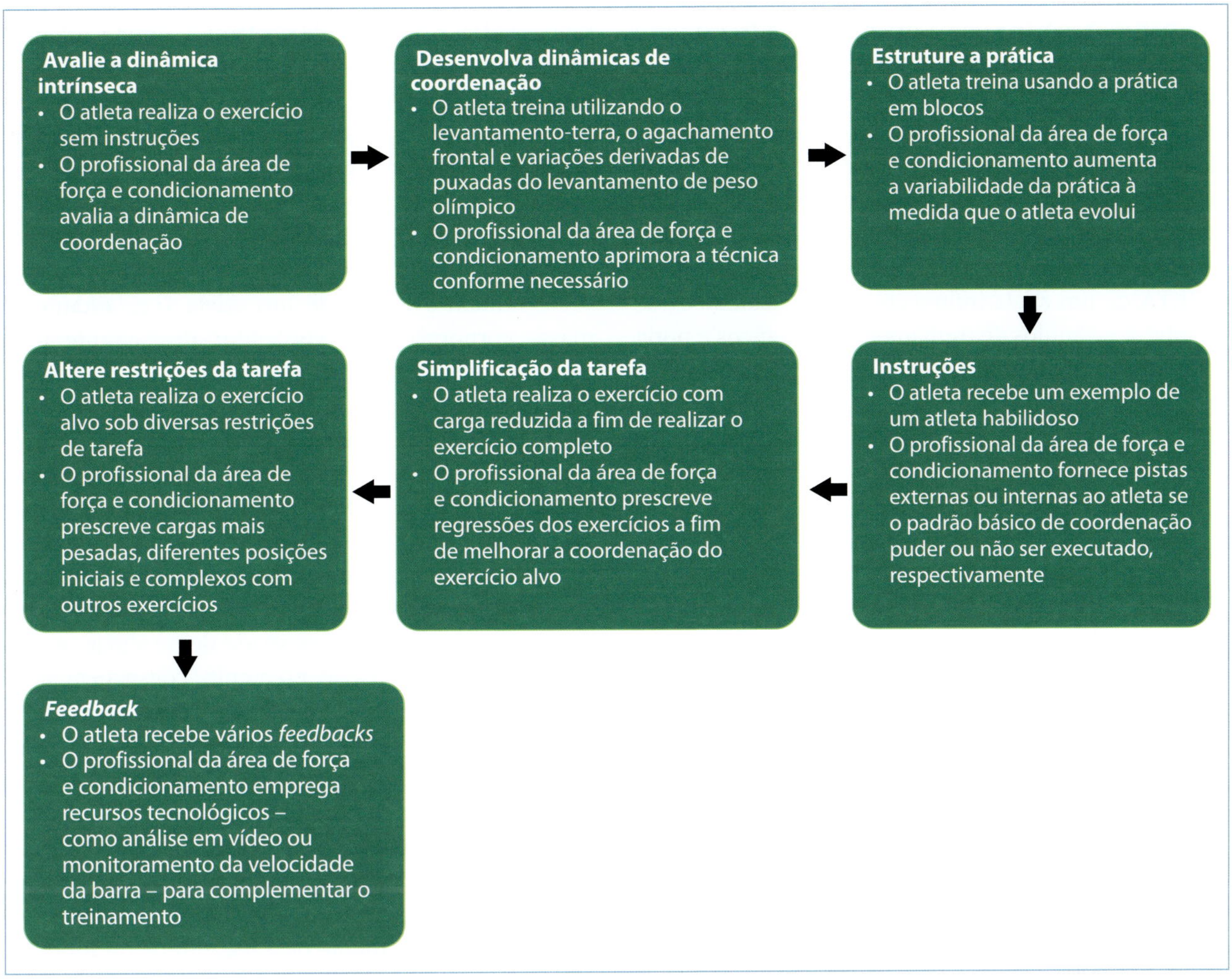

FIGURA 3.5 Desenvolvimento do movimento de arranco sob a perspectiva da habilidade motora.
Adaptada de G.L. Moir, *Strength and Conditioning: A Biomechanical Approach* (Jones & Bartlett Learning, 2016), 419.

damente a tarefa motora, como já citado. No entanto, dado que o *feedback* também atua como uma restrição temporária,[54] ele deve ser gradualmente retirado da prática para que o atleta não se torne dependente desse *feedback*.[52] Embora a mensuração e o monitoramento das habilidades motoras sejam discutidos no Capítulo 9, leitores interessados na aquisição de habilidades motoras podem consultar o trabalho prévio de Moir.[182]

PONTO-CHAVE

Por exemplo, sabe-se que um foco de atenção externo (i.e., o foco em elementos externos ao corpo e no desfecho da tarefa) é, de modo geral, mais eficaz para a aprendizagem em comparação com um foco interno (i.e., foco em elementos internos ao corpo e no movimento durante a tarefa).

Tempo em treinamento (idade de treinamento)

Um dos 10 pilares do desenvolvimento esportivo a longo prazo concentra-se no desenvolvimento de habilidades motoras e força muscular.[159] O treinamento resistido é seguro para jovens e adolescentes se for prescrito de maneira progressiva e compatível com suas capacidades. Como o termo *idade de treinamento* pode ter definições contextuais, os profissionais da área de força e condicionamento devem compreender as diferenças entre idade de treinamento técnico, tático e em exercícios resistidos (*resistance exercise training age* [RETA]).[171] A *idade de treinamento técnico* relaciona-se à capacidade de um atleta de tomar decisões e executar movimentos para obter uma vantagem tática durante competições esportivas. A *idade de treinamento tático* de um atleta desenvolve-se durante a prática esportiva sob a orientação do treinador e melhora suas habilidades de resolução estratégica de problemas durante as competições. Por fim, a *idade de treinamento em exercícios resistidos* refere-se à quantidade de experiência em treinamento resistido que um atleta tem; dos termos aqui definidos, a RETA pode ser a mais aplicável para o desenvolvimento das características de força muscular de um atleta. Em síntese, a RETA de um atleta influencia sua capacidade de se adaptar a estímulos de treinamento específicos e pode ditar decisões de programação, o que será discutido com mais detalhes no Capítulo 7.

PONTO-CHAVE

O treinamento resistido é seguro para jovens e adolescentes se for prescrito de maneira progressiva e compatível com suas capacidades.

Alavancas

Os músculos do corpo humano atuam como sistemas de alavancas que incluem fulcros (articulações), polias (tendões) e alavancas (distâncias perpendiculares entre os pontos de força muscular ou resistência e o fulcro).[71] Em cada sistema de alavanca, os braços de força e de resistência ditam, em última instância, a quantidade de força necessária para realizar uma determinada tarefa. Por exemplo, pode-se alterar um braço de resistência modificando a posição da resistência externa em relação às articulações utilizadas durante um movimento. Entretanto, é importante destacar que o corpo humano utiliza distintos tipos de sistemas de alavanca, os quais podem ser categorizados em três classes principais: alavancas de primeira, segunda e terceira ordem.[71] A Tabela 3.2 fornece uma visão geral dos diferentes sistemas de alavancas. Dependendo da classe de alavanca em que o movimento se enquadra, o atleta pode usufruir de uma vantagem mecânica – quando a execução do movimento requer menor aplicação de força – ou enfrentar uma desvantagem mecânica, quando é necessário empregar maior quantidade de força para completá-lo.

Antropometria do atleta

O tamanho global de um atleta (i.e., estatura e massa corporal) pode contribuir diretamente para a quantidade de força produzida. Por exemplo, a arquitetura do músculo, o ângulo de penação, o ponto de inserção dos músculos, a altura corporal e o comprimento do braço de momento de um atleta podem alterar a presença de vantagem ou desvantagem mecânica (discutida antes) e, por conseguinte, impactar sua capacidade de produzir força. No âmbito da teoria do impulso-momento (Cap. 1), observa-se que atletas de porte maior têm a capacidade de produzir impulsos superiores. Consequentemente, conseguem aplicar forças mais intensas em comparação com atletas de menor porte, em virtude da maior massa corporal. Todavia, esse fenômeno depende não apenas da massa corporal, mas também da habilidade dos atletas de se moverem em maiores velocidades. Tal aspecto pode elucidar por que atletas de maior porte – como os jogadores de linha do futebol americano – tendem a ser avaliados principalmente pela magnitude do momento que conseguem produzir, mais do que pela velocidade de deslocamento.[166] Contudo, um atleta que apresenta uma razão mais elevada entre massa corporal e estatura pode dispor de vantagem em relação àqueles com razão inferior.[234] Em outras palavras, quando dois atletas têm a mesma quantidade de massa muscular, o indivíduo de menor estatura tende a apresentar uma área de seção transversa relativamente maior, o que pode traduzir-se em uma vantagem de força.

As dimensões corporais de um atleta também podem afetar sua capacidade de produzir força em de-

TABELA 3.2 Características do sistema de alavanca

Classe de alavanca	Características	Exemplo
Primeira	Os braços de força e de resistência estão localizados em posição equidistante da articulação.	Articulação atlanto--occipital
Segunda	Braço de força mais longo que o braço de resistência; necessidade de menos força para realizar a tarefa em relação à força aplicada no braço de resistência.	Articulação do tornozelo
Terceira	Braço de resistência mais longo do que o braço de força; alavanca mais comumente encontrada no ser humano; possibilita que os atletas se movam com mais velocidade.	Articulação do cotovelo

terminadas posições. Tendo em vista que parte dos equipamentos destinados ao treinamento resistido não apresenta possibilidade de ajuste (p. ex., a altura da barra em relação ao solo durante exercícios a partir do chão), os profissionais da área de força e condicionamento devem considerar que os atletas podem não começar certos exercícios de membros inferiores[42,57,160] e superiores[108] na mesma posição inicial. Considerando que atletas de maior estatura tendem a executar magnitudes superiores de trabalho em função do deslocamento volume-carga,[120,251] sua habilidade de desenvolver força em certas posições específicas pode se tornar mais desafiadora em comparação a atletas mais baixos. Isso, no entanto, pode depender do esporte. Conforme mencionado no Capítulo 1, o ex-levantador de peso turco Naim Süleymanoğlu levantou 152,5 kg no arranco e 190 kg no arremesso na categoria até 60 kg, nos Jogos Olímpicos de Seul, em 1988. Além da incrível capacidade de Süleymanoğlu de produzir força de maneira eficiente em cada levantamento, é importante observar que o deslocamento de cada carga foi significativamente menor em comparação com aqueles que competiram em categorias de peso mais elevadas. Todavia, é importante destacar que o sucesso esportivo não está restrito a um único biótipo, visto que atletas de diferentes estaturas podem alcançar elevado rendimento em uma mesma modalidade. Um exemplo notório encontra-se na Major League Baseball: José Altuve, eleito o Jogador Mais Valioso da Liga Americana em 2017, mede 1,67 m, ao passo que Aaron Judge, vencedor do prêmio em 2024, mede 2,01 m.

Pontos principais discutidos no capítulo

- A magnitude e a taxa de produção de força podem ser influenciadas por muitas características, incluindo fatores genéticos e epigenéticos, características do tipo de fibra, aspectos neuromusculares, influências do sistema neuroendócrino, particularidades da arquitetura muscular, processos de aprendizagem motora, qualidade da técnica de execução dos exercícios e diversos aspectos biomecânicos.
- Embora os atletas nasçam com uma composição específica de fibras musculares, as fibras híbridas podem evoluir para fibras mais rápidas ou mais lentas em função da atividade neuromuscular, da carga mecânica e de condições como hipotireoidismo ou hipertireoidismo. Além das condições genéticas, os profissionais da área de força e condicionamento devem entender como diferentes estímulos de treinamento podem influenciar potenciais mudanças no tipo de fibra.
- O treinamento pesado e do tipo balístico tem o potencial de promover incrementos significativos no recrutamento de unidades motoras, na frequência de disparo e na sincronização neural, além de reduzir a inibição neuromuscular. Consequentemente, esse tipo de estímulo pode aprimorar tanto a magnitude quanto a taxa de desenvolvimento de força.
- A testosterona pode potencializar adaptações neurais associadas a ganhos de força muscular, razão pela qual sua elevação e sua relação com o cortisol têm recebido tanta atenção. No entanto, os profissionais da área de força e condicionamento devem estar cientes de que a razão T:C pode simplesmente representar uma medida geral das propriedades anabólicas e catabólicas do músculo esquelético, não devendo ser interpretada como um marcador confiável do *status* de treinamento.
- Alterações na hipertrofia muscular – em especial na razão entre fibras do tipo II e tipo I – exercem impacto substancial sobre as características de produção de força do atleta. Contudo, é necessário que os profissionais da área de força e condicionamento reconheçam que o estímulo de treinamento empregado pode influenciar o modo como as adaptações hipertróficas se manifestam no tecido muscular (se em série ou em paralelo), assim como determinar o tipo de hipertrofia produzido (i.e., sarcoplasmática ou miofibrilar).
- Tradicionalmente, a actina e a miosina são consideradas os principais miofilamentos responsáveis pelas modificações na produção de força no sarcômero. Entretanto, pesquisas recentes indicam que proteínas de grande porte, como a titina e a nebulina, podem exercer uma função significativa tanto na manutenção da rigidez estrutural do sarcômero quanto na eficiência da transmissão de força.
- O êxito no contexto esportivo depende da capacidade do atleta de desempenhar uma variedade de habilidades motoras direcionadas a objetivos específicos. Nesse sentido, a utilização de múltiplos estímulos de treinamento é fundamental para potencializar os padrões de coordenação já estabelecidos, favorecendo uma produção e aplicação mais eficiente da força.
- Alguns mecanismos fundamentais para o desenvolvimento da força muscular – como a herança genética e as características antropométricas – são fatores imutáveis. Assim, é essencial que os profissionais da área de força e condicionamento compreendam de que modo os demais fatores podem impactar na produção de força.

4

Princípios e organização do treinamento

Ao elaborar programas de treinamento para seus atletas, os profissionais da área de força e condicionamento devem considerar os cinco princípios primários do treinamento: sobrecarga, especificidade, variação, reversibilidade e individualização (ver Tab. 4.1). A compreensão e a manipulação adequadas das variáveis vinculadas a cada um desses princípios podem exercer uma substancial influência sobre o desenvolvimento da força máxima, bem como sobre a capacidade de produção rápida de força.[8,97,116,117] Esses profissionais precisam também considerar o uso da periodização na organização do treinamento, de modo a integrar adequadamente os cinco princípios no processo de preparação, visando potencializar as adaptações em momentos específicos do ciclo de treinamento. Essa estratégia, por conseguinte, pode contribuir para o controle da fadiga e para a diminuição do risco de sobrecarga não funcional e de treinamento excessivo. O propósito deste capítulo é apresentar aos leitores uma visão abrangente dos princípios do treinamento e discutir como a periodização pode ser empregada para favorecer as adaptações de força muscular.

Princípios do treinamento

Sobrecarga, especificidade, variação, reversibilidade e individualização são os cinco princípios fundamentais do treinamento que constituem a base para a prescrição de exercícios. Os parágrafos a seguir apresentam uma visão geral desses princípios e de como eles podem ser aplicados para impulsionar as adaptações de força muscular em cada atleta.

Sobrecarga

Uma *sobrecarga* pode ser definida como qualquer estímulo de treinamento que promova uma adaptação além das capacidades basais de um atleta. Em geral, utilizam-se estímulos de sobrecarga para direcionar adaptações específicas – físicas, fisiológicas ou psicológicas – durante diferentes fases ao longo do ano de treinamento. Exemplos de estímulos de sobrecarga incluem aumentos ou reduções no volume, na intensidade (absoluta ou relativa), na amplitude de movimento, na velocidade ou na duração. No entanto, a introdu-

TABELA 4.1 Princípios centrais do treinamento

Princípio	Descrição
Sobrecarga	Estímulo de treinamento que promove uma adaptação além das habilidades básicas do atleta.
Especificidade	Semelhança mecânica ou metabólica de um exercício ou método de treinamento com uma tarefa de desempenho esportivo.
Variação	Manipulação do volume total, da intensidade aplicada, da organização das séries, dos intervalos de descanso ou da escolha de exercícios a fim de remover a linearidade em um programa de treinamento.
Reversibilidade	Deterioração ou perda de uma característica de condicionamento previamente adquirida devido à remoção ou redução de um estímulo de treinamento ou involução de um treinamento monótono.
Individualização	Elaboração de um programa de treinamento baseado no esporte, evento ou posição específica de cada atleta, bem como nas características genéticas e na idade de treinamento.

ção de um novo exercício ou método de treinamento também pode atuar como um estímulo de sobrecarga único para os atletas. Embora determinados estímulos de sobrecarga – como volume total de trabalho e duração – possam ser quantificados com relativa facilidade, outros – como o treinamento de resistência variável ou o treinamento excêntrico – apresentam maior dificuldade de mensuração. Ademais, quando diferentes métodos de treinamento (p. ex., exercícios resistidos, trabalho de velocidade, tarefas de mudança de direção e condicionamento) são combinados em um mesmo programa, a complexidade para quantificar o estímulo de sobrecarga aumenta ainda mais. Por isso, recomenda-se que os profissionais da área de força e condicionamento adotem uma abordagem conservadora ao fornecer um estímulo de sobrecarga progressiva a seus atletas, promovendo adaptações positivas ao mesmo tempo que gerenciam a fadiga.

Do ponto de vista do desenvolvimento de força, é importante fornecer um estímulo de sobrecarga progressiva que beneficie as características de produção de força do atleta durante as diferentes tarefas de treinamento. Por exemplo, estudos mostraram que aumentar o volume,[71,99] elevar a carga,[106] ampliar a amplitude de movimento,[10] correr em maiores velocidades[90] e acentuar os ângulos de mudança de direção[107,109] pode fornecer um estímulo mais intenso para o desenvolvimento das características de produção de força. Entretanto, é importante contextualizar cada variável, pois o *status* de treinamento do indivíduo e a fase do programa determinam como o estímulo afeta suas características de força muscular.

Em primeiro lugar, ainda que a realização de séries adicionais de exercícios contribua para o aumento da força máxima, a literatura sugere que iniciantes tendem a responder melhor a volumes menores, enquanto atletas mais experientes se beneficiam de volumes maiores.[133] Além disso, é importante observar que a diminuição do volume de treinamento, como ocorre nas fases de redução gradual (*tapering*), também pode resultar em ganhos nas características de força.[87,121] Da mesma maneira, a utilização de cargas elevadas tende a promover incrementos na força máxima e na capacidade de produzir maior força absoluta. Contudo, a manipulação de cargas mais leves em certos exercícios pode ser igualmente vantajosa, pois cria condições para aprimorar as características associadas à produção rápida de força.[129-131] Quando se trata da amplitude de movimento, é importante reconhecer que aumentá-la nem sempre será viável, pois fatores como a estrutura corporal e a mobilidade articular individual podem limitar esse processo. Contudo, a redução da amplitude em determinados exercícios pode atuar como um estímulo de sobrecarga específico, possibilitando tanto o emprego de cargas mais altas[5] quanto a utilização de uma intenção mais balística,[136] o que favorece ainda o treinamento em amplitudes de movimento específicas da modalidade esportiva.[100] Além disso, em relação à velocidade de corrida e aos ângulos de mudança de direção, pode ser necessário reduzi-los periodicamente para um melhor controle da fadiga central, especialmente quando esses métodos de treinamento são combinados com outros. Em contrapartida, essas reduções podem possibilitar que os atletas concentrem seus esforços no desenvolvimento de capacidades distintas, como as características de aceleração e a capacidade de manter velocidades de entrada mais altas, respectivamente.

PONTO-CHAVE

Volumes adicionais, cargas mais pesadas, maiores amplitudes de movimento, maiores velocidades de corrida e ângulos de mudança de direção mais acentuados podem fornecer um estímulo mais intenso para o desenvolvimento das características de produção de força.

Como mencionado, o *status* de treinamento de um atleta pode ditar como um profissional da área de força e condicionamento prescreverá um estímulo progressivo de sobrecarga a fim de beneficiar as características de produção de força máxima e rápida do atleta. Em resumo, atletas iniciantes e menos experientes podem não necessitar de um estímulo tão intenso para alcançar melhorias significativas na força muscular. Aliás, estudos indicam que concentrar-se unicamente no treinamento de força pode ser um estímulo tão ou até mais eficiente para promover adaptações de força máxima e de produção rápida de força quando comparado ao treinamento voltado especificamente para potência ou velocidade.[23-25,58,144] Além disso, a capacidade de um atleta de responder a uma sobrecarga e sustentá-la por períodos prolongados parecem depender da construção prévia de uma base consistente de força máxima.[119] Essa ênfase pode melhorar a rigidez e a resistência à tração dos tecidos, o que favorece uma transmissão mais eficiente da força e diminui o risco de lesões. O desenvolvimento de maiores níveis de força média, de pico de força e de taxa de desenvolvimento de força podem ainda contribuir para ganhos na velocidade e na potência, além de aprimorar a capacidade de resistência absoluta (e potencialmente relativa) – sobretudo em esforços de resistência de alta intensidade –, o que se traduz em maior capacidade de trabalho.[2,12,41,110,113,134] No entanto, à medida que as características de força de um atleta melhoram, os profissionais da área de força e condicionamento se deparam com o desafio de continuar fornecendo estímulos de sobrecarga exclusivos, de modo a promover adaptações adicionais e evitar a estagnação no desempenho. Nesse contexto, o foco do treinamento pode mudar e, em vez de apenas melhorar a força máxima, passar a oferecer um estímulo de sobrecarga inovador que enfatize as características de produção rápida de força. Manter a ênfase no treinamento pode resultar em ganhos cada vez menores quando se busca exclusivamente aumentar a força máxima.[134] Evidências indicam que indivíduos mais fortes respondem de forma diferenciada a estímulos voltados ao desenvolvimento rápido de força.[25,63] Ademais, a combinação do treinamento resistido com elementos do treinamento esportivo (como *sprints*, saltos e mudanças de direção) pode intensificar ainda mais as melhorias na produção de força.[43,68,85,101,149]

Especificidade

O princípio da *especificidade* caracteriza-se pelo grau de semelhança entre um exercício ou método de treinamento e uma determinada tarefa de desempenho em relação às suas características mecânicas ou metabólicas. Em resumo, uma maior especificidade no planejamento do programa pode resultar em maior transferência do efeito de treinamento (i.e., grau de transferência para o desempenho esportivo). A *especificidade mecânica* refere-se à similaridade com as características cinéticas e cinemáticas de exercícios específicos e à forma como elas se transferem para o desempenho em tarefas de movimento esportivo: ou seja, a força, a taxa de desenvolvimento de força, o impulso, a direção da força, a amplitude de movimento e as características do padrão de movimento.

Associado ao princípio da especificidade está o conceito de correspondência dinâmica, apresentado originalmente por Yuri Verkhoshansky no início da década de 1990.[143] A *correspondência dinâmica* aprofunda a noção de especificidade e abrange cinco aspectos principais: amplitude e direção dos movimentos, regiões acentuadas de produção de força, dinâmica do esforço, taxa e momento da produção máxima de força e organização do trabalho muscular. Embora uma análise detalhada de cada um desses aspectos esteja além do escopo deste capítulo, o leitor pode recorrer a revisões já publicadas que exploram cada dimensão de maneira abrangente.[112,122]

Além da especificidade mecânica, a *especificidade metabólica* refere-se ao grau em que um estímulo de treinamento corresponde às características dos sistemas energéticos envolvidos em uma tarefa realizada em uma competição (p. ex., duração da atividade, magnitude e taxa de utilização de energia). Como exemplo, os sistemas energéticos predominantes para o sucesso no beisebol diferem amplamente daqueles necessários em uma maratona e, portanto, exigem sessões de treino ajustadas às demandas específicas de cada esporte ou evento. No entanto, como o desenvolvimento das características de força depende, em grande parte, do sistema fosfagênio (i.e., adenosina trifosfato-fosfocreatina) devido ao foco na produção de grandes magnitudes de força em curtos períodos, a discussão a seguir se concentrará quase exclusivamente na especificidade mecânica. Para informações mais detalhadas sobre a especificidade metabólica, recomenda-se a consulta a outras referências.[11,54,119]

PONTO-CHAVE

A correspondência dinâmica aprofunda a noção de especificidade e abrange cinco aspectos principais: amplitude e direção dos movimentos, regiões acentuadas de produção de força, dinâmica do esforço, taxa e momento da produção máxima de força e organização do trabalho muscular.

Estudos discutiram a especificidade mecânica em relação à organização intramuscular (i.e., ativação de unidades motoras) e intermuscular (i.e., padrões de ativação muscular) de uma determinada tarefa,[112,122,143] também denominada *especificidade da tarefa*. Outros trabalhos sugeriram que a especificidade da tarefa pode exercer um impacto significativo no treinamento de força-potência e, potencialmente, no treinamento de resistência.[57,65] Essas conclusões baseiam-se na noção de que a especificidade da tarefa pode possibilitar que o córtex motor organize tanto a ativação das unidades motoras quanto os padrões de ativação do músculo como um todo.[119] Assim, estímulos de exercício que apresentam maior grau de similaridade com uma determinada tarefa aumentam a probabilidade de que o estímulo se transfira e resulte em um desempenho melhorado.[103,116] Além disso, a especificidade intramuscular da tarefa possibilita que apenas um grupo específico de unidades motoras seja ativado em uma atividade definida.[76,103] Isso é evidenciado pela hipertrofia específica da tarefa observada em velocistas (região proximal da coxa)[38,56] em comparação com ciclistas de pista (região distal da coxa),[39] em função das exigências biomecânicas necessárias para o sucesso em suas modalidades.[118] Nesse sentido, a especificidade da tarefa sugeriria que o agachamento com barra e o agachamento frontal seriam mais específicos, respectivamente, para velocistas e ciclistas de pista, devido às diferenças nos padrões de ativação muscular.[22,148] Assim, de acordo com os mecanismos subjacentes à força apresentados no Capítulo 3, esses exercícios também serviriam como exercícios específicos da tarefa que podem beneficiar as características de produção de força desses atletas.

De acordo com pesquisas recentes, a especificidade da escolha dos exercícios e do modo de treinamento torna-se fundamental para potencializar a transferência das características de força do treinamento para o desempenho esportivo. Apesar de atletas de diferentes modalidades poderem compartilhar padrões de movimento parecidos (como no caso de velocistas e maratonistas), a aplicação de um mesmo exercício não garante benefícios equivalentes para todos, já que cada um tem demandas distintas em termos de características de produção de força. Por exemplo, um *power snatch* ou um *drop jump* podem servir melhor a um velocista do que a um maratonista, em razão da necessidade de desenvolver grandes magnitudes de força de maneira rápida durante a corrida de velocidade. Em contraste, as exigências da corrida de longa distância, em geral, requerem a produção repetida de forças submáximas durante tempos de contato com o solo mais longos.[13]

Embora alguns exercícios possam ser escolhidos de acordo com a direção percebida da produção da força e da musculatura envolvida,[21,77] é importante que os profissionais da área de força e condicionamento observem que as forças são produzidas em relação ao corpo do atleta, e não em um referencial global.[40] Independentemente da posição do atleta (p. ex., em pé ereto, posição de passo à frente com o tronco inclinado), forças verticais estão sendo produzidas em relação ao seu corpo. Portanto, a escolha de exercícios de acordo com a teoria vetor-força pode ser questionável, à luz do conceito de correspondência dinâmica.

Por fim, a especificidade da seleção de exercícios pode relacionar-se com características semelhantes de produção de força desenvolvidas durante as fases de treinamento de diferentes métodos. Por exemplo, variações de movimentos do levantamento de peso olímpico realizados a partir do solo, do joelho ou da coxa podem beneficiar as características de produção de força de atletas focados em melhorar as fases de aceleração, transição e velocidade máxima do *sprint*, respectivamente.[29,125] Assim, profissionais da área de força e condicionamento podem considerar a especificidade do exercício ao planejar as fases de diferentes métodos de treinamento. A organização e o planejamento de fases específicas de treinamento serão apresentados com mais detalhes posteriormente neste capítulo.

Variação

A *variação* tem como objetivo eliminar a linearidade dos programas de treinamento por meio da manipulação das características de sobrecarga e de especificidade, a fim de promover adaptações no desempenho. Nesse sentido, os profissionais da área de força e condicionamento podem manipular múltiplas variáveis de treino, incluindo volume, intensidade, configuração de séries, intervalos de descanso ou seleção de exercícios, de modo a beneficiar as características de produção de força de um atleta. Além disso, a variação planejada pode auxiliar na prevenção da monotonia ou da sobrecarga do treinamento e da estagnação do atleta, ao mesmo tempo que reduz a fadiga e fornece um amplo espectro de estímulos de treinamento.[30]

Estudos têm mostrado que introduzir mais variação no treinamento pode gerar adaptações mais expressivas do que manter programas com repetições constantes, independentemente de se utilizar maior ou menor quantidade de séries, bem como de treinar até a falha ou não.[82,93,120,146,147] Um amplo conjunto de evidências na literatura respalda a utilização de treinos que alternem ênfase em cargas pesadas e leves como estratégia eficaz para desenvolver tanto produção de força máxima quanto produção rápida de força.[50,51,91,92,124] A combinação de variações com cargas pesadas e leves pode ser incorporada ao processo de treinamento em diferentes escalas, tanto macro quanto micro.[124] No nível macro, os profissionais da área de força e condicionamento podem introduzir variação programando fases específicas de treinamento voltadas ao desenvolvimento de determinadas qualidades físicas (como hipertrofia, força máxima, produção rápida de força e potência), utilizando a periodização como ferramenta de organização do programa. Nessa organização, os atletas são expostos a uma combinação de cargas pesadas e leves, enquanto desenvolvem as características fisiológicas que sustentam as melhorias na produção de força. No nível micro, pode-se aplicar estímulos combinados de cargas pesadas e leves em fases específicas do treinamento, ao longo de semanas, em sessões diárias ou mesmo em exercícios isolados. Uma análise mais aprofundada das diferentes estratégias de programação que podem ser empregadas para aprimorar as características de produção de força máxima e rápida será abordada no Capítulo 7.

PONTO-CHAVE

A variação planejada pode auxiliar na prevenção da monotonia ou da sobrecarga do treinamento e da estagnação do atleta, ao mesmo tempo que reduz a fadiga e fornece um amplo espectro de estímulos de treinamento.

Os profissionais da área de força e condicionamento devem observar que a variação na periodização e na programação pode ser baseada no *status* de treinamento do atleta e em suas necessidades.[27,111] Por exemplo, no período que antecede uma competição, atletas iniciantes podem passar mais tempo em uma fase de acumulação, em razão da necessidade de desenvolver diferentes características subjacentes de produção de força. Em contraste, atletas avançados podem dedicar uma parcela maior do tempo de treino à fase de transmutação, a fim de refinar habilidades motoras específicas antes de alcançar o pico de suas características de produção de força.[60] Cada cenário pode estar associado a janelas específicas de adaptação que um atleta pode vivenciar ao longo de seu desenvolvimento físico.[55,80,81] Assim, parece que atletas com maior idade de treinamento podem necessitar de maior variação em seus programas de treinamento em comparação com iniciantes ou com aqueles que têm menos experiência. Deve-se observar que, independentemente do *status* de treinamento, os atletas podem não ser capazes de tolerar exercícios multiarticulares de alto volume ou cargas pesadas de forma contínua por períodos prolongados, pois isso pode levar à sobrecarga não funcional e, potencialmente, ao treinamento excessivo ou a lesões.[44,45,119] Aliás, pesquisadores concluíram que um estímulo de treinamento semelhante, quando prescrito por mais de seis semanas, pode levar a um platô na força máxima.[138] De forma geral, atletas com diferentes histórias de treinamento podem se beneficiar de diferentes graus de variação em seus programas; esse princípio de treinamento pode auxiliar na maximização das adaptações de produção de força, além de ajudar a gerenciar a fadiga e a evitar platôs de desempenho.

Reversibilidade

O princípio da *reversibilidade* refere-se à deterioração ou perda de características de condicionamento físico previamente adquiridas, o que pode levar a uma redução no desempenho. Essas perdas são, em geral, causadas por dois fatores: a retirada ou redução de um estímulo que promoveu a adaptação ou a involução decorrente de um treinamento monótono ou de um gerenciamento inadequado da fadiga.[119] Primeiramente, os atletas podem experimentar um efeito de destreinamento após a retirada ou redução de um estímulo de treino; por exemplo, pode ocorrer perda na taxa de desenvolvimento de força durante uma fase de força-resistência caracterizada por volumes de treino mais elevados.[78,121] Em contrapartida, pode ocorrer perda no tamanho muscular (i.e., atrofia muscular) quando o volume de treino é reduzido.[3,4,139] Assim, os profissionais da área de força e condicionamento podem considerar que a reversibilidade é um produto da variação da programação, uma vez que diferentes blocos ou fases de treinamento enfatizam adaptações específicas, ao passo que outras são menos enfatizadas.

Deve-se notar, contudo, que a perda de características de condicionamento físico pode ser atenuada – até certo ponto – pelo uso de cargas de manutenção que representam uma pequena fração do volume total de treinamento, mas que são suficientes para preservar a adaptação desejada.[31] Ainda assim, é importante que os profissionais da área de força e condicionamento distingam entre cargas de manutenção, que preservam adaptações prévias, e doses mínimas eficazes, que promovem adaptações específicas de treinamento. Quando se trata de melhoria da força muscular, a *dose mínima eficaz* refere-se ao menor estímulo de treino que pode ser aplicado a um atleta e ainda assim produzir ganhos na força máxima.[46] Alguns pesquisadores indicaram que a dose mínima eficaz para ganhos de força máxima no agachamento e no supino (1 RM) pode consistir na realização de uma única série de 6 a 12 repetições com cargas entre 70 e 85% de 1 RM, até a falha, de 2 a 3 vezes por semana, durante 8 a 12 semanas.[1] Contudo, os autores do estudo observaram que essas adaptações podem ser subótimas. Assim, os profissionais devem considerar que uma carga concentrada, voltada ao desenvolvimento de características específicas, pode produzir efeitos residuais de treinamento que persistem em fases subsequentes do programa. Esses conceitos serão apresentados em mais detalhes na subseção sobre periodização, mais adiante neste capítulo.

PONTO-CHAVE

As perdas nas características de condicionamento físico decorrentes da reversibilidade são, em geral, causadas por dois fatores: a retirada ou redução de um estímulo que promoveu a adaptação ou a involução resultante de um treinamento monótono ou de um gerenciamento inadequado da fadiga.

Especificamente em relação à involução, um programa de treinamento monótono pode resultar em um platô ou em queda de desempenho devido à falta de variação mecânica[42] ou de sobrecarga.[132] Conforme citado, os atletas podem melhorar sua capacidade de produzir força durante os exercícios programados desde que o programa de treinamento seja adequadamente projetado e progredido com especificidade de tarefa. No entanto, é possível que realizar os mesmos movimentos por um período relativamente longo (p. ex., 12 a 16 semanas) sem algum tipo de variação possa reduzir a eficácia de um determinado estímulo de treinamento e afetar negativamente as adaptações de força desejadas. Na realidade, estudos mostraram que as adaptações de força máxima tendem a estagnar quando um mesmo programa de treinamento é mantido por mais de 6 semanas, mesmo com incrementos graduais na carga.[138] Estudos adicionais apontam que a progressão contínua de cargas (programação linear) e o treinamento frequente até a falha podem comprometer os resultados, aumentando o risco de sobrecarga não funcional e de sobretreinamento.[132] De modo semelhante, a involução relacionada ao gerenciamento inadequado da fadiga pode ocorrer quando o programa de treinamento promove uma sobrecarga não funcional sem incluir períodos adequados de recuperação.[44,45] Por exemplo, estudos demonstraram que treinar até a falha usando RM ao longo de 10 semanas levou a reduções moderadas a acentuadas na taxa de desenvolvimento de força (nos intervalos de 50 e 100 milissegundos [ms]), quando comparado ao uso da estratégia de melhor carga série-repetição (intensidades relativas calculadas a partir de uma porcentagem do melhor desempenho em um esquema específico de séries e repetições).[17] Os autores também concluíram que treinar até a falha produziu uma carga de treinamento significativamente maior nas últimas sete semanas, indicando que esse método de programação pode ignorar as potenciais consequências da involução do treinamento.

Individualização

Ao utilizar os princípios discutidos anteriormente, os profissionais da área de força e condicionamento também devem considerar a importância da *individualização* ao elaborar um programa de treinamento. As necessidades de cada atleta em seu esporte, evento ou posição são únicas; as características genéticas e a idade de treinamento sugerem que cada um pode responder de forma distinta a estímulos específicos de treinamento. Embora alguns treinadores esportivos possam demonstrar resistência em recorrer aos serviços de profissionais da área de força e condicionamento – baseados na impressão de que todos os programas são semelhantes independentemente do esporte ou do evento –, é importante reconhecer que, no espectro esportivo, os programas de treinamento apresentam mais semelhanças do que diferenças. Por exemplo, as demandas impostas a atletas de beisebol e voleibol são consideravelmente distintas, sobretudo quando se levam em conta as diferentes posições; no entanto, uma análise mais detalhada mostra que ambos os esportes exigem padrões de movimento semelhantes, como a tripla extensão e a flexão das articulações de quadril, joelho e tornozelo (p. ex., salto, aterrissagem, posição de defesa ou recepção, mergulho), a rotação do quadril e do tronco (p. ex., arremesso e rebatida no beisebol em comparação com ataque, saque e recepção no voleibol), acelerações, desacelerações e rápidas mudanças de direção. Assim, muitos dos mesmos exercícios podem ser utilizados pelos profissionais da área de força e condicionamento a fim de desenvolver esses atletas. Embora não seja recomendável criar programas "padronizados" em que todos os exercícios, cargas e volumes sejam idênticos, a seleção de exercícios para os atletas mencionados pode ser semelhante em 80 a 90%, de modo que os 10 a 20% restantes são individualizados.

PONTO-CHAVE

As necessidades de cada atleta em seu esporte, evento ou posição são únicas; as características genéticas e a idade de treinamento sugerem que cada um pode responder de forma distinta a estímulos específicos de treinamento.

Como mencionado antes, a idade de treinamento de um atleta pode influenciar de forma marcante os desfechos almejados. Entretanto, os profissionais da área de força e condicionamento precisam igualmente considerar a competência técnica de seus atletas na execução dos exercícios. Por exemplo, seria inadequado prescrever o exercício de arranque (*snatch*) a um atleta iniciante sem antes demonstrá-lo e orientá-lo na execução passo a passo. A literatura disponível fornece diretrizes técnicas para diversos tipos de exercícios tradicionais, como agachamento,[20] supino,[49] barra fixa, puxada na polia alta[74] e levantamento-terra.[95] Além disso, outros autores discutiram a técnica de diversos movimentos do levantamento de peso olímpico e de suas variações,[32-36,126-128] oferecendo também perspectivas sobre como os profissionais podem progredir ou regredir seus atletas ao ensinar esses exercícios técnicos.[19,86,123] Ainda que variações complexas de exercícios possam ser metas de longo prazo, versões mais simples podem proporcionar aos atletas ganhos iguais ou até superiores em termos de produção de força. Por exemplo, evidências apontam que atletas sem experiência prévia com o *hang power clean* conseguiram melhorar sua capacidade de produção de força em saltos verticais após apenas quatro semanas de prática.[52]

Estudos analisaram diversas avaliações utilizadas para orientar a prescrição de treinamento, incluindo o índice de força dinâmica,[108] os perfis força-velocidade[104,105] e a razão de utilização excêntrica.[83] Embora cada método possa auxiliar os profissionais da área de força e condicionamento a identificar as fraquezas de um atleta, é importante estar atento às limitações desses métodos no que se refere à prescrição de treinamento para características de força. Por exemplo, pesquisas anteriores sugeriram que o índice de força dinâmica não deve ser interpretado de forma isolada, mas examinado no contexto de uma bateria mais ampla de testes de monitoramento do atleta.[135] Em segundo lugar, pesquisadores mostraram que os perfis força-velocidade podem nem sempre ser confiáveis[66,67,75] e podem falhar em identificar de maneira adequada um desequilíbrio de força ou velocidade.[140] Por fim, apesar das várias versões da razão de utilização excêntrica, o indicador não parece apresentar uma forte correlação com tarefas de salto, *sprint* ou mudança de direção.[69] Além disso, pode não fornecer uma representação precisa da capacidade de salto[70] e pode não se alterar mesmo diante de melhorias no desempenho do salto.[47,53]

Organização do treinamento

Como as temporadas de competição variam entre as modalidades, cabe aos profissionais da área de força e condicionamento estruturar de forma lógica os programas de treinamento de seus atletas. Dessa maneira, os atletas são submetidos a um programa organizado, que estabelece prazos claros para que metas específicas de treino sejam alcançadas, em contraste com programas desordenados que oferecem pouca orientação e acabam gerando caos. Esses planos podem ser elaborados em cronogramas diversos; por exemplo, pode-se usar um ciclo anual para atletas universitários, enquanto planos quadrienais são comuns entre aqueles que visam competir nos Jogos Olímpicos. Independentemente da duração do período de treinamento, cada ano ou ciclo pode ser estruturado em um plano anual e posteriormente subdividido usando estratégias de periodização diversas, ambas discutidas a seguir.

Plano anual

Encerrada a temporada competitiva, os profissionais da área de força e condicionamento em geral iniciam o planejamento do ano seguinte por meio da elaboração de um plano anual. Esse plano contempla diversos elementos da preparação do atleta, incluindo todas as sessões de treino, competições, avaliações ou monitoramentos e períodos de recuperação programados.[30] Assim, o plano anual funciona como um guia que norteia todo o processo de treinamento ao longo do ano, preparando o atleta para o período competitivo. Esses planos podem ser bastante abrangentes e incluir tanto o modelo de periodização quanto a programação planejada para as diferentes fases de treinamento.[119] Em síntese, a periodização consiste na manipulação de variáveis de treino de forma lógica e estruturada em fases, de modo a maximizar a obtenção de adaptações específicas.[117] Por estar fundamentada na não linearidade (i.e., na variação),[111] a periodização pode ser aplicada a fim de organizar um plano anual em fases e cronogramas distintos, com o objetivo de otimizar adaptações em períodos-chave, gerenciar a fadiga e reduzir o risco de sobrecarga não funcional e de treinamento excessivo durante o ciclo anual.[30,31,96] Embora os conceitos de elaboração de programas sejam abordados no Capítulo 7, a periodização será discutida de maneira mais aprofundada a seguir.

PONTO-CHAVE

Por estar fundamentada na não linearidade (i.e., na variação), a periodização pode ser aplicada a fim de organizar um plano anual em fases e cronogramas distintos, com o objetivo de otimizar adaptações em períodos-chave, gerenciar a fadiga e reduzir o risco de sobrecarga não funcional e de treinamento excessivo durante o ciclo anual.

Periodização

Embora os conceitos de periodização e programação possam parecer semelhantes, é fundamental identificá-los como elementos distintos do processo de treinamento. Em resumo, a *periodização* refere-se ao planejamento, à organização e ao cronograma das fases de treinamento voltadas a alcançar adaptações específicas; por outro lado, a *programação* diz respeito às estratégias que impulsionam o desenvolvimento dessas adaptações durante as diferentes fases, por meio da escolha de exercícios, do controle do volume e da intensidade, bem como do manejo dos intervalos de descanso.[27] Pesquisas apontam que os ganhos de força-potência são maiores quando se adota uma abordagem periodizada em comparação com uma não periodizada.[98,145] Além disso, tanto a literatura científica relacionada com a força e condicionamento quanto as evidências observacionais indicam que a maior parte dos atletas avançados ou de elite utiliza algum tipo de modelo de periodização.[111] O modelo tradicional de periodização foi sistematizado por Matveyev na década de 1960;[72,79] abrangia períodos gerais, específicos, competitivos e de transição, os quais foram ainda subdivididos em fases e cronogramas de preparação, como macrociclos, mesociclos e microciclos. Matveyev também destacou a eliminação da linearidade e a introdução das chamadas "oscilações em ondas" na dinâmica de carga.[72]

O modelo de periodização organiza o plano anual em diferentes fases de treinamento (p. ex., preparatória, competitiva, de transição) ao longo do ano, com o objetivo de promover adaptações fisiológicas que sustentem as características de produção de força, maximizando o desempenho e gerenciando a fadiga em momentos-chave da temporada competitiva.[6] Cada fase do treinamento pode ser subdividida em linhas temporais específicas voltadas ao desenvolvimento ou à ênfase de determinadas capacidades de desempenho; essas linhas temporais podem incluir um plano plurianual, um plano anual, macrociclos, mesociclos, microciclos, dias e sessões de treinamento (Tab. 4.2).[30] Em linhas gerais, os *macrociclos* reúnem vários mesociclos, com duração de alguns meses até cerca de um ano, podendo abranger fases de preparação geral, preparação específica, competição, redução gradual e descanso ativo. Os *mesociclos*, por sua vez, compreendem microciclos somados – blocos de semanas de treino nos quais se ajustam volume e intensidade a fim de promover uma adaptação específica por meio de carga concentrada –, que costumam variar entre 2 e 6 semanas, possibilitando a acumulação, a transmutação e a realização de um estímulo de treino. Os *microciclos* reúnem múltiplas sessões de treino orientadas a um objetivo comum e geralmente têm duração de uma semana. Os dias de treino englobam todos os estímulos aplicados em um mesmo dia (como treinamento resistido, sessões de recuperação e condicionamento). Já a sessão de treino corresponde a um período específico em que o atleta realiza determinada atividade programada. É importante destacar que a duração desses cronogramas pode ser ajustada em função do calendário competitivo, do nível de treinamento do atleta ou da fadiga acumulada em fases anteriores do treinamento.[111]

TABELA 4.2 Ciclos de periodização

Período	Duração	Descrição
Plano plurianual	2 a 4 anos	Um plano de treinamento de 4 anos é chamado de plano quadrienal.
Plano anual de treinamento	1 ano	O plano geral de treinamento pode conter um ou vários macrociclos. É subdividido em vários períodos de treinamento, incluindo preparatório, competitivo e de transição.
Macrociclo	Alguns meses a 1 ano	Alguns autores o consideram um plano anual, dividido em períodos de treinamento preparatório, competitivo e de transição.
Mesociclo	2 a 6 semanas	Ciclo de treinamento de médio porte, às vezes chamado de bloco de treinamento. A duração mais comum é de 4 semanas. Consiste em microciclos interligados.
Microciclo	Alguns dias a 2 semanas	Ciclo de treinamento de curta duração; pode variar de alguns dias a 2 semanas; a duração mais comum é de 1 semana (7 dias). Composto por vários treinos.
Dia de treinamento	1 dia	Um dia de treinamento que pode incluir várias sessões de treinamento; é projetado no contexto do microciclo específico em que está.
Sessão de treinamento	Algumas horas	Geralmente consiste em algumas horas de treinamento. Se o treino incluir mais de 30 minutos de descanso entre as séries de treino, ele será composto por várias sessões.

Reproduzida de G.G. Haff, "Periodization," in *Essentials of Strength Training and Conditioning,* 4.ed., editada para a National Strength and Conditioning Association por G.G. Haff e N.T. Triplett (Human Kinetics, 2016), 587. Adaptada de G.G. Haff e E.E. Haff, "Training Integration and Periodization," in *NSCA's Guide to Program Design,* editada para a National Strength and Conditioning Association por J. Hoffman (Human Kinetics, 2012), 220.

Embora o modelo tradicional de periodização forneça uma base sólida para a organização do treinamento, ele não está isento de limitações. Primeiramente, o modelo tradicional de periodização não leva em conta o fato de que os atletas não podem manter um pico de desempenho por longos períodos. Issurin[60] observou que, embora a força máxima possa ser mantida por até 30 dias, o desempenho esportivo é multifatorial, e os atletas podem manter o pico de desempenho por aproximadamente 5 a 8 dias. Isso se torna especialmente complicado quando há muitas competições em um curto período.[28,73]

A segunda limitação da periodização tradicional é seu objetivo de desenvolver múltiplas características de desempenho simultaneamente, incluindo as que podem ser consideradas não compatíveis (p. ex., resistência cardiorrespiratória e produção rápida de força). Em resumo, aumentos no volume de treinamento podem beneficiar o desenvolvimento das características de condicionamento; entretanto, se múltiplas características de condicionamento forem visadas simultaneamente, uma redução no volume de treinamento também pode afetar negativamente cada característica.[142] Além disso, o simultâneo aumento do trabalho total pode dificultar o gerenciamento da fadiga,[14,117] provavelmente favorecendo a resistência em detrimento das características de produção rápida de força[37,48,102] e podendo prejudicar a capacidade de aprender novas habilidades.[9]

Por fim, pode ser difícil implementar a periodização tradicional em esportes coletivos. O modelo original de periodização focava menos competições importantes por ano, enquanto nas últimas décadas houve um aumento na quantidade de competições realizadas em uma temporada.[62] Para lidar com essas questões, desenvolveram-se diversos outros modelos de periodização, incluindo o sistema conjugado sucessivo,[142] a periodização em blocos[59] e a potenciação de fases.[114,115] Como cada um dos modelos mais contemporâneos de periodização promove o uso de blocos ou fases de treinamento, organizados em uma ordem lógica para produzir e se beneficiar dos efeitos residuais do treinamento,[111] a discussão a seguir se concentrará na periodização em blocos. Contudo, os leitores são direcionados a Stone et al.[111] para uma visão geral mais abrangente da periodização.

A *periodização em blocos* caracteriza-se por cargas de trabalho altamente concentradas (Fig. 4.1), que focam o desenvolvimento de características específicas (i.e., blocos) e são sequenciadas em uma ordem lógica para produzir e beneficiar-se dos efeitos residuais do treinamento.[111] A principal diferença entre a perio-

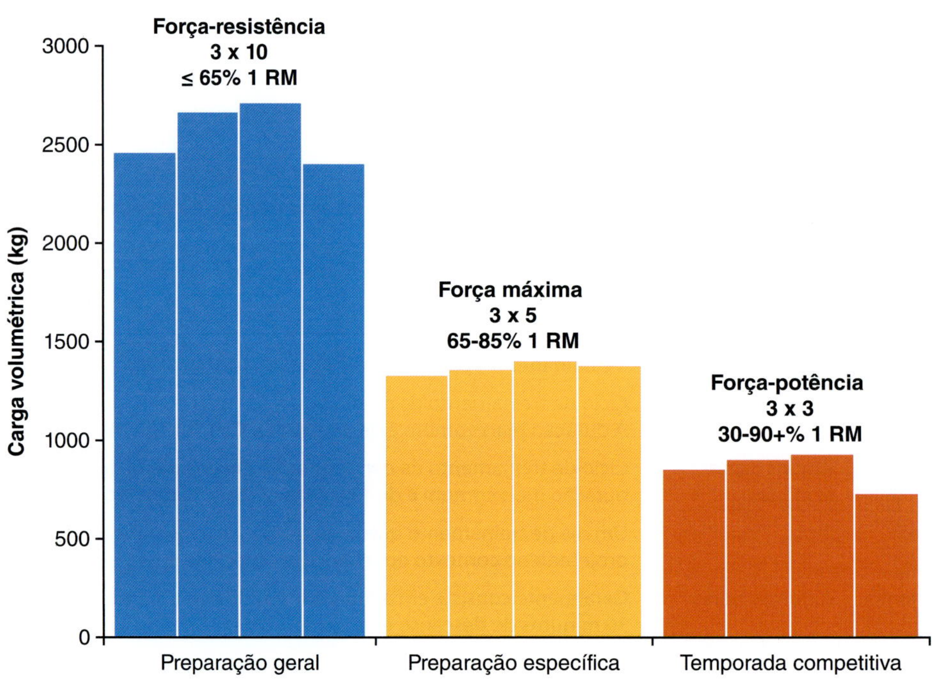

FIGURA 4.1 Exemplos de carga concentrada durante as fases de treinamento de preparação geral, preparação específica e temporada competitiva.

dização em blocos e outros modelos é o desenvolvimento das características de condicionamento ao longo de todo o processo de treinamento.[30,31,62,117] Como mencionado, o modelo tradicional pode visar ao desenvolvimento simultâneo de várias características de desempenho.[59,117] Embora o modelo tradicional de periodização possa ser eficaz em comparação com uma abordagem não periodizada de treinamento, ele pode não gerenciar adequadamente a fadiga neuromuscular nem parear os períodos de pico com a temporada competitiva.[59] Entretanto, a periodização em blocos pode ser implementada de maneira voltada a um ou a múltiplos objetivos (Tab. 4.3) a fim de lidar com essas questões modernas e com as necessidades de um esporte específico.[62]

Uma abordagem de periodização em blocos voltada a um único objetivo utiliza uma carga concentrada para enfatizar o desenvolvimento de uma única característica do condicionamento, ou de pouquíssimas características relacionadas (p. ex., produção de força máxima e rápida), enquanto outras características são colocadas em segundo plano.[133,142] Embora esse modelo permita o uso de microciclos somados e de cargas de manutenção a fim de desenvolver características compatíveis e preservar as características secundárias, respectivamente,[30,31] essa abordagem pode não ser ideal para esportes coletivos que exigem o desenvolvimento simultâneo de múltiplas características de desempenho e fatores técnicos.[15,72] No entanto, é importante observar que, se os blocos individuais forem sequenciados adequadamente, os efeitos residuais do treinamento podem se transferir e potencializar blocos subsequentes.[64,114,115,144] Em contraste com a abordagem de foco único, a periodização em blocos multitarefa busca desenvolver simultaneamente múltiplas características de condicionamento compatíveis (p. ex., força, potência e velocidade).[61,133] Esse método pode ser implementado de forma mais eficaz com atletas de esportes coletivos; contudo, é importante que os profissionais da área de força e condicionamento tenham cautela no gerenciamento da fadiga, pois o desenvolvimento de múltiplas características pode elevar o volume total de treinamento. Além disso, é crucial evitar o desenvolvimento de características não compatíveis (p. ex., velocidade e resistência cardiorrespiratória) dentro de um mesmo bloco de treinamento, a fim de evitar potenciais efeitos de interferência. O uso de abordagens multitarefa pode ser visto como um método de treinamento concorrente; o Capítulo 8 apresenta esse conceito e múltiplas abordagens de treinamento.

Embora tenha sido sugerido que a periodização em blocos possa resultar em maiores adaptações de força-potência[30] e em um estímulo de treinamento mais eficiente[94] em comparação a outros modelos, existem diversos métodos de programação (ver Cap. 7) que podem beneficiar essas características e gerenciar a fadiga tanto em atletas de esportes individuais quanto coletivos.[7,141,151] Deve-se observar que, embora táticas de programação específicas possam não ter um efeito considerável sobre as características de força em atletas iniciantes, essas decisões tornam-se mais importantes à medida que a idade de treinamento dos atletas

TABELA 4.3 Periodização em bloco de objetivo único e múltiplos objetivos

Descritor	Periodização em blocos de objetivo único	Periodização em blocos de múltiplos objetivos
Propósito	• Desenvolver uma única característica de condicionamento físico. • Manter as características de condicionamento físico desenvolvidas previamente.	Desenvolver múltiplas características de condicionamento físico simultaneamente.
Justificativa	• Útil em esportes nos quais são desenvolvidas relativamente poucas tarefas, especialmente aquelas desenvolvidas simultaneamente (p. ex., atletismo).	Necessária para esportes que exigem que múltiplos fatores sejam desenvolvidos simultaneamente (p. ex., futebol, lacrosse, basquete, hóquei).
Estratégias de carga	• Cargas concentradas. • Volume de treinamento focado em fatores compatíveis. • Minimiza o volume de fatores não compatíveis. • Microciclos somados. • Cargas de retenção.	Ênfase colocada no treinamento simultâneo de características de condicionamento compatíveis. De modo ideal, estímulos incompatíveis são evitados durante o treinamento.
Benefícios adicionais	• Efeitos superiores do treinamento tardio depois de um período de restituição em comparação com a periodização em blocos de múltiplos objetivos. • Efeitos de potenciação de fase.	

Adaptada de T.J. Suchomel, S. Nimphius, C.R. Bellon, and M.H. Stone, "The Importance of Muscular Strength: Training Considerations," *Sports Medicine*, 48 (2018):765-785.

aumenta. Além disso, esportes com competições consistentes ao longo de todo o ano (p. ex., futebol, tênis) e esportes não tradicionais (p. ex., *snowboard*, BMX) apresentam calendários que podem exigir extensas modificações nas fases de treinamento mais tradicionais descritas anteriormente. Contudo, é importante lembrar que a força máxima pode servir como um "veículo" capaz de impulsionar a melhoria de outras variáveis, como a produção rápida de força e a potência.[134] Além disso, devido às restrições de tempo necessárias para expressar a força máxima (p. ex., ≥ 300 ms), que frequentemente excedem o intervalo de tempo exigido para a execução de diversas habilidades esportivas (p. ex., salto, *sprint*, mudança de direção), a produção rápida de força deve ser vista como uma qualidade importante que potencializa o desempenho esportivo.[50,113,137]

Sequência das fases de treinamento

O planejamento de uma *sequência* adequada de fases de treinamento pode levar a melhorias em várias características do desempenho.[16,17,51] Especificamente para o desenvolvimento das características de força, é importante potencializar as características subjacentes da produção de força enquanto se utilizam os efeitos residuais do treinamento provenientes de diferentes fases (ver Fig. 4.2). Estudos anteriores sugeriram que a capacidade de trabalho e as adaptações na arquitetura muscular resultantes de uma fase de força-resistência podem potencializar a capacidade do atleta de melhorar sua força máxima.[84,114,150] Outros fontes da literatura apoiam a noção de que o desenvolvimento da força máxima pode aumentar o potencial para melhorar as características de produção rápida de força e a potência.[26,133] Assim, uma sequência lógica de fases de treinamento seria passar das fases de força-resistência e força geral para uma fase de força-potência. Essa sequência de fases de treinamento pode beneficiar-se dos resíduos de treinamento produzidos nas fases anteriores e levar a melhorias nas fases subsequentes. Os profissionais da área de força e condicionamento devem estar cientes de que a remoção de um estímulo de treinamento que visa características específicas da produção de força pode levar à perda dessas características, de acordo com o princípio da reversibilidade. No entanto, diversos autores concluíram que a força máxima pode persistir por períodos relativamente longos (30 ± 5 dias), enquanto a perda das características de produção rápida de força acontece rapidamente (5 ± 3 dias).[59,60,88,89,111]

PONTO-CHAVE

Programar uma sequência adequada de fases de treinamento pode levar a melhorias em diversas características do desempenho.

Embora uma sequência do tipo força-resistência, força e força-potência pareça atraente para o desenvolvimento das características de força, o ano de treinamento requer mais do que três fases, porque a força máxima pode alcançar um platô em aproximadamente seis semanas se for prescrito um estímulo de treinamento muito semelhante.[138] Assim, pode ser necessária a variação em forma de onda nas cargas de treinamento descrita anteriormente para usar uma abordagem de longo prazo no desenvolvimento de características tanto de força máxima quanto de produção rápida de força. Curiosamente, pesquisadores mostraram que realizar uma fase de força antes de uma fase de maior volume voltada à hipertrofia pode levar a benefícios adicionais tanto na força má-

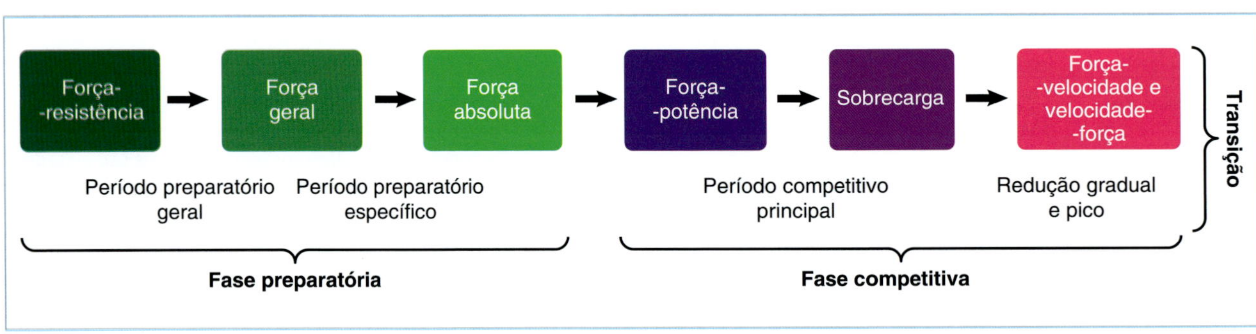

FIGURA 4.2 Sequência geral de períodos de treinamento de uma fase preparatória que leva a uma fase competitiva.
Adaptada de T.J. Suchomel, S. Nimphius, C.R. Bellon, and M.H. Stone, "The Importance of Muscular Strength: Training Considerations," *Sports Medicine, 48 (2018): 765-785.*

xima como na hipertrofia.[18] Assim, os profissionais da área de força e condicionamento podem considerar o retorno a uma fase de treinamento de maior volume após uma fase de força geral a fim de beneficiar ainda mais as características da arquitetura muscular que fundamentam a produção de força. Ao retornar a uma fase de treinamento já realizada, o uso de diferentes táticas de treinamento (p. ex., métodos, séries, repetições, cargas, estrutura de séries) pode ajudar a fornecer um estímulo de treinamento novo ao atleta. No entanto, é importante observar que pequenas modificações nas fases de treinamento podem resultar em uma mudança significativa no estímulo geral de treinamento; portanto, recomenda-se uma abordagem conservadora ao determinar as variáveis de programação apropriadas.

Pontos principais discutidos no capítulo

- A sobrecarga, a especificidade, a variação e a reversibilidade são princípios de treinamento que orientam o planejamento do programa. No entanto, a individualização de um programa de treinamento pode possibilitar que os profissionais da área de força e condicionamento foquem as fraquezas de um atleta e no desenvolvimento em longo prazo de suas características de força.
- O conceito de correspondência dinâmica inclui a amplitude e a direção dos movimentos, as regiões acentuadas de produção de força, a dinâmica do esforço, a taxa e o tempo de produção máxima de força, bem como a organização do trabalho muscular, e serve de base para a especificidade. Uma compreensão mais ampla da correspondência dinâmica pode possibilitar que estímulos de treinamento específicos se transfiram de forma mais eficaz às tarefas esportivas.
- Antes de elaborar um programa de treinamento, deve-se desenvolver um plano anual que inclua as fases planejadas de treinamento, competições, pausas, sessões de prática e assim por diante. O planejamento e a organização de um plano anual podem ser realizados utilizando um método de periodização, o que pode possibilitar a um atleta maximizar suas características de produção de força enquanto sua fadiga é controlada com eficácia.
- A literatura existente apoia o uso da periodização em blocos, seja em uma abordagem voltada a um único objetivo ou a múltiplos objetivos, em razão da sua capacidade de enfatizar o desenvolvimento de características específicas dentro de um período determinado. Os profissionais devem observar que esportes com competições durante todo o ano (p. ex., futebol, tênis) e esportes não tradicionais (p. ex., *snowboard*, BMX) podem exigir modificações mais extensas na programação, uma vez que os calendários competitivos nem sempre são consistentes.
- Os profissionais da área de força e condicionamento precisam considerar como o sequenciamento das fases de treinamento influencia o desenvolvimento da produção de força máxima e da produção rápida de força. O correto sequenciamento deve aproveitar os resíduos de adaptação deixados pelas fases anteriores, de modo a otimizar os ganhos nas fases subsequentes.

5

Métodos de treinamento

Os profissionais da área de força e condicionamento podem prescrever uma variedade de métodos de treinamento para aprimorar as características de força muscular de um atleta. Embora o potencial de cada método para melhorar a produção de força máxima ou a produção rápida de força possa depender da idade de treinamento do atleta, alguns métodos podem servir como alternativas superiores e transferir-se, em maior grau, para o desempenho das habilidades motoras durante a competição. Além disso, outros métodos de treinamento podem atender melhor aos atletas que já desenvolveram uma base de força máxima e necessitam de um estímulo de treinamento novo para continuar progredindo. O objetivo deste capítulo é discutir uma ampla variedade de métodos de treinamento que os profissionais da área de força e condicionamento podem considerar a fim de melhorar as características de força de seus atletas.

Tipos de treinamento

Há muitos métodos de treinamento de resistência que podem ser utilizados para melhorar as características de força de um indivíduo. Embora cada método tenha suas próprias qualidades, é importante que os profissionais da área de força e condicionamento compreendam a capacidade de cada método em aumentar a produção de força máxima e rápida do atleta. Além disso, os profissionais devem estar atentos à demanda neuromuscular de cada método, uma vez que vários deles costumam ser prescritos de forma simultânea. Esta seção fornecerá uma visão geral de diversos métodos de treinamento de força e destacará seus potenciais benefícios e limitações. Com esse conhecimento, os profissionais da área de força e condicionamento devem ser capazes de tomar decisões fundamentadas sobre quais métodos podem melhor atender às demandas de força desejadas em seus atletas.

Exercício usando o peso corporal

Os exercícios usando o peso corporal, também conhecidos como *calistenia*, datam da Grécia antiga e das palavras *kalos* (que significa "beleza") e *esteno* (que significa "força").[217] Os exercícios que se enquadram nessa categoria incluem os agachamentos sem peso, as flexões de braço, os exercícios nas barras fixas, os exercícios abdominais e muitos outros. Deve-se notar que, embora os exercícios pliométricos (apresentados neste capítulo) sejam frequentemente realizados utilizando apenas o peso corporal como resistência, eles são prescritos com um propósito diferente e, portanto, não devem ser agrupados com os exercícios usando o peso corporal tradicionais.

Os exercícios usando o peso corporal comumente empregam movimentos em cadeia cinética fechada envolvendo múltiplos grupos musculares e podem aumentar a força relativa de indivíduos com menor experiência no treinamento de força.[122] Além disso, os exercícios usando o peso corporal são, em geral, acessíveis e versáteis, podendo ser realizados em diversas posições (p. ex., flexões tradicionais, na parede ou com os pés elevados). Quando corretamente progredidos, podem aumentar a força muscular de um indivíduo.[156] Em razão da simplicidade e versatilidade desses exercícios, não surpreende que profissionais da indústria do *fitness* consistentemente os tenham classificado como uma das 10 principais tendências do *fitness* desde 2013.[304] Entretanto, no que diz respeito à preparação física de atletas, os exercícios usando apenas o peso corporal costumam ser empregados como etapa inicial no treinamento de força, antecedendo a transição para exercícios com sobrecarga externa e padrões de movimento mais complexos. Por exemplo, os atletas podem realizar agachamentos sem peso antes de evoluir para o agachamento *goblet*, agachamento frontal ou agachamento com barra.

A principal limitação do exercício usando o peso corporal é a incapacidade de fornecer, de forma consistente, um estímulo de sobrecarga suficiente para aumentar a força máxima e a produção de força.[122] Em resumo, nos exercícios usando o peso corporal não é possível aplicar forças de grande magnitude em relação à massa corporal. Para aumentar ou progredir a intensidade de um exercício usando o peso corporal, a pessoa fica limitada a alterar a posição corporal ou a aumentar a quantidade de repetições. Embora a primeira opção possa ser eficaz com atletas jovens e adolescentes, bem como com aqueles em processo de retorno pós-lesão, aumentar constantemente a quantidade de repetições pode promover mais características de resistência muscular do que de produção de força máxima e rápida. Na verdade, diversos estudos demonstraram que prescrever mais repetições do mesmo exercício pode não melhorar as características de força de um indivíduo.[31,175,250,307] Reconhecer os benefícios e limitações do treinamento usando o peso corporal pode possibilitar que os profissionais implementem essa forma de exercício de maneira mais eficaz.

PONTO-CHAVE

Os exercícios usando apenas o peso corporal costumam ser empregados como etapa inicial no treinamento de força, antecedendo a transição para exercícios com sobrecarga externa e padrões de movimento mais complexos.

Treinamento em aparelhos

É bastante usual encontrar uma grande variedade de aparelhos de musculação em uma academia comum. Do ponto de vista do cliente e do profissional, essa variedade possibilita exercitar múltiplos grupos musculares e usar diversos aparelhos na mesma sessão de treinamento. Comparados ao treinamento com pesos livres, os aparelhos podem ser uma alternativa mais segura, pois a resistência adicional se move em um plano de movimento específico e pode ser modificada por sistemas de polias, material elástico, sistemas hidráulicos ou resistência pneumática.[241] Além disso, os exercícios em aparelhos possibilitam isolar determinados grupos musculares, favorecendo tanto o desenvolvimento da capacidade dos tecidos quanto a reabilitação de lesões.[285] Enquanto alguns estudos mostraram que o treinamento com exercícios em aparelhos pode melhorar a força máxima em maior grau do que o treinamento com pesos livres,[241,252] outros trabalhos apresentaram achados contrastantes.[236]

Os exercícios em aparelhos podem incluir movimentos uniarticulares (p. ex., extensão de joelho) ou multiarticulares (p. ex., *leg press*). Embora os exercícios uniarticulares possam isolar grupos musculares específicos em maior medida do que os movimentos multiarticulares, sua capacidade de beneficiar características de força que se transferem para os movimentos esportivos pode ser questionada, visto que poucos movimentos uniarticulares são realizados em competições.[14,22,215,266] Em outras palavras, mesmo que os exercícios uniarticulares possam promover ganhos de força, eles muitas vezes não apresentam o mesmo padrão de coordenação dos movimentos esportivos, o que restringe sua contribuição direta para o desempenho na tarefa esportiva. Um exemplo seria a flexão plantar isolada em contraste com o salto vertical.[58,266] Em contraste, os movimentos multiarticulares envolvendo vários grupos musculares podem ser uma alternativa melhor para desenvolver características de força que se transferem para o esporte.[8,23,97,266] Apesar do potencial dos exercícios multiarticulares em aparelhos de aprimorar as características de produção de força dos indivíduos, deve-se notar que os exercícios com pesos livres recrutam a musculatura estabilizadora em maior extensão.[111,182,240,266] Assim, podem impor maiores demandas de coordenação e recrutamento muscular a um atleta.[285] Combinados com a capacidade de aumentar a testosterona livre,[241] os exercícios com pesos livres podem servir como uma alternativa superior aos movimentos em aparelhos, quando o foco é desenvolver características de produção de força máxima e rápida que podem ser transferidas para o esporte.

Treinamento isométrico

Os programas de treinamento de força utilizam exercícios isométricos há décadas. Esse método inclui a execução de uma ação muscular na qual os comprimentos musculares e os ângulos articulares não se alteram durante cada esforço. Apesar de nenhum trabalho mensurável ser realizado – devido à ausência de deslocamento –, os exercícios isométricos (Fig. 5.1) podem ser utilizados de forma eficaz para melhorar as características de produção de força máxima e rápida dos atletas.[168,171,213,214]

Embora exercícios isométricos uniarticulares – como extensão de joelho,[152] flexão de cotovelo[59] e flexão plantar[168] – tenham recebido atenção na literatura científica, diversas revisões[168,171,213,214] e estudos de treinamento[169,170,172] destacaram variados aspectos do treinamento isométrico multiarticular. Por exemplo, estudos mostraram que o treinamento com ações isométricas rápidas e sustentadas (3 segundos de duração), ao longo de 6 semanas, produziu maiores adaptações na força de pico do agachamento isométrico em comparação com ações isométricas rápidas e não sustentadas (1 segundo de duração).[169] O mesmo grupo de pesquisa concluiu que a inclusão contínua de agachamentos isométricos por 24 semanas resultou em maiores ganhos de força máxima, velocidade de *sprint* e desempenho no salto com contramovimento.[172] Apesar desses achados, alguns pesquisadores podem argumentar que o treinamento isométrico carece de especificidade quando se trata de aprimorar o desempenho dinâmico. No entanto, é importante considerar que as características de força-tempo produzidas durante tarefas isométricas podem fornecer informações sobre o desempenho dinâmico tanto de membros superiores como inferiores. Nesse sentido, pesquisadores concluíram que a força de pico, bem como a força produzida em intervalos específicos durante testes isométricos, pode estar relacionada a diversos desempenhos próprios do esporte, oferecendo assim uma justificativa para sua inclusão.[171] A utilização de exercícios isométricos é relevante, já que a ação de ciclo de alongamento-encurtamento envolve a aplicação de forças isométricas durante a fase de amortização. Em teoria, a capacidade de sustentar elevadas magnitudes de força nesse momento crítico pode possibilitar ao atleta resistir a forças excêntricas mais altas e, na sequência, gerar maior força propulsiva inicial. Como esses exercícios têm potencial para aprimorar a força máxima e a taxa de desenvolvimento de força,[168,171,213,214] sua aplicação pode ser estratégica em fases do treinamento resistido cujo objetivo seja o desenvolvimento dessas características. Contudo, deve-se considerar a especificidade dos ângulos articulares envolvidos na tarefa isométrica, assim como as posições que o atleta adota em situações competitivas, a fim de maximizar a transferência efetiva do treinamento para a prática esportiva.

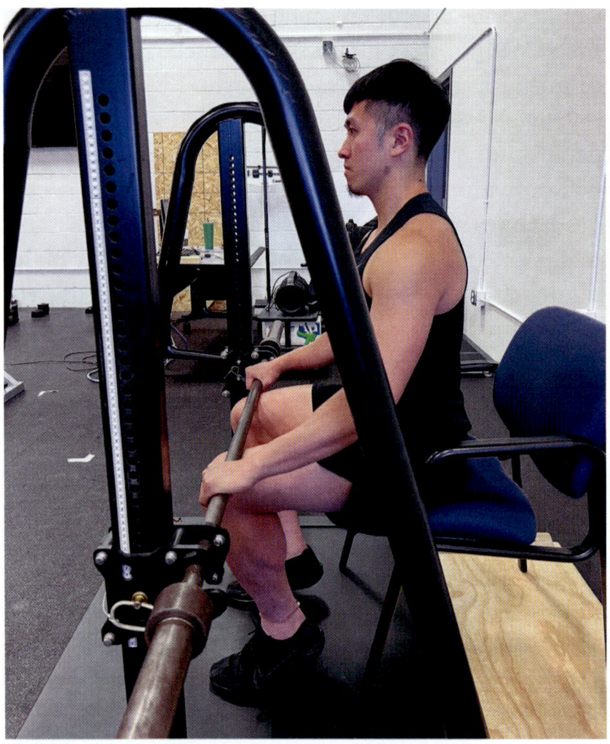

FIGURA 5.1 Exercícios isométricos para músculos posteriores da perna.

Os profissionais da área de força e condicionamento devem estar cientes de que a implementação de exercícios isométricos em conjunto com outros exercícios pode proporcionar um efeito de potenciação (ver Complexos de potenciação, neste capítulo). Por exemplo, vários estudos mostraram melhorias no desempenho dinâmico após diferentes protocolos de exercício isométrico.[92,96,100,110] Portanto, devido à sua simplicidade e à capacidade de treinar as características de força de um atleta, os profissionais podem considerar a inclusão do treinamento isométrico em programas de treinamento de resistência.

PONTO-CHAVE

Apesar de nenhum trabalho mensurável ser realizado – devido à ausência de deslocamento –, os exercícios isométricos podem ser utilizados de forma eficaz para aprimorar as características de produção de força máxima e rápida dos atletas.

Treinamento com *kettlebell*

Originalmente usado como uma medida de peso no século XVIII, o termo *kettlebell* tem origem na palavra russa *girya* e refere-se a um peso de ferro fundido no formato de uma bola de canhão com alça.[50] Antes de se popularizar nas academias comerciais e em ambientes de treinamento de força e condicionamento ao redor do mundo, os *kettlebells* eram utilizados principalmente pelo exército soviético em seu treinamento de preparação física. Do ponto de vista da força e do condicionamento, o treinamento com *kettlebell* é uma alternativa aos exercícios tradicionais com barra e halteres.[30]

Os exercícios comuns com *kettlebell* incluem *swings* com 1 ou 2 mãos, exercícios de levantamento de peso olímpico modificados (p. ex., *one-arm snatch* ou *clean*) e levantamentos turcos. Embora pesquisadores tenham sugerido que o treinamento com *kettlebell* pode melhorar diversas medidas de força máxima,[139,140,159,174,216] assim como o desempenho no salto vertical,[159,216] pesquisas adicionais mostraram achados contrastantes em relação ao salto vertical[140] e desempenho em corridas de velocidade.[132] Para atletas jovens e adolescentes com menor idade de treinamento, o *kettlebell* pode servir como um estímulo eficaz para aumentar tanto a força de pico quanto a produção rápida de força. Entretanto, o treinamento com *kettlebell* também pode ser limitado em sua capacidade de fornecer consistentemente um estímulo de sobrecarga. Por exemplo, pesquisadores mostraram que o treinamento com movimentos do levantamento de peso olímpico (i.e., *high pull* e *power clean* combinados com o agachamento) produziu maiores ganhos de força máxima no agachamento e no *power clean*, além de melhores resultados no salto vertical, quando comparado ao treinamento com *kettlebell*.[216] Em resumo, o peso que um atleta é capaz de levantar corretamente em um *arremesso* supera o peso que ele pode empregar em um *kettlebell swing*, quando executado com técnica apropriada. Os profissionais também devem considerar o tamanho da alça e o peso do *kettlebell*. Por exemplo, alguns *kettlebells* comerciais pesam até 109 kg, e é provável que o diâmetro da alça aumente à medida que a carga aumenta. Com a limitação óbvia da pegada para alguns atletas nesse caso, os profissionais da área de força e condicionamento devem questionar se pode haver uma alternativa mais eficaz.

Poucas pesquisas examinaram os efeitos de longo prazo do treinamento com *kettlebell* sobre as características de força de um atleta. Embora alguns tenham buscado melhorar a aplicação desses exercícios,[123] é importante que os profissionais compreendam as limitações do *kettlebell* e programem seu uso de acordo com as características de força que desejam desenvolver. Embora não sirvam como o principal estímulo de treinamento para atletas saudáveis, os *kettlebells* podem ser ferramentas eficazes para atletas em recuperação de lesões.[25] Além disso, os exercícios com *kettlebell* podem servir como parte de uma progressão ou regressão de aprendizagem para atletas, mas também como alternativas ou movimentos complementares aos exercícios tradicionais, a fim de evitar a monotonia do treinamento e, por extensão, preservar o desejo do atleta de treinar.

Treinamento bilateral e unilateral

Exercícios bilaterais são aqueles nos quais uma carga externa é levantada com dois membros (p. ex., agachamento), enquanto movimentos unilaterais ou parcialmente unilaterais são definidos como exercícios em que a carga é levantada exclusiva ou predominantemente por um único membro (Fig. 5.2).[183] Embora o treinamento bilateral seja mais comumente prescrito do que o unilateral devido às fortes relações entre força bilateral e habilidades esportivas gerais (p. ex., saltar, correr e mudar de direção [MDD]),[286] o uso do treinamento unilateral frequentemente se torna um tema de debate na área do treinamento de força e condicionamento. Os defensores do treinamento de força e condicionamento frequentemente citam que muitos movimentos no esporte são realizados unilateralmente (p. ex., corrida, cortes); assim, alguns acreditam que treinar dessa maneira fornece maior especificidade e transferência. Curiosamente, isso pode não ser o caso, pois alguns estudos mostraram maiores adaptações no desempenho da mudança de direção após treinamento bilateral em comparação ao unilateral.[11] Esses achados

FIGURA 5.2 Agachamento com elevação do pé de trás.
© Human Kinetics.

foram complementados por uma metanálise de 2021 que não mostrou diferenças entre os efeitos do treinamento bilateral e unilateral na velocidade de *sprints* curtos e da mudança de direção.[192] Outros estudos observaram melhorias semelhantes na força bilateral e unilateral, na velocidade de *sprint* e na agilidade depois de cinco semanas de treinamento com exercícios bilaterais (agachamento com barra) e unilaterais (agachamento com o pé de trás elevado).[260] Por fim, Appleby et al.[10] mostraram que tanto o treinamento bilateral quanto unilateral podem melhorar a força específica do movimento, mas que cada modo de treinamento também pode transferir-se para o movimento não treinado. No conjunto, a literatura respalda a aplicação de métodos bilaterais e unilaterais no treinamento. Porém, especialistas sugerem que, ao estruturar a programação, os profissionais da área de força e condicionamento deem maior ênfase ao tipo de estímulo fisiológico gerado do que apenas à especificidade do movimento.[11]

PONTO-CHAVE

No conjunto, a literatura respalda a aplicação de métodos bilaterais e unilaterais no treinamento. Porém, especialistas sugerem que, ao estruturar a programação, os profissionais da área de força e condicionamento deem maior ênfase ao tipo de estímulo fisiológico gerado do que apenas à especificidade do movimento.

Um ponto importante do treinamento unilateral, que precisa ser considerado na elaboração dos programas, é seu potencial de produzir maior ativação muscular quando comparado a exercícios bilaterais. McCurdy et al.[184] mostraram maior ativação dos músculos glúteo médio, posteriores da coxa e quadríceps femoral durante um agachamento dividido modificado em comparação com um agachamento bilateral tradicional. Esses achados provavelmente se devem à maior instabilidade durante os exercícios unilaterais. Apesar de a maior ativação muscular favorecer ganhos de hipertrofia e força, os treinadores precisam avaliar a segurança na aplicação de cargas em exercícios unilaterais. Simplificando, em razão da maior instabilidade, um exercício unilateral não pode ser prescrito com a mesma carga de um exercício bilateral. Como resultado, os exercícios bilaterais podem fornecer um estímulo superior à produção de força máxima e rápida devido à sua estabilidade.[19] Levando em consideração as pesquisas mencionadas antes, os profissionais da área de força e condicionamento não devem excluir os exercícios unilaterais, mas sim prescrevê-los como exercícios auxiliares aos movimentos bilaterais.[227] Os profissionais também devem considerar o volume adicional associado aos exercícios unilaterais, pois a quantidade de repetições pode ser dobrada, assumindo que o atleta esteja realizando o exercício com ambos os membros (p. ex., 5 repetições prescritas = 10 repetições no total). Pelo acréscimo de volume que proporcionam, os exercícios unilaterais tendem a ser mais adequados quando combinados aos bilaterais em fases preparatórias do treinamento, caracterizadas por maiores volumes de trabalho. Uma exceção clara são os exercícios pliométricos unilaterais, que podem ser aplicados mesmo em fases voltadas à força-potência.

Treinamento de *strongman*

Como apresentado no Capítulo 1, as competições de força têm suas raízes na capacidade de levantar diversos objetos pesados. Por exemplo, as competições de *strongman,* nas quais os atletas levantam cargas pesadas pela maior quantidade de repetições possível, carregando cargas pesadas por uma determinada distância ou levantando uma série de cargas no menor tempo possível.[332] Na preparação para diferentes provas, atletas de *strongman* costumam empregar equipamentos variados, incluindo armações com carga, pedras, trenós carregados, troncos, pneus, sacos de areia, halteres de grandes dimensões e até veículos.[331] Apesar de serem tradicionalmente associados ao treinamento específico de competidores de *strongman*, esses implementos também podem ser empregados por profissionais da área de força e condicionamento como recursos de treino para atletas de outras modalidades.

Estudos mostraram que sete semanas de treinamento em estilo *strongman* podem gerar adaptações de força comparáveis às do treino resistido convencional.[330] Isso pode ser parcialmente atribuído às demandas fisiológicas semelhantes impostas pelos dois métodos.[121] No entanto, é importante destacar que, embora semelhantes, os exercícios realizados com implementos de *strongman* nem sempre reproduzem as mesmas características de produção de força observadas em exercícios tradicionais. Por exemplo, Winwood et al.[328] verificaram que a força vertical média e máxima não diferiu entre o exercício com tronco do *strongman* (*log lift*) e o *clean and jerk* realizados a 70% de 1 RM deste último. No entanto, a potência média e máxima foi consideravelmente maior no *clean and jerk* em comparação ao *log lift.* Outro estudo demonstrou que o *push press* com barra produziu forças de frenagem, forças propulsivas e impulso mais elevados do que as versões com tronco (*log push press*), tanto pequeno quanto grande.[232] Além disso, observou-se que o agachamento *com barra* resultou em forças verticais muito maiores – porém em forças anteriores consideravelmente menores – quando comparado a um arrasto de trenó carregado em *sprint*.[327] Embora os estudos citados apresentem apenas três exemplos de comparações, já foram realizadas análises biomecânicas de outros exercícios de *strongman*, como o levantamento de pedras (*atlas stones*),[126] a caminhada com *yoke (yoke walk)*,[127] o arrasto de trenó em *sprint*[147] e a caminhada do fazendeiro (*farmer's walk*).[146] Como esses exercícios podem representar um estímulo diferenciado de treinamento para os atletas, há necessidade de mais pesquisas. Para aprofundamento sobre a aplicação desses métodos, recomenda-se a leitura de revisões anteriores.[128,329,337]

Treinamento balístico

Os exercícios realizados com intenção balística (i.e., aceleração durante toda a fase concêntrica de um movimento) – como o *hexagonal barbell jumps* (saltos verticais na barra hexagonal) e o *bench press throws* (supino com arremesso) – demonstraram produzir maiores magnitudes de potência em comparação com exercícios não balísticos.[272] Considerando que a produção de força máxima (i.e., força de pico) e a produção rápida de força são determinantes para o desempenho de potência,[298] não é de estranhar que exercícios balísticos apresentem maiores valores de força máxima e produção rápida de força, velocidade e potência, além de maior ativação muscular, quando comparados ao mesmo movimento executado apenas em alta velocidade.[160,203,292] Além disso, evidências mostram que o exercício balístico pode favorecer maiores efeitos de potenciação quando comparado ao exercício não balístico.[246,288,289] Isso provavelmente se deve à sua capacidade de reduzir o limiar de recrutamento das unidades motoras[67,308] e ativar todo o grupo de neurônios motores em poucos milissegundos.[78] Como observado no Capítulo 3, a capacidade de recrutar unidades motoras de limiar mais elevado favorece a produção de grandes magnitudes de força em um curto espaço de tempo, promovendo, por fim, adaptações favoráveis na produção rápida de força. Assim, não surpreende que os exercícios balísticos sejam amplamente utilizados ao longo da carreira de atletas; entretanto, é fundamental considerar tanto a competência técnica individual quanto o nível relativo de força. Um estudo conduzido por Cormie et al.[48] identificou maiores ganhos no desempenho do salto vertical em atletas relativamente mais fortes após 10 semanas de treinamento com agachamentos com salto. Estudos adicionais mostraram que indivíduos mais fortes obtiveram ganhos superiores na velocidade do agachamento com salto e no impulso líquido quando comparados aos mais fracos, após um programa combinado de levantamento de peso, pliometria e treinamento balístico.[137] Em síntese, os exercícios balísticos representam um recurso valioso para promover adaptações de força, mas os profissionais precisam aplicá-los de maneira criteriosa, escolhendo os atletas adequados e os períodos corretos da periodização anual.

PONTO-CHAVE

Os exercícios balísticos representam um recurso valioso para promover adaptações de força, mas os profissionais precisam aplicá-los de maneira criteriosa, escolhendo os atletas adequados e os períodos corretos da periodização anual.

Treinamento pliométrico

Exercícios pliométricos consistem em movimentos voltados para a produção rápida de força e caracterizam-se pelo ciclo de alongamento-encurtamento, no qual uma ação muscular excêntrica (de alongamento) antecede uma ação concêntrica (de encurtamento), separadas por uma curta fase de amortização de natureza isométrica. Esses exercícios são únicos, pois fornecem tanto um estímulo rápido de frenagem quanto um estímulo balístico de propulsão ao atleta. Na verdade, os exercícios pliométricos podem produzir uma série de adaptações que beneficiam as características de força de um atleta. Em uma série de metanálises, pesquisadores concluíram que o treinamento pliométrico tem potencial para melhorar a força máxima,[66,218,229] bem como o desempenho no salto vertical,[176,218,229] no *sprint*[64,218] e em mudanças de direção (MDD).[13] Além disso, o treinamento pliométrico também demonstrou alterar a espessura, o ângulo de penação e o comprimento dos fascículos dos músculos, o que pode levar a um aumento na rigidez do tendão,[229] modificando assim as características de produção de força de um atleta. Apesar de a maioria dos estudos publicados enfatizar exercícios pliométricos de membros inferiores, deve-se destacar que movimentos pliométricos aplicados aos membros superiores também podem ser utilizados; entretanto, seu impacto sobre as características de força do atleta pode ser menos expressivo.[254]

Embora os exercícios pliométricos tenham como objetivo favorecer a capacidade de produção rápida de força do atleta, eles podem não ser eficazes para promover ganhos de força máxima. Para contornar essa limitação, alguns pesquisadores propuseram que os participantes realizassem o treinamento pliométrico utilizando coletes com peso adicional.[148] Embora seus resultados tenham mostrado adaptações positivas no salto com agachamento, no salto com contramovimento e em cinco saltos consecutivos, o uso de cargas excessivas em exercícios pliométricos pode atenuar o estímulo característico desse método. Por exemplo, sobrecargas mais altas no impacto da aterrissagem podem resultar em maiores forças de frenagem, em um prolongamento do intervalo entre as fases excêntrica e concêntrica, ou em ambos os efeitos. Portanto, recomenda-se que os profissionais prescrevam a pliometria de forma periodizada, manipulando a intensidade dos exercícios[9,84,88,90,138,141,155] e o volume de contatos.[85,89] Além disso, é importante considerar a duração do programa de treinamento, a frequência das sessões de treino e as características do atleta (p. ex., força relativa, competência de execução). A Figura 5.3 apresenta exemplos de diferentes exercícios pliométricos em intensidades variadas. Deve-se observar que não existe um método ideal de implementação do treinamento pliométrico.[228] Uma consideração importante é se os exercícios pliométricos estão sendo implementados de forma isolada ou como complemento de outras formas de treinamento (p. ex., treinamento de resistência tradicional, *sprints*, condicionamento). Embora métodos combinados de treinamento sejam apresentados mais adiante neste capítulo, já se observou na literatura que a associação entre exercícios pliométricos e o treinamento resistido tradicional ou o levantamento de peso olímpico pode levar a resultados mais expressivos do que a aplicação isolada de apenas um desses métodos.[65,66]

FIGURA 5.3 Intensidade do treinamento pliométrico. Vermelho indica a intensidade mais alta, enquanto azul indica a intensidade mais baixa. *Observação:* variações unilaterais de exercícios pliométricos têm uma intensidade relativa maior quando comparadas às variações bilaterais.

Movimentos do levantamento de peso olímpico e suas variações

Movimentos do levantamento de peso – como o arranco (*snatch*), o arremesso (*clean*) e o arremesso em dois tempos (*jerk*) –, bem como suas variações derivadas dos levantamentos olímpicos tradicionais, têm sido amplamente utilizados por profissionais da área de força e condicionamento em diferentes modalidades esportivas e em distintos níveis competitivos.[79,82,83,86,253] Esse uso recorrente provavelmente se deve à capacidade dessas técnicas de produzir um estímulo de sobrecarga altamente eficaz durante a extensão rápida das articulações do quadril, do joelho e do tornozelo (extensão tripla). Além disso, esses movimentos têm como característica o deslocamento de cargas leves a pesadas em um padrão balístico,[273] o que provavelmente favorece adaptações neuromusculares que beneficiam tanto a produção de força máxima como rápida. Estudos apontam que os movimentos do levantamento de peso olímpico e suas variações podem oferecer um estímulo de força e potência mais eficaz do que os exercícios tradicionais de musculação,[12,35,36,130] o treinamento de saltos[302,306] ou o treinamento com *kettlebells*.[216] Uma metanálise publicada em 2022 corrobora esses achados ao demonstrar melhorias significativas nas características de força dos atletas.[195] Embora a maior parte das pesquisas citadas tenha se concentrado em variáveis de força propulsiva, também foi verificado que os movimentos de levantamento de peso olímpico oferecem um estímulo de frenagem único.[191] Importa destacar, entretanto, que existe um amplo espectro de movimentos derivados do levantamento de peso olímpico, e que tanto a combinação exercício-carga desses exercícios como a competência técnica do atleta podem modificar o estímulo de propulsão ou frenagem recebido.

> **PONTO-CHAVE**
> Os movimentos do levantamento de peso olímpico e suas variações podem oferecer um estímulo de força e potência mais eficaz do que os exercícios tradicionais de musculação, o treinamento de saltos ou ainda o treinamento com *kettlebells*.

Embora se possa utilizar os movimentos tradicionais das competições de levantamento de peso olímpico – como o arranco e o arremesso em dois tempos – no programa de treinamento de um atleta, na prática costuma-se recorrer às suas variações, justamente por apresentarem menor complexidade de execução.[44] Essas variações podem ser classificadas em três categorias principais: movimentos de recepção (*catch*), de puxada (*pulling*) e de pressão acima da cabeça (*overhead pressing*) (Tab. 5.1). A seguir, cada categoria é detalhada.

As chamadas variações de recepção (*catch*) modificam a posição inicial ou a posição de recepção dos movimentos de arranco ou arremesso,[43,125,269,277,299,300,301] e figuram entre as mais prescritas no levantamento de peso. Evidências prévias demonstram que essas variações podem ser bastante eficazes para aprimorar tanto a produção de força máxima quanto rápida de um atleta. Contudo, como em qualquer método de treinamento, é importante considerar que os exercícios se situam em um espectro e nem sempre oferecem o estímulo mais adequado para todos os atletas.

As variações de puxada (*pulling*) do levantamento de peso podem alterar a posição inicial do arranco ou do arremesso, mas se diferenciam por eliminar a fase de recepção do movimento.[274] Essa modificação possibilita que o atleta concentre o esforço na rápida extensão dos quadris, joelhos e tornozelos (flexão plantar), além de possibilitar o uso de cargas superiores às empregadas em variações de recepção com 1 RM.[45,46,112,274,287] Como consequência, tendem a favorecer maiores adaptações de força máxima. Além disso, exercícios derivados da puxada – como o *jump shrug*[276] e o *hang high pull*[275] – podem proporcionar ao atleta um estímulo eficaz de produção rápida de força mesmo com cargas leves (< 50% do 1 RM), desde que executados com intenção balística.[150,268,270,290,291,293,296,297] Estudos indicam que o treinamento com variações de puxada pode gerar um estímulo de propulsão de força e potência semelhante[42] ou até superior[282-284,291] ao obtido com variações de recepção. Evidências adicionais sugerem que o estímulo de frenagem também pode ser semelhante[47] ou superior[280,283] ao das variações de recepção, embora essa área ainda exija mais pesquisas.

As chamadas variações de pressão acima da cabeça (*overhead pressing*) correspondem a modificações do arremesso em dois tempos, nas quais a fase inicial de recepção é eliminada, sendo a barra retirada de um *rack* de agachamento, de blocos ou de suportes antes do movimento.[259] Embora haja menos estudos sobre essas

TABELA 5.1 Exercícios de levantamento de peso e variações*

Variações de recepção (*catch*)**	Variações de puxada (*pulling*)^	Variações de pressão acima da cabeça (*overhead pressing*)
Arranco/arremesso a partir da metade da coxa	Puxada da metade da coxa	Pressão acima da cabeça com impulso
Arranco/arremesso com contramovimento	Encolhimento com contramovimento	Arremesso com impulso
Arranco/arremesso a partir do joelho	Puxada a partir do joelho	Arremesso em tesoura
Arranco/arremesso na posição suspensa+	Puxada em suspensão+	Pressão/arremesso acima da cabeça por trás da nuca^
Arranco/arremesso tradicional	Puxada a partir do solo Puxada em suspensão alta Encolhimento com salto	Arremesso em tesoura por trás da nuca^

Reproduzida de P. Comfort, G.G. Haff, T.J. Suchomel, et al., "National Strength and Conditioning Association Position Statement on Weightlifting for Sports Performance," *Journal of Strength and Conditioning Research*, 37 (2023): 1163-1190.

* As variações a partir da metade da coxa e do joelho podem começar com a barra apoiada em blocos ou com o atleta sustentando a barra, descendo até a posição inicial e realizando uma breve pausa. Até o momento, existem poucos estudos que comparem a cinética e a cinemática dessas variações.

** Todas as variações de arranco/arremesso podem ser executadas com recepção em meio-agachamento (potência) ou em agachamento completo.

^ Todas as variações podem ser realizadas tanto com pegada de arranco quanto de arremesso.

\+ Inicia-se o movimento com os membros inferiores estendidos, sendo desencadeado pela flexão dos quadris de modo a produzir um contramovimento até a altura dos joelhos (tanto acima quanto abaixo do joelho são formas comumente utilizadas), seguido pela flexão de joelhos bilateral e pela rápida tripla extensão.

variações, evidências sugerem que elas podem fornecer um estímulo eficaz para a produção de força máxima e rápida. Pesquisas indicam que atletas conseguem levantar cargas superiores em uma variação do arremesso em comparação ao *push press*;[256,257] porém, deve-se considerar que tanto a competência técnica quanto a magnitude da carga externa influenciam o estímulo obtido.[95,258]

Coletivamente, os movimentos do levantamento de peso olímpico e suas variações proporcionam aos atletas estímulos únicos que podem ajudá-los a melhorar suas características de produção de força máxima e rápida. Entretanto, é importante considerar os objetivos de treinamento de um atleta e prescrever combinações específicas de exercício-carga a fim de alcançar as adaptações desejadas.[267]

Complexos de potenciação

O termo *potenciação* refere-se à ampliação ou aumento do potencial de uma determinada qualidade física ou fisiológica. No contexto de um método de treinamento, a potenciação é tipicamente realizada como parte de um complexo (i.e., um pareamento) de dois exercícios biomecanicamente semelhantes, executados em sucessão. Por exemplo, uma variação do agachamento pode ser associada a um salto vertical,[54,288] ou um supino (*bench press*) pode ser combinado a um supino com arremesso (*bench press throw*).[93,149] Nesses complexos, o objetivo é aumentar (potencializar) o desempenho do último exercício utilizando o primeiro como estímulo de condicionamento, frequentemente denominado *melhoria de desempenho pós-ativação* (*post-activation performance enhancement* [PAPE]).[56] A literatura científica examinou múltiplos complexos de potenciação, e diversos estudos apresentaram achados mistos.[281] Embora os achados descritos antes possam ser parcialmente atribuídos ao delineamento do complexo de potenciação (p. ex., escolha do exercício, volume-carga, intervalo de descanso), estudos mostraram que características dos atletas – como a força máxima – podem ter um impacto significativo na concretização da potenciação.[21,37,142,190,233,244,245,289] Por causa da influência que a força pode exercer sobre a PAPE, os complexos de potenciação têm sido classificados como uma tática de treinamento avançada[285] e, portanto, serão apresentados em maiores detalhes no Capítulo 6.

Treinamento de resistência variável

Exercícios multiarticulares para grandes grupos musculares, como o agachamento e o supino (e suas respectivas variações), são comumente realizados utilizando ações musculares excêntricas e concêntricas nas quais a carga ao longo do movimento é constante. Embora prescrever exercícios dessa forma possa melhorar as características de força de um atleta, a vantagem ou desvantagem mecânica de cada grupo muscular pode mudar ao longo do exercício. O *treinamento de resistência variável*, também conhecido como *treinamento com resistência acomodada*, modifica a resistência externa de um exercício de modo a maximizar a produção de força durante toda a amplitude de movimento,[94] utilizando correntes ou faixas elásticas.

Pesquisadores mostraram que o treinamento de resistência variável modifica o perfil de carga de um exercício,[136] o que possibilita aos atletas superarem desvantagens mecânicas em ângulos articulares diversos[87,317] por meio do ajuste às mudanças na alavanca articular.[336] Isso pode fazer com que os atletas passem por *pontos de estagnação* no treinamento, nos quais normalmente apresentam capacidade reduzida de produzir força. Embora a perspectiva de superar desvantagens mecânicas possa parecer atraente para atletas iniciantes, a mudança na resistência ao longo do movimento pode criar variações desnecessárias na técnica do atleta, o que pode afetar sua capacidade de expressar força. Ainda que seja necessária alguma variação para que atletas iniciantes melhorem a aquisição de habilidades (i.e., prática variada),[202] adicionar variação excessiva – como modificar a carga em cada repetição antes que a técnica do exercício esteja solidificada – pode ter um impacto negativo na coordenação do movimento. Assim, para garantir que o atleta desenvolva competência motora sem variação adicional e para possibilitar o uso desse método como um recurso de treinamento inovador em fases posteriores do desenvolvimento do atleta, o treinamento de resistência variável também pode ser classificado como um método de treinamento avançado e será apresentado em mais detalhes no Capítulo 6.

Treinamento excêntrico

As ações musculares excêntricas caracterizam-se pelo alongamento forçado da unidade musculotendínea decorrente da aplicação de forças resistivas maiores do que as forças contráteis produzidas pelo músculo.[164] Revisões publicadas delinearam as características moleculares e neurais das ações musculares excêntricas que podem beneficiar a função mecânica de um atleta (i.e., força máxima, taxa de desenvolvimento de força e potência), as adaptações morfológicas (p. ex., área de seção transversa da fibra muscular e comprimento de fascículos), as características neuromusculares (p. ex., recrutamento e frequência de disparo das unidades motoras) e o desempenho (p. ex., salto vertical, *sprint* e mudança de direção).[77,294] Embora maiores detalhes sobre os mecanismos que constituem a base da força muscular sejam apresentados no Capítulo 3, cabe observar que o treinamento excêntrico crônico pode produzir efeitos sobre a produção de força semelhantes ou superiores aos do treinamento concêntrico, isométrico ou combinado (excêntrico e concêntrico).[76] Isso provavelmente ocorre porque os indivíduos são de 20 a 60%[131] ou aproximadamente 40%[211] mais fortes durante ações excêntricas em comparação com ações concêntricas. Isso, por sua vez, permitiu que pesquisadores investigassem cargas de até 150% de 1 RM durante a fase excêntrica de um exercício.[80,115,133] Apesar do crescente corpo de evidências relacionado, são necessárias mais informações para compreender plenamente as ações musculares excêntricas e sua contribuição para as características de força de um atleta.

Embora os movimentos de treinamento frequentemente consistam em ações musculares excêntricas e concêntricas, um estímulo de treinamento excêntrico coloca ênfase na fase excêntrica por meio de diversos métodos. Por exemplo, Mike et al.[189] discutiram o uso da técnica 2/1 (i.e., apoio bipodal durante a fase concêntrica, apoio unipodal durante a fase excêntrica), da técnica de dois movimentos (i.e., exercício composto seguido de exercício isolado), do método lento ou superlento (i.e., manipulação do tempo) e de negativos com cargas supramáximas (> 100% de 1 RM). Informações mais aprofundadas sobre o potencial do estímulo do treinamento excêntrico e sobre a aplicação de técnicas como o controle de ritmo, o treinamento inercial (FIT), a sobrecarga excêntrica acentuada (AEL) e os métodos pliométricos podem ser encontradas em uma revisão dividida em duas partes.[294,295] Por fim, uma revisão de 2022 buscou classificar diferentes métodos de treinamento excêntrico de acordo com a velocidade da ação muscular excêntrica.[114] Pesquisadores já apresentaram os estímulos excêntricos que podem ser produzidos por variações de recepção (*catching*) e puxada (*pulling*) do levantamento de peso olímpico,[47,191,280,283,293] por saltos com sobrecarga,[161] pelo ciclismo excêntrico[41,221] e por exercícios de mudança de direção.[263] As próximas seções darão ênfase ao uso do ritmo, do FIT, dos exercícios excêntricos acelerados, da AEL e da pliometria. A Tabela 5.2 mostra o potencial teórico de produção de força associado a cada um desses métodos de treinamento excêntrico.

Ritmo

Talvez uma das maneiras mais comuns de fornecer um estímulo excêntrico seja pela adequação do ritmo, no qual a duração da fase de abaixamento de um movimento é aumentada.[249] Esse método é frequentemente implementado com uma carga submáxima, na qual a fase concêntrica do movimento é realizada com a máxima intensidade depois de uma fase excêntrica prolongada. Embora a ideia por trás do treinamento com adequação do ritmo seja "sobrecarregar" a fase excêntrica de um exercício aumentando o tempo sob tensão, esse método pode ser mais adequado para o desenvolvimento de hipertrofia do que de força muscular.[326] Por exemplo, evidências indicam que tempos excêntricos prolongados podem resultar em ganhos mais expressivos de força nos músculos flexores do cotovelo do que tempos excêntricos mais curtos;[151,222] entretanto, um volume muito mais amplo de pesquisas respalda a ideia de que tempos excêntricos prolongados não resultam em adaptações positivas na força.[15,32,99,220,243,249,265,320,323] Deve-se observar que a maior parte das pesquisas existentes examinou diferentes tempos excêntricos utilizando cargas submáximas; assim, são necessários mais estudos empregando cargas máximas ou supramáximas quando apenas a fase excêntrica é realizada, muitas vezes denominada *ne-*

TABELA 5.2 Potencial teórico de produção de força dos métodos de treinamento excêntrico

Método de treinamento excêntrico	Força máxima	Produção rápida de força*
Treinamento com tempo excêntrico prolongado	++	+
Treinamento isoinercial	+++	++
Exercícios excêntricos acelerados	++	++++
Carga excêntrica acentuada	++++	++++
Treinamento pliométrico	+	+++++

Observação: + = potencial baixo; ++ = potencial baixo a moderado; +++ = potencial moderado; ++++ = potencial moderado a alto; +++++ = potencial alto.
A técnica e o exercício podem modificar as características de produção de força.

gativos.[189] O uso desse ritmo pode favorecer o recrutamento de unidades motoras de limiar elevado (tipo II) e suas fibras correspondentes. Em contraste, o uso de cargas submáximas tende a estimular apenas unidades motoras do tipo I, o que pode comprometer a magnitude e a velocidade de produção de força, em razão de suas menores velocidades de contração.[173]

Os profissionais da área de força e condicionamento devem estar cientes de que um tempo excêntrico prolongado pode afetar negativamente as contribuições do ciclo de alongamento-encurtamento para a magnitude e a taxa de produção de força. Por exemplo, Schilling et al.[237] demonstraram que durações propositalmente lentas reduzem o potencial de produção de força durante movimentos de treinamento resistido. Além disso, pesquisadores também mostraram reduções nas velocidades média e máxima da barra durante a fase concêntrica do agachamento[34] e do supino;[34,321] decréscimos na altura do salto com contramovimento;[243] e reduções na taxa de desenvolvimento de força no *leg press.*[265] Ademais, o uso crônico de tempos excêntricos mais longos pode aumentar a percepção de esforço,[220] o que pode afetar negativamente o volume geral[98,207,322,324] e a intensidade[325] do treinamento. Na prática, o treinamento com adequação do ritmo pode ser mais bem aplicado durante fases do treinamento de força caracterizadas por volumes mais altos de treino e que enfatizam o desenvolvimento da capacidade de trabalho.[295] Além disso, embora o treinamento com adequação do ritmo possa afetar a hipertrofia muscular[15,238,326] – que pode influenciar as características de produção de força de um atleta –, não parece haver muito suporte para o uso do treinamento com tempo excêntrico prolongado visando à melhora das características de produção de força máxima e rápida. Contudo, conforme já exposto, são necessárias mais pesquisas que examinem o uso do treinamento excêntrico com cargas máximas e supramáximas.

PONTO-CHAVE

Embora o treinamento com adequação do ritmo possa afetar a hipertrofia muscular, não parece haver muito suporte para o uso do treinamento com tempo excêntrico prolongado visando à melhora das características de produção de força máxima e rápida.

Treinamento isoinercial

O treinamento isoinercial (*flywheel inertial training* [FIT]) é outro método de treinamento excêntrico que tem ganhado popularidade. Esse método utiliza a resistência inercial produzida a partir de diferentes discos inerciais, da velocidade de rotação e das características do próprio dispositivo.[209] Basicamente, na fase concêntrica de uma amplitude de movimento preestabelecida, o atleta puxa e acelera a fita ou corda enrolada no dispositivo; depois, essa mesma energia deve ser absorvida na fase excêntrica, quando a fita ou corda é enrolada novamente. Embora os dispositivos FIT tenham sido originalmente investigados como uma ferramenta de treinamento independente da gravidade em 1994,[20] inúmeros projetos de pesquisa têm sido conduzidos desde então a respeito de seus benefícios no desempenho físico. Como parte de uma abrangente revisão de 2022, Keijzer et al.[61] buscaram resumir a literatura existente sobre o FIT em relação ao desenvolvimento de força. Os autores concluíram que todas as revisões sistemáticas e metanálises incluídas[6,177,210,225,231,313] sugeriram que o FIT pode ser eficaz em melhorar em força muscular; entretanto, deve-se observar que muitos dos estudos incluídos utilizaram exercícios monoarticulares, os quais podem não se transferir de forma tão efetiva para o desempenho esportivo quanto as tarefas multiarticulares. Além disso, apesar do grande volume de estudos sobre o FIT, muito poucos compararam seus efeitos de treinamento com outras formas de treinamento resistido; assim, não se pode concluir que o FIT forneça um estímulo de treinamento superior.[230]

Uma busca básica na literatura revela o uso frequente do termo *sobrecarga excêntrica* para se referir ao potencial de criar maiores características de produção de força excêntrica com o FIT em comparação ao treinamento tradicional. Enquanto alguns estudos mostrarem que as características de impulso de cada repetição aumentam com o uso de discos maiores,[33] outros indicaram que não foi encontrada sobrecarga excêntrica ao se examinar as características força-tempo.[197,209] Esses achados são reforçados pela noção de que os dispositivos de FIT em geral proporcionam um sistema fechado (isolado), no qual o atleta deve absorver o impulso excêntrico criado durante a fase concêntrica do movimento (lei da conservação de energia). Como observado no Capítulo 1, a forma do impulso determina o estímulo que um indivíduo recebe, o que, em relação ao FIT, pode ser determinado pela técnica excêntrica utilizada.[61,294,303] Por exemplo, depois de um esforço concêntrico máximo, as forças produzidas durante a fase excêntrica de um exercício com disco podem ser baixas, moderadas ou altas, dependendo da estratégia do indivíduo.[294] Forças médias mais altas indicariam que o atleta estaria utilizando uma estratégia mais rígida para parar o momento de inércia do disco, ao passo que forças médias mais baixas sugeririam o uso de uma estratégia mais complacente (Fig. 5.4). Deve-se notar que um atleta também pode interromper o movimento rapidamente sem descer a mesma distância, criando, por fim, um impulso de alta força e curta duração, o que exigiria altas taxas de produção de força. Entretanto, a capacidade de usar uma estratégia complacente pode também estar relacionada à força relativa do atleta,[295] o que, por sua vez, pode modificar o estímulo recebido. Embora certos dispositivos tenham sido desenvolvidos com tecnologia motorizada para fornecer forças excêntricas adicionais, muitos não incluem tal estímulo. No entanto, estudos mostraram que, ao realizar agachamentos assistidos (p. ex., empurrando com os braços para gerar aceleração concêntrica adicional, como ocorre no agachamento Hatfield), o estímulo excêntrico pode ser aumentado.[334] Outra forma de exercício assistido com disco é o uso da técnica 2/1,[157] como descrito anteriormente. Leitores interessados em compreender como um estímulo de sobrecarga excêntrica pode ser obtido com exercícios com disco podem consultar uma revisão de 2024 feita por Martínez-Hernández.[179]

Uma consideração adicional sobre o FIT diz respeito à sua viabilidade de uso no treinamento e à capacidade de prescrever intensidades adequadas de forma eficaz. Pesquisadores concluíram que as maiores barreiras percebidas para a implementação do FIT entre fisioterapeutas e profissionais do futebol são o custo ou o espaço exigido pelos equipamentos, as evidências de eficácia e a questão da programação.[62,63] Em resumo, atletas e profissionais da área de força e condicionamento estão mais familiarizados com exercícios tradicionais utilizando pesos livres do que com dispositivos FIT. Nesse sentido, os dispositivos FIT podem servir como um estímulo de treinamento inovador para os atletas; entretanto, a validade ecológica é uma preocupação legítima, especialmente em contextos de equipe. Para a prescrição de intensidades de treinamento adequadas, pode ser possível que os profissionais utilizem a velocidade de movimento para monitorar a intensidade das repetições no FIT.[33,178] Embora essa linha de pesquisa seja relativamente recente, é importante investigar as potenciais diferenças entre exercícios com FIT e exercícios tradicionais utilizando métodos semelhantes. Apesar das informações anteriores descrevam parte do que há na literatura sobre o FIT, detalhes adicionais a respeito de sua aplicação prática podem ser consultados em diferentes revisões já publicadas.[17,18,230]

Exercício excêntrico acelerado

No exercício excêntrico acelerado, o atleta precisa fazer a parte excêntrica do movimento mais rápido, seguindo uma estratégia de execução voltada para aumentar a velocidade dessa fase.[114] Exemplos desses exercícios podem incluir movimentos acelerados tanto passivos quanto ativos. Os exercícios excêntricos acelerados passivos requerem que o atleta realize a fase excêntrica (de frenagem) de um movimento em função da aceleração descendente provocada por uma fonte externa, como nos saltos com faixas elásticas. Nos exercícios excêntricos acelerados ativos o atleta inicia de forma rápida a fase excêntrica de um exercício, interrompendo em seguida o movimento ao receber a carga em uma posição específica (p. ex., recepção de barra hexagonal em queda [*hexagonal barbell drop catch*], Fig. 5.5).[113]

O principal benefício do exercício excêntrico acelerado é um estímulo de frenagem rápida que pode ajudar os atletas a tolerar maiores forças excêntricas e a beneficiar o desempenho do ciclo de alongamento-encurtamento. Curiosamente, apesar de terem sido introduzidos como exercícios de "potência acelerada" por Verkhoshansky e Siff,[312] poucas pesquisas exami-

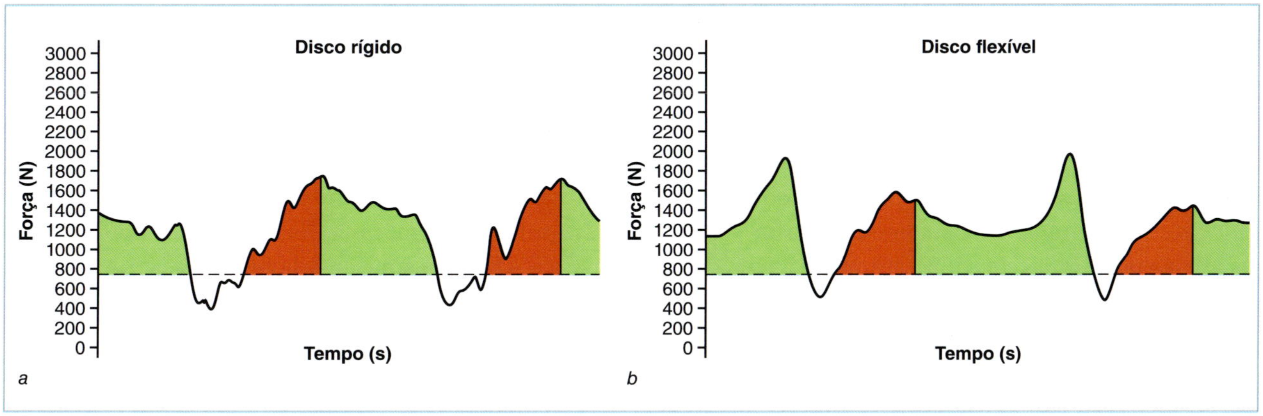

FIGURA 5.4 Estratégias de disco rígido *versus* flexível.

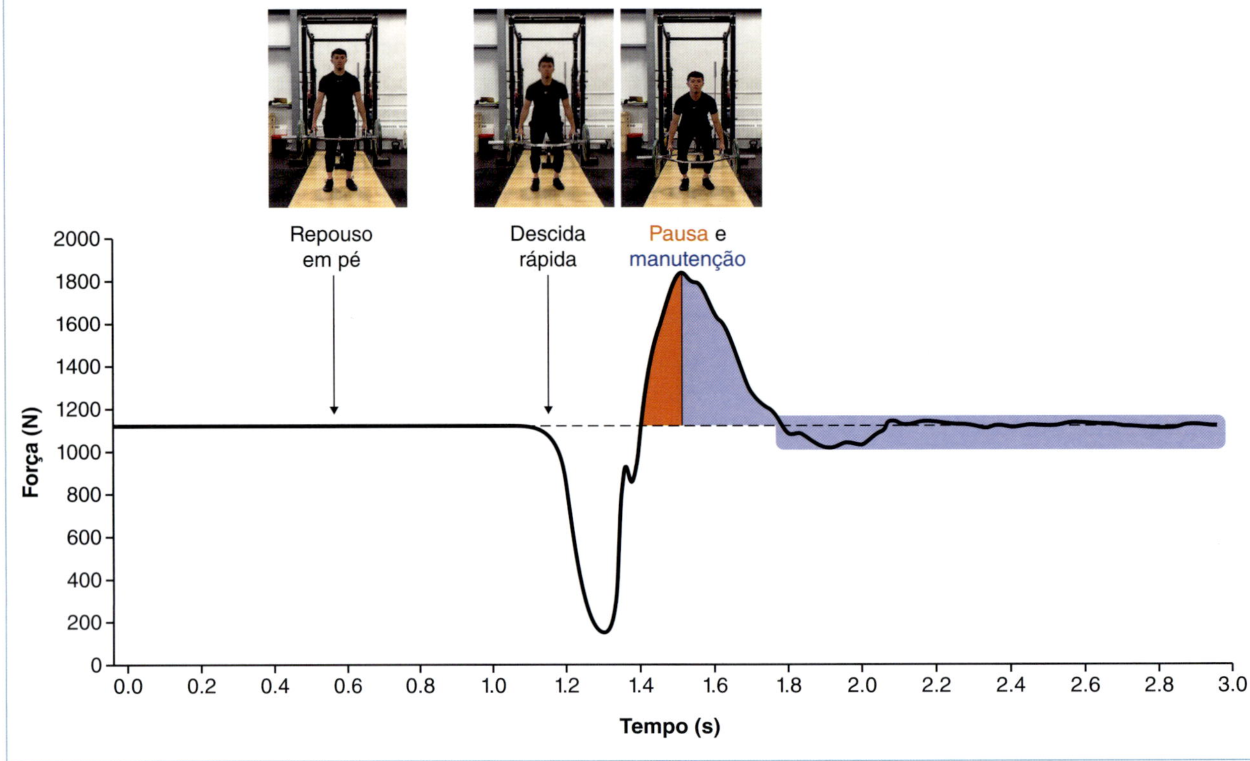

FIGURA 5.5 *Drop catch* com barra hexagonal.

naram a eficácia dessa estratégia. Contudo, estudos mostraram um aumento na demanda excêntrica (i. e., força excêntrica, taxa de desenvolvimento de força e impulso) durante saltos com contramovimento excêntrico acelerado[3] e saltos em queda (*drop jumps*)[1] em comparação com suas versões tradicionais. Deve-se observar que as características da fase propulsiva foram melhoradas apenas durante os saltos com contramovimento excêntrico acelerado, indicando que a dificuldade dos saltos em queda excêntricos acelerados pode ser excessiva para alguns atletas. Isso pode ser decorrente da inibição reflexa na presença de carga excêntrica excessiva.[2] Van den Tillaar[309] demonstrou que forças mais altas são produzidas durante uma descida de agachamento mais rápida, fornecendo, assim, a justificativa para um exercício de *drop catch* com carga. Infelizmente, não existem dados sobre o uso em longo prazo de saltos excêntricos acelerados ou *drop catches* em programas de treinamento. Assim, embora os atletas possam receber um estímulo excêntrico rápido de forma imediata, os efeitos de treinamento em longo prazo dos exercícios excêntricos acelerados permanecem desconhecidos. Portanto, aconselha-se que os profissionais da área de força e condicionamento interpretem os achados existentes com cautela.

Carga excêntrica acentuada

Outra forma de treinamento excêntrico tem sido denominada *carga excêntrica acentuada* (AEL). Embora alguns tenham classificado erroneamente o FIT como uma AEL, esse método exige que o exercício seja realizado utilizando uma carga maior durante a fase excêntrica em comparação à fase concêntrica e que o movimento seja executado combinando as fases excêntrica e concêntrica com mínima interrupção na mecânica natural do exercício.[315] A AEL tornou-se um tópico popular de investigação devido à sua capacidade única de produzir adaptações de força favoráveis[316] e ao potencial de utilização de combinações de carga submáxima,[247] máxima e supramáxima.[187,271] No entanto, em razão das mudanças de carga durante o movimento, ao potencial de prescrições com cargas muito elevadas e à influência da força relativa,[188] a AEL tem sido classificada como um método de treinamento avançado.[295] Assim, uma discussão mais aprofundada sobre a AEL será apresentada no Capítulo 6.

Treinamento pliométrico como estímulo excêntrico

Embora os exercícios pliométricos já tenham sido apresentados neste capítulo, é importante reconhecer seu potencial também como estímulo de treinamento excêntrico. Esses exercícios incluem um estímulo excêntrico único devido à velocidade da ação muscular que ocorre durante a primeira fase do ciclo de alongamento-encurtamento.[294] Especificamente, tarefas como aterrissagens podem proporcionar aos atletas um estímulo de treinamento que os ajuda a absorver as forças produzidas no contato com o solo.[162] Como a velocidade na qual ocorre a fase excêntrica afeta diretamente o estímulo excêntrico, profissionais da área de força e condicionamento devem considerar o impacto de suas instruções[278,279,335] e a intensidade do exercício pliométrico[9,84,88,90,138,141,155] ao implementá-los. Assim, esses exercícios devem ser devidamente progredidos em relação ao volume e à intensidade[85,89] e às capacidades do atleta[295] a fim de reduzir o risco de lesões durante aterrissagens repetitivas.[4,60] Além disso, embora a literatura tenha focado menos na intensidade e implementação de exercícios pliométricos de membros superiores,[254] é lógico que esses exercícios também sejam progredidos utilizando princípios semelhantes.

Outros métodos de treinamento

Embora os métodos de treinamento já apresentados possam servir como estímulos eficazes para melhorar as características de força muscular, existem outros métodos além dos exercícios tradicionais realizados em uma sala de musculação que também precisam ser discutidos. Como as tarefas de *sprint* e MDD são frequentemente utilizadas no esporte, os parágrafos a seguir discutirão a possibilidade de utilizá-las como estímulos de força. Além disso, esta seção concluirá com uma breve discussão sobre o potencial uso do treinamento isocinético e de restrição do fluxo sanguíneo (TRFS) para aprimorar as características de produção de força em atletas.

Sprint

O *sprint* foi caracterizado como o deslocamento horizontal líquido do centro de massa de um atleta durante uma corrida de velocidade máxima com duração de 15 segundos ou menos.[235] É mais comumente vista como um desfecho do que como um estímulo de treinamento. No entanto, profissionais da área de força e condicionamento devem observar que o *sprint* também pode servir como um estímulo de treinamento eficaz tanto para a produção de força máxima quanto produção rápida de força. Por exemplo, velocistas de elite chegam a manter o pé em contato com o solo por apenas 80 a 90 ms em máxima velocidade,[318] produzindo, nesse intervalo, forças equivalentes a 3 a 5 vezes a própria massa corporal em apenas um dos membros.[40] Esse estímulo de produção rápida de força pode induzir mudanças tanto no sistema nervoso central quanto periférico, beneficiando, por fim, o impulso neural das fibras musculares ativas.[235] Além disso, o *sprint* também pode recrutar fibras musculares do tipo II e facilitar mudanças para fenótipos mais rápidos, aumentar a área de seção transversa das fibras do tipo II e aprimorar a razão de fibras tipo II:I,[7,308] aumentando, assim, o potencial para melhores características de produção de força máxima e rápida.

É importante observar que o estímulo de produção de força pode variar de acordo com a fase do *sprint* que está sendo treinada. Por exemplo, Nagahara et al.[199] indicaram que as forças verticais e horizontais produzidas durante as fases de aceleração, transição e velocidade máxima podem variar. Especificamente, forças horizontais maiores são produzidas durante a fase de aceleração em comparação à fase de velocidade máxima, enquanto a produção de força vertical é favorecida durante o *sprint* em velocidade máxima.[319] Como a capacidade de acelerar tende a ser uma habilidade universal na maioria dos esportes, deve-se notar que as características do impulso propulsivo parecem ser um fator primário para melhorar essa habilidade,[135,145,194] bem como o desempenho do *sprint* em geral.[200] Pesquisadores expandiram esse ponto e observaram que a força vertical de pico pode servir como um indicador para alcançar maior aceleração durante a fase final.[198] Como a força horizontal é claramente importante para o desempenho da aceleração,[26,186] estratégias de treinamento de *sprint* que possibilitem que os atletas produzam altas magnitudes de força – tanto horizontais como verticais – parecem ser benéficas. O uso de rampas inclinadas[104] e de movimentos de tracionar[5,28,224] ou empurrar[29] trenós carregados pode proporcionar aos atletas um estímulo eficaz que pode beneficiar as características de produção de força propulsiva. Profissionais da área de força e condicionamento devem estar cientes da inclinação da rampa, pois ela pode modificar a mecânica do *sprint* e, por consequência, a capacidade de um atleta de produzir força tanto nas direções vertical quanto horizontal.[212] Pesquisadores indicaram que existem semelhanças biomecânicas entre *sprints* em rampas com inclinações de 16% (aproximadamente 9°) e fases de aceleração inicial, e inclinações de 5 a 10,5% (aproximadamente 3° a 6°) e fases de aceleração tardia.[212] Durante *sprints* resistidos, alguns pesquisadores sugerem que a carga ótima é aquela que reduz a velocidade máxima em aproximadamente 50% (cerca de 80% do peso corporal em homens adultos);[55]

entretanto, as adaptações podem ser individualizadas.[158,193]

À medida que os atletas passam da fase de aceleração para a de velocidade máxima do *sprint*, o tempo de contato com o solo diminui enquanto a demanda por impulso vertical aumenta.[40,318,319] Assim, prescrever *sprints* em velocidade máxima regularmente pode expor os atletas a grandes magnitudes de força durante tempos de contato muito mais curtos em comparação com as fases anteriores do *sprint*,[39] fornecendo, portanto, um estímulo eficaz de produção rápida de força. Para melhorar tanto as características de produção de força máxima e rápida, profissionais da área de força e condicionamento podem considerar combinar as fases do *sprint* com exercícios específicos da tarefa ou mecanicamente específicos, como movimentos do levantamento de peso olímpico e suas variações.[69] Para programas detalhados sobre como associar progressões do *sprint* e estratégias de treinamento resistido, os leitores podem consultar os trabalhos de DeWeese et. al.[69,70-72]

PONTO-CHAVE

Para melhorar tanto as características de produção de força máxima como rápida, profissionais da área de força e condicionamento podem considerar combinar as fases do *sprint* com exercícios específicos da tarefa ou mecanicamente específicos, como movimentos do levantamento de peso olímpico e suas variações.

Treinamento de mudança de direção

Assim como no *sprint*, os profissionais da área de força e condicionamento podem encarar as tarefas de MDD mais como um desfecho do que como um estímulo de treinamento; no entanto, a capacidade de desacelerar, diminuir a velocidade ou interromper o próprio impulso e acelerar em outra direção pode exigir que o atleta produza grandes magnitudes e taxas de desenvolvimento de força, dependendo da velocidade do movimento. Harper et al.[116] discutiram a frequência de demandas de aceleração e desaceleração de alta intensidade (> 2,5 metros por segundo) e altíssima intensidade (> 3,5 metros por segundo) em esportes coletivos de elite. Os autores relataram que, exceto no futebol americano, todos os outros esportes analisados – incluindo futebol australiano, hóquei, rúgbi *league*, rúgbi *sevens*, rúgbi *union* e futebol – apresentaram maiores frequências de desacelerações de alta e muito alta intensidade em comparação às acelerações. Conforme observado, a força propulsiva e o impulso podem sustentar a capacidade de acelerar;[135,145,194] entretanto, para mudar de direção de maneira eficaz, também é importante desenvolver a capacidade do atleta de desacelerar. Para os propósitos desta discussão, a MDD se refere a um evento específico no qual um atleta utiliza as habilidades e capacidades necessárias para mudar a direção, a velocidade ou o modo de movimento, tanto em condições planejadas quanto em condições de agilidade.[68] A fim de evitar ambiguidades, entende-se por *agilidade* o conjunto de habilidades e capacidades voltadas à mudança de direção do movimento, em contraste com mudanças de direção previamente planejadas ou predeterminadas.[68]

Conforme já exposto, um estímulo de treinamento de MDD é sustentado tanto pelas demandas de desaceleração quanto de aceleração. Embora esta última tenha sido discutida no contexto do treinamento de *sprint*, é necessário maior entendimento da desaceleração como estímulo de treinamento. Ao examinar desacelerações e acelerações máximas, pesquisadores mostraram que as forças de desaceleração podem ser aproximadamente 2,7 vezes maiores que as acelerações.[311] Além disso, essas forças parecem manifestar-se em um formato de impulso mais agudo, o que sugere uma demanda elevada de produção rápida de força. Perfis força-tempo semelhantes também foram identificados nas etapas de desaceleração preparatória (antepenúltima e penúltima) em tarefas de MDD de 135°[201] e 180°.[75] Os profissionais da área de força e condicionamento devem ainda considerar que as forças de frenagem mais elevadas nas tarefas de MDD tendem a manifestar-se na fase tardia da desaceleração,[120] o que reforça a relevância de aprimorar a capacidade de produzir forças de frenagem já nas fases iniciais da desaceleração.[75] Para uma visão abrangente da desaceleração, aconselha-se os leitores a buscar a revisão de 2022 realizada por Harper et al.[119]

Como a magnitude e a taxa de produção de força são cruciais para uma MDD eficaz, a capacidade de produzir tais forças requer foco na preparação física do atleta. Pesquisadores destacaram a importância de desenvolver características de força excêntrica,[143,262,263] isométrica[119,261-263] e concêntrica[117,118,263,338] a fim de melhorar o desempenho na MDD; entretanto, é importante observar que o ângulo e a velocidade da MDD podem alterar as demandas de produção de força. Por exemplo, tarefas de MDD que variam de 0 a 45°, de 45 a 60° e de 60 a 180° podem incluir demandas de frenagem limitadas, moderadas e substanciais, respectivamente.[74] Especificamente, forças de reação do solo mais elevadas são produzidas em mudanças de direção mais acentuadas,[49,124,239,251] assim como em situações realizadas com velocidades de entrada mais altas.[57,310] Embora os profissionais da área de força e condicionamento devam considerar essas conclusões ao programar tarefas de MDD para seus atletas, é importante que seja realizada uma análise de necessidades para determinar os movimentos que os atletas terão que executar.[68] Programas de treinamento de MDD podem utilizar manipulações da postura e sobrecarga progressiva com ângulos de MDD "rasos" e "agudos".[73] Os profissionais também podem considerar a importância de progredir gradualmente os atletas por meio da manipulação das restrições da tarefa (p. ex., variações no tempo, na carga) a fim de aumentar a demanda física da MDD. Essa progressão acabará por preparar o atleta para os piores cenários (ou seja, a introdução de uma resposta interna extrema que ameace a integridade do tecido) não apenas para melhorar o desempenho, mas também para minimizar o risco de lesões.[144] Quanto à velocidade das tarefas de MDD, é importante adotar uma abordagem individualizada antes de programar limiares específicos,[181] considerando também as necessidades do esporte ou da modalidade do atleta. Por fim, é importante que profissionais monitorem de forma eficaz as capacidades de MDD de seus atletas durante e após intervenções de treinamento.[204-206]

PONTO-CHAVE

Programas de treinamento de MDD podem utilizar manipulações da postura e sobrecarga progressiva com ângulos de MDD "rasos" e "agudos".

Treinamento isocinético

Conforme apresentado no Capítulo 1, *exercício isocinético* refere-se à execução de um determinado movimento (p. ex., flexão ou extensão do joelho ou do cotovelo) em que a velocidade do movimento é constante. Desenvolvidos pela primeira vez na década de 1960,[129] os aparelhos isocinéticos têm sido utilizados em programas de treinamento de resistência para reabilitação de lesões (p. ex., ruptura do ligamento cruzado anterior [LCA], condromalácia, osteoartrite)[16,27,51,91,314] e para tratar desequilíbrios de tamanho e força muscular.[101-103] No entanto, por causa da limitação de aplicação do treinamento isocinético em múltiplas articulações[81] – e ao fato de que muitos aparelhos isocinéticos não oferecem opções de exercícios em cadeia cinética fechada –, a eficácia do treinamento isocinético pode ser restrita a protocolos de retorno ao jogo. Além disso, apesar da importância do treinamento excêntrico para a tendinopatia, estiramentos de músculos posteriores da coxa e reconstrução do LCA em programas de reabilitação, sugeriu-se que o treinamento isocinético pode ser limitado, porque os aparelhos podem ter custo proibitivo, exigir que os pacientes sejam treinados em seu uso e frequentemente demandar grande espaço físico por causa do seu tamanho.[167] Aqueles com condições de adquirir e utilizar esses aparelhos são direcionados a revisões anteriores que discutem diferentes fatores associados a protocolos de reabilitação isocinética.[27,91,105,106,248]

Além da reabilitação de lesões, o uso do treinamento isocinético em indivíduos saudáveis em diversas medidas de desempenho tem sido investigado. Estudos mostraram que o treinamento isocinético pode melhorar o desempenho no salto vertical e no *sprint*,[255] as características de produção rápida de força[24] e o torque de pico durante a extensão[163,196] e a flexão do joelho;[196] entretanto, outros pesquisadores não observaram mudanças no desempenho do salto.[196] Profissionais da área de força e condicionamento devem observar, contudo, que as adaptações isocinéticas podem ser específicas da velocidade utilizada no protocolo de treinamento.[53,163,226] Além disso, deve-se observar que as adaptações de força podem ser maiores após o treinamento resistido tradicional em comparação ao treinamento isocinético.[108,109] Coletivamente, é provável que a aplicabilidade do treinamento isocinético às adaptações de força e ao desempenho esportivo seja limitada, o que coloca em dúvida o uso desse método à parte dos protocolos de reabilitação de lesões.

Treinamento com restrição de fluxo sanguíneo

Embora seja diferente dos outros métodos de treinamento descritos neste capítulo, o TRFS tem atraído atenção da literatura sobre treinamento resistido. Em termos gerais, a técnica consiste em aplicar um torniquete, manguito inflável ou faixa elástica ao redor da porção proximal de um membro a fim de ocluir o fluxo sanguíneo distal e criar um ambiente hipóxico localizado.[166] Em teoria, acredita-se que a criação desse ambiente hipóxico é capaz de aumentar as respostas metabólicas e hormonais ao treinamento resistido, potencialmente levando a maior melhora na força e na hipertrofia.[153,154] Embora haja uma abundância de protocolos de TRFS, os pesquisadores tipicamente combinaram o uso de 40 a 80% da pressão necessária para ocluir o fluxo arterial com treinamento resistido de baixa carga (p. ex., 20 a 40% de 1 RM), realizado com volumes moderados de treinamento (p. ex., 4 séries até a falha) e curtos intervalos de descanso (p. ex., 30 a 60 segundos).[219]

Os achados de várias revisões sistemáticas e metanálises apoiaram o uso do TRFS em comparação com o treinamento resistido tradicional,[107,166,333] enquanto outros mostraram maior melhora na força com o treinamento resistido de alta carga em comparação aos protocolos de TRFS.[165,223] Deve-se observar que estão sendo desenvolvidos protocolos adicionais de TRFS de natureza tanto ativa (p. ex., treinamento resistido de alta carga, *sprints* ou *sprints* repetidos, treinamento esportivo) quanto passiva (p. ex., repouso ou imobilização, ou estimulação elétrica neuromuscular).[242] No entanto, os profissionais da área de força e condicionamento devem considerar a praticidade de implementar o TRFS antes de escolher esse método de treinamento. Por exemplo, a aplicação do TRFS em atletas em protocolos de reabilitação ou de retorno ao jogo mostrou-se eficaz;[134] entretanto, esses indivíduos normalmente apresentam restrições específicas, e o ambiente de treinamento é mais fácil de controlar. Em contraste, a implementação do TRFS em grandes grupos de atletas exigiria muito mais equipamentos, bem como ampla supervisão a fim de garantir seu uso adequado; portanto, seu uso nesse contexto pode não ser ideal.

Diversos questionamentos têm sido apontados quanto ao treinamento com TRFS, entre elas o risco de formação de coágulos sanguíneos,[208] a possibilidade de indução de danos musculares (como a rabdomiólise)[38] e os efeitos adversos sobre o sistema cardiovascular.[264] Portanto, é fundamental que os profissionais da área de força e condicionamento, bem como os de medicina esportiva, levem em conta diversos fatores – como a largura do manguito, o tipo de material e as particularidades individuais do atleta –, pois esses elementos podem influenciar o grau de restrição do fluxo sanguíneo quando se aplicam protocolos de TRFS.[180,219]

Pontos principais discutidos no capítulo

- Os profissionais da área de força e condicionamento dispõem de muitos métodos de treinamento; entretanto, é importante que considerem o potencial de cada método de melhorar as características de produção de força máxima e rápida de seus atletas.
- Alguns métodos de treinamento podem ser limitados em sua capacidade de melhorar as características de produção de força máxima e rápida de um atleta (p. ex., exercícios usando o peso corporal e treinamento em aparelhos), enquanto outros métodos podem fornecer um estímulo de treinamento superior em comparação ao treinamento resistido tradicional (p. ex., movimentos do levantamento de peso olímpico e variações, e treinamento balístico). Além disso, estes últimos métodos podem transferir-se de forma mais eficaz para os movimentos realizados no esporte por meio da correspondência dinâmica.
- Os métodos de treinamento devem ser escolhidos de acordo com as capacidades do atleta (p. ex., idade de treinamento, competência técnica, força máxima), a fim de proporcionar um estímulo de treinamento eficaz para seus objetivos; deve-se considerar ainda sua capacidade de implementar os métodos de acordo com a disponibilidade de equipamentos e o tamanho da equipe.
- Embora alguns métodos possam ser considerados básicos (p. ex., exercícios usando o peso corporal e treinamento em aparelhos), outros modos de treinamento são de natureza mais complexa, mas podem oferecer um estímulo único para as características de produção de força (p. ex., movimentos do levantamento de peso olímpico e variações, exercícios de *strongman*). Também é importante reconhecer que alguns métodos de treinamento podem ser considerados avançados (p. ex., complexos de potenciação, treinamento de resistência variável e AEL).
- Os profissionais da área de força e condicionamento não devem negligenciar o potencial do *sprint* e da MDD como estímulos para o desenvolvimento das características de produção de força. Entretanto, é importante aplicar os princípios de sobrecarga, especificidade, variação, reversibilidade e individualização do treinamento, a fim de garantir que seja fornecido um estímulo de treinamento eficaz, ao mesmo tempo que se controla a fadiga, dado que esses métodos são tipicamente combinados com outros.
- Embora as mulheres estejam sub-representadas na literatura relativa à força e condicionamento[52] e as prescrições de treinamento possam diferir entre homens e mulheres,[185] muitos dos mesmos métodos de treinamento podem ser usados em ambos os sexos a fim de melhorar suas características de produção de força.[234,305] Independentemente do sexo de um atleta, os profissionais da área de força e condicionamento devem inicialmente adotar uma abordagem conservadora ao escolher o método de treinamento, antes de progredir ou regredir conforme apropriado.

6

Métodos de treinamento avançado

Embora o Capítulo 5 tenha apresentado diversos métodos de treinamento voltados a melhorar a força máxima e a capacidade de produção rápida de força, é necessário reconhecer que nem todas as estratégias são adequadas a todos os atletas. Indivíduos menos experientes, por exemplo, precisam de um período de adaptação técnica antes de realizar repetições de forma eficiente. Ademais, a introdução de variações em tarefas distintas pode acrescentar um nível de complexidade que prejudica a transferência efetiva do treinamento. Métodos como complexos de potenciação, treinamento de resistência variável (VRT) e carga excêntrica acentuada (AEL) têm sido descritos como estratégias avançadas, justamente pela elevada exigência neuromuscular que podem impor ao praticante.[133] Este capítulo explorará cada um desses métodos em profundidade e discutirá possibilidades para sua aplicação eficaz.

Níveis de força relativa

A associação entre a força muscular e diferentes indicadores de desempenho já está solidamente documentada na literatura.[134] Contudo, é importante reconhecer que essa relação não se mostra estritamente linear: à medida que a força relativa do atleta se eleva, a magnitude dos ganhos de desempenho tende a se reduzir,[54,134] possivelmente em função de uma janela de adaptação mais estreita.[75] Em consequência, diversos autores têm proposto que a incorporação de métodos de treinamento inovadores é fundamental para que atletas com maior força muscular relativa continuem a obter ganhos em suas características de produção de força.[75,97,124] Curiosamente, evidências científicas demonstram que indivíduos com níveis superiores de força relativa apresentam respostas únicas em comparação àqueles menos fortes quando submetidos a diferentes estímulos, incluindo derivados do levantamento de peso, exercícios pliométricos e modalidades de treinamento balístico,[66,67] bem como práticas de salto[30] e complexos de potenciação.[68,112,136] Especificamente, nesses estudos, atletas com maior nível de força demonstraram progressos superiores no impulso líquido, na capacidade de produção rápida de força e no desempenho de saltos e *sprints*. Esses resultados, em conjunto, reforçam a ideia de que determinados tipos de estímulo de treinamento tendem a ser mais adequados para atletas mais fortes do que para aqueles com menores níveis de força. Por exemplo, os complexos de potenciação, o treinamento de resistência variável (VRT) e a carga excêntrica acentuada (AEL) podem impor elevadas demandas ao sistema nervoso, ao mesmo tempo que desafiam a estabilidade técnica e submetem o atleta a cargas supramáximas (> 100% de 1 RM). Embora alguns estudos tenham diferenciado os participantes a partir de níveis relativos de força – como a capacidade de realizar um agachamento com o dobro do peso corporal[67,112,136] –, é fundamental que profissionais da área de força e condicionamento considerem mais do que apenas a carga relativa que um atleta consegue levantar ao definirem as estratégias de treinamento a serem prescritas. Ademais, a estabilidade da técnica de execução e a exposição crônica a intensidades de treinamento mais altas devem ser vistas como requisitos mínimos para a implementação de métodos avançados.

PONTO-CHAVE

Os profissionais da área de força e condicionamento devem olhar além da força relativa de um atleta e considerar a estabilidade da técnica de execução e a exposição crônica a intensidades de treinamento mais altas ao decidir quais estratégias de treinamento implementar.

Complexos de potenciação

Como discutido no capítulo precedente, o conceito de *complexo de potenciação* envolve a combinação de dois exercícios que compartilham semelhança biomecânica, sendo a finalidade central otimizar (ou potenciar) o desempenho do segundo exercício da sequência. Entre os exemplos frequentemente citados estão a realização de uma variação de agachamento antes da execução de um salto vertical[31,135] ou a realização de um supino antes de um supino com arremesso.[41,71] Os profissionais da área de força e condicionamento que investigam os complexos de potenciação provavelmente já se depararam com diferentes nomenclaturas na literatura; entre elas, destacam-se os termos *potenciação pós-ativação* (PAP) e *aprimoramento de desempenho pós-ativação* (PAPE), frequentemente empregados para descrever alterações no desempenho. Para fins de precisão conceitual, entende-se por PAP a resposta contrátil do músculo potencializada para um determinado nível de estimulação após uma ação muscular voluntária intensa, cuja avaliação é realizada por meio da medição da força máxima de contração evocada por estimulação elétrica supramáxima.[81] Em contraste, o PAPE é definido como uma elevação no desempenho muscular voluntário subsequente a uma ação de condicionamento voluntário de alta intensidade – ou seja, a aplicação de um estímulo de exercício –, mesmo na ausência de evidências diretas da ocorrência de PAP.[33]

Ainda que a relação entre a PAP e o PAPE venha sendo questionada – em razão de possíveis diferenças nos mecanismos fisiológicos que os sustentam[14,168] –, é importante destacar que relativamente poucos estudos investigaram a ocorrência concomitante de ambos os fenômenos. Vários mecanismos fisiológicos têm sido propostos para explicar os efeitos da PAP e do PAPE, incluindo o aumento da fosforilação das cadeias leves regulatórias, o maior recrutamento de unidades motoras de ordem superior, a elevação da rigidez do sistema musculotendíneo, modificações no ângulo de penação e alterações na temperatura muscular.[14,148] No caso da PAP, entende-se que ela seja em grande parte explicada pela fosforilação das cadeias leves de miosina,[14,168] ao passo que evidências na literatura sugerem que o PAPE também pode estar relacionado com esse mesmo mecanismo.[23] No entanto, podem ser necessárias mais pesquisas para esclarecer de forma mais precisa os mecanismos associados ao PAPE. Estudos propuseram que a PAP tende a se manifestar em um período mais curto quando comparada ao PAPE;[14] no entanto, argumenta-se que esses dois fenômenos não são necessariamente excludentes, caso ocorram dentro do mesmo intervalo temporal.[120] Assim, ao distinguir os efeitos da PAP e do PAPE, os profissionais da área de força e condicionamento podem direcionar suas intervenções para ganhos de desempenho prático, sem se deter excessivamente nos mecanismos fisiológicos que explicam a PAP. A fim de favorecer a potenciação das características de força, o foco deve estar em estimular de forma aguda tanto a capacidade de gerar força máxima quanto a de produzir força rapidamente.

Elaboração de complexos de potenciação

A literatura científica já reuniu uma quantidade expressiva de pesquisas sobre potenciação, nas quais os achados têm se mostrado heterogêneos.[113,129,148] Essa variabilidade nos achados pode estar relacionada, por um lado, ao modo como os complexos de potenciação foram estruturados e, por outro, à ausência de controle sobre as características individuais dos participantes,[129] aspectos que interferem diretamente na magnitude e quando a potenciação ocorre. Para a adequada elaboração de complexos de potenciação, é fundamental que os profissionais da área de força e condicionamento considerem múltiplos fatores: o exercício inicial que servirá como estímulo de potenciação, o volume-carga associado a esse estímulo, a natureza da atividade subsequente que se almeja potencializar e o intervalo de recuperação necessário para que a melhora no desempenho se manifeste. Não atentar a qualquer um desses elementos pode levar não apenas à ausência de efeitos, mas também a uma piora no desempenho. Primeiro, o exercício utilizado como estímulo de potenciação e o exercício subsequente devem ser o mais semelhante possível do ponto de vista biomecânico. Evidências de estudos prévios indicam que a execução de agachamentos parciais (¼ de amplitude) exclusivamente na fase concêntrica, com cargas correspondentes a 50 e 65% de 1 RM do agachamento parcial do participante, não resultou em aprimoramento no desempenho do salto com contramovimento ao longo de diferentes intervalos temporais.[32] Por outro lado, indivíduos que executaram agachamentos de meio percurso restritos à fase concêntrica, utilizando 90% da respectiva 1 RM concêntrica do meio agachamento e aplicando intenção balística, obtiveram incremento no desempenho do salto agachado 2 minutos após o estímulo.[135,137] Nesses casos, o efeito de potenciação foi antecipado nos indivíduos mais fortes.[136] Coletivamente, esses achados enfatizam a importância da especificidade na elaboração do complexo de potenciação, incluindo padrões de movimento, ações musculares, ângulos articulares e a própria intenção do exercício (Fig. 6.1). Essas conclusões são apoiadas por revisões prévias que enfatizaram a importância de empregar ações musculares específicas e amplitudes de movimento determinadas no contexto dos complexos de potenciação.[113,148]

PONTO-CHAVE

Em relação à elaboração de complexos de potenciação, os profissionais da área de força e condicionamento devem considerar o estímulo de potenciação (p. ex., exercício destinado a induzir a potenciação), o volume-carga associado a esse estímulo, a atividade subsequente que se almeja potencializar e o intervalo de recuperação necessário para que a melhora no desempenho se manifeste.

Grande parte das pesquisas em potenciação adotou complexos que combinam um exercício de elevada força ou potência visando favorecer a capacidade de produção rápida de força em outro exercício de alta potência. Por outro lado, uma quantidade relativamente pequena de estudos analisou o impacto de complexos de potenciação sobre indicadores de força

FIGURA 6.1 *(a-b)* Agachamento parcial e *(c-d)* salto agachado pareados em um complexo de potenciação.

muscular.[18,40,84,107,108] Rønnestad et al. investigaram os efeitos agudos da vibração de corpo inteiro no desempenho do agachamento[108] e meio agachamento[107] a 1 RM. Não foram encontradas diferenças no desempenho do agachamento a 1 RM; no entanto, participantes não treinados e treinados recreacionalmente melhoraram seu desempenho no meio agachamento a 1 RM. Ainda assim, profissionais da área de força e condicionamento precisam interpretar esses achados com prudência, já que tanto a aplicabilidade como a segurança da execução de agachamentos em plataformas vibratórias podem ser questionadas na prática. Estudos subsequentes investigaram o impacto de diferentes exercícios pliométricos sobre o desempenho agudo do agachamento a 1 RM. Curiosamente, protocolos que incluíram uma única série de 2, 4 ou 6 saltos de 33 centímetros de profundidade[18] ou ainda saltos agrupados e saltos em profundidade de 43,2 centímetros[84] melhoraram a 1 RM dos participantes. Embora os estudos apresentados tenham examinado o impacto agudo no desempenho de 1 RM, nenhum deles apresentou dados referentes às características de produção de força. No entanto, Ebben et al.[40] investigaram o efeito imediato de um agachamento parcial (¼ de amplitude) supramáximo (120% de 1 RM) no desempenho de duas repetições do agachamento realizado a 80% de 1 RM. Os pesquisadores constataram que, embora não tenha havido diferença na produção de força máxima, houve uma melhora significativa (18,6%) na taxa de desenvolvimento de força na fase concêntrica. Ainda que a maior parte dos estudos discutidos tenha se voltado à potenciação de membros inferiores, uma revisão sistemática e metanálise publicada em 2022 sugeriu que complexos de potenciação de membros superiores também podem ser eficazes.[43]

Conforme já discutido, o volume-carga do estímulo de potenciação pode afetar a concretização da própria potenciação. Tillin e Bishop[148] observaram que tanto a potenciação quanto a fadiga coexistem após um estímulo de treinamento, o que representa uma versão aguda do paradigma aptidão-fadiga.[167] Além disso, os autores ressaltaram a possibilidade da existência de duas janelas de potenciação; entretanto, fatores como tipo, volume, intensidade e duração do exercício podem determinar se o resultado final será a fadiga ou a potenciação.[164] Quando o objetivo central de um complexo de potenciação é favorecer tanto a força máxima quanto a capacidade de produção rápida de força, torna-se vantajoso recrutar unidades motoras de ordem superior – ou seja, fibras do tipo II. Conforme indicado no Capítulo 3, isso pode ser alcançado por meio de exercícios que combinem cargas elevadas com execução em caráter balístico.[38,74,82,149] Todavia, para que a fadiga se dissipe e a potenciação se manifeste mais precocemente, o volume desse estímulo precisa ser baixo.[129] Por outro lado, se o volume de um estímulo balístico pesado for elevado, a maior fadiga resultante provavelmente retardará a manifestação da potenciação pelo atleta.

Um elemento final a ser considerado no planejamento de complexos de potenciação é a definição do intervalo de recuperação, período no qual a potenciação pode se manifestar e, assim, melhorar significativamente a produção de força. Como já destacado, é a relação entre a potenciação e a fadiga após um estímulo que define se o desempenho subsequente será favorecido ou prejudicado. Embora metanálises indiquem que o intervalo de descanso ideal para complexos de potenciação esteja entre 7 e 12 minutos,[52,164] tal intervalo pode depender não apenas das características do próprio complexo,[129] mas também do perfil individual do atleta.[13,29] Outro aspecto que os profissionais da área de força e condicionamento precisam avaliar em relação ao intervalo de descanso nos complexos de potenciação é sua viabilidade em ambientes práticos, como academias ou competições. Como exemplo, muitos dos estudos incluídos nas metanálises previamente citadas solicitaram que os participantes executassem o estímulo de potenciação e, em seguida, permanecessem em repouso passivo (como sentados em uma cadeira) antes de realizar o exercício subsequente depois dos distintos intervalos de recuperação. No entanto, considerando que a literatura indica que o desempenho ótimo ocorre entre 7 e 12 minutos, essa faixa de intervalo não parece prática nem ecologicamente válida. Os complexos de potenciação podem ser empregados como uma estratégia avançada de treinamento justamente por suas particularidades. Evidências mostram que indivíduos mais fortes apresentam potenciação mais rápida e de maior magnitude quando comparados aos mais fracos.[112,114,136] Além de proporcionar ganhos de desempenho relevantes, essa resposta mais acelerada também reforça a validade ecológica da aplicação de complexos de potenciação. Vale ressaltar ainda que os indivíduos mais fortes desenvolveram maior resistência à fadiga ante cargas elevadas, o que os torna capazes de tolerar estímulos de maior intensidade. Isso pode favorecer a melhora das características de produção de força máxima e rápida nas fases de treinamento apropriadas.

PONTO-CHAVE

Embora metanálises sugiram que desempenhos ótimos nos complexos de potenciação podem ser alcançados entre 7 e 12 minutos, isso não parece ser prático.

Considerações acerca das características do atleta

Como mencionado, os complexos de potenciação, em geral, são usados para melhorar as características de produção de força de um atleta – especificamente a produção rápida de força. O Capítulo 3 analisa como os diferentes tipos de fibras musculares afetam tanto a produção de força máxima quanto rápida, concluindo que indivíduos com maior predominância de fibras do tipo II em comparação às do tipo I podem apresentar vantagem para desenvolver essas capacidades. Conclusões semelhantes podem ser observadas ao comparar a magnitude e o momento da potenciação após um estímulo de condicionamento entre indivíduos com maiores percentuais de fibras tipo I *versus* tipo II. Como exemplo, vários estudos apontaram que indivíduos com predominância de fibras musculares do tipo II tendem a apresentar maior PAP do que aqueles com maior proporção de fibras do tipo I.[53,56,57,101,152-154] No entanto, a presença de PAP não garante automaticamente ganhos no PAPE. Terzis et al.[145] mostraram que a porcentagem de fibras do tipo II estava fortemente correlacionada com a melhora do desempenho no arremesso de peso por baixo após a execução de saltos em queda. De forma geral, a literatura atual sustenta que complexos de potenciação são mais eficazes em indivíduos com predominância de fibras do tipo II, que também tendem a apresentar maior força muscular.[1,85,147] Como atletas de resistência geralmente apresentam maior proporção de fibras do tipo I,[24,37,146] não causa surpresa o fato de uma metanálise publicada em 2024 ter concluído que os complexos de potenciação não parecem trazer benefícios ao desempenho em exercícios de resistência.[155] Para os interessados na aplicação desses complexos em esportes de resistência, recomenda-se a revisão realizada por Boullosa et al.[15]

Utilizando complexos de potenciação no treinamento

A utilização de complexos de potenciação no processo de treinamento pode soar promissora para diversos profissionais da área de força e condicionamento; contudo, é fundamental que esse recurso seja empregado nas fases apropriadas. Em primeiro lugar, os complexos de potenciação fundamentam-se no paradigma da aptidão-fadiga.[148] Portanto, não faria sentido aplicá-los em uma fase de força-resistência, já que a fadiga acumulada poderia ocultar possíveis efeitos de potenciação. Além disso, os objetivos de uma fase de força-resistência – voltados para a capacidade de trabalho e a hipertrofia muscular[92,133,166] – não coincidem com os propósitos de um complexo de potenciação. Conforme já discutido, diversos complexos de potenciação demonstraram ganhos de desempenho fundamentados em adaptações relacionadas à produção rápida de força. Desse modo, pode-se defender que a aplicação desses complexos é mais eficaz em fases de força geral ou absoluta, cujo foco está em aumentar tanto a magnitude quanto a taxa de produção de força, ou ainda em fases de força-velocidade e velocidade-força, voltadas especificamente a aprimorar a produção rápida de força e a potência.[133] Além dos objetivos específicos, essas fases distinguem-se também por menores volumes-carga, o que tende a reduzir a fadiga acumulada e, consequentemente, a favorecer um contexto propício para a utilização de complexos de potenciação. A Tabela 6.1 traz exemplos práticos de aplicação desses complexos em diferentes blocos de treinamento. Cabe aos profissionais da área de força e condicionamento compreender a fadiga global resultante da combinação de múltiplos métodos durante sessões de treinamento

TABELA 6.1 Exemplo de aplicação de complexos de potencialização em um programa de treinamento resistido de força-potência (3 × 3)

Dia 1	Dia 2	Dia 3
Arremesso em dois tempos A) Agachamento B) Salto com contramovimento A) Supino B) Arremesso com bola de peso (*medicine ball*)	A) *Hang clean pull* (puxada de *clean* a partir da posição suspensa) B) Encolhimento com salto Levantamento-terra com barra hexagonal Exercício na barra fixa	*Hang power snatch* (arranco de potência a partir da posição suspensa) A) Agachamento B) Arremesso vertical de bola de peso (*medicine ball*)

Observação: os exercícios A e B são combinados como parte de um mesmo complexo de potenciação.

resistido. Portanto, ao optar pela utilização de complexos de potenciação, esses profissionais devem decidir:

1. Se é necessário adicioná-los aos estímulos já existentes.
2. Se há outros métodos de treinamento (potencialmente mais simples) que possam produzir efeitos de treinamento semelhantes ou maiores.
3. Se todos os atletas com quem eles estão trabalhando devem usá-los ou se eles devem ser implementados individualmente.

Utilizando complexos de potenciação em competições

Embora a aplicação de complexos de potenciação seja mais recorrente em sessões de treinamento resistido, existe a possibilidade de utilizá-los também em contextos competitivos para otimizar o desempenho. Judge et al.,[10,69] por exemplo, demonstraram que o uso de implementos com sobrecarga adicional durante o aquecimento em competições pode melhorar o desempenho no arremesso de peso em eventos de atletismo. Ressalta-se, contudo, que, apesar de essa estratégia ser viável, os implementos com sobrepeso podem não estar prontamente disponíveis a todos os atletas. Ademais, o uso de implementos mais pesados do que os habitualmente utilizados pelo atleta pode comprometer o desempenho em razão de alterações técnicas. Por esse motivo, atletas e treinadores de modalidades específicas podem preferir recorrer a métodos alternativos que não exijam equipamentos adicionais. Evidências científicas indicam que tanto os saltos com contramovimento quanto estímulos de corrida podem melhorar de maneira imediata o desempenho no arremesso de peso.[144] Outros estudos também demonstraram que os saltos em profundidade resultaram em melhora aguda no desempenho em provas de velocidade.[20] Considerando que as arenas de atletismo oferecem espaço adequado para aquecimento, além de diferentes tipos de assentos para atletas e espectadores que podem ser usados em tentativas de salto, a aplicação de complexos de potenciação em competições de atletismo parece viável.

Como já discutido, o planejamento de complexos de potenciação deve priorizar a especificidade dos movimentos combinados. Kelekian et al.[70] relataram que halterofilistas podem aprimorar seu desempenho máximo no arremesso (*clean*) depois de executarem *clean pulls* a 85 ou 120% de 1 RM do movimento. Embora os exercícios de levantamento de peso olímpico e suas variações sejam tratados no Capítulo 5, é importante destacar que variações de puxada (*pull*) tendem a gerar maior produção de força do que as variações de recepção (*catch*).[26,27,72,73,127,138,139,141] Desse modo, podem constituir um estímulo de potenciação eficaz. Do ponto de vista competitivo, treinadores de levantamento de peso olímpico podem adotar variações de puxada nos protocolos de aquecimento dos atletas, preparando-os para suas tentativas de levantamento. Em esportes que exigem esforços repetidos, como o movimento de balanço de implementos, esforços isométricos em diferentes posições do balanço mostraram-se capazes de melhorar de forma imediata a velocidade do bastão em atletas de beisebol[63] e softbol.[50] Pesquisas adicionais também evidenciaram que a execução de saltos com contramovimento antes de tacadas de golfe pode aumentar a velocidade da cabeça do taco.[105] Da perspectiva da parte superior do corpo, Finlay et al.[42] demonstraram que esforços isométricos específicos de soco e o uso de resistência elástica resultaram em melhorias agudas tanto na força do soco quanto na taxa de desenvolvimento de força. Uma das vantagens de esforços isométricos e saltos com contramovimento é o fato de dispensarem equipamentos adicionais. Ademais, o atleta pode empregar essas estratégias mais de uma vez durante suas competições. Embora sejam necessárias mais pesquisas, atletas, treinadores esportivos e profissionais da área de força e condicionamento podem considerar os exercícios mencionados como métodos eficazes para implementar complexos de potencialização em competições esportivas.

Treinamento de resistência variável

Diferentemente do treinamento resistido tradicional, em que a carga permanece fixa durante todo o movimento, o VRT – também conhecido como *treinamento resistido acomodado*[8,106] – emprega correntes ou faixas elásticas para variar a resistência externa ao longo da amplitude de movimento de um exercício.[44] Essa variação altera as características de produção de força, permitindo maiores níveis de força, velocidade e potência nas fases excêntrica inicial e concêntrica final do levantamento.[65] Também possibilita que os atletas se ajustem às mudanças nas alavancas articulares[167] e superem desvantagens mecânicas em diferentes ângulos articulares.[39,162] O que torna esse método avançado é a modificação da carga durante a própria tarefa motora. Caso atletas novatos não consigam executar repetições de movimentos tradicionais de treinamento resistido sem recorrer a cargas modificadas, isso pode resultar em baixa transferência para a tarefa alvo. Ademais, a utilização precoce do VRT no processo de desenvolvimento de um atleta pode limitar os profissionais da área de força e condicionamento, impedindo-os de aplicar o VRT como estratégia inovadora em fases posteriores. Rhea et al.[106] observaram, inclusive, que atletas mais fortes tendem a se beneficiar mais do VRT do que atletas mais fracos, em razão do potencial de converter sua força máxima em movimentos de produção rápida de força.

Antes de abordar os possíveis benefícios do VRT para o desenvolvimento das características de força de atletas, é necessário destacar as diferentes formas como esse método tem sido estudado. Pesquisadores têm utilizado diversos protocolos de carga com correntes e faixas elásticas, incluindo: cargas relativamente maiores, nas quais a carga na posição inferior do exercício é equivalente entre o VRT e o método tradicional;[103,109,122] cargas relativamente menores, em que a carga na posição superior é igual ao método tradicional;[9,39,51,62,98] e cargas equalizadas, nas quais o VRT apresenta carga reduzida na posição inferior e aumentada na posição superior em comparação ao método de carga tradicional.[3,46,47,76,142,162] Apesar de não se aplicar ao uso de correntes, é importante destacar que o VRT com faixas elásticas já foi investigado em duas modalidades: assistido e resistido.[3] O VRT assistido consiste na fixação das faixas à barra e a um ponto acima dela, permitindo que o atleta consiga levantar cargas maiores. Já o VRT resistido envolve a fixação das faixas à barra e ao solo, de modo que a carga total aumenta quando elas são esticadas e diminui quando retornam ao estado relaxado. Seguindo o uso típico de correntes, a presente discussão terá como foco principal o VRT resistido.

Efeitos imediatos do treinamento de resistência variável

O estímulo do VRT busca auxiliar atletas a maximizar a produção de força em toda a amplitude do movimento.[44] Isso possibilita treinar ao longo dos chamados "pontos de estagnação",[150] além de favorecer o aumento da força até a fase final da repetição.[83,109,162] Em uma revisão sistemática com metanálise publicada em 2022, Shi et al.[117] observaram que o VRT tende a ser mais eficaz na melhora da velocidade e da potência durante repetições de treinamento resistido, em comparação ao método de carga tradicional. Apesar de não terem sido identificadas diferenças significativas nas variáveis de produção de força (como força média, pico de força e taxa de desenvolvimento de força), destaca-se que correntes e faixas elásticas apresentam características distintas de carga.[86] Por exemplo, o aumento da carga com correntes elevou a produção de força de pico.[142] No levantamento-terra, a força de pico foi reduzida quando a tensão das faixas elásticas aumentou.[46] Em contrapartida, durante o agachamento, a força de pico aumentou proporcionalmente ao incremento da tensão das faixas elásticas.[162] No que se refere à produção rápida de força, é relevante destacar que as faixas elásticas promoveram efeitos significativamente maiores do que as correntes.[117] Galpin et al.[46] relataram que, em levantamentos-terra pesados (85% de 1 RM), quando 35% da carga total era provida pelas faixas, houve melhora significativa na taxa de desenvolvimento de força. Do mesmo modo, Stevenson et al.[122] observaram que o VRT gerou maior taxa de desenvolvimento de força em agachamentos leves (55% de 1 RM), com 20% da carga vinda das faixas.

PONTO-CHAVE

O treinamento de resistência variável tende a ser mais eficaz na melhora da velocidade e da potência durante repetições de treinamento resistido, em comparação ao método de carga tradicional.

Complexos de potenciação de resistência variável

Considerando suas características de produção de força, não surpreende que o VRT tenha sido estudado como componente de complexos de potenciação para aprimorar o desempenho atlético. Evidências apontam que o salto vertical,[19,80,91,104,111] o salto horizontal[114,125] e *sprints* curtos[104,165] apresentaram ganhos após a aplicação de estímulos de potenciação com VRT. Adicionalmente, outros estudos registraram aumentos de 6,6[90] e 7,7%[89] na força máxima do agachamento com barra decorrentes de um protocolo de potenciação com VRT composto por 2 séries de 3 repetições a 85% de 1 RM, sendo 35% da resistência proveniente de correntes e de faixas elásticas, respectivamente. Por fim, verificou-se que a força em saltos com contramovimento na potência máxima[111] bem como a força máxima[104] e a taxa de desenvolvimento de força[91,104] apresentaram melhorias quando aplicadas em complexos de potenciação com VRT. Entretanto, é importante ressaltar que, assim como em complexos de potenciação tradicionais, atletas mais fortes tendem a apresentar maiores respostas de potenciação do que atletas mais fracos ao utilizarem o VRT.[114] Esses achados reforçam a ideia de que o VRT deve ser considerado um método de treinamento avançado em relação a outras estratégias.

Adaptações ao treinamento de resistência variável por tempo prolongado

Além dos efeitos agudos, é relevante considerar o uso crônico do VRT e seu potencial para desenvolver as características de força em atletas. Já foram realizadas várias metanálises sobre as adaptações de força máxima a longo prazo com o VRT, cujos resultados foram divergentes.[4,78,99] Uma dessas análises sugeriu que o VRT poderia gerar maiores adaptações de força em comparação ao treinamento resistido tradicional com carga constante.[78] No entanto, outras duas não encontraram diferenças significativas entre os métodos.[4,99] Essa discrepância pode ser atribuída aos critérios de seleção adotados, à diversidade de protocolos de VRT empregados e à mistura de participantes treinados e não treinados.[117] Curiosamente, Lin et al.[78] propuseram uma abordagem diferenciada para avaliar o impacto do nível de treinamento e da carga sobre as adaptações de força máxima. Os achados indicaram que indivíduos treinados podem obter melhorias significativas na força máxima com o VRT em relação ao método tradicional, desde que a carga total fosse superior a 80% de 1 RM; quando inferior a 80%, não foram observadas diferenças. O inverso, porém, foi verificado em indivíduos não treinados. Como discutido no Capítulo 3 e em outras pesquisas,[55] os ganhos iniciais de força máxima em geral são atribuídos a alterações neuromusculares, como maior recrutamento e frequência de disparo das unidades motoras. Evidências adicionais que investigaram o uso prolongado do VRT reforçam essa interpretação.[5,160] Isso pode, em parte, justificar por que jogadores de futebol sub-20 não apresentaram diferenças na força máxima, no salto vertical, no *sprint* ou na mudança de direção após quatro semanas de programas de VRT ou de treinamento tradicional.[79] Em contrapartida, Rhea et al.[106] verificaram que 12 semanas de VRT com agachamento com barra resultaram em incrementos significativos tanto na força máxima (1 RM de agachamento com barra) quanto na potência em atletas universitários do sexo masculino da primeira divisão da NCAA. Os autores concluíram que o VRT pode ser um método eficaz para desenvolver tanto a força máxima quanto a taxa de desenvolvimento de força. Ademais, sugeriram que a prescrição desse método é mais indicada para atletas com maiores níveis de força máxima e experiência prévia em treinamento.

Apesar das dificuldades em avaliar a eficácia a longo prazo do VRT por meio de metanálises – devido a diferenças nos critérios de seleção, nos protocolos que usavam correntes ou faixas e nas características dos participantes[117] –, não se pode ignorar os benefícios do estímulo imediato e da potenciação associados a esse método. O VRT demonstra oferecer um estímulo neuromuscular eficaz, capaz de favorecer tanto produção de força máxima quanto rápida. Cabe aos profissionais da área de força e condicionamento reconhecer que os efeitos do VRT dependem da carga total prescrita[78] e também da proporção dessa carga representada por correntes ou faixas elásticas.[46,142,162] Outro fator relevante é o nível de treinamento do atleta, que pode influenciar os resultados obtidos.[78,114] Dessa forma, o VRT deve ser planejado em consonância com os objetivos específicos de cada fase do treinamento. São necessárias mais pesquisas para avaliar a capacidade do VRT de transferir-se para diferentes gestos esportivos e elucidar os mecanismos responsáveis pelas adaptações específicas observadas. Além disso, estudos adicionais sobre a integração do VRT com outros métodos (como exercícios pliométricos e variações do levantamento de peso olímpico) são fundamentais para aumentar a validade ecológica dos programas de treinamento.

Utilizando o treinamento de resistência variável

Assim como outros métodos de treinamento, o VRT apresenta algumas limitações que podem influenciar as adaptações alcançadas pelo atleta. Os parágrafos a seguir abordarão os efeitos da familiarização, da seleção de exercícios, do manejo das cargas e da frequência sobre o estímulo promovido pelo VRT.

Familiarização

A alteração de carga no VRT ocorre de maneira progressiva, mas pode gerar instabilidade e comprometer a técnica do atleta. Esse efeito tende a ser mais acentuado quando correntes ou faixas representam uma parcela elevada da carga total no período inicial de familiarização. Por isso, profissionais da área de força e condicionamento devem introduzir o VRT de forma gradual, garantindo a manutenção da técnica e a efetividade do estímulo de treinamento. Evidências sugerem que o VRT exerce seus maiores efeitos na amplitude de movimento em que a carga externa aumenta.[123] Esse trecho do movimento corresponde ao momento de maior potencial de aceleração na fase de propulsão, e o acréscimo gradual da carga pode servir como um estímulo eficiente para a produção rápida de força.[162] A correspondência entre as características do atleta (como altura e força máxima) e o estímulo de carga utilizado (como o tamanho e o comprimento das correntes ou a largura das faixas) é fundamental. Caso a carga não seja apropriada, a aceleração durante o movimento pode ser prejudicada, comprometendo assim os efeitos do treinamento.

Seleção de exercícios

Ao implementar o VRT, é fundamental que os profissionais da área de força e condicionamento considerem que, embora correntes e faixas possam ser utilizadas em grande parte dos exercícios, sua incorporação não é obrigatória em todos os casos. Estudos prévios analisaram o uso do VRT no arranco (*snatch*)[25] e no arremesso (*clean*)[12] e não encontraram diferenças nas variáveis de produção de força em comparação ao método tradicional, quando realizados a 80 e 85% de 1 RM. Contudo, os autores relataram que os halterofilistas perceberam a condição de VRT como mais exigente devido à oscilação das correntes. Ainda que o efeito psicológico do VRT mereça destaque, deve-se reconhecer a elevada complexidade técnica dos movimentos do levantamento olímpico antes de sua aplicação com esse método. De fato, a elevada complexidade técnica das variações de recepção do levantamento de peso olímpico – como o arranco e o arremesso – já foi relatada por diferentes autores.[127,128] Isso motivou a investigação de exercícios derivados do levantamento de peso olímpico que buscam simplificar sua execução em vez de acrescentar maior dificuldade.[28,130-132] Em consonância com as recomendações prévias,[161] recomenda-se que os profissionais da área de força e condicionamento priorizem a aplicação do VRT em exercícios multiarticulares para o *core*, como agachamentos, supinos e puxadas (Figs. 6.2 e 6.3). A literatura demonstra que a aplicação do VRT nesses exercícios pode proporcionar estímulos eficazes de produção de força máxima e rápida.

Manejo das cargas

Outro aspecto que os profissionais da área de força e condicionamento precisam levar em conta ao aplicar o VRT é a forma de aplicar carga aos atletas. Isso envolve decidir não apenas o método empregado (correntes ou faixas elásticas), mas também qual proporção da carga total será composta pela barra e pelo método de VRT. Estudos já investigaram o VRT utilizando uma carga absoluta para todos os indivíduos,[9,65] um percentual de 1 RM de cada participante,[122,142] ou um percentual da carga sendo testada.[39,162] Em qualquer caso, a carga total selecionada para o exercício deve estar alinhada com os objetivos específicos da fase de treinamento. Em relação à produção de força máxima, recomenda-se o uso de cargas mais elevadas (≥ 80% do 1 RM).[78] Contudo, evidências sugerem que entre 20 e 35% da carga total deve ser provida por correntes ou faixas elásticas.[46,122] Para a produção rápida de força, as recomendações de carga não são tão bem definidas. Nesse caso, é importante que os profissionais considerem que os resultados podem variar em função do exercício realizado e da presença ou não de ciclo de alongamento-encurtamento (p. ex., agachamento com barra *vs.* levantamento-terra). Observou-se uma melhora na produção rápida de força com cargas de até 85% de 1 RM (30% em faixas) no levantamento-terra[46] e também com cargas tão baixas quanto 55% de 1 RM (20% em faixas) no agachamento com barra.[122] Além disso, evidências apontam que o uso de faixas tende a favorecer mais as características de força rápida do que as correntes.[117] Para aprofundamento, indicam-se recursos adicionais que descrevem a contribuição de diferentes tamanhos de correntes[11] e espessuras de faixas.[119]

FIGURA 6.2 *(a-c)* Supino com treinamento de resistência variável.

FIGURA 6.3 *(a-c)* Agachamento com treinamento de resistência variável.

> **PONTO-CHAVE**
> Em relação às adaptações de produção de força máxima durante o treinamento de resistência variável, cargas mais pesadas (ou seja, ≥ 80% de 1 RM) seriam benéficas, com 20 a 35% da carga total representada por correntes ou faixas.

Frequência

Após considerar a familiarização, a seleção de exercícios e a carga, torna-se necessário definir a frequência de aplicação do VRT em um programa de treinamento. Em estudos experimentais, o VRT tem sido prescrito diversas vezes ao longo da semana,[4,78,99] com a duração variando de apenas 1[6] até 24 semanas.[118] Entretanto, como já discutido, os estudos disponíveis envolveram diferentes perfis de participantes, incluindo indivíduos destreinados, recreacionalmente treinados, treinados, além de atletas e não atletas.

Sob a perspectiva das fases de treinamento, a utilização do VRT mostra-se mais vantajosa em fases de baixo volume, nas quais é possível desenvolver produção de força máxima e rápida sem que haja o excesso de fadiga associado a volumes elevados. Dependendo do objetivo principal – força máxima ou força rápida –, o VRT pode ser aplicado com maior ou menor frequência, respectivamente. Por exemplo, quando a meta é aumentar a força máxima, os profissionais da área de força e condicionamento podem prescrever um estímulo concentrado de VRT, distribuído ao longo de várias semanas de uma fase específica. Situação semelhante pode ocorrer quando o objetivo é aprimorar a força rápida, mas, nesse caso, deve-se monitorar atentamente o volume global de treino e a fadiga acumulada, sobretudo quando o VRT é empregado em complexos de potenciação.[148] Cabe ainda aos profissionais decidir se o VRT deve ser aplicado com o mesmo exercício em mais de uma sessão semanal. Quando isso ocorre, é fundamental variar as intensidades relativas para garantir dias de treino mais leves e favorecer o controle da fadiga ao longo da semana.[34] Além disso, se a intenção for aplicar o VRT em múltiplos exercícios dentro de uma única sessão, torna-se necessário avaliar a viabilidade prática, a capacidade do atleta de suportar esse estímulo, a real necessidade de sua aplicação e como reorganizar o volume-carga dos demais exercícios no restante da semana, caso o VRT gere fadiga excessiva a ponto de prejudicar o desempenho.

Carga excêntrica acentuada

Como discutido no Capítulo 5, a AEL caracteriza-se por exigir que um exercício seja realizado com carga maior na fase excêntrica do que na concêntrica, com o mínimo de interrupção da mecânica natural do movimento do exercício.[158] Esse método apresenta a particularidade de combinar elementos dos complexos de potenciação e do VRT. Enquanto o PAPE corresponde ao aumento de desempenho em um exercício ou tarefa motora subsequente, a AEL se destaca por possibilitar a potenciação dentro da própria série. Exemplo disso, Merrigan et al.[88] demonstraram maior produção de potência concêntrica ao aplicar 120 e 65% das cargas nas fases excêntrica e concêntrica do supino, respectivamente. De forma semelhante ao VRT, a AEL ajusta a carga empregada no exercício por meio da remoção de parte do peso total ao final da fase excêntrica (ou fase de frenagem).[158] Esse ajuste pode ser feito com o uso de liberadores de peso (*weight releasers*),[102] com auxílio de parceiros de treino[16] ou com o próprio atleta liberando parte da carga.[115] Diferentemente do VRT, entretanto, a AEL pode ser aplicada tanto em exercícios de força quanto em exercícios balísticos, ampliando a variedade de estímulos dentro do espectro força-velocidade. Evidências indicam que a AEL pode ser utilizada para promover ganhos na força máxima,[16,35,159] na produção rápida de força[2] e no desempenho.[2,115] Apesar de a literatura já trazer algumas recomendações sobre sua aplicação,[87,140] essa seção tem como objetivo aprofundar o entendimento sobre como empregar a AEL de forma a beneficiar as características de produção de força do atleta. Para isso, serão discutidos nos próximos parágrafos aspectos como familiarização, duração da fase excêntrica, prescrição de carga e frequência. Ainda assim, são necessárias mais pesquisas para consolidar sua aplicação.

Subcategorias da carga excêntrica acentuada

Para os propósitos da discussão a seguir, é fundamental reconhecer as subcategorias da AEL: balística, submáxima, máxima e supramáxima. A distinção entre essas subcategorias é necessária, já que tanto a carga externa quanto a intenção do exercício podem variar de maneira significativa. A *AEL balística* (AEL-BAL) refere-se à aplicação do método em exercícios balísticos, como saltos (p. ex., salto com agachamento) ou arremessos (p. ex., supino com arremesso no *Smith*). Nesse caso, a carga excêntrica adicional pode ser retirada por meio da liberação da carga (p. ex., salto com halteres com AEL) ou pelo uso de liberadores de peso. Embora parte da literatura descreva alguns saltos com AEL como "métodos pliométricos de carga excêntrica acentuada",[58] é importante frisar que nem todo esforço balístico é, de fato, pliométrico, uma vez que exercícios com carga podem prolongar a duração do ciclo de alongamento-encurtamento. Assim, o termo AEL-BAL pode englobar uma gama mais ampla de exercícios. O *AEL submáximo* (AEL-SUB) corresponde a um exercício não balístico realizado com carga total inferior a 100% de 1 RM do atleta. Um exemplo seria o supino realizado com 30% de 1 RM em liberadores de peso e mais 60% de 1 RM diretamente na barra, totalizando 90% de 1 RM em uma repetição tradicional. Cabe destacar que a literatura prévia já utilizou a expressão "treinamento excêntrico aumentado";[59] porém, esse termo também foi aplicado a saltos com faixas elásticas, saltos com halteres e saltos com liberadores de peso,[94,95] além de exercícios de AEL com cargas submáximas (< 100% do 1 RM), máximas (= 100% de 1 RM) e supramáximas (> 100% de 1 RM) na fase excêntrica.[60,93-95,151] Por isso, é necessária essa diferenciação. Por fim, o *AEL máximo* (AEL-MAX) e o *AEL supramáximo* (AEL-SUPRA) referem-se a exercícios não balísticos realizados, respectivamente, com carga total igual ou superior a 1 RM do atleta durante a fase excêntrica.

Aplicando a carga excêntrica acentuada

Na aplicação da AEL, os profissionais da área de força e condicionamento precisam levar em conta fatores como a familiarização, a duração da fase excêntrica, a carga utilizada e a frequência de aplicação. Nos parágrafos seguintes, cada um desses aspectos será abordado, com o objetivo de oferecer ao leitor orientações sobre como empregar a AEL de maneira mais eficiente nos programas de treinamento.

Familiarização

Diferentemente do VRT, no qual a alteração da carga externa ocorre de maneira progressiva, na AEL essa mudança acontece de maneira imediata. Essa característica pode impactar significativamente a técnica do atleta, sobretudo quando há grande discrepância entre as cargas excêntrica e concêntrica. Por isso, os profissionais da área de força e condicionamento devem garantir que os atletas estejam devidamente familiarizados com a execução dos exercícios envolvendo equipamentos adicionais (p. ex., *liberadores de peso*), quando necessário. É fundamental que o atleta se acostume tanto ao acréscimo de carga durante a fase excêntrica quanto ao momento de "liberação" dessa carga no decorrer do movimento.

Na literatura sobre AEL, os exercícios mais investigados incluem diferentes tipos de saltos, variações de agachamento e o supino. Contudo, cada exercício demanda um processo específico de familiarização, já que cada padrão de movimento apresenta particularidades. Para aproveitar os benefícios do uso de cargas adicionais na AEL, elas devem ser aplicadas em uma vasta amplitude de movimento, na qual o atleta resista ativamente ao peso. Entretanto, dado que as cargas podem ser máximas ou supramáximas, torna-se fundamental que a liberação ocorra no momento correto.

Assim, considerando as diferenças individuais de amplitude de movimento, o ajuste no comprimento dos *liberadores de peso* é indispensável. As Figuras 6.4 a 6.6 ilustram os ajustes dos *liberadores de peso* e os pontos de liberação no agachamento com barra, no supino e no salto com halteres sob a AEL.

Ao usar *liberadores de peso*, cabe ao profissional de força e condicionamento ajustar a altura do dispositivo para que a carga seja liberada logo acima do ponto final da amplitude de movimento de cada atleta. Caso o comprimento dos *liberadores de peso* seja excessivo, a liberação ocorrerá de forma antecipada, reduzindo o estímulo de sobrecarga em maior amplitude. O momento da remoção da carga excêntrica adicional em saltos com AEL pode variar conforme características individuais do atleta (como comprimento dos membros e amplitude de movimento articular), a posição em que a carga é sustentada (p. ex., nos braços ou nas costas) e a presença ou ausência de carga concêntrica no salto. Quando o próprio atleta realiza a liberação (como ao soltar halteres durante um salto), ela deve ocorrer no final do contramovimento, idealmente ao término da fase de frenagem e antes do início da propulsão, e não de forma antecipada. Assim como quando há liberação precoce ao usar os *liberadores de peso*, soltar a carga cedo demais pode gerar um estímulo ineficaz. Por outro lado, se a carga for liberada tarde demais, a fase de propulsão do salto pode ser comprometida.

Duração da fase excêntrica

Na aplicação da AEL em programas de treinamento resistido, um ponto crucial é a forma de execução da fase de frenagem do movimento. O atleta pode, por

FIGURA 6.4 *(a-d)* Agachamento com carga excêntrica acentuada.

FIGURA 6.5 *(a-d)* Supino com carga excêntrica acentuada.

FIGURA 6.6 *(a-c)* Salto com halteres com carga excêntrica acentuada.

exemplo, descer a carga lentamente seguindo um tempo predefinido (p. ex., 3 segundos, 5 segundos), manter a velocidade habitual de uma repetição normal (mecânica natural) ou ainda descer de forma acelerada, permitindo que a carga extra conduza a descida, oferecendo resistência apenas nos momentos finais da frenagem. Estudos mostraram que 4 semanas de agachamentos com AEL em ritmo lento (3 segundos) geraram maiores ganhos de força máxima quando comparados a um bloco subsequente de 4 semanas em que o exercício foi feito em ritmo rápido (1 segundo).[36] Apesar disso, tais resultados devem ser interpretados com cautela antes de direcionar prescrições para movimentos lentos com AEL. Vale destacar que o aumento de força no período de treino lento foi modesto (tamanho do efeito = 0,38). Outro ponto é que a sequência das fases de treinamento (primeiro lento e depois rápido) não foi randomizada no estudo citado, o que impossibilita saber se iniciar pela fase rápida teria gerado resultados diferentes. Os autores destacaram, por fim, que 8 semanas de treino com AEL podem não ser indicadas para atletas de esportes coletivos se não houver tempo suficiente para recuperação. Também ressaltaram que a fase rápida do AEL "pode ter passado do limite de recuperação em relação ao treinamento resistido tradicional rápido".[36] Diante dessas conclusões, fica evidente a necessidade de mais estudos sobre o tema.

Um dos objetivos da AEL é utilizar o estímulo excêntrico da fase de frenagem para potencializar o ciclo de alongamento-encurtamento e a fase de propulsão do movimento. No que diz respeito ao tempo de execução, durações prolongadas podem prejudicar a contribuição do ciclo de alongamento-encurtamento na transição entre as fases de frenagem e propulsão.[22,163] Esse efeito tende a ser ainda maior quando múltiplas repetições são realizadas dessa forma dentro de uma série, em comparação a execuções únicas. A Figura 6.7 ilustra as diferenças entre um agachamento realizado com *liberadores de peso* em ritmo de 5 segundos e aquele feito em ritmo natural. A realização de movimentos com AEL em tempos mais longos aumenta o tempo sob tensão na fase excêntrica e, possivelmente, a tensão interna no ventre muscular. Esse fator pode favorecer adaptações hipertróficas, mas não necessariamente contribuir para a produção de força propulsiva do movimento. Importa ainda considerar que a duração da fase excêntrica é relativa ao contexto ou ao indivíduo. Douglas et al.[36] classificaram os tempos rápido e lento como 1 segundo e 3 segundos, respectivamente, enquanto outros autores definiram 2 segundos e 6 segundos como rápido e médio.[48]

Independentemente da duração da fase de frenagem, é fundamental que o atleta resista de forma ativa à carga excêntrica adicional aplicada pelos liberadores de peso ou pela carga manual (p. ex., halteres). Caso contrário, os efeitos de treinamento dessa fase podem ser reduzidos. Como já citado, alguns atletas aliviam rapidamente a carga e oferecem pouca resistência durante a fase excêntrica, interrompendo de forma brusca o movimento no final da amplitude antes de entrar na fase de propulsão. Contudo, ao adotar essa estratégia, o atleta passa de uma fase de liberação de carga

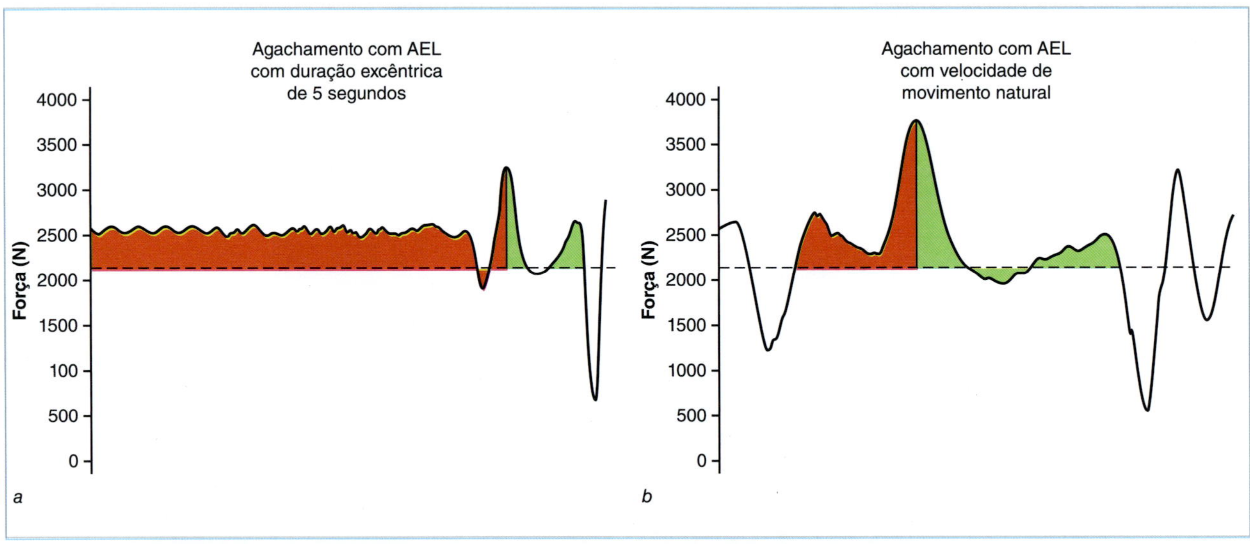

FIGURA 6.7 Comparações de força-tempo de diferentes tempos de agachamento com AEL. A linha tracejada indica o peso do sistema, a cor laranja indica a fase de frenagem e a verde indica a fase de propulsão.

para uma fase de frenagem praticamente sem aplicar força, sendo então obrigado a gerar rapidamente força de frenagem em um curto espaço de tempo para conter o momento descendente. Isso resulta na necessidade de suportar elevadas forças de frenagem antes de realizar a transição para a fase propulsiva do movimento. Embora isso possa gerar adaptação a um estímulo de produção rápida de força, pode comprometer a fase propulsiva caso o atleta não tolere a magnitude elevada das forças, aumentando o risco de lesões durante o exercício. Embora isso possa não ser um problema com cargas mais leves, cargas concêntricas maiores podem exigir mais do atleta.

PONTO-CHAVE

Independentemente da duração da fase de frenagem, é fundamental que o atleta resista de forma ativa à carga excêntrica adicional aplicada pelos liberadores de peso ou pela carga manual (p. ex., halteres). Caso contrário, os efeitos de treinamento dessa fase podem ser reduzidos.

Coletivamente, a duração da fase de frenagem nos exercícios com AEL parece ter sua própria "zona ótima", semelhante ao conceito de "cachinhos dourados". Se a fase for excessivamente lenta, o ciclo de alongamento-encurtamento pode não contribuir para a propulsão subsequente. Por outro lado, se for muito rápida, o atleta pode não resistir ativamente à carga extra e, assim, não receber o estímulo desejado com a AEL. Portanto, ao definir a duração da fase excêntrica, deve-se considerar a velocidade natural de movimento de cada atleta e os métodos de monitoramento durante o treinamento. Além disso, os pesquisadores precisam descrever claramente as instruções fornecidas aos participantes e o modo de execução da fase de frenagem em seus estudos.

Carga utilizada

Outro fator essencial na AEL diz respeito às cargas utilizadas para produzir os estímulos de treinamento. A literatura mostra de forma consistente que cargas acima de 80% de 1 RM são eficazes para induzir ganhos de força.[116] Porém, a vantagem da AEL é possibilitar o uso de cargas que excedam 1 RM do atleta especificamente na fase de frenagem. Evidências apontam que a força excêntrica pode ser em torno de 40% superior à concêntrica,[100] com variações de 20 a 60% dependendo do exercício.[64] Assim, do ponto de vista da prescrição de carga, utilizar magnitudes mais altas pode favorecer a melhora da produção de força excêntrica. Ainda assim, é fundamental considerar também a carga concêntrica ou propulsiva, uma vez que o ciclo de alongamento-encurtamento contribui para otimizar a produção de força. Portanto, é necessário também levar em consideração a prescrição das cargas na fase concêntrica. Embora cargas mais próximas entre excêntricas e concêntricas (p. ex., 100/80% em comparação a 100/60%) resultem em maior produção de força absoluta, evidências mostram que a adoção de cargas mais distantes pode favorecer o desenvolvimento das características de produção rápida de força tanto na fase de frenagem quanto na fase de propulsão.[126] Esse aspecto é particularmente relevante ao aplicar a AEL em períodos de pré-temporada e em plena temporada competitiva. Por exemplo, cargas concêntricas mais leves podem ser utilizadas para preservar as características de velocidade durante a temporada, enquanto cargas mais altas podem sustentar a força máxima. Dessa forma, a AEL pode auxiliar atletas a manter ou até aprimorar ambas as características ao longo de uma temporada competitiva.

Como já discutido, a carga extra na fase excêntrica de exercícios com AEL pode ser retirada de diferentes maneiras. Em protocolos usando aparelhos, foram observados efeitos agudos de cargas excêntricas chegando a 150% de 1 RM dos participantes.[7,61,110] Em exercícios de salto, alguns estudos adotaram cargas padronizadas com base em equipamentos específicos,[143] enquanto outros recomendaram o uso de 20% da massa corporal do indivíduo.[17,95] Sob a perspectiva do desenvolvimento da força máxima, é intuitivo considerar que a fase concêntrica deva receber uma carga alta; porém, é igualmente essencial que os profissionais da área de força e condicionamento atentem para a carga adicional aplicada na fase excêntrica. Munger et al.[96] aplicaram 120% de 1 RM na fase excêntrica e 90% de 1 RM na fase concêntrica durante agachamentos frontais. Uma questão prática na AEL é definir se os liberadores de peso devem ser empregados apenas na primeira repetição ou em várias repetições de uma série. Apesar de existirem diferentes protocolos de carga testados na AEL, ainda há pouca evidência sobre como a diferença entre as cargas excêntrica e concêntrica afeta as características de produção de força. Indícios sugerem, entretanto, que maiores diferenças entre as cargas favorecem a produção rápida de força, enquanto diferenças menores podem otimizar a força máxima, tanto na fase de frenagem quanto na fase de propulsão de um agachamento, em homens[126] e também em mulheres[21] treinados em resistência.

PONTO-CHAVE

Uma diferença maior entre as cargas excêntricas e concêntricas pode beneficiar a produção rápida de força, enquanto uma diferença menor pode beneficiar a produção de força máxima durante as fases de frenagem e propulsão.

Grande parte das recomendações de carga na AEL tem como base 1 RM de movimentos excêntricos e concêntricos tradicionais. Entretanto, considerando que atletas podem apresentar cerca de 40% a mais de força excêntrica[100] ou variações de 20 a 60% dependendo do exercício,[64] esse critério pode não refletir de forma eficiente as capacidades individuais de força excêntrica nem a especificidade da tarefa. Por essa razão, alguns pesquisadores desenvolveram protocolos específicos para mensurar a força excêntrica máxima.[45,49,60,121] Harden et al.,[60] por exemplo, realizaram avaliações excêntricas e concêntricas com os participantes, e a partir delas definiram as cargas aplicadas no treinamento de *leg press* com AEL. É importante destacar, contudo, que a "1 RM" excêntrica descrita na literatura costuma ser obtida em condições controladas. Em alguns estudos, os participantes foram instruídos a realizar a fase excêntrica em 3 segundos[121] ou 5 segundos[60] durante os testes de força máxima. Essa forma de avaliação pode garantir segurança e controle da carga, mas ainda não está claro se representa a forma mais eficaz de mensurar a força excêntrica máxima.

Frequência

Além da escolha da duração excêntrica e das cargas, os profissionais da área de força e condicionamento precisam definir a frequência de aplicação do AEL. Essa frequência depende dos objetivos do treinamento, da capacidade física do atleta e da viabilidade dentro das sessões. Em termos de periodização, a questão central é identificar em quais fases a AEL pode trazer mais benefícios. Estudos mostram que programas de AEL aplicados em blocos de 2, 4[36] ou 5 semanas[159] com semanas de teste entre eles, ou ainda em 9 semanas consecutivas[16] resultaram em ganhos de força máxima; entretanto, não está claro se essas estratégias representam o estímulo ótimo. Também se questiona se aplicar a AEL em blocos sucessivos ou por períodos prolongados é adequado do ponto de vista prático, sobretudo quando não há recuperação suficiente.[36] Quando o objetivo é desenvolver força, fases de treinamento com volume moderado ou baixo parecem ser as mais adequadas para a prescrição de AEL. Esse efeito pode estar relacionado ao fenômeno de potenciação dentro da própria série. Wagle et al.[156] verificaram que séries de 5 repetições de agachamento com AEL, utilizando liberadores de peso em todas as repetições, resultaram nos maiores ganhos de trabalho excêntrico e de produção de força concêntrica. Contudo, os mesmos autores observaram que variáveis como a taxa de desenvolvimento de força excêntrica permaneceram elevadas na 2ª e 3ª repetições de uma série de 5, mesmo quando os liberadores de peso foram aplicados apenas na primeira repetição.[157] Da mesma forma, outros pesquisadores constataram que a utilização de liberadores de peso na primeira repetição de uma série de supino pode aumentar a produção de força concêntrica.[77] Entretanto, nesse exercício, ainda são escassos os dados detalhados por repetição.

Há pouco conhecimento sobre como prescrever a AEL de forma eficaz em fases de treinamento resistido voltadas ao desenvolvimento de força muscular. Até o momento, estudos têm adotado a aplicação da AEL pelo menos duas vezes por semana durante várias semanas dentro de um mesmo bloco de treino.[36,60,115,159] No entanto, não se sabe se essa frequência é realmente a mais adequada, ou sequer necessária. Antes de estender o uso da AEL por várias semanas em uma fase, deve-se avaliar se o atleta tem capacidade física para suportar esse tipo de estímulo. Por exemplo, para atletas que nunca tiveram contato com a AEL, ela já representa um estímulo novo, independentemente da frequência utilizada; contudo, o uso excessivo logo no início pode ser prejudicial caso o atleta não consiga tolerar as cargas prescritas. Por isso, recomenda-se que os profissionais da área de força e condicionamento adotem uma progressão conservadora, permitindo que o atleta se adapte de forma gradual a esse método.

Outro ponto importante é considerar a fase de treinamento concluída pelo atleta, pois os resíduos dessa fase podem deixá-lo em um estado mais preparado ou despreparado. Assim, para que a AEL funcione como estímulo de sobrecarga, pode não ser necessário aplicá-la em todas as semanas do ciclo. Em vez disso, os profissionais da área de força e condicionamento podem optar por utilizá-lo em uma semana de pico, de modo que o atleta desenvolva resistência à fadiga diante de um estímulo novo, antes de receber um estímulo adicional (como o uso de liberadores de peso) que desafie mais intensamente o sistema neuromuscular. Em seguida, deve-se adotar uma semana de descarga para favorecer a recuperação e a adaptação. Por fim, é fundamental que os profissionais considerem a fadiga acumulada que pode surgir quando a AEL é associada a outros métodos na mesma fase de treinamento.

Ao considerar a aplicação da AEL várias vezes por semana, os profissionais precisam equilibrar dias pesados e leves dentro da programação. Por exemplo, quando a AEL é prescrita duas vezes por semana com o mesmo exercício, o dia "leve" pode deixar de sê-lo em função da duração da fase excêntrica, do volume e das cargas envolvidas. Embora os objetivos de cada fase de treinamento determinem a frequência ideal, uma estratégia possível é utilizar a AEL-MAX ou a AEL-SUPRA em um movimento de força, como o agachamento, e reservar o final da semana para a AEL-BAL em um exercício balístico, como o salto com halteres (Tab. 6.2). Isso possibilita ao atleta receber estímulos tanto de produção de força máxima quanto rápida dentro da mesma semana, preservando ao mesmo tempo um dia leve. Além disso, essa abordagem auxilia no controle da fadiga acumulada.[34] De forma semelhante ao VRT, caso se pretenda prescrever a AEL em múltiplos exercícios durante uma mesma sessão, é necessário avaliar sua viabilidade, a tolerância do atleta, a real necessidade de aplicação e como redistribuir o volume-carga dos demais exercícios de modo a evitar prejuízos ao desempenho subsequente.

PONTO-CHAVE

Quando a AEL é prescrita duas vezes por semana com o mesmo exercício, um dia leve pode não ser mais considerado leve, dependendo da duração da fase excêntrica, do volume e das cargas excêntricas e concêntricas prescritas.

Outra ressalva em relação à AEL é se o atleta precisa ou não executar cada repetição com a AEL. Como já mencionado, o uso de liberadores de peso na primeira repetição de uma série pode beneficiar o desempenho de várias repetições subsequentes.[157] No entanto, a AEL também pode ser prescrita em todas as repetições[77,156] ou mesmo em grupos de repetições, utilizando séries em *cluster*. Embora o Capítulo 7 apresente mais detalhes sobre as séries *cluster*, o uso da AEL em todas as repetições ou apenas na primeira repetição de uma série menor pode proporcionar um estímulo de treinamento diferenciado. Por exemplo, parece evidente que um maior número de exposições à AEL dentro de uma série pode promover maiores adaptações na produção de força excêntrica máxima. Contudo, o uso da AEL apenas na primeira repetição de uma série pode favorecer uma produção rápida de força excêntrica,[157] ao mesmo tempo que beneficia a fase concêntrica do movimento.[77] Embora a aplicação da AEL em todas as repetições possa parecer atraente, os profissionais de força e condicionamento precisam determinar se seus atletas são capazes de tolerar esse tipo de estímulo, já que ele pode exigir múltiplas exposições a cargas supramáximas, o que pode resultar em maiores níveis de fadiga e comprometer o desempenho subsequente.

TABELA 6.2 Exemplo de implementação de AEL em um programa de treinamento resistido de força-potência (3×3)

Dia 1	Dia 2	Dia 3
Arremesso em dois tempos	*Hang clean pull*	Salto com halteres com AEL
Agachamento com AEL	Salto com barra hexagonal	Agachamento
Supino	Exercício na barra fixa	Arremesso vertical com bola de peso (*medicine ball*)

AEL: carga excêntrica acentuada.

Pontos principais discutidos no capítulo

- Complexos de potenciação, VRT e AEL podem ser classificados como métodos avançados de treinamento; representam um estímulo inédito para atletas já experientes, desde que não tenham sido aplicados em fases iniciais do programa de treinamento. Ainda assim, antes de prescrevê-los, os profissionais da área de força e condicionamento precisam avaliar a estabilidade técnica do atleta, suas características relativas de força, a disponibilidade de equipamentos e parceiros de apoio, além da viabilidade prática de cada método.
- Os complexos de potenciação podem melhorar de forma imediata tanto a produção de força máxima quanto rápida, mas os resultados variam bastante entre indivíduos. Para aplicá-los de modo eficaz em treinamentos ou competições, os profissionais devem considerar as características do atleta (como força relativa, perfil de fibras musculares, esporte ou prova em que compete) e os elementos de estruturação do complexo (atividade de condicionamento, volume, intensidade, intervalo de descanso).
- O VRT costuma ser aplicado com correntes ou faixas elásticas, alterando as características de produção de força em exercícios como agachamento, supino, entre outros. Para estimular a produção de força máxima, recomenda-se que entre 20 e 35% da carga total seja proveniente das correntes ou faixas quando se trabalha com intensidades elevadas (≥ 80% de 1 RM). Contudo, ainda são necessários mais estudos para definir a prescrição ideal de carga com foco na produção rápida de força.
- A AEL pode ser aplicada em diferentes formatos, como AEL-BAL, AEL-SUB, AEL-MAX e AEL-SUPRA, mas sua prescrição deve considerar sua duração excêntrica, magnitude de carga e frequência de aplicação. No caso da AEL-BAL, a fase excêntrica deve ser curta para potencializar o aproveitamento do ciclo de alongamento-encurtamento no desempenho. Nos protocolos AEL-SUB, AEL-MAX e AEL-SUPRA, recomenda-se que o atleta execute a fase excêntrica em sua velocidade habitual de movimento, respeitando sua mecânica natural, de modo a suportar a carga excêntrica aumentada e, ao mesmo tempo, beneficiar a fase propulsiva do exercício.
- Em termos de carga, a utilização de cargas leves (aproximadamente 20% do peso corporal) pode otimizar o desempenho na AEL-BAL. Nos protocolos AEL-SUB, AEL-MAX e AEL-SUPRA, diferenças menores entre a carga de treino e a carga adicional podem favorecer ganhos de força máxima, desde que a carga principal seja suficientemente alta. Por outro lado, diferenças maiores entre a carga de treino e a carga extra tendem a favorecer o desenvolvimento da produção rápida de força.

7

Elaboração do programa de treinamento

A elaboração de programas de treinamento voltados ao ganho de força muscular pode, à primeira vista, parecer simples, já que o aumento progressivo das cargas tende a favorecer a força máxima. Contudo, se adotarmos a definição de *força muscular* apresentada no Capítulo 1 – entendida como a capacidade de produzir força contra uma resistência externa em um contexto específico de tarefa –, torna-se evidente que outros fatores de planejamento devem ser considerados. Assim, enquanto os capítulos anteriores abordaram uma ampla gama de métodos de treinamento, este capítulo se propõe a discutir variáveis que os profissionais da área de força e condicionamento devem levar em conta ao planejar programas destinados a aprimorar tanto a força máxima como a produção rápida de força em atletas.

Análise das necessidades

Antes de planejar um programa de treinamento, o profissional da área de força e condicionamento deve realizar uma análise das necessidades. Isso em geral envolve a avaliação da modalidade ou evento esportivo do atleta, bem como um diagnóstico de sua capacidade física.[190] A integração desses dados pode contribuir para a elaboração de um programa eficaz de força e condicionamento, direcionado ao aprimoramento das capacidades de produção de força muscular e ao desempenho global do atleta em sua modalidade.

Análise da modalidade ou evento esportivo

No que se refere à modalidade ou evento esportivo, cabe ao profissional da área de força e condicionamento incluir uma análise dos movimentos, de aspectos fisiológicos e da história de lesões, a fim de identificar as características determinantes para o sucesso.[65,114] A análise dos movimentos envolve identificar os gestos presentes na modalidade ou evento esportivo, os grupos musculares e articulações recrutados, as amplitudes utilizadas, a velocidade de execução e os padrões de coordenação de cada ação.[168] Com base nessas informações e no princípio da especificidade, o profissional pode selecionar os exercícios mais adequados às demandas de cada atleta. Todavia, é importante destacar que, mesmo que as exigências de força muscular variem entre diferentes esportes, certos exercícios podem ser comuns devido à semelhança dos gestos. A tripla extensão dos quadris, joelhos e tornozelos (flexão plantar), por exemplo, é um dos movimentos mais recorrentes nas práticas esportivas, por estar presente em corridas, saltos, mudanças de direção, entre outros. Dessa forma, exercícios como variações do agachamento, movimentos do levantamento de peso olímpico e suas variações, além de variações do afundo, podem ser aplicados a diferentes atletas.

A análise fisiológica requer que o profissional identifique os sistemas energéticos mais demandados na modalidade ou evento esportivo do atleta.[168] Nessa análise, deve-se considerar não apenas a duração total do evento, mas também as ações que efetivamente determinam seu desfecho. Um exemplo é o futebol, em que a partida dura 90 minutos, divididos em dois tempos de 45 minutos. Embora isso possa indicar que o sistema aeróbico deva ser o principal foco do trabalho de força muscular e condicionamento, pesquisas demonstram que as ações decisivas do jogo –

como *sprints*, saltos e chutes – são predominantemente anaeróbicas,[265] além de evidenciar que atletas de elite solicitam o sistema anaeróbico em maior intensidade do que jogadores comuns.[200] Nesse contexto, o planejamento do condicionamento físico deve integrar atividades aeróbicas e anaeróbicas, mas com uma progressão gradativa para esforços de maior intensidade à medida que a temporada competitiva se aproxima.

Por fim, sob a perspectiva da análise de lesões, cabe ao profissional da área de força e condicionamento consultar a equipe de medicina esportiva – composta, por exemplo, por preparadores físicos especializados, fisioterapeutas e médicos da equipe –, a fim de compreender melhor os padrões de lesão em cada modalidade em que atua. Essas informações devem contemplar a localização da lesão e os tecidos acometidos, como músculos, tendões, ligamentos ou ossos.[136] Ainda que a avaliação e o tratamento de lesões não façam parte do escopo de atuação desse profissional, é essencial que se estabeleça uma relação colaborativa com a equipe médica esportiva, de modo a auxiliar no desenvolvimento de protocolos adequados de retorno ao jogo.

Análise de desempenho

Além da análise da modalidade esportiva, é necessário avaliar as características de força muscular de um atleta por meio de uma bateria de testes que permita identificar potenciais de melhora.[98] Considerando que a força é específica à tarefa, a magnitude e a taxa de produção de força devem ser mensuradas em tarefas excêntricas, isométricas, concêntricas ou de ciclo alongamento-encurtamento, de acordo com a análise dos movimentos da modalidade ou evento esportivo. A análise individual do atleta pode ainda incluir testes direcionados às habilidades técnicas da modalidade, mas que têm como base suas características de produção de força muscular – por exemplo, velocidade de *sprint*, velocidade do bastão no beisebol ou softbol, altura de bloqueio no voleibol. Os resultados obtidos devem ser comparados a dados anteriores, quando disponíveis, a fim de determinar as capacidades atuais do atleta e permitir que o profissional da área de força e condicionamento ajuste o programa de treinamento às suas necessidades. Além disso, esses resultados podem ser utilizados como parâmetro de referência, permitindo avaliar o nível de desempenho do atleta em relação a uma população mais ampla.[137] A avaliação abrangente das características de força e das práticas de testagem é abordada no Capítulo 9.

Variáveis de programação

Ainda que a análise de necessidades ofereça um direcionamento sobre os aspectos que o atleta deve aprimorar, é imprescindível levar em conta múltiplas variáveis de programação ao estruturar um programa de treinamento voltado ao desenvolvimento das características que sustentam a força muscular. Entre elas estão a escolha dos exercícios, a frequência semanal, a ordem de execução, o volume, a organização das séries, as cargas e repetições prescritas e os intervalos de recuperação. Embora algumas dessas variáveis pareçam evidentes, é fundamental adotar uma abordagem baseada em evidências para otimizar as adaptações decorrentes do treinamento.

Seleção dos exercícios

Capítulos inteiros foram dedicados à discussão das múltiplas dimensões envolvidas na seleção de exercícios em programas de treinamento de força.[208] Embora diferentes fatores possam justificar a escolha de um exercício em detrimento de outro, é fundamental que o profissional da área de força e condicionamento compreenda as distinções biomecânicas e fisiológicas entre eles, a fim de proporcionar aos atletas os estímulos mais eficazes. No que se refere à utilização de exercícios multiarticulares e monoarticulares, deve-se levar em conta a especificidade do movimento e o potencial de transferência para as demandas da modalidade ou evento esportivo do atleta. Por exemplo, exercícios monoarticulares isolam grupos musculares específicos,[12,201] mas sua contribuição para o desempenho esportivo tende a ser limitada.[7,14,161,201] Além disso, ainda que possam aprimorar características de força muscular,[45] sua ênfase excessiva em um programa pode ser questionada, dada a ausência de padrões de coordenação intermuscular.[201]

Além da distinção entre exercícios mono e multiarticulares, é importante destacar que o uso de aparelhos ainda ocupa um espaço significativo nos programas de força e condicionamento. Contudo, evidências indicam que exercícios realizados com pesos livres recrutam a musculatura de forma mais ampla do que aqueles realizados em aparelhos;[73,201] isso favorece não apenas a magnitude, mas também a velocidade de produção de força. Aliados a uma maior coordenação muscular, os exercícios com pesos livres tendem a ser superiores para o desenvolvimento das capacidades de força muscular do atleta. Por esse motivo, a discussão a seguir prioriza os exercícios multiarticulares com pesos livres. Ainda assim, deve-se ressaltar que tanto os exercícios monoarticulares como os realizados em aparelhos compõem um espectro em relação aos exercícios com pesos livres, podendo ser empregados como progressões ou regressões.[227]

É de conhecimento comum que profissionais da área de força e condicionamento têm seus exercícios de referência para o treinamento de determinados grupos musculares. Contudo, deve-se atentar ao contexto em que esses exercícios são utilizados. Discussões recorrentes na área, por exemplo, envolvem se os atletas devem ou não realizar exercícios de levantamento de peso olímpico, ou ainda se os agachamentos com amplitude parcial devem integrar os programas. Embora isso seja mais complexo na prática do que na teoria, é fundamental que vieses pessoais sejam deixados de lado e que cada decisão de programação seja tomada dentro de um contexto específico. Além disso, é necessário compreender que nenhum exercício, isoladamente, é capaz de suprir todas as demandas de treinamento de um atleta. Assim, o profissional deve primeiramente identificar qual característica de força deseja aprimorar e, a partir disso, recorrer às evidências disponíveis para embasar a escolha, levando em consideração a especificidade do movimento, as necessidades individuais do atleta, a disponibilidade de equipamentos e a viabilidade de ensinar corretamente o exercício.

Produção de força máxima

Ainda que a discussão sobre cargas de treinamento de força seja aprofundada mais adiante, é evidente que a utilização de cargas maiores tende a favorecer o desenvolvimento de força máxima. Contudo, os profissionais da área de força e condicionamento devem atentar para a amplitude de movimento na qual essas cargas progressivamente mais elevadas são levantadas. Alguns autores defendem o uso de exercícios em amplitude parcial, a fim de aumentar a especificidade do movimento e possibilitar o uso de cargas mais elevadas.[149,174] Em contrapartida, outros estudos apontam que a execução de exercícios pesados em amplitude total de movimento exige maior esforço relativo do que em amplitudes menores.[17] Desse modo, não surpreende que exercícios em amplitude completa resultem em ganhos mais expressivos de força máxima do que exercícios em amplitude parcial, tanto no agachamento[162] como no supino.[131] Recomenda-se, portanto, que o profissional adote exercícios em amplitude completa de movimento – como agachamentos, supinos e puxadas – como base para o desenvolvimento de força máxima. Contudo, vale destacar que exercícios em amplitude parcial podem ser utilizados de forma suplementar e combinados aos de amplitude total,[11,149] potencializando assim as adaptações. Cabe ainda ressaltar que, embora *sprints*[28] e tarefas de mudança de direção[58,85,256] sejam capazes de gerar forças de elevada magnitude, sua curta duração, em comparação ao treinamento de força, pode limitar a produção de forças ainda maiores. De modo semelhante, as cargas utilizadas ao puxar[3,21,165] e empurrar[22] trenós com carga são tipicamente menores do que as empregadas em outros exercícios de força; isso sugere que *sprints* e mudanças de direção funcionam melhor como estímulos para o desenvolvimento da produção rápida de força do que para a força máxima.

PONTO-CHAVE

Exercícios de amplitude total de movimento devem servir como base para o desenvolvimento de força máxima; no entanto, exercícios de amplitude parcial de movimento podem servir como exercícios suplementares eficazes e serem usados em combinação com movimentos de amplitude total de movimento.

Produção rápida de força

Há uma ampla gama de exercícios resistidos que podem ser empregados para desenvolver a capacidade de produção rápida de força em atletas. Normalmente, esses exercícios são executados com intenção balística e se enquadram em duas categorias: força-velocidade (movimentar cargas altas rapidamente) ou velocidade-força (movimentar cargas baixas em alta velocidade).[78,253] Exercícios tradicionais, como agachamentos, supinos e puxadas, podem ser realizados de forma balística para estimular a produção rápida de força.[159,235] Em uma fase de força geral ou absoluta – cujo objetivo é ampliar tanto a magnitude quanto a taxa de produção de força[227] –, recomenda-se que os profissionais da área de força e condicionamento incluam movimentos do levantamento de peso olímpico e suas variações, sobretudo os classificados como mais orientados à força ou força-velocidade, como puxada do meio da coxa, encolhimento com contramovimento, puxada em suspensão ou a partir do joelho, e puxada a partir do solo.[30,216,217] Esses exercícios semibalísticos permitem a utilização de cargas superiores a 1 RM em variações com recepção, como o *power clean* ou o *hang power clean*,[32,33,79,138,140] configurando um estímulo eficiente para o desenvolvimento de produção rápida de força. Outras derivações do levantamento de peso olímpico, como o *jump shrug*[111,112,212,233,238] e o *hang high pull*,[213,233,238,240] podem atuar como estímulos de velocidade-força, já que as maiores respostas de produção rápida de força ocorrem com cargas mais baixas do que as utilizadas nos exercícios mencionados.

Além das variações do levantamento de peso olímpico, os profissionais da área de força e condicionamento devem considerar que outros saltos com carga e exercícios pliométricos também podem servir como exercícios eficazes de força-velocidade. Em comparação com o *jump shrug*, pesquisadores mostraram que o *jump squat* e o salto com barra hexagonal têm características únicas de produção de força quando realizados com as mesmas cargas.[224,225] Os autores observaram que, embora o *jump shrug* tenha produzido maior força no pico de potência, o *jump squat* e o salto com barra hexagonal produziram velocidades mais rápidas, apoiando, assim, sua inclusão como estímulos para a produção rápida de força. Outros estudos que examinaram as cargas que maximizavam o desenvolvimento de potência em exercícios com a parte superior do corpo chegaram a conclusões semelhantes.[198] Conforme observado no Capítulo 5, exercícios pliométricos podem servir como estímulos eficazes para a produção rápida de força. Há uma variedade de exercícios pliométricos a serem escolhidos, conforme suas características cinéticas;[59,100,101,113,229] entretanto, esses exercícios devem ser aplicados de acordo com as capacidades do atleta[237] e de forma progressiva, de acordo com o volume e a intensidade dos exercícios utilizados.[60,61]

Como observado anteriormente, tarefas de *sprint* e de mudança de direção podem produzir grandes magnitudes de força de curta duração. Clark e Weyand encontraram picos de força distintos em velocistas profissionais durante a primeira metade da fase de apoio.[28] Contudo, deve-se observar que as forças verticais e horizontais produzidas podem variar de acordo com a fase do *sprint*[153] e a carga externa durante acelerações ao empurrar[22] e puxar[21] trenó. Pesquisadores também encontraram formas de impulso em pico durante etapas de desaceleração em tarefas de mudança de direção a 135[156] e 180°.[58] Assim como no *sprint*, o estímulo de produção rápida de força durante tarefas de mudança de direção pode variar de acordo com o ângulo[40,88,186,192] e a velocidade de entrada.[46,254] Em resumo, os exercícios que podem ser usados para desenvolver características de produção rápida de força compõem um espectro, e cabe ao profissional da área de força e condicionamento determinar a melhor maneira de prescrever esses exercícios de modo a atender às necessidades de seus atletas.

Forças de frenagem

Embora grande parte da discussão prévia tenha se concentrado nas características da força propulsiva, é importante não negligenciar as características de frenagem dos atletas. Todavia, deve-se notar que todos os exercícios e métodos de treinamento apresentados também podem fornecer um estímulo de frenagem em razão da inclusão do ciclo de alongamento-encurtamento. Por exemplo, estudos mostraram que exercícios de levantamento de peso e suas variações,[34,150,218,219] os saltos com carga,[121] os exercícios pliométricos,[102,147] a fase de apoio do *sprint*[28] e as tarefas de mudança de direção[58] apresentam características únicas de força-tempo relacionadas à frenagem. Apesar de seu potencial como estímulos de frenagem, a magnitude e a taxa de produção de força em cada tarefa podem depender do exercício, da carga (quando existente) e da técnica do atleta. Com exceção do treinamento pliométrico,[236] nenhum dos exercícios discutidos é normalmente classificado como método de treinamento excêntrico, provavelmente em razão da ausência de foco na fase de frenagem e ao propósito de cada movimento. No entanto, todos os exercícios mencionados – assim como os métodos de treinamento excêntrico destacados nos Capítulos 5 e 6 – situam-se ao longo de um espectro, conforme apresentado na Figura 7.1. Em consonância com o desenvolvimento das características de produção de força propulsiva, os profissionais da área de força e condicionamento devem compreender as demandas da modalidade ou evento esportivo e determinar as necessidades de cada atleta por meio de testes (Cap. 9), a fim de prescrever estímulos de frenagem de forma eficaz.

Métodos de treinamento combinados

Embora já tenha sido discutida a escolha de exercícios específicos para desenvolver a força máxima e a capacidade de produzir força rapidamente, os profissionais da área de força e condicionamento também precisam considerar a combinação de diferentes métodos de treinamento. Essa prática não é nova – várias revisões já mostraram essa ideia aplicada ao desenvolvimento da potência.[78,117,158,253] Turner et al.[252] destacaram que o foco do desenvolvimento da potência deve ser justamente o aperfeiçoamento das bases da produção de força, como a magnitude, a velocidade e o impulso. Um exemplo clássico dessa combinação é o uso do treinamento de força pesado com exercícios pliométricos. Quando usados em conjunto, eles ajudam a melhorar a produção de força máxima e rápida; quando aplicados isoladamente, cada um deles tende a ter limitações em relação a essas duas qualidades. Estudos mostraram que a combinação de métodos pode levar a ganhos maiores nas características de força e em diferentes indicadores de desempenho.[2,35,86,108,127,244-246]

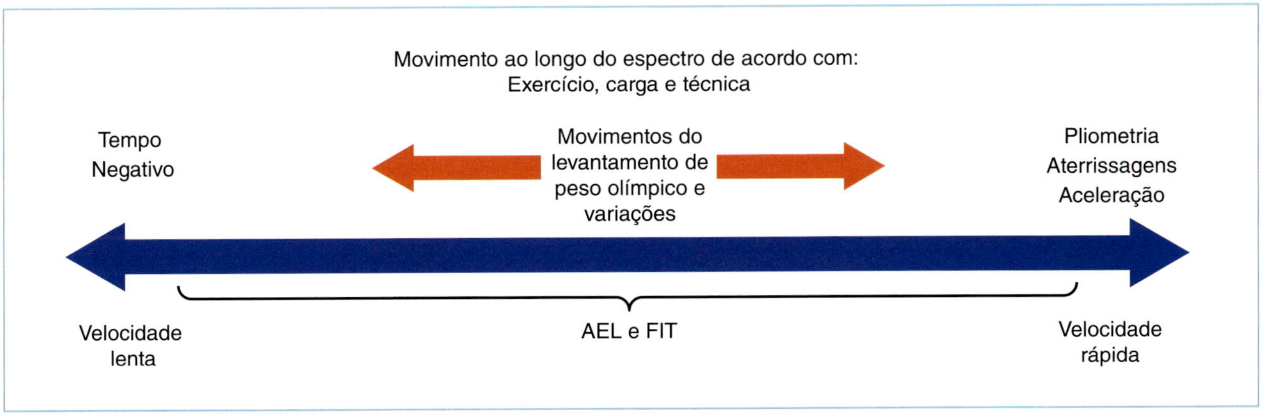

FIGURA 7.1 Espectro do treinamento excêntrico.

Pesquisas mais recentes expandiram essa visão e defenderam que todos os métodos de treinamento fazem parte de uma grande curva de força-velocidade (Fig. 7.2), e que devem considerar as qualidades de produção de força concêntrica, isométrica e excêntrica.[211] Como já foi mencionado, os exercícios e métodos se organizam ao longo de um espectro de acordo com a magnitude e a velocidade da produção de força. Por exemplo, as variações do levantamento de peso olímpico, embora favoreçam maiores velocidades em relação aos exercícios resistidos tradicionais, não alcançam a mesma magnitude de força. Os saltos com carga e os exercícios pliométricos conseguem produzir velocidades ainda mais altas, mas é a corrida de velocidade que atinge picos muito maiores de velocidade e de taxa de força, graças às exigências próprias da tarefa. No caso da produção de força excêntrica, quanto maior a velocidade, maior a força produzida;[63] e, como grande parte das ações esportivas envolve o ciclo alongamento-encurtamento, dar mais atenção ao fortalecimento excêntrico pode trazer um impacto positivo também à produção de força concêntrica. Assim, embora exista uma ampla variedade de métodos de treinamento (ver Cap. 5), a combinação entre eles permite aos profissionais da área de força e condicionamento desenvolver de maneira mais completa as características de produção de força de seus atletas, o que pode resultar em ganhos de desempenho ainda mais expressivos.

> **PONTO-CHAVE**
> Embora exista uma ampla variedade de métodos de treinamento, a combinação entre eles permite aos profissionais da área de força e condicionamento desenvolver de maneira mais completa as características de produção de força de seus atletas, o que pode resultar em ganhos de desempenho ainda mais expressivos.

Frequência

A *frequência de treinamento*, também chamada de *densidade de treinamento*, diz respeito a quantas vezes um atleta realiza sessões de prática – por exemplo, quantos treinos semanais ou até diários. Esse número pode variar bastante dependendo dos objetivos do programa, da experiência do atleta e do momento da temporada. O volume e a intensidade do treinamento, que serão discutidos em seguida, também sofrem influência direta da frequência. Estudos reunidos em metanálises mostraram que, quando o volume total é equivalente, não há diferença nos ganhos de força máxima entre treinar mais ou menos vezes por semana;[43,71,171] contudo, um grupo de pesquisa encontrou maiores ganhos de força muscular quando a frequência foi mais elevada – o que resultou também em um maior volume de treinamento acumulado.[71] Do ponto de vista da programação, a frequência pode ser ajustada em protocolos planejados de sobrecarga funcional ou redução gradual.[6] Essa manipulação pode ajudar a produzir adaptações específicas ou servir como ferramenta para controlar a fadiga do atleta. Por outro lado, aumentar muito a quantidade de sessões exige que a intensidade média de cada treinamento seja reduzida, para evitar sobrecarga não funcional e treinamento excessivo. Uma alternativa é dividir uma mesma sessão em dois ou mais treinos ao longo do dia, o que permite manter uma intensidade mais alta em cada parte.

> **PONTO-CHAVE**
> Ajustar a quantidade de sessões de treinamento em períodos planejados de sobrecarga funcional ou redução gradual pode ajudar a provocar adaptações específicas ou servir como estratégia para que os profissionais da área de força e condicionamento controlem melhor a fadiga dos atletas.

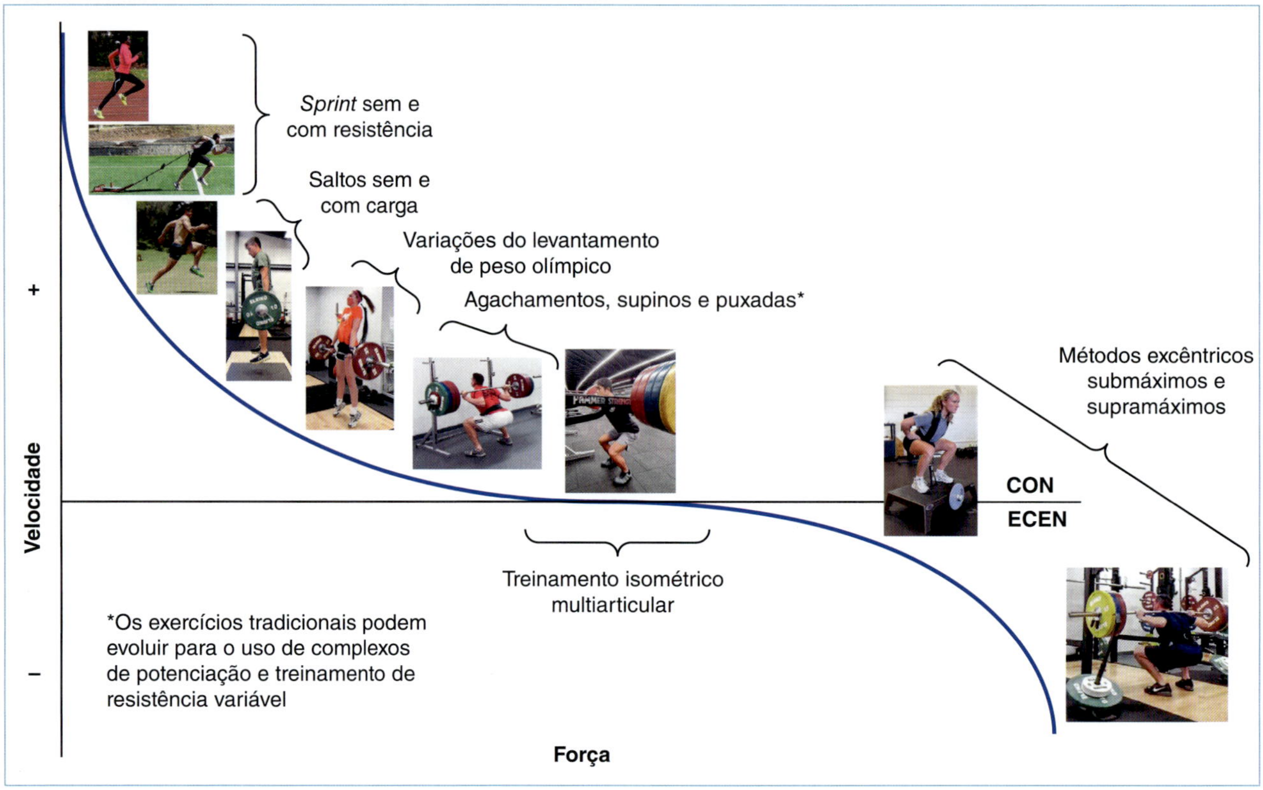

FIGURA 7.2 Estratégias de treinamento em todo o espectro de força-velocidade.
Fotos 1 a 3 © Human Kinetics.

Recomendações prévias indicavam que iniciantes devem treinar 2 ou 3 vezes por semana com exercícios de resistência antes de progredir para uma frequência maior de sessões de treinamento.[4,190] É essencial que o profissional evite prescrever estímulos que possam levar a adaptações negativas, já que atletas iniciantes conseguem alcançar grandes benefícios mesmo com menos sessões de treinamento. Os profissionais da área de força e condicionamento também devem observar que é possível gerar um novo tipo de estímulo de sobrecarga simplesmente acrescentando mais sessões de treinamento. Por exemplo, na semana introdutória de uma fase de treinamento, o atleta pode treinar três vezes por semana; na semana seguinte, o programa pode ser ajustado de modo a incluir uma quarta sessão, aumentando o desafio e o estímulo adaptativo. Pesquisas mostram ainda que treinar força semanalmente, em comparação com sessões a cada duas semanas, permitiu que jogadores de futebol profissional mantivessem ganhos de força, velocidade e salto conquistados no período preparatório durante a temporada competitiva; por outro lado, aqueles que treinaram em semanas alternadas tiveram queda no desempenho de força e *sprint*.[178] Assim, ao decidir quantas sessões por semana prescrever, é importante levar em conta tanto os objetivos de cada fase de treinamento quanto a idade de treinamento dos atletas.

Em razão da frequência de jogos ou competições, os profissionais da área de força e condicionamento têm sido desafiados a continuar implementando sessões de treinamento de força ao longo de uma temporada competitiva. Esse desafio torna-se ainda maior quando os atletas não conseguem se recuperar totalmente da dor muscular resultante da competição, mesmo depois de dois dias de descanso entre as partidas.[126] Dada a importância de desenvolver e manter as características de força muscular durante a temporada competitiva,[228] uma crescente parte de literatura tem se concentrado no conceito de *microdosagem*, antes definido como a divisão do volume de treinamento dentro de um microciclo em várias sessões curtas e repetidas.[43] Kilen et al.,[110] que denominaram essa frequência de treinamento "microtreinamento", mostraram que sessões mais curtas e frequentes podem gerar adaptações semelhantes na força isométrica voluntária máxima dos músculos extensores de joelho e flexores de dedos, em comparação a sessões mais longas e menos frequentes. Outros pesquisadores encontraram que a microdosagem do treinamento de força é uma estratégia eficaz e eficiente para melhorar o desempenho de velocidade em jogadores de hóquei sobre grama,[41] demonstrando sua versatilidade. Cuthbert et al.[44] apresentaram uma revisão abrangente que discutiu várias formas de implementar a microdosagem por meio de estratégias como aprimoramento de desempenho pós-ativação, treinamento resistido preparatório (*resistance priming*), efeito de série repetida, sequenciamento do treinamento e treinamento concorrente. Recomenda-se que os profissionais da área de força e condicionamento utilizem os conceitos de organização do treinamento discutidos no Capítulo 4 para determinar a necessidade de microdosagem em comparação às sessões tradicionais, sua viabilidade dentro da rotina de treinamento e competições dos atletas, e as estratégias a serem utilizadas para sua aplicação. Além disso, é fundamental considerar a idade de treinamento dos atletas para avaliar se estratégias específicas de microdosagem beneficiariam suas características de força em relação ao desempenho esportivo.

Ordem dos exercícios

A ordem dos exercícios prescritos durante uma sessão de treinamento pode ter impacto significativo nas adaptações de força obtidas pelos atletas. Pesquisadores demonstraram que maiores adaptações de força máxima podem ser produzidas nos exercícios realizados no início da sessão em comparação àqueles executados mais tarde.[57,196,199] Pesquisas adicionais indicaram que exercícios realizados no início da sessão podem afetar negativamente o desempenho dos exercícios subsequentes (p. ex., redução da produção de força, diminuição na quantidade de repetições realizadas).[145,148,189,194,195] No entanto, deve-se destacar que a percepção subjetiva de esforço não parece ser influenciada pela ordem dos exercícios.[177,194,195] Embora tenha sido previamente proposto que a pré-exaustão (i.e., fadiga) de músculos menores por meio de exercícios isolados pudesse permitir aos atletas focar melhor nos músculos maiores, capazes de gerar maior força,[104] pesquisadores que testaram essa hipótese verificaram que a pré-exaustão não oferece benefícios adicionais de força.[64,197] De forma geral, as evidências existentes sustentam a noção de que exercícios multiarticulares envolvendo grandes grupos musculares devem ser realizados antes de exercícios monoarticulares envolvendo músculos menores.[193] Além dos movimentos multiarticulares de grandes grupos musculares, os profissionais da área de força e condicionamento devem priorizar os exercícios que impõem maior demanda neuromuscular ao atleta e requerem elevadas magnitudes e taxas de produção de força (p. ex., movimentos do levantamento de peso olímpico e suas variações, exercícios balísticos). Essa abordagem pode possibilitar que os atletas realizem esses movimentos em estado de menor fadiga, favorecendo a obtenção de adaptações positivas na força muscular.

PONTO-CHAVE

Exercícios realizados no início de uma sessão de treinamento podem afetar negativamente o desempenho dos exercícios executados mais tarde.

Enquanto o parágrafo anterior tratou da execução de cada exercício em uma ordem específica, diversas revisões e metanálises têm se concentrado no sequenciamento de exercícios quando eles são combinados em pares,[38,39,129] frequentemente denominado *treinamento complexo* ou *treinamento de contraste*. O treinamento complexo pode ser definido como a execução de todas as séries de um exercício mais pesado antes da realização de todas as séries de um exercício mais leve, ao passo que o treinamento de contraste se refere à alternância, série a série, entre exercícios pesados e leves.[129] De acordo com os achados de uma metanálise de 2021, adaptações positivas na força máxima podem ser obtidas tanto com o treinamento complexo quanto com o treinamento de contraste; entretanto, as adaptações de pico de força e de velocidade favoreceram o treinamento de contraste.[129] Deve-se observar que essas adaptações podem estar fundamentadas no conceito de aprimoramento de desempenho pós-ativação, discutido nos Capítulos 5 e 6. Independentemente do sequenciamento dos exercícios, os profissionais da área de força e condicionamento devem estar cientes de que essas adaptações podem ser individualizadas de acordo com as características do atleta, bem como do protocolo utilizado.[220]

Volume

O volume de uma sessão de treinamento de força pode ser classificado como a quantidade de séries e repetições realizadas. Em termos gerais, uma série corresponde a um agrupamento de repetições executadas com o objetivo de desenvolver uma qualidade física específica (p. ex., hipertrofia, força, potência), enquanto uma repetição corresponde à execução de um exercício em toda a sua amplitude de movimento uma única vez. Deve-se destacar que as séries podem ser estruturadas de diferentes formas a fim de proporcionar estímulos de treinamento específicos; informações adicionais sobre diferentes estruturas de séries serão discutidas a seguir. Especificamente em relação ao treinamento de força, uma ampla quantidade de estudos apoia a noção de que múltiplas séries de um exercício podem produzir maiores ganhos de força em comparação a séries únicas.[16,115,118-120,133,163,173,181,182,264] Entretanto, os profissionais da área de força e condicionamento devem considerar o *status* de treinamento do atleta, bem como a relação dose-resposta para o desenvolvimento de produção de força máxima e rápida.[164,170] No que se refere ao *status* de treinamento do atleta, doses menores de treinamento de força (p. ex., 2 a 3 séries por exercício) podem ser suficientes para iniciantes e atletas com menor idade de treinamento, ao passo que atletas bem treinados podem necessitar de doses maiores (p. ex., 4 a 6 séries por exercício).[227] No que diz respeito à prescrição de uma maior quantidade de séries, é fundamental que o profissional evite a mentalidade de que "mais é melhor", uma vez que elevações prolongadas no volume de treinamento podem promover sobrecarga não funcional, acúmulo de fadiga indesejada, possível treinamento excessivo[207,226] e aumento no risco de lesões.[62] Além disso, volumes maiores de treinamento também podem impactar negativamente a capacidade do atleta de melhorar suas características de produção rápida de força,[128,209] embora esses efeitos possam variar de acordo com o *status* de treinamento do indivíduo.

Os profissionais da área de força e condicionamento também devem observar que a adição de mais séries de treinamento pode impactar negativamente na capacidade do atleta de treinar em intensidade suficiente. Por exemplo, um volume total maior de treinamento pode resultar em maior fadiga,[266] o que pode, por fim, limitar o atleta na execução das séries de forma consistente em intensidades mais elevadas e, possivelmente, comprometer o estímulo de treinamento.[202,214] De forma geral, a literatura disponível apoia a noção de que um volume maior de séries pode fornecer um estímulo superior às adaptações de força muscular; entretanto, esses efeitos podem ser parcialmente determinados pelo *status* de treinamento do atleta, pelos exercícios e cargas prescritos e pelo objetivo de uma determinada fase de treinamento. Assim, recomenda-se que os profissionais utilizem métodos que os auxiliem a monitorar as capacidades de produção de força de seus atletas, de modo a complementar as decisões de prescrição (ver Caps. 9 e 10 para mais detalhes) e a lidar com a fadiga.[81]

PONTO-CHAVE

No que se refere ao *status* de treinamento do atleta, doses menores de treinamento de força (p. ex., 2 a 3 séries por exercício) podem ser suficientes para iniciantes e atletas com menor idade de treinamento, ao passo que atletas bem treinados podem necessitar de doses maiores (p. ex., 4 a 6 séries por exercício).

Estrutura das séries

Além do número de séries prescritas, é importante que os profissionais da área de força e condicionamento considerem a estrutura das séries propostas. Por exemplo, as séries de exercícios são mais comumente aplicadas com os atletas realizando todas as repetições prescritas em sucessão. Embora esse seja um método perfeitamente razoável de prescrição destinado a alcançar muitos objetivos específicos de treinamento, séries com maior número de repetições podem causar um decréscimo no desempenho, caracterizado por uma queda na velocidade do movimento[69,250] e, potencialmente, na proficiência técnica do atleta;[83] isso pode afetar negativamente o estímulo geral do treinamento. Embora se possa argumentar que a duração das séries (i.e., a quantidade de repetições) voltadas ao desenvolvimento das características de força de um atleta seja uma preocupação menor, dado que normalmente consistem em seis ou menos repetições,[190] pesquisadores demonstraram que tanto a capacidade de força máxima quanto a de produção rápida de força podem ser reduzidas entre 5 e 9 contrações musculares máximas.[257] Isso levou ao crescimento da literatura que tem investigado a ideia de manipular a estrutura das séries de modo a dividir uma série tradicional em múltiplas séries menores, frequentemente denominadas *séries agrupadas* (*cluster sets*).

De forma semelhante a definições prévias,[79,176,191] as séries agrupadas podem ser definidas como repetições individuais ou grupos de repetições realizados com intervalos de descanso inter-repetição (i.e., entre repetições individuais) ou intrassérie (i.e., entre blocos), respectivamente, dentro de uma série maior de uma quantidade predeterminada de repetições. Outro termo que os profissionais da área de força e condicionamento podem encontrar ao examinar a literatura sobre séries agrupadas é *redistribuição do intervalo*. Isso consiste em retirar tempo dos intervalos de descanso entre séries e redistribuí-lo entre os intervalos inter-repetição ou intrassérie. Embora os intervalos de descanso sejam discutidos em detalhes posteriormente neste capítulo, é importante destacar que os termos séries agrupadas e redistribuição do intervalo não devem ser utilizados como sinônimos, visto que a quantidade total de descanso fornecida não é equivalente.[105]

Como mencionado, um dos principais benefícios das séries agrupadas é a capacidade de manter a velocidade de movimento e a produção de força em maior grau quando comparadas às séries tradicionais.[77] Sob uma perspectiva fisiológica, atletas que utilizam séries agrupadas podem atenuar a redução dos estoques de fosfocreatina – que mostraram uma redução de aproximadamente 27% após séries de 5 repetições no exercício de *leg press* –,[68] fornecendo, assim, fontes de energia mais prontamente disponíveis. Os benefícios disso incluem a capacidade de melhorar a qualidade geral do trabalho e aumentar o potencial para utilização de cargas mais elevadas.[79] Como a quantidade de repetições pode ser modificada dentro de cada agrupamentos, Tufano et al.[250] indicaram que agrupamentos com menor número de repetições podem minimizar a perda de velocidade em maior grau do que aqueles que incluem mais repetições. Além disso, o uso de agrupamentos menores pode permitir a produção de forças médias mais elevadas durante uma série.[249] Na prática, séries agrupadas menores podem permitir que os profissionais prescrevam cargas mais altas, proporcionando assim um estímulo de força de pico mais elevado aos seus atletas.

Embora os efeitos agudos das séries agrupadas favoreçam o desenvolvimento das características de força,[122] outras metanálises que investigaram os efeitos crônicos das séries agrupadas não encontraram diferenças em relação às séries tradicionais, em razão dos resultados mistos observados na literatura.[48,107] Por exemplo, pesquisadores demonstraram melhora da força máxima em diversos exercícios (p. ex., supino, agachamento e levantamento-terra) ao utilizar séries agrupadas com maiores volumes de treinamento,[160,255] enquanto outros pesquisadores não observaram benefícios adicionais ao incorporar séries agrupadas para a força de flexão de cotovelo isométrica ou dinâmica,[179] para a 1 RM do supino ou do *leg press*,[20] ou para a 6 RM do supino.[123] Contudo, deve-se observar que muitos dos estudos longitudinais existentes igualaram o volume-carga entre as condições, o que pode ter reduzido a capacidade dos participantes de explorar totalmente os benefícios das séries agrupadas (i.e., o uso de cargas mais elevadas). Assim, parece que a implementação de séries agrupadas com volumes de treinamento maiores pode permitir que os atletas utilizem cargas mais elevadas do que no treinamento tradicional, o que pode, por sua vez, resultar em maior capacidade de melhorar a força máxima e a força de pico. Além disso, a manutenção da velocidade e a maior qualidade do trabalho também podem favorecer adaptações mais expressivas na produção rápida de força.

Ao implementar séries agrupadas, os profissionais da área de força e condicionamento devem estar cientes de que existem diversos tipos, incluindo estruturas padrão, ondulatória, em ondas, ascendente e descendente.[76,77,154,155] Cada uma dessas estruturas pode utilizar intervalos de descanso intrassérie ou inter-repetição, mas apresenta características únicas de carga (Fig. 7.3). Do ponto de vista prático, recomendou-se previamente que não fossem prescritos mais do que dois exercícios por sessão de treinamento utilizando séries agrupadas, com os exercícios restantes sendo executados em formato tradicional.[76,77] Essa abordagem pode permitir que os profissionais limitem o impacto sobre o tempo total necessário para concluir uma sessão, ao mesmo tempo que incluem as séries agrupadas. Além disso, deve-se considerar tanto a estrutura das séries agrupadas (p. ex., padrão, ondulatória, em ondas) quanto a carga utilizada durante essas séries, de acordo com os resultados de treinamento desejados. Em relação especificamente à carga, recomenda-se que os profissionais definam a carga média (p. ex., % de 1 RM) que desejam que o atleta utilize ao empregar esquemas de carga ondulatória, em ondas, ascendente ou descendente.[76] Por fim, é importante prescrever uma duração adequada para os intervalos de descanso, sejam eles inter-repetição ou intrassérie. Informações adicionais sobre os intervalos de descanso em séries agrupadas são apresentadas adiante neste capítulo. Leitores interessados em uma análise mais aprofundada sobre o uso de séries agrupadas podem consultar diversas revisões já publicadas.[77,154,155,248]

PONTO-CHAVE

Não se deve prescrever mais do que dois exercícios por sessão de treinamento utilizando séries agrupadas, com os exercícios restantes sendo executados em formato tradicional a fim de limitar o impacto no tempo total da sessão de treinamento.

Cargas e intervalos de repetição

Um ditado comum entre os profissionais da área de força e condicionamento é: "se você quer ficar mais forte, precisa pegar pesado", e há um considerável respaldo científico para essa afirmação. Estudos mostraram que o treinamento de força com cargas elevadas pode be-

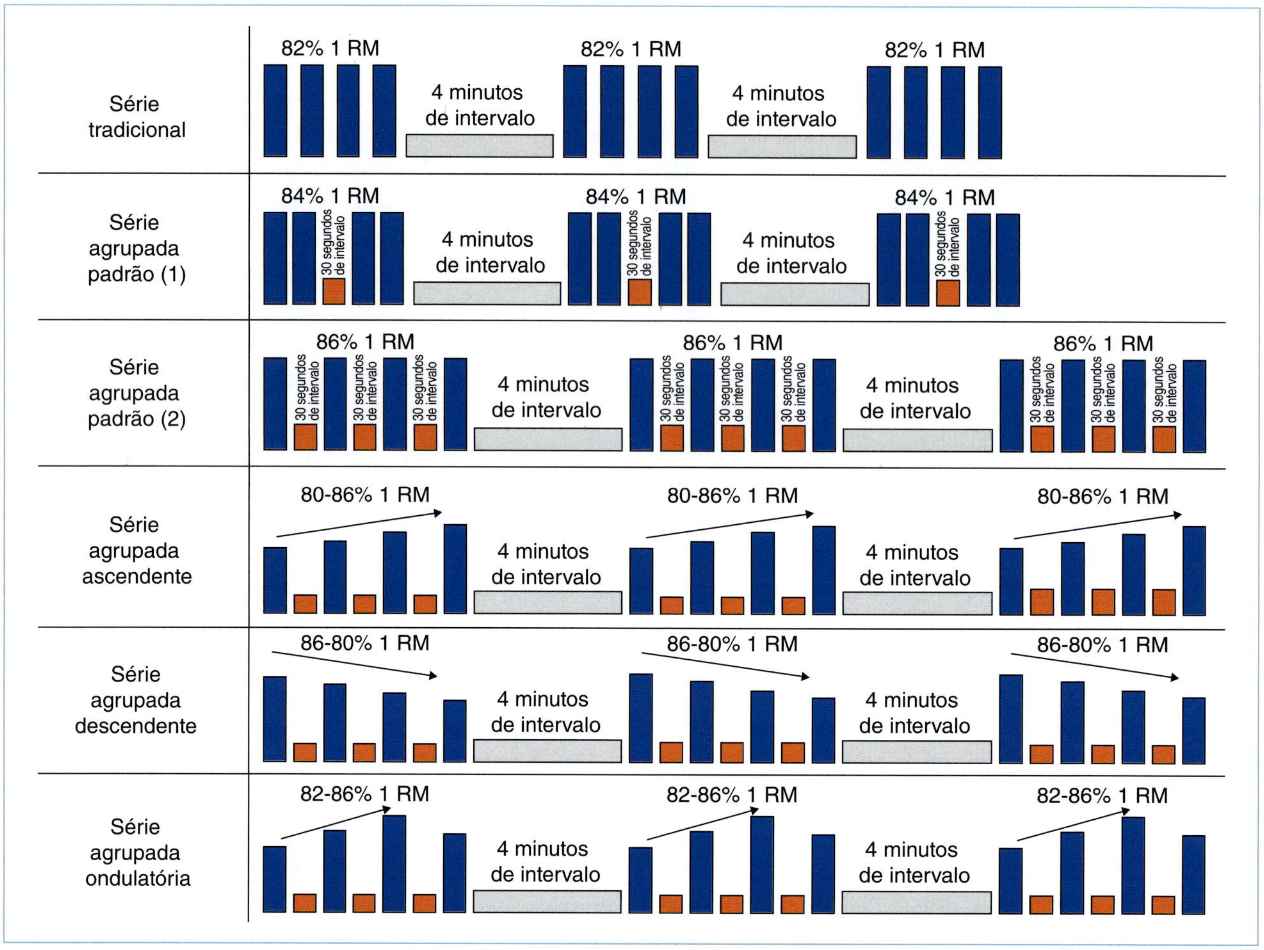

FIGURA 7.3 Configurações de séries agrupadas usadas em programas de treinamento de força muscular e condicionamento. Adaptada de Nagatani et al. (2022).

neficiar o desenvolvimento da força máxima em maior grau do que cargas leves,[125,183,184] além de melhorar a magnitude[31] e a taxa de produção de força,[1,31] bem como as características de impulso.[1] Além disso, verificou-se que cargas mais elevadas produzem maiores magnitudes de ativação muscular em comparação com cargas mais leves.[67,87] A literatura prévia indicou que as características de força máxima podem ser mais bem treinadas utilizando-se seis ou menos repetições,[76,190] e com cargas que coincidam com essas repetições máximas (i.e., ≥ 85% de 1 RM).[190] Existem diversas maneiras pelas quais os profissionais podem prescrever carga, incluindo o uso de percentuais de 1 RM ou de múltiplas RM, da percepção subjetiva de esforço, do número de repetições em reserva, da melhor combinação série-repetição (i.e., intensidades relativas baseadas no melhor desempenho para um determinado esquema de séries e repetições), entre outros métodos.[226] Conceitos gerais de prescrição de carga para o desenvolvimento de força máxima e de produção rápida de força são discutidos a seguir; os leitores são direcionados ao Capítulo 10 para uma discussão aprofundada sobre diferentes métodos de prescrição de carga.

Treinamento até a falha

Conforme mencionado, o levantamento consistente de cargas elevadas proporciona melhorias na força muscular; entretanto, uma crença comum é a de que é necessário treinar até a falha para proporcionar um estímulo de sobrecarga suficiente e alcançar melhorias ótimas na força muscular.[18] O termo *treinamento até a falha* refere-se ao instante em que o atleta não consegue mais mover a barra durante o exercício – seja porque ela para completamente, porque o ponto de estagnação (*sticking point*) dura mais de 1 segundo ou porque o atleta já não consegue completar o movimento em toda a sua amplitude.[94] Embora a noção de treinamento até a falha sugira que o uso de cargas de RM possa promover maiores adaptações de força em comparação com cargas submáximas, pesquisadores demonstraram que isso pode não ser verdade.[47,164] Em realidade, os autores desses estudos sugeriram que o treinamento até a falha pode ser contraproducente e deve ser utilizado com parcimônia, a fim de mitigar o risco de lesões e treinamento excessivo. Curiosamente, apesar do uso de cargas relativamente mais elevadas no treinamento até a falha, essa estratégia não difere na ativação de unidades motoras de alto limiar quando comparada ao treinamento não conduzido até a falha.[239] Deve-se observar também que a capacidade dos atletas de treinar até a falha por longos períodos pode ser limitada, especialmente quando o treinamento de força é parte de um programa mais amplo e integrado voltado ao aprimoramento do desempenho esportivo.[47] Essa noção é reforçada por estudos que demonstraram que séries consecutivas de treinamento até a falha podem reduzir significativamente o volume total de repetições realizadas em uma determinada carga;[258-260] isso pode, por fim, exigir uma redução na carga com o intuito de manter o volume de treinamento desejado em uma fase específica, possivelmente diminuindo a eficácia do estímulo de treinamento.[120,130,152] Segundo os pesquisadores, treinar durante 10 semanas com intensidades relativas baseadas na melhor combinação série-repetição produziu um maior aprimoramento no agachamento, no salto com contramovimento e na taxa de desenvolvimento de força medida na puxada isométrica, a partir do meio da coxa nos intervalos de 0 a 50 ms e de 0 a 100 ms, em comparação com o treinamento até a falha usando máximos relativos.[24] Os autores relataram ainda que o grupo que treinou até a falha apresentou níveis muito mais altos de esforço e estresse de treinamento quando comparado ao grupo que trabalhou com intensidades relativas. Em outro estudo, o mesmo grupo de pesquisa demonstrou que o treinamento com intensidades relativas resultou em melhorias mais favoráveis na área de seção transversa das fibras do tipo I e II, bem como nas cadeias pesadas de miosina dos tipos I, IIa e IIx, em comparação ao treinamento até a falha.[23] Em síntese, embora possa ser necessário prescrever cargas muito elevadas (p. ex., 90 a 95% de 1 RM) para promover o desenvolvimento de força de pico em determinadas fases de treinamento, não parece que o treinamento até a falha seja necessário para potencializar ainda mais essas adaptações.

PONTO-CHAVE

O treinamento até a falha pode ser contraproducente e deve ser utilizado com parcimônia a fim de mitigar o risco de lesões e de treinamento excessivo.

Combinação de cargas altas e baixas

Conforme mencionado, a prescrição consistente de cargas elevadas pode levar a melhorias nas características de produção de força máxima dos atletas. Além das características de força de pico, pesquisadores demonstraram que cargas mais altas também podem beneficiar, em maior grau, as características de produção rápida de força em comparação a cargas moderadas.[31] Contudo, é importante observar que essas adaptações podem depender do *status* de treinamento do atleta, da seleção dos exercícios e da intenção durante cada execução. Ademais, os profissionais da área de força e condicionamento devem estar cientes do impacto físico que cargas elevadas podem exercer sobre os atletas; por exemplo, prescrever apenas cargas altas pode eventualmente levar a sobrecarga não funcional e, potencialmente, a treinamento excessivo,[226] além de prejudicar o ganho de força caso não haja variação nas cargas prescritas.[242] Apesar dos potenciais benefícios do treinamento de força com cargas elevadas, pesquisadores observaram que, mesmo com melhorias na taxa tardia de desenvolvimento de força (> 200 ms), houve redução na taxa inicial de desenvolvimento de força (< 200 ms) após o treinamento com cargas altas.[5] No entanto, pesquisas posteriores demonstraram que *jump squats* realizados com cargas variando de 0 a 60% de 1 RM de agachamento resultaram em maior impulso e em características superiores de produção rápida de força em comparação ao agachamento realizado com as mesmas cargas.[241] Esses achados apoiam a utilização de cargas leves em combinação com cargas altas a fim de beneficiar tanto as características de força máxima quanto as de produção rápida de força, conceito previamente discutido no contexto do desenvolvimento de potência.[78,117,158,252,253]

É possível combinar cargas altas e baixas de diferentes maneiras – por exemplo, utilizando a periodização do treinamento ou ajustando as estratégias de programação dentro de uma mesma fase, semana ou sessão de treinamento.[211] No que se refere à periodização de diferentes fases, os profissionais da área de força e condicionamento podem planejar e organizar o treinamento de modo a focar no desenvolvimento das características de produção de força máxima e rápida em períodos específicos ao longo do ano de treinamento. Do ponto de vista da prescrição de cargas, inicialmente se pode utilizar cargas moderadas (p. ex., 60 a 70% de 1 RM) para desenvolver características de força-resistência, antes de progredir para cargas mais elevadas (p. ex., 75 a 90% de 1 RM) em uma fase subsequente de força máxima, proporcionando um estímulo para a produção de força de pico. Depois dessas fases, os profissionais podem então prescrever uma ampla faixa de cargas (0 a 95% de 1 RM, dependendo do exercício e do *status* de treinamento do atleta) a fim de expandir ainda mais o espectro de cargas e oferecer estímulos eficazes para as características de produção de força máxima e rápida. Além da seleção de exercícios, organizar o treinamento dessa maneira pode não apenas fornecer aos atletas um amplo espectro de cargas, mas também permitir que os mecanismos fundamentais da força (ver Cap. 2) sejam desenvolvidos de forma sequencial, o que pode potencializar ou favorecer objetivos de treinamento subsequentes.[144,205,227,267] No entanto, é importante que os profissionais invistam no desenvolvimento das características de produção de força máxima e rápida em longo prazo, a fim de maximizar essas adaptações. A pesquisa descrita fornece um panorama do desenvolvimento das características de força por meio da periodização, conceito este discutido com mais detalhes no Capítulo 4.

Além de fornecer uma variedade de estímulos de carga ao longo das diversas fases de treinamento, os profissionais da área de força e condicionamento também podem proporcionar aos atletas estímulos de produção de força máxima e rápida dentro de uma única fase. Embora as fases de treinamento variem em duração de acordo com o objetivo, muitas têm aproximadamente 3 a 6 semanas e utilizam sobrecarga progressiva ao longo de várias semanas antes de incluir uma semana de recuperação. Esse método de progressão permite o uso de cargas altas e baixas e pode proporcionar aos atletas estímulos de produção de força máxima e rápida. Por exemplo, os profissionais podem prescrever cargas progressivamente mais altas nas três primeiras semanas de uma fase de força de quatro semanas, com foco no desenvolvimento da produção de força de pico. Além da produção de força de pico, pode-se utilizar uma semana de recuperação na quarta semana, com ênfase no uso de cargas mais leves;[132] essas cargas podem promover adaptações na produção rápida de força, bem como recuperação e adaptação ao estímulo de treinamento com cargas elevadas. É importante observar que diferentes fases de treinamento também podem empregar a combinação de cargas altas e baixas. Por exemplo, a fase de treinamento discutida neste parágrafo focou características gerais de força; pesquisadores demonstraram que pode ser uma abordagem eficaz durante a pré-temporada,[97] mas uma estratégia semelhante também pode ser aplicada no período fora de temporada (*off-season*) a fim de estabelecer uma base voltada a maximizar as adaptações tanto de força de pico quanto de produção rápida de força. A Figura 7.4 mostra um exemplo de variação semanal na carga com ênfase em alta e baixa intensidade.

Cargas altas e baixas também podem ser prescritas em uma única semana de treinamento, em que um dia pesado é programado no início da semana, imediatamente seguido por um dia leve.[54,244] Com esse método, os dias pesado e leve do treinamento oferecem ênfase maior na produção de força de pico ou na produção rápida de força, respectivamente. Além disso, expõem os atletas a maior variedade de estímulos de carga em comparação ao uso exclusivo de cargas altas,[203] ao mesmo tempo que favorecem o manejo da fadiga ao longo da semana.[53,54] Pesquisadores demonstraram que a ênfase combinada em cargas altas e baixas ao longo de nove semanas produziu maiores adaptações de força em comparação a programas compostos exclusivamente por cargas altas ou baixas.[86] De modo semelhante, Carroll et al.[24] mostraram que melhorias favoráveis nas características de produção de força máxima e rápida podem ser obtidas usando variações na carga em comparação com o treinamento por RM. Com esse método, os profissionais da área de força e condicionamento podem proporcionar aos atletas a ênfase em cargas altas e baixas utilizando tanto o mesmo exercício realizado duas vezes (o primeiro dia com cargas mais elevadas e o segundo com cargas mais leves), quanto exercícios biomecanicamente semelhantes com cargas menores no dia leve, ou ainda exercícios de força-velocidade e velocidade-força nos dias pesado e leve, respectivamente.[211] A Tabela 7.1 apresenta um exemplo de programação de dias pesado e leve dentro de uma única semana de treinamento. Deve-se destacar que a magnitude da variação da carga semanal pode mudar conforme a ênfase do treinamento e as demais habilidades que precisam ser desenvolvidas.[54] Por exemplo, em uma fase voltada à força-resistência, em que a ênfase do treinamento está na capacidade de trabalho, pode haver uma redução menor da carga; já em uma fase de força-velocidade, uma redução maior pode ser aplicada a fim de otimizar a produção rápida de força.

As decisões de programação tomadas durante um único dia de treinamento também podem afetar os estímulos de produção de força máxima e rápida para um atleta. A seleção de exercícios é discutida a seguir, mas é importante observar que um estímulo de carga alta e baixa pode ser fornecido pela prescrição de exercícios balísticos e de força, exercícios de força-velocidade e exercícios de velocidade-força, complexos de potenciação (ver Cap. 6) ou movimentos biomeca-

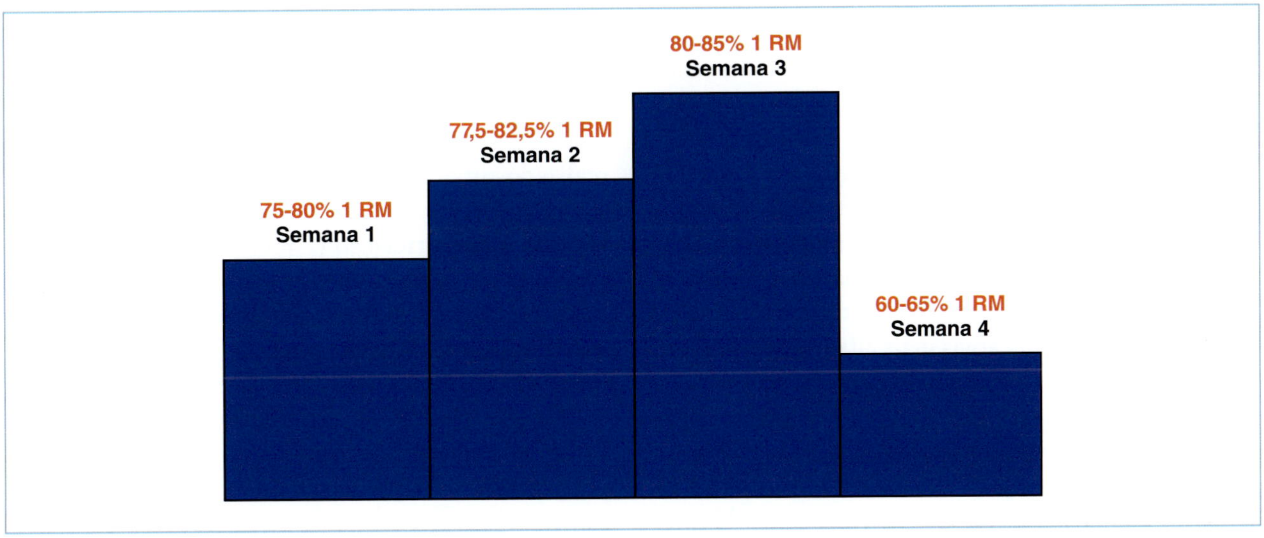

FIGURA 7.4 Exemplo de variação semanal na carga. 1 RM = uma repetição máxima.

nicamente semelhantes – um com cargas elevadas e outro com cargas mais leves.[211,244-246] Usando essa estratégia, pode-se treinar grupos musculares semelhantes; entretanto, a mecânica do movimento e a intenção dos exercícios podem diferir. Por exemplo, embora os saltos com carga e as variações de agachamento treinem a musculatura associada à tripla extensão das articulações de quadril, joelho e tornozelo (flexão plantar), os primeiros podem enfatizar mais a produção rápida de força em razão do uso de cargas mais leves e da intenção balística, ao passo que os segundos podem promover adaptações de força de pico em virtude da possibilidade de utilização de cargas elevadas.[36,241] Um exemplo da aplicação de exercícios de força-velocidade e velocidade-força dentro de uma mesma sessão pode ser a inclusão de variações de puxada (*pull*) do levantamento de peso olímpico, as quais expandem o espectro de cargas em comparação ao uso exclusivo de variações de recepção (*catch*).[210,216,217] Pesquisadores demonstraram que as características de produção de força de pico e rápida podem ser aprimoradas em maior grau por meio da combinação de cargas altas e baixas com variações da puxada do levantamento de peso olímpico, em comparação ao uso de cargas submáximas com variações da recepção.[221-223]

Uma estratégia final de programação para implementar cargas altas e baixas pode incluir o uso de séries de aquecimento e com redução de carga (*drop sets*) em complemento às séries principais dentro de um mesmo exercício. O uso de séries de aquecimento possibilita que o atleta se prepare fisicamente para as séries principais com cargas mais elevadas, além de permitir a ênfase na produção rápida de força com cargas mais leves. Embora essa estratégia possa parecer óbvia, é importante que os atletas sejam incentivados a executar cada série de aquecimento com máxima intenção, a fim de obter as maiores adaptações possíveis. Depois das séries de aquecimento, a

TABELA 7.1 Exemplo de aplicação combinada de cargas altas e baixas ao longo de uma única semana em uma fase geral de desenvolvimento de força (3×5)

Dia 1 (empurrar pesado)		Dia 2 (puxar pesado)		Dia 3 (misto de empurrar e puxar leve)	
Push press	70% de 1 RM	*Hang power clean*	70% de 1 RM	*Jump shrug*	30% de 1 RM do *hang power clean*
Agachamento com barra	80% de 1 RM	Levantamento-terra com perna rígida	80% de 1 RM	Agachamento com barra	60% de 1 RM
Supino reto	80% de 1 RM	Remada curvada	80% de 1 RM	Supino com halteres	60% de 1 RM do supino
Afundo com barra	50% de 1 RM do agachamento com barra	Barra fixa	Peso corporal	Remada unilateral com halteres	60% de 1 RM da remada curvada

Observação: 1 RM = 1 repetição máxima.

realização das séries principais expõe o atleta a cargas mais elevadas, com o objetivo de enfatizar uma maior produção de força, especialmente quando realizadas com cargas próximas às máximas, conforme mencionado. Por fim, as *séries com redução de carga*, nas quais uma porcentagem da carga de trabalho é removida ou "reduzida", podem proporcionar aos atletas outra oportunidade de aprimorar suas características de produção rápida de força. Em teoria, a execução de séries principais com cargas mais altas pode gerar um efeito de potenciação durante uma série subsequente realizada com carga mais leve ou uma alternativa balística. Por exemplo, séries mais pesadas de uma variação de agachamento[230-232] ou de supino reto[109,247] podem potencializar, respectivamente, saltos biomecanicamente semelhantes ou *bench press throws* (supino com arremesso). De forma geral, a combinação de séries de aquecimento, principais e com redução de carga, permite que os profissionais da área de força e condicionamento exponham seus atletas tanto a cargas altas quanto baixas, o que pode auxiliar no desenvolvimento das características de produção de força máxima e rápida. A Tabela 7.2 apresenta um exemplo de programação contendo séries de aquecimento, principais e com redução de carga.

Volume-carga

Pesquisadores demonstraram que uma maior quantidade de trabalho total realizado durante uma sessão de treinamento pode levar a um maior gasto energético e a distúrbios fisiológicos,[19,80,135,141,166] os quais podem, por fim, influenciar as potenciais adaptações ao treinamento. Do ponto de vista biomecânico, o trabalho pode ser calculado como o produto da força pelo deslocamento (i.e., força × deslocamento). Assim, estudos concluíram que medir a força e o deslocamento de cada repetição forneceria a medida mais válida do trabalho mecânico durante o treinamento.[74,134] Embora isso possa ser realizado em um ambiente laboratorial, poucas salas de musculação são equipadas com tecnologia de plataformas de força e transdutores lineares de posição para medir, respectivamente, as características de força e deslocamento de cada repetição de cada atleta. Em razão dessa limitação, muitos pesquisadores, além de profissionais da área de força e condicionamento, calcularam o volume-carga (i.e., séries × repetições × carga) como uma medida do volume de treinamento. Embora estudos tenham mostrado que o volume-carga pode fornecer uma estimativa razoável do trabalho durante o agachamento com barra,[134] ele não considera as diferenças na estatura dos atletas e no deslocamento do exercício. Como resultado, a medição do volume-carga e do deslocamento do exercício (i.e., deslocamento volume-carga) tem sido utilizada como medida estimada do trabalho realizado em diversos estudos de treinamento.[9-11,24,91,92] Deve-se destacar que, em um estudo anterior, foi observada forte correlação (r = 0,78-0,99) entre o volume-carga e o deslocamento volume-carga ao longo de um programa de 20 semanas; entretanto, verificaram-se diferenças significativas na variação percentual entre as medições nas diferentes fases do treinamento.[91] Como a amplitude de movimento de um atleta pode variar ao longo do tempo e as variações de exercício podem resultar em maior ou menor deslocamento (p. ex., agachamento completo *vs.* agachamento parcial), recomenda-se que os profissionais meçam o deslocamento de um exercício em diferentes fases ao longo do ano de treinamento. Embora essa prática seja mais demorada, a inclusão do deslocamento volume-carga pode fornecer uma estimativa mais válida do trabalho total realizado durante uma sessão de treinamento em comparação apenas ao volume-carga,[134] especialmente porque a medição das forças em cada repetição pode ser impraticável. Essa mensuração pode ser feita utilizando um transdutor linear de posição, análise por vídeo ou sistemas de infravermelho, ou ainda estimada com fita métrica no início de cada fase de treinamento. Os dados obtidos podem ser inseridos em uma planilha que contenha o volume de repetições e a carga prescrita, possibilitando o cálculo do deslocamento volume-carga.[91]

Na prática, a inclusão do deslocamento volume-carga torna-se especialmente importante em atletas com diferenças significativas de estatura e quando são utilizados movimentos parciais no treinamento. Por exemplo, se dois atletas realizam o agachamento com barra no treinamento, sendo um com altura de 1,70 m e outro com 2 m, os profissionais da área de força e condicionamento podem determinar quem está realizando a maior quantidade de trabalho total durante a sessão. Se os atletas utilizarem a mesma carga ao longo do treinamento e assumindo que ambos agachem até a mesma posição relativa, é evidente que o indivíduo mais alto realizará mais trabalho total. Contudo, se os atletas não utilizarem a mesma carga ou não agacharem até a mesma posição, o deslocamento volume-carga torna-se o fator de diferenciação. Outro exemplo seria a inclusão de agachamentos completos e agachamentos parciais (um quarto de agachamento). Os agachamentos completos requerem maior deslocamento do que os parciais; no entanto, os parciais

TABELA 7.2 Séries de aquecimento, principais e com redução de carga enfatizando a combinação de cargas baixa e alta

Série	Repetições	Carga	Velocidade média da barra (m/s)
Aquecimento 1	5	30% de 1 RM	1,11
Aquecimento 2	5	50% de 1 RM	0,91
Aquecimento 3	3	70% de 1 RM	0,69
Principal 1	3	85% de 1 RM	0,59
Principal 2	3	85% de 1 RM	0,56
Principal 3	3	85% de 1 RM	0,52
Com redução de carga	3	50% de 1 RM	0,91

Observação: 1 RM = 1 repetição máxima.

permitem que os atletas utilizem cargas significativamente maiores em comparação com os completos. Se um atleta realiza o agachamento completo por 3 séries de 3 repetições com uma carga de 200 kg, mas carrega 250 kg pela mesma quantidade de repetições no agachamento parcial, este último apresenta um volume-carga significativamente maior (1.800 *vs.* 2.250 kg). Entretanto, se os profissionais considerarem o deslocamento (p. ex., agachamento completo = 0,60 m; agachamento parcial = 0,25 m), o deslocamento volume-carga no agachamento completo é muito superior ao do agachamento parcial (1.080 kg·m *vs.* 562,5 kg·m). Embora a inclusão de agachamentos completos e parciais tenha demonstrado ser eficaz tanto para as características de força máxima quanto de produção rápida de força,[11] o exemplo anterior fornece uma justificativa para que o deslocamento volume-carga seja considerado como uma estimativa da carga de trabalho e, portanto, incluído no processo de planejamento do treinamento.

Intervalos de descanso

Outras variáveis a serem consideradas no treinamento para o aprimoramento das características de força de um atleta são os intervalos de descanso entre séries e intrassérie prescritos. Em resumo, o *intervalo de descanso entre séries* refere-se ao tempo entre diferentes séries, enquanto o *intervalo de descanso intrassérie* pode se referir ao tempo utilizado entre repetições individuais ou grupos de repetições dentro de uma mesma série. Por fim, os profissionais da área de força e condicionamento podem precisar considerar os intervalos de descanso prescritos dentro de complexos de potenciação. Essa subseção discute cada tipo de intervalo de descanso em relação ao desenvolvimento das características de força.

Intervalos de descanso entre séries

Apesar das recomendações de intervalos de descanso mais curtos entre séries para produzir hipertrofia muscular,[116,190] pesquisadores concluíram que intervalos mais longos podem produzir maiores adaptações de força.[72] Por exemplo, intervalos de 1,5 a 3 minutos resultaram em maiores adaptações de força muscular em comparação com intervalos de 0,5 a 1 minuto.[175,185] Estudos também indicaram que intervalos de descanso mais longos (i.e., 2,5 a 5 minutos) permitiram que os participantes realizassem um maior volume de trabalho durante as sessões de treinamento,[258,261] treinassem com cargas mais elevadas[259] e melhorassem a força máxima[50,167,175] em comparação com intervalos de descanso mais curtos (i.e., 0,5 a 2 minutos). Contudo, deve-se observar que, embora outros pesquisadores não tenham encontrado diferenças significativas na melhoria da força entre intervalos de 2 e 4 minutos,[261] o grupo que treinou com intervalos mais longos demonstrou maior magnitude de mudança (de acordo com os tamanhos de efeito) em comparação a seus pares. Portanto, recomenda-se que os profissionais da área de força e condicionamento prescrevam intervalos de descanso entre séries que variem de 2 a 5 minutos a fim de maximizar as adaptações de força, em consonância com recomendações prévias.[49,116,190] Contudo, as cargas de treinamento prescritas, a idade de treinamento do atleta,[261] o tipo de fibra muscular e fatores genéticos[29] também podem influenciar a prescrição dos intervalos de descanso. Em termos simples, intervalos mais longos podem promover maior qualidade de trabalho em razão da capacidade de reabastecer completamente os estoques de trifosfato de adenosina (ATP) e fosfocreatina.[68,69] Apesar de os profissionais da área de força e condicionamento muitas vezes disporem de pouco tempo de treinamento com seus atletas, usar intervalos de descanso adequados pode ajudar a alcançar melhores resultados. Mesmo em treinos com grupos grandes, o simples fato de os atletas revezarem o uso dos equipamentos já pode garantir um tempo de recuperação maior e, consequentemente, um trabalho mais eficiente.

Intervalos de descanso intrassérie

Conforme mencionado, os intervalos de descanso intrassérie podem ser usados em séries agrupadas, tanto entre cada repetição (descanso inter-repetição) quanto entre pequenos blocos de repetições de uma série maior. Em uma sequência de estudos sobre a duração desses intervalos durante o *power clean*, Hardee et al. verificaram que o descanso inter-repetição mais longo – 40 segundos, em comparação com 20 ou 0 segundo – permitiu uma melhor manutenção da força máxima, da velocidade e da produção de potência,[84] além de favorecer uma maior preservação da técnica[83] e uma menor percepção de esforço.[82] Em outro estudo, pesquisadores utilizaram um intervalo de descanso intrassérie de 130 segundos entre dois agrupamentos de 3 repetições ou entre um agrupamento de 3 repetições seguido de outro até a falha durante o exercício de supino reto, comparando essas estruturas com séries tradicionais de 6 repetições.[51] Embora não tenham sido observadas diferenças na força excêntrica, concêntrica ou na força média e impulso totais entre as séries tradicionais e as séries agrupadas básicas (i.e., 2 agrupamentos de 3 repetições), a estrutura de série agrupada que incluiu séries até a falha produziu valores significativamente maiores de força média e impulso em comparação às outras duas estruturas. Além de outros achados,[93] os resultados discutidos sustentam a noção de que intervalos de descanso intrassérie mais longos podem possibilitar que os atletas mantenham as características de produção de força, além de aumentarem a capacidade de realizar trabalho, beneficiando, assim, o estímulo de força recebido.[169] No que se refere à produção rápida de força, Zaras et al. [268] indicaram que 20 segundos de descanso inter-repetição durante 4 séries de 6 repetições, realizadas duas vezes por semana, por 7 semanas, resultaram em um maior incremento na taxa de desenvolvimento de força no *leg press* isométrico, em comparação às séries tradicionais; enquanto a melhora na força de pico foi semelhante. Em 2022, pesquisadores recomendaram o uso de intervalos de descanso intrassérie variando de 20 a 40 segundos quando o objetivo fosse o desenvolvimento das características de força máxima ou de produção rápida de força.[154] No entanto, os profissionais da área de força e condicionamento devem observar que a duração do intervalo de descanso pode variar de acordo com as cargas e a estrutura da série agrupada utilizada. Além disso, intervalos de descanso intrassérie mais longos (p. ex., 30 a 40 segundos) são recomendados para manter a qualidade das repetições e favorecer o desenvolvimento das características de produção rápida de força.

PONTO-CHAVE

Deve-se usar intervalos de descanso intrassérie variando de 20 a 40 segundos quando o objetivo for o desenvolvimento das características de força máxima ou de produção rápida de força, bem como para manter a qualidade das repetições.

Os profissionais da área de força e condicionamento precisam considerar o tempo total de treinamento exigido pela utilização de séries agrupadas. Em essência, essa estratégia demanda mais tempo dentro de uma sessão de treinamento, uma vez que inclui pausas adicionais entre repetições (descanso intrassérie) e mantém os intervalos de descanso entre séries, tanto em programas de maior[250] quanto de menor volume.[51] Ademais, quanto menores as séries agrupadas – ou seja, com menos repetições –, maior será o tempo necessário para concluir todas as séries prescritas, devido ao aumento proporcional do descanso intrassérie.

A utilização de séries agrupadas torna-se particularmente complexa quando o treinamento envolve grandes grupos de atletas; contudo, os profissionais podem adotar diferentes estratégias para empregar intervalos de descanso intrassérie de forma eficiente nesse cenário. Uma dessas estratégias consiste no uso de superséries antagônicas, que alternam exercícios para grupos musculares opostos, como o supino e a remada. Assim, o atleta realiza o exercício complementar durante o intervalo de descanso do primeiro movimento. Apesar de parecer uma solução lógica, deve-se considerar que a sequência dos exercícios pode afetar significativamente o desempenho subsequente.[38] Além disso, há escassez de estudos que investigaram a eficácia desse tipo de supersérie.

Outra forma de aplicar essa abordagem é por meio das séries agrupadas em pares, em que um atleta descansa no intervalo inter-repetição ou intrassérie, enquanto o outro realiza suas repetições.[75,154] É importante observar que os atletas devem utilizar cargas de treinamento semelhantes a fim de evitar atrasos causados pela necessidade de troca de carga entre os atletas. Além disso, quando intervalos de descanso mais curtos ou mais longos são utilizados, a quantidade de atletas que podem empregar essa estratégia simultaneamente tende a ser menor ou maior, respectivamente.

Por fim, os profissionais da área de força e condicionamento podem recorrer à chamada "redistribuição do intervalo" para manter o tempo total de treinamento próximo ao dos métodos tradicionais.[248] Em suma, essa estratégia consiste em pegar o tempo de descanso que seria usado entre as séries e distribuí-lo em pequenos intervalos dentro das próprias séries. Estudos indicam que esse método ajuda a manter a velocidade das repetições,[15,42,106,143] sustentar uma força média mais elevada,[26] conservar ganhos semelhantes em força explosiva[99] e, ainda, reduzir a percepção subjetiva de esforço,[42,142,251] em comparação às séries tradicionais; contudo, outras pesquisas não encontraram diferenças significativas entre os métodos.[27,139] Mesmo assim, uma metanálise publicada em 2020 concluiu que as séries agrupadas podem ser uma alternativa superior para minimizar a fadiga durante o treinamento.[105] Diante disso, os profissionais devem avaliar com cuidado quando, como e com quem aplicar os intervalos de descanso intrassérie.

Intervalos de descanso em complexos de potenciação

Além dos intervalos de descanso entre séries e intrassérie, os profissionais da área de força e condicionamento também devem considerar os intervalos de descanso implementados caso optem por prescrever complexos de potenciação no treinamento. Antes de aprofundar esse tema, é importante reconhecer que vários fatores podem influenciar se a potenciação será de fato alcançada;[188,220,243] entretanto, a organização de um complexo de potenciação, incluindo o intervalo de descanso utilizado, desempenha um papel crucial. Está bem estabelecido que tanto a fadiga quanto a potenciação coexistem após um estímulo de condicionamento dentro de um complexo de potenciação.[66,90,172,180]

Segundo um modelo agudo do paradigma aptidão-fadiga,[269] a interação entre fadiga e potenciação influencia diretamente o desempenho posterior do atleta. Estudos apontam que benefícios moderados de potenciação podem ser obtidos quando os intervalos de descanso estão entre 3 e 7 minutos e entre 7 e 10 minutos,[262] ou mesmo entre 8 e 12 minutos.[70] Contudo, na prática, pode ser inviável prescrever períodos muito longos entre o estímulo de condicionamento e o exercício subsequente dentro de uma sessão de treinamento. Por isso, os profissionais da área de força e condicionamento precisam analisar tanto a estrutura do complexo de potenciação quanto as características dos seus atletas a fim de otimizar o desempenho em menor tempo. Pesquisas mostram, por exemplo, que atletas com maior força relativa tendem a apresentar tanto uma maior magnitude[146,187,230,231] como uma aquisição mais rápida,[103,187,231] dos efeitos de potenciação. Esses achados provavelmente se devem ao chamado efeito de sessão repetida, no qual indivíduos mais fortes foram expostos a cargas mais elevadas e desenvolveram resistência à fadiga diante de tais estímulos.[206] Na prática, desenvolver as características de força de um atleta antes de implementar complexos de potenciação pode permitir que os profissionais prescrevam intervalos mais curtos dentro desses complexos (i.e., < 3 minutos) e ainda assim alcancem os benefícios do método de treinamento. O Capítulo 6 fornece uma discussão detalhada sobre os complexos de potenciação e seu uso como uma estratégia avançada de treinamento.

Idade de treinamento

Os profissionais da área de força e condicionamento devem observar que a ênfase do treinamento pode diferir entre atletas com diferentes idades de treinamento, a fim de permitir que cada tipo de atleta maximize suas adaptações ao treinamento. Na prática, a idade de treinamento de um atleta (i.e., sua experiência de treinamento) tende a influenciar as decisões sobre programação de qualquer um dos conceitos já abordados e, inclusive, sobre o(s) método(s) de treinamento utilizado(s). Nos parágrafos seguintes serão discutidas as diferenças de foco no treinamento entre atletas com menor e maior idade de treinamento e como cada perfil pode aprimorar suas adaptações tanto na produção máxima de força quanto na produção rápida de força.

Atletas com menor idade de treinamento e menos fortes

A literatura prévia sustenta a noção de que a força muscular máxima pode servir como a base sobre a qual outras capacidades (p. ex., produção rápida de força, potência, desempenho esportivo) são construídas.[37,144,228,234,267] Portanto, parece benéfico que atletas iniciantes, com menor idade de treinamento, concentrem-se em desenvolver uma maior capacidade de produzir força. É importante destacar que, embora qualquer um dos métodos de treinamento discutidos nos Capítulos 5 ou 6 possa permitir que esses indivíduos melhorem suas características de produção de força por meio das adaptações neuromusculares destacadas no Capítulo 2, praticamente qualquer estímulo de treinamento estruturado aplicado a atletas inexperientes pode levar a melhorias no desempenho.

Um problema que surge com a ampla variedade de métodos de treinamento é que muitos profissionais da área de força e condicionamento podem enfatizar métodos de treinamento em alta velocidade ou balísticos precocemente. Na realidade, pesquisadores demonstraram que indivíduos jovens podem se beneficiar mais ao focar o desenvolvimento de força por meio de métodos mais tradicionais antes que a ênfase seja colocada em treinamentos de caráter mais balístico.[13] Estudos adicionais reforçaram esse ponto ao demonstrarem mudanças distintas nas características de força-velocidade entre participantes mais fortes e mais fracos após 10 semanas de treinamento com variações do levantamento de peso olímpico, treinamento pliométrico e exercícios balísticos.[95,96] Nesses estudos, os participantes mais fracos apresentaram maiores melhorias na produção de força máxima; entretanto, os indivíduos mais fortes apresentaram maiores melhorias na ativação dos músculos extensores de quadril e joelho, bem como em métricas de velocidade. Esses estudos sustentam a ideia de que, embora métodos de treinamento mais balísticos possam ser prescritos para atletas com menor idade de treinamento, esses atletas podem não ser capazes de maximizar os benefícios desse tipo de treinamento até que desenvolvam adequadamente suas capacidades de produção de força. Do ponto de vista da aprendizagem motora, estratégias básicas de treinamento de força podem auxiliar atletas jovens a otimizar o controle motor e a coordenação antes de progredirem para adaptações neurais e morfológicas.[227] Em suma, os atletas devem primeiro construir uma base técnica consistente a partir de movimentos fundamentais e aprender a aplicar a força adquirida em uma tarefa motora específica (como um exercício),[226] para então introduzir exercícios ou estratégias de treino mais complexas.

Embora a prática variada seja benéfica para a aquisição de habilidades,[157] a prescrição de métodos de treinamento avançados – como o treinamento com resistência variável ou carga excêntrica acentuada (em que a carga muda durante o movimento) – nas fases iniciais do programa de treinamento de um atleta pode introduzir variabilidade desnecessária antes que a técnica esteja consolidada, o que pode afetar a coordenação do movimento do atleta. Além disso, se determinados métodos de treinamento forem introduzidos precocemente, eles podem deixar de servir como um estímulo de treinamento novo em fases posteriores do desenvolvimento do atleta. Em resumo, não significa que o treinamento balístico seja proibido para atletas com pouca idade de treinamento; apenas que tais estratégias costumam receber menos destaque até fases mais avançadas do desenvolvimento. Por exemplo, exercícios pliométricos básicos,[237] e variações do levantamento de peso olímpico[151] podem ser incluídos como base para atletas iniciantes; no entanto, o foco deve estar na técnica antes de avançar para exercícios mais complexos e exigentes.

Atletas com maior idade de treinamento e mais fortes

Embora a ênfase na força muscular máxima possa levar a melhorias significativas em atletas mais fracos e com menor idade de treinamento, a influência sobre o desempenho proveniente dos ganhos de força começa a diminuir quando os atletas alcançam altos níveis de força relativa[117] – ou, em outros termos, uma *reserva de força*.[228] De maneira simplificada, a taxa de melhoria é maior quando um novo estímulo de treinamento é introduzido, enquanto uma taxa mais lenta é observada em atletas que já estão familiarizados com um determinado estímulo.[89] Assim, pode ser questionável utilizar continuamente os mesmos métodos de treinamento com atletas de diferentes habilidades físicas e idades de treinamento.

Para proporcionar um estímulo de treinamento eficaz a atletas mais fortes e com maior idade de treinamento, os profissionais da área de força e condicionamento podem começar direcionando a ênfase de seus programas de modo a incluir exercícios e métodos de treinamento que foquem a produção rápida de força, ao mesmo tempo que mantêm a força máxima.[54,202,207,228] Embora haja algum debate em torno das metas específicas de força, estudos apontam que indivíduos capazes de realizar o agachamento com pelo menos o dobro do próprio peso corporal alcançam maior produção de potência no salto vertical,[8,204] tempos mais rápidos de corrida e saltos verticais mais altos,[263] além de maior magnitude e início mais precoce da potenciação,[187,231] em comparação aos indivíduos mais fracos. James et al.[96] mostraram que indivíduos que realizaram agachamentos com o dobro de sua massa corporal depois de um programa de 10 semanas de treinamento que incluiu variações do levantamento de peso olímpico, treinamento pliométrico e exercícios balísticos obtiveram maiores ganhos na ativação muscular e na velocidade.

Em síntese, parece que indivíduos que desenvolveram uma reserva de força podem maximizar os benefícios de métodos de treinamento específicos (p. ex., complexos de potenciação, treinamento pliométrico, exercícios balísticos), indicando o potencial de incluir esses métodos na programação. É importante observar que uma mudança em direção à inclusão de métodos de treinamento mais avançados não implica abandonar o desenvolvimento e a manutenção das características de força de pico; em vez disso, os profissionais da área de força e condicionamento devem adotar um modelo de ênfase ou de redução de ênfase, dependendo dos objetivos das fases específicas de treinamento.[227]

Ano de treinamento

A prescrição do treinamento deve variar ao longo do ano de treinamento, pois os objetivos de cada fase provavelmente diferem. Conforme mencionado nos Capítulos 2 e 4, uma fase de pré-temporada ou de preparação geral pode não ter como foco o desenvolvimento das características de produção de força de pico ou rápida. Em contraste, uma fase de pré-temporada ou de temporada competitiva pode enfatizar mais a maximização de ambas as características, em preparação para as diversas competições.[227] Assim, cada uma das variáveis de treinamento discutidas anteriormente pode ser modificada. Por exemplo, os profissionais da área de força e condicionamento provavelmente selecionarão exercícios específicos para maximizar a produção rápida de força, ao mesmo tempo que buscam manter a capacidade de produção de força de pico do atleta. Além disso, o volume e a intensidade (i.e., a carga) provavelmente diminuirão e aumentarão, respectivamente, à medida que os atletas progridem da fase fora de temporada para a pré-temporada e, posteriormente, para a temporada competitiva. Por fim, a estrutura das séries e os intervalos de descanso podem ser ajustados de acordo com as fases de treinamento, a fim de permitir que o atleta maximize o estímulo de treinamento, promovendo a recuperação e controlando a fadiga.

Abordagem geral de treinamento

Além daqueles que competem em esportes de força, como levantamento de peso olímpico, levantamento de peso básico, *strongman* ou jogos das Terras Altas (*highland games*), muitos atletas necessitam de diversos estímulos de treinamento de força, treinamento de *sprint*, mudança de direção e condicionamento físico para o seu desenvolvimento global. Embora este capítulo se concentre principalmente em considerações relacionadas ao treinamento de força, é importante que os profissionais da área de força e condicionamento não negligenciem o desenvolvimento dessas outras capacidades de desempenho. Por exemplo, embora as práticas de treinamento de força possam auxiliar na melhoria do desempenho no *sprint*[52] e na capacidade de mudança de direção,[25] cada uma dessas habilidades têm suas próprias restrições e requer um estímulo progressivo para que o atleta apresente melhorias demonstráveis. No entanto, é importante observar que os profissionais podem combinar exercícios que sejam biomecanicamente semelhantes e compatíveis com as demandas fisiológicas de outras formas de treinamento. DeWeese et al.[55,56] apresentaram uma análise detalhada e uma descrição do desenvolvimento de longo prazo das características de força e velocidade de atletas de *bobsled* em preparação para os Jogos Olímpicos de Inverno de Sochi. Especificamente, os autores destacaram que determinados exercícios de treinamento de força foram selecionados por suas qualidades cinéticas e cinemáticas, de modo a corresponder à fase de desenvolvimento da velocidade em que o atleta se encontrava. Exemplos adicionais podem ser encontrados na literatura, que discute a combinação de movimentos do levantamento de peso olímpico e suas variações com estratégias de desenvolvimento de velocidade.[52,215]

Como cada estímulo de treinamento impõe um estresse ao atleta a fim de promover adaptações específicas, é importante considerar a fadiga coletiva que o atleta pode acumular, uma vez que cada estresse individual não pode ser isolado. Isso pode exigir que os profissionais da área de força e condicionamento distribuam diferentes porcentagens de diversos estímulos de modo a atender às necessidades de cada atleta ou planejem as sessões de treinamento de maneira que permitam uma recuperação adequada, a fim de maximizar as adaptações desejadas.

A fim de elaborar programas de treinamento individualizados de forma eficaz, também é importante considerar os estressores adicionais provenientes da prática esportiva, das demandas acadêmicas e dos fatores pessoais.[124] Isso destaca a importância de estabelecer uma relação sólida entre o treinador esportivo e o atleta, baseada na comunicação constante e no uso de dados de monitoramento do atleta.

Pontos principais discutidos no capítulo

- Para ser eficaz, uma análise de necessidades deve contemplar as exigências da modalidade ou do evento esportivo e incluir a avaliação das capacidades de produção de força do atleta em testes específicos que guardem relação com as habilidades que ele desempenha na prática esportiva.
- Depois de identificar as necessidades do atleta, cabe aos profissionais da área de força e condicionamento recorrer a uma abordagem baseada em evidências para decidir, de maneira criteriosa, quais exercícios aplicar, qual frequência de sessões utilizar, em que ordem organizar os exercícios, quantas séries realizar, como estruturá-las, que cargas empregar, qual esquema de repetições adotar e quais intervalos de descanso oferecer para garantir os estímulos mais efetivos a cada indivíduo.
- Para oferecer estímulos de treinamento realmente eficazes, os profissionais da área de força e condicionamento devem compreender as diferenças biomecânicas e fisiológicas entre os exercícios a fim de oferecer um estímulo de treinamento eficaz. Uns priorizam a força máxima, outros a força rápida; ainda assim, são os conceitos de correspondência dinâmica e especificidade que devem orientar a escolha dos exercícios.
- A frequência das sessões de treinamento precisa ser ajustada conforme os objetivos do programa, o nível de treinamento do atleta e o período da temporada. A frequência pode ser modificada durante protocolos planejados de sobrecarga funcional e redução de carga, a fim de promover adaptações específicas e gerenciar a fadiga. Para atletas com agendas competitivas sobrecarregadas, a microdosagem representa uma forma eficaz de estruturar as sessões de treinamento.
- Para otimizar os resultados, os exercícios de maior exigência neuromuscular devem ser executados primeiro nas sessões, antes dos exercícios complementares que impactam menos a produção de força do atleta. Contudo, integrar diferentes exercícios em um mesmo complexo de potenciação pode ser uma estratégia eficaz, contanto que as características individuais do atleta e do protocolo sejam cuidadosamente consideradas.
- As séries agrupadas podem ser um recurso valioso para elevar a qualidade geral do trabalho e aumentar a possibilidade de empregar cargas mais altas nas sessões de treinamento. Apesar dos potenciais benefícios para adaptações de força máxima e rápida, é importante que os profissionais avaliem o tempo disponível para treinamento, pois esse método pode resultar em sessões mais longas.
- Cargas mais elevadas costumam trazer melhores adaptações de força máxima, mas não é indispensável treinar até a falha para isso. A combinação estratégica de cargas altas e baixas pode potencializar as características de força rápida, desde que os profissionais da área de força e condicionamento considerem cuidadosamente as demandas de cada atleta ao prescrever as cargas.
- Intervalos de descanso prolongados favorecem adaptações de força mais expressivas do que intervalos curtos. Os intervalos de descanso intrassérie, como aqueles utilizados nas séries agrupadas, podem melhorar a qualidade geral do treinamento, aumentando o potencial de adaptação.
- Ao prescrever o treinamento, é preciso analisar as fases já realizadas, a fase atual e as próximas, a fim de otimizar as adaptações de desempenho em momentos específicos. Os profissionais da área de força e condicionamento devem considerar ainda o estresse combinado dos diferentes estímulos para promover adaptação e controlar a fadiga.

8

Treinamento concorrente

O desempenho de um atleta é multifacetado e frequentemente requer o desenvolvimento de uma variedade de habilidades técnicas, táticas da modalidade ou evento esportivo e características de condicionamento físico. Alguns esportes ou eventos são quase exclusivamente voltados à força-potência (p. ex., levantamento de peso olímpico, *sprints* curtos), enquanto outros podem exigir resistência cardiorrespiratória significativa (p. ex., maratona, ciclismo de estrada) e situam-se no extremo oposto do espectro força-resistência (Fig. 8.1). No entanto, deve-se notar que outros esportes ou eventos podem exigir uma combinação de características de força-potência e resistência (p. ex., futebol, lacrosse) para o sucesso do atleta.[21] Embora alguns dos esportes descritos apresentem um foco predominante em características específicas da produção de força, aqueles que demandam simultaneamente força-potência e resistência impõem um desafio adicional ao profissional da área, que precisa desenvolver simultaneamente ambas as capacidades físicas – um processo conhecido como *treinamento concorrente*. O objetivo deste capítulo é fornecer uma visão geral do treinamento concorrente e discutir as diferentes estratégias de treinamento que podem ser utilizadas nesse contexto e seu impacto sobre o desenvolvimento das características de força muscular.

O *treinamento concorrente* pode ser definido como uma combinação de treinamento de resistência e treinamento que possa favorecer adaptações cardiorrespiratórias; essa forma de treinamento é tipicamente caracterizada por treinamento de força pesado (i.e., > 80% de 1 RM) e atividade contínua de longa duração, de baixa a moderada intensidade (aproximadamente 70% do consumo máximo de oxigênio [$\dot{V}O_{2máx}$]) – por exemplo, corrida ou ciclismo. A literatura menciona diversas metodologias para implementação do treinamento concorrente, incluindo formatos de mesma sessão, mesmo dia ou dias alternados. Como cada estímulo promove adaptações fisiológicas únicas que podem conflitar entre si, frequentemente chamadas de *efeito de interferência*,[76] é importante que os profissionais da área de força e condicionamento compreendam como programar simultaneamente as duas formas de treinamento de modo a maximizar tanto as adaptações de força quanto de resistência em relação às necessidades do atleta.

O efeito de interferência

A perspectiva de um *efeito de interferência* durante o treinamento concorrente foi proposta pela primeira vez em um artigo publicado em 1980 por Hickson.[52] Desde sua introdução, uma descrição mais detalhada do efeito de interferência passou a incluir tanto os efeitos de interferência agudos quanto os de longo prazo. Pesquisadores demonstraram que realizar simultaneamente um treinamento de força e outro de resistência em proximidade temporal pode afetar agudamente a força máxima,[24,52,57,84,107] bem como o desempenho de resistência.[19,22,30,32,33] No entanto, a noção de que todo programa de treinamento concorrente leva necessariamente a efeitos de interferência pode ser considerada uma suposição,[4] especialmente porque diferentes variáveis de programação e características individuais podem impactar o efeito de um determinado estímulo de treinamento.[4,42] Com relação ao *status* de treinamento do atleta, aqueles com maior experiência podem estar mais propensos a experimentar um efeito de interferência em razão da necessidade de volumes-carga maiores para promover adaptações.[110] Em contraste, pesquisadores mostraram que adaptações de força máxima podem não ser afetadas em indivíduos com menos experiência de treinamento que realizem menos sessões totais.[23] Embora reduções nas adaptações de força máxima possam ser mitigadas com diversas táticas de programação, pode-se observar efeitos de interferência maiores nas características de produção rápida de força. Por exemplo, pesquisadores demonstraram prejuízos na ativação muscular voluntária e na taxa de desenvolvimento de força depois de um treinamento concorrente crônico.[37,49,110]

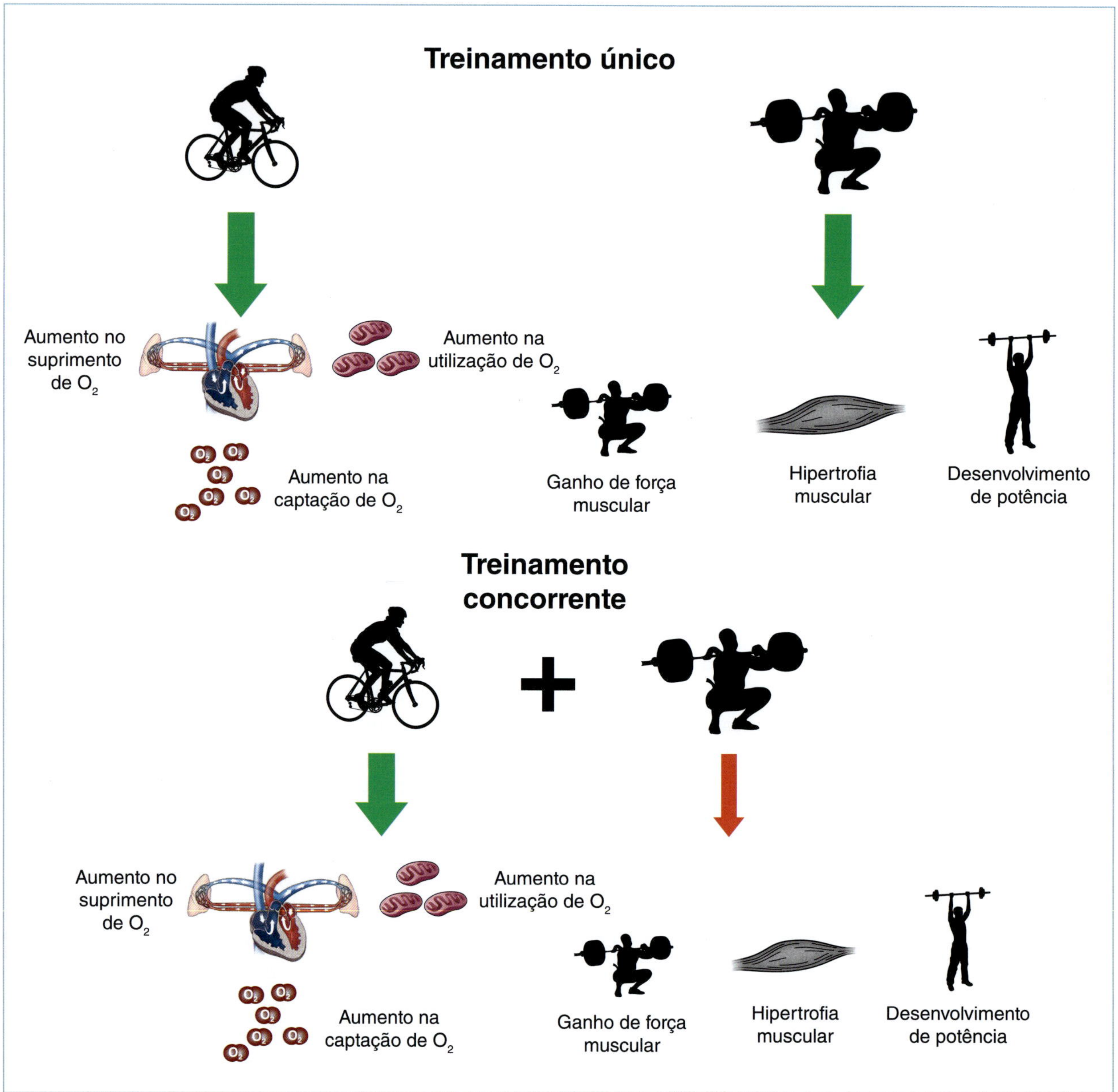

FIGURA 8.1 Ilustração do efeito de interferência. Quando realizados separadamente, o treinamento de resistência cardiorrespiratória e o treinamento de força muscular levam a adaptações específicas de longo prazo, como maior captação de oxigênio, hipertrofia muscular e desenvolvimento de potência. Quando realizados de forma concorrente, o condicionamento metabólico pode limitar o desenvolvimento de força e potência; no entanto, o treinamento de força dificilmente reduzirá – e, na verdade, provavelmente aumentará – o desempenho de resistência (i.e., a potência ou velocidade média mantidas por longos períodos ou a capacidade de repetir ações de alta intensidade ao longo do tempo).
Reproduzida de P. Laursen and M. Buchheit, *Science and Application of High-Intensity Interval Training* (Human Kinetics, 2019), 120.

PONTO-CHAVE

A noção de que todo programa de treinamento concorrente pode levar a efeitos de interferência pode ser considerada uma suposição, especialmente porque diferentes variáveis de programação e características individuais podem impactar o efeito de um determinado estímulo de treinamento.

Os profissionais da área de força e condicionamento devem observar que o efeito de interferência agudo do exercício de resistência sobre as características de força pode estar ligado à forma como as sessões de treinamento concorrente são organizadas e agendadas. Por exemplo, muitos programas de treinamento concorrente descritos na literatura incluíram tanto estímulos de resistência quanto de força em uma mesma sessão de treinamento, frequentemente com o primeiro precedendo o segundo. Pesquisadores mostraram que as características de força podem ser negativamente afetadas quando o exercício de resistência (p. ex., corrida) é realizado imediatamente antes do treinamento de força devido à fadiga residual proveniente do treinamento de resistência.[24] Embora isso possa servir como um exemplo de fadiga aguda, os efeitos crônicos desse treinamento podem levar a um estímulo subótimo para o desenvolvimento de força máxima.[46,111] Para compensar a fadiga residual, os profissionais podem optar por inserir um *intervalo de recuperação* entre os diferentes tipos de treinamento, já que estudos indicam reduções no desempenho de força por até 8 horas após sessões de resistência.[3,10,56,95] Em contrapartida, intervalos maiores que 8 horas não apresentaram quedas de desempenho.[11,79,93,95] Acredita-se que a restauração completa do glicogênio muscular durante intervalos de recuperação mais longos possa explicar esses resultados.[46]

PONTO-CHAVE

Para compensar a fadiga residual, os profissionais podem optar por inserir um intervalo de recuperação entre os diferentes tipos de treinamento, já que estudos indicam reduções no desempenho de força por até 8 horas após sessões de resistência.

Como mencionado, variáveis de programação podem afetar a magnitude do efeito de interferência. Por exemplo, é possível que o modo, a duração, a intensidade e o tipo de exercício de resistência resultem em diferentes graus de fadiga. Em uma metanálise, pesquisadores concluíram que o modo de exercício (corrida *versus* ciclismo) do programa de treinamento concorrente afetou significativamente o desenvolvimento de força muscular de membros inferiores;[110] no entanto, isso pode não ocorrer em situações agudas, pois diversos estudos mostraram quedas no desempenho tanto após protocolos de corrida quanto de ciclismo.[57] Curiosamente, pesquisadores mostraram que estímulos de resistência com corrida,[27] ciclismo[84,95] ou elíptico[105] afetaram negativamente a força de membros inferiores, mas não de membros superiores; isso sugere que a queda de desempenho é específica à região do corpo. Embora sejam necessárias mais pesquisas nessa área, os profissionais da área de força e condicionamento podem usar esses resultados para guiar sua programação, optando por métodos de resistência voltados a membros superiores (p. ex., ergômetro de braço) quando o foco da sessão de treinamento de resistência forem os membros inferiores, e vice-versa.

Com relação à duração do exercício de resistência, observaram-se quedas agudas na força muscular depois de atividades que variaram de 15[80] até 150 minutos,[3] potencialmente indicando que o simples ato de realizar exercícios de resistência antes do treinamento de força pode levar a efeitos negativos na força. Esses achados mais uma vez reforçam a ideia de que podem ser necessários intervalos de recuperação mais longos entre os diferentes métodos de treinamento quando ambos são realizados no mesmo dia.

Do ponto de vista da intensidade, poucos estudos fizeram comparações diretas entre protocolos de alta e baixa intensidade e seu impacto sobre as características de força. No entanto, Thomas et al.[107] indicaram que a força foi prejudicada em ciclistas do sexo masculino tanto após um teste de contrarrelógio de alta intensidade e curta duração (4 km) quanto após testes de contrarrelógio de baixa intensidade e longa duração (20 e 40 km). Curiosamente, os autores observaram que mecanismos de fadiga periférica e central foram dominantes após os protocolos de alta e baixa intensidade, respectivamente.

Por fim, pesquisas que compararam o tipo de exercício de resistência (i.e., contínuo *versus* intermitente) e sua influência sobre o subsequente desempenho de força muscular mostraram resultados mistos. Alguns autores indicaram que ambos os tipos causam quedas na força,[3,95] enquanto outros apontaram que um ou outro pode não causar queda.[26,27] Assim como ocorre com a duração do estímulo de resistência, parece que a simples inclusão dessa atividade já pode ser suficiente para prejudicar severamente a força muscular.

Como observado no Capítulo 1, as características de força de um atleta podem ser expressas de várias maneiras, e o mesmo se aplica às medidas de força muscular utilizadas na literatura sobre treinamento concorrente. Por exemplo, pesquisadores caracterizaram mudanças na força muscular durante o treinamento concorrente usando repetições até a falha,[27,80,84,105] medições de força máxima entre 1 RM e 5 RM e testes de força isométrica,[11,27,37,38,93,104] além de testes isocinéticos;[3] examinaram ainda exercícios de membros inferiores e superiores, bem como movimentos monoarticulares e multiarticulares. Embora exista uma grande quantidade de pesquisas dedicadas a analisar o efeito de interferência que o treinamento de resistência pode causar em diversos tipos de desempenho de força máxima, poucos estudos avaliaram de forma mais detalhada o possível impacto sobre as características de produção rápida de força. No entanto, em um par de estudos, Taipale et al.[103,104] encontraram que o treinamento concorrente teve um impacto negativo sobre o desempenho no salto com contramovimento e sobre a taxa de desenvolvimento de força durante o *leg press* isométrico; isso pode indicar que atividades de produção rápida de força ou balísticas sejam mais suscetíveis a quedas de desempenho depois de atividades de resistência.[24,49,90]

Apesar dos estudos que apoiam a ocorrência de efeitos de interferência agudos, há muitas evidências que comprovam que o treinamento concorrente pode levar a melhorias no desempenho de resistência e na capacidade aeróbica máxima em atletas de esportes de resistência de elite;[1,2,12,36] algumas evidências mostram ainda um aprimoramento nas características de produção rápida de força.[1,2] Esses benefícios podem levar a tempos de contato com o solo mais curtos durante a corrida[53,78] e ao aproveitamento da energia elástica dentro do sistema musculotendíneo.[109] No entanto, no que diz respeito aos efeitos crônicos do treinamento concorrente sobre as características de força de um atleta, as evidências são menos claras. Diversas metanálises indicaram que o treinamento concorrente pode ter um impacto negativo sobre várias características de força – incluindo a força máxima[35,44,75,82,88] e a produção rápida de força;[90,110] no entanto, deve-se notar que os efeitos observados podem depender do *status* de treinamento,[82] da realização dos testes em membros inferiores ou superiores[88] ou da ordem de testagem.[35,44,75] Coletivamente, embora as evidências disponíveis sugiram que o treinamento concorrente pode não afetar a força máxima de um atleta, ele pode impactar suas características de produção rápida de força. Assim, os profissionais da área de força e condicionamento devem escolher métodos de condicionamento e estratégias de programação ao longo do ano de treinamento para desenvolver de forma ideal as características de desempenho necessárias, de acordo com a especificidade do esporte.

PONTO-CHAVE

Há muitas evidências que comprovam que o treinamento concorrente pode levar a melhorias no desempenho de resistência e na capacidade aeróbica máxima em atletas de esportes de resistência de elite.

Métodos de condicionamento

Embora existam muitos métodos diferentes de treinamento de força (ver Cap. 5), os métodos de condicionamento que favorecem adaptações aeróbicas também se distribuem ao longo de um espectro. Os profissionais da área de força e condicionamento podem utilizar o treinamento de longa duração e baixa intensidade, a velocidade aeróbica máxima (MAS) e o treinamento intervalado de alta intensidade (HIIT) para desenvolver os sistemas energéticos relevantes de seus atletas, visando ao sucesso em seus respectivos esportes. Como o método de condicionamento combinado com estímulos de treinamento de força pode ter um impacto significativo sobre as características de produção de força de um atleta, é necessário compreender os benefícios e limitações de cada método. Os parágrafos a seguir discutem os diversos métodos utilizados para o condicionamento e como cada estímulo pode afetar as adaptações de produção de força máxima e rápida.

Treinamento de longa duração e baixa intensidade

Historicamente, profissionais da área de força e condicionamento e treinadores esportivos adotaram a implementação de exercícios contínuos de longa duração em estado estacionário, com duração de pelo menos 20 a 40 minutos, a fim de beneficiar as características de condicionamento aeróbico de atletas de esportes de campo.[5] Embora esse método de treinamento possa beneficiar até certo ponto as características de resistência cardiorrespiratória dos atletas, pesquisas sugeriram que ele pode não ser tão específico ou benéfico para suas necessidades como se acreditava originalmente.[20,102,111] No futebol, por exemplo, pesquisas indicam que o jogo vem evoluindo de modo a incluir mais ações de alta intensidade e maior exigência física.[51,77] Assim, no futebol e em esportes de campo semelhantes, parece ser benéfico melhorar a potência aeróbica dos atletas. Na prática, os profissionais devem considerar a implementação de intensidades iguais ou superiores a 100% da MAS (discutida a seguir) em vez de intensidades mais baixas.[7,102] Embora o desenvolvimento de uma "base aeróbica" seja frequentemente discutido entre treinadores esportivos, é importante que os profissionais mencionem que o condicionamento de alta intensidade também pode desenvolver as características desejadas e pode ser mais específico para cada esporte. Além disso, treinar em intensidades aeróbicas mais altas também pode exigir que os atletas gerem maiores magnitudes e taxas de desenvolvimento de força, beneficiando assim suas características de força de maneira específica à tarefa.

PONTO-CHAVE

Embora o treinamento de longa duração e baixa intensidade possa beneficiar as características de resistência, ele pode não ser tão específico ou benéfico para o desempenho em esportes de campo quanto se acreditava originalmente.

Velocidade aeróbica máxima

A *velocidade aeróbica máxima* (MAS) pode ser definida como a velocidade mínima na qual ocorre a taxa de $\dot{V}O_{2máx}$ ou, de forma mais simplificada, a velocidade correspondente ao $\dot{V}O_{2máx}$.[14] O treinamento aeróbico pode ser aplicado utilizando uma variedade de zonas de treinamento (Fig. 8.2), baseadas em percentuais da MAS.[5] Treinar em 100% da MAS ou acima disso pode proporcionar maiores benefícios de potência aeróbica do que o treinamento de longa duração e baixa intensidade,[102] assim como as corridas contínuas a 100% da MAS.[34] Baker[5,6] discutiu uma variedade de estratégias de programação da MAS, incluindo intervalos longos, grades aeróbicas máximas (Fig. 8.3), 15/15 Eurofit, Tabata, e Tabata imprevisível. Ele enfatizou a importância de implementar esses métodos de forma progressiva, de acordo com a capacidade do atleta. No entanto, os profissionais da área de força e condicionamento devem observar que um maior foco no desenvolvimento do sistema energético via MAS pode ser incluído durante a fase de preparação geral do treinamento em vez de na fase de preparação específica. Quando combinado ao treinamento de força, essa sequência pode permitir maiores adaptações à medida que o volume geral de

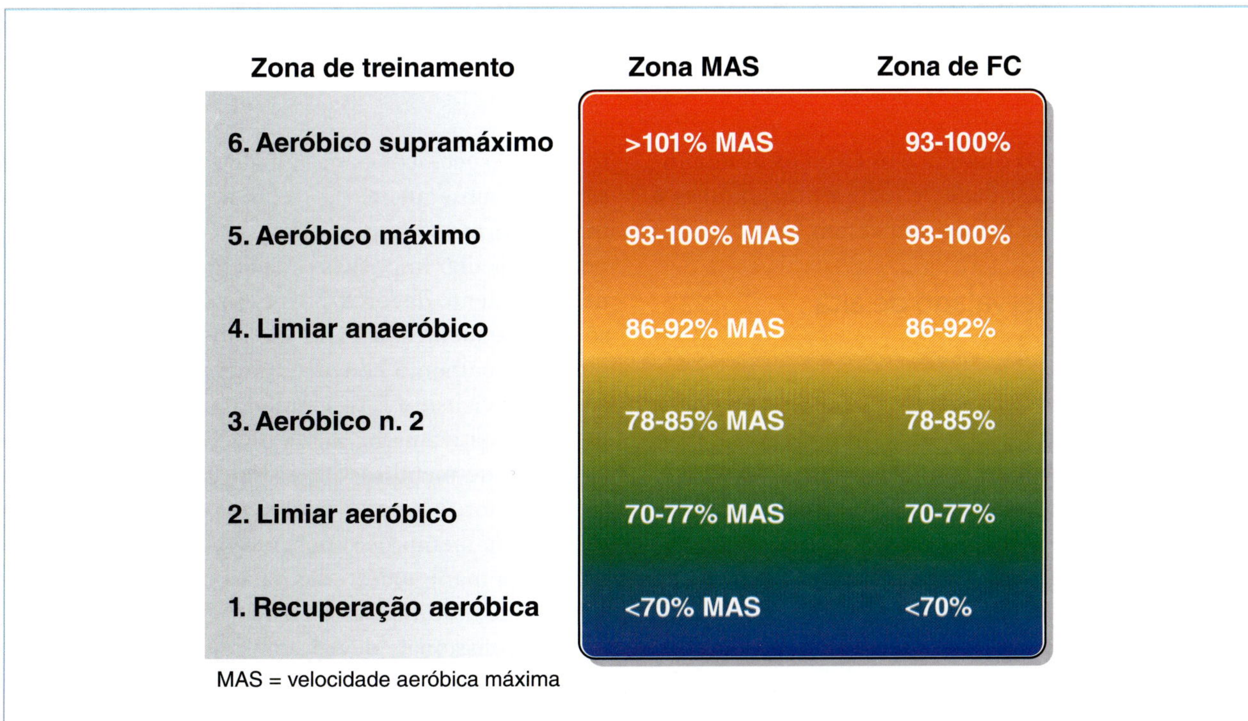

FIGURA 8.2 Zonas de treinamento aeróbico baseadas na velocidade aeróbica máxima (MAS) e em percentuais da frequência cardíaca (FC).
Adaptada de D. Baker, "Recent Trends in High-Intensity Aerobic Training for Field Sports," *Professional Strength and Conditioning*, 22 (2011): 4.

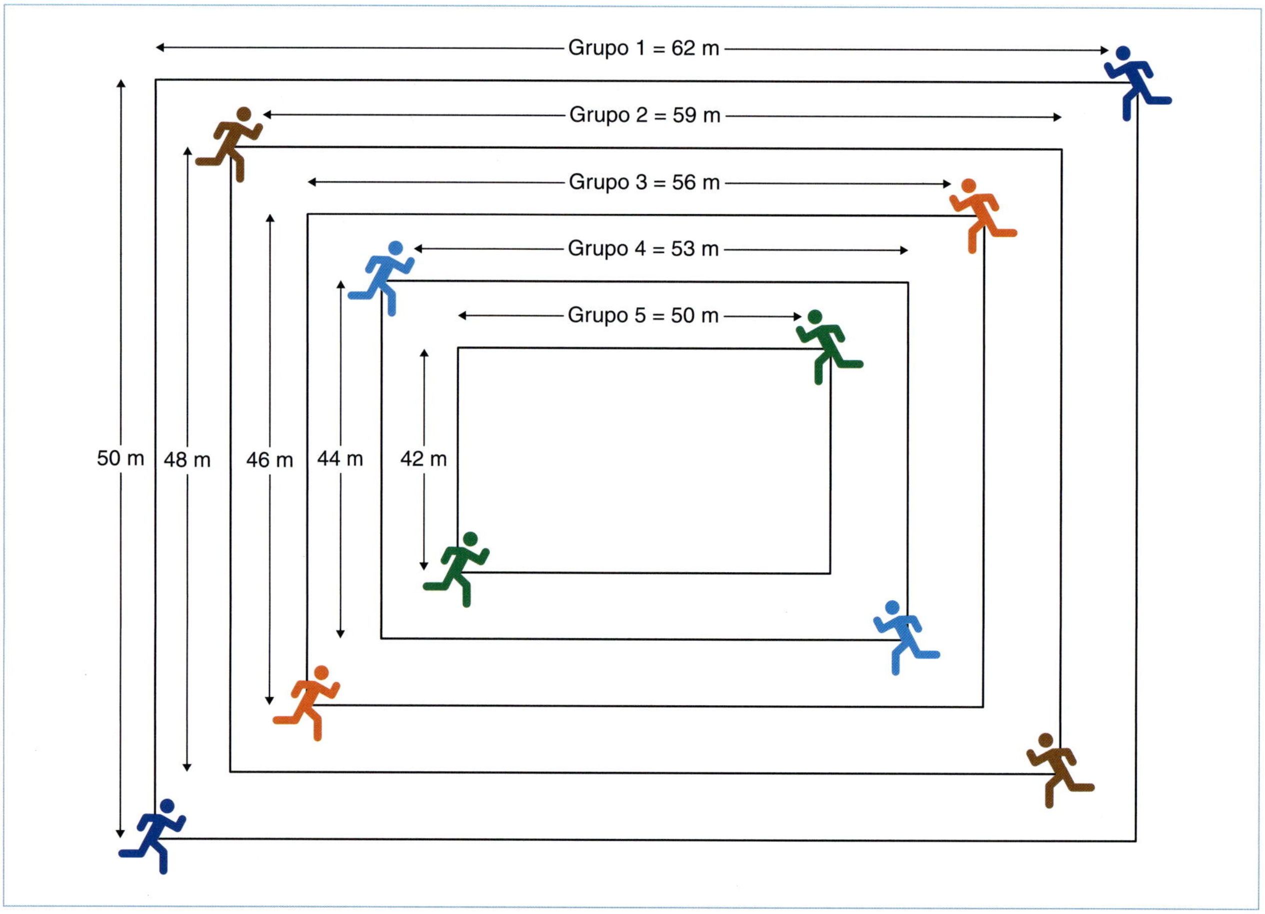

FIGURA 8.3 Treinamento em formato de grade retangular usando a velocidade aeróbica máxima (MAS). Os corredores fazem o lado mais longo a 100% da MAS e o lado mais curto a 70%. Cada grupo pode começar em um canto diferente para evitar congestionamentos.

treinamento aeróbico diminui e os esforços de alta intensidade – e a necessidade de maiores magnitudes e taxas de produção de força – aumentam.

Treinamento intervalado de alta intensidade

O *treinamento intervalado de alta intensidade* (HIIT) é caracterizado por séries repetidas de exercícios realizados em intensidades acima do estado estacionário máximo de lactato, do limiar anaeróbico ou da potência-velocidade crítica do atleta e separados por intervalos de descanso ou exercícios de baixa intensidade.[17,18] Esse tipo de treinamento inclui múltiplos formatos – intervalos longos, intervalos curtos, treinamento de *sprints* repetidos, treinamento intervalado de *sprints* e jogos em campo reduzido (Tab. 8.1).[16] Como cada método impõe diferentes graus de estresse neuromuscular, os profissionais da área de força e condicionamento devem ter cautela ao implementar métodos específicos para não afetar negativamente o estímulo subsequente do treinamento de força.[40] Da mesma forma, é importante estar atento ao estresse neuromuscular imposto a um atleta durante as sessões de treinamento de força, pois eles podem afetar as sessões subsequentes de HIIT. Pesquisadores indicaram que o treinamento concorrente envolvendo HIIT de corrida e ciclismo e treinamento de força pode impactar negativamente o desenvolvimento de força muscular de membros inferiores em comparação ao treino de força isolado, enquanto o desenvolvimento de força de membros superiores não foi afetado;[88] no entanto, a manipulação das variáveis do treinamento HIIT pode modificar esse efeito.[41]

Os profissionais devem considerar ainda o modo de HIIT utilizado, pois a exigência neuromuscular varia conforme a musculatura envolvida.[74] Por exemplo, corrida e ciclismo podem afetar as características de produção de força de um atleta em maior grau do que a natação. Com esse conhecimento, pode-se projetar

TABELA 8.1 Visão geral dos métodos de treinamento intervalado de alta intensidade (HIIT)

Tipo	Descrição	Recuperação	Ênfases do treinamento
Intervalos longos	Intervalos com duração > 1 minuto realizados a 95-105% V-$\dot{V}O_{2máx}$ ou 80-90% V-IFT.	1 a 3 minutos de recuperação passiva ou ativa realizada a 60% V-$\dot{V}O_{2máx}$ ou ≤ 45% V-IFT.	Desenvolvimento dos sistemas aeróbico e anaeróbico. Desenvolvimento dos sistemas aeróbico e anaeróbico e estímulo neuromuscular.
Intervalos curtos	Intervalos com duração < 1 minuto realizados a 100-120% V-$\dot{V}O_{2máx}$ ou 90-105% V-IFT.	< 1 minuto de recuperação passiva ou ativa a 60% V-$\dot{V}O_{2máx}$ ou ≤ 45% V-IFT.	Desenvolvimento do sistema aeróbico. Desenvolvimento do sistema aeróbico e estímulo neuromuscular. Desenvolvimento dos sistemas aeróbico e anaeróbico. Desenvolvimento dos sistemas aeróbico e anaeróbico e estímulo neuromuscular.
Treinamento de *sprint* repetido	Repetir esforços com duração de 3 a 10 segundos, realizados com esforço máximo.	Recuperação passiva ou ativa realizada a 60% V-$\dot{V}O_{2máx}$ ou ≤ 45% V-IFT de duração variável.	Desenvolvimento dos sistemas aeróbico e anaeróbico e estímulo neuromuscular. Desenvolvimento dos sistemas aeróbico e anaeróbico periférico e estímulo neuromuscular.
Treinamento intervalado de *sprint*	Repetir esforços com duração de 20 a 45 segundos, realizados com esforço máximo.	Recuperação passiva com duração de 1 a 4 minutos.	Desenvolvimento dos sistemas aeróbico e anaeróbico periférico e estímulo neuromuscular.
HIIT baseado em jogos	Intervalos específicos do esporte com duração de 2 a 4 minutos, nos quais um atleta interage com companheiros de equipe ou oponentes durante uma simulação de jogo.	Recuperação tipicamente passiva com duração de 90 segundos a 4 minutos.	Desenvolvimento do sistema aeróbico e estímulo neuromuscular. Desenvolvimento dos sistemas aeróbico e anaeróbico. Desenvolvimento dos sistemas aeróbico e anaeróbico e estímulo neuromuscular.

Baseada em Laursen e Buchheit.[61]

Observação: V-IFT = velocidade alcançada durante o teste de aptidão intermitente de 30-15; V-$\dot{V}O_{2máx}$ = velocidade atingida durante o teste de captação máxima de oxigênio.

programas de treinamento concorrente que incluam HIIT de modo a limitar o efeito de interferência e permitir um maior aprimoramento na força da musculatura primariamente utilizada na modalidade esportiva do atleta, ao mesmo tempo que fornecem um estímulo de condicionamento eficaz. Pesquisadores mostraram que o HIIT no ciclismo teve um efeito maior sobre o número de repetições e o volume de carga no meio agachamento do que o HIIT na corrida em esteira;[80] os autores acreditam que isso aconteceu porque o ciclismo exige mais do sistema anaeróbico, o que pode ter influenciado os resultados.

Em termos de sequência de treino, recomenda-se que o treinamento de força seja realizado antes dos protocolos de HIIT, quando ambos ocorrerem na mesma sessão, levando em conta o risco potencial de lesão, conforme o tipo de exercício e o nível de carga aplicado.[40] Contudo, caso o HIIT seja realizado antes do treino de força no mesmo dia, é indicado um intervalo de recuperação de pelo menos 8 horas entre as sessões.

PONTO-CHAVE

Como cada método de HIIT fornece diferentes graus de estresse neuromuscular, os profissionais da área de força e condicionamento devem ter cautela ao implementar métodos específicos de modo a não afetar negativamente o estímulo subsequente do treino de força.

Treinamento de *sprint*

Além dos métodos de longa duração e baixa intensidade, MAS e HIIT, os profissionais da área de força e condicionamento também podem considerar o treinamento de *sprints* um método de condicionamento. Esse tipo de treinamento pode atuar como um estímulo metabólico ao exigir tanto do sistema fosfagênio quanto do glicolítico, promovendo aumento no conteúdo e na atividade enzimática. Estudos mostraram que o treinamento de *sprints* pode aumentar a miocinase e a creatina-fosfoquinase,[55,81] enquanto esforços de *sprints* curtos e longos também podem aumentar outras enzimas glicolíticas.[87] Considerando o número de ações de aceleração nos esportes coletivos[50] e as distâncias de corrida em alta velocidade e *sprints* nos esportes de campo,[85] faz sentido incluir os *sprints* em programas concorrentes. Assim, é possível aprimorar as características de produção de força do atleta, além de prepará-lo para acelerar e atingir velocidades máximas durante a competição. A literatura já apresentou diferentes progressões de desenvolvimento de velocidade combinadas ao treinamento de força.[29,99] Assim como os demais métodos de condicionamento discutidos neste capítulo, é essencial analisar os objetivos da fase de treinamento para dar ênfase ao desenvolvimento de características físicas específicas, reduzindo temporariamente outras. O uso dos *sprints* como estímulo para melhorar a força muscular é detalhado no Capítulo 5.

Considerações acerca da programação do treinamento concorrente

Além das variáveis de programação do treinamento de força discutidas nos capítulos prévios, os profissionais da área de força e condicionamento também devem considerar as variáveis do treinamento de resistência ao prescrever regimes de treinamento concorrente para seus atletas. Os parágrafos a seguir fornecerão uma visão de como o *status* de treinamento dos atletas, a frequência de implementação, a intensidade do treino, a duração e o volume do treinamento, a ordem das sessões e o tempo de recuperação entre as sessões afetam as adaptações de força e resistência durante o treinamento concorrente.

Status de treinamento

Conforme discutido ao longo deste livro, a idade de treinamento de um atleta pode afetar não apenas as decisões de programação de um profissional da área de força e condicionamento, mas também as adaptações que podem ser alcançadas. O treinamento concorrente não é exceção; sugeriu-se que o *status* de treinamento de um indivíduo seja um fator-chave no grau de ganhos de força muscular ou na manifestação dos efeitos de interferência.[43] Pesquisadores mostraram que participantes destreinados podem se beneficiar tanto de adaptações de resistência quanto de força com diversos estímulos de treinamento concorrente.[24,47,69,73,108] Embora esses achados sejam importantes para os profissionais que trabalham com jovens e atletas iniciantes que podem não ter sido expostos a estímulos de treinamento estruturados, é essencial compreender como essas adaptações podem mudar à medida que a idade de treinamento de um atleta aumenta. Por exemplo, alguns estudos mostraram que o efeito de interferência pode tornar-se mais evidente à medida que a idade de treinamento aumenta;[23] e autores de uma revisão sistemática detectaram que o treinamento concorrente pode afetar negativamente as adaptações de força máxima de membros inferiores em indivíduos treinados, mas não naqueles moderadamente treinados ou destreinados.[82] Deve-se notar que os efeitos negativos mostrados neste último estudo estavam presentes apenas quando o treinamento de força eram incluídos na mesma sessão, o que enfatiza a importância de separar os estímulos.

Frequência

A frequência das sessões pode estar relacionada à idade de treinamento dos atletas. Embora sessões mais frequentes possam fornecer um estímulo geral de treinamento maior, isso pode apresentar estímulos conflitantes no caso do treinamento concorrente, com potencial efeito de interferência. Essa ideia é apoiada por pesquisadores que mostraram que três ou mais sessões de treinamento de resistência cardiorrespiratória por semana podem afetar negativamente as adaptações do treinamento de força.[9,58,60] Em contraste, pesquisas adicionais mostraram que realizar até duas sessões de resistência cardiorrespiratória por semana pode ter menor efeito sobre as adaptações de força muscular;[47,49,70] no entanto, como mencionado, isso pode estar relacionado ao *status* de treinamento dos indivíduos nos estudos. A frequência das sessões parece ser um fator importante ao fornecer um estímulo ao atleta; no entanto, a intensidade do estímulo também pode ser relevante.

PONTO-CHAVE

Embora sessões mais frequentes possam fornecer um estímulo geral de treinamento maior, isso pode apresentar estímulos conflitantes no caso do treinamento concorrente, potencialmente levando a um efeito de interferência.

Intensidade

Embora o estímulo de resistência no contexto do treinamento concorrente seja frequentemente associado a treinos longos e contínuos, os profissionais da área de força e condicionamento precisam avaliar se isso é adequado para modalidades ou eventos esportivos que exigem esforços repetidos de alta intensidade. Jogadores de futebol de elite, por exemplo, percorrem mais de 10 km por partida, sendo cerca de 800 m em corrida de alta velocidade e *sprints*;[85] apesar da distância total, são justamente esses esforços intensos que costumam oferecer vantagem tática e mudar o resultado do jogo.[48,96] Há ainda evidências de que o futebol vem evoluindo de modo a incluir mais esforços de alta intensidade e maior exigência física.[51,77] Isso é confirmado por dados sobre o número de acelerações e desacelerações em esportes coletivos de elite.[50] Assim, embora os atletas precisem de capacidade para suportar a distância total percorrida durante um jogo, essa capacidade pode ser desenvolvida por métodos de treinamento mais intensos. Por exemplo, os métodos de treinamento concorrente podem incluir estímulos de resistência aplicados usando protocolos de MAS[5] ou de HIIT.[40]

Estudos indicaram que atividades de maior intensidade podem ajudar a reduzir o efeito de interferência,[13,90] enquanto o treinamento contínuo de longa duração e baixa intensidade pode ser considerado menos específico às exigências dos esportes de campo.[17,18] No entanto, é importante observar que maiores intensidades no treinamento de resistência podem gerar uma fadiga residual mais elevada em comparação com intensidades mais baixas,[27,65] o que pode afetar negativamente as características de produção de força[10,11] e o desempenho durante uma sessão subsequente de treinamento de força.[27,83] Pesquisas adicionais mostraram que o treinamento de ciclismo intervalado de alta intensidade (HIIT) produziu prejuízos semelhantes na força máxima, mas maiores prejuízos nas características de produção rápida de força durante o salto com contramovimento, quando comparado a um treinamento contínuo de intensidade moderada com carga de trabalho equivalente.[41]

PONTO-CHAVE

Atividades de maior intensidade podem ajudar a reduzir o efeito de interferência sobre a força muscular, enquanto o treinamento contínuo de longa duração e baixa intensidade pode ser considerado menos específico às exigências dos esportes de campo.

Duração e volume

A duração ou o volume dos estímulos de treinamento de resistência ou de força podem ser classificados, respectivamente, como o tempo total da sessão de treinamento ou como a quantidade total de séries realizadas. Assim como a frequência de treinamento, durações maiores no treinamento de resistência podem oferecer um estímulo global mais elevado, mas também causar maior fadiga residual.[64] Resultados de uma metanálise realizada ilustram que pode haver uma relação entre o aumento da duração do treinamento de resistência e o prejuízo nas adaptações de força subsequentes.[110] Esses achados podem ser explicados pela fadiga acumulada ao longo de períodos de treinamento mais longos e pelo modo como ela pode afetar outras adaptações. Por exemplo, pesquisas adicionais mostraram que as adaptações de força foram prejudicadas apenas entre as semanas 8 e 10 de um programa de treinamento concorrente de 10 semanas que incluía 30 a 40 minutos de corrida e ciclismo, 6 dias por semana.[52]

Maiores volumes de treinamento de força têm sido associados a maior dano muscular[8] e à inibição das características de produção de força muscular.[68,98,106] Entretanto, aumentos progressivos no volume do treino de força mostraram aprimorar a economia de corrida em indivíduos com diferentes níveis de condicionamento (p. ex., corredores recreacionais, bem treinados e altamente treinados).[28] Dada a fadiga acumulada decorrente de volumes mais elevados de treinamento realizados ao longo de programas prolongados, os profissionais da área de força e condicionamento devem interpretar esses achados com cautela, pois aumentos contínuos no volume podem eventualmente levar à sobrecarga não funcional e potencialmente ao treinamento excessivo.[25,100]

Em resumo, a literatura mostra que a duração do treinamento concorrente influencia fortemente os desfechos de força e resistência, devendo, portanto, ser considerada no planejamento do programa. Contudo, é importante que os profissionais foquem no desenvolvimento das adaptações que contribuam para um desempenho positivo dentro da modalidade ou evento esportivo do atleta.

Ordem da sessão

Muitos programas de treinamento concorrente descritos na literatura incluíram estímulos de resistência e de força na mesma sessão. Embora isso possa ser visto como um método eficiente de prescrição, por oferecer múltiplos estímulos de treinamento, deve-se considerar o potencial efeito de interferência sobre qualquer uma das adaptações.[39,42,64] Como resultado, múltiplos estudos investigaram a ordem de execução dos treinos de resistência e de força – se realizados antes ou depois em uma sessão. Embora estudos de curto prazo tenham demonstrado efeitos significativos da ordem sobre o desempenho de força[54,59] e de resistência,[31] muitos estudos não observaram diferenças nas características de força,[37,62,71,93] resistência[62,67,71,91] ou velocidade e agilidade[67,71] entre diferentes ordens de sessão. No entanto, achados de metanálises indicam que a sequência de treinamento não parece afetar a capacidade aeróbica máxima (i.e., o $\dot{V}O_{2máx}$), enquanto uma sessão de treinamento de força realizada antes do treinamento de resistência pode impactar negativamente a força dos músculo flexores ou extensores de joelho.[35,44,75] Em uma análise de subgrupos, os pesquisadores concluíram que participantes do sexo feminino apresentaram melhores adaptações de treinamento quando a sequência consistia em realizar o treinamento de força antes do treinamento de resistência, especialmente em programas com duração superior a oito semanas ou com frequência de treinamento de duas vezes por semana.[44] Esses resultados devem ser interpretados com cautela, pois a maior parte da literatura apresenta achados conflitantes. Ainda assim, recomenda-se que os profissionais da área de força e condicionamento organizem os estímulos de treinamento de modo a enfatizar a característica de aptidão desejada como prioridade em um determinado período do ano de treinamento.[72,90,110] Assim, recomenda-se que a característica de aptidão desejada seja treinada primeiro nas sessões de treinamento concorrente.

Tempo de recuperação entre as sessões

Como as características de força podem ser negativamente afetadas por exercícios de resistência realizados previamente em uma sessão de treinamento concorrente – efeito que pode perdurar por até 8 horas –,[3,10,11,63,95] os profissionais da área de força e condicionamento podem precisar buscar estratégias alternativas para maximizar as características de produção de força de seus atletas. Embora certamente menos comum na literatura, alguns pesquisadores investigaram o efeito de sessões de treinamento concorrente realizadas em dias alternados, em comparação à realização na mesma sessão[86,89] ou em duas sessões no mesmo dia.[86] Os resultados de ambos os estudos indicaram que maiores adaptações de força podem ser alcançadas quando as sessões concorrentes são realizadas em dias alternados. Esses achados podem ser explicados pela capacidade de reabastecer os estoques energéticos necessários entre os esforços de treinamento, promovendo assim sessões de maior qualidade que potencialmente aprimoram as características de produção de força do atleta.[15] Em um cenário ideal, recomenda-se um intervalo mínimo de 8 horas entre as sessões de treinamento a fim de maximizar o desenvolvimento da força.[57] No entanto, é importante observar que o modo, a duração e a intensidade do estímulo de resistência podem modificar o tempo de recuperação necessário entre as sessões para promover uma adaptação ideal.

Aplicação prática

Existem diversos tipos de protocolos de treinamento concorrente que podem ser utilizados, o que ressalta a importância de compreender a literatura disponível ao se buscar o desenvolvimento das características de produção de força de um atleta. Na prática, um dos principais objetivos ao implementar o treinamento concorrente deve ser mitigar o impacto do efeito de interferência. Nesse sentido, recomenda-se reduzir a frequência do treinamento aeróbico para menos de três vezes por semana e com duração inferior a 30 minutos por sessão.[110] Outras recomendações sugerem separar os estímulos de treinamento de força e resistência em, no mínimo, 8 horas; contudo, na prática, essa forma de prescrição é, na melhor das hipóteses, desafiadora.[57] Isso é especialmente verdadeiro para atletas do ensino médio e universitário, que precisam cumprir horários de aula durante o ano letivo, que muitas vezes coincidem com suas respectivas temporadas competitivas.

Assim, os profissionais da área de força e condicionamento devem adotar uma abordagem periodizada para determinar quando volumes maiores de exercícios de resistência podem ser empregados e quando as características de força do atleta precisam ser maximizadas. Por exemplo, os estímulos de resistência podem ser atenuados durante períodos de treinamento em que o desenvolvimento da produção rápida de força é o principal objetivo. Pesquisadores que investigaram diferentes modelos de periodização em canoístas de elite sob treinamento concorrente apoiam essa perspectiva.[45,46] Os autores concluíram que uma abordagem de periodização em blocos pode ser uma estratégia eficaz para priorizar uma característica específica, ajustando a intensidade do treino em cada bloco e reduzindo o efeito de interferência.

PONTO-CHAVE

Os profissionais da área de força e condicionamento devem adotar uma abordagem periodizada para determinar quando volumes maiores de exercícios de resistência podem ser empregados e quando as características de força do atleta precisam ser maximizadas.

Embora atletas de resistência possam exigir períodos de treinamento contínuo de longa duração e baixa intensidade, esses atletas também podem se beneficiar de treinamentos de maior intensidade, pois eles podem promover melhorias tanto na força máxima[1,2,12] quanto na produção rápida de força,[1,2] além de aprimorar a economia de corrida.[66]

Além dos esportes individuais, o treinamento concorrente também pode ser uma abordagem eficaz para desenvolver o desempenho global de atletas de esportes coletivos.[94] Ao planejar o treinamento desses atletas, pode ser viável empregar uma abordagem de periodização em blocos com múltiplos alvos.[97,101] No entanto, os profissionais da área de força e condicionamento devem estar atentos ao número de competições em cada semana da temporada, pois isso pode variar ao longo do ano.

Ao programar o treinamento para esses atletas, é essencial que os profissionais considerem a especificidade dos estímulos de treinamento, especialmente nas sessões de resistência. Por exemplo, atletas que competem em esportes de campo ou quadra podem se beneficiar de estímulos de maior intensidade baseados na MAS ou em protocolos de treinamento HIIT e de *sprints*.

Pontos principais discutidos no capítulo

- O treinamento concorrente como estímulo global é complexo, pois mescla estímulos de força e de resistência no mesmo programa. A literatura existente sugere que o treinamento concorrente pode beneficiar tanto as adaptações de força máxima quanto as de resistência; entretanto, as características de produção rápida de força parecem ser negativamente afetadas.
- O efeito de interferência não acontece da mesma forma em todos os casos, pois diferentes variáveis de prescrição e características individuais podem influenciar o efeito do estímulo de treinamento. Atletas com maior experiência de treinamento podem ser mais propensos a apresentar o efeito de interferência; contudo, as adaptações de força máxima podem não ser afetadas em indivíduos com menor experiência de treinamento.
- Os profissionais da área de força e condicionamento devem considerar o modo, a sequência, a frequência, o volume, a intensidade e a duração da recuperação de cada estímulo a fim de promover a adaptação desejada e minimizar o efeito de interferência. Se for utilizado um intervalo de recuperação adequado entre o treinamento de força e o estímulo de resistência, ambos tendem a não ser negativamente afetados.
- Os métodos de condicionamento utilizados no treinamento concorrente podem ter um impacto significativo sobre o estímulo geral fornecido ao atleta. Portanto, os profissionais devem considerar a especificidade do uso de treinamentos de longa duração e baixa intensidade, de velocidade aeróbica máxima (MAS), intervalo de alta intensidade (HIIT) e de *sprints* com seus atletas, bem como o grau de transferência desses estímulos para o desempenho em sua respectiva modalidade esportiva.
- Recomenda-se adotar uma abordagem periodizada no treinamento concorrente para determinar quando volumes maiores de exercícios de resistência podem ser utilizados, em comparação aos períodos em que as características de força do atleta precisam ser maximizadas. A abordagem de periodização em blocos pode ser uma estratégia eficaz para priorizar uma característica específica, ajustando a intensidade do treino em cada bloco e reduzindo o efeito de interferência.
- Embora este capítulo tenha apresentado uma visão geral dos diferentes métodos de condicionamento que podem ser utilizados em programas de treinamento concorrente, recomenda-se que os leitores que buscam maior aprofundamento consultem Baker[5] e os livros organizados por Laursen e Buchheit[61] e Schumann e Rønnestad.[92]

9

Mensuração da força muscular

As características de produção de força máxima e rápida de um atleta podem ser mensuradas utilizando-se diversos testes diferentes. Como a força é expressa em um contexto específico à tarefa, é importante que os profissionais da área de força e condicionamento escolham testes que se relacionem com as tarefas motoras utilizadas na modalidade ou evento esportivo do atleta. Cada tipo de avaliação (p. ex., força isométrica, dinâmica, reativa) tem suas vantagens e limitações; contudo, cada uma pode fornecer informações valiosas sobre a capacidade de produção de força. O propósito deste capítulo é oferecer uma visão geral sobre diferentes formas de avaliação da força muscular e sobre como utilizar as informações obtidas nos testes para desenvolver programas de treinamento individualizados, que aprimorem as características de produção de força que influenciam as tarefas realizadas na modalidade ou evento esportivo do atleta.

Justificativas para medir a força muscular

A frase "se você não está avaliando, está chutando" é comum entre profissionais da área de força e condicionamento e da ciência do esporte. Ela destaca a importância de testar e monitorar atletas como complemento às observações visuais do desempenho. Existem quatro razões principais para realizar esses testes. Em primeiro lugar, o monitoramento regular de atletas pode fornecer aos profissionais informações sobre o processo geral de treinamento. Especificamente, os testes podem oferecer uma visão sobre como atletas individuais estão respondendo a estímulos específicos.[99] Pesquisas demonstraram que tanto as características de força máxima quanto as de produção rápida de força podem ser monitoradas de forma eficaz durante programas de treinamento longitudinal.[110,251] No entanto, deve-se observar que as medidas de produção rápida de força tendem a ser mais sensíveis a mudanças ao longo do programa. Além disso, pesquisas adicionais indicaram que não é adequado presumir que o aprimoramento em um aspecto da força produza melhorias em todos os outros aspectos.[116]

Em segundo lugar, os treinadores recebem *feedback* direto sobre o progresso ou regressão de seus atletas a curto e longo prazos, enquanto cada atleta obtém informações sobre seu próprio desempenho. Em ambos os casos, essas informações podem aumentar o engajamento tanto da equipe técnica quanto dos atletas, desde que percebam a importância dos dados obtidos.

Em terceiro lugar, a testagem e o monitoramento podem ajudar a identificar as variáveis que contribuem para o desempenho ideal; isso, por sua vez, pode auxiliar na identificação de talentos. Por exemplo, pesquisadores identificaram diferenças nas características de produção de força e de desempenho entre atletas de diferentes níveis competitivos.[10,75,81,172] Assim, quando um atleta obtém bons resultados nos testes, mas ainda não tem destaque nas competições, os dados podem ser usados para evidenciar seu potencial. No entanto, é importante observar que obter bons resultados nos testes não necessariamente significa que o atleta apresentará um bom desempenho em sua modalidade ou evento esportivo.

Por fim, a avaliação regular dos atletas pode ajudar profissionais da área de força e condicionamento e cientistas do esporte a identificar diferentes fatores que podem estar associados a lesões, treinamento excessivo e exaustão atlética (*burnout* no esporte). Por exemplo, Sands et al.[227,228] discutiram diversos procedimentos de delineamento de sujeito único que podem ser utilizados para monitorar as características de produção de força de um atleta. Dada a importância destacada da força muscular[268] e as razões apresentadas anteriormente, parece haver uma justificativa sólida para a avaliação regular das características de produção de força dos atletas.

Considerações sobre os testes de força

Há vários aspectos da testagem que devem ser considerados ao mensurar as características de força de um atleta. Profissionais da área de força e condicionamento e cientistas do esporte devem considerar a confiabilidade, a validade, o grau de familiaridade com o teste, a ordem de execução dos testes e a padronização dos métodos. Os parágrafos a seguir discutem cada um desses conceitos.

Confiabilidade

A *confiabilidade* refere-se à repetibilidade de um teste ou à consistência de uma medida.[295] Para identificar se uma mudança de fato ocorreu, os testes de força devem ser consistentes e reproduzíveis, garantindo que qualquer variação observada durante o procedimento seja levada em consideração na interpretação dos resultados.[17] Fatores como montagem e calibração dos equipamentos, horário de realização do teste, familiaridade do atleta com o protocolo e competência do avaliador podem contribuir para a variabilidade nos resultados.[295] A confiabilidade de um teste pode ser expressa em termos relativos e absolutos, por meio de variáveis como o coeficiente de correlação intraclasse e o coeficiente de variação, respectivamente. Para aumentar a confiabilidade de um teste de desempenho, recomenda-se que os profissionais da área de força e condicionamento realizem as avaliações de forma consistente, controlando o máximo possível de variáveis. Essa prática reforça a importância de testar os atletas em condições muito específicas (p. ex., horário do dia, instruções e incentivos verbais) para medir com precisão a variação produzida em cada teste.[109] Embora os testes realizados em laboratório permitam um maior controle do ambiente, os profissionais devem buscar realizar avaliações de campo sob condições igualmente rigorosas, a fim de aprimorar a confiabilidade dos testes.

PONTO-CHAVE

Para identificar se uma mudança de fato ocorreu, os testes de força devem ser consistentes e reproduzíveis, garantindo que qualquer variação observada durante o procedimento seja levada em consideração na interpretação dos resultados.

Validade

A *validade* é referente à capacidade de um teste de medir com efetividade a variável desejada.[111] Por exemplo, um teste de pregas cutâneas pode ser confiável, mas não mede as características de produção de força de um indivíduo, tornando-o inválido para a mensuração da força muscular. Weakley et al.[292] resumiram os diversos tipos de validade relacionados às características de desempenho físico, incluindo aqueles vinculados à validade tanto do teste quanto da metodologia. Talvez uma das formas mais importantes de validade que os profissionais devam considerar seja a *validade de construto* – isto é, a capacidade de um teste representar com precisão um determinado construto. Sob essa perspectiva, os testes devem ser escolhidos de modo que representem com precisão a capacidade de um atleta de produzir força em diferentes contextos.

Os profissionais da área de força e condicionamento e os cientistas do esporte também devem considerar a validade de um teste em relação ao desempenho do atleta em sua respectiva modalidade ou evento esportivo, denominada *validade ecológica*. Quanto mais um teste se aproximar das exigências específicas do esporte, mais fortemente ele poderá indicar o desempenho competitivo do atleta. Por exemplo, pesquisadores mediram as características de produção de força do arremesso tipo *windmill* no softbol[204] e do arremesso em salto no basquetebol[42] utilizando plataformas de força embutidas no solo para simular o desempenho real em cada modalidade.

PONTO-CHAVE

Devem ser escolhidos testes que representem com precisão a capacidade de um atleta de produzir força em diferentes contextos.

Familiarização com os testes

Antes de realizar os testes, os profissionais da área de força e condicionamento devem se familiarizar – junto com os atletas – com os procedimentos de cada teste.[134]

No que se refere aos atletas, é importante discutir o que se espera deles, o objetivo do teste e os comandos que serão utilizados. Além de uma descrição verbal, recomenda-se realizar uma demonstração de cada teste e permitir tentativas práticas, a fim de fornecer ao atleta uma combinação de estímulos auditivos e visuais, além de permitir que ele "sinta" a execução do teste. Estudos mostraram que a confiabilidade de um teste de força em agachamento desconhecido pode ser reduzida quando os participantes não são previamente expostos a uma versão modificada do teste.[33] Pesquisas adicionais também mostraram aumentos significativos na força muscular entre as diferentes sessões,[217,220,235] bem como entre tentativas sucessivas[240] durante o agachamento com barra, e entre sessões no exercício de supino.[217] Em contraste, não foram observadas diferenças no desempenho de força ao longo de múltiplas sessões de teste no *leg press* ou no *chest press*,[25] nem durante o agachamento com barra e o *power clean*.[50] No entanto, deve-se observar que protocolos realizados em aparelhos podem exigir menor efeito de aprendizagem em comparação com pesos livres, e que os participantes do estudo de Comfort e McMahon[50] apresentavam maior experiência em treinamento do que os de outros estudos citados.

Os leitores devem observar que os atletas também podem se familiarizar com determinadas posições durante o próprio programa de treinamento. Por exemplo, pesquisadores indicaram que indivíduos com pelo menos seis meses de experiência com exercícios derivados do levantamento de peso olímpico apresentaram maiores diferenças de desempenho no teste *isometric mid-thigh pull* ([IMTP] tração isométrica na metade da coxa) entre diferentes posições, enquanto aqueles com menos experiência demonstraram diferenças menores.[21] Os achados de Comfort e McMahon,[50] apresentados anteriormente, também apoiam a noção de que a experiência prévia de treinamento com os exercícios testados pode levar a medições mais confiáveis ao longo de múltiplas sessões de teste. Portanto, embora permitir que os indivíduos pratiquem o teste antes de realizar as tentativas de esforço máximo não elimine completamente o efeito do aprendizado, essa prática pode reduzir seu impacto em certa medida.

PONTO-CHAVE

Além de uma descrição verbal, recomenda-se realizar uma demonstração de cada teste e permitir tentativas práticas, a fim de fornecer ao atleta uma combinação de estímulos auditivos e visuais, além de permitir que ele "sinta" a execução do teste.

Ordem dos testes

Os atletas frequentemente realizam uma bateria de testes para avaliar as diversas características relacionadas ao desempenho esportivo. No entanto, devido às limitações de tempo, é importante organizar os testes em uma ordem específica a fim de estabelecer um ambiente de avaliação eficiente, que forneça informações altamente confiáveis e válidas. Caso toda a testagem precise ser realizada em um único dia, devem-se avaliar primeiro as medidas antropométricas (p. ex., estatura e massa corporal), seguidas pelos testes balísticos não fatigantes (potência), como o salto vertical; depois, testes de mudança de direção ou agilidade; em seguida, testes de potência ou força máxima; velocidade; resistência muscular; capacidade anaeróbica; e, por fim, capacidade aeróbica.[161] Um dos benefícios de conduzir toda a testagem em um único dia é garantir que todos os atletas sejam avaliados sob condições fisiológicas comparáveis. Por exemplo, se 3 dos 6 testes forem aplicados em dois dias diferentes, é possível que fatores externos adicionais influenciem o desempenho do atleta em um dos dias, comprometendo a confiabilidade entre sessões. Por outro lado, realizar os testes em dias distintos pode permitir que testes de esforço máximo ou quase máximo sejam executados sem que um interfira no outro (p. ex., teste de agachamento máximo e teste *Yo-Yo Intermittent Recovery*).

No que diz respeito à avaliação das características de força, é importante observar que a ordem de testes previamente descrita pode permitir que as qualidades de produção de força sejam avaliadas em diferentes contextos, desde que os equipamentos necessários estejam disponíveis. Por exemplo, estudos mostraram que testes antropométricos, de salto, de velocidade, de mudança de direção, de força isométrica e de força dinâmica podem ser realizados na mesma sessão, fornecendo uma ampla gama de informações.[260] No entanto, é fundamental destacar que, caso testes de força isométrica máxima e de força dinâmica sejam realizados na mesma sessão, o primeiro deve ser aplicado antes, pois é menos fatigante e pode ser conduzido de forma mais eficiente em termos de tempo.

PONTO-CHAVE

Caso toda a testagem precise ser realizada em um único dia, devem-se avaliar primeiro as medidas antropométricas (p. ex., estatura e massa corporal), seguidas pelos testes balísticos não fatigantes (potência), como o salto vertical; depois, testes de mudança de direção ou agilidade; em seguida, testes de potência ou força máxima; velocidade; resistência muscular; capacidade anaeróbica; e, por fim, capacidade aeróbica.

Padronização dos métodos

Como mencionado, é fundamental que os profissionais da área de força e condicionamento e os cientistas do esporte controlem o máximo de variáveis possível ao avaliar o desempenho de seus atletas. Isso pode ser alcançado por meio da padronização dos métodos, que pode incluir – mas não se limitar a – calibração e montagem dos equipamentos, procedimentos de aquecimento, instruções fornecidas aos atletas e períodos de descanso entre as tentativas. De maneira simplificada, se o equipamento utilizado na avaliação não estiver calibrado, é possível que os dados coletados não sejam precisos. Em relação à montagem do equipamento, é importante que os profissionais sejam rigorosos quanto ao posicionamento e à configuração utilizados, de modo que as mesmas condições de teste sejam asseguradas para todos os atletas e que os dados possam ser comparados entre sessões com confiança. Assim como nos procedimentos de familiarização já discutidos, deve-se fornecer os mesmos comandos verbais a todos os atletas avaliados, pois eles podem influenciar diretamente a maneira como o teste é executado e as características de produção de força apresentadas. Por exemplo, instruir um atleta a saltar o mais alto possível ou a reduzir o tempo de contato com o solo durante um salto em queda (*drop jump*) pode resultar em desempenhos significativamente diferentes.[300]

Também é importante observar que os comandos fornecidos ao atleta podem modificar o foco de atenção e, consequentemente, influenciar suas características de produção de força. Halperin et al.[98] indicaram que instruções com foco externo – em comparação com foco interno – levaram os participantes a produzir forças de pico maiores durante o IMTP. Informações adicionais sobre as instruções apropriadas para avaliações específicas da força muscular são apresentadas a seguir.

Tipos de testes de força muscular

Conforme discutido no Capítulo 1, a força pode ser expressa de diversas maneiras, dependendo das exigências de uma determinada tarefa. Assim, é importante que os profissionais da área de força e condicionamento e os cientistas do esporte avaliem a capacidade do atleta de expressar suas características de força por meio de testes que se relacionem com o desempenho esportivo. Por exemplo, o *sprint* em velocidade máxima requer grandes magnitudes de força geradas em períodos muito curtos (80 a 90 ms no nível de elite); portanto, a escolha adequada da avaliação de força e das variáveis de desempenho torna-se especialmente relevante sob a perspectiva do monitoramento do atleta. Os parágrafos a seguir discutem diferentes métodos de avaliação da força e fornecem uma visão sobre como essas informações podem ser utilizadas para orientar decisões de prescrição de treinamento.

Teste de resistência isométrica

A avaliação da força isométrica pode ser realizada com diversos aparelhos – incluindo plataformas de força,[23,94] dinamômetros isocinéticos,[192] células de carga[114] ou extensômetros.[176] Dependendo do equipamento e do *software* disponível, cada aparelho pode permitir que profissionais da área de força e condicionamento e cientistas do esporte produzam uma curva força-tempo durante o esforço isométrico e mensurem diversas variáveis de produção de força (p. ex., força em diferentes momentos, taxa de desenvolvimento de força e impulso). Embora possam ser obtidas informações confiáveis sobre as características de produção de força de um atleta em tarefas isométricas monoarticulares, esses testes podem não refletir diretamente as tarefas realizadas durante a competição esportiva.[31] Dois dos testes isométricos multiarticulares mais utilizados na literatura são o teste IMTP (Fig. 9.1) e o teste de agachamento isométrico (ISQT) (Fig. 9.2). Embora ambos avaliem a força isométrica dos membros inferiores, estudos mostraram maiores forças de pico no ISQT, enquanto o IMTP apresenta maiores magnitudes de produção rápida de força.[36,37,205] Entretanto, deve-se observar que pesquisadores também examinaram as características de produção de força durante o supino isométrico,[195,298] *leg press* isométrico,[155,302] agachamento com cinto (Fig. 9.3),[138] remada horizontal isométrica (Fig. 9.4)[151] e extensão ou flexão de joelho.[230]

Os resultados de testes isométricos podem estar relacionados à 1 RM de um teste de força similar,[20,63,205,248] e até mesmo a outros levantamentos, como o agachamento com barra e o supino.[165,291] Por exemplo, observaram-se fortes correlações entre a força de pico no agachamento isométrico e no agachamento com barra a 1 RM[19,32] e no agachamento parcial.[19] Além disso, verificou-se uma forte relação entre o IMTP e o ISQT.[205] Pesquisas adicionais mostraram que a taxa de desenvolvimento de força entre 0 e 250 ms durante o *leg press* isométrico apresentou forte correlação com o desempenho no *hang power clean*, no agachamento e no *leg press*.[302] Por fim, o supino isométrico mostrou correlação elevada com o supino a 1 RM e o *bench*

FIGURA 9.1 Puxada isométrica do meio da coxa.

FIGURA 9.2 Agachamento isométrico.

FIGURA 9.3 Agachamento isométrico com cinto.

FIGURA 9.4 Puxada isométrica no banco.

press throws (supino com arremesso) realizado a 15, 30 e 60% de 1 RM.[195]

Pesquisadores mostraram que a força de pico e a força produzida em momentos específicos podem apresentar alta confiabilidade, mas a confiabilidade da taxa de desenvolvimento de força tem se mostrado inconsistente.[93] Entretanto, verificou-se que a confiabilidade dessa variável pode melhorar se os intervalos forem predeterminados.[69,93] Deve-se observar que, como taxas de amostragem de plataformas de força variando entre 500 e 2.000 Hz não afetaram significativamente as variáveis força-tempo durante o IMTP, pode-se usar uma taxa mínima de amostragem de 500 Hz para avaliar essas variáveis de maneira confiável.[69] Além das variáveis tradicionais, pode ser vantajoso expressar a força em diferentes intervalos como uma porcentagem da força máxima.[52]

Um aspecto importante da avaliação de força isométrica é a identificação do início da tentativa (i.e., o ponto em que a análise do teste será iniciada). Embora o ponto de início talvez não impeça que profissionais da área de força e condicionamento e cientistas do esporte identifiquem a força de pico de uma tentativa, outras variáveis – incluindo a produção rápida de força e o impulso – podem ser significativamente afetadas. Existem diferentes abordagens para determinar o início do esforço isométrico, incluindo a identificação manual, limiares arbitrários, percentuais da massa corporal e limiares relativos que consideram o ruído do sistema (i.e., atleta e plataforma de força) e a variação de força durante um período de postura estática.[65] Os autores do estudo citado sugeriram o uso de cinco vezes o desvio-padrão de uma fase de postura estática de 1 segundo para identificar o início de um IMTP. Para compreender a capacidade de um atleta de produzir força, é essencial que os profissionais analisem a *força líquida* (i.e., a força produzida além do peso corporal do atleta) em vez da *força absoluta* (i.e., a força total, que inclui a massa corporal do atleta), uma vez que esta última favorece atletas mais pesados. Embora as informações sobre força absoluta e líquida sejam relevantes – especialmente em situações em que dois atletas de tamanho semelhante colidem (p. ex., *linemen* no futebol americano) –, as forças isométricas também podem ser normalizadas de modo a possibilitar comparações entre atletas de diferentes tamanhos[51,269] e entre os sexos.[202,203]

Puxada isométrica do meio da coxa

Como mencionado, há diversas configurações que podem ser utilizadas para avaliar as características de produção de força isométrica de um atleta. Utilizando o teste de IMTP, estudos mostraram a importância da posição inicial; por exemplo, observaram-se diferenças significativas nas características de produção de força nas diferentes posições de teste.[21,67] De forma geral, a posição do IMTP deve se assemelhar ao início da segunda puxada do exercício *clean*, em que a barra imóvel deve estar posicionada na parte superior da coxa do atleta, enquanto toda a folga dos braços é eliminada. Além disso, o tronco do atleta deve permanecer ereto, com um ângulo de quadril entre 140 e 150° e um ângulo de joelho entre 125 e 145°. Depois de alcançar a posição inicial, os atletas devem realizar esforços de aquecimento a 50 e 75% de sua percepção de esforço máximo, cada um com duração aproximada de 3 segundos, com 1 minuto de descanso entre as tentativas. Para evitar que a força de preensão seja um fator limitante durante os testes de esforço máximo, as mãos do atleta devem ser presas e fixadas à barra imóvel com fitas ou tiras de suporte. Antes da tentativa máxima, o atleta deve ser instruído a manter sua posição durante o teste e empurrar os pés contra o solo "o mais rápido e o mais forte possível". As tentativas do teste de IMTP costumam ter duração aproximada de 5 segundos; entretanto, o tempo total do teste pode variar em função da capacidade do atleta de atingir sua força máxima em menor intervalo. A Figura 9.5 apresenta um fluxograma dos procedimentos do teste de IMTP. Para uma discussão aprofundada sobre as melhores práticas do IMTP, recomenda-se a leitura da revisão de Comfort et al.[47]

Agachamento isométrico

O agachamento isométrico é outro teste comumente utilizado para examinar as características de produção de força dos membros inferiores de um atleta. Assim como no IMTP, a configuração inicial do ISQT é fundamental para garantir um teste confiável e válido. Pesquisadores analisaram uma ampla variedade de posições durante o ISQT, sendo os ângulos de joelho de 90 e 120° os mais utilizados.[19,32,200,299] Em resumo, o atleta deve posicionar-se sobre a plataforma ou plataformas de força em uma postura de agachamento parcial, de acordo com o ângulo de joelho desejado. Os profissionais da área de força e condicionamento devem instruir os atletas a replicar sua mecânica de agachamento habitual, a fim de evitar sobrecarga excessiva na região lombar e assegurar a máxima produção de força vertical. Antes do início do teste, o atleta deve manter a parte superior das costas em contato com a

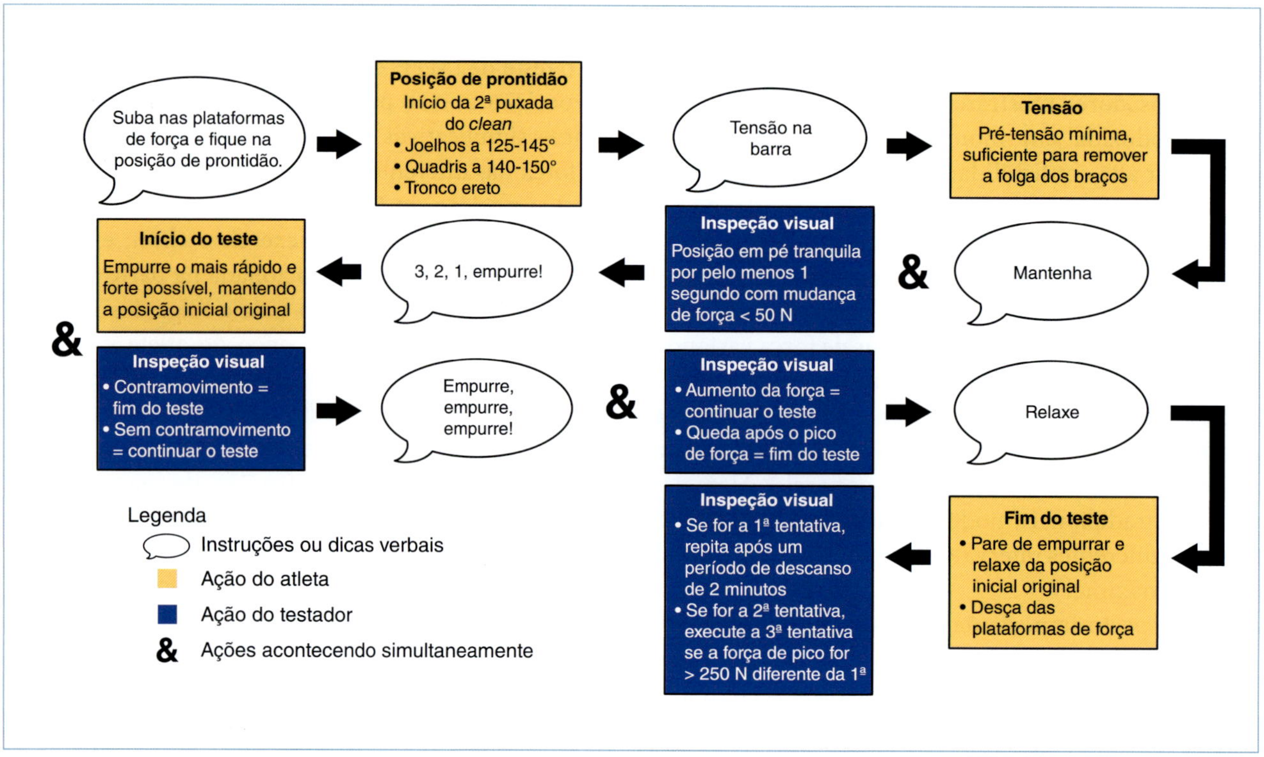

FIGURA 9.5 Fluxograma dos procedimentos do teste de puxada isométrica do meio da coxa.

barra, com tensão mínima. Assim como no IMTP, os atletas devem realizar tentativas de aquecimento antes das tentativas de esforço máximo, seguindo procedimentos rigorosos para melhorar a confiabilidade de cada repetição. Deve-se observar que diferentes protocolos de ISQT podem produzir diferentes níveis de confiabilidade ao medir a força de pico e características de produção rápida de força.[72,73] Enquanto a força de pico pode ser mensurada de forma confiável utilizando durações semelhantes às do IMTP, recomenda-se que a produção rápida de força seja avaliada por meio de um *protocolo* explosivo com duração de 1 segundo.[73] Além da duração do teste, a principal diferença entre os protocolos tradicional e explosivo está nas instruções fornecidas ao atleta: especificamente, os atletas devem ser instruídos a "empurrar o *mais forte* e rápido possível" no protocolo tradicional e a "empurrar o *mais rápido* e forte possível" no protocolo explosivo, respectivamente.

Supino isométrico

A avaliação da produção de força durante o supino isométrico normalmente é medida usando ângulos de cotovelo de aproximadamente 90 ou 120°.[194,195] No entanto, estudos mostraram que o maior pico de força foi produzido em um ângulo de cotovelo de 150°, em comparação com 60, 90 e 120°.[298] Esses autores também observaram que, embora a força de pico tenha apresentado boa confiabilidade em todos os ângulos, a taxa de desenvolvimento de força não atingiu níveis aceitáveis de confiabilidade. Profissionais da área de força e condicionamento podem permitir que os atletas escolham a posição de pegada em que se sintam "mais fortes"; entretanto, é necessário padronizar a largura da pegada para cada atleta, a fim de que ela possa ser reproduzida em sessões futuras de teste.[298] Ao medir o desempenho no supino isométrico, é importante que as pernas do atleta e todo o banco estejam posicionados sobre as plataformas de força, pois tanto a parte superior quanto inferior do corpo contribuem para a produção de força durante o movimento. Como nem sempre há múltiplas plataformas de força disponíveis, os profissionais devem compreender as limitações inerentes a esse tipo de teste, bem como ao uso de equipamentos que não consideram a contribuição da força da parte inferior do corpo.

Testes de força dinâmica

Há muitos testes dinâmicos que podem ser utilizados para avaliar as diferentes características de força dos atletas. Esses testes variam desde avaliações de força máxima até testes de velocidade, fornecendo um amplo espectro de informações sobre as características de produção de força dos atletas. Os parágrafos a seguir discutirão os testes de força máxima, força relativa, salto vertical, salto horizontal, salto com carga, *sprint*, mudança de direção, assimetria de produção de força e força reativa.

Força máxima

A avaliação de força dinâmica pode ser considerada mais relevante para o desempenho esportivo do que a avaliação isométrica, uma vez que envolve padrões de movimento semelhantes aos utilizados em diversas modalidades ou eventos esportivos. A forma mais comum de teste de força dinâmica é o teste de 1 RM (uma repetição máxima), que avalia a quantidade máxima de peso que um atleta consegue levantar em uma única repetição.[39] Esses testes têm sido classificados como confiáveis, independentemente da experiência prévia em treinamento de força, do número de sessões de familiarização, da escolha do exercício, da região corporal testada (membros inferiores ou superiores), do sexo ou da idade dos participantes.[92] Além disso, estudos mostraram que os testes de 1 RM apresentam erro de medição e menor diferença detectável em torno de 5%.[50] Os exercícios mais comumente utilizados para testes de força máxima são o agachamento, o supino e o *power clean*.[176] Embora esses testes possam ser confiáveis tanto para indivíduos experientes quanto inexperientes,[14,50,77] os profissionais da área de força e condicionamento devem considerar a proficiência técnica do atleta antes de decidir aplicar um teste de 1 RM. Em termos simples, atletas experientes estão mais familiarizados com o exercício por já o terem incluído em seus treinos; portanto, provavelmente serão capazes de estimar sua 1 RM com maior precisão do que atletas com menor experiência.[198]

Além dos movimentos excêntricos e concêntricos tradicionais, o teste de 1 RM também pode ser realizado utilizando ações musculares isoladas. Por exemplo, o agachamento exclusivamente concêntrico,[270-272,277] o agachamento exclusivamente excêntrico,[245] o supino exclusivamente concêntrico,[285] e o *leg press* exclusivamente excêntrico[86] têm sido empregados para testar a força máxima em amplitudes específicas de movimento. Com relação aos movimentos exclusivamente concêntricos, pesquisadores realizaram esse tipo de teste para investigar a "região de estagnação" (*sticking region*) durante o exercício de supino.[97,143,285] Embora esse tipo de teste possa ser altamente aplicável a atletas que competem no levantamento de peso básico, sua relevância pode ser menor para atletas de esportes coletivos. Deve-se observar que o teste de 1 RM excêntrico também pode ser realizado mediante a aplicação de um ritmo de execução controlado e de uma amplitude de movimento padronizada.[86,245] Ainda que essas informações possam ser valiosas por estarem relacionadas à força durante ações musculares excêntricas – e potencialmente para fins de dosagem da carga em métodos de treinamento como a sobrecarga excêntrica acentuada[103] –, a aplicação desses achados pode ser limitada, uma vez que muitas tarefas específicas do esporte envolvem tanto ações musculares excêntricas quanto concêntricas. Devido à sua natureza extenuante, a aplicação frequente do teste de 1 RM pode não ser prática ao longo de um ano de treinamento. No entanto, como muitos profissionais da área de força e condicionamento utilizam o teste de 1 RM para determinar as cargas do treinamento de força, podem ser necessários métodos alternativos de avaliação.

Também se pode estimar a 1 RM de um atleta por meio de um teste de múltiplas repetições máximas (p. ex., 3 RM ou 5 RM). Contudo, os profissionais devem estar cientes de que a precisão da 1 RM estimada diminui à medida que o número de repetições dentro de um teste de RM aumenta.[122,187] Além disso, sugeriu-se que a capacidade de predizer com precisão a carga de 1 RM pode depender do exercício avaliado.[108,239] Os profissionais devem ainda estar atentos em relação à ampla variedade de equações de predição, as quais podem resultar em grandes magnitudes de erro (i.e., de −24 a 22,9%) entre o valor estimado e o valor real da 1 RM.[158] Algumas equações confiáveis, com as menores diferenças entre a 1 RM prevista e a real e com menor erro percentual, são as seguintes:

Adams, 1998[1]

$$1\ RM = RW / (1 - 0{,}02 \times RTF)$$

Mayhew et al., 1992[157]

$$1\ RM = RW / (0{,}522 + 0{,}419\ e^{-0{,}055RTF})$$

O'Conner et al., 1989[206]

$$1\ RM = 0{,}025\ (RW \times RTF) + RW$$

Reynolds et al., 2006[216]

$$1\ RM = RW / (0{,}5551\ e^{-0{,}0723RTF + 0{,}4847})$$

RW = carga da repetição; RTF = repetições até a fadiga

Outra opção para estimar a 1 RM de um atleta é o uso do método *melhor série-repetição*.[247,266] Esse método permite que os profissionais da área de força e condicionamento utilizem as cargas que cada atleta executa durante o treinamento para estimar as cargas de treinamento em outros esquemas de séries e repetições, além de possibilitar a estimativa de uma 1 RM para diversos exercícios. Uma vantagem evidente desse método é a possibilidade de utilizar a própria instalação de treinamento como laboratório, eliminando a necessidade de realizar testes de 1 RM periodicamente ao longo do ano de treinamento. Em outras palavras, as informações coletadas durante as sessões de treino – especialmente aquelas realizadas com cargas elevadas – podem permitir que os profissionais estimem e monitorem a 1 RM de um atleta à medida que ela varia em função das demandas físicas, fisiológicas e psicológicas de cada fase de treinamento. Embora esse método de estimativa seja comum em exercícios tradicionais de treinamento de força – como variações de agachamento, supino e puxada[43,44,260-262] – nem todos os exercícios têm critérios de 1 RM que permitem comparações entre o valor estimado e o real. Por exemplo, as variações de puxada do levantamento de peso olímpico voltadas à força e velocidade (como, *midthigh pull, countermovement shrug, pull from the knee, hang pull e pull from the floor)* podem permitir que os atletas utilizem cargas superiores à 1 RM da respectiva variação de recepção (p. ex., arranco ou arremesso).[256,257] No entanto, pesquisadores têm usado percentuais relativos de uma variação de recepção de 1 RM para examinar diversos efeitos de carga sobre as características de produção de força durante esses exercícios.[49,55,95,177-179] Assim, o uso do método de melhor série-repetição nesses exercícios pode permitir a estimativa de cargas teóricas de 1 RM para variações de puxada do levantamento de peso olímpico, que podem ser programadas com cargas máximas e supramáximas; contudo, são necessárias mais pesquisas sobre esse assunto.

Alguns pesquisadores e profissionais da área de força e condicionamento optaram por medir indiretamente a força de 1 RM avaliando a velocidade produzida durante a execução de um exercício com cargas submáximas e, a partir disso, gerando um perfil de carga-velocidade.[14,89] Pesquisadores indicaram que deve ser utilizada uma faixa mínima de 0,5 metro por segundo ao gerar esse perfil de carga-velocidade.[117] Embora esse método tenha se mostrado confiável em alguns estudos,[145,148] muitos dos trabalhos existentes empregaram uma pausa (de aproximadamente 1,5 segundo) entre as fases excêntrica e concêntrica do exercício avaliado.[225] Deve-se observar que, embora a pausa possa aumentar a confiabilidade do teste,[208] sua validade ecológica pode ser comprometida, visto que a maioria dos exercícios de treinamento de força não é executada dessa forma.

Os profissionais também devem considerar a confiabilidade e a validade de um perfil de carga-velocidade antes de utilizar esse método de avaliação,[219] pois estudos mostraram grandes erros na predição da 1 RM.[14,78,231] Por exemplo, erros variando de 5,7 a 17%, 8,2 a 20,4% e 8,6 a 19,9% foram observados ao estimar as 1 RM nos exercícios de agachamento, supino e remada curvada, respectivamente.[78] Uma metanálise publicada em 2023 corroborou esses achados, indicando que o uso das relações carga-velocidade tende a superestimar as 1 RM, independentemente da abordagem de modelagem empregada.[91] Portanto, a prática de estimar a 1 RM de um atleta utilizando perfis de carga-velocidade deve ser questionada, visto que os resultados desse tipo de teste podem levar os profissionais a prescrever cargas de treinamento que não maximizam as adaptações desejadas ou que expõem os atletas a estresses desnecessários, potencialmente aumentando o risco de lesões.

PONTO-CHAVE

As relações de carga-velocidade podem superestimar as 1 RM, independentemente da abordagem de modelagem usada.

Embora o teste de 1 RM forneça aos profissionais da área de força e condicionamento informações sobre a quantidade de peso que um indivíduo é capaz de levantar, ele não indica diretamente como o atleta está produzindo força. A Figura 9.6 ilustra as diferenças observadas nas curvas força-tempo entre um agachamento realizado com carga correspondente a 90% da 1 RM estimada, uma tentativa bem-sucedida de 1 RM e uma tentativa malsucedida. Os profissionais devem observar a ausência do segundo pico de força durante a tentativa malsucedida de 1 RM, o que indica a incapacidade de tolerar efetivamente as forças de frenagem ou de produzir as forças de propulsão necessárias durante a transição entre as fases do levantamento. Como o uso de plataformas de força pode nem sempre ser viável ou prático, uma boa alternativa para os profissionais pode ser o monitoramento longitudinal da massa corporal e do volume-carga durante as sessões de treinamento de força. Por exemplo, se um atleta é capaz de levantar cargas maiores em relação à sua massa corporal ou levantar a mesma carga por um número maior de repetições, é possível que ele tenha aprimorado sua capacidade de produção de força máxima. No entanto, é importante estar atento às suposições envolvidas nesse método (p. ex., estado fisiológico, condição de lesão, horário do dia).

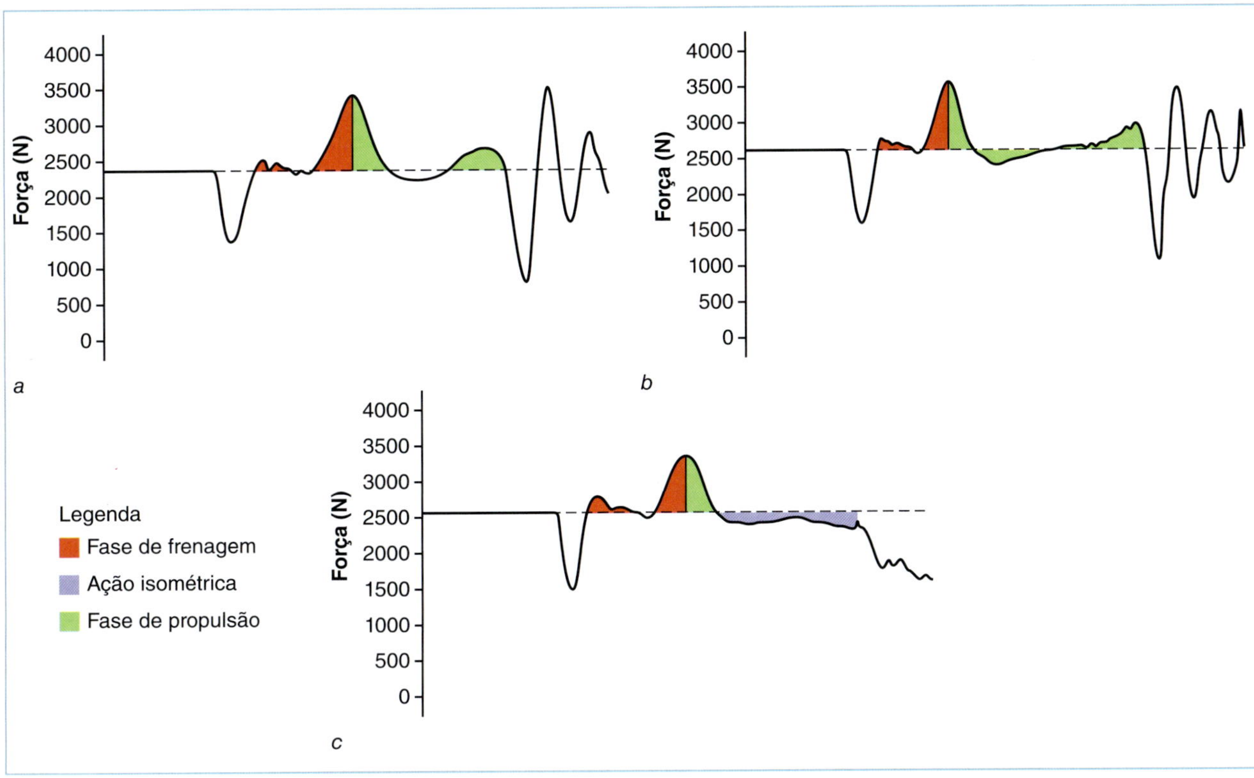

FIGURA 9.6 Diferenças na curva força-tempo entre tentativas de agachamento: *(a)* Carga correspondente a 90% da 1 RM estimada (153 kg), *(b)* tentativa bem-sucedida de 1 RM (175 kg), *(c)* tentativa malsucedida de 1 RM (181,5 kg).

> **PONTO-CHAVE**
> Embora um teste de 1 RM forneça aos profissionais da área de força e condicionamento informações sobre quanto peso um indivíduo é capaz de levantar, ele não indica diretamente como o atleta está produzindo força.

Força relativa

A força relativa de um atleta pode influenciar as decisões de programação dos profissionais da área de força e condicionamento. Por exemplo, quando um atleta é capaz de realizar um agachamento com carga superior ao dobro do seu peso corporal, é provável que se beneficie mais do uso de estratégias avançadas de treinamento, como os complexos de potenciação, em vez das abordagens tradicionais (ver Cap. 6 para mais detalhes). Embora achados científicos possam apoiar esse avanço,[234,271] a ideia de utilizar complexos de potenciação com um atleta que é capaz de realizar um agachamento com carga superior ao dobro do seu peso corporal, mas não com outro que consegue fazer o exercício com carga 1,9 vez o peso corporal, parece improvável e pouco prática. Isso levou muitos profissionais a questionarem a noção de que um atleta só é considerado "forte" se for capaz de realizar agachamentos utilizando o dobro do seu peso corporal. Contudo, é importante que os profissionais compreendam por que esse "nível" de força passou a receber tanta atenção.

Em síntese, os pesquisadores têm agrupado indivíduos de acordo com seus níveis de força – no caso descrito, capazes ou não de realizar agachamentos com carga equivalente ao dobro do peso corporal – para separar claramente os grupos em termos de suas capacidades de produção de força. Por exemplo, estudos mostraram tamanhos de efeito muito grandes (g de Hedges > 3,00) ao comparar grupos dessa forma.[234,271] Embora esse possa não ser o método de comparação mais adequado, estabelecer níveis específicos de força como meio de delinear as habilidades dos atletas pode ajudar a responder a questões de pesquisa específicas. Além disso, é importante destacar que, embora níveis mais elevados de força estejam relacionados a uma variedade de desempenhos,[268] a força é específica à tarefa quando se trata da aplicação de força.

Do ponto de vista da força isométrica, os profissionais da área de força e condicionamento também podem escalonar o desempenho dos atletas de diferentes maneiras.[269] No entanto, examinar as diferenças na força líquida por quilograma de peso corporal pode fornecer a avaliação mais direta. A força líquida isométrica relativa de pico pode ser classificada como excelente, boa, média ou abaixo da média em jogadores de rúgbi e futebol, se os valores forem superiores a 50, entre 40 e 49,9, entre 30 e 39,9 ou inferiores a 30 newtons por quilograma de massa corporal, respectivamente.[182] No entanto, existem poucos dados normativos para outras populações; portanto, são necessárias mais pesquisas sobre o tema.

Teste de salto vertical

O teste de salto vertical é uma das formas mais comuns de avaliação devido à sua simplicidade, à familiaridade dos atletas com o movimento e à pouca necessidade de familiarização prévia.[201] Diversos tipos de salto, incluindo o salto com contramovimento (SCC), o salto agachado (ou estático) e o salto em queda, podem ser enquadrados nessa categoria de teste. Devido à sua capacidade de avaliar as características de força reativa, o teste de salto em queda será discutido em maiores detalhes mais adiante neste capítulo.

Em resumo, o teste de SCC requer que o atleta realize um contramovimento até uma profundidade autosselecionada antes de saltar o mais alto possível.[174] Em contraste, o salto agachado exige que o atleta desça até uma profundidade de agachamento predeterminada (geralmente um ângulo de joelho de 90°), faça uma pausa e, então, salte o mais alto possível utilizando apenas ações musculares concêntricas.[131] Uma diferença evidente entre os tipos de salto é o uso do contramovimento, o qual demonstrou favorecer a altura do salto e as características de produção de força devido à maior eliminação da folga muscular, ao acúmulo de alta estimulação e ao armazenamento e uso da energia elástica.[287]

Tanto o SCC como o salto agachado podem ser realizados com ou sem o uso do balanço dos braços; no entanto, os profissionais da área de força e condicionamento devem observar que o uso desse movimento pode modificar significativamente o desempenho do salto e as características de produção de força.[101,102,139,140] Assim, profissionais e cientistas do esporte podem considerar eliminar o balanço dos braços para isolar o trabalho das pernas; em geral, isso é feito pedindo aos atletas que mantenham as mãos nos quadris (posição *akimbo*) ou que segurem uma haste de madeira ou tubo de PVC apoiado sobre a parte superior das costas, como em um agachamento. Independentemente do método utilizado, deve-se empregar o mesmo protocolo de teste quando os atletas forem reavaliados, a fim de permitir comparações precisas entre as sessões. Como mencionado anteriormente, os saltos verticais podem ser classificados em diferentes tipos; dessa forma, cabe aos profissionais determinar quais tipos de salto refletem melhor a capacidade de atuação do atleta no contexto específico de sua modalidade ou evento esportivo.

Embora a altura do salto vertical seja a variável mais comumente avaliada – e possa ser determinada por diversos métodos[185] –, a forma como o atleta alcança esse desempenho pode fornecer informações mais valiosas sobre sua condição neuromuscular e suas características de produção de força.[84] Isso levou os pesquisadores a examinarem as fases do salto (p. ex., descarga de peso, frenagem, propulsão, aterrissagem), especificamente as características de força, duração e impulso de cada fase.[106,135,169,172,241] Seus achados destacaram as diferenças nas características força-tempo e mostraram as distinções entre atletas com desempenhos mais altos ou mais baixos. As Figuras 9.7 e 9.8 ilustram, respectivamente, as diferentes fases do SCC e do salto agachado.

É importante destacar que os profissionais da área de força e condicionamento devem ter cautela ao fazer suposições sobre as capacidades de produção de força de um atleta ao avaliar o desempenho no salto vertical utilizando um dispositivo diferente de uma plataforma de força. Por exemplo, se um atleta demonstra a capacidade de saltar mais alto após um período de treinamento, isso reflete que ele produziu um impulso propulsivo maior, o que geralmente seria considerado uma adaptação positiva. No entanto, conforme mencionado no Capítulo 1, apenas o formato do impulso (i.e., sua altura e largura), determinado pela magnitude da força produzida e pela duração do impulso, é capaz de definir se a adaptação é de fato benéfica. Nesse contexto, um atleta poderia, teoricamente, saltar mais alto tanto com um impulso de alta força e curta duração quanto com um impulso de baixa força e longa duração. Embora se presuma que a melhoria na altura do salto se deva ao primeiro caso, uma altura de salto maior obtida por meio de um impulso de maior duração pode ser menos aplicável em alguns contextos esportivos específicos.

PONTO-CHAVE

Embora a altura do salto vertical seja a variável mais comumente avaliada – e possa ser determinada por diversos métodos –, o *modo* como o atleta alcança esse desempenho pode fornecer informações mais valiosas sobre sua condição neuromuscular e suas características de produção de força.

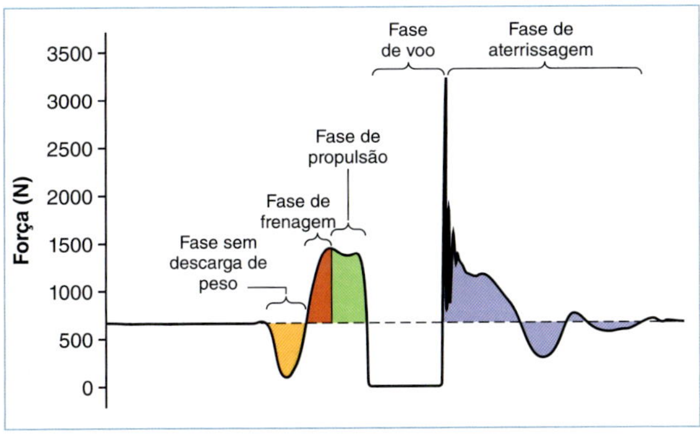

FIGURA 9.7 Fases do salto com contramovimento.

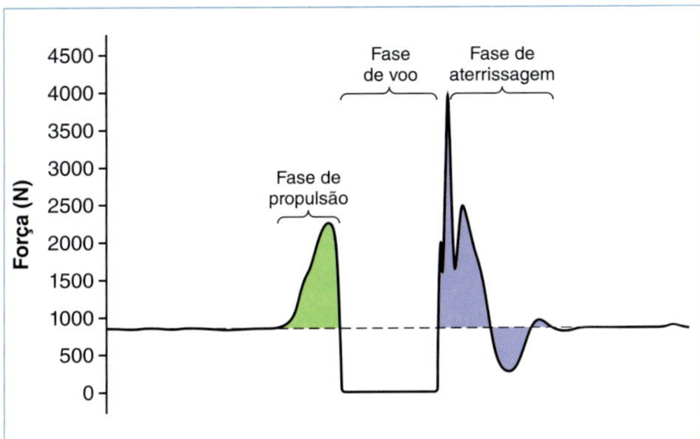

FIGURA 9.8 Fases do salto agachado.

A tecnologia de plataforma de força pode ser considerada o padrão-ouro na avaliação do desempenho em saltos verticais,[83] com estudos tendo demonstrado a confiabilidade de diversos tipos de aparelhos.[4,136,147] Ao avaliar as características de força-tempo do salto vertical, deve-se utilizar uma frequência mínima de amostragem de 1.000 Hz.[207,250] Além disso, para avaliar com precisão as variáveis força-tempo durante o salto vertical, os profissionais da área de força e condicionamento devem levar em consideração as instruções dadas ao atleta quanto ao uso do balanço dos braços[101,102,139,140] e as orientações fornecidas em relação à execução do teste.[149,300] Assim como nos testes isométricos, outro fator que deve ser considerado é o limiar utilizado para identificar o início do salto. Por exemplo, pesquisadores sugeriram o uso de cinco vezes o desvio-padrão de uma fase de posição estática para identificar o início tanto do SCC[207] quanto do salto agachado.[64]

Infelizmente, as características de força-tempo não podem ser mensuradas sem o uso de tecnologias de plataforma de força. Embora aplicativos móveis possam calcular a altura do salto e outras variáveis com base nos tempos de movimento e de voo,[236] eles podem ser limitados em sua capacidade de avaliar com precisão as características de produção de força dos atletas.

Teste de salto horizontal

Além do teste de salto vertical, o salto em distância parado é outro teste comumente utilizado em protocolos de monitoramento de atletas. De forma resumida, o salto em distância parado exige que o atleta salte linearmente o mais longe possível a partir de uma linha inicial, com ou sem o uso de contramovimento ou balanço dos braços. Assim como no salto vertical, pesquisadores identificaram características específicas das fases de força-tempo durante o salto em distância parado e enfatizaram a importância de aumentar a força propulsiva e reduzir a duração da fase propulsiva.[105] Outros estudos destacaram a utilidade de medir tanto as forças verticais quanto as horizontais para fornecer uma indicação do desempenho de força explosiva durante o salto em distância parado.[154] Deve-se observar que a posição inicial,[152] o uso do balanço dos braços,[2] o tipo de salto em distância parado[188] e o uso de foco externo[214,296] podem exercer um impacto significativo sobre as características de produção de força, a distância do salto ou ambos. No entanto, os profissionais da área de força e condicionamento devem estar cientes de que as componentes combinadas de força vertical e horizontal não foram medidas em todos os estudos anteriores, possivelmente em razão do tipo de plataforma de força utilizada. Embora haja consideravelmente mais pesquisas sobre o teste de salto vertical, são necessárias investigações adicionais sobre as características de produção de força no salto horizontal, considerando sua especificidade em relação a outros movimentos, como a corrida de velocidade.[180,188]

Teste de salto com carga

Além dos testes de salto sem carga, os profissionais da área de força e condicionamento podem avaliar as características de produção de força de seus atletas utilizando uma série de cargas. Pesquisadores examinaram as características de produção de força de participantes empregando um espectro de cargas durante o salto agachado,[131] o *jump squat* (agachamento com salto),[57,263,264,279] o salto com barra hexagonal (Fig. 9.9)[263,264,279,283] e o *jump shrug*.[129,253,263,264,278] Embora o objetivo da maior parte dessas pesquisas tenha sido identificar a carga que maximiza a potência produzida, as informações coletadas sobre a produção de força pode oferecer aos profissionais uma compreensão mais detalhada sobre como o atleta responde à adição de uma carga externa, bem como sobre suas necessidades de treinamento.[238,299] Com frequência, isso tem sido feito por meio da elaboração de uma curva carga-potência e da análise do ponto de inflexão em que a potência começa a declinar. No entanto, os profissionais podem considerar a análise das características de força-velocidade que sustentam a produção de potência em cada carga, a fim de determinar o foco do treinamento do atleta (i.e., se há um déficit de força ou de velocidade). Embora métodos de perfil de força-velocidade já tenham sido discutidos,[189] é importante situar esses resultados em um contexto apropriado. Por exemplo, a literatura existente sobre recomendações de treinamento baseadas em perfis de força-velocidade pode estar limitada à tarefa executada e não necessariamente se relacionar com outros tipos de desempenho.[120] Além disso, deve-se observar que, embora aplicativos móveis possam ser utilizados para gerar um perfil de força-velocidade,[236] os valores de força são estimados, não medidos. O perfil de força-velocidade é discutido com maiores detalhes mais adiante neste capítulo.

Assim como no salto vertical sem carga, é importante considerar o impacto do contramovimento sobre as características de produção de força quando uma carga adicional é acrescentada. Por exemplo, um salto realizado a partir de uma posição estática, em comparação com um salto que utiliza contramovimento, pode gerar características de produção de força máxima e rápida bastante diferentes.[35] Embora algumas pesquisas tenham examinado o efeito do contramovimento sobre a altura do salto em um espectro de cargas,[146] há poucas informações sobre as características de produção de força. Como a inclusão ou exclusão do contramovimento impõe restrições específicas ao atleta, os profissionais da área de força e condicionamento devem determinar qual tipo de salto é mais específico para o indivíduo, a fim de monitorar de forma eficaz suas características de produção de força. Independentemente da decisão, deve-se observar que é necessária pouca familiarização para produzir informações de força-tempo confiáveis durante os saltos com carga.[184]

Sprint e mudança de direção

O método mais comum para avaliar o desempenho tanto no *sprint* quanto na mudança de direção é o uso de um sistema de cronometragem (p. ex., fotocélulas ou cronômetro). Embora esse método possa fornecer informações sobre a rapidez com que um atleta é capaz de percorrer uma determinada distância ou executar uma tarefa de mudança de direção, ele oferece pouco conhecimento sobre suas características de produção de força. Essas características foram examinadas tanto nas fases de aceleração quanto de velocidade máxima durante o *sprint*;[196] os estudos forneceram informações sobre como a aplicação de força difere entre atletas de diferentes níveis de desempenho.[45,191,293] Do ponto de vista da mudança de direção, os profissionais da área de força e condicionamento devem considerar a aná-

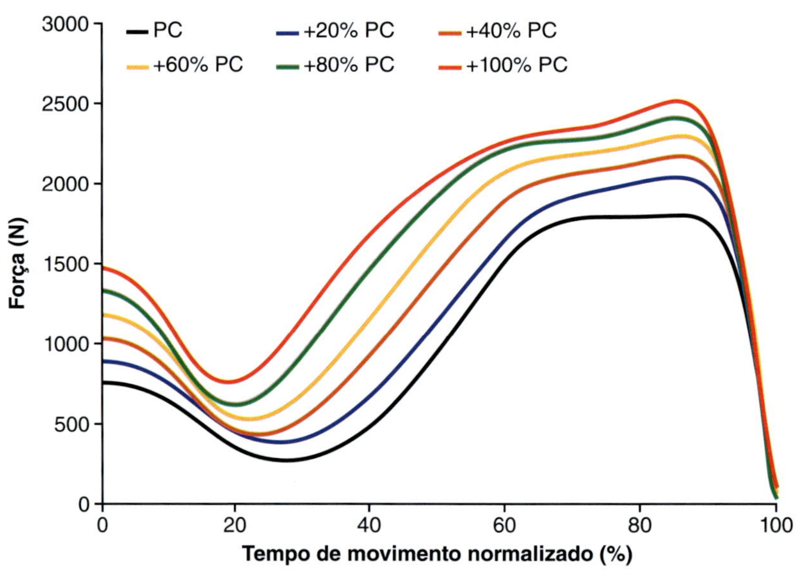

FIGURA 9.9 Efeito da carga nas características de força-tempo durante saltos com barra hexagonal normalizados no tempo.
Observação: PC = peso corporal.

lise tanto das partes de desaceleração quanto das de aceleração do movimento. Curiosamente, estudos demonstraram que as forças de desaceleração podem ser até 2,7 vezes maiores que as de aceleração,[289] atingindo seus valores mais altos no final da fase de desaceleração, especialmente nos dois últimos passos antes da mudança de direção.[104] Contudo, ao planejar os testes, é fundamental que os profissionais considerem tanto o ângulo quanto as velocidades de entrada associadas às tarefas de mudança de direção que estão sendo avaliadas. Por exemplo, tarefas que envolvem ângulos mais fechados[66] e maiores velocidades de entrada[62,288] exigem uma demanda de frenagem maior e, consequentemente, magnitudes e taxas de produção de força mais elevadas.

Uma consideração importante em relação aos testes de força durante o *sprint* e a mudança de direção é a sua viabilidade prática. Em primeiro lugar, cada tipo de teste requer equipamentos específicos (p. ex., plataformas de força, esteiras de alta velocidade) e o espaço necessário para que as avaliações sejam realizadas em velocidade máxima. Embora alguns laboratórios sejam bem equipados com tecnologia de plataforma de força (p. ex., 60 metros de plataformas),[196] muitas instituições podem não ter recursos para adquirir sequer uma plataforma, muito menos posicioná-la de forma que os velocistas a contatem de maneira consistente durante a fase do *sprint* que está sendo examinada.

Outro problema diz respeito à generalização das forças medidas em apenas algumas passadas, em comparação com uma tentativa completa. Nesse contexto, estudos investigaram a capacidade de palmilhas sem fio medirem as forças de reação do solo, o tempo de contato e o impulso.[40,215] Os resultados dessas pesquisas indicam que as medições de força por meio das palmilhas podem ser confiáveis em diferentes condições de caminhada e corrida; entretanto, podem ser necessárias palmilhas com taxas de amostragem mais altas (200 Hz) para melhorar a confiabilidade das medidas de força de pico, taxas de aplicação de carga e impulso.[215] Deve-se observar ainda que outros tipos de palmilha, com taxa de amostragem mais baixa (50 Hz), subestimaram significativamente os valores de força vertical (em média, de 18,9 a 48,3% menores) em comparação com a tecnologia de plataforma de força durante acelerações de *sprint* de 50 metros;[197] isso reforça a importância de maiores taxas de amostragem e de pesquisas adicionais sobre essa tecnologia.

Além da tecnologia de plataforma de força, outros pesquisadores têm incentivado o uso de dados antropométricos, de pressão e temperatura do ar e de velocidade (p. ex., tempos parciais, radar ou sistema de GPS) para determinar as características de produção de força durante a realização de *sprints*.[190,223] Uma das vantagens desse método é não depender de plataformas ou sensores de força para obter determinadas medidas cinéticas, pois esses valores são calculados indiretamente, em média por passada, a partir dos dados de velocidade, em vez de serem medidos diretamente. As forças calculadas por essa abordagem de modelagem apresentaram boa concordância com os valores medidos em plataformas para as forças horizontais.[190] Essa abordagem assume que as forças verticais médias aplicadas em cada passada (fase de contato + fase de voo) são iguais ao peso corporal ao longo do *sprint*;[223] no entanto, deve-se observar que as forças verticais médias medidas apenas durante a fase de contato, em geral, aumentam a cada passada durante a fase de aceleração.[196] Infelizmente, a avaliação das forças envolvidas na mudança de direção ainda parece estar limitada ao uso das tecnologias de plataforma de força; portanto, são necessárias mais pesquisas, pois pode ser difícil determinar a capacidade de produção de força de um atleta sem uma estrutura laboratorial.

É importante destacar que as mudanças no desempenho tanto do *sprint* como da mudança de direção podem estar relacionadas não apenas às características de produção de força, mas também à técnica (p. ex., posição corporal) utilizada nessas tarefas. Estudos mostraram que atletas que realizam *sprints*[45] ou mudanças de direção[68] com melhor mecânica podem produzir força de forma mais eficaz. Embora isso possa se refletir em tempos mais rápidos de *sprint* e mudança de direção, é importante que os profissionais da área de força e condicionamento não assumam que os atletas melhoraram suas características de produção de força máxima ou rápida. Na verdade, eles podem ter aprimorado sua capacidade de aplicar a força existente de maneira mais eficiente, por meio de uma técnica ou mecânica mais refinada. Com base nos resultados de pesquisas prévias, seria lógico buscar o aprimoramento não apenas da técnica, mas também das características de produção de força máxima e rápida dos atletas, já que a combinação de ambos pode resultar em melhorias ideais no desempenho.

Assimetria na produção de força

Os profissionais da área de força e condicionamento também podem avaliar as características de simetria na produção de força de seus atletas. Em termos simples, quando um atleta apresenta produção de força idêntica em ambos os membros, ele é classificado como perfeitamente simétrico. Todavia, essa condição é rara na prática, o que tem levado pesquisadores a investigar as características de assimetria presentes nos atletas. A assimetria pode ser verificada tanto com testes isométricos como dinâmicos, executados de forma bilateral ou unilateral. Por exemplo, pesquisadores utilizaram um sistema de duas plataformas de força para examinar a assimetria de força durante o IMTP,[5-7] o ISQT[18] e diferentes tipos de salto;[6,76,137] contudo, versões unilaterais do IMTP,[70] do ISQT[27] e de saltos[28,29,142] também têm sido empregadas. Pesquisas mostraram que a confiabilidade da assimetria pode conter viés se a confiabilidade for medida antes da quantificação da assimetria.[8] Além disso, a consistência da direção da assimetria pode variar de acordo com a variável escolhida.[137] Assim, se os profissionais optarem por medir a assimetria na produção de força, é fundamental estabelecer se essa assimetria é confiável antes de tirar conclusões específicas sobre as necessidades de treinamento de um atleta.

PONTO-CHAVE

Se os profissionais da área de força e condicionamento optarem por medir a assimetria na produção de força, é fundamental estabelecer se essa assimetria é confiável antes de tirar conclusões específicas sobre as necessidades de treinamento de um atleta.

Estudos indicaram que pode haver uma relação negativa entre assimetrias na força e o desempenho em saltos, chutes e *sprints* no ciclismo.[30] No entanto, outra revisão da literatura sugeriu que a relação entre simetria e desempenho ainda é incerta, atribuindo as assimetrias à dominância de um dos membros e à prática esportiva de longo prazo.[153] Bailey et al.[5] observaram relações significativas entre assimetrias na força isométrica e o desempenho no SCC e no salto agachado, indicando que a assimetria na produção de força pode ser prejudicial ao desempenho nos saltos. Bishop et al.[28,29] encontraram resultados semelhantes, demonstrando ainda que as assimetrias podem afetar negativamente o desempenho no *sprint* e em mudanças de direção. Em contraste, outros estudos relataram que não houve relação significativa entre assimetria e desempenho no *sprint*,[76,181] e que assimetrias inferiores a 15% podem não afetar a velocidade multidirecional.[142]

Curiosamente, pesquisadores apontaram que atletas mais fracos apresentam maiores assimetrias em comparação àqueles mais fortes,[7] e que atletas mais fortes transferem suas assimetrias de produção de força para outras tarefas em maior grau.[6] Além disso, verificou-se que o treinamento de força bilateral pode levar à redução da assimetria de força durante o ISQT em indivíduos mais fracos.[18] Embora o treinamento unilateral possa direcionar e reduzir assimetrias existentes,[90,229] esse tipo de enfoque pode ignorar o fato de que o membro com menor capacidade de produção de força tem maior janela de adaptação, enquanto o outro membro apresenta janela menor e pode experimentar retornos decrescentes.[153] Assim, recomenda-se que os profissionais da área de força e condicionamento concentrem-se no desenvolvimento global das características de produção de força máxima e rápida em relação ao desempenho, em vez de focar apenas a redução das assimetrias na produção de força.

Força reativa

Como discutido no Capítulo 1, a *força reativa* pode ser definida como a capacidade de transitar com rapidez entre ações musculares excêntricas e concêntricas.[299] Um aspecto importante na avaliação da força reativa é a duração total do movimento no ciclo de alongamento-encurtamento. Nesse contexto, dois testes que permitem aos profissionais da área de força e condicionamento avaliar as características de força reativa dos atletas são o teste de salto em queda (*drop jump test*) e o teste de 10/5 saltos repetidos (*10/5 repeated jump test*).[249] De maneira sintetizada, o teste de salto em queda requer que o atleta desça de uma superfície elevada, toque o solo e salte o mais alto possível. Em contraste, o teste de 10/5 saltos repetidos exige que o atleta realize um SCC máximo antes de executar 10 saltos de rebote, sendo utilizados para análise os cinco melhores saltos com tempos de contato com o solo inferiores a 250 ms.[56] Ambos os testes podem ser usados para calcular o **índice de força reativa (IFR)**, definido como a razão entre a altura do salto e o tempo de contato com o solo (i.e., o intervalo entre o contato inicial do pé durante a aterrissagem e o momento em que o atleta deixa o chão). Estudos mostraram que o IFR é uma variável confiável,[80] capaz de fornecer aos profissionais da área de força e condicionamento informações sobre a fadiga neuromuscular de um atleta[100] e sua resposta aos estímulos recentes de treinamento.[160] Além disso, o IFR pode servir como um indicador da capacidade de aceleração[144] e da rigidez vertical.[128] Pesquisadores também facilitaram o cálculo do IFR ao disponibilizar planilhas para análise de dados brutos de força-tempo.[210] Além disso, essas informações podem ser obtidas sem a necessidade de uma plataforma de força, usando um tapete de contato (*switch mat*);[79] contudo, é importante compreender as limitações desses recursos.[124]

É importante observar que os valores de IFR calculados tanto a partir do teste de salto em queda quanto do teste de 10/5 saltos repetidos compartilham apenas cerca de 30% de variância comum;[249] isso indica que esses testes não devem ser utilizados de forma intercambiável. Embora essa informação deixe a decisão sobre qual teste utilizar a critério dos profissionais e dos cientistas do esporte, a capacidade dos atletas de executar cada teste e a disponibilidade de equipamentos podem justificar a escolha entre o teste de salto em queda ou 10/5 saltos repetidos.

O uso do salto em queda dentro de um protocolo de monitoramento de atletas pode não ser tão comum quanto o uso do SCC. Isso pode se dever à necessidade de que os atletas desçam de uma superfície elevada (p. ex., caixa, plataforma) antes de tocar o solo e saltar. Embora esse equipamento não seja particularmente difícil de montar, pode ser complicado encontrar superfícies de mesma altura, especialmente quando a equipe está em viagem. Da mesma forma, escolher a altura adequada para a realização do salto em queda também pode representar um desafio para atletas de diferentes níveis de habilidade. Estudos mostraram que a altura ideal do salto em queda pode variar de acordo com o nível de força dos atletas.[156] Em termos simples, magnitudes mais elevadas de força precisam ser produzidas quando as alturas de queda são maiores;[79,294] enquanto atletas mais fortes conseguem tolerar e se beneficiar de ações mais rápidas do ciclo de alongamento-encurtamento, o desempenho no salto dos atletas mais fracos pode ser negativamente afetado.[171] Deve-se observar que não há consenso em relação à altura ideal do salto em queda. Alguns pesquisadores concluíram que a altura ótima pode ser aquela que maximiza o IFR,[41,79] inferior a 75% da altura do SCC,[211] entre 50 e 100% da altura do SCC,[212] ou entre 75 e 125% da altura do salto agachado.[16]

Independentemente da altura de queda, também é importante observar que pode haver uma discrepância entre a altura da superfície e a altura real de queda. Em realidade, estudos mostraram que a altura da superfície pode ser de 26 a 33% maior do que a altura de queda real.[3,61] Assim, quaisquer diferenças intra ou interatletas relacionadas ao IFR do salto em queda podem ser explicadas, em parte, pela altura real de queda. Embora métodos de análise propostos possam corrigir essa diferença quando se utilizam plataformas de força,[3] esses métodos não podem ser aplicados em testes realizados em campo.

Outra consideração importante na escolha do teste diz respeito às instruções fornecidas durante sua execução. Estudos mostraram que as instruções ou estímulos verbais dados durante exercícios de salto podem exercer um impacto significativo sobre as características de produção de força.[125,226,258,259] Por exemplo, Young et al.[300] mostraram que orientar os atletas, durante os saltos em queda, a maximizar a altura do salto, minimizar o tempo de contato com o solo ou combinar ambos os objetivos pode influenciar de forma significativa a maneira como os saltos são realizados. No caso do teste de 10/5 saltos repetidos, é provável que os atletas estejam mais familiarizados com a execução de um SCC e, portanto, apresentem maior consistência em seus movimentos; contudo, é importante que os profissionais da área de força e condicionamento e os cientistas do esporte lembrem os atletas de minimizar o tempo de contato com o solo enquanto maximizam a altura do salto durante os saltos de rebote que se seguem.

Deve-se observar que, em 2010, Ebben et al.[74] desenvolveram uma variação do IFR baseada no SCC, denominado **índice de força reativa modificado** (IFRmod). No cálculo do IFRmod, o tempo até a decolagem – isto é, o intervalo entre o início do SCC e o momento em que o atleta deixa o solo – é utilizado em substituição ao tempo de contato com o solo. Estudos mostraram que o IFRmod é uma variável de desempenho confiável,[74,127,252] capaz de distinguir diferenças de desempenho dentro de uma mesma equipe[9,242] e entre diferentes equipes,[166,168,213,242,273] além de diferenciar atletas dos sexos masculino e feminino.[24] Esse índice também fornece informações sobre como o atleta alcança uma determinada altura de salto,[276] apresenta forte relação com a força isométrica[22] e pode ser utilizado para monitorar o desempenho ao longo de uma temporada competitiva.[275] No entanto, deve-se destacar que apenas 22%[175] – ou entre 20 e 41%[150] – da variância foi explicada quando o IFRmod foi correlacionado com o IFR, indicando que essas variações podem avaliar características de desempenho distintas. Isso pode ser explicado pelas diferenças na velocidade das ações do ciclo de alongamento-encurtamento em cada tipo de salto. Por exemplo, o salto em queda é classificado como uma ação de ciclo de alongamento-encurtamento rápida (< 250 ms),[79,232,299] enquanto o SCC pode ser classificado como uma ação "lenta" de ciclo de alongamento-encurtamento, uma vez que as fases individuais do salto podem exceder 250 ms.[241] Dadas essas diferenças, pode-se concluir que o SCC não avalia as características de força reativa de um atleta.

Testes isocinéticos

Outro método de avaliação da força muscular é o teste isocinético.[46,218] Como discutido no Capítulo 1, esse teste envolve a avaliação de uma articulação isolada (p. ex., joelho, cotovelo), na qual a velocidade do movimento é controlada. Esse método de avaliação de força é, em geral, utilizado em ambientes laboratoriais e pode fornecer aos profissionais de reabilitação e da área de força e condicionamento informações sobre como um atleta é capaz de produzir força em condições controladas. Especificamente, o teste isocinético fornece dados sobre o torque produzido em movimentos opostos (p. ex., flexão e extensão do joelho). Como a capacidade de produção de força pode ser comprometida após uma lesão, alguns profissionais de reabilitação utilizam os resultados do teste isocinético como uma medida de como o atleta está respondendo a diferentes estímulos durante o tratamento, bem como um indicativo de sua prontidão para progredir para estímulos de maior intensidade e, potencialmente, como uma medida de sua preparação física. Em um cenário ideal, os profissionais de reabilitação compartilhariam informações sobre o progresso do atleta à medida que ele transita da fase de reabilitação para o treinamento esportivo, pois um ambiente colaborativo com os profissionais da área de força e condicionamento proporcionaria um melhor suporte ao atleta.

Embora o teste isocinético possa beneficiar o progresso dos atletas durante o processo de reabilitação, existem várias limitações associadas ao seu uso. Em primeiro lugar, as articulações raramente são utilizadas de forma isolada em contextos esportivos ou atléticos. Em realidade, a maioria dos movimentos envolve ações coordenadas de múltiplas articulações para a execução bem-sucedida de uma tarefa motora (p. ex., a rápida extensão dos quadris, dos joelhos e dos tornozelos). Assim, avaliar o desempenho de uma articulação isoladamente fornece informações limitadas sobre como um atleta pode – ou não – precisar compensar a fim de alcançar um nível de desempenho semelhante ao que tinha antes da lesão. Em segundo lugar, as velocidades controladas do teste isocinético podem não mimetizar o desempenho real de um movimento durante o treinamento ou a prática esportiva. A maioria dos aparelhos isocinéticos opera em faixas de velocidade entre 0 e 300° por segundo; no entanto, isso pode ter aplicabilidade limitada às tarefas reais do esporte, já que as articulações precisam se mover em uma ampla variedade de velocidades, dependendo da tarefa. Por fim, um aparelho isocinético geralmente ocupa bastante espaço, apresenta versatilidade limitada e pode ser bastante caro (p. ex., entre U$ 50 e 80 mil). Aliás, a maioria dos aparelhos isocinéticos do mercado supera o custo de muitas plataformas de força.

Métodos de avaliação combinados

Os *métodos de avaliação combinados* são definidos como aqueles que utilizam múltiplas variáveis obtidas em um único teste ou uma única variável alcançada a partir de múltiplos testes.[265] Exemplos de métodos combinados de avaliação incluem o uso da força de pico do SCC e do IMTP para determinar o índice de força dinâmica (IFD), ou o uso da força e da velocidade no ponto de potência máxima de vários saltos com carga para determinar o perfil de força-velocidade de um atleta. Os parágrafos a seguir destacam diversos métodos de avaliação combinados em relação às características de produção de força dos atletas e como esses métodos podem ser utilizados para orientar a prescrição do treinamento.

Índice de força dinâmica

O índice de força dinâmica (IFD), também conhecido como *déficit de força dinâmica*, tem sido definido como a razão entre a força de pico produzida durante uma tarefa balística (p. ex., SCC, salto agachado ou supino com arremesso balístico) e uma tarefa isométrica (p. ex., IMTP, ISQT ou supino isométrico).[237] Esse uso do IFD fornece aos profissionais da área de força e condicionamento uma estimativa percentual da produção máxima de força durante tarefas balísticas. Estudos mostraram que o IFD é uma medida confiável em atletas quando avaliado dessa forma, tanto em exercícios para a parte inferior[53,167,237,280,281] quanto superior[209,297,298] do corpo.

Na prática, os profissionais podem utilizar o IFD de um atleta para identificar a ênfase teórica do treinamento. Por exemplo, alguns autores recomendaram ênfase no treinamento balístico quando o IFD é igual ou inferior a 0,60, enquanto foco na força máxima pode ser recomendado quando o IFD é igual ou superior a 0,80 em exercícios para a parte inferior do corpo.[237] Outros sugeriram que, embora os resultados do IFD sejam específicos ao contexto, um valor ideal pode ser de 50 ± 5% para a razão ISQT:salto agachado[299] ou de 65 ± 5% para a razão IMTP:salto agachado.[237] Em teoria, essas razões indicam que deve ser prescrita uma ênfase dupla em força balística e força máxima. Como não existem recomendações para a parte superior do corpo, não se sabe se uma escala semelhante às recomendações para a parte inferior seria aplicável.

Embora o IFD possa fornecer uma ideia geral das características físicas que devem receber maior ênfase no treinamento, é importante interpretar cada razão dentro de seu contexto, considerando que as habilidades específicas de determinados atletas são o que lhes permite ter um bom desempenho em seu esporte ou modalidade.[209,274] A Tabela 9.1 apresenta exemplos de valores de IFD de atletas e respectivas recomendações de treinamento. Além de servir como um guia para a prescrição do treinamento, pesquisadores identificaram diferenças de IFD entre equipes universitárias[280] e entre atletas que apresentam características de força-tempo distintas durante o SCC.[167] Curiosamente, as relações entre o IFD e outras variáveis de desempenho em geral são pequenas.[233,274] Embora as razões de IFD possam auxiliar os profissionais da área de força e condicionamento na prescrição de ênfases específicas de treinamento, deve-se observar que um IFD mais alto ou mais baixo não necessariamente resulta em melhor desempenho. Isso provavelmente se deve às demandas variadas das diferentes modalidades esportivas e à interação entre as características de força máxima e de produção rápida de força.[183,246,268,277,301] Embora estudos tenham mostrado que os valores de IFD podem mudar em resposta a estímulos de treinamento de força,[54] são necessários estudos longitudinais mais longos para determinar se o IFD pode servir como um método eficaz de prescrição de treinamento.

É importante que os profissionais da área de força e condicionamento e os cientistas do esporte considerem que o IFD é determinado a partir de dois pontos de dados que podem ocorrer em um intervalo de 1/1.000 de segundo, dependendo da taxa de amostragem utilizada para a coleta das informações. Pesquisadores analisaram o IFD com base no impulso[96] ou na força média[112] produzida ao longo de diferentes durações (ou épocas). A justificativa para o uso desse método é levar em conta o período durante o qual a força é gerada ao longo de todo o movimento, em vez de utilizar apenas um valor de pico. No entanto, as pesquisas focadas nesse método de cálculo do IFD ainda estão em fase inicial; são necessárias mais informações para determinar sua utilidade como um indicador das características de força de um atleta.

Perfil de força-velocidade

Os profissionais da área de força e condicionamento geralmente elaboram programas de treinamento de força com o objetivo final de maximizar a produção rápida de força e a potência gerada.[267] Considerando que a potência é o produto da força pela velocidade, um atleta pode executar um determinado movimento com uma série de cargas para determinar seu perfil de força-velocidade. Embora semelhantes, os pesquisadores comumente analisam os perfis de carga-velocidade de exercícios individuais para identificar a carga que maximiza a potência produzida, frequentemente denominada *carga ótima*. Por exemplo, o efeito da carga sobre a potência máxima já foi investigado em diversos exercícios das partes superior[11,13,26,193,244,282] e inferior[12,58,159,243,282] do corpo, bem como em movimentos do levantamento de peso olímpico e suas variações.[48,49,55,58,123,126,159,177,179,253-255] Embora a identificação de uma carga ou faixa de carga ótima possa ser importante para a prescrição do treinamento, a mensuração das características subjacentes de produção de força pode fornecer aos profissionais uma compreensão mais profunda sobre como um atleta produz determinada potência.

Pesquisadores têm utilizado o perfil de força-velocidade como um método para identificar necessidades de treinamento voltadas à melhoria do desempenho em saltos e *sprints*.[121,221-224] Estudos prévios indicaram que os perfis de força-velocidade do salto e do *sprint* podem ser elaborados por meio de uma série de saltos com carga ou de segmentos de *sprint* (*sprint splits*), respectivamente.[189] Com base nesse método, os autores propuseram que perfis individualizados podem ser gerados e comparados a um perfil "ótimo", a fim de determinar

TABELA 9.1 Exemplos de razões de índices de força dinâmica (IFD) e recomendações de treinamento correspondentes

Atleta	Razão IFD	Altura do SCC (cm)	Força relativa do agachamento (kg/kg)	Recomendação de treinamento
A	0,70	60	2,00	Ênfase combinada de força máxima e rápida
B	0,80	30	1,40	Ênfase na força máxima
C	0,50	40	1,80	Ênfase na força rápida
D	0,50	20	1,30	Ênfase na força máxima

IFD: índice de força dinâmica; SCC: salto com contramovimento.

se o indivíduo apresenta um déficit de força, um déficit de velocidade ou se está equilibrado. Em um estudo subsequente, pesquisadores desenvolveram programas de treinamento individualizados baseados nos perfis de força-velocidade do salto dos participantes, com o objetivo de treinar suas fraquezas e ajustar seus perfis de forma mais próxima ao perfil ótimo.[118] Os resultados desse estudo mostraram melhorias no desempenho do salto em comparação a programas de treinamento que não utilizaram o perfil de força-velocidade como base. No entanto, outras publicações sugeriram que esse tipo de perfil não fornece informações claras sobre como um déficit específico deve ser treinado.[222,223] Por exemplo, se um programa de treinamento é elaborado para um indivíduo com déficit de velocidade, é importante que os profissionais da área de força e condicionamento não negligenciem as características de força máxima do atleta, pois elas podem sustentar a produção balística de força.[183,301] Além disso, não parece haver relação entre os perfis de salto vertical e de *sprint*,[120] o que representa um desafio para o delineamento do treinamento, caso múltiplos aspectos do desempenho não sejam aprimorados simultaneamente.

Os profissionais também devem observar que o tipo de salto realizado pode modificar o perfil de força-velocidade de um indivíduo.[119] Em resumo, saltos executados com contramovimento podem produzir maiores valores de força e velocidade em comparação com aqueles iniciados a partir de uma posição estática. Assim, é importante considerar quais tipos de salto já estão sendo realizados dentro do protocolo de monitoramento do atleta, caso o perfil de força-velocidade esteja sendo utilizado. Por fim, pesquisadores têm questionado o uso de perfis de força-velocidade como base para a prescrição do treinamento em razão da falta de confiabilidade desses perfis[130,131,141] e das dificuldades na identificação dos desequilíbrios de força ou velocidade.[284] Portanto, são necessárias mais pesquisas para determinar a real utilidade da identificação do perfil de força-velocidade de cada atleta.

Embora os estudos analisados tenham focado principalmente nos perfis de força-velocidade concêntricos ou propulsivos dos atletas, os profissionais da área de força e condicionamento também podem considerar as características isométricas e excêntricas (de frenagem). Por exemplo, além de utilizar o mesmo exercício com múltiplas cargas, pode-se empregar uma abordagem de avaliação combinada para determinar o perfil de força-velocidade de um indivíduo. Pesquisadores utilizaram, por exemplo, uma combinação de *jump squats* (agachamento com salto) e testes de IMTP ou ISQT para examinar as alterações na curva de força-velocidade após diferentes estímulos de treinamento[59,262] e as adaptações observadas entre indivíduos mais fortes e mais fracos.[60,113] Pesquisas adicionais também analisaram os perfis de força-velocidade excêntricos dos indivíduos.[15,186] Considerando que a maioria dos movimentos esportivos envolve um ciclo de alongamento-encurtamento, parece lógico levar em conta a capacidade de produção de força excêntrica, isométrica e concêntrica de um atleta ao elaborar perfis de força-velocidade. Desse modo, os profissionais podem identificar com maior precisão as fraquezas de um atleta; contudo, ainda são necessárias mais pesquisas sobre esse assunto.

Taxa de utilização excêntrica

A capacidade de um atleta de utilizar de forma eficaz o ciclo de alongamento-encurtamento de modo a beneficiar seu desempenho pode ser determinada pelo cálculo da *taxa de utilização excêntrica* (TUE)[164] ou da porcentagem de pré-alongamento.[290] Em razão do volume de pesquisas existentes e à relação perfeita (r = 1,00) entre essas variáveis,[276] a presente discussão se concentrará na TUE. De forma resumida, a TUE é calculada como a razão entre a mesma variável obtida no SCC e no salto agachado (p. ex., força de pico no SCC/força de pico no salto agachado).[164] Além de servir como um indicador da eficiência com que o atleta utiliza o ciclo de alongamento-encurtamento, autores observaram que a TUE pode ser empregada para determinar o foco do treinamento de um atleta.[163] Por exemplo, estudos mostraram que a TUE varia entre atletas de diferentes modalidades esportivas, mas também entre as fases de treinamento em que esses atletas se encontram.[164] Os autores mostraram que a TUE aumentou durante a fase de pré-temporada em atletas do rúgbi e do hóquei sobre grama, sendo esses achados provavelmente atribuídos às características dos exercícios prescritos nessa fase (p. ex., exercícios enfatizando a produção rápida de força). Estudos adicionais também apoiam a ideia de que a TUE pode ser sensível a diferentes estímulos prescritos ao longo do ano de treinamento.[71,162]

Apesar desses achados, o uso da TUE como guia para a prescrição de treinamento tem sido questionado. Por exemplo, a altura do salto é determinada, em última instância, pelo impulso líquido de propulsão produzido por um atleta; contudo, um aumento no deslocamento de propulsão, causado pelo início do salto a partir de uma posição de agachamento mais profunda, pode modificar o formato do impulso, diminuindo a força de propulsão e aumentando sua duração.[171] Assim, qualquer desempenho superior no SCC pode não ser atribuído ao ciclo de alongamento-encurtamento se houver diferença no deslocamento de propulsão entre o SCC e o salto agachado. Além disso, um valor mais alto de TUE pode estar associado a um desempenho inferior no salto agachado,[287] possivelmente relacionado à incapacidade do atleta de produzir força rapidamente[34] ou a níveis maiores de folga muscular.[286] Em um estudo com 770 participantes (712 atletas e 58 estudantes de educação física), pesquisadores mostraram que a TUE pode não representar com precisão a capacidade geral de salto; os maiores valores foram observados nos estudantes de educação física, enquanto alguns dos menores valores foram registrados entre atletas de atletismo.[133] Além disso, Kozinc et al.[132] demonstraram que a TUE, calculada de diferentes maneiras (i.e., com base na altura do salto, potência de pico, força de pico e potência média), apresentou uma correlação apenas moderada com o salto com aproximação, o *sprint* linear e as tarefas de mudança de direção em jogadores de voleibol.

Os resultados mencionados devem levar os profissionais da área de força e condicionamento a questionar a capacidade da TUE de fornecer informações relevantes sobre a capacidade neuromuscular de um atleta e a evitar a prática de "perseguir" valores específicos de TUE. Estudos mostraram que o desempenho em saltos pode melhorar mesmo sem que haja uma mudança significativa na TUE.[85,107] Assim, caso os valores de TUE sejam utilizados no monitoramento de atletas, recomenda-se que os profissionais acompanhem não apenas as características de produção de força, mas também outros indicadores de desempenho (p. ex., *sprint*, mudança de direção e condicionamento), a fim de obter uma visão mais abrangente e integrada de seus atletas.

Momento de aplicação dos testes

Em relação ao momento da aplicação e seleção dos testes, é importante que os profissionais da área de força e condicionamento identifiquem claramente o que esperam obter com a avaliação.[82] Por exemplo, o objetivo dos testes pode ser estabelecer a capacidade de desempenho de base de atletas iniciantes, avaliar as mudanças no desempenho após uma fase específica do treinamento ou determinar o impacto de uma temporada competitiva. No entanto, deve-se observar que a implementação dos testes – especialmente aqueles que envolvem esforço máximo – pode depender do indivíduo, da equipe e do contexto.[38] Nesse sentido, os parágrafos a seguir destacam como o foco da realização dos testes pode variar em diferentes momentos ao longo do ano de treinamento.

Fora de temporada (*off-season*)

Os testes realizados na época fora de temporada funcionam como um mecanismo de controle para verificar se os atletas estão se adaptando ao programa de treinamento prescrito ou se são necessários ajustes. No entanto, é importante levar em consideração a idade de treinamento de cada atleta, uma vez que atletas mais jovens e menos experientes podem não apresentar sinais de queda de desempenho, simplesmente porque ainda não receberam um estímulo de treinamento suficientemente intenso. Os testes da época fora de temporada podem ser realizados semanalmente, desde que sejam utilizados testes não invasivos. Considerando que esse período é normalmente caracterizado por volumes de treinamento mais elevados, é importante reconhecer que certas características, como a produção rápida de força, podem não alcançar suas adaptações máximas nesse momento. No entanto, caso sejam observados aumentos expressivos, os profissionais da área de força e condicionamento devem investigar se esses ganhos resultaram de uma adaptação a um novo estímulo ou se o treinamento prescrito teve a ênfase adequada. Embora as melhorias na produção rápida de força em geral sejam vistas como positivas, é essencial que essas adaptações sejam otimizadas nas fases apropriadas do ciclo competitivo.

Pré-temporada (*preseason*)

Os testes de pré-temporada possibilitam que profissionais da área de força e condicionamento obtenham uma compreensão mais clara sobre o nível de preparação de um atleta antes do início da temporada competitiva. Especificamente, é importante analisar os principais indicadores relacionados à melhora do desempenho. Deve-se observar que esses indicadores podem variar de acordo com as demandas do esporte, da modalidade ou da posição em que o atleta joga; contudo, os testes de pré-temporada podem oferecer aos profissionais uma indicação da eficácia do programa de treinamento prescrito.

Temporada competitiva (*in-season*)

O objetivo dos testes realizados durante a temporada competitiva é monitorar a capacidade dos atletas de, no mínimo, manter as características de produção de força demonstradas nos testes de pré-temporada, além de garantir que o programa de treinamento aplicado esteja produzindo as adaptações desejadas. A realização de testes durante o período competitivo pode ser questionada pelo treinador, especialmente se ele não perceber o valor dessa prática. Portanto, cabe ao cientista do esporte ou profissional da área de força e condicionamento explicar o *motivo* da testagem e demonstrar seu valor por meio de relatórios individuais e coletivos. Além disso, é fundamental selecionar testes não fatigantes, que forneçam as informações mais relevantes sobre o *status* neuromuscular de cada atleta. Embora possa ser inevitável que alguns atletas sintam os efeitos adicionais do estresse competitivo, o processo de testagem não deve ser percebido como algo pesado ou desgastante; assim, recomenda-se que os profissionais promovam a testagem como parte da rotina diária do atleta. Essa abordagem pode aumentar o engajamento dos atletas e fornecer informações mais detalhadas e valiosas.

Pós-temporada

O principal objetivo dos testes pós-temporada é determinar quais atributos físicos foram aprimorados, mantidos ou perdidos ao longo da temporada competitiva. No contexto específico da força muscular, os profissionais da área de força e condicionamento podem se interessar particularmente pelas características de produção de força de frenagem e propulsiva, bem como pelo tempo em que essas forças ocorrem. Em razão do impacto que as competições podem exercer sobre o desempenho nos testes, recomenda-se que a testagem pós-temporada ocorra entre 1 e 2 semanas após o término da temporada. Esse intervalo permite que os atletas se recuperem física e mentalmente antes de estabelecerem novas metas para a temporada seguinte.

Integração da ciência do esporte e da prática baseada em evidências

O monitoramento das características de força dos atletas pode ocorrer diariamente, semanalmente ou por fases específicas. Embora as informações obtidas com os testes possam beneficiar os profissionais da área de força e condicionamento – auxiliando na modificação e prescrição de programas baseados em evidências para atender às necessidades dos atletas –, é essencial que esses dados sejam apresentados aos treinadores e aos próprios atletas de forma compreensível. Embora essa tarefa seja, em muitos casos, uma das principais responsabilidades dos profissionais contratados como cientistas do esporte,[87,88] os profissionais da área de força e condicionamento também podem precisar comunicar essas informações. Nesse sentido, McGuigan et al.[163] destacaram a utilidade de exibir os dados de desempenho em formato de gráfico de radar, utilizando escores Z (i.e., [pontuação do atleta – média]/desvio-padrão) (Fig. 9.10). No entanto, os autores também indicaram que o uso de escores Z modificados (i.e., [pontuação do atleta – valor de referência]/desvio-padrão) pode fornecer informações mais úteis, sobretudo quando a amostra de atletas avaliada é pequena. O valor de referência pode ser determinado pelo profissional com base em informações da literatura científica, em dados de testes anteriores ou no *feedback* da equipe técnica.[163] Deve-se observar que, embora esses dados possam oferecer uma visão pontual de uma sessão de teste, as informações também podem ser apresentadas em formato longitudinal, combinando resultados de múltiplas sessões a fim de exibir tendências de desempenho ao longo do tempo. Embora a representação gráfica por meio de escores

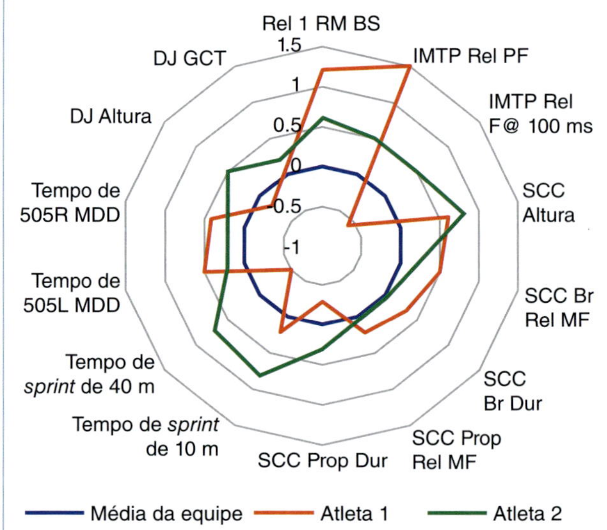

FIGURA 9.10 Visualização das características de força muscular.

Observações: as linhas representam diferentes desvios-padrão da média da equipe; Rel: relativo à massa corporal; 1 RM BS: uma repetição máxima de um agachamento com barra; IMTP: *isometric mid-thigh pull*; PF: força de pico; F@100: força a 100 ms do início do IMTP; SCC: salto com contramovimento; Br: fase de frenagem; MF: força média; Dur: duração; Prop: fase de propulsão; 505L MDD: 505 mudança de direção com a perna esquerda; 505R MDD: 505 mudança de direção com a perna direita; DJ: salto em queda; GCT: tempo de contato com o solo.

Z possa ser uma forma eficaz de visualizar os dados de testagem dos atletas, treinadores e atletas podem ter dificuldade em compreender o significado de estar um determinado número de desvios-padrão acima ou abaixo do valor de referência. Por esse motivo, pesquisadores têm defendido o uso de escores T (i.e., [escorre Z × 10] + 50), que fornecem valores mais intuitivos e de fácil interpretação,[173] especialmente quando apresentados em formato visual codificado por cores – como um sistema de semáforo.

Além dos recursos visuais, alguns treinadores e atletas podem preferir receber as informações de teste em formato bruto. Nesse caso, recomenda-se que os profissionais da área de força e condicionamento e os cientistas do esporte apresentem também informações de classificação percentílica.[170,242] Independentemente do modo como os dados são passados aos treinadores e atletas, essas informações perdem valor se não forem entregues de maneira oportuna. Recomendações sugerem que os relatórios individuais e coletivos sejam disponibilizados em até três dias após a testagem.[163]

Como mencionado, a capacidade de visualizar as informações relacionadas às características de força dos atletas pode oferecer percepções importantes sobre suas necessidades específicas. No entanto, é igualmente essencial interpretar esses dados dentro de um contexto mais amplo, incorporando diferentes medidas de desempenho – como características de produção de força e resultados de testes de 1 RM, salto vertical, *sprint* e mudança de direção. Essa abordagem foi destacada ao longo deste capítulo, bem como em estudos anteriores.[115,199] Portanto, é fundamental que os profissionais da área de força e condicionamento identifiquem as características específicas exigidas dos atletas em sua modalidade ou evento esportivo e sejam capazes de selecionar, medir e visualizar as variáveis mais relevantes para determinar tanto o *status* atual quanto as necessidades individuais de cada atleta.

Pontos principais discutidos no capítulo

- Não é adequado presumir que todos os aspectos da força muscular melhoram após o treinamento; portanto, os profissionais da área de força e condicionamento e os cientistas do esporte devem escolher testes específicos ao esporte ou modalidade do atleta.
- Ao selecionar os testes, os profissionais devem assegurar que eles sejam confiáveis e válidos, considerando também o impacto que a familiaridade com o teste, a ordem de execução e a padronização dos métodos podem ter sobre os desfechos observados.
- As avaliações de força podem incluir testes isométricos, dinâmicos, reativos e isocinéticos; assim, é importante medir e monitorar as características de força de um atleta em relação às exigências do seu respectivo esporte ou evento. Deve-se priorizar a escolha das variáveis de teste que reflitam mudanças significativas no desempenho.
- Os testes isométricos podem oferecer uma alternativa valiosa aos testes de força dinâmica máxima, por causa da sua relação com eles, da capacidade de fornecer informações sobre as características de produção máxima e rápida de força de um atleta e do seu caráter não fatigante.
- Os testes dinâmicos podem incluir avaliações da força máxima, da força submáxima, de saltos sem ou com carga, de *sprints* e testes de mudança de direção. Como cada atleta precisa de capacidades específicas de produção de força em seu esporte ou modalidade, é importante limitar o número de testes àqueles que fornecem as informações mais relevantes sobre suas capacidades.
- Os testes de *sprint* e de mudança de direção podem fornecer informações limitadas sobre as características de força de um atleta se apenas um sistema de cronometragem for utilizado. Em termos simples, a qualidade do movimento não é levada em consideração.
- Embora o uso de métodos de avaliação combinados – como o IFD, o perfil de força-velocidade e a TUE – tenha se tornado comum, os profissionais da área de força e condicionamento devem estar cientes das limitações de cada método e interpretar os dados de testagem dos atletas dentro de seu contexto antes de tomar decisões de treinamento. É necessário considerar o contexto adicional quando a testagem é realizada ao longo do ano de treinamento, pois o próprio treinamento, a prática ou as competições podem distorcer determinados resultados.
- Embora o uso de métodos de avaliação combinados, como o DSI, o perfil força-velocidade e o EUR, tenha se tornado comum, os profissionais de força e condicionamento devem estar cientes das limitações de cada método e considerar o contexto dos dados de teste do atleta antes de tomar decisões de treinamento. É necessário um contexto adicional quando os testes são realizados ao longo do ano de treinamento, pois o treino, as práticas ou as competições podem distorcer certos resultados.
- A integração das práticas de ciência do esporte pode beneficiar tanto os profissionais da área de força e condicionamento quanto a equipe técnica, uma vez que as informações provenientes da testagem dos atletas podem fornecer uma fundamentação baseada em evidências para decisões relacionadas ao treinamento e à prática esportiva.

10

Monitoramento e ajuste das cargas de treinamento

O monitoramento do atleta atende a dois propósitos principais: controlar a fadiga e avaliar a eficácia do programa. O controle da fadiga exige que profissionais da área de força e condicionamento, bem como cientistas do esporte, sejam capazes de detectar tanto a fadiga aguda quanto a acumulada que possam impactar negativamente no processo de estímulo-recuperação-adaptação. Já a eficácia do programa fornece informações sobre até que ponto os estímulos de treinamento prescritos produziram os resultados esperados. Além do controle da fadiga e da eficácia do programa, é igualmente importante considerar como os estímulos de treinamento influenciam as alterações na capacidade motora (i.e., força muscular) e no desempenho motor (i.e., a aprendizagem para utilizar a força recentemente adquirida). A inclusão dessas informações no protocolo de monitoramento pode fornecer uma visão mais abrangente sobre o desenvolvimento global do atleta, especialmente quanto à sua capacidade de produzir força e aplicá-la em tarefas motoras específicas. Embora a manipulação diária do volume e da intensidade possa auxiliar no controle da fadiga, ela também permite que os profissionais forneçam um estímulo de treinamento eficaz ao longo do tempo, minimizando quedas no desempenho. Ademais, o monitoramento da progressão ou regressão de um atleta, com base nas cargas utilizadas durante o treinamento, pode oferecer informações valiosas acerca do seu desenvolvimento em termos de habilidade motora. O objetivo deste capítulo é apresentar uma visão geral dos métodos utilizados para monitorar e ajustar a intensidade do treinamento voltado ao desenvolvimento da força muscular.

Métodos de monitoramento e ajuste de carga

Há muitos métodos de ajuste de carga que também podem ser utilizados para monitorar o desempenho do atleta. Os parágrafos a seguir discutirão os benefícios e limitações tanto dos métodos objetivos quanto dos subjetivos, os quais podem ser implementados por profissionais da área de força e condicionamento físico durante o treinamento de seus atletas.

Carga linear

O conceito de *carga linear* refere-se ao aumento gradual da carga prescrita para um exercício em relação ao que foi utilizado na sessão de treinamento anterior.[11] Sob a perspectiva do desenvolvimento de força, a carga linear baseia-se fortemente no princípio da sobrecarga, ou seja, na aplicação de um estímulo de treinamento capaz de promover uma adaptação além das capacidades basais do atleta.[25] Embora o uso da carga linear possa favorecer o aprimoramento das características de força por um período relativamente curto,[78,94] pode ser necessário introduzir variações adicionais na carga a fim de controlar a fadiga e permitir que o processo de recuperação e adaptação ocorra de forma adequada.[25] Além disso, essa variação pode contribuir para a consolidação de habilidades motoras complexas, situação em que os profissionais da área de força e condicionamento podem observar melhoras perceptíveis no desempenho do levantamento de peso entre sessões de treinamento consecutivas.[54,81] Na prática, conforme o planejamento do treinamento passa a enfatizar a variação sistemática das cargas (i.e., seus aumentos e reduções), torna-se igualmente necessário dar maior prioridade aos processos de recuperação e adaptação fisiológica do atleta. Entretanto, quando o método de carga linear é utilizado de forma prolongada (p. ex., ao longo de meses ou anos), a capacidade do atleta de se recuperar e se adaptar aos estímulos prescritos pode ser comprometida, resultando em estagnação no desempenho, sobrecarga não funcional e, potencialmente, em treinamento excessivo (Fig. 10.1).[11,20,94] Desse modo, uma vez que o modelo de carga linear prioriza o aumento contínuo da carga, mas oferece pouca variação para compensar a fadiga acumulada do atleta, ele pode não representar uma estratégia eficaz de monitoramento da carga de treinamento.

PONTO-CHAVE

Se o método de carga linear for utilizado por um período prolongado (p. ex., ao longo de meses a anos), a capacidade do atleta de se recuperar e se adaptar aos estímulos prescritos pode ser comprometida, resultando em estagnação no desempenho, sobrecarga não funcional e, potencialmente, em treinamento excessivo.

Regra dois por dois

A *regra dois por dois* baseia-se na capacidade do atleta de realizar pelo menos duas repetições a mais do que o número prescrito na série final em duas sessões de treinamento consecutivas.[5] Quando isso ocorre, o profissional da área de força e condicionamento deve aumentar a carga na próxima sessão em que o mesmo exercício for prescrito. Como o ajuste da carga ocorre a partir desse ponto, esse método de monitoramento e ajuste baseia-se inteiramente na execução completa do esquema de repetições estabelecido. Por exemplo, se um atleta realiza cinco repetições na série final de um levantamento-terra depois de ter sido prescrito um protocolo de 3 séries de 3 repetições (3 × 3) em duas sessões consecutivas, deve-se aumentar a carga prescrita na próxima sessão de treinamento em que esse exercício for utilizado novamente.

Deve-se observar que, embora a regra de dois por dois possa permitir que atletas iniciantes melhorem suas características de força, ela também pode favorecer o treinamento até a falha e não considera aspectos como a técnica do atleta, os objetivos da fase de treinamento ou a intensidade relativa. Por exemplo, é fundamental que os profissionais priorizem a estabilidade técnica em atletas iniciantes antes de aumentar a exigência da tarefa com cargas mais elevadas. Além disso, se um dos objetivos da fase de treinamento for o aprimoramento das características de força muscular, a carga prescrita pode ser leve demais para incitar as adaptações desejadas. Nesses casos, quando o atleta é capaz de realizar pelo menos duas repetições a mais do que o prescrito em sessões consecutivas, pode ser benéfico introduzir uma variação adicional na carga durante cada série. A modificação da carga dessa maneira promove pequenas alterações na demanda da tarefa, o que também pode favorecer a aquisição de habilidades pelo atleta (p. ex., prática variada).[83]

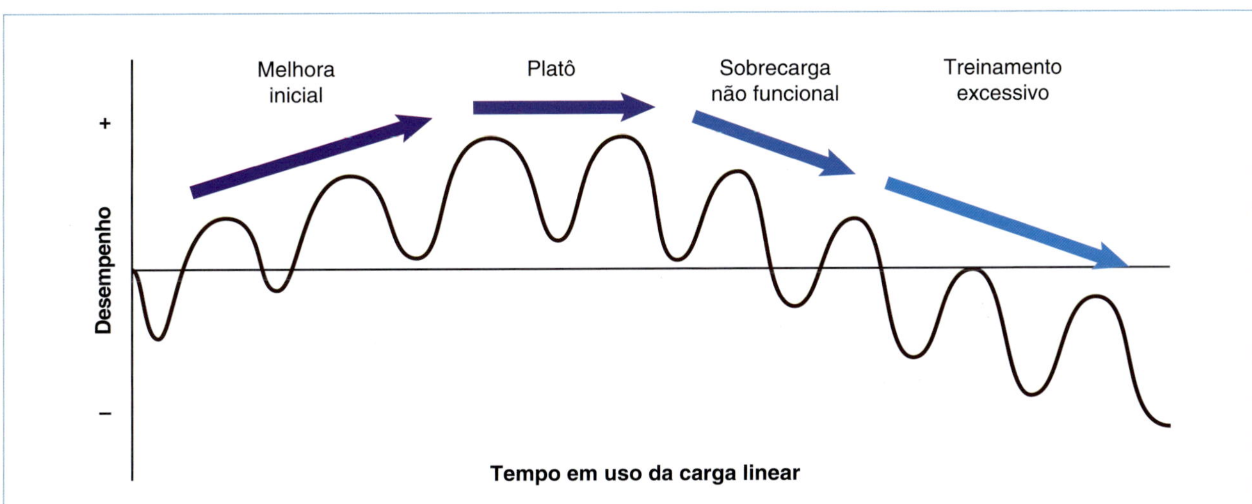

FIGURA 10.1 Efeitos teóricos da carga linear de longo prazo.
Adaptada de T.J. Suchomel, S. Mimphius, C. R. Bellon et al., "Training for Muscular Strength: Methods for Monitoring and Adjusting Training Intensity," *Sports Medicine*, 51 (2021): 2051-2066, Springer Nature.

Por fim, é importante observar que a capacidade do atleta de realizar repetições adicionais além do número prescrito pode ser intencional. Por exemplo, profissionais da área de força e condicionamento podem desejar que o atleta seja capaz de realizar repetições adicionais além do inicialmente prescrito (i.e., repetições em reserva) com o objetivo de fornecer continuamente um estímulo de sobrecarga progressiva, ao mesmo tempo que controlam a fadiga e evitam o treinamento até a falha. Informações adicionais sobre o conceito de repetições em reserva serão apresentadas mais adiante neste capítulo.

Porcentagem de uma repetição máxima

O método mais comum de prescrição de cargas no treinamento de força é a expressão dessas cargas como uma porcentagem da carga máxima que o atleta é capaz de levantar em uma repetição (%1 RM).[104] Nesse método, os profissionais da área de força e condicionamento em geral determinam a 1 RM de determinados exercícios identificando a maior carga que o atleta consegue levantar uma única vez com técnica adequada. Embora a realização do teste de 1 RM seja, logicamente, o método mais preciso para determinar o valor de 1 RM, é importante notar que cargas máximas também podem ser estimadas a partir de testes de múltiplas repetições (p. ex., 93% de 1 RM ≈ 3 RM).[12] Depois de determinar a 1 RM do atleta, as cargas de treinamento são prescritas de acordo com a porcentagem de 1 RM (%1 RM), conforme o esquema de séries e repetições desejado e as características de força que se pretende desenvolver.[12] Embora o teste de 1 RM possa ser considerado mais extenuante e menos seguro em comparação com os testes de múltiplas repetições (p. ex., 3 RM ou 5 RM), os profissionais devem estar cientes de que a precisão da estimativa de 1 RM diminui à medida que aumenta o número de repetições realizadas nos testes de RM mais elevados.[64]

Embora a prescrição de treinamento baseada na %1 RM do atleta tenha se mostrado um método eficaz, é importante que os profissionais da área de força e condicionamento também estejam cientes de suas limitações. Por exemplo, pesquisadores indicam que o valor da 1 RM de um atleta pode variar em função da sua condição fisiológica ou psicológica,[10,79] de estressores relacionados ao treinamento, como a fadiga acumulada,[79] ou ainda de estressores externos, como a privação de sono e nutrição inadequada.[10,65] Uma segunda limitação desse método é a considerável variação no número de repetições que um atleta é capaz de realizar em uma determinada %1 RM,[3,49,58,96] bem como entre diferentes exercícios realizados na mesma porcentagem relativa de carga.[105] Em realidade, uma metarregressão publicada em 2024 analisou múltiplos estudos e demonstrou que o desvio-padrão do número estimado de repetições executadas em uma dada porcentagem de carga aumenta à medida que o número de repetições cresce.[84] Além disso, os autores concluíram que o número estimado de repetições realizadas em uma mesma porcentagem de carga varia conforme o exercício, como no caso do supino e do *leg press*. Estudos relataram ainda que o número de repetições realizadas em uma determinada %1 RM pode ser influenciado pelo tipo de exercício, pelo sexo e pelo nível de treinamento do indivíduo.[49] É possível que essas limitações resultem em um estímulo de treinamento inconsistente e, consequentemente, em adaptações subótimas. Considerando esses fatores, profissionais da área de força e condicionamento que utilizam a %1 RM como referência podem se beneficiar de combiná-la com outro método de ajuste de carga, de modo a reduzir o impacto dessas limitações e levar em conta a condição fisiológica de seus atletas.[102]

PONTO-CHAVE

O valor da 1 RM de um atleta pode variar em função da sua condição fisiológica ou psicológica, de estressores relacionados ao treinamento, como a fadiga acumulada, ou ainda de estressores externos, como a privação de sono e nutrição inadequada.

Zonas de repetição máxima

Outro método de prescrição de carga é o uso de zonas de repetições máximas (RM). Em geral, esse método envolve a seleção das maiores cargas que podem ser levantadas dentro de uma faixa específica de repetições (p. ex., 4 a 6 repetições), muitas vezes com o objetivo de alcançar a falha muscular na última série prescrita.[15,17,87] Os defensores do treinamento por zonas de RM sugerem que essa abordagem elimina as limitações associadas à prescrição baseada na %1 RM, uma vez que as cargas prescritas para cada exercício são ajustadas de acordo com a condição fisiológica do atleta no momento da execução.[17] Como a prescrição por zonas de RM permite determinar as cargas sem a necessidade de testes diretos de 1 RM, é compreensível que esse método seja atrativo em contextos que envolvem o treinamento de grandes grupos de atletas.

Embora estudos tenham mostrado que o treinamento com zonas de RM possa promover ganhos de força máxima,[15,50,94] é importante destacar também as potenciais limitações desse método. A principal limitação das zonas de RM é que sua prescrição geralmente exige um esforço máximo relativo.[87] Isso se torna um problema especialmente quando se tenta desenvolver as características de produção rápida de força, que tendem a ser otimizadas quando se utiliza uma combinação de dias pesados e dias leves.[45] Em termos simples, se o esforço máximo é exigido em todas as sessões, o conceito de "dia leve" deixa de existir, uma vez que a realização de múltiplas séries até a falha caracteriza o treino como um "dia pesado". O treinamento crônico dessa forma pode reduzir a capacidade do profissional da área de força e condicionamento de controlar a fadiga; por consequência, isso pode levar à sobrecarga não funcional e, potencialmente, ao treinamento excessivo.[56,92] Carroll et al.[17] demonstraram que o treinamento baseado em zonas de RM durante 10 semanas resultou em um aumento significativamente maior no estresse de treinamento nas últimas sete semanas, em comparação com a prescrição baseada em intensidades relativas que alternava dias pesados e leves, utilizando o método de prescrição de carga por *melhor série-repetição*. O grupo que treinou por zonas de RM também apresentou uma redução moderada a grande na taxa de desenvolvimento de força em 50 e 100 ms, enquanto o grupo de melhor série-repetição não apresentou tais quedas. Em contraste, o grupo de melhor série-repetição exibiu uma melhora moderada a grande em sua força absoluta e força escalada alometricamente (g = 1,05-1,26). Painter et al.[87] observaram que ganhos semelhantes na força máxima e na produção rápida de força ocorreram tanto com o uso das zonas de RM quanto com o método de melhor série-repetição; entretanto, o treinamento por zonas de RM exigiu dos participantes um volume total de carga significativamente maior (g = 1,69, grande) e um número de repetições muito mais elevado (g = 3,89, muito grande) em comparação ao grupo de melhor série-repetição, indicando que o último foi mais eficiente em seu treinamento.

Deve-se observar que nem todo treinamento baseado em zonas de RM é prescrito com a intenção de levar o atleta à falha muscular. Por exemplo, profissionais da área de força e condicionamento podem prescrever cargas correspondentes ao intervalo de 4 RM a 6 RM (i.e., aproximadamente 85 a 90% de 1 RM) para serem executadas por apenas três repetições. Essa variação na prescrição por zonas de RM pode evitar o treinamento até a falha; contudo, é fundamental que as zonas sejam prescritas de modo a coincidir com as adaptações desejadas. Sob a perspectiva do desenvolvimento de força muscular, zonas que variam de 1 RM a 6 RM tendem a maximizar o pico de produção de força, enquanto a faixa de RM pode ser muito mais ampla para o desenvolvimento da força rápida, devido às diferenças específicas entre os tipos de exercícios (p. ex., agachamento com barra *vs.* salto com carga, ou *clean pull from the floor vs. hang high pull*). Apesar dessas recomendações gerais, os profissionais devem buscar proporcionar aos atletas um estímulo de sobrecarga progressiva que promova as adaptações desejadas em uma ampla faixa de cargas.

PONTO-CHAVE

Zonas de RM com intensidades variando de 1 RM a 6 RM podem maximizar o pico de desenvolvimento de força, enquanto faixas mais amplas de RM podem ser utilizadas para o desenvolvimento da força rápida, em razão das diferenças específicas entre os exercícios.

Embora a prescrição de treinamento baseada em zonas de RM possa contornar algumas das limitações associadas ao uso da %1 RM, o treinamento crônico com cargas máximas ou quase máximas pode levar à estagnação do desempenho ou até mesmo a adaptações negativas ao treinamento.[126] Embora esse efeito possa ser atenuado mediante a prescrição de zonas de RM que evitem o treinamento até a falha, recomenda-se o uso de métodos de prescrição que permitam a aplicação de cargas submáximas, bem como a alternância entre dias pesados e leves, de modo a favorecer adaptações de longo prazo mais consistentes nas características de produção de força do atleta.

Avaliação do esforço percebido

A escala original de *percepção subjetiva do esforço* (PSE) (escala de esforço percebido) foi desenvolvida na década de 1970 para atuar como um complemento subjetivo a outras medidas objetivas (p. ex., comportamentais e fisiológicas) durante a execução de atividades físicas. A escala vai de 6 a 20.[13] Essa faixa provavelmente foi proposta em razão de sua relação com a frequência cardíaca durante o exercício (i.e., de aproximadamente 60 a 200 batimentos por minuto). Embora a escala original continue sendo utilizada em atividades aeróbicas, também foi desenvolvida uma versão simplificada, que varia de 0 a 10.[14] Desde então, essa versão tem sido aplicada como uma medida subjetiva da intensidade do treinamento de força tanto para cada série de exercícios[62,97] como para sessões completas de treinamento (i.e., PSE da sessão).[21,76,123] No contexto dos métodos de prescrição e monitoramento apresentados neste capítulo, esta subseção concentra-se no uso da PSE após séries individuais de treinamento, e não na PSE da sessão. Entretanto, informações adicionais sobre as diferenças entre PSE da série e PSE da sessão como ferramentas de monitoramento do treinamento de força podem ser encontradas em uma revisão já publicada.[102]

Quando a PSE é utilizada como método de prescrição de carga, os profissionais da área de força e condicionamento em geral prescrevem faixas de intensidade. Por exemplo, pode-se prescrever a um atleta a execução de três séries de cinco repetições em uma PSE entre 8 e 9, em vez de definir a carga de acordo com uma porcentagem de 1 RM. Pesquisadores demonstraram que prescrever intensidades com base na PSE resultou em melhorias na força semelhantes às obtidas com intensidades prescritas pela %1 RM.[46] Entretanto, é importante observar que há poucas pesquisas que tenham investigado a eficácia dessa abordagem entre diferentes populações, incluindo variações por sexo ou nível de treinamento; portanto, recomenda-se cautela na interpretação desses achados. Além disso, por haver múltiplas escalas de PSE, são necessárias mais investigações para determinar qual delas pode produzir os maiores benefícios em termos de desenvolvimento de força.

Estudos mostraram uma relação inversa entre a velocidade média da barra e valores de PSE, tanto em levantadores de peso experientes quanto inexperientes,[144] e em exercícios como o levantamento-terra e o supino reto.[46] Assim, como a PSE é baseada em um *feedback* subjetivo fornecido pelos próprios atletas, sua aplicação pode ser mais eficaz quando combinada com métodos que incluam medidas objetivas, como a %1 RM ou zonas de velocidade em contextos de treinamento baseado em velocidade (TBV).[120] Dessa forma, os profissionais da área de força e condicionamento podem prescrever cargas específicas com base na %1 RM e ajustá-las segundo a PSE, utilizando-a como um método de autorregulação para ajustar as cargas de treinamento. Por exemplo, se for prescrita uma faixa de PSE entre 8 e 9 com uma carga equivalente a 90% de 1 RM (aproximadamente 4 RM) para uma série de três repetições e o atleta relatar uma PSE de 7, a carga pode ser aumentada a fim de fornecer um estímulo de treinamento mais eficaz. Por meio dessa abordagem, a PSE fornece informações sobre a capacidade máxima percebida de cada atleta em um determinado dia de treino. No entanto, deve-se observar que o uso da PSE dessa forma pode ser difícil em grupos com muitos atletas ou quando há uma equipe reduzida de profissionais disponíveis.[102]

As principais limitações da prescrição e do monitoramento de cargas com base na PSE incluem a familiaridade dos atletas com a escala e, consequentemente, o sub-relato do esforço real. Pesquisas mostraram que atletas relataram valores submáximos (i.e., PSE < 10) mesmo quando falharam durante uma série individual, o que caracteriza um esforço máximo (i.e., PSE = 10).[44,105] Esses achados são reforçados por evidências adicionais que indicam que o nível de experiência atlética afeta a capacidade de avaliar com precisão o esforço percebido.[9] Como a incapacidade de mensurar o esforço de forma precisa pode estar associada a ineficiências neuromusculares ou a questões de coordenação, pode ser necessário restringir a autonomia do atleta na escolha das cargas até que ele se torne proficiente em relatar a PSE de maneira precisa após as séries de exercício. Contudo, os atletas podem não demonstrar essa proficiência até que realizem uma série de exercício máxima ou quase máxima e consigam associar essa experiência à escala de PSE.

PONTO-CHAVE

As principais limitações da prescrição e do monitoramento de cargas de treinamento com base na PSE são a familiaridade dos atletas com a escala e, consequentemente, o sub-relato do esforço percebido pelos próprios atletas.

Repetições em reserva

De forma semelhante à PSE, o método de *repetições em reserva* (RER) é uma medida subjetiva na qual o atleta relata o número estimado de repetições que ainda poderia ter executado além daquelas realizadas na série concluída (Tab. 10.1).[66] A utilização das RER tem se mostrado um método válido e confiável para prescrever cargas em sessões de treinamento de força.[4,40,66] Além disso, apresenta alta correlação com a PSE medida após a execução de uma série de exercícios.[42-44,144] Pesquisadores também identificaram uma forte correlação entre a velocidade média da barra e o RER em exercícios como o supino reto,[86] bem como no *chest press* e no *leg press*.[43] No entanto, deve-se observar que a força da correlação entre as RER e a PSE pode ser influenciada tan-

Tabela 10.1 Métodos de carga subjetivos e porcentagens relativas correspondentes

Esforço com a carga	Classificação do esforço percebido	Repetições em reserva	Porcentagem relativa
Máximo	10 9,5	0 Sem carga adicional 0 Poderia aumentar a carga	100
Muito pesado	9 8,5	1 1-2	95-99
Pesado	8 7,5	2 2-3	90-94
Moderado-pesado	6 6-7	3 3-4	85-89
Moderado	5-6	4 4-5	80-84
Leve-moderado	5	5	75-79
Leve	4-5	5-6	70-74
Muito leve	3-4	Esforço leve	< 70
Muito, muito leve	1-2	Pouco ou nenhum esforço	< 60

Adaptada de S. McKeever and R. Howard, "Resistance Training," in NSCA's Guide to High School Strength and Conditioning, editada para a National Strength and Conditioning Association by P. McHenry and M.J. Nitka (Human Kinetics, 2022), 240. Adaptada de DeWeese, Sams, and Serrano (2014). Adaptada de Zourdos, Klemp, Dolan, et al. (2016).

to pela experiência de treinamento quanto pela intensidade do exercício. Por exemplo, estudos mostraram correlações positivas robustas entre as RER estimadas e as RER reais durante o supino reto e o agachamento em uma amostra de fisiculturistas treinados.[44] Achados adicionais apoiam a ideia de que as RER tendem a ser mais precisas quando as séries de exercícios são executadas próximas à falha muscular.[42,73,143]

Pesquisadores compararam o uso da prescrição de cargas de acordo com as RER com métodos baseados na %1 RM fixa[40] e em zonas de repetições máximas.[4] Graham e Cleather[40] observaram que, embora ambos os grupos – RER e %1 RM fixa – tenham apresentado melhorias na força máxima nos exercícios de agachamento com barra e agachamento frontal, o grupo que utilizou o método baseado em RER demonstrou ganhos significativamente superiores. Resultados semelhantes foram relatados por Arede et. al.,[4] que demonstraram que o treinamento de força prescrito com base nas RER pode promover maiores melhorias na força do supino em comparação ao treinamento baseado em zonas de RM. Em conjunto, esses achados indicam a eficácia da aplicação das RER como método de prescrição de carga; entretanto, assim como ocorre com a PSE, ainda são necessárias mais pesquisas envolvendo diferentes populações, uma vez que o número de estudos empregando outros métodos de prescrição de carga é substancialmente maior do que aqueles que utilizam as RER.

Ao aplicar o método de RER com atletas, normalmente são prescritas faixas reduzidas (p. ex., 1-2 ou 3-4 RER). Esse método pode, teoricamente, ser aplicado de forma progressiva em qualquer esquema de séries e repetições (p. ex., 3 séries de 5 repetições; semana 1: 3-4 RER, semana 2: 2-3 RER). No entanto, deve-se observar que a precisão das RER tende a diminuir em séries com maior número de repetições (p. ex., acima de 12) e com cargas que correspondem a intensidades relativas mais baixas (p. ex., acima de 4 RER).[143] Embora essa limitação não seja relevante ao utilizar cargas altas, a dificuldade em monitorar e ajustar com precisão as cargas em exercícios mais leves e balísticos (como o agachamento com salto), que não se aproximam da falha muscular, é preocupante, considerando a capacidade desses exercícios de desenvolver características de produção rápida de força. Essa limitação pode impedir que profissionais da área de força e condicionamento prescrevam de maneira adequada dias de treino pesado e leve. Portanto, o método de RER tende a ser implementado de forma mais eficaz quando combinado com outros métodos, como a %1 RM ou o de melhor série-repetição.

Melhor série-repetição

O método de prescrição de carga denominado *melhor série-repetição* baseia-se em intensidades relativas (faixas percentuais), nas quais a carga máxima para um determinado atleta é estimada com base em seu desempenho em um esquema específico de séries e repetições.[26,109] As prescrições de carga pelo método de *melhor série-repetição* utilizam intervalos de 5%, permitindo que os profissionais da área de força e condicionamento avaliem seus atletas por meio da observação e do *feedback* fornecido por eles, criando oportunidades para autorregulação e confirmação da adequação das cargas prescritas (Fig. 10.2). Conforme já citado, pesquisas indicam que a prescrição de carga pelo método de melhor série-repetição pode promover maiores adaptações nas fibras musculares esqueléticas (p. ex., hipertrofia dos tipos I e II, aumento da cadeia pesada de miosina) e na força muscular (p. ex., pico de força isométrica e produção rápida de força) em comparação ao treinamento baseado em zonas de RM.[16,17] Além disso, os autores atribuíram esses resultados à variação na distribuição da carga de trabalho proporcionada pela alternância entre dias pesados e leves.[16]

Intensidade relativa	% Melhor série-repetição
Muito pesado	95-100%
Pesado	90-95%
Moderadamente pesado	85-90%
Moderado	80-85%
Moderadamente leve	75-80%
Leve	70-75%
Muito leve	65-70%
Descanso	-----

FIGURA 10.2 Melhores intensidades relativas de série-repetição.
Adaptada de T.J. Suchomel, S. Mimphius, C.R. Bellon et al., "Training for Muscular Strength: Methods for Monitoring and Adjusting Training Intensity," *Sports Medicine*, 51 (2021): 2051-2066, Springer Nature.

Outro fator considerado foi o aumento no estresse de treinamento observado durante o uso do método baseado em zonas de RM.[17] Em razão das suas características autorregulatórias e à ampla base de evidências científicas que respaldam sua aplicação,[16,17,53,87,110,116,117] o método de melhor série-repetição pode ser considerado uma estratégia eficaz de prescrição e ajuste de carga durante sessões de treinamento de força.

Embora a prescrição de cargas com base na %1 RM permita que os profissionais da área de força e condicionamento utilizem uma determinada RM (p. ex., 2 RM, 4 RM) para estimar a 1 RM e as RM correspondentes a diferentes números de repetições,[12] uma das limitações desse método é que tais estimativas são derivadas do desempenho em uma única série. Considerando que o treinamento de força é normalmente estruturado com múltiplas séries, é essencial levar em conta a fadiga acumulada ao longo das séries ao estimar a 1 RM de um exercício, especialmente naqueles que envolvem ampla amplitude de movimento. O método de melhor série-repetição permite que os profissionais considerem as cargas utilizadas em sessões anteriores para ajustar, de forma semanal, as cargas máximas de um atleta.[26,27] Além disso, esse método possibilita estimar as cargas de treinamento ao prescrever diferentes esquemas de séries e repetições (Tab. 10.2).[109] Deve-se observar que as cargas máximas estimadas são baseadas em *condições ideais*, nas quais o atleta já se encontra adaptado a um determinado esquema de séries e repetições. Ao prescrever cargas com base no método de melhor série-repetição, os profissionais devem considerar que, por exemplo, 90% para 3 séries de 5 repetições não se refere à %1 RM, mas sim à carga correspondente a 3 × 5 RM previamente executada pelo atleta. Embora esse método de prescrição possa parecer confuso inicialmente, ele permite que as cargas sejam determinadas de forma mais dinâmica e contextualizada, baseando-se na intensidade relativa do treinamento do atleta, em vez de depender exclusivamente de testes máximos de intensidade absoluta.

PONTO-CHAVE

O método de melhor série-repetição possibilita que os profissionais da área de força e condicionamento considerem as cargas utilizadas em sessões anteriores para ajustar, de forma semanal, as cargas máximas do atleta.

Aprender a aplicar o método de melhor série-repetição pode ser desafiador para profissionais da área de força e condicionamento, especialmente quando se trabalha com atletas iniciantes. Assim como em outros métodos de prescrição de carga, uma recomendação geral é iniciar com cargas conservadoras antes de progredir para cargas mais elevadas ao longo da fase de treinamento. Se o treinamento de força for estruturado segundo um paradigma de carga semanal 3:1 (i.e., três semanas de progressão seguidas por uma semana de redução ou recuperação) dentro de um bloco voltado ao desenvolvimento de força, as três primeiras semanas podem servir como uma oportunidade de observação e coleta de *feedback* do atleta antes de aumentar as cargas. Além disso, os profissionais podem utilizar o bloco de treinamento anterior como ponto de partida para o subsequente. Por exemplo, se um bloco de força geral (p. ex., 3 × 5) for seguido por um bloco de força absoluta (p. ex., 3 × 2), os maiores pesos levantados pelo atleta no bloco anterior podem servir como referência inicial, a partir da qual a carga é progressivamente aumentada nas semanas seguintes. Outro benefício da prescrição de cargas com base no método de melhor série-repetição é o componente de estabelecimento de metas incorporado ao método: cada atleta tende a se lembrar de seus melhores desempenhos dentro de um determinado esquema de séries e repetições, o que cria uma meta concreta a ser superada nos treinos subsequentes. Consequentemente, o método de melhor série-repetição pode funcionar também como uma ferramenta eficaz de monitoramento, permitindo avaliar se o atleta está respondendo ao treinamento de forma esperada ou se é necessário ajustar o programa a fim de evitar respostas de má adaptação.

TABELA 10.2 Alterações percentuais aproximadas para exercícios de agachamento e puxada usando diferentes esquemas de série-repetição

Esquema de série-repetição	Alterações percentuais de carga a partir de 3 × 2
3 × 2	—
3 × 3	↓ 5%
3 × 5	↓ 15%
5 × 5	↓ 17,5%
3 × 10	↓ 25%
5 × 10	↓ 27,5%

Modificada de Stone e O'Bryant.[109]
Profissionais da área de força e condicionamento devem considerar a redução de aproximadamente 10% nas porcentagens para exercícios da parte superior do corpo. Pode haver uma redução de aproximadamente 10% entre a repetição máxima avaliada por um indivíduo e a carga 3 × 2.
Reproduzida de T.J. Suchomel, S. Nimphius, C.R. Bellon et al., "Training for Muscular Strength: Methods of Monitoring and Adjusting Intensity," *Sports Medicine*, 51(2021): 2056, Springer Nature.

Exercício de resistência progressiva autorregulatório

Originalmente denominado *exercício de resistência progressiva*, o método de *exercício de resistência progressiva autorregulatório* (ERPA) tem suas origens no tratamento de lesões ortopédicas em soldados da Segunda Guerra Mundial.[22] A prescrição original de treinamento previa a execução de duas séries de aquecimento correspondentes a 50 e 75% da carga de 10 RM, seguidas de uma série final até a falha, com o objetivo de realizar pelo menos 10 repetições.[23,24] A carga de 10 RM para a sessão subsequente era então ajustada de acordo com o desempenho obtido nessa série final. Posteriormente, o método foi expandido de modo a incluir uma quarta série e um quadro de ajustes,[59] bem como um protocolo utilizando cargas mais elevadas baseadas em 6 RM.[60] Uma adição final incluiu um protocolo de 3 RM, consolidando o formato atualmente reconhecido como ERPA.[107] Como o próprio nome indica, o ERPA é utilizado para ajustar as cargas do treinamento de força de acordo com a prontidão de treinamento do atleta em cada sessão, ou seja, de forma autorregulatória.[72] As Figuras 10.3 e 10.4 apresentam os esquemas de carga e os ajustes correspondentes a cada protocolo ERPA.

Embora pesquisas indiquem que métodos de prescrição autorregulatória possam resultar em maiores adaptações de força quando comparados a outros métodos,[18,72,77,142] é importante diferenciar o ERPA de abordagens que exigem coleta adicional de dados, como a PSE, o RER e o treinamento baseado em velocidade (TBV). Relativamente, poucos estudos investigaram os efeitos do ERPA em comparação a outros métodos de prescrição de carga. Ainda assim, pesquisadores demonstraram que a prescrição de carga baseada no ERPA pode levar a maiores ganhos de força em exercícios como o agachamento com barra, o supino reto e o *hang clean*,[70,72,138] além de aumentar a força e a resistência no supino em comparação ao método de carga linear.[72] No entanto, os profissionais da área de força e condicionamento devem interpretar esses resultados com cautela, uma vez que o efeito de platô observado no método de carga linear – mencionado previamente e em outros estudos[48] – pode ter influenciado as comparações. Além disso, não há estudos que comparem o ERPA com outros métodos de prescrição de carga, o que evidencia a necessidade de pesquisas complementares sobre sua aplicação. Em síntese, o método ERPA pode auxiliar os profissionais no monitoramento e ajuste das cargas de treinamento dos atletas, em razão da integração dos levantamentos de 10 RM, 6 RM ou 3 RM em cada protocolo, bem como aos ajustes individualizados de carga realizados a cada sessão. No entanto, como em qualquer método, é fundamental compreender as limitações e considerações adicionais associadas ao ERPA antes de implementá-lo como estratégia de prescrição de treinamento.

PONTO-CHAVE

O método ERPA pode auxiliar os profissionais da área de força e condicionamento no monitoramento e ajuste das cargas de treinamento dos atletas, em razão da integração dos levantamentos de 10 RM, 6 RM ou 3 RM em cada protocolo, bem como aos ajustes individualizados de carga realizados a cada sessão.

Profissionais interessados em utilizar o ERPA como estratégia de prescrição e monitoramento de carga devem considerar alguns de seus aspectos específicos, como a ocorrência de falha técnica durante múltiplas séries, o *momentum* psicológico produzido e as possíveis modificações na tabela de ajustes de carga.[69] No que se refere à falha técnica, é essencial que os profissionais assegurem a manutenção da técnica adequada em todas as séries de RM. Caso o atleta sacrifique a técnica correta para realizar repetições adicionais, recomenda-se interromper a série e ajustar as cargas de forma apropriada.[69] Além disso, o ERPA pode ser empregado como uma ferramenta motivacional. À medida que os atletas se familiarizam com os protocolos de ajuste de carga, o método pode incentivá-los a realizar mais repetições, visando aumentar suas cargas nas sessões subsequentes. Outro ponto de atenção é o contexto relativo da carga prescrita em função das capacidades individuais de cada atleta. Por exemplo, um acréscimo de apenas 5 a 7,5 kg pode representar um aumento relativo muito mais significativo para atletas com menor força absoluta (ou seja, 6 RM de 100 kg corresponde a um aumento de 5 a 7,5%, enquanto 6 RM de 200 kg equivale a um acréscimo de apenas 2,5 a 3,75%).[120] Assim, recomenda-se que os profissionais da área de força e condicionamento considerem as características de força máxima de cada atleta ao realizar ajustes individuais na carga. Por fim, ao utilizar o ERPA, é importante considerar as evidências da literatura sobre autorregulação que destacam a superioridade das medidas objetivas (p. ex., velocidade média da barra) em relação às subjetivas (p. ex., PSE).[103] Dessa forma, os profissionais devem considerar a utilização de métodos complementares que forneçam dados objetivos de desempenho – como o treinamento baseado em velocidade (TBV) – para complementar o ERPA e garantir uma prescrição de carga mais precisa e eficaz.

Série	ERPA10	ERPA6	ERPA3
1	12 repetições a 50% 10 RM	10 repetições a 50% 6 RM	6 repetições a 50% 3 RM
2	10 repetições a 75% 10 RM	6 repetições a 75% 6 RM	3 repetições a 75% 3 RM
3	Repetições até a falha em 10 RM	Repetições até a falha em 6 RM	Repetições até a falha em 3 RM
4	Repetições até a falha na carga ajustada	Repetições até a falha na carga ajustada	Repetições até a falha na carga ajustada

FIGURA 10.3 Protocolos de exercícios de resistência progressiva autorregulatórios.
Adaptada de T.J. Suchomel, S. Mimphius, C.R. Bellon et al., "Training for Muscular Strength: Methods for Monitoring and Adjusting Training Intensity," *Sports Medicine*, 51 (2021): 2051-2066, Springer Nature.

ERPA10		ERPA6		ERPA3	
3ª série de repetições	Ajuste de carga	3ª série de repetições	Ajuste de carga	3ª série de repetições	Ajuste de carga
4-6	↓ 2,5-5 kg	0-2	↓ 2,5-5 kg	1-2	↓ 2,5-5 kg
7-8	↓ 0-2,5 kg	3-4	↓ 0-2,5 kg	3-4	Manter carga
9-11	Manter carga	5-7	Manter carga	5-6	↑ 2,5-5 kg
12-16	↑ 2,5-5 kg	8-12	↑ 2,5-5 kg	7+	↑ 5-10 kg
17+	↑ 5-7,5 kg	13+	↑ 5-7,5 kg		

FIGURA 10.4 Ajustes de carga de exercícios de resistência progressiva autorregulatórios.
Adaptada de T.J. Suchomel, S. Mimphius, C.R. Bellon et al., "Training for Muscular Strength: Methods for Monitoring and Adjusting Training Intensity," *Sports Medicine*, 51 (2021): 2051-2066, Springer Nature.

Treinamento baseado em velocidade

Como o próprio nome indica, o *treinamento baseado em velocidade* (TBV) refere-se à mensuração e ao uso da velocidade para prescrever cargas durante sessões de treinamento de força. Esse método de prescrição e monitoramento de carga pode empregar diferentes aparelhos – como transdutores lineares de posição ou unidades de medição inercial, a fim de mensurar ou calcular o deslocamento e a velocidade das repetições dos exercícios (p. ex., velocidade média e velocidade de pico da barra). Três benefícios principais do TBV são amplamente descritos na literatura científica: o fornecimento de *feedback* instantâneo ao atleta, a possibilidade de estimar as cargas correspondentes a 1 RM em determinados exercícios e a utilização de limiares de perda de velocidade a fim de monitorar e ajustar as cargas de treinamento (Fig. 10.5).[131]

O uso do TBV como ferramenta de *feedback* tem sido associado a melhorias de até aproximadamente 10% na velocidade e na produção de potência.[135-137] Esses ganhos podem estar relacionados a fatores motivacionais intrínsecos ou extrínsecos, como a competição entre atletas ou entre diferentes sessões de treinamento.[135,136] Shattock e Tee[103] também observaram aumentos na altura do salto com contramovimento quando o *feedback* por TBV foi utilizado; contudo, essas adaptações podem ter resultado de melhorias na força do agachamento com barra. Entretanto, os autores não observaram alterações nas características de força-tempo do salto com contramovimento, apesar do aumento na altura do salto.[103]

Conforme já citado, um dos benefícios do *feedback* fornecido pelo TBV é o aumento da competitividade entre os atletas, que passam a buscar maiores velocidades de execução. No entanto, é importante que os profissionais da área de força e condicionamento determinem quando o atleta deve receber o *feedback* dos aparelhos de TBV, pois o momento em que essas informações são fornecidas pode influenciar o grau de autonomia do atleta e, potencialmente, o processo de aquisição de habilidades.[141] Além disso, o uso do *feedback* de velocidade deve ser avaliado com cautela quando o objetivo do treinamento também envolve o aprimoramento da habilidade motora – o que em geral é o caso em exercícios complexos, como as variações do levantamento de peso olímpico (p. ex., *hang power clean* e *snatch pull from the floor*). Nesses casos, estudos indicam que as melhorias na velocidade de execução frequentemente decorrem de ajustes técnicos e não de instruções baseadas na velocidade em si.[139] Esses achados provavelmente refletem o fato de que as variações do levantamento de peso olímpico envolvem estratégias de coordenação significativamente mais complexas do que outros levantamentos de

	+	−	
Feedback em tempo real	↑ Motivação do atleta ↑ Competição na sala de musculação	Perda de foco na técnica do exercício na busca por alcançar velocidades mais rápidas	Necessário *feedback* consistente durante as séries de exercícios Mais bem implementado com movimentos pesados e multiarticulares, ou exercícios balísticos
1 RM prevista diariamente	Porcentagens de treinamento baseadas no estado atual do atleta	↓ O esforço do atleta durante o aquecimento pode subestimar a 1 RM 1 RM superestimada usando perfis de carga-velocidade ↑ Tempo necessário para determinar perfis de carga-velocidade	O uso de equações gerais baseadas na velocidade associada à 1 RM de vários atletas facilita a análise da relação entre carga e velocidade. O método de avaliação de dois pontos pode ser útil para exercícios da parte superior do corpo, mas não da parte inferior
Limiares de perda de velocidade	↑ Capacidade de monitorar a fadiga durante as séries de treinamento Uso de esquemas de repetição "flexíveis" para compensar a fadiga durante o treinamento	↑ Tempo de treinamento devido aos ajustes frequentes na carga Variabilidade individual da testagem do atleta ↑ Tempo necessário para determinar as linhas de base de velocidade	Fases de alto volume (de acumulação) podem justificar a manutenção da velocidade de execução, mesmo quando esta cai abaixo do limiar estabelecido. Esquemas de repetição "flexíveis" podem modificar o estímulo de treinamento para a adaptação desejada.

FIGURA 10.5 Benefícios, limitações e considerações adicionais do treinamento baseado em velocidade.
Adaptada de T.J. Suchomel, S. Mimphius, C.R. Bellon et al., "Training for Muscular Strength: Methods for Monitoring and Adjusting Training Intensity," *Sports Medicine*, 51 (2021):2051-2066, Springer Nature.

peso.[68] Portanto, embora o *feedback* de velocidade durante movimentos tradicionais do treinamento de força (como agachamentos, supinos e puxadas) possa ser eficaz, ainda são necessárias mais pesquisas para determinar se esse tipo de *feedback* de fato favorece a aquisição de habilidades e as adaptações de coordenação em exercícios mais complexos.

Como a velocidade de execução tende a diminuir à medida que a carga externa aumenta,[55,111-113,130] é possível estimar a 1 RM de um exercício utilizando equações gerais[38] ou individualizadas de relação carga-velocidade.[8,98] Em resumo, essas equações podem ser elaboradas registrando-se a velocidade média da barra durante repetições únicas (modelo geral) ou durante repetições realizadas com várias cargas submáximas (modelo individualizado). Embora ambos os modelos – geral e individualizado – possam permitir que profissionais da área de força e condicionamento estimem a 1 RM de um atleta, ambos apresentam limitações. Uma limitação primária das equações gerais de predição é que alguns fatores – como o tipo de exercício,[19,47,100,125] a técnica de execução,[35,88] o sexo,[6,127] o aparelho de medição de velocidade[7,31,90,125] – e a variabilidade entre atletas[91] podem afetar a relação entre a velocidade média da barra em uma repetição e a porcentagem correspondente da 1 RM. No que se refere às equações individualizadas de predição da 1 RM baseadas na carga-velocidade, estudos observaram que as velocidades médias atingidas na 1 RM podem não ser consistentes ou confiáveis,[8,36,98] o que levou alguns autores a recomendarem o uso de equações gerais de predição.[131] No entanto, deve-se notar que o uso de valores de referência baseados em limiares mínimos de velocidade dentro dessas equações de predição de 1 RM também pode gerar erros absolutos de magnitude moderada a alta.[32]

Outros estudos têm discutido o uso do método de dois pontos, no qual apenas duas medições de velocidade, obtidas em diferentes cargas, são utilizadas para estimar a 1 RM de um atleta.[34,75] No entanto, é fundamental que as cargas escolhidas estejam em extremos opostos do espectro carga-velocidade (p. ex., 20 e 70% de 1 RM).[89] Além disso, em um estudo de 2023, pesquisadores concluíram que as equações de predição carga-velocidade tendem a superestimar o valor real de 1 RM de um atleta, independentemente do modelo estatístico empregado.[41] De acordo com as evidências disponíveis, é recomendável que os profissionais da área de força e condicionamento tenham cautela ao utilizar equações de predição de 1 RM, sejam elas gerais ou individualizadas.

Os limiares de perda de velocidade representam outra forma de aplicação do TBV para o monitoramento de sessões de treinamento de força. Como as séries tradicionais exigem a execução de um número fixo de repetições com a mesma carga, é possível que ocorram reduções significativas na velocidade ao longo da série.[128,134] A diminuição da velocidade de encurtamento das fibras musculares tem sido associada à fadiga induzida pelo exercício e à consequente redução da velocidade de movimento.[39,99] Assim, a perda de velocidade durante uma série pode servir como um indicador útil para a prescrição do volume e da intensidade do treinamento de força.[131] Por exemplo, Weakley et al.[132] demonstraram que limiares de perda de velocidade de 10, 20 e 30% resultaram em reduções lineares na função neuromuscular, acompanhadas de um aumento no esforço percebido e nas respostas metabólicas. Esse mesmo grupo de pesquisa também verificou que é possível manter os valores de velocidade e potência utilizando os mesmos limiares de perda de velocidade.[133] Na prática, o monitoramento da fadiga durante séries únicas ou múltiplas por meio de diferentes limiares de perda de velocidade permite o uso de *esquemas flexíveis de repetições*, nos quais a velocidade da barra atua como um indicador da intensidade do exercício. Entretanto, é importante compreender que a adoção desse método pode modificar o estímulo de treinamento originalmente prescrito e alterar o foco da sessão ou da fase de treinamento.[52] Por exemplo, se o limiar de perda de velocidade determinar que o atleta execute menos repetições do que o planejado (p. ex., 2 em vez de 5), o estímulo ajustado pode ser menos eficaz para desenvolver determinadas características de força. De modo semelhante, deve-se considerar que um mesmo limiar de perda de velocidade pode não ser adequado para todos os indivíduos, já que fatores como carga relativa, sexo, idade de treinamento e traços de personalidade podem influenciar as respostas ao estímulo.[57]

Embora o uso da tecnologia de TBV possa ser atraente, os profissionais da área de força e condicionamento devem estar atentos às suas possíveis desvantagens. Em relação à aquisição de habilidades e à coordenação motora, é fundamental compreender a frequência ideal do *feedback* de velocidade, o tipo de *feedback* fornecido a cada atleta e o impacto de se colocar a velocidade como foco principal do treinamento. Em síntese, deve-se priorizar a técnica correta em vez de buscar maiores velocidades de execução em detrimento da qualidade do movimento. Essa consideração explica por que se recomenda que os atletas consolidem sua técnica antes de utilizar o TBV.[71] No entanto, esse princípio tem sido amplamente negligenciado, uma vez que a maioria dos estudos sobre TBV foi realizada utilizando aparelhos Smith de eixo fixo, e não pesos livres. Além disso, grande parte da literatura existente tem se concentrado em movimentos exclusivamente concêntricos realizados após uma pausa, em vez de movimentos completos com fases excêntricas e concêntricas. Por esse motivo, os profissionais devem interpretar e aplicar os achados das pesquisas sobre TBV com cautela. Em síntese, o monitoramento da velocidade tem seu valor para a prescrição de carga e o monitoramento do desempenho do atleta; contudo, ele tende a ser mais eficaz quando empregado como um complemento a outros métodos previamente descritos.

Monitoramento da aprendizagem motora e aquisição de habilidades

Como mencionado nos Capítulos 2 e 3, a capacidade de desenvolver um movimento eficaz e eficiente pode contribuir para o desempenho de habilidades esportivas (p. ex., correr, saltar, arremessar) ao aprimorar a capacidade do atleta de produzir as características de força necessárias. Assim, o monitoramento dessas características, com outros atributos de força discutidos no Capítulo 9, pode ser de importância fundamental.[120] Embora existam diversas medidas de força situadas ao longo do espectro da capacidade ou competência motora,[51] os treinadores esportivos devem identificar quais desempenhos motores são mais relevantes para seus atletas e para a atuação em suas modalidades. Nesse sentido, os treinadores podem utilizar seu conhecimento prático e experiencial para avaliar qualitativamente a habilidade motora, enquanto os profissionais da área de força e condicionamento podem complementar essa análise com métodos quantitativos.[61] Essa combinação é especialmente útil em exercícios altamente técnicos que envolvem maior complexidade de coordenação.

Curiosamente, pesquisadores têm integrado princípios e medidas da literatura sobre comportamento motor com a literatura de força e condicionamento para descrever o processo de aprendizado de habilidades ao longo do tempo.[33,80,95] Essa abordagem difere de análises puramente fisiológicas, permitindo que profissionais da área de força e condicionamento e cientistas do esporte quantifiquem e monitorem a aquisição de habilidades ou a adaptação motora durante diferentes fases do treinamento resistido voltadas ao desenvolvimento das características de força muscular, além de identificar possíveis estagnações no desempenho. Além disso, esse tipo de monitoramento possibilita a integração entre o *processo* de aprendizado motor e adaptação ou aquisição de habilidades com métodos que mensuram o *desfecho* do movimento (p. ex., o TBV), proporcionando uma abordagem de monitoramento mais holística. Embora o conceito de monitorar o aprendizado motor e a aquisição de habilidades seja promissor, determinar quais variáveis ou aspectos do aprendizado (p. ex., adaptação, coordenação, transferência) devem ser monitorados pode ser desafiador. No entanto, diversas medidas podem ser adaptadas a partir de pesquisas em neurorreabilitação[106] ou de estudos sobre o monitoramento de habilidades esportivas.[93]

A relevância do monitoramento do processo de aprendizado motor e da aquisição de habilidades torna-se evidente quando se consideram os estágios de aprendizagem (i.e., coordenação, controle e habilidade) de diferentes atletas.[83] Sugere-se que o monitoramento futuro dos atletas inclua uma combinação entre métodos de treinamento de força voltados ao desfecho (p. ex., PSE, RER, TBV) e métodos voltados ao processo. Por meio dessa combinação, medidas de variabilidade de coordenação bivariada[82] ou de variabilidade de execução[140] podem atuar como indicadores de processo que orientam ajustes de carga durante o treinamento, em vez de depender exclusivamente de medidas de desfecho. Além disso, indicadores de coordenação e de magnitude ou estrutura da variabilidade podem fornecer subsídios valiosos aos profissionais da área de força e condicionamento ao decidirem quando implementar alterações na técnica de treinamento ou modificar a tarefa motora.[33] Embora ainda haja escassez de pesquisas nessa área, a prática qualitativa de treinadores sugere a necessidade de incluir medidas de aquisição de habilidades e de aprendizado motor ao processo de monitoramento do atleta. Assim, o monitoramento futuro do treinamento de força deve buscar combinar medidas de desfecho (p. ex., velocidade, carga, tempo) com medidas de processo (p. ex., magnitude ou estrutura da variabilidade, coordenação, eficiência) que sejam pertinentes ao estágio de aprendizagem ou à tarefa motora executada. Essa abordagem pode fornecer uma compreensão mais aprofundada da interação entre a capacidade motora e o controle motor do atleta.[101]

Considerações adicionais ao monitoramento e ajuste da carga

Este capítulo concentrou-se principalmente no monitoramento e no ajuste das cargas de treinamento durante exercícios tradicionais de resistência, como agachamentos, supinos e puxadas. No entanto, é importante reconhecer que diferentes tipos de treinamento de força – como movimentos do levantamento de peso olímpico,[2,37,108,114,115] métodos de treinamento excêntrico,[74,121,122,129] treinamento isométrico,[28,67,85] treinamento pliométrico,[1,29,30] e saltos com carga[63,118,119,124] – podem exigir abordagens distintas de monitoramento. Essa necessidade decorre tanto das particularidades dos métodos de carga (p. ex., contrações excêntricas ou isométricas) quanto da complexidade coordenativa de certos exercícios (como os movimentos do levantamento de peso olímpico e as variações de salto). Além disso, como atletas iniciantes podem apresentar menor consistência durante o treinamento – em virtude de alterações em sua força, técnica e nível de esforço –, recomenda-se que os profissionais da área de força e condicionamento utilizem métodos de monitoramento e ajuste de carga menos complexos, como o PSE, as RER ou o ERPA. Por outro lado, atletas mais avançados em seu estágio de treinamento podem demandar ajustes de carga mais frequentes e informações mais detalhadas sobre a forma *como* executam os exercícios sob diferentes cargas, bem como sobre as estratégias coordenativas (flexibilidade comportamental) que empregam. Nesses casos, o uso do método de melhor série-repetição ou do TBV, em combinação com outros métodos, pode atender de maneira mais eficaz às necessidades desses atletas.

PONTO-CHAVE

Como atletas iniciantes podem apresentar menor consistência durante o treinamento – em virtude de alterações em sua força, técnica e nível de esforço –, recomenda-se que os profissionais da área de força e condicionamento utilizem métodos de monitoramento e ajuste de carga menos complexos, como o PSE, as RER ou o ERPA.

O monitoramento das características de força de um atleta é um processo multifacetado. Embora os métodos discutidos possam auxiliar na avaliação do progresso dentro da sala de musculação, nenhum deles mede diretamente como o atleta aplica força. Ainda que alguns desses métodos possam sugerir indiretamente um aumento na capacidade de força máxima – por exemplo, um aumento na %1 RM relativa à massa corporal –, essas medidas são limitadas, pois o fato de o atleta levantar uma carga maior não necessariamente implica que ele tenha aprimorado sua capacidade de expressar força em tarefas específicas do esporte. Portanto, é fundamental que os profissionais da área de força e condicionamento considerem a integração de medidas adicionais – como salto vertical, *isometric mid-thigh pull*, velocidade e mudança de direção – ao monitorar um atleta.[120] Esses indicadores complementares fornecem uma visão mais abrangente sobre como o atleta está respondendo ao estresse acumulado decorrente de diferentes estímulos de treinamento, práticas esportivas, competições e fatores psicológicos. Essas informações permitem prescrever o treinamento de forma mais eficiente, favorecendo o desenvolvimento de características desejáveis de produção de força, aprimorando o controle da fadiga, reduzindo o risco de lesões e recalibrando o sistema motor – ajudando o atleta a "aprender a usar a força recentemente adquirida".[120] Independentemente dos métodos escolhidos, os profissionais devem sempre contextualizar as cargas prescritas, levando em conta o *feedback* do atleta, os resultados dos testes e os objetivos de treinamento pregressos, atuais e futuros dentro do plano de longo prazo. Essa prática contribui para que a prescrição do treinamento seja baseada em evidências, reduzindo decisões precipitadas ou reativas diante de informações limitadas de monitoramento.

Pontos principais discutidos no capítulo

- Embora exista uma ampla variedade de métodos que podem ser empregados para monitorar e ajustar as cargas de treinamento durante sessões de treinamento de força, os profissionais da área de força e condicionamento devem compreender os benefícios e limitações de cada abordagem.
- O modelo de carga linear e o método "dois por dois" podem ser úteis para atletas iniciantes, pois sua força máxima e técnica de execução ainda estão em desenvolvimento; contudo, esses métodos oferecem pouca variação no treinamento e podem ser prejudiciais ao desenvolvimento das características de produção de força quando utilizados de forma exclusiva por períodos prolongados.
- Apesar de os métodos baseados em porcentagens de 1 RM e em zonas de RM proporcionarem maior variação e um estímulo de treinamento mais eficaz em comparação com outras abordagens, eles não consideram os estressores externos que podem afetar o desempenho. Recomenda-se, portanto, que sejam fornecidas faixas de carga para compensar essas influências.
- Métodos de ajuste de carga subjetivos (p. ex., PSE, RER, método de melhor série-repetição e ERPA) e objetivos (p. ex., TBV) podem oferecer uma compreensão mais aprofundada sobre a prontidão diária do atleta para treinar, em comparação com os demais métodos discutidos.
- Os métodos de PSE e RER, entretanto, podem apresentar limitações relacionadas ao nível de familiaridade do atleta com diferentes estímulos de treinamento. Recomenda-se que os profissionais restrinjam a autonomia do atleta na escolha das cargas até que ele demonstre proficiência em relatar com precisão seus valores de PSE ou RER após cada série de exercício.
- Profissionais da área de força e condicionamento podem considerar a combinação de métodos subjetivos com um método objetivo para determinar cargas específicas de treinamento, utilizando o método subjetivo como ferramenta de autorregulação para o ajuste das cargas.
- Protocolos futuros de monitoramento de atletas devem considerar a integração de medidas focadas no desempenho, bem como indicadores de aquisição de habilidades e aprendizado motor, a fim de proporcionar uma compreensão mais abrangente do desenvolvimento global do atleta.

11

Considerações nutricionais para o desenvolvimento da força muscular

Além de elaborar os programas de treinamento, os profissionais da área de força e condicionamento devem considerar a condição energética de seus atletas. De forma objetiva, se o atleta não dispõe de aporte calórico suficiente para realizar ou suportar o treinamento prescrito, as adaptações desejadas podem ser comprometidas. Sob essa perspectiva, é fundamental analisar como os atletas se alimentam e de que maneira isso influencia sua capacidade de treinar e se recuperar. Assim, ao formular um plano nutricional adequado ao desempenho esportivo, deve-se considerar a ingestão de macronutrientes, micronutrientes e suplementos ergogênicos. O objetivo deste capítulo é fornecer ao leitor uma compreensão aprofundada sobre os diversos fatores nutricionais e seus possíveis efeitos sobre as características de força muscular e sobre o processo de recuperação decorrente dos diferentes estímulos de treinamento.

Balanço energético

Antes de abordar as necessidades nutricionais de um atleta, é fundamental determinar suas exigências energéticas; isso pode ser feito calculando seu gasto energético diário total, que inclui a taxa metabólica de repouso, a termogênese da atividade não relacionada ao exercício, o efeito térmico dos alimentos (ou termogênese induzida pela dieta) e o efeito térmico do exercício (ou gasto energético do exercício).[71] Uma discussão detalhada sobre os procedimentos de cálculo de cada um desses componentes está além do escopo deste capítulo. De maneira simplificada, o *balanço energético* pode ser definido como a diferença entre a ingestão e o gasto de energia, ou, em outras palavras, a relação entre "calorias ingeridas *versus* calorias gastas". Deve-se observar que as exigências energéticas variam conforme o tipo de atividade (p. ex., treino, prática esportiva ou competição), e que o custo metabólico e a taxa de gasto energético dependem de variáveis do treinamento, como volume, intensidade, duração e frequência.[249,284] No que diz respeito à frequência das sessões de treinamento, é importante considerar o volume total de trabalho acumulado pelo atleta e verificar se houve consumo calórico suficiente para compensar o gasto energético, reduzindo, assim, o risco de efeitos negativos do treinamento[247] ou de perdas de massa corporal, massa magra ou ambas. De modo geral, quanto maior o volume de trabalho realizado, maior será o gasto calórico total. Contudo, esse valor também depende do tamanho corporal, da massa e da composição corporal do atleta,[250] bem como da posição ocupada no esporte (p. ex., jogador de linha *versus* jogador tático no futebol americano). Por fim, é importante destacar que o gasto energético durante o exercício pode influenciar a ingestão alimentar e os parâmetros de recuperação no período pós-exercício.[37] Esse fato justifica a necessidade de um planejamento nutricional pós-treino, uma vez que os efeitos cumulativos do gasto energético decorrente do treinamento estão relacionados a diversas adaptações fisiológicas, incluindo alterações na massa e composição corporal, função cardiovascular e desempenho esportivo.[245]

PONTO-CHAVE

As exigências energéticas para atividades específicas (p. ex., treino, prática esportiva ou competição) podem variar, e tanto o custo metabólico quanto a taxa de gasto energético dependem de variáveis do treinamento, como volume, intensidade, duração e frequência.

Pode-se calcular a disponibilidade energética utilizando a equação a seguir.[169] A Tabela 11.1 apresenta os diferentes níveis de disponibilidade energética, conforme descrito por Cabre et al.[38]

Disponibilidade energética = [ingestão energética (kcal) – gasto energético com exercício (kcal)]/massa livre de gordura (kg)

Macronutrientes

Três macronutrientes principais fornecem energia ao organismo e contribuem para a manutenção de sua estrutura e funcionamento: carboidratos, proteínas e gorduras. As seções a seguir apresentam uma visão geral de como cada macronutriente participa do desenvolvimento da força muscular.

Carboidratos

Os *carboidratos* são compostos químicos formados por carbono, hidrogênio e oxigênio. Eles constituem a principal fonte de energia para exercícios de intensidade moderada a alta.[269] Por esse motivo, o carboidrato é um componente essencial da dieta de um atleta. Com base em sua estrutura, os carboidratos podem ser classificados como simples ou complexos. Os *carboidratos simples* podem assumir a forma de monossacarídeos (açúcares simples) ou dissacarídeos (formados por dois monossacarídeos), enquanto os *carboidratos complexos* são formados por polissacarídeos que podem conter milhares de monossacarídeos. A Tabela 11.2 apresenta exemplos de carboidratos simples e complexos. Embora os polissacarídeos incluam a forma de armazenamento do carboidrato (glicogênio), eles geralmente precisam ser decompostos no monossacarídeo glicose para serem utilizados como substrato na produção da forma de energia utilizável pelo corpo humano, o trifosfato de adenosina (ATP). Como referência, cada grama de carboidrato fornece aproximadamente 4 kcal de energia ao atleta. Embora dietas com baixo teor de carboidratos possam ser aplicadas em determinadas situações, planos alimentares que contenham menos de 30% do total de quilocalorias provenientes de carboidratos podem estar associados a sintomas de fadiga[28] e contribuir para o treinamento excessivo e reduções no desempenho.[247]

Os carboidratos também podem ser classificados de acordo com seu índice glicêmico (IG), que se refere à capacidade de um alimento de elevar os níveis de glicose sanguínea. De forma resumida, o pão branco é utilizado como alimento de referência para o cálculo do IG, com valor igual a 100. Assim, os alimentos de alto, moderado e baixo IG são classificados, respectivamente, com valores superiores a 70, entre 55 e 70, e inferiores a 55. A Tabela 11.3 apresenta exemplos de alimentos com diferentes índices glicêmicos; informações mais detalhadas podem ser encontradas em Atkinson et al.[6,7] O IG dos alimentos é relevante porque está relacionado à forma, ao momento e à magnitude com que os níveis de glicose se elevam, bem como à utilização de diferentes substratos energéticos.[65] Por exemplo, alimentos de baixo IG consumidos nas horas que antecedem o treinamento podem oferecer uma vantagem metabólica em relação aos de alto IG, pois geram uma resposta insulínica menor, o que pode aumentar a disponibilidade de ácidos graxos livres e permitir uma concentração mais estável de glicose durante o exercício, poupando, assim, o glicogênio muscular.[46] No entanto, como alimentos de baixo IG costumam apresentar alto teor de fibras, é importante que o atleta respeite um intervalo adequado para a digestão desses alimentos, a fim de evitar desconfortos gastrointestinais durante treinamentos ou competições. Curiosamente, duas metanálises indicaram que pode não haver diferença entre alimentos de alto e baixo IG no que diz respeito à economia de glicogênio.[75,118] Por outro lado, alimentos de alto IG podem ser vantajosos quando consumidos após

TABELA 11.1 Classificação e descrição do nível de disponibilidade energética

Nível	Descrição	Energia (kcal/kg de massa livre de gordura)
Ótimo	Energia suficiente para manutenção do peso corporal e de todas as funções fisiológicas.	≥ 45
Baixo	Sustentável a curto prazo; pode ser intencional para fins de modificação da composição corporal.	30 a 40
Clinicamente baixo	Energia insuficiente, que pode levar a implicações negativas para a saúde e o comprometimento das adaptações ao treinamento.	< 30

TABELA 11.2 Exemplos de carboidratos simples e complexos comumente consumidos por atletas

Simples	Complexo
Produtos de panificação	Feijões
Cereais matinais	Arroz integral
Doces	Frutas
Suco de frutas	Aveia
Mel	Massas
Bebidas esportivas	Batata
Açúcar	Vegetais
Iogurte	Pão integral vegetal

o exercício, pois favorecem a ressíntese de glicogênio e, consequentemente, a recuperação.[32]

Embora não haja dúvidas de que a ingestão de carboidratos possa beneficiar significativamente o desempenho em exercícios de resistência,[209,273] há menos evidências de que o aumento da ingestão de carboidratos, em relação a uma dieta habitual, melhore o desempenho em treinamentos de força. Por exemplo, os autores de uma revisão sistemática publicada em 2022 concluíram que a ingestão de carboidratos pode não afetar o desempenho de atletas em treinos de força realizados em estado alimentado, mesmo em sessões que incluíam até 10 séries por grupo muscular.[113] No entanto, os autores observaram que sessões de treinamento de força com maior volume podem se beneficiar da ingestão de carboidratos, embora sejam necessárias mais pesquisas a respeito. Outros estudos indicaram que a ingestão de carboidratos antes ou durante uma sessão de treinamento de força pode permitir que o indivíduo realize um volume maior de trabalho em sessões com duração superior a 45 minutos e que incluam pelo menos 8 a 10 séries.[151] Os autores também concluíram que a ingestão de carboidratos após jejum de 8 horas pode melhorar o desempenho no treinamento de força. Apesar desses resultados, deve-se observar que a restrição de carboidratos pode prejudicar a capacidade do atleta de executar de forma consistente séries de alta intensidade,[165] o que reforça a importância de manter níveis adequados de carboidratos prontamente disponíveis para a atividade. Como alternativa à restrição de carboidratos, alguns pesquisadores investigaram o uso do *enxágue bucal com solução de carboidratos*, definido como a distribuição de uma solução contendo carboidratos na boca por 5 a 10 segundos antes de ser cuspida.[57] Os pesquisadores concluíram que o enxágue bucal com carboidratos não apresentou benefícios no desempenho de *sprints* repetidos ou de esforço máximo na corrida e no ciclismo.[58] Entretanto, outros estudos observaram que o enxágue bucal com carboidratos e cafeína pode aumentar a capacidade de exercício.[145] De forma geral, a literatura disponível sugere que a ingestão adicional de carboidratos antes do treinamento pode não beneficiar o desempenho de força em atividades de curta duração. Assim, atletas e profissionais da área de força e condicionamento devem considerar cuidadosamente a quantidade de carboidratos necessária para diferentes tipos de treinamento e competição.

PONTO-CHAVE

A restrição de carboidratos pode prejudicar a capacidade do atleta de executar de forma consistente séries de alta intensidade; isso reforça a importância de manter níveis adequados de carboidratos prontamente disponíveis para a atividade.

Deve-se periodizar as necessidades diárias de carboidratos dos atletas a fim de garantir uma disponibilidade adequada durante os períodos de treinamento e competição. Entretanto, atletas e profissionais da área de força e condicionamento devem consultar nutricionistas esportivos ou nutrólogos a fim de aprimorar seus conhecimentos sobre as melhores práticas. Embora muitos defendam que a dieta de um atleta deva conter uma porcentagem fixa de carboidratos, esse método não parece ser o mais adequado, pois apresenta baixa correlação tanto com a quantidade efetivamente consumida durante a atividade quanto com as demandas energéticas específicas de cada modalidade.[34] Assim, recomenda-se que a quantidade de carboidratos ne-

TABELA 11.3 Exemplos de alimentos com alto, moderado e baixo índice glicêmico comumente consumidos por atletas

Alto	Moderado	Baixo
Bagel	Feijão cozido	Maçã
Rosquinhas	Arroz basmati	Feijão preto
Purê de batatas	Arroz integral	Castanha-de-caju
Pretzel	*Croissant*	Feijão-carioca
Waffle	Batata *chips*	Purê de batata doce
Pão de trigo	Mel	Laranja
Pão branco	Chocolate ao leite	Amendoim
Arroz branco	Pipoca salgada	Morango

cessária seja determinada de acordo com as atividades realizadas em cada dia de treinamento. Por exemplo, sugere-se que os atletas ingiram menos de 2 g/kg, de 2 a 4 g/kg, de 4 a 6 g/kg, de 6 a 8 g/kg ou de 8 a 12 g/kg de carboidratos quando realizarem, respectivamente: pouca ou nenhuma atividade; atividades de baixa intensidade com gasto energético mínimo (p. ex., sessões de recuperação); atividades de intensidade moderada a alta com duração aproximada de 1 hora por dia (p. ex., sessões de treinamento de força); atividades de intensidade moderada a alta com duração entre 1 e 3 horas por dia (p. ex., treinamentos ou competições esportivas); ou atividades de intensidade moderada a alta com duração superior a 4 horas por dia (p. ex., prática esportiva combinada, sessão de treinamento de força e sessão de recuperação).[46]

Em relação ao consumo de carboidratos durante treinamentos ou competições, recomendações adicionais indicam que atletas bem treinados que participam de eventos com duração de 1 a 2 horas, 2 a 3 horas ou mais de 2,5 horas devem consumir aproximadamente 30, 60 ou 90 g de carboidratos por hora, respectivamente; atletas menos treinados podem ajustar esses valores para baixo.[137] Quanto às recomendações pós-treino ou pós-competição, pesquisadores sugerem o consumo de 1,2 g/kg de carboidrato por hora,[136] iniciado dentro das duas primeiras horas após o término da atividade, a fim de otimizar a ressíntese de glicogênio.[133] No entanto, a quantidade consumida também deve considerar a duração da sessão ou evento e o intervalo até o próximo esforço.

Essas são recomendações bem gerais, mas é importante que a ingestão de carboidratos seja ajustada de acordo com as atividades que serão realizadas. Ainda assim, deve haver flexibilidade, especialmente quando houver alterações inesperadas na programação de treinos ou competições. Por fim, orientar os atletas quanto ao tamanho adequado das porções, bem como o uso de *softwares* ou aplicativos de nutrição que lembrem os horários ideais de alimentação, pode auxiliar no desenvolvimento de atletas mais autônomos.[71] Para informações adicionais sobre como periodizar a ingestão de carboidratos, recomenda-se a leitura da revisão publicada por Impey et al.[131]

Proteínas

Além de atuarem como elementos contráteis responsáveis pela produção de força (p. ex., actina, miosina, titina e nebulina), as proteínas também podem exercer funções estruturais (p. ex., queratinas), imunes (p. ex., anticorpos) ou regulatórias (p. ex., enzimas). Essa ampla diversidade funcional decorre, em grande parte, da grande variação estrutural existente entre os diferentes tipos de proteínas. Cada proteína é composta por uma variedade de aminoácidos, dos quais 9 são considerados essenciais e 11 não essenciais (ver Tab. 11.4). Simplificadamente, os aminoácidos essenciais devem ser obtidos por meio da dieta do atleta, enquanto os não essenciais são sintetizados naturalmente pelo organismo. Como as proteínas estão em constante processo de renovação – sendo continuamente degradadas e reconstruídas ao longo do dia –, uma dieta com ingestão proteica adequada possibilita a formação de novas proteínas, que substituem aquelas danificadas depois de um determinado estímulo de treinamento.[46] Embora o consumo de proteínas possa não influenciar diretamente a força máxima,[166] atletas e profissionais da área de força e condicionamento devem reconhecer sua importância para os mecanismos fisiológicos subjacentes e para o processo de recuperação das características associadas à força muscular.

PONTO-CHAVE

Embora o consumo de proteínas possa não influenciar diretamente a força máxima, atletas e profissionais da área de força e condicionamento devem reconhecer sua importância para os mecanismos fisiológicos subjacentes e para o processo de recuperação das características associadas à força muscular.

O *balanço nitrogenado* reflete a relação entre a ingestão e a excreção de nitrogênio e indica o ganho ou a perda de proteína corporal total (molécula que contém nitrogênio). Em 2007, a Organização Mundial da Saúde indicou que a ingestão de 0,8 a 0,9 g/kg de proteína por dia é suficiente para manter o balanço nitrogenado em adultos.[282] No entanto, essa conclusão foi baseada principalmente em estudos realizados com indivíduos

TABELA 11.4 Aminoácidos essenciais e não essenciais

Essenciais	Não essenciais
Histidina	Alanina
Isoleucina*	Arginina
Leucina*	Asparagina
Lisina	Ácido aspártico
Metionina	Cisteína
Fenilalanina	Glutamina
Treonina	Ácido glutâmico
Triptofano	Glicina
Valina*	Prolina
	Serina
	Tirosina

*Aminoácidos de cadeia ramificada.

sedentários. Como resultado, estudos concluíram que atletas necessitam de valores significativamente mais elevados do que essas recomendações,[164,198] sendo estimada uma ingestão mínima entre 1,2 e 1,6 g/kg/dia[257] para manter o balanço nitrogenado.

Embora o balanço nitrogenado represente a ingestão mínima de proteína necessária para um atleta, essa quantidade pode não ser ideal dependendo dos objetivos e demandas específicos do treinamento. Além disso, as recomendações descritas podem não contemplar as diferenças entre os tipos de atletas. Close et al.[46] sugerem que atletas de esportes de resistência devem consumir entre 1,2 e 1,4 g/kg de proteína por dia, enquanto atletas de esportes que exigem força podem necessitar de 1,8 a 2 g/kg/dia. Vale destacar que esses valores podem ser elevados para 2 a 2,5 g/kg/dia, dependendo da frequência e da intensidade dos treinos e competições.[3,182] Pesquisas adicionais sugerem a ingestão de aproximadamente 0,4 g/kg de proteína a cada 3 a 4 horas ao longo do dia, em vez de grandes quantidades concentradas em poucas refeições.[187] Essa estratégia pode favorecer um balanço nitrogenado positivo, mantendo o atleta em um estado mais anabólico (de construção) em vez de catabólico (de degradação) ao longo do dia.

PONTO-CHAVE

Pesquisas sugerem a ingestão de aproximadamente 0,4 g/kg de proteína a cada 3 a 4 horas ao longo do dia, em vez de grandes quantidades concentradas em poucas refeições; isso pode favorecer um balanço nitrogenado positivo, mantendo o atleta em um estado mais anabólico (de construção) em vez de catabólico (de degradação) ao longo do dia.

Além da quantidade de proteína ingerida, deve-se considerar ainda o tipo de proteína consumido – incluindo fontes de origem animal (p. ex., *whey* e caseína) e vegetal (p. ex., soja). Pesquisadores concluíram que proteínas de origem animal em geral apresentam maior biodisponibilidade (percentual digerido e utilizado) e contêm uma proporção mais elevada de aminoácidos essenciais,[21,228] incluindo a leucina. Esse aminoácido é responsável por ativar a via do complexo-alvo da rapamicina em mamíferos (mTOR) e, consequentemente, de promover o incremento da síntese proteica.[199] Pode ser necessária a ingestão de 2,5 a 5 g de leucina em uma única refeição para ativar a via mTOR e iniciar a síntese proteica muscular.[200] No entanto, o consumo isolado de leucina não é suficiente para a formação completa de proteínas musculares, sendo necessária uma disponibilidade adequada de todos os nove aminoácidos essenciais.[74] Em contraste com as fontes animais, é importante que atletas e profissionais da área de força e condicionamento reconheçam que proteínas de origem vegetal são, em geral, incompletas, contendo quantidades insuficientes de um ou mais aminoácidos essenciais. Esse fator pode ser compensado pelo aumento da ingestão total e pela combinação de diferentes fontes vegetais, a fim de alcançar uma disponibilidade adequada dos aminoácidos necessários para sustentar a síntese proteica muscular. Contudo, deve-se observar que a ingestão de quantidades maiores de proteína vegetal pode levar a uma elevação proporcional no consumo de carboidratos e calorias. Por exemplo, 120 g de peito de frango contêm aproximadamente 38 g de proteína e 0 g de carboidratos, enquanto 520 g de feijões mistos fornecem 38 g de proteína e 84 g de carboidratos.[71,203] Além da biodisponibilidade dos aminoácidos, deve-se considerar também a taxa com que diferentes tipos de proteína elevam as concentrações séricas de aminoácidos – um dos principais estímulos para a síntese proteica muscular.[43] Por exemplo, pesquisadores demonstraram que a proteína do soro do leite (*whey*) aumentou a síntese proteica em maior grau após o exercício quando comparada tanto ao leite (composto por 80% de caseína e 20% de *whey*) quanto à proteína de soja, sendo o leite também superior à soja.[199] Embora esses achados sustentem o uso de determinadas formas de proteína a fim de otimizar a síntese proteica, deve-se observar que o tipo de proteína pode estar relacionado ao momento de sua ingestão (tema abordado adiante nesta subseção).

Outra forma de proteína que deve ser considerada na dieta de um atleta é o colágeno. Em termos gerais, o colágeno é a proteína mais abundante do tecido conjuntivo e atua como principal componente estrutural de tendões, ligamentos e tecido conjuntivo intramuscular,[10] podendo, assim, influenciar a força e a rigidez dessas estruturas. Pesquisadores demonstraram que a ingestão de 15 g de gelatina acompanhada de suco de groselha-preta, rico em vitamina C, resultou em uma elevação de duas vezes na síntese de colágeno.[230] No entanto, outro estudo mostrou que a ingestão de 30 g de proteína de colágeno após 6 séries de agachamento com barra de alto volume (8 a 15 repetições) utilizando 60% de 1 RM não promoveu um incremento nas taxas de síntese de proteínas do tecido conjuntivo,[8] indicando que a literatura sobre o tema ainda é inconclusiva e que são necessárias mais pesquisas.[127]

Os atletas têm a opção de consumir proteína em diversas formas e concentrações (p. ex., sólida, líquida ou em gel), especialmente porque muitos fabricantes de alimentos passaram a adicionar proteína a uma ampla variedade de produtos. Deve-se observar que as formas líquidas de proteína podem promover um aumento mais rápido nas concentrações plasmáticas de aminoácidos em comparação a outras formas,[36] especialmente após treinamentos ou competições. Esses achados provavelmente se devem ao menor tempo necessário para a digestão e absorção das formas líquidas em relação às sólidas. No entanto, como já mencionado, diferentes formas de proteína têm sua função dentro do plano alimentar global do atleta.

Outro aspecto importante do consumo de proteína é o momento da ingestão em relação à atividade. Conforme citado, recomenda-se que a ingestão proteica ocorra ao longo do dia, na proporção de aproximadamente 0,4 g/kg a cada 3 a 4 horas,[187] o que pode favorecer um estado metabólico mais anabólico. De fato, pesquisadores demonstraram que realizar um treinamento de força em estado de jejum pode resultar em uma perda líquida de proteína.[201] Dessa forma, dependendo do horário de cada sessão de treinamento, é importante que os atletas consumam aminoácidos antes[261] ou logo depois do exercício,[199] a fim de evitar a perda líquida de proteína muscular. Isso pode ser um desafio, especialmente quando o treinamento ocorre muito cedo pela manhã ou tarde da noite. Nesses casos, recomenda-se que os atletas tenham à disposição opções de lanches que contenham proteína e que não causem desconforto gastrointestinal antes do treino. Durante o exercício, naturalmente há degradação das proteínas musculares. Embora esse processo seja fisiológico, é lógico adotar estratégias que minimizem essa degradação e favoreçam a reconstrução proteica após o treinamento. Apesar de haver poucas pesquisas sobre o consumo de proteína durante o exercício, Beelen et al.[17] observaram que as taxas de síntese proteica corporal e muscular aumentaram durante e logo após o treinamento quando os participantes consumiram uma bebida contendo proteínas e carboidratos durante a sessão. De acordo com esses achados, parece vantajoso iniciar a ingestão de proteínas antes do término do treino de força, a fim de elevar a síntese proteica e, potencialmente, reduzir a degradação proteica.

Depois de uma sessão de treinamento, os atletas em geral entram em estado catabólico, caracterizado por maiores níveis de degradação proteica, o que torna necessária a ingestão de proteínas para contrabalançar esses efeitos e favorecer as adaptações ao treinamento. Em um estudo clássico, Cribb e Hayes[52] investigaram o efeito do consumo de refeições antes e após o treinamento de força, utilizando refeições matinais e noturnas que continham 32 g de proteína, 34 g de carboidrato, menos de 0,4 g de gordura e 5,6 g de creatina, ao longo de 10 semanas. Os autores observaram que o consumo de refeições pré e pós-treino resultou em melhorias na massa magra, no percentual de gordura corporal, na área de seção transversa das fibras do tipo IIa e IIx, no teor de proteína contrátil, no teor de fosfocreatina (PCr) e creatina total, no teor de glicogênio muscular e em aumentos da força tanto no supino quanto no agachamento. Uma revisão sistemática e metanálise corroboram esses achados; os autores concluíram que pelo menos seis semanas de treinamento de força e suplementação proteica pós-treinamento podem beneficiar as características de força máxima.[41]

Embora tenha sido sugerida a existência de uma "janela metabólica" (ou "janela anabólica") de aproximadamente 45 minutos após o treino,[134] a literatura atual indica que a ingestão proteica total ao longo do dia pode ser, até certo ponto, mais importante para a força muscular e a hipertrofia do que o momento exato do consumo.[228] Pesquisas adicionais demonstraram que a síntese proteica muscular permanece elevada por várias horas após o exercício[210] e que a ingestão de 40 g de proteína imediatamente após o treino, distribuída ao longo das 3 horas seguintes, pode gerar maior estímulo de síntese proteica em comparação a 20 g. Deve-se destacar ainda que a ingestão combinada de carboidratos e proteínas após o treino pode aumentar a ressíntese de glicogênio muscular.[35] Por fim, embora menos discutido, pesquisadores sugerem que o consumo de aproximadamente 0,4 a 0,5 g/kg de proteína antes do período de sono noturno pode favorecer as adaptações ao treinamento de força.[237,265] Nesse contexto, recomenda-se o uso da proteína caseína, que possibilita liberação e absorção mais prolongada de aminoácidos.

PONTO-CHAVE

É importante que os atletas consumam aminoácidos antes ou logo depois do exercício, a fim de evitar a perda líquida de proteína muscular.

Lipídios

O terceiro macronutriente, que em geral representa a menor proporção da dieta de um atleta, são os lipídios (ou gordura). Embora na alimentação os lipídios sejam frequentemente vistos de forma negativa, eles são um nutriente essencial, que desempenha diversas funções no organismo humano. Por exemplo, eles protegem os órgãos internos, auxiliam na absorção de vitaminas e participam da formação das membranas celulares, hormônios e prostaglandinas. Ao lado dos carboidratos, os lipídios constituem um dos principais substratos para a produção de energia, especialmente durante exercícios de longa duração, fornecendo aproximadamente 9 kcal/g. Os lipídios são classificados de acordo com sua estrutura em saturados e insaturados, sendo estes últimos subdivididos em monoinsaturados e poli-insaturados. Deve-se observar, contudo, que todas as classificações de lipídios incluem uma mistura de diferentes ácidos graxos e que a classificação é feita com base no tipo predominante em determinada fonte alimentar.[46] Embora as gorduras saturadas e insaturadas sejam frequentemente rotuladas como "ruins" e "boas", respectivamente, essa distinção pode ser uma simplificação excessiva. Em alguns casos, a substituição de gorduras saturadas por insaturadas pode alterar os níveis de outros nutrientes – por exemplo, a redução do consumo de laticínios pode afetar negativamente a ingestão de cálcio.[46,71] De todo modo, recomenda-se que os atletas evitem o consumo de gorduras *trans* sempre que possível, pois esse tipo de gordura pode aumentar os níveis de colesterol lipoproteína de baixa densidade (LDL – "ruim") e diminuir os níveis de colesterol lipoproteína de alta densidade (HDL – "boa"), elevando, assim, o risco de doenças cardiovasculares.[188] Exemplos de alimentos que podem conter gorduras *trans* incluem produtos de panificação, margarinas e pizzas congeladas.

É importante observar que certos ácidos graxos – especificamente os ácidos graxos n-3 e n-6 (também conhecidos como ômega-3 e ômega-6) – são considerados essenciais, pois não são produzidos naturalmente pelo organismo humano. Em realidade, sugere-se que uma dieta com teor muito baixo de gordura possa afetar negativamente a saúde geral do indivíduo.[46] Relata-se que dietas ocidentais apresentam níveis relativamente elevados de ácidos graxos n-6 (presentes em alimentos como aves, ovos, nozes, pasta de amendoim e abacate) e níveis muito mais baixos de ácidos graxos n-3.[233] Essa diferença pode estar relacionada à menor ingestão de peixes oleosos, como salmão, atum, cavala, arenque e peixe-espada – todos fontes significativas de ácidos graxos n-3. Considerando que alguns atletas não apreciam o consumo de peixes oleosos, a suplementação com ômega-3 pode ser benéfica tanto para a saúde quanto para o desempenho. No entanto, é essencial que os atletas consultem um profissional de nutrição esportiva para avaliar a real necessidade de suplementação. Um estudo de 2023 indicou que 10 semanas de treinamento de força progressivo combinado com suplementação de óleo de peixe (4 g/dia) resultaram em maiores ganhos absolutos e relativos de força no supino e no agachamento, além de reduções na massa gorda.[112] Pesquisas adicionais mostraram que a suplementação com n-3 pode diminuir significativamente a dor muscular após o treinamento de força;[141] isso pode, por sua vez, favorecer o processo de recuperação entre as sessões de treinamento.[202] Em conjunto, esses achados sugerem que o aumento da força máxima e a melhora na recuperação podem ser efeitos secundários positivos da suplementação com óleo de peixe. Ressalta-se, entretanto, que essa área de pesquisa ainda está em desenvolvimento e que são necessários estudos adicionais para estabelecer recomendações mais concretas.

Alguns pesquisadores têm defendido o uso de dietas com alto teor de gordura para atletas, com o objetivo de poupar o glicogênio muscular e melhorar a utilização da gordura como fonte de energia. Por exemplo, Yeo et al.[288] sugeriram que uma dieta rica em gordura e pobre em carboidratos, mantida por até duas semanas em conjunto com o treinamento habitual, seguida por 1 a 3 dias de dieta rica em carboidratos e redução no volume de treino, pode levar à chamada "adaptação à gordura"; nesse processo, a utilização de gordura como substrato energético permanece elevada mesmo após o aumento da disponibilidade de carboidratos. Embora essa estratégia possa ser benéfica para atletas de resistência, esse tipo de dieta pode diminuir a atividade da piruvato desidrogenase tanto em repouso quanto durante exercícios submáximos e supramáximos;[243] isso pode, por sua vez, comprometer o desempenho em esforços de alta intensidade, nos quais o carboidrato é a principal fonte de energia. Pesquisas adicionais também demonstraram que dietas com alto teor de gordura podem afetar negativamente a síntese proteica.[102] Portanto, recomenda-se evitar dietas ricas em gordura quando o objetivo é aprimorar a força muscular.

Micronutrientes

Os micronutrientes desempenham uma ampla variedade de funções no organismo humano. Embora alguns sejam necessários em pequenas quantidades e outros em maiores proporções, eles podem exercer um impacto significativo sobre o desenvolvimento do músculo esquelético e as características de produção de força de um atleta. A seguir, apresenta-se uma visão geral das principais vitaminas e minerais que podem contribuir para as características relacionadas à força muscular.

Vitaminas

As vitaminas são compostos orgânicos que desempenham diversas funções no organismo humano; elas auxiliam no funcionamento fisiológico normal e podem atuar de forma direta ou indireta em várias ações musculares e reações metabólicas.[250] Como as vitaminas (com exceção da vitamina D) não são produzidas naturalmente pelo corpo, os atletas devem obtê-las por meio da alimentação. As vitaminas são classificadas em lipossolúveis (p. ex., vitaminas A, D, E e K) e hidrossolúveis (p. ex., vitaminas do complexo B e vitamina C), ambas com papéis distintos no organismo.

Vitaminas lipossolúveis

As vitaminas lipossolúveis diferem das hidrossolúveis por serem armazenadas no organismo. Em geral, são estocadas no fígado e no tecido adiposo, mas podem ser transportadas para outros tecidos conforme a necessidade. No entanto, quando não utilizadas, o consumo excessivo pode levar a problemas de saúde.[46] As vitaminas A, D, E e K têm propriedades antioxidantes ou com efeitos semelhantes aos de hormônios, relacionados às suas funções fisiológicas. A Tabela 11.5 apresenta as funções das vitaminas lipossolúveis, suas principais fontes alimentares e as ingestões recomendadas. Entre elas, a vitamina D tem recebido maior destaque na literatura científica, em razão de seus potenciais benefícios para a força muscular e o desempenho atlético, sendo abordada em mais detalhes a seguir.

Em comparação com as demais vitaminas abordadas nesta seção, a vitamina D é naturalmente produzida pelo organismo. Embora níveis adequados possam ser alcançados por meio da exposição solar suficiente, pode ser difícil manter a ingestão ideal apenas pela alimentação.[193] Pesquisadores demonstraram que atletas podem desenvolver deficiência de vitamina D durante os meses de inverno;[25,47] isso pode, por sua vez, afetar negativamente a função muscular e o processo de recuperação.[194] Diversas revisões sistemáticas e metanálises examinaram o impacto da suplementação de vitamina D sobre as características de força máxima.[42,234,244,262] No entanto, os resultados encontrados na literatura são conflitantes. Enquanto alguns autores relataram que a suplementação de vitamina D pode melhorar medidas de força máxima,[42,262] outros observaram que ela pode não exercer um efeito significativo.[234,244] Esses resultados divergentes podem estar relacionados ao tipo de suplementação utilizada[42] ou aos critérios de inclusão adotados nos estudos. Apesar dessas inconsistências, recomenda-se que os atletas priorizem alimentos ricos em vitamina D, especialmente durante os meses de inverno. Entretanto, deve-se destacar que a suplementação excessiva de vitamina D também é possível e pode trazer riscos.[195] Por esse motivo, os atletas devem agir com cautela e consultar um profissional de nutrição esportiva para determinar a real necessidade de suplementação.

Vitaminas hidrossolúveis

Além de contribuírem para as ações musculares e as reações metabólicas relacionadas ao gasto energético, as vitaminas hidrossolúveis podem atuar como coenzimas, auxiliando na ativação completa de diversas enzimas. A Tabela 11.6 apresenta as funções das vitaminas hidrossolúveis, suas principais fontes alimentares e as ingestões recomendadas. Em comparação com as vitaminas lipossolúveis, as hidrossolúveis não são armazenadas nos tecidos corporais, e o excesso é excretado pela urina. Embora a ingestão excessiva dessas vitaminas normalmente não seja tóxica, a

TABELA 11.5 Funções, fontes alimentares e ingestão diária recomendada (IDR) das vitaminas lipossolúveis para adultos saudáveis não gestantes

Vitamina	Funções fisiológicas	Exemplos de fontes alimentares	IDR
A	Visão, produção de leucócitos, remodelação óssea, regulação do crescimento e da divisão celular	Cenoura, batata-doce, tomate, leite, ovo	Homens = 900 μg/dia RAE Mulheres = 700 μg/dia RAE
D	Absorção e retenção de cálcio e fósforo	Salmão, peixe-espada, atum, sardinha	15 μg/dia
E	Antioxidante, produção de eritrócitos, ação anti-inflamatória	Amêndoa, amendoim, espinafre, semente de girassol	15 mg/dia
K	Produção de proteínas envolvidas na coagulação sanguínea, formação óssea	Espinafre, brócolis, repolho, óleo de canola	Homens = 120 μg/dia Mulheres = 90 μg/dia

RAE: equivalentes de atividade de retinol.
Baseada na ingestão diária recomendada do Office of Dietary Supplements do National Institutes of Health.

TABELA 11.6 Funções, fontes alimentares e ingestão diária recomendada (IDR) das vitaminas hidrossolúveis para adultos saudáveis não gestantes

Vitamina	Funções fisiológicas	Exemplos de fontes alimentares	IDR
B1 (tiamina)	Metabolismo de carboidratos, gorduras e proteínas	Grãos integrais, fígado, peixe, aspargo, amendoim, ervilha, feijão preto	Homens = 1,2 mg/dia Mulheres = 1,1 mg/dia
B2 (riboflavina)	Metabolismo de carboidratos, gorduras e proteínas	Ovo, carne bovina e suína magra, frango, laticínios, salmão	Homens = 1,3 mg/dia Mulheres = 1,1 mg/dia
B3 (niacina)	Metabolismo de carboidratos, gorduras e proteínas	Frango, peixe, nozes, banana, arroz integral, ovo, tomate	Homens = 16 mg/dia NE Mulheres = 14 mg/dia NE
B5 (ácido pantotênico)	Metabolismo de carboidratos, gorduras e proteínas, produção de coenzima A	Frango, carne bovina, ovo, leite, brócolis, batata, trigo integral, aveia	5 mg/dia
B6 (piridoxina)	Metabolismo de carboidratos, produção de hemoglobina, funcionamento do sistema nervoso	Peixe, banana, laranja, frango, espinafre	Homens = 1,3 mg/dia Mulheres = 1,2 mg/dia
B7 (biotina)	Metabolismo de carboidratos, gorduras e proteínas	Batata-doce, nozes, peixe, ovos, fígado, carne moída, espinafre	30 µg/dia
B9 (ácido fólico)	Produção de DNA, divisão celular, produção de proteínas	Vegetais de folhas verdes, feijões, amendoim, grãos integrais, frutas	400 µg/dia DFE
B12 (cobalamina)	Formação de eritrócitos, metabolismo de carboidratos, funcionamento do sistema nervoso, produção de DNA	Frango, carne bovina, peixe e laticínios	2,4 µg/dia
C	Antioxidante, absorção de ferro, estimula a síntese de colágeno (p. ex., pele, tendões, ligamentos, vasos sanguíneos)	Laranja, toranja, kiwi, brócolis, couve-flor, pimentão, tomate	Homens = 90 mg/dia Mulheres = 75 mg/dia

DFE: equivalentes de folato na dieta; NE: equivalentes de niacina.
Baseada na ingestão diária recomendada do Office of Dietary Supplements do National Institutes of Health.

vitamina B6 (piridoxina) constitui uma exceção, pois o consumo excessivo pode causar danos aos nervos periféricos.[48] Como as vitaminas hidrossolúveis não são armazenadas, é fundamental que os atletas consumam a quantidade diária recomendada, a fim de otimizar o funcionamento fisiológico ao longo do dia e atender às demandas do treinamento.

As vitaminas do complexo B desempenham um papel importante nas vias de produção de energia, e a necessidade de ingestão adequada pode variar conforme o nível de exercício físico.[286] Essa conclusão é sustentada por pesquisas que demonstram que as exigências vitamínicas podem aumentar de acordo com as demandas do treinamento.[26,267] Curiosamente, pesquisadores observaram que entre 10 e 60% das atletas apresentavam deficiência na ingestão de vitaminas do complexo B, enquanto os atletas do sexo masculino, em geral, apresentavam níveis adequados – possivelmente devido à ingestão calórica total muito maior (cerca de 2 a 3 vezes superior).[170,171] Esses achados podem estar relacionados a dietas hipocalóricas, mas também podem refletir escolhas alimentares inadequadas. Além disso, deve-se considerar que essas escolhas alimentares podem decorrer tanto de falta de conhecimento quanto de limitações financeiras para adquirir alimentos de melhor qualidade. Esse ponto é especialmente relevante para atletas que precisam reduzir o peso corporal antes de competições. De qualquer forma, recomenda-se que os atletas consultem um profissional de nutrição esportiva para discutir as melhores práticas e alternativas viáveis às escolhas alimentares atuais.

O consumo de vitamina C é importante para o atleta por diversas razões, incluindo o fortalecimento do sistema imune e o aumento dos níveis de antioxidantes,[279] além de sua participação na síntese de colágeno.[197,230] Estudos têm investigado os efeitos da suplementação de vitamina C sobre diferentes aspectos da força muscular e do desempenho. Dutra et al.[70] relataram que a suplementação combinada de vitaminas C e E associada ao treinamento de força não apresentou efeito adicional sobre a força máxima ou o crescimento muscular. Em contraste, Lis et al.[167] observaram que a suplementação combinada de colágeno e vitamina C elevou significativamente as características de produção rápida de força durante o agachamento isométrico e o salto com contramovimento. Entretanto, esses resultados devem ser interpretados com cautela, pois a vitamina C foi administrada em conjunto com outro suplemento, o que torna difícil isolar seus efeitos individuais. Além das medidas de desempenho, uma revisão publicada em 2023 concluiu que a suplementação prolongada de vitamina C pode não ser recomendada, uma vez que a literatura disponível não sustenta sua eficácia em promover adaptações de desempenho, reduzir danos musculares ou diminuir a percepção de dor muscular.[214]

Minerais

Os minerais são compostos inorgânicos que desempenham papéis essenciais nos processos fisiológicos normais do organismo e em diversos aspectos relacionados ao metabolismo.[176] Eles podem ser subdivididos em macrominerais (p. ex., sódio, potássio, cálcio e magnésio) e microminerais (p. ex., ferro e zinco), sendo armazenados em diferentes tecidos corporais. Uma discussão detalhada sobre todos os minerais que contribuem para o funcionamento fisiológico normal está além do escopo deste capítulo. Assim, os parágrafos a seguir apresentam uma visão geral dos minerais que mais contribuem para o desenvolvimento da força muscular (ver Tab. 11.7).

O cálcio e o magnésio desempenham papéis fundamentais na produção de força muscular; especificamente, ambos auxiliam na contração muscular e na transmissão de impulsos nervosos.[46] Além disso, o cálcio contribui para o desenvolvimento de ossos fortes, o que lhes permite suportar forças maiores – um conceito importante para a resiliência a lesões e para a eficiência na transmissão de força. Atletas como corredores de longa distância, tanto homens[117] quanto mulheres,[254] podem apresentar menor densidade mineral óssea; nesse caso, a suplementação de cálcio pode ser apropriada para promover uma estrutura esquelética mais robusta e capaz de suportar as demandas do treinamento.[246,254] Além do cálcio e do magnésio, o ferro exerce um papel essencial no transporte de oxigênio para o tecido muscular. Embora isso beneficie especialmente atletas de resistência que utilizam predominantemente vias energéticas oxidativas – em especial aqueles com deficiência de ferro[61] –, pesquisas indicam que a suplementação de ferro também pode favorecer o desempenho de força máxima.[184] Por fim, o zinco pode contribuir para a digestão de proteínas, para as vias energéticas e para a função imune, além de exercer efeitos antioxidantes. Deve-se destacar que uma revisão sistemática concluiu que o magnésio e o ferro podem ser os únicos microminerais cuja suplementação está associada à melhora da força máxima e do desempenho atlético.[110] No entanto, são necessárias mais pesquisas para confirmar esses achados. Recomenda-se que os atletas consultem um profissional de nutrição esportiva ao considerar a suplementação mineral, pois a diferença entre a ingestão recomendada e níveis potencialmente tóxicos pode ser relativamente pequena.[46]

PONTO-CHAVE

O magnésio e o ferro podem ser os únicos microminerais cuja suplementação está associada à melhora da força máxima e do desempenho atlético.

Embora alguns atletas possam apresentar deficiência de determinados micronutrientes, é importante observar que uma alternativa acessível e prática ao

TABELA 11.7 Funções, fontes alimentares e ingestão diária recomendada (IDR) dos minerais para adultos saudáveis não gestantes

Mineral	Funções fisiológicas	Exemplos de fontes alimentares	IDR (mg/dia)
Cálcio	Transmissão de impulsos nervosos, facilita as ações musculares, contribui para o desenvolvimento de ossos fortes	Laticínios, salmão com espinhas, amêndoa, feijão	1.000 a 1.300
Ferro	Produção de hemoglobina e mioglobina, responsáveis pelo transporte de oxigênio no sangue e para as células musculares, respectivamente	Carne bovina, frango, peixe, ovo, feijão, espinafre, nozes, sementes	Homens = 8 a 11 Mulheres = 8 a 18
Magnésio	Transmissão de impulsos nervosos, facilita as ações musculares	Espinafre, nozes, banana, batata, pão, laticínios	Homens = 400 a 420 Mulheres = 310 a 320
Sódio	Transmissão de impulsos nervosos, facilita as ações musculares	Pães, sopas, semente de girassol, frango, carne defumada, curada, salgada ou enlatada	1.500
Zinco	Antioxidante, funcionamento do sistema imune, divisão e crescimento celular, metabolismo de carboidratos	Carne bovina, iogurte, frango, castanha de caju, costeletas de porco, aveia, laticínios	Homens = 11 Mulheres = 8 a 9

Baseada na ingestão diária recomendada do Office of Dietary Supplements do National Institutes of Health.

aumento da ingestão alimentar é o uso de um multivitamínico diário. No entanto, atletas que seguem dietas veganas ou vegetarianas devem adotar precauções adicionais, pois algumas vitaminas e minerais – como as do complexo B, magnésio, ferro e zinco – podem estar presentes predominantemente em fontes de origem animal. Dessa forma, recomenda-se que atletas que tenham padrões alimentares específicos trabalhem em conjunto com um profissional de nutrição esportiva a fim de garantir uma ingestão adequada de micronutrientes e prevenir possíveis deficiências.

Antioxidantes

O exercício e o treinamento podem elevar a produção de radicais livres e outras formas de espécies reativas de oxigênio, o que pode colocar o atleta em estado de estresse oxidativo. Embora esses efeitos sejam normais e façam parte dos processos de adaptação muscular e metabólica, a inflamação crônica em repouso ou o excesso de radicais livres pode alterar lipídios, proteínas e DNA, contribuindo para o desenvolvimento de doenças.[168] O estresse oxidativo crônico também pode comprometer as propriedades contráteis do músculo esquelético, resultando em fraqueza muscular, fadiga e redução da capacidade de produção de força.[205] Além disso, os radicais livres podem causar danos musculares e aumentar a dor muscular pós-exercício.[45] Embora o organismo tenha seus próprios antioxidantes endógenos, a ingestão das vitaminas C e E pode atuar de forma sinérgica, oferecendo proteção adicional pela sua capacidade de neutralizar radicais livres.[268] Como o potencial de formação de radicais livres tende a se elevar com o treinamento, sugere-se que atletas possam necessitar de quantidades adicionais de antioxidantes para contrabalançar esses efeitos. No entanto, pesquisas indicam que o próprio treinamento pode aumentar o teor de enzimas antioxidantes nos músculos.[82] De modo geral, uma dieta equilibrada que inclua uma ampla variedade de frutas e vegetais fornece todos os antioxidantes necessários para um atleta, tornando a suplementação adicional geralmente desnecessária. Entretanto, em situações de elevação significativa no volume de treinamento ou de uma alta frequência de competições em um curto período, a suplementação pode ser considerada.[259]

Hidratação

O *status* de hidratação de um atleta – e a prática de prevenir a desidratação – é uma preocupação constante entre atletas, treinadores e profissionais da área de força e condicionamento, especialmente em ambientes quentes ou de alta altitude.[192] Pequenas alterações na quantidade de água intra ou extracelular podem afetar diversas reações biológicas, a termorregulação e o equilíbrio eletrolítico.[250] Pesquisadores indicaram que uma desidratação leve, de apenas 1 a 2%, pode afetar negativamente a força máxima,[229] bem como o desempenho em atividades intermitentes de ciclismo,[280] a função e o desempenho cardiovascular[177,222] e a função cognitiva.[285] Pesquisas adicionais também demonstraram associações entre a desidratação leve e prolongada e danos ao sistema nervoso central.[285] Embora os possíveis efeitos da desidratação sobre a força máxima sejam bem documentados,[142,224] ela também pode afetar as características de produção rápida de força,[105] assim como a capacidade de produzir força elevada em condições de temperatura corporal interna aumentada.[78] Esses achados reforçam a importância de manter um *status* de hidratação adequado durante treinamentos e competições.

PONTO-CHAVE

Uma desidratação leve, de apenas 1 a 2%, pode afetar negativamente a força máxima.

Os profissionais da área de força e condicionamento devem observar que o tipo de atividade, a temperatura, a umidade e o tipo de vestimenta podem influenciar significativamente as taxas de sudorese dos atletas. Por exemplo, caso não sejam adotadas práticas adequadas de hidratação, pode haver uma perda de até 8% da massa corporal durante exercícios de longa duração (como maratonas) ou exercícios repetidos de alta intensidade (como no futebol).[27,216] Recomenda-se que a ingestão de líquidos seja suficiente para limitar a perda de massa corporal a menos de 2% em relação ao valor pré-exercício.[225] Isso pode ser alcançado consumindo-se aproximadamente 5 a 7 mL/kg de líquidos pelo menos quatro horas antes do treino. No entanto, atletas e profissionais da área de força e condicionamento também devem considerar o uso de bebidas esportivas antes do exercício, por causa do teor adicional de carboidratos.[46] Além disso, os atletas podem optar por bebidas esportivas que contenham eletrólitos como sódio, potássio e cloreto, os quais participam da regulação dos potenciais de membrana no músculo esquelético[114] e podem influenciar indiretamente a termorregulação e outras funções metabólicas.[250] Pesquisadores indicam que, durante o exercício, é benéfico consumir bebidas frias (p. ex., a 10°C, em vez de 37°C ou 50°C) a fim de atenuar o aumento da temperatura corporal interna.[162,163] Além disso, recomenda-se que as bebidas esportivas contenham aproximadamente 4 a 8% de carboidratos, pois concentrações superiores podem retardar o esvaziamento gástrico.[275] Após o treino, recomenda-se a ingestão de 1,5 litro de líquido para cada quilograma de massa corporal perdido.[225] Entretanto, é preferível que a reposição de líquidos – idealmente contendo eletrólitos – ocorra de forma fracionada ao longo do tempo, a fim de favorecer a retenção hídrica por um período mais prolongado.[152]

É importante observar que a sensação de sede pode ocorrer com atraso em relação à real necessidade de ingestão de água ou outros líquidos.[72] Por isso, os atletas devem adotar o hábito de consumir líquidos regularmente ao longo do dia, independentemente de estarem treinando ou não. Essa prática contribui para o desenvolvimento de uma mentalidade voltada à manutenção de uma hidratação adequada. Além disso, é fundamental que os atletas recebam orientações sobre suas necessidades individuais de consumo de água, sobre como monitorar a ingestão – por exemplo, utilizando aplicativos para celular – e sobre os riscos da intoxicação hídrica (hiponatremia).[2] Embora existam diversos métodos para avaliar o *status* de hidratação dos atletas (como a osmolalidade e a densidade específica da urina), uma forma simples de monitoramento consiste em pesar os atletas antes e depois das sessões de treinamento ou competições. Outra estratégia útil é a realização de avaliações programadas do *status* de hidratação em dias de jogo ou competição. Essa prática permite que o atleta saiba previamente que será avaliado, o que o incentiva a planejar adequadamente sua ingestão de líquidos a fim de garantir que esteja devidamente hidratado.

Recursos ergogênicos

O uso de suplementos alimentares como recursos ergogênicos é amplamente difundido entre atletas competitivos.[178,179] Dentre os suplementos existentes, a creatina monoidratada, a β-alanina, o bicarbonato de sódio e a cafeína estão entre os mais utilizados. As seções a seguir apresentam uma visão geral das pesquisas existentes relacionadas às características de força e às dosagens recomendadas de cada suplemento. Embora as informações apresentadas sejam de caráter geral, recomenda-se a leitura do consenso do Comitê Olímpico Internacional sobre suplementos alimentares,[178] bem como das diretrizes publicadas pela International Society of Sports Nutrition.[95,101,156,264] Deve-se atentar também ao uso de suplementos testados por laboratórios independentes, a fim de garantir que os atletas não estejam ingerindo substâncias proibidas. Os selos de certificação mais comuns e recomendados podem ser consultados na revisão de Smith-Ryan et al.[235] Por fim, embora os profissionais da área de força e condicionamento devam ter um conhecimento básico sobre os potenciais benefícios dos suplementos e estar cientes dos produtos utilizados por seus atletas, recomenda-se que as estratégias de suplementação sejam sempre discutidas com um profissional de nutrição esportiva – especialmente quando há combinação de múltiplos suplementos.

Creatina monoidratada

A creatina monoidratada é, possivelmente, o suplemento mais estudado e utilizado entre os atletas. A creatina é um composto de aminoácido que existe naturalmente no corpo humano, sendo que aproximadamente 95% dela é encontrada no músculo esquelético.[155] No músculo, a principal função da creatina é se ligar a um grupo fosfato formando a fosfocreatina (PCr), em uma reação catalisada pela enzima creatina quinase. De forma resumida, a fosfocreatina atua como substrato para a regeneração e manutenção da disponibilidade de ATP no sistema energético dos fosfagênios,[227,278] especialmente durante esforços de curta duração e máxima intensidade. Apesar de seu papel no metabolismo energético, o total de creatina presente no músculo esquelético (somatório da creatina livre e da fosfocreatina) é, em média, de aproximadamente 120 mmol/kg de músculo seco em um indivíduo de 70 kg.[130] Pesquisadores indicam que o limite superior de armazenamento de creatina é de cerca de 160 mmol/kg na maioria das pessoas.[84,130] Assim, considerando o papel fisiológico da creatina no músculo esquelético, há uma justificativa sólida para o uso de suplementação dietética visando aumentar os estoques intramusculares.

Como mencionado, a suplementação de creatina pode elevar a capacidade da fosfocreatina de manter a disponibilidade de ATP durante ações musculares de curta duração e alta intensidade. Esse mecanismo, por sua vez, pode desencadear uma série de adaptações ao treinamento que favorecem as características de força do atleta. Estudos indicam que a suplementação de creatina pode aumentar a capacidade de exercício agudo e as adaptações ao treinamento tanto em adolescentes[50,56,100,143,232] quanto em adultos jovens.[19,44,148,154,248,276] Especificamente, a suplementação pode levar a um aprimoramento no desempenho em *sprints* únicos e repetidos, no trabalho realizado durante séries de esforço máximo, na massa muscular e na força máxima, além de melhorar a capacidade de trabalho e a tolerância ao treinamento.[155] Em termos simples, a suplementação com creatina pode permitir que os atletas treinem em intensidades mais altas por períodos mais longos, o que, consequentemente, pode gerar adaptações positivas de força que se traduzem em melhor desempenho. De modo geral, a literatura científica apoia amplamente o uso da suplementação de creatina para o aprimoramento das características de força máxima.[153,160,161] No entanto, deve-se observar que a maior parte das pesquisas foi realizada com participantes do sexo masculino. Pesquisas adicionais mostram que, embora mulheres também se beneficiem da suplementação de creatina, os ganhos na força máxima tendem a ser menores quando comparados aos observados em homens.[9,100,208,258,272]

PONTO-CHAVE

A suplementação de creatina pode levar a um aprimoramento no desempenho em *sprints* únicos e repetidos, no trabalho realizado durante séries de esforço máximo, na massa muscular e na força máxima, além de melhorar a capacidade de trabalho e a tolerância ao treinamento.

Além das melhorias relacionadas à força muscular, a suplementação de creatina também pode favorecer a recuperação pós-treino e o processo de reabilitação após lesões. Por exemplo, Cooke et al.[49] observaram que a recuperação da força isocinética e isométrica foi aprimorada com a suplementação de creatina. Pesquisas adicionais evidenciaram maior produção de força isométrica após exercícios excêntricos de extensão de perna quando a suplementação foi realizada de forma crônica (30 dias) em comparação à suplementação aguda (7 dias).[215] Em relação à resposta a volumes elevados de treinamento, Volek et al.[277] demonstraram maior tolerância a aumentos substanciais no volume de treinamento durante uma fase de sobrecarga funcional, sugerindo que a recuperação nessas condições pode ser melhorada pela suplementação de creatina. Complementando esses achados, pesquisadores também observaram que a suplementação reduziu os marcadores inflamatórios após múltiplas repetições do teste anaeróbico (*sprint*) de corrida[62] e pode ainda diminuir o dano muscular induzido pelo exercício.[150] Por outro lado, alguns estudos não observaram reduções significativas em marcadores inflamatórios após programas de treinamento de força de alto volume (5 séries de 15 a 20 repetições a 50% ou 8 séries de 10 repetições a 70% de 1 RM) em homens[211] ou mulheres[109] com experiência no treinamento de força. No contexto da reabilitação de lesões, estudos relataram que aqueles que receberam suplementação de creatina apresentaram maior incremento na potência isocinética e na área de seção transversa do músculo quadríceps femoral em comparação a um grupo placebo; contudo, não foram observadas diferenças na melhora da extensão isométrica do joelho entre os grupos.[115] Outros estudos corroboram esses achados, mostrando que, durante a reabilitação pós-reconstrução do ligamento cruzado anterior (LCA), a suplementação de creatina não resultou em ganhos de força diferentes daqueles observados no grupo placebo.[266] De forma geral, a suplementação de creatina pode favorecer a recuperação das características de produção de força, permitir um retorno mais rápido a treinos de alta intensidade e reduzir o dano muscular induzido pelo exercício. Entretanto, a literatura existente sobre seus efeitos na inflamação muscular e na reabilitação de lesões apresenta resultados mistos.

Embora uma dieta típica contenha cerca de 1 a 2 g/dia de creatina, essa quantidade é capaz de saturar apenas de 60 a 80% dos estoques corporais. Assim, a suplementação de creatina pode aumentar os estoques de creatina e fosfocreatina em aproximadamente 20 a 40%.[84,130] É importante observar, contudo, que dietas vegetarianas podem alterar essas porcentagens e diminuir a capacidade de recomposição dos estoques de creatina.[30] Dessa forma, atletas que seguem dietas veganas ou vegetarianas podem se beneficiar ainda mais da suplementação. Do ponto de vista alimentar, as principais fontes naturais de creatina são alimentos ricos em proteína, como carnes vermelhas e frutos do mar.[22,255] Além da ingestão dietética, as evidências científicas sustentam o consumo de aproximadamente 0,3 g/kg/dia de creatina monoidratada durante 5 a 7 dias como fase inicial de saturação, seguida da ingestão de 3 a 5 g/dia para manutenção de níveis elevados de creatina. Entretanto, atletas com maior massa corporal podem necessitar de doses superiores (p. ex., 10 g/dia).[153,156]

Evidências adicionais indicam que a adição de carboidratos, ou de uma combinação de carboidratos e proteínas, à suplementação de creatina pode aumentar sua captação muscular.[86,156,239] Após a elevação dos níveis de creatina, estima-se que sejam necessárias de 4 a 6 semanas para o retorno aos níveis basais.[130,272] No entanto, não há evidências de que os níveis de creatina muscular caiam abaixo do valor basal após a interrupção da suplementação.[149,157] Apesar de alegações anedóticas sugerindo que a suplementação possa elevar o risco de lesões musculoesqueléticas, desidratação, cãibras, desconforto gastrointestinal, disfunção renal ou outros efeitos adversos de longo prazo, as evidências científicas não corroboram essas preocupações;[85,87,88,135,149,157,213] pelo contrário: em muitos casos, os efeitos observados são benéficos.[156] Também se deve ressaltar que a suplementação de creatina apresenta benefícios ergogênicos em uma ampla faixa etária – incluindo jovens, adolescentes e idosos –,[20,29,55,135,155,157] o que reforça ainda mais a segurança e a eficácia de seu uso.

β-alanina

A β-alanina é um aminoácido produzido no fígado. Embora seus efeitos isolados possam ser limitados, sua principal função é atuar como precursor limitante na formação da carnosina.[108] Especificamente, a β-alanina se combina com a l-histidina para formar esse dipeptídeo. Assim, o principal objetivo da suplementação de β-alanina é aumentar a concentração de carnosina no músculo. Em resumo, a carnosina é um dipeptídeo de ocorrência natural, encontrado principalmente no músculo esquelético,[1] cuja função é atuar como agente tamponante, ajudando a atenuar a queda do pH durante exercícios de alta intensidade.[5,53] Seus efeitos mais pronunciados parecem ocorrer em atividades com duração entre 1 e 4 minutos.[123,219] Curiosamente, sugere-se que os efeitos tamponantes da carnosina possam ocorrer antes dos de outros sistemas de tamponamento, como o sistema do bicarbonato;[256] isso indica que ela pode influenciar positivamente esforços mais curtos que exigem uma produção rápida de força.

Em relação aos efeitos sobre as características de força, a β-alanina pode beneficiar os atletas ao aumentar as concentrações de carnosina no músculo esquelético, o que pode elevar a capacidade de realizar trabalho em alta intensidade. Pesquisadores demonstraram que a suplementação de β-alanina aumentou o número de repetições executadas no exercício de agachamento com barra,[125] a potência média e máxima durante *sprints* de ciclismo após exercícios exaustivos,[270] o desempenho em *sprints* repetidos,[185] o tempo até a exaustão em testes de ciclismo[236] e o desempenho em provas de remo de 2.000 metros.[11] Além disso, observou-se um incremento na capacidade física de trabalho no limiar de fadiga tanto em homens[251] como em mulheres[252] após 28 dias de suplementação com β-alanina, indicando uma redução da fadiga neuromuscular. Embora esses resultados sugiram que a suplementação possa aumentar a capacidade do indivíduo de produzir e aplicar força de maneira mais eficiente sob condições de alta fadiga, os achados sobre as diferentes características de força têm sido mistos. Estudos relataram que a suplementação de β-alanina pode melhorar a 1 RM no agachamento,[175] a força isométrica de extensão de joelho e o desempenho no salto com contramovimento,[132] a resistência de força isométrica,[15,218] o volume total de treinamento realizado[126,175] e o torque isométrico máximo de extensão de joelho.[274] Por outro lado, outros estudos não observaram melhora significativa na força máxima após o treinamento de força subsequente a protocolos de treinamento intervalado de alta intensidade,[77] nem em medidas de força *in vivo*,[103] resistência de força isotônica ou isocinética,[15] ou nos ganhos de força em comparação a um grupo placebo após 10 semanas de intervenção.[146]

A literatura disponível apoia a ideia de que a suplementação de β-alanina pode auxiliar no desenvolvimento da capacidade de trabalho durante exercícios de alta intensidade. No entanto, seus efeitos sobre a força máxima e outras características de produção de força permanecem inconclusivos.[53,123,207,219,264] Deve-se considerar, contudo, que, se a β-alanina melhora a capacidade de treinamento em intensidades mais elevadas,[124] é possível que esses efeitos se traduzam indiretamente em benefícios de produção de força em contextos específicos. Dessa forma, são necessárias mais pesquisas para esclarecer essa relação.

Estudos adicionais investigaram os possíveis efeitos aditivos da β-alanina quando combinada a outros suplementos, como a creatina ou o bicarbonato de sódio. Hoffman et al.[124] observaram que a combinação de β-alanina e creatina levou a uma melhora significativa no volume de treinamento nos exercícios de agachamento e supino, bem como na intensidade média de treino e na 1 RM do agachamento em atletas de esportes de força e potência. No entanto, os resultados referentes à força máxima não diferiram significativamente da suplementação apenas com creatina. Outros estudos também não encontraram benefícios aditivos da creatina ao avaliar a capacidade física de trabalho no limiar de fadiga.[251] Quando combinada ao bicarbonato de sódio, a suplementação de β-alanina levou a um aprimoramento no tempo de natação em 200 metros,[59] no tempo de remo em 2.000 metros[122] e no trabalho total realizado no ciclismo a 110% da potência máxima.[220] Entretanto, os efeitos aditivos do bicarbonato de sódio permanecem incertos, uma vez que a suplementação isolada de β-alanina produziu resultados semelhantes. Em síntese, a literatura existente sobre o uso combinado da β-alanina com outros suplementos sugere que podem ocorrer efeitos positivos, mas ainda são necessárias mais investigações a fim de estabelecer conclusões definitivas.[264]

Doses crônicas de 4 a 6 g de β-alanina por dia (divididas em várias porções de até 2 g), durante no mínimo duas semanas, podem resultar em um incremento de 20 a 30% nas concentrações de carnosina muscular.[12] No entanto, podem ser observadas elevações entre 40 e 60% após quatro semanas de suplementação.[107,241] Deve-se observar que, se o atleta estiver utilizando uma versão não controlada por liberação gradual (*non-time-release*), pode ser necessária uma ingestão diária de até 6 g para promover o aumento das concentrações de carnosina muscular.[242] Embora os efeitos colaterais da suplementação com β-alanina, em geral, sejam limitados, alguns atletas podem experimentar uma sensação de formigamento (parestesia), especialmente quando consomem doses únicas elevadas.[264] Pesquisas também mostraram que o consumo de β-alanina junto às refeições pode potencializar o incremento na carnosina muscular,[240] particularmente quando combinada a alimentos com alto teor natural de carnosina, como carne bovina, suína, aves e peixes.[106] De fato, estudos indicam que indivíduos vegetarianos tendem a apresentar níveis mais baixos de carnosina,[73] o que é um fator relevante a ser considerado por atletas que avaliam o uso da suplementação com β-alanina. Assim como com outros suplementos, é importante que atletas e profissionais da área de força e condicionamento reconheçam a natureza individualizada das respostas à suplementação com β-alanina. Por exemplo, indivíduos classificados como *high responders* e *low responders* podem apresentar um incremento nas concentrações de carnosina muscular de aproximadamente 55 e 15%, respectivamente, após 5 a 6 semanas de suplementação.[12] Contudo, o *status* de resposta elevada ou baixa pode depender do conteúdo basal de carnosina muscular e do tipo predominante de fibra muscular de cada atleta.[106] De forma semelhante aos efeitos da suplementação, o tempo de eliminação (i.e., o período necessário para o retorno aos níveis basais) também pode variar; a literatura relata tempos de eliminação entre 6 e 16 semanas.[12,287] Esse tempo parece estar relacionado à tolerância ao exercício de alta intensidade.[287]

Bicarbonato de sódio

Outro suplemento comumente utilizado por atletas é o bicarbonato de sódio. Diferentemente da creatina, cujo foco está na ressíntese de ATP, o principal objetivo da suplementação com bicarbonato de sódio é tamponar íons hidrogênio (H^+) produzidos durante o exercício de alta intensidade pela via glicolítica anaeróbica; isso ajuda a manter a homeostase e a evitar a queda do pH muscular.[159] Esse mecanismo pode retardar o início da acidose metabólica e, consequentemente, a redução na capacidade de produção de força, o que pode beneficiar atletas que realizam esforços explosivos, repetidos ou envolvendo grandes grupos musculares.[97] Embora a literatura apoie de forma consistente o uso do bicarbonato de sódio para a melhora da resistência muscular, o mesmo não pode ser afirmado em relação à força máxima.[91,95,97] No entanto, alguns estudos mostraram que a suplementação pode aumentar o número de repetições em exercícios resistidos, como agachamento e *leg press*.[40,69] Pesquisas adicionais também indicaram que o bicarbonato de sódio pode melhorar o desempenho em esforços repetidos de alta intensidade durante a corrida,[90,158,174] o ciclismo[23,24,186] e a natação.[80,231,290] Considerando que a *força muscular* se refere à capacidade de produzir força em um contexto específico de tarefa, pode-se argumentar que, embora a força máxima e a força de pico possam não ser diretamente beneficiadas pela suplementação com bicarbonato de sódio, os atletas podem apresentar uma melhora na capacidade de aplicar força durante esforços repetidos de alta intensidade, sugerindo um aprimoramento agudo da força. Embora a maioria dos estudos tenha sido realizada com participantes do sexo masculino, deve-se destacar que atletas do sexo feminino também podem se beneficiar da suplementação com bicarbonato de sódio.[95,223]

Embora a maior parte das pesquisas sobre suplementação com bicarbonato de sódio tenha se concentrado em seus efeitos isolados, pesquisadores também investigaram seus possíveis efeitos aditivos quando combinado com outros suplementos, como creatina,[14,99,181] cafeína[39,119,206] e β-alanina.[54,59,122] De modo geral, a literatura apoia a existência de efeitos aditivos quando o bicarbonato de sódio é combinado com a creatina e a β-alanina; entretanto, há menos evidências que sustentem benefícios adicionais quando ele é associado à cafeína.[95] Considerando a ampla variação entre os participantes desses estudos – desde indivíduos fisicamente ativos até atletas de elite –, é importante compreender que os efeitos aditivos podem depender do tipo de tarefa, da dosagem, do momento de consumo e das características individuais de cada atleta. Assim, deve-se ter cautela ao combinar diferentes suplementos, a fim de garantir sua máxima eficácia. Além disso, é essencial avaliar cuidadosamente se e quando o esporte, o evento competitivo ou o tipo de treinamento do atleta realmente justificam o uso dessa estratégia de suplementação.

Em geral, a suplementação com bicarbonato de sódio é realizada em dose única nas horas que antecedem o treino ou a competição, embora também existam protocolos que utilizam múltiplos dias de suplementação.[95] Nos protocolos de dose única, a dose recomendada é de 0,3 g/kg,[139,180] devendo ser ingerida entre 60 e 180 minutos antes do treino ou competição. Já os protocolos de múltiplos dias podem durar de 3 a 7 dias, com dosagens diárias de 0,4 a 0,5 g/kg, nas quais 0,1 a 0,2 g/kg podem ser ingeridos distribuídos nas várias refeições ao longo do dia.[95] Deve-se observar que doses mais elevadas (0,4 a 0,5 g/kg) podem não oferecer benefícios adicionais em relação a doses menores (p. ex., 0,3 g/kg),[66] além de aumentarem o risco de efeitos colaterais como distensão abdominal, vômito, diarreia e dor abdominal.[180] No entanto, alguns pesquisadores sugerem que o uso de cápsulas de liberação tardia pode ajudar a reduzir esses efeitos adversos.[121] Além das dosagens em si, o momento da ingestão pode influenciar significativamente as adaptações de desempenho e a ocorrência de efeitos colaterais, principalmente devido às respostas individuais à suplementação.[111,140] Por isso, é fundamental que os atletas testem diferentes estratégias de suplementação antes de utilizá-las em situações reais de treino ou competição.

Cafeína

Tipicamente ingerida na forma de bebidas como café, refrigerantes, chá ou energéticos, a cafeína é a substância psicoativa mais amplamente consumida no mundo,[101] e seu uso aumentou nas últimas duas décadas.[13] Em razão da sua ampla utilização, uma grande quantidade de pesquisas tem buscado determinar o efeito da cafeína sobre o treinamento e o desempenho esportivo.[64,79,92-94,120] Do ponto de vista fisiológico, a cafeína atua bloqueando as ações da adenosina (i.e., a redução da atividade neuronal e da liberação de neurotransmissores) ao se ligar aos seus receptores.[76] Isso, por sua vez, permite que a cafeína essencialmente "desperte" o sistema nervoso, além de estimular a secreção de epinefrina,[83] o que pode influenciar as características de produção de força de um atleta. Outras pesquisas sugerem que a cafeína pode aumentar o limiar de percepção da dor,[67,68,172] o que pode elevar a capacidade de um atleta de treinar em intensidades mais altas por períodos mais longos. No entanto, são necessários mais estudos para confirmar esses achados.

Embora existam algumas evidências conflitantes,[204,260] grande parte da literatura apoia a noção de que a suplementação com cafeína pode beneficiar as forças máximas dinâmica, isométrica e isocinética,[16,96,98,281] a produção rápida de força,[16,93] as características de força-resistência[204,281] e a velocidade de movimento durante o treinamento de força.[94,212] Além disso, pesquisadores demonstraram que a suplementação com cafeína pode reduzir a percepção subjetiva de esforço,[64] bem como outros indicadores de fadiga neuromuscular;[253] isso pode explicar o possível aumento na capacidade de exercício. Pesquisas adicionais também sustentam o uso da suplementação com cafeína para desempenhos balísticos, como saltos e arremessos.[18,98,217,221]

Embora os efeitos aditivos da cafeína combinada com outros suplementos já tenham sido descritos antes, a suplementação conjunta de cafeína e creatina tem sido comumente estudada devido aos benefícios individuais de cada uma.[263] Pesquisadores sugerem que ambos os suplementos podem apresentar mecanismos opostos sobre a depuração e liberação de Ca^{2+} e o tempo de relaxamento muscular.[116,271] Assim, são necessárias mais pesquisas para identificar as dosagens ideais e determinar se há benefícios aditivos no consumo simultâneo de ambos os suplementos. É importante observar que, embora a maioria dos estudos citados tenha sido realizado com participantes do sexo masculino, a suplementação com cafeína também é eficaz para mulheres.[89,183,190] Além disso, a eficácia da suplementação pode depender do momento e da dosagem,[191] bem como das características genéticas do atleta.[238]

PONTO-CHAVE

Grande parte da literatura apoia a noção de que a suplementação com cafeína pode beneficiar as forças máximas dinâmica, isométrica e isocinética, a produção rápida de força, as características de força-resistência e a velocidade de movimento durante o treinamento de força.

As recomendações gerais para a suplementação com cafeína incluem a ingestão de 3 a 6 mg/kg cerca de 60 minutos antes do treinamento.[101] Deve-se observar que, além das bebidas mencionadas, a cafeína também pode ser consumida em outras formas, como gomas de mascar, géis e balas energéticas, aerossóis e outros produtos alimentícios.[283] A forma de suplementação pode alterar o momento de surgimento dos efeitos observados; por exemplo, estudos mostraram que o uso da goma de mascar pode aumentar a taxa de liberação de cafeína em comparação com a formulação em cápsulas.[144] Além disso, o momento de surgimento dos efeitos e a manutenção das concentrações de cafeína podem depender de características individuais, conforme mencionado anteriormente. Os produtos que contêm cafeína podem variar amplamente em sua dosagem – de 1 mg (p. ex., leite com chocolate) a mais de 300 mg (p. ex., suplementos alimentares) por porção;[63] assim, é importante que os consumidores atentem à quantidade de cafeína que estão ingerindo, para que possam ajustar adequadamente o momento de seus efeitos, beneficiando o desempenho e minimizando efeitos colaterais negativos. Os consumidores também devem estar cientes dos potenciais efeitos adversos da suplementação com cafeína, que podem incluir taquicardia e palpitações cardíacas, ansiedade, cefaleia, insônia, piora na qualidade do sono e aumento da agitação.[60,196]

Periodização da nutrição

Os estímulos nutricionais, assim como os estímulos de treinamento e recuperação, induzem alterações fisiológicas e de desempenho e, portanto, devem ser periodizados de modo a atender às necessidades do atleta, promovendo as adaptações desejadas em períodos específicos.[189] No contexto nutricional, as demandas energéticas de um treino, sessão de treinamento ou competição futura podem influenciar o tipo e o momento da ingestão de macronutrientes e micronutrientes, as práticas de hidratação e a suplementação. Com relação à ingestão de carboidratos, alguns autores defendem o modelo *train-low, compete-high*, no qual os carboidratos são restringidos antes, durante e após sessões de treinamento de resistência, mas incrementados antes de competições. Pesquisas mostram que esse modelo pode melhorar tanto o metabolismo lipídico corporal total[289] quanto o intramuscular,[129] além da capacidade[104] e do desempenho físico.[173] Contudo, é importante reconhecer que o método *train-low, compete-high* pode reduzir a capacidade de treinar em intensidades mais elevadas,[289] aumentar o risco de doenças e infecções quando o treinamento intenso é realizado de forma contínua sob essas condições,[81] promover a degradação de proteínas musculares[128] e diminuir a capacidade de utilização de carboidratos como fonte de energia.[51] No entanto, Burke e Hawley[33] indicaram que o modelo *train-high, sleep-low* (Fig. 11.1) pode beneficiar o treinamento de alta intensidade, ao mesmo tempo que amplia o período de baixa disponibilidade de carboidratos durante a recuperação e o treinamento aeróbico adicional.

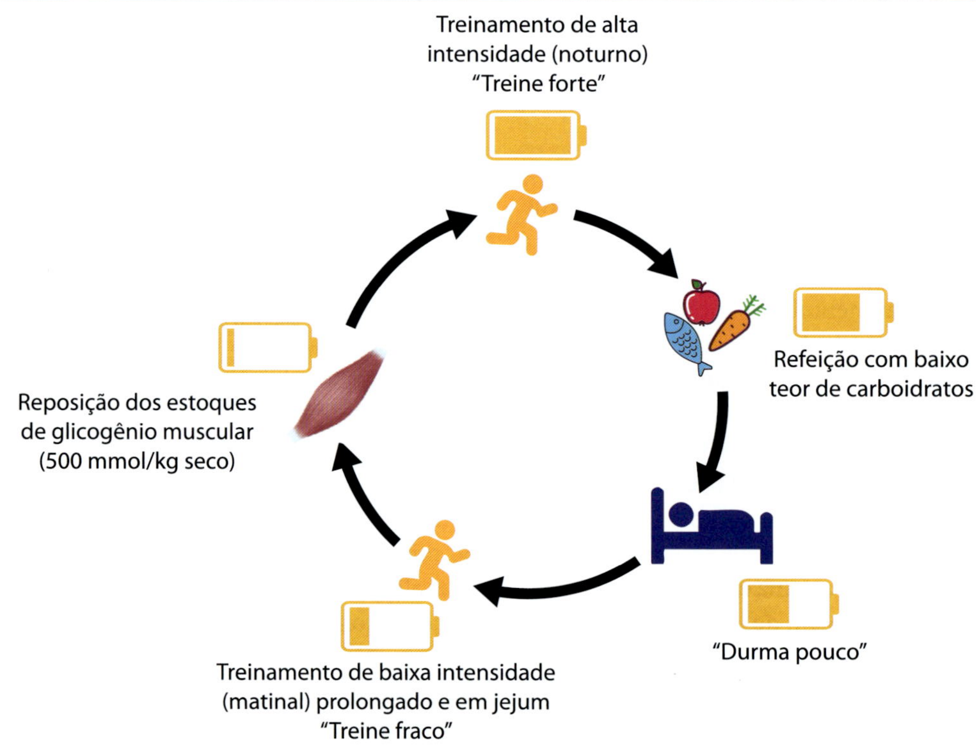

FIGURA 11.1 Periodização da ingestão de carboidratos usando o modelo de treinamento *train-high, sleep-low* (treinar forte, dormir pouco).
Adaptada de L.M. Burke e J.A. Hawley, "Swifter, Higher, Stronger: What's on the Menu?" *Science*, 362 (2018): 781-787.

Isso, por sua vez, pode aumentar o tempo de ativação transcricional de genes metabólicos e de suas proteínas-alvo, aprimorando a ativação enzimática da oxidação de carboidratos e gorduras e a biogênese mitocondrial. Independentemente do modelo de periodização de carboidratos, recomenda-se que os atletas "abasteçam-se de acordo com o trabalho exigido".[131]

Além da manipulação de carboidratos, o momento de consumo dos nutrientes pode desempenhar um papel crucial para determinar se o atleta terá uma sessão de treinamento eficaz, se maximizará as adaptações decorrentes do treinamento ou se estará preparado para a próxima sessão.[134] Conforme mencionado, os atletas devem se preparar para uma sessão de treino ingerindo uma combinação de carboidratos e proteínas que promova a síntese proteica muscular; isso pode incluir carboidratos de baixo índice glicêmico e proteína do soro do leite (*whey protein*). Após o treinamento, pode-se promover a recuperação e as adaptações induzidas pela sessão com a ingestão de uma combinação de carboidratos de alto índice glicêmico e proteína do soro do leite. Como já discutido, a ingestão pós-exercício deve começar quase imediatamente e ser mantida por algumas horas; isso, por sua vez, pode favorecer tanto a ressíntese de glicogênio quanto de proteínas. Além das recomendações pré e pós-treino, pode-se ainda estimular uma síntese proteica adicional consumindo a proteína caseína antes de dormir.

Em resumo, os atletas precisam estar devidamente abastecidos para produzir e aplicar força durante uma sessão e, em seguida, contar com os recursos nutricionais necessários para recuperar sua capacidade de produção de força e se preparar para a próxima sessão. Em termos simples, os atletas precisam "reparar, reabastecer e reidratar" para se recuperar adequadamente e alcançar as adaptações do treinamento.[71] Além disso, deve-se enfatizar que os atletas devem se alimentar ao longo de todo o dia (p. ex., café da manhã, lanche da manhã, almoço, lanche da tarde ou pré-treino, lanche pós-treino, jantar e lanche noturno) a fim de garantir que suas necessidades energéticas sejam atendidas.[4] Para mais informações sobre periodização nutricional e momento de ingestão dos nutrientes, recomenda-se a leitura das revisões de Jeukendrup[138] e de Kerksick et al.[147]

Monitoramento da nutrição

A capacidade de acompanhar e monitorar a ingestão alimentar dos atletas pode garantir que as metas de treinamento desejadas estejam sendo sustentadas por práticas nutricionais adequadas. Embora isso possa ser feito por meio do registro em um diário escrito, também existem diversos aplicativos de nutrição; entretanto, é importante compreender os benefícios e as limitações de cada abordagem.[226] Os aplicativos de monitoramento nutricional apresentam diversos benefícios evidentes, como a conveniência de inserir informações em qualquer aparelho de celular, o armazenamento em nuvem – que torna os dados acessíveis praticamente em qualquer lugar – e o aumento da conscientização do atleta sobre sua alimentação e ingestão calórica em relação ao treinamento.[31] Especificamente sobre o treinamento, isso pode favorecer o desenvolvimento de um atleta mais autossuficiente, que assume a responsabilidade pela própria alimentação e pelo processo geral de treinamento.[250] Por outro lado, uma potencial limitação dos aplicativos de nutrição é que alguns atletas podem tornar-se excessivamente obcecados com a contagem de calorias, especialmente se não atingirem a composição corporal ou o desempenho desejados. Assim, é fundamental que os profissionais da área de força e condicionamento estejam atentos aos sinais de comportamentos alimentares disfuncionais e tendências a transtornos alimentares. Além disso, os atletas devem ser orientados quanto às melhores práticas nutricionais e ao impacto negativo que os distúrbios e comportamentos alimentares desordenados podem ter sobre sua saúde e desempenho.

Pontos principais discutidos no capítulo

- As necessidades energéticas de um atleta podem variar conforme o volume, a intensidade, a duração e a frequência do treinamento; portanto, é fundamental que os atletas consumam as calorias necessárias para que possam treinar de forma consistente e ter um bom desempenho nas competições.
- Em seu nível mais básico, os atletas devem considerar o equilíbrio energético como a relação entre as calorias consumidas e as calorias gastas. Os macronutrientes (carboidratos, proteínas e gorduras) constituem a base da ingestão nutricional e devem ser planejados de modo a fornecer energia suficiente para as sessões de treino programadas e favorecer a recuperação e as subsequentes adaptações ao treinamento.
- A ingestão adequada de vitaminas e minerais é essencial não apenas para os processos fisiológicos normais do corpo, mas também para a execução de diversas ações musculares e reações metabólicas relacionadas à produção de força.
- Os atletas podem complementar sua dieta utilizando recursos ergogênicos, como creatina monoidratada, β-alanina, bicarbonato de sódio e cafeína. Embora a suplementação com creatina tenha demonstrado impacto significativo sobre as características de força muscular, a β-alanina, o bicarbonato de sódio e a cafeína estão mais relacionados à capacidade de realizar maiores quantidades de trabalho total.
- Incentiva-se os atletas a periodizar sua nutrição e a ajustar sua ingestão calórica conforme o trabalho exigido em seus treinos e competições. Consultar um profissional de nutrição esportiva pode ajudar a desenvolver um plano e a monitorar as práticas alimentares, garantindo que sejam consumidos os nutrientes necessários para sustentar o desempenho e a recuperação ao longo da carreira.

12

Aspectos da recuperação relacionados à força muscular

Embora o conteúdo dos capítulos anteriores tenha fornecido aos leitores uma compreensão sobre os mecanismos que sustentam a força muscular e sobre como elaborar programas de treinamento eficazes para melhorar as características de força de um atleta, é importante reconhecer a realidade das competições no mundo moderno. Em resumo, a quantidade de competições para o atleta – mesmo os jovens – aumentou, o que impõe desafios adicionais sobre como prepará-los a fim de manter um desempenho ideal de forma consistente. Isso, por sua vez, introduziu novos desafios aos profissionais da área de força e condicionamento quanto à melhor maneira de auxiliar os atletas a se recuperarem para sessões específicas de treino ou para outras competições.[129] Combinado a uma variedade de outros estressores externos, a capacidade (ou incapacidade) de um atleta de ter um desempenho adequado pode ser comprometida.[85]

Embora a maior frequência de competições possa introduzir novos desafios, o conceito de recuperação das características de força muscular de um atleta não é novo. Aliás, o uso de metodologias de recuperação existe de alguma forma desde pelo menos as antigas civilizações egípcia, grega, romana, chinesa e japonesa.[68] Sands e Murray[121] apresentaram uma ampla variedade de definições de recuperação e concluíram que não há consenso em relação ao termo. Para discutir a recuperação da força muscular, é importante primeiro definir o que é fadiga. Curiosamente, um tema comum na maioria das definições de fadiga refere-se a uma redução reversível na força muscular que pode não ser imediatamente observável, mas que pode resultar na incapacidade de realizar uma determinada tarefa.[152] Considerando a definição de *força muscular* discutida no Capítulo 1 – isto é, a capacidade de produzir força contra uma resistência externa em um contexto específico de tarefa –, o termo *fadiga*, para os propósitos deste capítulo, se referirá à capacidade reduzida de produzir a força necessária (em magnitude e taxa), resultando em uma queda no desempenho durante uma determinada tarefa. Sob essa perspectiva, *recuperação* será definida como a melhora na produção de força muscular a partir de um estado de fadiga, que possibilita ao atleta realizar uma tarefa específica com interferência mínima.

PONTO-CHAVE

Recuperação pode ser definida como a melhora na produção de força muscular a partir de um estado de fadiga, que possibilita ao atleta realizar uma tarefa específica com interferência mínima.

Antes de discutir os diferentes métodos de recuperação, é importante reconhecer que o treinamento (trabalho) e a recuperação da força muscular podem ocorrer em paralelo e ambos podem contribuir tanto para o retorno às habilidades basais do atleta quanto para o aprimoramento do desempenho.[117] Nesse sentido, é necessária uma breve discussão sobre as relações entre treinamento, fadiga e adaptação. A *síndrome geral de adaptação* (GAS), proposta por Hans Selye, baseia-se no princípio de que há uma diminuição no desempenho após a introdução de um novo estímulo.[31,125,126] Essa queda aguda no desempenho provavelmente é causada por um determinado nível de fadiga resultante do estímulo de treinamento. No entanto, enquanto a recuperação visa restaurar o atleta a um nível de desempenho basal, o objetivo do treinamento em longo prazo é melhorar o desempenho do atleta além desse ponto de referência inicial. Dentro do modelo da GAS, Selye[124] identificou que, depois que o corpo retorna ao seu nível basal, ocorre um aumento considerável na resistência ao estresse; ele chamou isso de "energia de adaptação". A partir dessa ideia, surgiu o termo *recuperação-adaptação*, que sugere que a recuperação serve para reabastecer essa energia.[117,118] Harre[57] descreveu essa ideia no contexto do treinamento ao mostrar como o trabalho e a recuperação se complementam: o estímulo que provoca a adaptação ocorre durante a fase de recuperação, quando o corpo repõe a energia utilizada (*regeneração*) e a eleva além do nível basal do atleta (*supercompensação*). Assim, o estímulo total dado a um atleta deve combinar os efeitos dos estímulos de treinamento e de recuperação, a fim de produzir a adaptação desejada – por exemplo, o aumento da força muscular.

PONTO-CHAVE

O estímulo total dado a um atleta deve combinar os efeitos dos estímulos de treinamento e de recuperação, a fim de produzir a adaptação desejada – por exemplo, o aumento da força muscular.

Um fator frequentemente negligenciado e subestimado é quão bem (ou mal) um indivíduo se recuperou de atividades ou eventos competitivos prévios, o que pode afetar diretamente o treinamento e as competições subsequentes. Por isso, é fundamental promover práticas de recuperação que criem um ambiente propício para que o atleta restabeleça sua capacidade de produção de força – tanto máxima como rápida – a um nível que o prepare adequadamente para essas atividades. Há uma variedade de métodos de recuperação disponíveis; entretanto, os benefícios, limitações e a aplicabilidade prática de cada método devem ser considerados individualmente para cada atleta. Como certos métodos de recuperação podem não ser acessíveis ou financeiramente viáveis, é essencial compreender quais estratégias podem oferecer uma base sólida para promover a recuperação e a adaptação. Este capítulo abordará os benefícios e limitações dos métodos de recuperação mais comuns, bem como a forma de periodizar e programar diferentes estratégias de recuperação de modo a favorecer o desenvolvimento das características de força de um atleta.

Métodos de recuperação

O método de recuperação mais direto é interromper o treinamento e descansar; no entanto, Sands[117] sugeriu que, como atletas e treinadores são "fazedores", pode ser mais benéfico para ambas as partes escolher métodos de recuperação que envolvam algum tipo de ação. É importante que os profissionais da área de força e condicionamento compreendam os potenciais benefícios e limitações dos diferentes métodos de recuperação, a fim de promover práticas baseadas em evidências – em vez de se apoiarem em relatos anedóticos ou em produtos comerciais que podem servir apenas como modismos ou estratégias de *marketing* sem fundamentação real.

O principal objetivo da recuperação é devolver o corpo ao seu estado fisiológico e psicológico de homeostase, sendo que as estratégias dos diferentes métodos visam atuar sobre as alterações metabólicas, mecânicas ou cognitivas produzidas por um estímulo de treinamento (p. ex., treinamento resistido, prática ou competição).[5,133] Apesar desse ser o objetivo, as pesquisas realizadas não conseguiram identificar com clareza quais variáveis devem ser restauradas ao estado de homeostase.[42,83,147] Sands[117] sugeriu que a maioria das abordagens de recuperação busca melhorar a circulação sanguínea, com o propósito de eliminar subprodutos do esforço intenso – como edema (indicativo de resposta imune), fragmentos de tecido muscular danificado e marcadores catabólicos de estresse. Sob essa perspectiva, há uma variedade de métodos de recuperação que podem ser utilizados para restaurar as características de força de um atleta ao seu estado de homeostase.

PONTO-CHAVE

O principal objetivo da recuperação é devolver o corpo ao seu estado fisiológico e psicológico de homeostase.

Embora grande parte da literatura existente apresente achados conflitantes – em geral por causa das diferenças nos delineamentos experimentais, nas populações estudadas e nos protocolos utilizados –, dois métodos de recuperação podem servir como base fundamental para os atletas. Stephens e Halson[133] elaboraram a *pirâmide de recuperação*, tendo o sono e a nutrição como os níveis de base da recuperação do atleta (Fig. 12.1). Isso provavelmente se deve ao grande impacto que esses dois elementos têm sobre o desempenho, além da possibilidade de se ter maior controle sobre esses fatores (p. ex., deitar-se mais cedo ou

FIGURA 12.1 Pirâmide de recuperação.
Reproduzida de J.M. Stephens and S.L. Halson, "Recovery and Sleep," in *NSCA's Essentials of Sport Science*, editada para a National Strength and Conditioning Association por D.N. French and L.T. Ronda (Human Kinetics, 2022), 356.

realizar as refeições em horários estratégicos). Outras publicações que abordam a preparação de atletas olímpicos também se apoiam nessas bases fundamentais.[110] Métodos adicionais – como imersão em água fria (IAF), imersão em água quente (IAQ), compressão e massagem – contam com menor respaldo na literatura científica e, portanto, ocupam uma posição menor na pirâmide de recuperação. Por fim, o topo da pirâmide deve ser reservado a práticas consideradas modismos ou tendências populares, baseadas apenas em evidências anedóticas. Vale ressaltar que outros métodos de recuperação podem ser aplicados; contudo, é essencial que os profissionais da área de força e condicionamento, bem como os próprios atletas, concentrem-se na base – isto é, no sono e na nutrição – e priorizem aquilo que de fato podem controlar.

PONTO-CHAVE

O sono e a nutrição constituem a base da recuperação do atleta.

Sono

O sono é essencial para todos os seres vivos, mas alguns atletas acabam não dando a devida importância a ele quando se trata de seu desempenho. Pesquisas mostram que a quantidade e a qualidade do sono – ou ambas – em atletas de elite podem estar abaixo do ideal.[14,77,81] Achados adicionais indicam que atletas que relatam problemas de sono apresentam pior higiene do sono, mais queixas de saúde e distúrbios de humor.[10] O sono desempenha um papel essencial na capacidade de treinar, recuperar-se e ter um bom desempenho;[24] o sono inadequado pode afetar negativamente o humor, o metabolismo, o sistema imune, a função cognitiva e o bem-estar do atleta.[54] Apesar dos diversos fatores que podem influenciar o sono de um atleta – como dor muscular, lesões, *jet lag* ou clima –, é importante controlar o máximo possível de variáveis e evitar comportamentos prejudiciais – como o uso de *smartphones* e eletrônicos ou o consumo de cafeína antes de dormir. Pequenas mudanças nesses hábitos podem levar a diferenças significativas. Por exemplo, pesquisadores mostraram que apenas uma semana de melhora na duração do sono pode impactar positivamente o desempenho de um atleta.[13]

Recomenda-se que atletas de elite, homens e mulheres, durmam aproximadamente 8,3 horas por noite para se sentirem descansados.[122] Contudo, muitos não alcançam esse padrão, e nem o mínimo de horas de sono recomendado.[77,81] Os resultados de uma metanálise publicada em 2022 indicaram que a privação de sono pode ter impacto significativo sobre a força muscular.[30] Especificamente, tanto a privação total de sono (i.e., período prolongado de vigília em que não se dorme por pelo menos 24 horas) quanto a restrição parcial de sono (i.e., redução do tempo de sono em relação ao padrão habitual de um indivíduo[109]) resultaram, em média, em uma diminuição da força de 3 e 2,8%, respectivamente. Vale observar que os achados referentes à restrição parcial do sono foram fortemente influenciados por restrições no final do período de sono - como acordar mais cedo do que o normal ou despertar várias vezes durante a noite[86] –, nas quais foi observada uma redução média de 4,5%.[30] Os autores da metanálise também mostraram que a perda de sono pode afetar significativamente o desempenho de força tanto em sessões de exercício realizadas pela manhã (−1,8%) quanto à tarde (−4,6%). A restrição no final do período de sono apresentou o maior impacto negativo sobre o desempenho de força durante as sessões da tarde (−10,5%); entretanto, a privação total de sono também produziu efeitos negativos significativos nas sessões matutinas (−2,4%) e vespertinas (−3,8%). Por fim, Craven et al.[30] mostraram que a perda de sono afetou significativamente a força de membros inferiores (−3,4%), enquanto a redução na força de membros superiores (−1,6%) não foi significativa. Especificamente em relação aos membros inferiores, observou-se uma queda significativa na força muscular com a privação total de sono (−3,3%), mas não em outros tipos de perda de sono.

PONTO-CHAVE

A privação e a restrição do sono podem resultar em reduções na força muscular de 3 e 2,8%, em média, respectivamente.

Halson[52] sugeriu que, quando os padrões de sono são perturbados, podem ocorrer alterações fisiológicas que afetam negativamente o desempenho. Por exemplo, pesquisadores concluíram que a perda de sono pode atrasar a reposição de glicogênio e prejudicar o desempenho subsequente.[127] Outras alterações decorrentes da privação do sono podem envolver tanto o sistema imune quanto o endócrino. Main et al.[87] descobriram que a perda de sono está associada a uma resposta aumentada das citocinas pró-inflamatórias. Pesquisas adicionais também mostraram uma elevação nos níveis séricos de creatina quinase e proteína C reativa com a privação do sono.[128] Somadas à redução das concentrações de testosterona[32] e ao fato de que o sono está relacionado a elevações nos níveis séricos de testosterona,[86] não é surpreendente que quantidades reduzidas de sono possam afetar negativamente as características de força de um atleta.

Orientar os atletas[19,37,98] e melhorar sua higiene do sono[37] podem ter um impacto positivo tanto na quantidade quanto na qualidade do sono e, por extensão, em seu desempenho. A literatura indica que o sono pode ser aprimorado por meio de horários de treinamento adequados, rotinas consistentes de sono, hábitos nutricionais apropriados, rituais noturnos que favoreçam o relaxamento, manejo do estresse psicofisiológico e técnicas que ajudem a adormecer e voltar a dormir.[59,94,95] Halson[52] também sugeriu combinar uma boa higiene do sono com outras estratégias de recuperação que auxiliem na indução do sono e na redução da inflamação e da dor muscular de início tardio. Promover hábitos eficazes de higiene do sono torna-se especialmente importante em situações de *jet lag* decorrente de viagens, pois isso pode ter um impacto significativo na privação do sono.[44]

Nutrição

Conforme discutido no Capítulo 11, práticas nutricionais adequadas não apenas fornecem o combustível necessário ao atleta, mas também promovem um ambiente favorável à recuperação e à adaptação. Os fundamentos da nutrição adequada para o atleta devem concentrar-se na ingestão de macronutrientes - especialmente carboidratos e proteínas - e dar ênfase à hidratação. Com uma boa organização do momento de ingestão dos nutrientes, é possível melhorar a recuperação e estar mais preparado para os próximos treinos e competições.[69] Por fim, os atletas podem potencializar sua recuperação e preparação utilizando uma variedade de suplementos. As práticas nutricionais recomendadas para o abastecimento e a recuperação dos atletas são discutidas no Capítulo 11.

Imersão em água

A *terapia de imersão em água* geralmente se refere à imersão corporal total ou apenas de membros e pode ser realizada pela imersão em água fria (IAF), em água quente (IAQ) ou pela combinação de ambas, comumente chamada de *banho de contraste* ou *terapia de contraste* (TDC). Assim como em outros métodos de recuperação, o tipo de imersão deve ser escolhido de acordo com o tipo de esforço do qual o atleta está se recuperando ou no tipo de esforço para o qual está se preparando.[133]

Imersão em água fria

Os objetivos gerais da IAF (Fig. 12.2) são reduzir a temperatura dos tecidos corporais e o fluxo sanguí-

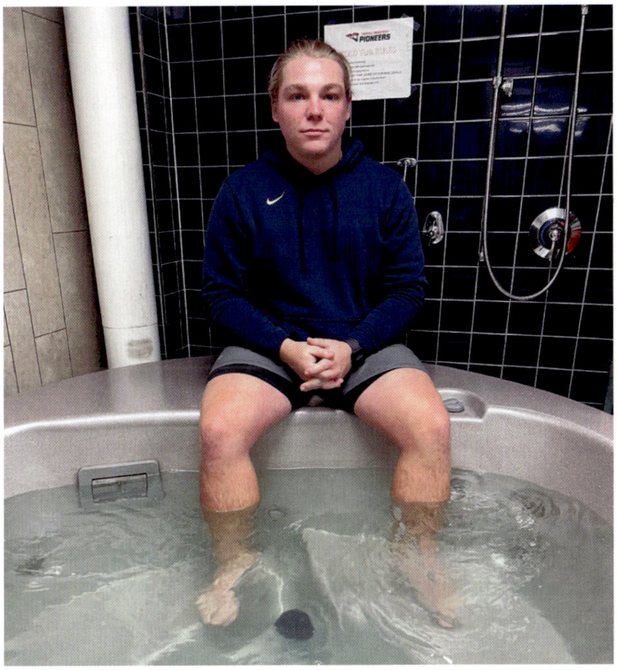

FIGURA 12.2 Imersão em água fria.

neo para áreas específicas do corpo, a fim de diminuir o inchaço, a inflamação, a sobrecarga cardiovascular e a percepção de dor.[134] Durante a imersão em água fria, os atletas são expostos a temperaturas entre 5°C e 20°C, de forma contínua ou intermitente, por até 20 minutos.[145] Além da pressão hidrostática da água, a IAF promove a vasoconstrição, o que pode reduzir a perfusão muscular e a difusão do líquido intersticial,[49] bem como a permeabilidade celular, linfática e capilar.[26] Esses efeitos podem diminuir o edema, o que, por sua vez, pode reduzir a dor e permitir que a produção de força seja mantida em maior extensão.[130]

Em comparação com outros métodos de recuperação, a IAF pode apresentar vantagens. Montgomery et al.[91] observaram maior recuperação da aceleração em 20 metros, do desempenho em exercícios de linha (*line drills*) e da flexibilidade com o uso da IAF, em comparação com o uso de roupas de compressão e rotinas combinadas de carboidratos e alongamento durante um torneio de basquete de três dias. Além disso, embora não tenham sido observadas diferenças na capacidade de salto com contramovimento ou em *sprints* repetidos, jogadores juniores de futebol relataram menor dor nas pernas e fadiga geral após a IAF, em comparação com um grupo submetido à imersão termoneutra durante um torneio de quatro dias.[112] A IAF também se mostrou eficaz na melhora da recuperação do salto em agachamento e da força isométrica, além de reduzir as concentrações de creatina quinase 48 horas após o exercício, em comparação com uma condição controle passiva.[139] Pesquisas adicionais mostraram melhor recuperação da velocidade de *sprint* e redução da liberação de creatina quinase durante um torneio simulado de esportes coletivos após o uso da IAF, em relação a uma condição controlada.[82] Outros estudos concluíram que a IAF pode beneficiar a recuperação do desempenho neuromuscular, tanto em saltos verticais quanto em testes de força isométrica.[63,139] Uma metanálise adicional também mostrou que a IAF atenuou a perda de força em diversos intervalos (< 6, 24, 48, 72 e 96 horas) quando comparada à recuperação passiva.[9]

Apesar de haver um volume maior de literatura sobre imersão em água fria em comparação com outros métodos de recuperação, não parece existir um padrão-ouro para sua aplicação em relação à temperatura da água, profundidade, duração ou modo de imersão.[134] Assim, o protocolo de IAF deve ser ajustado de acordo com o atleta, suas características individuais e o tipo de recuperação desejada. Stephens et al.[132] indicaram que a composição corporal, o sexo, a idade e a etnia do atleta podem influenciar as respostas fisiológicas à IAF. De fato, protocolos personalizados de imersão, baseados no tempo de exposição e na temperatura da água, resultaram em maior recuperação da variabilidade da frequência cardíaca e da potência média no salto em agachamento, em comparação ao repouso ativo e a um protocolo padronizado de IAF.[155] Também foi sugerido que protocolos menos intensos, com temperaturas mais altas ou durações mais curtas, devem ser utilizados em atletas com baixo percentual de gordura corporal ou massa muscular, e que atletas do sexo feminino – jovens e *masters* – precisam de protocolos menos intensos em comparação ao atleta adulto do sexo masculino médio.[132]

Por fim, estudos sugerem que a IAF pode ser periodizada ao longo da temporada competitiva.[72] Por exemplo, os autores propuseram que a IAF pode ser aplicada de forma eficaz em períodos com muitos jogos ou competições em sequência, mas não em fases cujo objetivo seja estimular adaptações positivas ao treinamento. Levando isso em consideração, o uso da IAF pode ser limitado durante o período de treinamento fora de temporada, permitindo que as adaptações ao treino ocorram sem interferências.[72]

Imersão em água quente

Os objetivos da IAQ são o relaxamento e o alívio da tensão muscular.[133] Esse método é normalmente realizado em uma banheira de hidromassagem com jatos submersos que massageiam os músculos,[145] utilizando água com temperatura superior a 36°C. Do ponto de vista fisiológico, acredita-se que a IAQ aumente a temperatura corporal e o fluxo sanguíneo,[140] promovendo melhor remoção de resíduos metabólicos e maior aporte de nutrientes para e a partir das células musculares.[149] Alguns estudos afirmam que essas respostas fisiológicas podem contribuir para a recuperação do desempenho neuromuscular.[140,149] No entanto, há poucas evidências que sustentem o uso da IAQ especificamente para a recuperação da força muscular. Peake et al.[101] relataram que a exposição regular à IAQ durante um programa de treinamento de 10 semanas não aprimorou as adaptações de força e, inclusive, atenuou os ganhos de hipertrofia muscular. Embora a recuperação da força isométrica tenha apresentado algum benefício com a IAQ, o desempenho em saltos com carga, as medidas de circunferência da coxa, a dor percebida e os marcadores sanguíneos de fadiga não mostraram aprimoramento em comparação à recuperação passiva.[139] Outros pesquisadores também relataram que a IAQ pode reduzir as adaptações positivas ao treinamento,[145] sugerindo que esse método não deve ser combinado com estímulos adicionais de treino.

Apesar dos efeitos limitados da IAQ relatados na literatura, a capacidade de proporcionar conforto ao atleta durante uma sessão de recuperação é relevante e pode levar a efeitos positivos. Assim, a IAQ pode servir como um método eficaz de recuperação em razão da sua capacidade de estabelecer um ambiente relaxante e agradável para o atleta.[117] Contudo, é importante que os profissionais da área de força e condicionamento reconheçam e compreendam os possíveis efeitos adversos da IAQ quando aplicada de forma inadequada – como queimaduras agudas, perda do controle vasomotor, hipotensão, tontura e taquicardia.[93,137]

Terapia de contraste

A TDC, também conhecida como *banhos de contraste*, geralmente requer que os atletas alternem entre imersão em água fria (IAF) e imersão em água quente (IAQ) de 3 a 7 vezes, permanecendo de 1 a 2 minutos em cada uma.[145] Assim como com a IAF e a IAQ, o objetivo da TDC é aumentar o fluxo sanguíneo para promover a remoção de resíduos metabólicos dos músculos. No entanto, uma particularidade da TDC é que as transições entre temperaturas frias e quentes são consideradas responsáveis por criar um efeito de bombeamento, em que os vasos sanguíneos se contraem e se dilatam alternadamente, favorecendo a circulação.[140,141]

Resultados de metanálises mostraram que a TDC pode ter um pequeno efeito positivo na redução da dor muscular de início tardio.[38] No entanto, outras pesquisas sugerem que seus efeitos na recuperação em esportes coletivos são mínimos.[63] Enquanto alguns estudos demonstraram potencial eficácia da TDC na recuperação da força e potência muscular,[138,139,141,144] outros não observaram benefícios adicionais com o uso desse método.[46] Além disso, não há consenso quanto ao número de exposições à IAF e à IAQ, nem sobre a duração ideal de cada imersão. Crampton et al.[29] mostraram que protocolos com proporções de 1:1 e 1:4 (IAF:IAQ) melhoraram a recuperação do desempenho em exercícios de ciclismo de alta intensidade em comparação com a recuperação passiva. Outros estudos também apoiam o uso do protocolo 1:1,[53,144] incluindo um em que os atletas realizaram 6 minutos de imersão em IAF e IAQ.[144] Entretanto, deve-se destacar que a TDC não parece oferecer benefícios adicionais em comparação com IAF, IAQ, compressão, recuperação ativa ou alongamento.[9] Pesquisas também indicaram que a TDC não melhorou a recuperação neuromuscular em esportes coletivos nas 24, 48 ou 72 horas subsequentes.[63] Recomenda-se que, caso a TDC seja utilizada como método de recuperação, seja aplicada com moderação, de modo a não atenuar seus possíveis benefícios.[103,129] A periodização dos diferentes métodos de recuperação será discutida com mais detalhes posteriormente neste capítulo.

Compressão

Outro método de recuperação frequentemente utilizado por atletas é a compressão. A *compressão* pode assumir diversas formas, variando entre a aplicação de pressão constante ou de pressão intermitente. Os parágrafos a seguir abordam os diferentes tipos de métodos de compressão e sua relação com a recuperação de diversas características de produção de força muscular.

Roupas de compressão

O uso de roupas de compressão tem origem na área médica e é tradicionalmente empregado para melhorar a circulação, o fluxo linfático e o retorno venoso,[16] o que pode, por sua vez, reduzir o inchaço (edema). Kraemer et al.[75] observaram efeitos positivos sobre a potência no supino com arremesso, bem como em outros marcadores fisiológicos e psicológicos em homens e mulheres treinados em resistência que usaram uma vestimenta de compressão de corpo inteiro após um treinamento pesado de resistência. Deve-se notar, contudo, que não foram observadas diferenças entre o uso de roupas de compressão e a recuperação passiva quanto à potência no salto vertical. Achados adicionais sugerem que roupas de compressão sob medida podem melhorar a recuperação da força muscular de membros inferiores.[17] Curiosamente, as conclusões de várias metanálises e revisões sistemáticas foram divergentes. Em um estudo de 2017, Brown et al.[16] concluíram que as roupas de compressão tiveram um grande efeito na recuperação da força muscular entre 2 e 8 horas e mais de 24 horas após o exercício. Já em uma metanálise de 2022, Négyesi et al.[96] sugeriram que roupas de compressão não proporcionam benefícios de recuperação relacionados à força. De modo semelhante, Weakley et al.[148] concluíram que as roupas de compressão podem não ter um efeito positivo na recuperação de diferentes medidas de força, mas também não têm um impacto negativo sobre elas.

As roupas de compressão também podem ajudar os atletas na recuperação durante viagens. Aliás, pesquisadores observaram uma melhora na recuperação do desempenho em saltos com contramovimento e uma redução dos níveis de creatina quinase após o uso de roupas de compressão em voos longos.[15,76] Assim como em muitos dos métodos citados, não parece haver consenso sobre o protocolo ideal para o uso desse método; contudo, alguns autores sugerem que o uso das roupas de compressão por períodos mais longos pode proporcionar maiores benefícios.[140]

Compressão pneumática

De maneira ao método de compressão estática descrito, a compressão pneumática (Fig. 12.3) é considerada um recurso capaz de melhorar a circulação e o retorno venoso, auxiliando na remoção de subprodutos metabólicos.[99] Um benefício atribuído aos aparelhos de compressão pneumática é a sua capacidade de exercer pressões maiores do que as roupas de compressão tradicionais; isso pode favorecer uma drenagem linfática mais eficiente e possivelmente aumentar a velocidade do fluxo sanguíneo, a dissipação do inchaço e a remoção de detritos celulares.[20,60,73] Embora estudos realizados tenham mostrado que a compressão pneumática melhora o fluxo sanguíneo e a oxigenação dos membros durante a recuperação,[156,157] Cochrane et al.[23] observaram que ela não reduziu a perda de força muscular em velocidades angulares lentas (30° por segundo) ou rápidas (180° por segundo) após exercícios excêntricos intensos. Esses resultados são apoiados por outras pesquisas que demonstraram ausência de efeito da compressão pneumática sobre a recuperação da força muscular.[22] Outros estudos também mostraram benefícios mínimos ao desempenho com o uso da compressão pneumática.[21,61,99,154] De forma anedótica, atletas podem se sentir inclinados a usar esse método porque ele "parece funcionar".[61] No entanto, os estudos apresentaram achados conflitantes quanto às percepções subjetivas de recuperação associadas à compressão pneumática.[21,36,61,65,99,120]

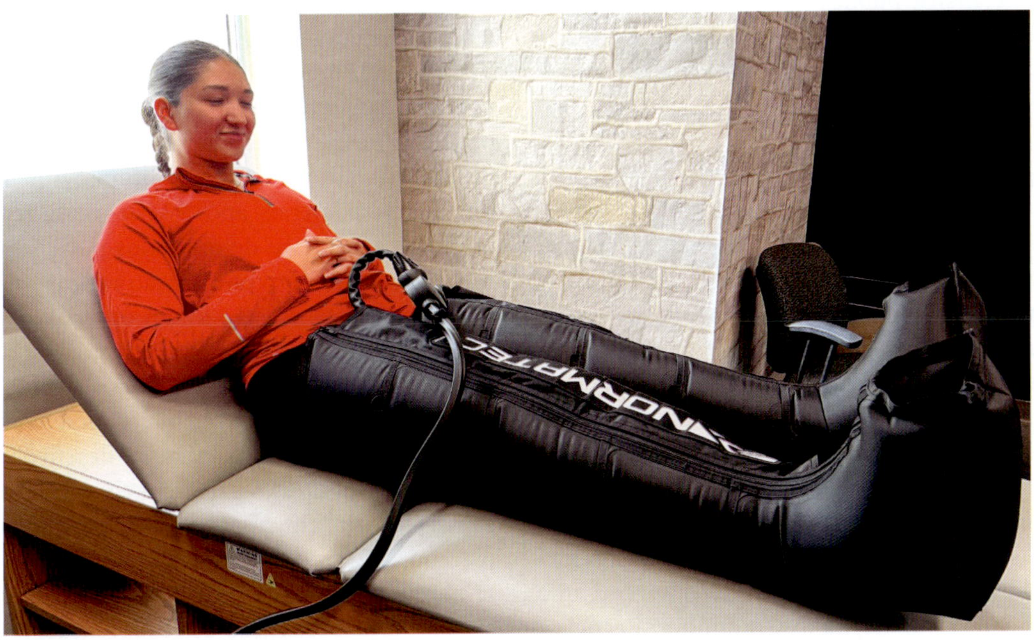

FIGURA 12.3 Compressão pneumática.

Recuperação ativa

A recuperação ativa, ou atividade leve, é geralmente utilizada para manter o fluxo sanguíneo após uma atividade física, com o objetivo de favorecer a remoção de subprodutos metabólicos acumulados (como o lactato sanguíneo).[143] Apesar de não apresentar diferenças significativas em relação ao uso de roupas de compressão ou à terapia de contraste (TDC), Gill et al.[47] demonstraram que a recuperação ativa em jogadores de rúgbi proporcionou a maior recuperação dos níveis de creatina quinase (88,2%) 84 horas após a partida. Deve-se observar, contudo, que a recuperação ativa pode ter um impacto mínimo sobre o desempenho ou na redução de lesões quando realizada mais de 4 horas após a atividade inicial;[143] no entanto, pode ser benéfica quando o atleta precisa realizar esforços repetidos dentro de um intervalo de até 30 minutos.[59]

Alongamento

A principal justificativa para o uso do alongamento com fins de recuperação é reduzir a dor e a rigidez muscular, promovendo o relaxamento dos músculos e melhorando a amplitude de movimento do atleta.[119] Acredita-se que, por meio do alongamento, o atleta possa atenuar a dor muscular e auxiliar na recuperação pela dispersão do edema acumulado. Embora o alongamento seja amplamente utilizado, há pouca evidência científica que sustente sua eficácia para a recuperação das características de força de um atleta.[5] De fato, uma metanálise publicada em 2021 concluiu que não houve diferença entre o alongamento pós-exercício e a recuperação passiva no que diz respeito à recuperação da força muscular.[2]

Massagem

Os objetivos da massagem são aumentar o fluxo sanguíneo, reduzir a tensão e a excitabilidade muscular e promover sensações de bem-estar.[59] Curiosamente, os achados apresentados em duas metanálises indicaram que os efeitos da massagem sobre a recuperação de atletas são inconclusivos.[33,105] No entanto, a massagem pode ter potencial para diminuir a dor muscular de início tardio.[33] Poppendieck et al.[105] relataram que a massagem pós-exercício (manual ou automatizada) teve apenas um efeito trivial na recuperação da força muscular. Curiosamente, Sands[117] observou que atletas residentes no Olympic Committee Recovery Center dos Estados Unidos preferiam os métodos de massagem e crioterapia em comparação a uma ampla variedade de outras estratégias. Isso provavelmente se deve à ideia de que os efeitos da massagem podem ser mais psicológicos do que fisiológicos.[150] Além da massagem manual, há algumas evidências que sugerem que a automassagem – realizada usando rolos de espuma (*foam rolling*) – pode ajudar a atenuar as reduções no desempenho de força e velocidade, diminuir a percepção de dor e a dor muscular de início tardio, além de melhorar a amplitude de movimento.[151] Embora exista uma variedade de ferramentas para automassagem (como rolos de espuma, bolas de massagem, bastões de rolamento e dispositivos de percussão), são necessárias mais pesquisas em que se possam fazer recomendações práticas sobre seu uso. Contudo, os profissionais da área de força e condicionamento devem estar cientes dos possíveis efeitos colaterais da automassagem – como dor, hematomas e inchaço – e comunicar essas informações aos atletas.

Crioterapia

Outro método que utiliza baixas temperaturas como principal mecanismo de recuperação é a crioterapia. No entanto, em comparação com a IAF, as temperaturas empregadas na crioterapia são muito mais baixas (−100°C).[11] Esse método exige que os atletas permaneçam em pé, sentados ou deitados em uma câmara criogênica (com o corpo inteiro exposto ao frio) ou em uma criosauna (com o corpo inteiro, exceto a cabeça, exposto ao frio).[133] Os mecanismos propostos para a recuperação são semelhantes aos da IAF: redução da temperatura do tecido muscular e do fluxo sanguíneo, levando à diminuição do inchaço e da inflamação.[4]

Curiosamente, Abaidia et al.[1] mostraram que a IAF produziu melhores resultados de recuperação tanto no desempenho de saltos com contramovimento unilaterais quanto bilaterais, após 5 séries de 15 repetições de exercício excêntrico de músculos posteriores da coxa unilateralmente, em comparação à crioterapia de corpo inteiro. No entanto, não foram observadas diferenças na recuperação da força isométrica entre os métodos de recuperação. Em contraste, outro estudo constatou que a crioterapia promoveu maior incremento na força isométrica máxima e na taxa de desenvolvimento de força 48 horas após o exercício em homens treinados em resistência, em comparação com a IAF e métodos placebo.[153] Entretanto, os autores indicaram que nem a crioterapia nem a IAF pareceram ser mais eficazes que o placebo na aceleração da recuperação, o que coloca em dúvida sua aplicabilidade prática.

Outro estudo mostrou que a crioterapia aplicada imediatamente após o treinamento pliométrico melhorou a taxa de recuperação da força muscular em comparação com uma condição controle.[41] Contudo, outros achados não observaram efeitos positivos na recuperação do desempenho ou na redução da dor muscular.[50,113,146] Em comparação a exposições únicas à crioterapia, outros pesquisadores relataram efeitos positivos sobre a taxa de desenvolvimento de torque na flexão isométrica de joelho[43] e sobre a força isométrica máxima[58] após treinamento excêntrico e corrida de longa distância, respectivamente, quando realizados múltiplos tratamentos. Entretanto, é importante observar que, apesar desses resultados, um grupo de autores não endossou completamente o uso da crioterapia como método de recuperação.[43] Além disso, alguns efeitos observados podem ter sido consequência do efeito de exposição repetida,[41,43] enquanto uma única sessão pode não produzir efeito benéfico algum.[84]

Selfe et al.[123] sugeriram que a crioterapia pode ser mais eficaz quando aplicada por 30 segundos a –60°C e, em seguida, por 2 minutos a –135°C, com um intervalo de 2 minutos entre as exposições. Conforme mencionado, pode ser necessário aplicar sessões de crioterapia tanto imediatas quanto recorrentes após o exercício, a fim de obter os melhores resultados.[43,58] Profissionais da área de força e condicionamento que desejam implementar a crioterapia devem estar cientes dos riscos associados, como hipotermia, queimaduras pelo frio (lesões cutâneas), hipertensão, redução da velocidade de condução nervosa e diminuição do fluxo sanguíneo periférico.[133] Além disso, devem ser observadas precauções de segurança rigorosas: os atletas devem ser supervisionados durante todo o tempo em que estiverem em câmaras ou saunas criogênicas; partes do corpo sensíveis ao frio (mãos, pés e boca) devem ser protegidas; a superfície da pele deve estar completamente seca e livre de suor ou umidade; e o atleta deve evitar inalar o nitrogênio líquido quando estiver em criosaunas.[84,133] Para informações mais detalhadas sobre a crioterapia, recomenda-se a consulta a revisões mais abrangentes sobre o tema.[4,11,84,111]

Eletroestimulação muscular

A *eletroestimulação muscular* (EEM) consiste na aplicação de eletrodos sobre os músculos que precisam ser recuperados, fornecendo uma estimulação transcutânea (Fig. 12.4). Em geral, essa estimulação provoca contrações involuntárias nos músculos, e acredita-se que a EEM possa atuar como método de recuperação por aumentar o fluxo sanguíneo e o retorno venoso, o que pode auxiliar na remoção de metabólitos.[6,104] Estudos indicaram que a EEM não parece causar efeitos negativos sobre a recuperação,[40] mas também não demonstrou eficácia significativa.[104] No entanto, pode ser útil em termos de efeitos perceptivos positivos,[6,40] o que pode justificar seu uso por atletas. Esses achados

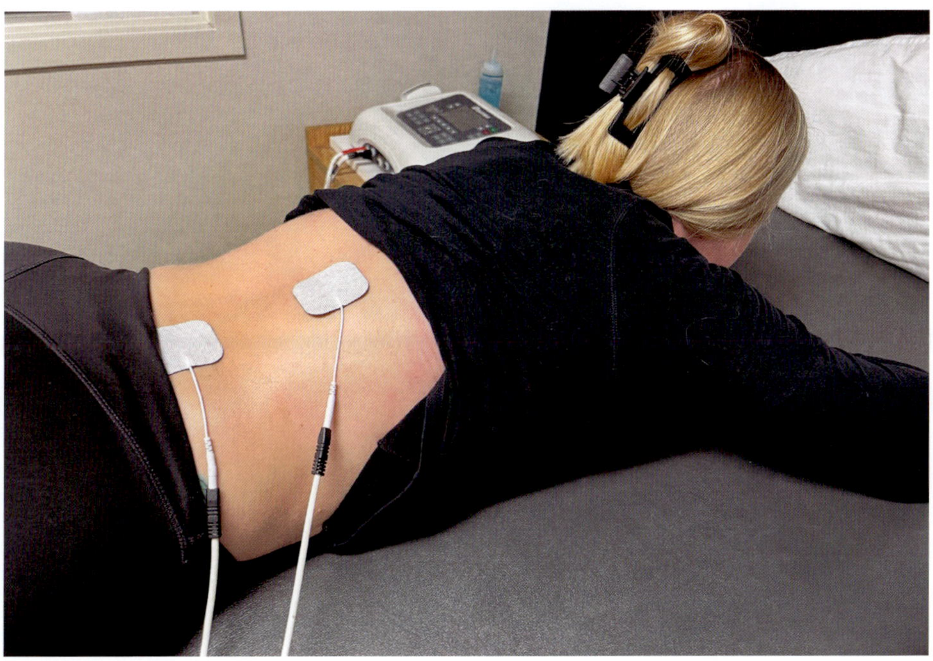

FIGURA 12.4 Eletroestimulação muscular.

foram confirmados por uma revisão sistemática sobre o uso da EEM para fins de recuperação.[88] Ainda assim, há poucas evidências que sustentem o uso da EEM especificamente para a recuperação da força.[3] Vale destacar que, em comparação com outros métodos de recuperação, há poucas pesquisas que examinem o efeito da EEM sobre a recuperação da força muscular, o que indica a necessidade de mais investigações científicas sobre o tema.

Vibração

Dispositivos de vibração, como pistolas de massagem (Fig. 12.5) ou plataformas de vibração de corpo inteiro (Fig. 12.6), tornaram-se populares na área de força e condicionamento. Entre os benefícios atribuídos a esses dispositivos estão a capacidade de reduzir a rigidez e a tensão muscular, aumentar a amplitude de movimento e melhorar a circulação.[74,106] Alguns pesquisadores encontraram efeitos positivos da massagem vibratória sobre a recuperação da força muscular,[78] enquanto outros não observaram benefícios significativos.[18,90,136] Como há poucos estudos sobre o efeito da vibração na recuperação da força muscular, são necessárias mais pesquisas antes que se possa chegar a conclusões definitivas. No momento, parece que a maioria dos efeitos observados está relacionada às percepções positivas dos participantes, mais do que à eficácia objetiva dos dispositivos.[74] Ainda assim, criar um ambiente positivo no qual o atleta acredita que o método de recuperação está funcionando pode, por si só, gerar benefícios consideráveis.

Fadiga mental e recuperação

Dado o potencial impacto dos estressores sobre o desempenho de um atleta e o risco de *burnout*,[85] as pesquisas voltadas à fadiga mental podem se tornar fundamentais para o bem-estar e o desenvolvimento holístico do atleta.[115] A *fadiga mental* tem sido definida como um estado psicobiológico causado por períodos prolongados de atividade cognitiva exigente e é geralmente caracterizada por sensações de "cansaço" ou "falta de energia".[12] Russell et al.[114] identificaram as principais causas e os efeitos da fadiga mental percebidos por jogadores e membros da comissão técnica do futebol profissional. Os resultados mostraram que a fadiga mental pode decorrer de outros compromissos, do ambiente em que o atleta está inserido, de outras exigências profissionais (como entrevistas e patrocínios), de análises excessivas de situações específicas e da experiência (ou falta dela). Além disso, os parti-

FIGURA 12.5 Terapia com pistola de massagem.

FIGURA 12.6 Vibração de corpo inteiro.

cipantes relataram que a fadiga mental pode afetar o desempenho geral, o processo de tomada de decisão e o tempo de reação; também afirmaram que ela faz com que as tarefas pareçam mais difíceis do que realmente são, aumenta a propensão a erros e diminui a força de vontade.[114] Achados adicionais mostraram que, em jogadoras de *netball* de nível internacional, a fadiga mental pode ocorrer com maior frequência durante os períodos de treinamento e de preparação do que durante as competições.[116] Esses achados destacam a importância de monitorar a fadiga mental ao longo de todo o ano de treinamento.

Embora as pesquisas que investigam o efeito da fadiga mental sobre o desempenho ainda estejam em desenvolvimento, várias revisões já foram publicadas sobre o tema.[51,107,131,135,142] As conclusões dessas revisões indicam que a fadiga mental pode afetar negativamente o desempenho em atividades de resistência,[100,142] as variáveis psicomotoras específicas do esporte (como tomada de decisão, tempo de reação e precisão)[51,100,131] e o desempenho técnico em modalidades como futebol, basquete e tênis de mesa.[131,135] Por outro lado, a fadiga mental não parece afetar a produção de força máxima, a potência ou o trabalho anaeróbico.[100,142] Curiosamente, alguns autores também indicaram que a fadiga mental pode prejudicar o desempenho em exercícios submáximos, mas não em exercícios realizados em intensidades máximas ou supramáximas.[100] Os autores sugeriram que esses resultados são mediados pela percepção de esforço, o que é apoiado pela resposta antecipatória de luta ou fuga decorrente da liberação de catecolaminas.[45] Embora as pesquisas existentes sugiram que a fadiga mental pode não afetar diretamente as características de força de um atleta, ainda são necessários mais estudos antes que se possa chegar a conclusões definitivas.

Uma revisão sistemática publicada em 2022 discutiu potenciais estratégias para combater a fadiga mental.[107] Os autores concluíram que o consumo de cafeína antes ou durante a ocorrência da fadiga mental, a exposição a odores agradáveis durante a tarefa fatigante, o ato de ouvir música relaxante e a motivação extrínseca (como recompensas) são as abordagens com maior evidência de eficácia no combate à fadiga mental. Embora os achados dessa revisão ofereçam uma visão geral sobre métodos potencialmente eficazes, ainda não há pesquisas suficientes para fornecer recomendações específicas que considerem as circunstâncias individuais. À medida que os estudos sobre fadiga mental avançarem, espera-se que os profissionais da área de força e condicionamento possam aplicar de forma mais eficaz essas estratégias para evitar reduções no desempenho.

O efeito placebo

De forma geral, os resultados das pesquisas sobre a eficácia dos diferentes métodos de recuperação são variados; contudo, é importante que os profissionais da área de força e condicionamento não desconsiderem o que o atleta percebe como eficaz. Embora o uso de diversos métodos de recuperação possa gerar percepções positivas baseadas no *efeito placebo*, Halson e Martin[56] observaram que há uma justificativa legítima para estimular a crença do atleta. Por exemplo, vários estudos demonstraram efeitos psicológicos positivos na percepção de recuperação após sessões de massagem.[33-35,39,62,64,89] Como a relação entre o atleta e o profissional pode ter um grande impacto sobre as crenças do atleta em relação a um determinado método de recuperação,[121] é essencial promover a adesão e confiança ao que está sendo prescrito. Entretanto, é fundamental que os profissionais recomendem métodos de recuperação com respaldo científico, em vez de modismos ou práticas baseadas apenas em experiências pessoais e relatos anedóticos.

PONTO-CHAVE

Os resultados das pesquisas sobre a eficácia dos diferentes métodos de recuperação são variados; contudo, é importante que os profissionais da área de força e condicionamento não desconsiderem o que o atleta percebe como eficaz.

Periodização da recuperação

Quando bem planejadas, as sessões de recuperação podem ajudar os atletas a suportar cargas intensas por curtos períodos, promovendo adaptações positivas.[55] Mujika et al.[92] discutiram a periodização da recuperação em uma revisão prévia. Os autores sugeriram que ela deve ter como foco o retorno do corpo a um estado de homeostase durante os períodos em que os atletas precisam maximizar seu desempenho. Eles propuseram quatro tópicos principais para a periodização da recuperação:

- Suspender os métodos de recuperação durante o período de preparação geral, a fim de maximizar as adaptações ao treinamento.

- Prescrever métodos de recuperação durante o período de preparação específica, com o objetivo de preparar os atletas para completar determinadas sessões de treinamento.
- Prescrever métodos de recuperação a fim de reduzir a fadiga aguda durante a temporada competitiva, especialmente em períodos com múltiplos jogos ou competições em um curto intervalo.
- Utilizar métodos de recuperação durante viagens, no processo de retorno após lesões e no manejo do estresse psicológico.

De acordo com esses tópicos, em determinadas situações, é importante – e potencialmente necessário – alterar os métodos de recuperação prescritos, uma vez que eles também funcionam como um estímulo ao atleta. Assim, se o mesmo método de recuperação for utilizado em todos os contextos (p. ex., entre sessões de treinamento fora de temporada, entre treinos de pré-temporada e entre partidas durante a temporada competitiva), seus efeitos podem ser atenuados e deixar de promover o mesmo nível de recuperação obtido previamente. Além disso, sugeriu-se que certos métodos de recuperação devem ser suspensos ou alternados ao longo do ano de treinamento.[92,117] Por exemplo, alguns pesquisadores recomendam evitar a IAF durante o período de treinamento fora de temporada, permitindo que as adaptações ao treino ocorram naturalmente, sem a influência de um estímulo externo adicional.[72] Outro exemplo seria aumentar o uso da recuperação ativa ou de roupas de compressão entre as partidas da pré-temporada.[92] Portanto, sugere-se que diferentes métodos de recuperação sejam periodizados e programados ao longo do ano de treinamento, levando em consideração as sessões de treinamento, as práticas e as competições, de modo a estimular de forma adequada tanto a recuperação quanto a adaptação. Embora os profissionais da área de força e condicionamento devam considerar a gravidade da fadiga e o tempo disponível entre sessões de treino ou competições,[8] a prescrição de métodos específicos de recuperação pode não ser necessária se houver tempo suficiente para que os processos naturais de recuperação do corpo ocorram.[129] Por fim, a aplicação de diferentes estratégias de recuperação deve ser avaliada individualmente, já que atletas que passam menos tempo em competição podem se beneficiar mais ao "treinar continuamente" em determinadas fases do ano, maximizando assim os efeitos dos diferentes estímulos de treinamento de força.[102,129]

PONTO-CHAVE

Em determinadas situações, é importante – e potencialmente necessário – alterar os métodos de recuperação prescritos, uma vez que eles também funcionam como um estímulo ao atleta.

Embora esse princípio esteja relacionado à periodização da recuperação, os profissionais da área de força e condicionamento também devem considerar a praticidade de implementar determinados métodos de recuperação.[133] Por exemplo, se a sala de treinamento ou de recuperação esportiva contar com apenas uma banheira de IAF, pode não ser viável que toda a equipe utilize o recurso de maneira eficiente em termos de tempo. Além disso, nem todos os métodos de recuperação estarão disponíveis aos atletas durante viagens para competições. Por exemplo, pode não ser prático transportar botas de compressão pneumática e seus acessórios, nem despachá-las em voos, especialmente quando há necessidade de levar várias unidades. Portanto, é essencial que os profissionais reforcem a importância da pirâmide de recuperação e ajudem os atletas a priorizarem a gestão adequada do sono e da nutrição, antes de concentrar maior atenção em quaisquer outros métodos de recuperação.

Mensuração da recuperação

Conforme já discutido, a implementação de um ou vários dos métodos de recuperação mencionados representa um estímulo ao atleta. Embora o objetivo seja devolver o indivíduo a um estado de homeostase e aumentar sua prontidão para treinar ou competir, não se pode presumir que o efeito desejado tenha ocorrido sem que isso seja medido. Diversos estudos identificaram diferentes marcadores de recuperação.[25,28,67,80,97] No entanto, deve-se observar que muitos desses trabalhos utilizaram mensurações indiretas de marcadores fisiológicos, que podem não refletir necessariamente a real recuperação do desempenho do atleta. Além disso, há poucas informações sobre como determinar se um atleta está totalmente recuperado.[27,108] Essa questão torna-se ainda mais complexa quando apenas algumas – e não todas – as variáveis relacionadas ao desempenho demonstram sinais de recuperação.[48,97]

Embora alguns autores tenham proposto o uso de escalas de percepção de recuperação como método para monitorar o processo de recuperação,[79] outros utilizaram com atletas o Perfil de Estados de Humor ([POMS] *Profile of Mood States*)[66,70] ou o Questionário de Recuperação-Estresse ([RESTQ] *Recovery-Stress Questionnaire*).[70,71] Embora o POMS e o RESTQ possam fornecer aos profissionais da área de força e condicionamento informações subjetivas sobre o estado do atleta, a mensuração direta das variáveis relacionadas à característica monitorada é o que oferece as informações mais precisas sobre o *status* de recuperação do indivíduo. No caso da recuperação das características de força muscular, as variáveis de interesse incluem a força média e a força de pico, bem como o tempo de aplicação da força durante tarefas relacionadas ao esporte ou evento específico do atleta. Para medir tais variáveis, cientistas do esporte e profissionais da área precisam utilizar uma plataforma de força e ter o conhecimento técnico necessário para operar esse equipamento,[7] em vez de depender de dispositivos que apenas estimam a produção de força com base em determinada carga (como ferramentas de medição de velocidade). Além disso, é essencial considerar a estabilidade de cada variável em diferentes fases do treinamento, já que cada atleta pode apresentar faixas normais individuais ao longo do ciclo de treinamento. Entretanto, é importante reconhecer que os profissionais nem sempre dispõem de acesso constante à tecnologia de plataformas de força. Por isso, podem ser necessários métodos alternativos de mensuração da força muscular. Considerações sobre a mensuração e o monitoramento das características de força de um atleta são discutidas em mais detalhes no Capítulo 9.

Pontos principais discutidos no capítulo

- O desempenho esportivo é multifatorial; mesmo quando há evolução na magnitude ou na taxa de desenvolvimento de força resultantes do treinamento ou da recuperação, isso não significa que um indivíduo ou equipe necessariamente melhorará sua colocação em uma competição ou vencerá o evento. Isso se deve à natureza da competição e aos fatores que podem influenciá-la – como arbitragem, ambiente e clima, condições meteorológicas, lesões, decisões técnicas e o nível de preparação dos adversários.
- O termo *recuperação* não deve ser usado isoladamente. Embora a recuperação tenha como objetivo devolver o atleta a um nível basal de desempenho, os estímulos de treinamento devem ser aplicados de forma adequada, a fim de elevar o desempenho do atleta além desse nível. Assim, o termo *recuperação-adaptação* deve ser entendido como o estímulo de treinamento que promove a adaptação desejada, ocorrendo durante a fase de recuperação (regeneração), mas levando o atleta a um nível superior ao seu ponto de partida (supercompensação).
- O sono e a nutrição constituem a base da recuperação do atleta. Controlar esses aspectos pode proporcionar os maiores benefícios em relação à recuperação e à capacidade do atleta de treinar e competir de forma consistente no mais alto nível.
- Grande parte da literatura existente sobre recuperação envolvendo imersão em água fria (IAF), imersão em água quente (IAQ), terapia de contraste (TDC), compressão, recuperação ativa, alongamento, massagem, crioterapia, eletroestimulação muscular, vibração e recuperação mental apresenta resultados inconclusivos. Portanto, é importante que os profissionais considerem as preferências dos atletas ao selecionar diferentes métodos de recuperação. Embora essas preferências possam estar relacionadas a um efeito placebo, esse efeito pode ser suficiente para levar à adesão do atleta e promover adaptações positivas.
- Os métodos de recuperação devem ser aplicados com base no objetivo da recuperação (p. ex., tipo de estresse do qual o atleta se recupera, tempo disponível para recuperação, fatores ambientais que a afetam, nível de fadiga do atleta, fase da temporada e infraestrutura disponível).
- É fundamental lidar primeiro com as variáveis que podem ser mais facilmente controladas – como a prescrição do treinamento, o sono e a nutrição – antes de implementar um ou vários métodos de recuperação.

Referências bibliográficas

Capítulo 1

1. Alshewaier, S, Yeowell, G, and Fatoye, F. The effectiveness of pre-operative exercise physiotherapy rehabilitation on the outcomes of treatment following anterior cruciate ligament injury: A systematic review. *Clin Rehabil* 31:34-44, 2017.
2. Austin, D, and Mann, JB. *Powerlifting: The Complete Guide to Technique, Training, and Competition.* Champaign, IL: Human Kinetics, 2021.
3. Barker, M, Wyatt, TJ, Johnson, RL, Stone, MH, O'Bryant, HS, Poe, C, and Kent, M. Performance factors, psychological assessment, physical characteristics, and football playing ability. *J Strength Cond Res* 7:224-233, 1993.
4. Bazyler, CD, Beckham, GK, and Sato, K. The use of the isometric squat as a measure of strength and explosiveness. *J Strength Cond Res* 29:1386-1392, 2015.
5. Beattie, K, Carson, BP, Lyons, M, and Kenny, IC. The relationship between maximal-strength and reactive-strength. *Int J Sports Physiol Perform* 12:548-553, 2016.
6. Behringer, M, Vom Heede, A, Matthews, M, and Mester, J. Effects of strength training on motor performance skills in children and adolescents: A meta-analysis. *Pediatr Exerc Sci* 23:186-206, 2011.
7. Bijker, K, De Groot, G, and Hollander, A. Differences in leg muscle activity during running and cycling in humans. *Eur J Appl Physiol* 87:556-561, 2002.
8. Blazevich, AJ, and Babault, N. Post-activation potentiation (PAP) versus post-activation performance enhancement (PAPE) in humans: Historical perspective, underlying mechanisms, and current issues. *Front Physiol* 10:1-19, 2019.
9. Burger, H, and Weidt, K. *Kraftproben.* Berlin: Sportverlag, 1985.
10. Burt, LA, Greene, DA, Ducher, G, and Naughton, GA. Skeletal adaptations associated with pre-pubertal gymnastics participation as determined by DXA and pQCT: A systematic review and meta-analysis. *J Sci Med Sport* 16:231-239, 2013.
11. Case, MJ, Knudson, DV, and Downey, DL. Barbell squat relative strength as an identifier for lower extremity injury in collegiate athletes. *J Strength Cond Res* 34:1249-1253, 2020.
12. Chang, C-C, and Chiang, C-Y. Using the countermovement jump metrics to assess dynamic eccentric strength: A preliminary study. *Int J Environ Res Public Health* 19:16176, 2022.
13. Comfort, P, and Pearson, SJ. Scaling – Which methods best predict performance? *J Strength Cond Res* 28:1565-1572, 2014.
14. Comfort, P, Suchomel, TJ, and Stone, MH. Normalisation of early isometric force production as a percentage of peak force, during multi-joint isometric assessment. *Int J Sports Physiol Perform* 15:478-482, 2019.
15. Conroy, BP, Kraemer, WJ, Maresh, CM, Fleck, SJ, Stone, MH, Fry, AC, Miller, PD, and Dalsky, GP. Bone mineral density in elite junior Olympic weightlifters. *Med Sci Sports Exerc* 25:1103-1109, 1993.
16. Cronin, JB, and Hansen, KT. Strength and power predictors of sports speed. *J Strength Cond Res* 19:349-357, 2005.
17. Crowther, NB. *Sport in Ancient Times.* Westport, CT: Greenwood Publishing Group, 2010.
18. Doss, WS, and Karpovich, PV. A comparison of concentric, eccentric, and isometric strength of elbow flexors. *J Appl Physiol* 20:351-353, 1965.
19. Ebben, WP, and Petushek, EJ. Using the reactive strength index modified to evaluate plyometric performance. *J Strength Cond Res* 24:1983-1987, 2010.
20. Faigenbaum, AD, MacDonald, JP, and Haff, GG. Are young athletes strong enough for sport? DREAM on. *Curr Sports Med Rep* 18:6-8, 2019.
21. Faigenbaum, AD, and Myer, GD. Resistance training among young athletes: Safety, efficacy and injury prevention effects. *Br J Sports Med* 44:56-63, 2010.
22. Falk, B, and Eliakim, A. Resistance training, skeletal muscle and growth. *Pediatr Endocrinol Rev* 1:120-127, 2003.
23. Garhammer, J, and Gregor, R. Propulsion forces as a function of intensity for weightlifting and vertical jumping. *J Strength Cond Res* 6:129-134, 1992.
24. Gentil, P, Del Vecchio, FB, Paoli, A, Schoenfeld, BJ, and Bottaro, M. Isokinetic dynamometry and 1RM tests pro-

duce conflicting results for assessing alterations in muscle strength. *J Hum Kinet* 56:19-27, 2017.

25. Gialourēs, N, and Andronikos, M. *The Olympic Games in Ancient Greece: Ancient Olympia and the Olympic Games.* Athens, Greece: Ekdotike Athenon, 1982.
26. Gorostiaga, EM, Granados, C, Ibanez, J, and Izquierdo, M. Differences in physical fitness and throwing velocity among elite and amateur male handball players. *Int J Sports Med* 26:225-232, 2005.
27. Häkkinen, K, Newton, RU, Walker, S, Häkkinen, A, Krapi, S, Rekola, R, Koponen, P, Kraemer, WJ, Haff, GG, and Blazevich, AJ. Effects of upper body eccentric versus concentric strength training and detraining on maximal force, muscle activation, hypertrophy and serum hormones in women. *J Sports Sci Med* 21:200-213, 2022.
28. Hamill, BP. Relative safety of weightlifting and weight training. *J Strength Cond Res* 8:53-57, 1994.
29. Hollander, DB, Kraemer, RR, Kilpatrick, MW, Ramadan, ZG, Reeves, GV, Francois, M, Hebert, EP, and Tryniecki, JL. Maximal eccentric and concentric strength discrepancies between young men and women for dynamic resistance exercise. *J Strength Cond Res* 21:34-40, 2007.
30. Hori, N, Newton, RU, Andrews, WA, Kawamori, N, McGuigan, MR, and Nosaka, K. Does performance of hang power clean differentiate performance of jumping, sprinting, and changing of direction? *J Strength Cond Res* 22:412-418, 2008.
31. Hunter, JP, Marshall, RN, and McNair, PJ. Relationships between ground reaction force impulse and kinematics of sprint-running acceleration. *J Appl Biomech* 21:31-43, 2005.
32. Izquierdo, M, Häkkinen, K, Gonzalez-Badillo, JJ, Ibanez, J, and Gorostiaga, EM. Effects of long-term training specificity on maximal strength and power of the upper and lower extremities in athletes from different sports. *Eur J Appl Physiol* 87:264-271, 2002.
33. James, LP, Haff, GG, Kelly, VG, Connick, M, Hoffman, B, and Beckman, EM. The impact of strength level on adaptations to combined weightlifting, plyometric and ballistic training. *Scand J Med Sci Sports* 28:1494-1505, 2018.
34. Jaric, S. Muscle strength testing: Use of normalisation for body size. *Sports Med* 32:615-631, 2002.
35. Jaric, S. Role of body size in the relation between muscle strength and movement performance. *Exerc Sport Sci Rev* 31:8-12, 2003.
36. Kawamori, N, Nosaka, K, and Newton, RU. Relationships between ground reaction impulse and sprint acceleration performance in team sport athletes. *J Strength Cond Res* 27:568-573, 2013.
37. Keiner, M, Brauner, T, Kadlubowski, B, Sander, A, and Wirth, K. The influence of maximum squatting strength on jump and sprint performance: A cross-sectional analysis of 492 youth soccer players. *Int J Environ Res Public Health* 19:5835, 2022.
38. Keiner, M, Sander, A, Wirth, K, Caruso, O, Immesberger, P, and Zawieja, M. Strength performance in youth: Trainability of adolescents and children in the back and front squats. *J Strength Cond Res* 27:357-362, 2013.
39. Keiner, M, Sander, A, Wirth, K, and Schmidtbleicher, D. Long-term strength training effects on change-of-direction sprint performance. *J Strength Cond Res* 28:223-231, 2014.
40. Keiner, M, Wirth, K, Fuhrmann, S, Kunz, M, Hartmann, H, and Haff, GG. The influence of upper- and lower-body maximum strength on swim block start, turn, and overall swim performance in sprint swimming. *J Strength Cond Res* 35:2839-2845, 2021.
41. Kirby, TJ, McBride, JM, Haines, TL, and Dayne, AM. Relative net vertical impulse determines jumping performance. *J Appl Biomech* 27:207-214, 2011.
42. Kraska, JM, Ramsey, MW, Haff, GG, Fethke, N, Sands, WA, Stone, ME, and Stone, MH. Relationship between strength characteristics and unweighted and weighted vertical jump height. *Int J Sports Physiol Perform* 4:461-473, 2009.
43. Kugler, F, and Janshen, L. Body position determines propulsive forces in accelerated running. *J Biomech* 43:343-348, 2010.
44. Lauersen, JB, Andersen, TE, and Andersen, LB. Strength training as superior, dose-dependent and safe prevention of acute and overuse sports injuries: A systematic review, qualitative analysis and meta-analysis. *Br J Sports Med* 52:1557-1563, 2018.
45. Lauersen, JB, Bertelsen, DM, and Andersen, LB. The effectiveness of exercise interventions to prevent sports injuries: A systematic review and meta-analysis of randomised controlled trials. *Br J Sports Med* 48:871-877, 2014.
46. Lepley, LK, and Palmieri-Smith, RM. Pre-operative quadriceps activation is related to post-operative activation, not strength, in patients post-ACL reconstruction. *Knee Surg Sports Traumatol Arthrosc* 24:236-246, 2016.
47. Lloyd, RS, Cronin, JB, Faigenbaum, AD, Haff, GG, Howard, R, Kraemer, WJ, Micheli, LJ, Myer, GD, and Oliver, JL. National Strength and Conditioning Association position statement on long-term athletic development. *J Strength Cond Res* 30:1491-1509, 2016.
48. Lloyd, RS, Faigenbaum, AD, Stone, MH, Oliver, JL, Jeffreys, I, Moody, JA, Brewer, C, Pierce, KC, McCambridge, TM, Howard, R, Herrington, L, Hainline, B, Micheli, LJ, Jaques, R, Kraemer, WJ, McBride, MG, Best, TM, Chu, DA, Alvar, BA, and Myer, GD. Position statement on youth resistance training: The 2014 International Consensus. *Br J Sports Med* 48:498-505, 2014.
49. Loturco, I, Nakamura, FY, Artioli, GG, Kobal, R, Kitamura, K, Abad, CCC, Cruz, IF, Romano, F, Pereira, LA, and Franchini, E. Strength and power qualities are highly associated with punching impact in elite amateur boxers. *J Strength Cond Res* 30:109-116, 2016.
50. Louder, T, Thompson, BJ, and Bressel, E. Association and agreement between reactive strength index and reactive strength index-modified scores. *Sports* 9:97, 2021.
51. Lum, D, and Aziz, AR. Relationship between isometric force– time characteristics and sprint kayaking performance. *Int J Sports Physiol Perform* 16:474-479, 2020.
52. Maestroni, L, Read, P, Bishop, C, Papadopoulos, K, Suchomel, TJ, Comfort, P, and Turner, A. The benefits of strength training on musculoskeletal system health: Practical applications for interdisciplinary care. *Sports Med* 50:1431-1450, 2020.

53. Malina, RM. Weight training in youth-growth, maturation, and safety: An evidence-based review. *Clin J Sport Med* 16:478-487, 2006.
54. Malone, S, Hughes, B, Doran, DA, Collins, K, and Gabbett, TJ. Can the workload-injury relationship be moderated by improved strength, speed and repeated-sprint qualities? *J Sci Med Sport* 22:29-34, 2019.
55. Mann, JB, Ivey, PA, Stoner, JD, Mayhew, JL, and Brechue, WF. Efficacy of the National Football League-225 test to track changes in one repetition maximum bench press after training in National Collegiate Athletic Association Division IA football players. *J Strength Cond Res* 29:2997-3005, 2015.
56. Mann, JB, Stoner JD, and Mayhew JL. NFL-225 test to predict 1RM bench press in NCAA Division I football players. *J Strength Cond Res* 26:2623-2631, 2012.
57. Masuda, K, Kikuhara, N, Demura, S, Katsuta, S, and Yamanaka, K. Relationship between muscle strength in various isokinetic movements and kick performance among soccer players. *J Sports Med Phys Fitness* 45:44-52, 2005.
58. McGuigan, MR, Newton, MJ, Winchester, JB, and Nelson, AG. Relationship between isometric and dynamic strength in recreationally trained men. *J Strength Cond Res* 24:25702573, 2010.
59. McGuigan, MR, and Winchester, JB. The relationship between isometric and dynamic strength in college football players. *J Sports Sci Med* 7:101-105, 2008.
60. McMahon, JJ, Jones, PA, Suchomel, TJ, Lake, JP, and Comfort, P. Influence of reactive strength index modified on force- and power-time curves. *Int J Sports Physiol Perform* 13:220-227, 2018.
61. McMahon, JJ, Murphy, S, Rej, SJE, and Comfort, P. Countermovement-jump-phase characteristics of senior and academy rugby league players. *Int J Sports Physiol Perform* 12:803811, 2017.
62. McMahon, JJ, Suchomel, TJ, Lake, JP, and Comfort, P. Understanding the key phases of the countermovement jump force–time curve. *Strength Cond J* 40:96-106, 2018.
63. McMahon, JJ, Suchomel, TJ, Lake, JP, and Comfort, P. Relationship between reactive strength index variants in rugby league players. *J Strength Cond Res* 35:280-285, 2021.
64. Meckel, Y, Atterbom, H, Grodjinovsky, A, Ben-Sira, D, and Rotstein, A. Physiological characteristics of female 100 metre sprinters of different performance levels. *J Sports Med Phys Fitness* 35:169-175, 1995.
65. Mercuriale, G. *De Arte Gymnastica Libri Sex.* Venice: Apub Luntas [Lucantonio Giunta], 1569.
66. Miyamoto, N, Wakahara, T, Ema, R, and Kawakami, Y. Further potentiation of dynamic muscle strength after resistance training. *Med Sci Sports Exerc* 45:1323-1330, 2013.
67. Morin, J-B, Slawinski, J, Dorel, S, Couturier, A, Samozino, P, Brughelli, M, and Rabita, G. Acceleration capability in elite sprinters and ground impulse: Push more, brake less? *J Biomech* 48:3149-3154, 2015.
68. Murphy, AJ, Wilson, GJ, Pryor, JF, and Newton, RU. Isometric assessment of muscular function: The effect of joint angle. *J Appl Biomech* 11:205-215, 1995.
69. Myer, GD, Quatman, CE, Khoury, J, Wall, EJ, and Hewett, TE. Youth versus adult "weightlifting" injuries presenting to United States emergency rooms: Accidental versus nonaccidental injury mechanisms. *J Strength Cond Res* 23:20542060, 2009.
70. Nevill, AM, Ramsbottom, R, and Williams, C. Scaling physiological measurements for individuals of different body size. *Eur J Appl Physiol Occup Physiol* 65:110-117, 1992.
71. Nimphius, S, McGuigan, MR, and Newton, RU. Relationship between strength, power, speed, and change of direction performance of female softball players. *J Strength Cond Res* 24:885-895, 2010.
72. Nuzzo, JL, Pinto, MD, Nosaka, K, and Steele, J. The eccentric:concentric strength ratio of human skeletal muscle in vivo: Meta-analysis of the influences of sex, age, joint action, and velocity. *Sports Med* 53:1125-1136, 2023.
73. Paasuke, M, Ereline, J, and Gapeyeva, H. Knee extension strength and vertical jumping performance in Nordic combined athletes. *J Sports Med Phys Fitness* 41:354-361, 2001.
74. Pallarés, JG, Hernández-Belmonte, A, Martínez-Cava, A, Vetrovsky, T, Steffl, M, and Courel-Ibáñez, J. Effects of range of motion on resistance training adaptations: A systematic review and meta-analysis. *Scand J Med Sci Sports* 31:18661881, 2021.
75. Pichardo, AW, Oliver, JL, Harrison, CB, Maulder, PS, Lloyd, RS, and Kandoi, R. Effects of combined resistance training and weightlifting on injury risk factors and resistance training skill of adolescent males. *J Strength Cond Res* 35:3370-3377, 2021.
76. Qian, S, and Dawson, R. *Historical Records.* Oxford: Oxford University Press, 1994.
77. Requena, B, González-Badillo, JJ, de Villareal, ESS, Ereline, J, García, I, Gapeyeva, H, and Pääsuke, M. Functional performance, maximal strength, and power characteristics in isometric and dynamic actions of lower extremities in soccer players. *J Strength Cond Res* 23:1391-1401, 2009.
78. Schödl, G. *The Lost Past.* Budapest: International Weightlifting Federation, 1992.
79. Seitz, LB, de Villarreal, ESS, and Haff, GG. The temporal profile of postactivation potentiation is related to strength level. *J Strength Cond Res* 28:706-715, 2014.
80. Seitz, LB, and Haff, GG. Factors modulating post-activation potentiation of jump, sprint, throw, and upper-body ballistic performances: A systematic review with meta-analysis. *Sports Med* 46:231-240, 2016.
81. Sheppard, JM, Cronin, JB, Gabbett, TJ, McGuigan, MR, Etxebarria, N, and Newton, RU. Relative importance of strength, power, and anthropometric measures to jump performance of elite volleyball players. *J Strength Cond Res* 22:758-765, 2008.
82. Sommerfield, LM, Harrison, CB, Whatman, CS, and Maulder, PS. Relationship between strength, athletic performance, and movement skill in adolescent girls. *J Strength Cond Res* 36:674-679, 2022.
83. Speranza, MJA, Gabbett, TJ, Johnston, RD, and Sheppard, JM. Effect of strength and power training on tackling ability in semiprofessional rugby league players. *J Strength Cond Res* 30:336-343, 2016.
84. Spiteri, T, Nimphius, S, Hart, NH, Specos, C, Sheppard, JM, and Newton, RU. Contribution of strength characte-

ristics to change of direction and agility performance in female basketball athletes. *J Strength Cond Res* 28:2415-2423, 2014.
85. Stone, MH, Moir, G, Glaister, M, and Sanders, R. How much strength is necessary? *Phys Ther Sport* 3:88-96, 2002.
86. Stone, MH, and O'Bryant, HS. *Weight Training: A Scientific Approach.* Minneapolis, MN: Burgess International, 1987.
87. Stone, MH, Sands, WA, Carlock, J, Callan, S, Dickie, D, Daigle, K, Cotton, J, Smith, SL, and Hartman, M. The importance of isometric maximum strength and peak rate-of-force development in sprint cycling. *J Strength Cond Res* 18:878-884, 2004.
88. Suchomel, TJ, Bailey, CA, Sole, CJ, Grazer, JL, and Beckham, GK. Using reactive strength index-modified as an explosive performance measurement tool in Division I athletes. *J Strength Cond Res* 29:899-904, 2015.
89. Suchomel, TJ, Comfort, P, and Lake, JP. Enhancing the force – velocity profile of athletes using weightlifting derivatives. *Strength Cond J* 39:10-20, 2017.
90. Suchomel, TJ, Lamont, HS, and Moir, GL. Understanding vertical jump potentiation: A deterministic model. *Sports Med* 46:809-828, 2016.
91. Suchomel, TJ, McKeever, SM, Sijuwade, O, and Carpenter, L. Propulsion phase characteristics of loaded jump variations in resistance-trained women. *Sports* 11:44, 2023.
92. Suchomel, TJ, McKeever, SM, Sijuwade, O, Carpenter, L, McMahon, JJ, Loturco, I, and Comfort, P. The effect of load placement on the power production characteristics of three lower extremity jumping exercises. *J Hum Kinet* 68:109-122, 2019.
93. Suchomel, TJ, Nimphius, S, Bellon, CR, and Stone, MH. The importance of muscular strength: Training considerations. *Sports Med* 48:765-785, 2018.
94. Suchomel, TJ, Nimphius, S, and Stone, MH. The importance of muscular strength in athletic performance. *Sports Med* 46:1419-1449, 2016.
95. Suchomel, TJ, Nimphius, S, and Stone, MH. Scaling isometric mid-thigh pull maximum strength in Division I athletes: Are we meeting the assumptions? *Sports Biomech* 19:532-546, 2020.
96. Suchomel, TJ, Sands, WA, and McNeal, JR. Comparison of static, countermovement, and drop jumps of the upper and lower extremities in U.S. junior national team male gymnasts. *Sci Gymnastics J* 8:15-30, 2016.
97. Suchomel, TJ, Sato, K, DeWeese, BH, Ebben, WP, and Stone, MH. Potentiation effects of half-squats performed in a ballistic or non-ballistic manner. *J Strength Cond Res* 30:1652-1660, 2016.
98. Suchomel, TJ, Sato, K, DeWeese, BH, Ebben, WP, and Stone, MH. Potentiation following ballistic and non-ballistic complexes: The effect of strength level. *J Strength Cond Res* 30:1825-1833, 2016.
99. Suchomel, TJ, Sato, K, DeWeese, BH, Ebben, WP, and Stone, MH. Relationships between potentiation effects following ballistic half-squats and bilateral symmetry. *Int J Sports Physiol Perform* 11:448-454, 2016.
100. Tillin, NA, and Bishop, D. Factors modulating post-activation potentiation and its effect on performance of subsequent explosive activities. *Sports Med* 39:147-166, 2009.
101. Tsiokanos, A, Kellis, E, Jamurtas, A, and Kellis, S. The relationship between jumping performance and isokinetic strength of hip and knee extensors and ankle plantar flexors. *Isokinet Exerc Sci* 10:107-115, 2002.
102. Undheim, MB, Cosgrave, C, King, E, Strike, S, Marshall, B, Falvey, É, and Franklyn-Miller, A. Isokinetic muscle strength and readiness to return to sport following anterior cruciate ligament reconstruction: Is there an association? A systematic review and a protocol recommendation. *Br J Sports Med* 49:1305-1310, 2015.
103. van den Tillaar, R, and Ettema, G. A comparison of muscle activity in concentric and counter movement maximum bench press. *J Hum Kinet* 38:63-71, 2013.
104. Virvidakis, K, Georgiou, E, Korkotsidis, A, Ntalles, K, and Proukakis, C. Bone mineral content of junior competitive weightlifters. *Int J Sports Med* 11:244-246, 1990.
105. Warneke, K, Wagner, CM, Konrad, A, Kadlubowski, B, Sander, A, Wirth, K, and Keiner, M. The influence of age and sex on speed–strength performance in children between 10 and 14 years of age. *Front Physiol* 14:179, 2023.
106. Webster, DP. *The Iron Game: An Illustrated History of WeightLifting.* Irvine, Scotland: John Geddes (Printers), 1976.
107. Webster, DP. *World History of Highland Games.* Edinburgh: Luath Press Ltd, 2011.
108. Wisløff, U, Castagna, C, Helgerud, J, Jones, R, and Hoff, J. Strong correlation of maximal squat strength with sprint performance and vertical jump height in elite soccer players. *Br J Sports Med* 38:285-288, 2004.
109. Yang, S. History of weightlifting. *Sport Sci* 6:25-27, 1987.
110. Yang, S. A brief history of weightlifting in ancient China. *Asian Weightlifting* 4, 1996.
111. Young, WB. Laboratory strength assessment of athletes. *New Stud Athl* 10:89-96, 1995.
112. Young, WB, Miller, IR, and Talpey, SW. Physical qualities predict change-of-direction speed but not defensive agility in Australian rules football. *J Strength Cond Res* 29:206-212, 2015.
113. Zaras, N, Stasinaki, A-N, Spiliopoulou, P, Arnaoutis, G, Hadjicharalambous, M, and Terzis, G. Rate of force development, muscle architecture, and performance in elite weightlifters. *Int J Sports Physiol Perform* 16:216-223, 2020.

Capítulo 2

1. Aagaard, P, Andersen, JL, Dyhre-Poulsen, P, Leffers, AM, Wagner, A, Magnusson, SP, Halkjær-Kristensen, J, and Simonsen, EB. A mechanism for increased contractile strength of human pennate muscle in response to strength training: Changes in muscle architecture. *J Physiol* 534:613-623, 2001.
2. Aagaard, P, Simonsen, EB, Andersen, JL, Magnusson, P, and Dyhre-Poulsen, P. Increased rate of force development and neural drive of human skeletal muscle following resistance training. *J Appl Physiol* 93:1318-1326, 2002.
3. Aagaard, P, Simonsen, EB, Andersen, JL, Magnusson, P, and Dyhre-Poulsen, P. Neural adaptation to resistance training: Changes in evoked V-wave and H-reflex responses. *J Appl Physiol* 92:2309-2318, 2002.

4. Aagaard, P, Simonsen, EB, Andersen, JL, Magnusson, SP, Halkjaer-Kristensen, J, and Dyhre-Poulsen, P. Neural inhibition during maximal eccentric and concentric quadriceps contraction: Effects of resistance training. *J Appl Physiol* 89:2249-2257, 2000.
5. Ahtiainen, JP, Pakarinen, A, Kraemer, WJ, and Häkkinen, K. Acute hormonal responses to heavy resistance exercise in strength athletes versus nonathletes. *Can J Appl Physiol* 29:527-543, 2004.
6. Alegre, LM, Jiménez, F, Gonzalo-Orden, JM, Martín-Acero, R, and Aguado, X. Effects of dynamic resistance training on fascicle length and isometric strength. *J Sports Sci* 24:501508, 2006.
7. Andersen, LL, and Aagaard, P. Influence of maximal muscle strength and intrinsic muscle contractile properties on contractile rate of force development. *Eur J Appl Physiol* 96:4652, 2006.
8. Augustsson, J, Esko, A, Thomeé, R, and Svantesson, U. Weight training of the thigh muscles using closed versus open kinetic chain exercises: A comparison of performance enhancement. *J Orthop Sports Phys Ther* 27:3-8, 1998.
9. Balshaw, TG, Massey, GJ, Maden-Wilkinson, TM, MoralesArtacho, AJ, McKeown, A, Appleby, CL, and Folland, JP. Changes in agonist neural drive, hypertrophy and pre--training strength all contribute to the individual strength gains after resistance training. *Eur J Appl Physiol* 117:631-640, 2017.
10. Bang, M-L, Caremani, M, Brunello, E, Littlefield, R, Lieber, RL, Chen, J, Lombardi, V, and Linari, M. Nebulin plays a direct role in promoting strong actin-myosin interactions. *FASEB J* 23:4117-4125, 2009.
11. Banister, EW. Relationship of effort and performance. Presented at Pre-Commonwealth Games Sports Science Symposium, Edmonton, Alberta, Canada, 1978. 12. Banister, EW. The perception of effort: An inductive approach. *Eur J Appl Physiol Occup Physiol* 41:141-150, 1979.
13. Banister, EW. Modeling elite athletic performance. In *Physiological Testing of the High-Performance Athlete*. MacDougall, JD, Wenger, HA, and Green, HJ, eds. Champaign, IL: Human Kinetics, 403-424, 1991.
14. Banister, EW, Calvert, TW, Savage, MV, and Bach, T. A systems model of training for athletic performance. *Aust J Sports Med* 7:57-61, 1975.
15. Barnard, RJ, Edgerton, VR, Furukawa, T, and Peter, J. Histochemical, biochemical, and contractile properties of red, white, and intermediate fibers. *Am J Physiol* 220:410-414, 1971.
16. Behm, DG, and Sale, DG. Intended rather than actual movement velocity determines velocity-specific training response. *J Appl Physiol* 74:359-368, 1993.
17. Billeter, R, Jostarndt-Fögen, K, Günthör, W, and Hoppeler, H. Fiber type characteristics and myosin light chain expression in a world champion shot putter. *Int J Sports Med* 24:203-207, 2003.
18. Blackburn, JR, and Morrissey, MC. The relationship between open and closed kinetic chain strength of the lower limb and jumping performance. *J Ortho Sports Phys Ther* 27:430-435, 1998.
19. Blazevich, AJ, Gill, ND, Bronks, R, and Newton, RU. Training-specific muscle architecture adaptation after 5-wk training in athletes. *Med Sci Sports Exerc* 35:2013-2022, 2003.
20. Bojsen-Møller, J, Magnusson, SP, Rasmussen, LR, Kjaer, M, and Aagaard, P. Muscle performance during maximal isometric and dynamic contractions is influenced by the stiffness of the tendinous structures. *J Appl Physiol* 99:986-994, 2005.
21. Bonifazi, M, Sardella, F, and Lupo, C. Preparatory versus main competitions: Differences in performances, lactate responses and pre-competition plasma cortisol concentrations in elite male swimmers. *Eur J Appl Physiol* 82:368-373, 2000.
22. Bosquet, L, Berryman, N, Dupuy, O, Mekary, S, Arvisais, D, Bherer, L, and Mujika, I. Effect of training cessation on muscular performance: A meta-analysis. *Scand J Med Sci Sports* 23:e140-149, 2013.
23. Bosquet, L, Montpetit, J, Arvisais, D, and Mujika, I. Effects of tapering on performance: A meta-analysis. *Med Sci Sports Exerc* 39:1358-1365, 2007.
24. Bottinelli, R, Canepari, M, Pellegrino, MA, and Reggiani, C. Force-velocity properties of human skeletal muscle fibres: Myosin heavy chain isoform and temperature dependence. *J Physiol* 495:573-586, 1996.
25. Boullosa, DA, Abreu, L, Beltrame, LG, and Behm, DG. The acute effect of different half squat set configurations on jump potentiation. *J Strength Cond Res* 27:2059-2066, 2013.
26. Brooks, GA, Fahey, TD, and Baldwin, KM. *Exercise Physiology: Human Bioenergetics and Its Applications.* New York: McGraw Hill, 2005.
27. Bullock, N, and Comfort, P. An investigation into the acute effects of depth jumps on maximal strength performance. *J Strength Cond Res* 25:3137-3141, 2011.
28. Burke, RE, Levine, DN, Zajac, FE, Tsairis, P, and Engel, WK. Mammalian motor units: Physiological-histochemical correlation in three types in cat gastrocnemius. *Science* 174:709-712, 1971.
29. Campos, GE, Luecke, TJ, Wendeln, HK, Toma, K, Hagerman, FC, Murray, TF, Ragg, KE, Ratamess, NA, Kraemer, WJ, and Staron, RS. Muscular adaptations in response to three different resistance-training regimens: Specificity of repetition maximum training zones. *Eur J Appl Physiol* 88:50-60, 2002.
30. Ceaser, T, and Hunter, G. Black and white race differences in aerobic capacity, muscle fiber type, and their influence on metabolic processes. *Sports Med* 45:615-623, 2015.
31. Cermak, NM, Snijders, T, McKay, BR, Parise, G, Verdijk, LB, Tarnopolsky, MA, Gibala, MJ, and Van Loon, LJ. Eccentric exercise increases satellite cell content in Type II muscle fibers. *Med Sci Sports Exerc* 45:230-237, 2013.
32. Costill, DL, Daniels, J, Evans, W, Fink, W, Krahenbuhl, G, and Saltin, B. Skeletal muscle enzymes and fiber composition in male and female track athletes. *J Appl Physiol* 40:149-154, 1976.
33. Costill, DL, Fink, WJ, and Pollock, ML. Muscle fiber composition and enzyme activities of elite distance runners. *Med Sci Sports Exerc* 8:96-100, 1976.
34. Crewther, BT, Kilduff, LP, Cook, CJ, Middleton, MK, Bunce, PJ, and Yang, GZ. The acute potentiating effects of

back squats on athlete performance. *J Strength Cond Res* 25:3319-3325, 2011.
35. Cunanan, AJ, DeWeese, BH, Wagle, JP, Carroll, KM, Sausaman, R, Hornsby, WG, Haff, GG, Triplett, NT, Pierce, KC, and Stone, MH. The general adaptation syndrome: A foundation for the concept of periodization. *Sports Med* 48:787-797, 2018.
36. Cuthbert, M, Haff, GG, Arent, SM, Ripley, N, McMahon, JJ, Evans, M, and Comfort, P. Effects of variations in resistance training frequency on strength development in well-trained populations and implications for in-season athlete training: A systematic review and meta-analysis. *Sports Med* 51:19671982, 2021.
37. Dai, B, Garrett, WE, Gross, MT, Padua, DA, Queen, RM, and Yu, B. The effect of performance demands on lower extremity biomechanics during landing and cutting tasks. *J Sport Health Sci* 8:228-234, 2019.
38. Davids, K, Button, C, and Bennett, S. *Dynamics of Skills Acquisition: A Constraints-Led Approach.* Champaign, IL: Human Kinetics, 2008.
39. Davies, KJA. Cardiovascular adaptive homeostasis in exercise. *Front Physiol* 9:369, 2018.
40. Davies, T, Orr, R, Halaki, M, and Hackett, D. Effect of training leading to repetition failure on muscular strength: A systematic review and meta-analysis. *Sports Med* 46:487-502, 2016.
41. Davis, GW. Homeostatic control of neural activity: From phenomenology to molecular design. *Annu Rev Neurosci* 29:307-323, 2006.
42. Delignières, D, Nourrit, D, Sioud, R, Leroyer, P, Zattara, M, and Micaleff, J-P. Preferred coordination modes in the first steps of the learning of a complex gymnastics skill. *Hum Mov Sci* 17:221-241, 1998.
43. Dias, I, de Salles, BF, Novaes, J, Costa, PB, and Simão, R. Influence of exercise order on maximum strength in untrained young men. *J Sci Med Sport* 13:65-69, 2010.
44. Erskine, RM, Fletcher, G, and Folland, JP. The contribution of muscle hypertrophy to strength changes following resistance training. *Eur J Appl Physiol* 114:1239-1249, 2014.
45. Fahey, TD, Rolph, R, Moungmee, P, Nagel, J, and Mortara, S. Serum testosterone, body composition, and strength of young adults. *Med Sci Sports* 8:31-34, 1976.
46. Feher, J. Physiology of excitable cells. In *Quantitative Human Physiology: An Introduction.* London: Academic Press, 253362, 2017.
47. French, DN. The endocrine responses to training. In *Strength and Conditioning for Sports Performance.* Jeffreys, I, and Moody, J, eds. New York: Routledge, 132-152, 2021.
48. French, DN, Kraemer, WJ, Volek, JS, Spiering, BA, Judelson, DA, Hoffman, JR, and Maresh, CM. Anticipatory responses of catecholamines on muscle force production. *J Appl Physiol* 102:94-102, 2007.
49. Fry, AC, and Kraemer, WJ. Resistance exercise overtraining and overreaching. *Sports Med* 23:106-129, 1997.
50. Fry, AC, Kraemer, WJ, Lynch, JM, Triplett, NT, and Koziris, LP. Does short-term near-maximal intensity machine resistance training induce overtraining? *J Strength Cond Res* 8:188-191, 1994.
51. Fry, AC, Kraemer, WJ, Stone, MH, Warren, BJ, Fleck, SJ, Kearney, JT, and Gordon, SE. Endocrine responses to overreaching before and after 1 year of weightlifting. *Can J Appl Physiol* 19:400-410, 1994.
52. Fry, AC, Kraemer, WJ, van Borselen, F, Lynch, JM, Marsit, JL, Roy, EP, Triplett, NT, and Knuttgen, HG. Performance decrements with high-intensity resistance exercise overtraining. *Med Sci Sports Exerc* 26:1165-1173, 1994.
53. Fry, AC, Kraemer, WJ, Van Borselen, F, Lynch, JM, Triplett, NT, Koziris, LP, and Fleck, SJ. Catecholamine responses to short-term high-intensity resistance exercise overtraining. *J Appl Physiol* 77:941-946, 1994.
54. Fry, AC, Schilling, BK, Staron, RS, Hagerman, FC, Hikida, RS, and Thrush, JT. Muscle fiber characteristics and performance correlates of male Olympic-style weightlifters. *J Strength Cond Res* 17:746-754, 2003.
55. Gage, PW, and Eisenberg, RS. Action potentials, afterpotentials, and excitation-contraction coupling in frog sartorius fibers without transverse tubules. *J Gen Physiol* 53:298-310, 1969.
56. Gans, C, and Gaunt, AS. Muscle architecture in relation to function. *J Biomech* 24:53-65, 1991.
57. Gardiner, P, Dai, Y, and Heckman, CJ. Effects of exercise training on α-motoneurons. *J Appl Physiol* 101:1228-1236, 2006.
58. Gorostiaga, EM, Navarro-Amézqueta, I, Cusso, R, Hellsten, Y, Calbet, JAL, Guerrero, M, Granados, C, Gonzálz--Izal, M, Ibáñez, J, and Izquierdo, M. Anaerobic energy expenditure and mechanical efficiency during exhaustive leg press exercise. *PLoS One* 5:e13486, 2010.
59. Gowitzke, BA, and Milner, M. *Scientific Basis of Human Movement.* Baltimore, MD: Williams & Wilkins, 1988.
60. Grgic, J, Schoenfeld, BJ, Davies, TB, Lazinica, B, Krieger, JW, and Pedisic, Z. Effect of resistance training frequency on gains in muscular strength: A systematic review and meta-analysis. *Sports Med* 48:1207-1220, 2018.
61. Hackney, AC, Szczepanowska, E, and Viru, AM. Basal testicular testosterone production in endurance-trained men is suppressed. *Eur J Appl Physiol* 89:198-201, 2003. 62. Haff, GG, and Nimphius, S. Training principles for power. *Strength Cond J* 34:2-12, 2012.
63. Haff, GG, Whitley, A, McCoy, LB, O'Bryant, HS, Kilgore, JL, Haff, EE, Pierce, K, and Stone, MH. Effects of different set configurations on barbell velocity and displacement during a clean pull. *J Strength Cond Res* 17:95-103, 2003.
64. Haizlip, KM, Harrison, BC, and Leinwand, LA. Sex-based differences in skeletal muscle kinetics and fiber-type composition. *Physiology* 30:30-39, 2015.
65. Häkkinen, K. Neuromuscular and hormonal adaptations during strength and power training: A review. *J Sports Med Phys Fitness* 29:9, 1989.
66. Häkkinen, K, and Keskinen, KL. Muscle cross-sectional area and voluntary force production characteristics in elite strength- and endurance-trained athletes and sprinters. *Eur J Appl Physiol Occup Physiol* 59:215-220, 1989.
67. Häkkinen, K, and Komi, PV. Electromyographic changes during strength training and detraining. *Med Sci Sports Exerc* 15:455-460, 1983.
68. Häkkinen, K, Komi, PV, Alen, M, and Kauhanen, H. EMG, muscle fibre and force production characteristics

during a 1 year training period in elite weight-lifters. *Eur J Appl Physiol Occup Physiol* 56:419-427, 1987.

69. Häkkinen, K, Newton, RU, Gordon, SE, McCormick, M, Volek, JS, Nindl, BC, Gotshalk, LA, Campbell, WW, Evans, WJ, and Häkkinen, A. Changes in muscle morphology, electromyographic activity, and force production characteristics during progressive strength training in young and older men. *J Gerontol A Biol Sci Med Sci* 53:B415-B423, 1998.
70. Häkkinen, K, Pakarinen, A, Kyrolainen, H, Cheng, S, Kim, DH, and Komi, PV. Neuromuscular adaptations and serum hormones in females during prolonged power training. *Int J Sports Med* 11:91-98, 1990.
71. Hardee, JP, Lawrence, MM, Utter, AC, Triplett, NT, Zwetsloot, KA, and McBride, JM. Effect of inter-repetition rest on ratings of perceived exertion during multiple sets of the power clean. *Eur J Appl Physiol* 112:3141-3147, 2012.
72. Hardee, JP, Lawrence, MM, Zwetsloot, KA, Triplett, NT, Utter, AC, and McBride, JM. Effect of cluster set configurations on power clean technique. *J Sports Sci* 31:488-496, 2013.
73. Hardee, JP, Triplett, NT, Utter, AC, Zwetsloot, KA, and McBride, JM. Effect of interrepetition rest on power output in the power clean. *J Strength Cond Res* 26:883-889, 2012.
74. Havens, KL, and Sigward, SM. Whole body mechanics differ among running and cutting maneuvers in skilled athletes. *Gait Posture* 42:240-245, 2015.
75. Henneman, E. Recruitment of motor units: The size principle. In *Motor Unit Types, Recruitment and Plasticity in Health and Disease*. Desmedt, JR, ed. New York: Karger, 1982.
76. Henneman, E, Somjen, G, and Carpenter, DO. Excitability and inhibitability of motoneurons of different sizes. *J Neurophysiol* 28:599-620, 1965.
77. Herzog, W. The multiple roles of titin in muscle contraction and force production. *Biophys Rev* 10:1187-1199, 2018.
78. Herzog, W, Duvall, M, and Leonard, TR. Molecular mechanisms of muscle force regulation: A role for titin? *Exerc Sport Sci Rev* 40:50-57, 2012.
79. Herzog, W, Leonard, TR, Joumaa, V, and Mehta, A. Mysteries of muscle contraction. *J Appl Biomech* 24:1-13, 2008.
80. Hessel, AL, Lindstedt, SL, and Nishikawa, KC. Physiological mechanisms of eccentric contraction and its applications: A role for the giant titin protein. *Front Physiol* 8:70, 2017.
81. Higuchi, H, Yoshioka, T, and Maruyama, K. Positioning of actin filaments and tension generation in skinned muscle fibres released after stretch beyond overlap of the actin and myosin filaments. *J Muscle Res Cell Motil* 9:491-498, 1988.
82. Hoffman, JR, Cooper, J, Wendell, M, and Kang, J. Comparison of Olympic vs. traditional power lifting training programs in football players. *J Strength Cond Res* 18:129-135, 2004.
83. Hornsby, WG, Haff, GG, Suarez, DG, Ramsey, MW, Triplett, NT, Hardee, JP, Stone, ME, and Stone, MH. Alterations in adiponectin, leptin, resistin, testosterone, and cortisol across eleven weeks of training among Division One collegiate throwers: A preliminary study. *J Funct Morphol Kinesiol* 5:44, 2020.
84. Horowits, R, Kempner, ES, Bisher, ME, and Podolsky, RJ. A physiological role for titin and nebulin in skeletal muscle. *Nature* 323:160-164, 1986.
85. Huxley, AF, and Niedergerke, R. Structural changes in muscle during contraction. Interference microscopy of living muscle fibers. *Nature* 173:971-973, 1954.
86. Huxley, HE. The contraction of muscle. *Sci Am* 199:66-86, 1958.
87. Huxley, HE, and Hanson, J. Changes in the cross-striations of muscle during contraction and stretch and their structural interpretation. *Nature* 173:973-976, 1954.
88. Imbach, F, Sutton-Charani, N, Montmain, J, Candau, R, and Perrey, S. The use of fitness–fatigue models for sport performance modelling: Conceptual issues and contributions from machine-learning. *Sports Med Open* 8:1-6, 2022.
89. Izquierdo, M, Ibáñez, J, Häkkinen, K, Kraemer, WJ, Ruesta, M, and Gorostiaga, EM. Maximal strength and power, muscle mass, endurance and serum hormones in weightlifters and road cyclists. *J Sports Sci* 22:465-478, 2004.
90. Jensen, J, Oftebro, H, Breigan, B, Johnsson, A, Ohlin, K, Meen, HD, Strømme, SB, and Dahl, HA. Comparison of changes in testosterone concentrations after strength and endurance exercise in well trained men. *Eur J Appl Physiol Occup Physiol* 63:467-471, 1991.
91. Jezová, D, Vigas, M, Tatár, P, Kvetnanský, R, Nazar, K, Kaciuba-Uścilko, H, and Kozlowski, S. Plasma testosterone and catecholamine responses to physical exercise of different intensities in men. *Eur J Appl Physiol Occup Physiol* 54:6266, 1985.
92. Jovy, D, Bruner, H, Klein, KE, and Am, W. Adaptive responses of adrenal cortex to some environmental stressors, exercise, and acceleration. In *Hormonal Steroids: Biochemistry, Pharmacology, and Therapeutics*. New York: Academic Press, 545-553, 1965.
93. Kadlec, D, Miller-Dicks, M, and Nimphius, S. Training for "worst-case" scenarios in sidestepping: Unifying strength and conditioning and perception-action approaches. *Sports Med Open* 9:22, 2023.
94. Kandell, ER, Schwartz, JH, Jessell, TM, Sieglebaum, SA, and Hudspeth, AJ. *Principles of Neural Science*. New York: McGraw Hill, 2013.
95. Kawakami, Y, Abe, T, and Fukunaga, T. Muscle-fiber pennation angles are greater in hypertrophied than in normal muscles. *J Appl Physiol* 74:2740-2744, 1993.
96. Kindermann, W, Schnabel, A, Schmitt, WM, Biro, G, Cassens, J, and Weber, F. Catecholamines, growth hormone, cortisol, insulin, and sex hormones in anaerobic and aerobic exercise. *Eur J Appl Physiol Occup Physiol* 49:389-399, 1982.
97. Kiss, B, Lee, EJ, Ma, W, Li, FW, Tonino, P, Mijailovich, SM, Irving, TC, and Granzier, HL. Nebulin stiffens the thin filament and augments cross-bridge interaction in skeletal muscle. *Proc Natl Acad Sci U S A* 115:10369-10374, 2018.
98. Kraemer, WJ, Fry, AC, Frykman, PN, Conroy, B, and Hoffman, J. Resistance training and youth. *Pediatr Exerc Sci* 1:336-350, 1989.

99. Kraemer, WJ, Fry, AC, Warren, BJ, Stone, MH, Fleck, SJ, Kearney, JT, Conroy, BP, Maresh, CM, Weseman, CA, and Triplett, NT. Acute hormonal responses in elite junior weightlifters. *Int J Sports Med* 13:103-109, 1992.
100. Kraemer, WJ, Häkkinen, K, Newton, RU, Nindl, BC, Volek, JS, McCormick, M, Gotshalk, LA, Gordon, SE, Fleck, SJ, and Campbell, WW. Effects of heavy-resistance training on hormonal response patterns in younger vs. older men. *J Appl Physiol* 87:982-992, 1999.
101. Kraemer, WJ, Marchitelli, L, Gordon, SE, Harman, E, Dziados, JE, Mello, R, Frykman, P, McCurry, D, and Fleck, SJ. Hormonal and growth factor responses to heavy resistance exercise protocols. *J Appl Physiol* 69:1442-1450, 1990.
102. Kraemer, WJ, Noble, BJ, Clark, MJ, and Culver, BW. Physiologic responses to heavy-resistance exercise with very short rest periods. *Int J Sports Med* 8:247-252, 1987.
103. Krieger, JW. Single versus multiple sets of resistance exercise: A meta-regression. *J Strength Cond Res* 23:1890-1901, 2009.
104. Kubo, K, Ikebukuro, T, Yata, H, Tsunoda, N, and Kanehisa, H. Time course of changes in muscle and tendon properties during strength training and detraining. *J Strength Cond Res* 24:322-331, 2010.
105. Kubo, K, Ishigaki, T, and Ikebukuro, T. Effects of plyometric and isometric training on muscle and tendon stiffness in vivo. *Physiol Rep* 5:e13374, 2017.
106. Kubo, K, Yata, H, Kanehisa, H, and Fukunaga, T. Effects of isometric squat training on the tendon stiffness and jump performance. *Eur J Appl Physiol* 96:305-314, 2006.
107. Lauersen, JB, Andersen, TE, and Andersen, LB. Strength training as superior, dose-dependent and safe prevention of acute and overuse sports injuries: A systematic review, qualitative analysis and meta-analysis. *Br J Sports Med* 52:1557-1563, 2018.
108. Lauersen, JB, Bertelsen, DM, and Andersen, LB. The effectiveness of exercise interventions to prevent sports injuries: A systematic review and meta-analysis of randomised controlled trials. *Br J Sports Med* 48:871-877, 2014.
109. Lehmann, M, Schmid, P, and Keul, J. Age- and exercise-related sympathetic activity in untrained volunteers, trained athletes and patients with impaired left-ventricular contractility. *Eur Heart J* 5:1-7, 1984.
110. Leong, B, Kamen, G, Patten, C, and Burke, JR. Maximal motor unit discharge rates in the quadriceps muscles of older weight lifters. *Med Sci Sports Exerc* 31:1638-1644, 1999.
111. Lopes dos Santos, M, Uftring, M, Stahl, CA, Lockie, RG, Alvar, B, Mann, JB, and Dawes, JJ. Stress in academic and athletic performance in collegiate athletes: A narrative review of sources and monitoring strategies. *Front Sports Act Living* 2:42, 2020.
112. MacIntosh, BR, Gradiner, PF, and McComas, AJ. *Muscle Architecture and Muscle Fiber Anatomy.* Champaign, IL: Human Kinetics, 2006.
113. Maffiuletti, NA, Aagaard, P, Blazevich, AJ, Folland, J, Tillin, N, and Duchateau, J. Rate of force development: Physiological and methodological considerations. *Eur J Appl Physiol* 116:1091-1116, 2016.
114. Mangine, GT, Hoffman, JR, Gonzalez, AM, Townsend, JR, Wells, AJ, Jajtner, AR, Beyer, KS, Boone, CH, Miramonti, AA, Wang, R, LaMonica, MB, Fukuda, DH, Ratamess, NA, and Stout, JR. The effect of training volume and intensity on improvements in muscular strength and size in resistancetrained men. *Physiol Rep* 3:e12472, 2015.
115. Mangine, GT, Hoffman, JR, Wang, R, Gonzalez, AM, Townsend, JR, Wells, AJ, Jajtner, AR, Beyer, KS, Boone, CH, and Miramonti, AA. Resistance training intensity and volume affect changes in rate of force development in resistancetrained men. *Eur J Appl Physiol* 116:2367-2374, 2016.
116. Mann, JB, Bryant, KR, Johnstone, B, Ivey, PA, and Sayers, SP. Effect of physical and academic stress on illness and injury in Division I college football players. *J Strength Cond Res* 30:20-25, 2016.
117. Marshall, J, Bishop, C, Turner, A, and Haff, GG. Optimal training sequences to develop lower body force, velocity, power, and jump height: A systematic review with meta-analysis. *Sports Med* 51:1245-1271, 2021.
118. McArdle, WD, Katch, FI, and Katch, VI. *Essentials of Exercise Physiology.* Wolters Kluwer, 2015.
119. McComas, AJ. *Skeletal Muscle.* Champaign, IL: Human Kinetics, 1996.
120. McCurdy, KW, O'Kelley, E, Kutz, M, Langford, G, Ernest, J, and Torres, M. Comparison of lower extremity EMG between the 2-leg squat and modified single-leg squat in female athletes. *J Sport Rehabil* 19:57-70, 2010.
121. McMillan, JL, Stone, MH, Sartin, J, Keith, R, Marples, D, Brown, C, and Lewis, RD. 20-hour physiological responses to a single weight-training session. *J Strength Cond Res* 7:921, 1993.
122. McMurray, RG, Eubank, TK, and Hackney, AC. Nocturnal hormonal responses to resistance exercise. *Eur J Appl Physiol Occup Physiol* 72:121-126, 1995.
123. American College of Sports Medicine. American College of Sports Medicine position stand. Progression models in resistance training for healthy adults. *Med Sci Sports Exerc* 41:687-708, 2009. =Medlar, S. Mixing it up: The biological significance of hybrid skeletal muscle fibers. *J Exp Biol* 222:jeb200832, 2019.
124. Miller, MS, Bedrin, NG, Ades, PA, Palmer, BM, and Toth, MJ. Molecular determinants of force production in human skeletal muscle fibers: Effects of myosin isoform expression and crosssectional area. *J Physiol Cell Physiol* 308:C473-C484, 2015.
125. Moir, GL. Skill acquisition. In *Strength and Conditioning: A Biomechanical Approach.* Burlington, MA: Jones & Bartlett Learning, 387-430, 2016.
126. Monroy, JA, Powers, KL, Gilmore, LA, Uyeno, TA, Lindstedt, SL, and Nishikawa, KC. What is the role of titin in active muscle? *Exerc Sport Sci Rev* 40:73-78, 2012.
127. Moore, CA, and Fry, AC. Nonfunctional overreaching during off-season training for skill position players in collegiate American football. *J Strength Cond Res* 21:793-800, 2007.
128. Moritani, T. Neural factors versus hypertrophy in the time course of muscle strength gain. *Am J Phys Med* 58:115-130, 1979.
129. Morrison, S, and Newell, KM. Strength training as a dynamical model of motor learning. *J Sports Sci* 41:408-423, 2023.

130. Mujika, I. *Tapering and Peaking*. Champaign, IL: Human Kinetics, 2009.
131. Nagahara, R, Mizutani, M, Matsuo, A, Kanehisa, H, and Fukunaga, T. Association of sprint performance with ground reaction forces during acceleration and maximal speed phases in a single sprint. *J Appl Biomech* 34:104-110, 2018.
132. Nagatani, T, Haff, GG, Guppy, SN, and Kendall, KL. Practical application of traditional and cluster set configurations within a resistance training program. *Strength Cond J* 44:87-101, 2022.
133. Narici, MV, Roi, GS, Landoni, L, Minetti, AE, and Cerretelli, P. Changes in force, cross-sectional area and neural activation during strength training and detraining of the human quadriceps. *Eur J Appl Physiol Occup Physiol* 59:310-319, 1989.
134. Newell, KM. Coordination, control, and skill. In *Differing Perspectives in Motor Learning, Memory, and Control*. Goodman, D, Wilberg, RB, and Franks, IM, eds. Amsterdam, Netherlands: North-Holland, 295-317, 1985.
135. Newton, RU, Häkkinen, K, Häkkinen, A, McCormick, M, Volek, J, and Kraemer, WJ. Mixed-methods resistance training increases power and strength of young and older men. *Med Sci Sports Exerc* 34:1367-1375, 2002.
136. Newton, RU, and Kraemer, WJ. Developing explosive muscular power: Implications for a mixed methods training strategy. *Strength Cond J* 16:20-31, 1994.
137. Nindl, BC, Kraemer, WJ, Gotshalk, LA, Marx, JO, Volek, JS, Bush, FA, Häkkinen, K, Newton, RU, and Fleck, SJ. Testosterone responses after resistance exercise in women: Influence of regional fat distribution. *Int J Sport Nutr Exerc Metab* 11:451-465, 2001.
138. Nourrit, D, Deschamps, T, Lauriot, B, Caillou, N, and Delignieres, D. The effects of required amplitude and practice on frequency stability and efficiency in a cyclical task. *J Sports Sci* 18:201-212, 2000.
139. Nuzzo, JL. Sex differences in skeletal muscle fiber types: A meta-analysis. *Clin Anat* 37:81-91, 2024.
140. Östenberg, A, Roos, E, Ekdah, C, and Roos, H. Isokinetic knee extensor strength and functional performance in healthy female soccer players. *Scand J Med Sci Sports* 8:257-264, 1998.
141. Ottenheijm, CAC, and Granzier, H. New insights into the structural roles of nebulin in skeletal muscle. *J Biomed Biotechnol* 2010:968139, 2010.
142. Ottenheijm, CAC, Granzier, H, and Labeit, S. The sarcomeric protein nebulin: Another multifunctional giant in charge of muscle strength optimization. *Front Physiol* 3:37, 2012.
143. Painter, KB, Haff, GG, Triplett, NT, Stuart, C, Hornsby, G, Ramsey, MW, Bazyler, CD, and Stone, MH. Resting hormone alterations and injuries: Block vs. DUP weight-training among D-1 track and field athletes. *Sports* 6:3, 2018.
144. Pellegrino, MA, Canepari, M, Rossi, R, D'Antona, G, Reggiani, C, and Bottinelli, R. Orthologous myosin isoforms and scaling of shortening velocity with body size in mouse, rat, rabbit and human muscles. *J Physiol* 546:677-689, 2003.
145. Peterson, MD, Rhea, MR, and Alvar, BA. Applications of the dose–response for muscular strength development: A review of meta-analytic efficacy and reliability for designing training prescription. *J Strength Cond Res* 19:950-958, 2005.
146. Pette, D, and Staron, RS. Cellular and molecular diversities of mammalian skeletal muscle fibers. *Rev Physiol Biochem Pharmacol* 116:1-76, 1990.
147. Pette, D, and Staron, RS. Myosin isoforms, muscle fiber types and transitions. *Microsc Res Tech* 50:500-509, 2000.
148. Pette, D, and Staron, RS. Transitions of muscle fiber phenotypic profiles. *Histochem Cell Biol* 115:359-372, 2001.
149. Plotkin, DL, Roberts, MD, Haun, CT, and Schoenfeld, BJ. Muscle fiber type transitions with exercise training: Shifting perspectives. *Sports* 9:127, 2021.
150. Powers, K, Nishikawa, K, Joumaa, V, and Herzog, W. Decreased force enhancement in skeletal muscle sarcomeres with a deletion in titin. *J Exp Biol* 219:1311-1316, 2016.
151. Pullinen, T, Huttunen, P, and Komi, PV. Plasma catecholamine responses and neural adaptation during short-term resistance training. *Eur J Appl Physiol* 82:68-75, 2000.
152. Ralston, GW, Kilgore, L, Wyatt, FB, and Baker, JS. The effect of weekly set volume on strength gain: A meta-analysis. *Sports Med* 47:2585-2601, 2017.
153. Ralston, GW, Kilgore, L, Wyatt, FB, Buchan, D, and Baker, JS. Weekly training frequency effects on strength gain: A meta-analysis. *Sports Med Open* 4:1-24, 2018.
154. Roberts, TJ. Contribution of elastic tissues to the mechanics and energetics of muscle function during movement. *J Exp Biol* 219:266-275, 2016.
155. Robinson, JM, Stone, MH, Johnson, RL, Penland, CM, Warren, BJ, and Lewis, RD. Effects of different weight training exercise/rest intervals on strength, power, and high intensity exercise endurance. *J Strength Cond Res* 9:216-221, 1995.
156. Ross, A, Leveritt, M, and Riek, S. Neural influences on sprint running. *Sports Med* 31:409-425, 2001.
157. Roy, RR, and Edgerton, VR. Skeletal muscle architecture and performance. In *Strength and Power in Sport*. Komi, PV, ed. Oxford: Blackwell Scientific, 115-129, 1992.
158. Rutherford, OM. Muscular coordination and strength training: Implications for injury rehabilitation. *Sports Med* 5:196-202, 1988.
159. Rutherford, OM, and Jones, DA. The role of learning and coordination in strength training. *Eur J Appl Physiol Occup Physiol* 55:100-105, 1986.
160. Sale, DG. Postactivation potentiation: Role in human performance. *Exerc Sport Sci Rev* 30:138-143, 2002.
161. Sale, DG. Neural adaptations to strength training. In *Strength and Power in Sport*. Komi, PV, ed. Oxford: Blackwell Scientific, 281-313, 2003.
162. Sant'Ana Pereira, JA, Sargeant, AJ, Rademaker, AC, de Haan, A, and van Mechelen, M. Myosin heavy chain isoform expression and high energy phosphate content in muscle fibres at rest and post-exercise. *J Physiol* 496:583-588, 1996.
163. Saplinskas, JS, Chobotas, MA, and Yashchaninas, II. The time of completed motor acts and impulse activity of single motor units according to the training level and sport specialization of tested persons. *Electromyogr Clin Neurophysiol* 20:529539, 1980.

164. Schoenfeld, BJ, Contreras, B, Vigotsky, AD, and Peterson, M. Differential effects of heavy versus moderate loads on measures of strength and hypertrophy in resistance-trained men. *J Sports Sci Med* 15:715-722, 2016.
165. Schoenfeld, BJ, Grgic, J, Ogborn, D, and Krieger, JW. Strength and hypertrophy adaptations between low-versus high-load resistance training: A systematic review and meta-analysis. *J Strength Cond Res* 31:3508-3523, 2017.
166. Schoenfeld, BJ, Grgic, J, Van Every, DW, and Plotkin, DL. Loading recommendations for muscle strength, hypertrophy, and local endurance: A re-examination of the repetition continuum. *Sports* 9:32, 2021.
167. Schoenfeld, BJ, Peterson, MD, Ogborn, D, Contreras, B, and Sonmez, GT. Effects of low- vs. high-load resistance training on muscle strength and hypertrophy in well-trained men. *J Strength Cond Res* 29:2954-2963, 2015.
168. Schoenfeld, BJ, Pope, ZK, Benik, FM, Hester, GM, Sellers, J, Nooner, JL, Schnaiter, JA, Bond-Williams, KE, Carter, AS, and Ross, CL. Longer inter-set rest periods enhance muscle strength and hypertrophy in resistance-trained men. *J Strength Cond Res* 30:1805-1812, 2016.
169. Schwab, R, Johnson, GO, Housh, TJ, Kinder, JE, and Weir, JP. Acute effects of different intensities of weight lifting on serum testosterone. *Med Sci Sports Exerc* 25:1381-1385, 1993.
170. Selye, H. A syndrome produced by diverse nocuous agents. *Nature* 138:32, 1936.
171. Selye, H. Experimental evidence supporting the conception of "adaptation energy." *Am J Physiol* 123:758-765, 1938.
172. Selye, H. The general adaptation syndrome and the diseases of adaptation. *J Clin Endocrinol* 6:117-230, 1946.
173. Selye, H. Stress and the general adaptation syndrome. *Br Med J* 1:1383-1392, 1950.
174. Selye, H. The general-adaptation-syndrome. *Annu Rev Med* 2:327-342, 1951.
175. Selye, H. Forty years of stress research: Principal remaining problems and misconceptions. *Can Med Assoc J* 115:53-56, 1976.
176. Semmler, JG, Kutscher, DV, Zhou, S, and Enoka, RM. Motor unit synchronization is enhanced during slow shortening and lengthening contractions of the first dorsal interosseus muscle. *Soc Neurosci Abstr* 26:463, 2000.
177. Serrano, N, Colenso-Semple, LM, Lazauskus, KK, Siu, JW, Bagley, JR, Lockie, RG, Costa, PB, and Galpin, AJ. Extraordinary fast-twitch fiber abundance in elite weightlifters. *PLoS One* 14:e0207975, 2019.
178. Shepard, R. Hormonal control systems. In *Physiology and Biochemistry of Exercise*. New York: Praeger, 1982.
179. Sheppard, JM, and Triplett, NT. Program design for resistance training. In *Essentials of Strength Training and Conditioning*.
4th ed. Haff, GG, and Triplett, NT, eds. Champaign, IL: Human Kinetics, 439-468, 2016.
180. Sherrington, CS. Some functional problems attaching to convergence. *Proc Royal Soc B* 105:332-362, 1929.
181. Simão, R, de Salles, BF, Figueiredo, T, Dias, I, and Willardson, JM. Exercise order in resistance training. *Sports Med* 42:251-265, 2012.
182. Simão, R, Spineti, J, de Salles, BF, Oliveira, LF, Matta, T, Miranda, F, Miranda, H, and Costa, PB. Influence of exercise order on maximum strength and muscle thickness in untrained men. *J Sports Sci Med* 9:1-7, 2010.
183. Spineti, J, de Salles, BF, Rhea, MR, Lavigne, D, Matta, T, Miranda, F, Fernandes, L, and Simão, R. Influence of exercise order on maximum strength and muscle volume in nonlinear periodized resistance training. *J Strength Cond Res* 24:29622969, 2010.
184. St. Clair Gibson, A, Goedecke, JH, Harley, YX, Myers, LJ, Lambert, MI, Noakes, TD, and Lambert, EV. Metabolic setpoint control mechanisms in different physiological systems at rest and during exercise. *J Theor Biol* 236:60-72, 2005.
185. Staron, RS, Hagerman, FC, Hikida, RS, Murray, TF, Hostler, DP, Crill, MT, Ragg, KE, and Toma, K. Fiber type composition of the vastus lateralis muscle of young men and women. *J Histochem Cytochem* 48:623-629, 2000.
186. Staron, RS, and Hikida, RS. Histochemical, biochemical and ultrastructural analyses of single human muscle fibers with special reference to the C-fiber population. *J Histochem Cytochem* 40:563-568, 1992.
187. Staron, RS, Karapondo, DL, Kraemer, WJ, Fry, AC, Gordon, SE, Falkel, JE, Hagerman, FC, and Hikida RS. Skeletal muscle adaptations during early phase of heavy-resistance training in men and women. *J Appl Physiol* 76:1247-1255, 1994.
188. Stone, MH, Collins, D, Plisk, S, Haff, GG, and Stone, ME. Training principles: Evaluation of modes and methods of resistance training. *Strength Cond J* 22:65-76, 2000.
189. Stone, MH, Cormie, P, Lamont, H, and Stone, ME. Developing strength and power. In *Strength and Conditioning for Sports Performance*. Jeffreys, I, and Moody, J, eds. New York: Routledge, 230-260, 2016.
190. Stone, MH, and Fry, AC. Increased training volume in strength/power athletes. In *Overtraining in Sport*. Kreider, R, Fry, AC, and O'Toole, M, eds. Champaign, IL: Human Kinetics, 87-106, 1997.
191. Stone, MH, Hornsby, WG, Haff, GG, Fry, AC, Suarez, DG, Liu, J, Gonzalez-Rave, JM, and Pierce, KC. Periodization and block periodization in sports: Emphasis on strength-power training – A provocative and challenging narrative. *J Strength Cond Res* 35:2351-2371, 2021.
192. Stone, MH, Potteiger, JA, Pierce, KC, Proulx, CM, O'Bryant, HS, Johnson, RL, and Stone, ME. Comparison of the effects of three different weight-training programs on the one repetition maximum squat. *J Strength Cond Res* 14:332-337, 2000.
193. Stone, MH, Sanborn, K, O'Bryant, HS, Hartman, M, Stone, ME, Proulx, C, Ward, B, and Hruby, J. Maximum strength-power-performance relationships in collegiate throwers. *J Strength Cond Res* 17:739-745, 2003.
194. Stone, MH, Suchomel, TJ, Hornsby, WG, Wagle, JP, and Cunanan, AJ. General concepts and training principles for athlete development. In *Strength and Conditioning in Sports: From Science to Practice*. New York: Routledge, 221-251, 2022.
195. Stone, MH, Suchomel, TJ, Hornsby, WG, Wagle, JP, and Cunanan, AJ. Neuromuscular physiology. In *Strength*

and Conditioning in Sports: From Science to Practice. New York: Routledge, 3-56, 2022.
196. Stuart, CA, Stone, WL, Howell, MEA, Brannon, MF, Hall, HK, Gibson, AL, and Stone, MH. Myosin content of individual human muscle fibers isolated by laser capture microdissection. *Am J Physiol Cell Physiol* 310:C381-C389, 2016.
197. Suarez, DG, Mizuguchi, S, Hornsby, WG, Cunanan, AJ, Marsh, DJ, and Stone, MH. Phase-specific changes in rate of force development and muscle morphology throughout a block periodized training cycle in weightlifters. *Sports* 7:129, 2019.
198. Suchomel, TJ. Resistance training strategies to train the force– velocity characteristics of athletes. In *Central Virginia Sport Performance: The Manual*, Vol. 7. DeMayo, J, ed. Amazon Publishing, 95-118, 2022.
199. Suchomel, TJ, and Comfort, P. Developing muscular strength and power. In *Advanced Strength and Conditioning: An Evidence-Based Approach*. Turner, A, and Comfort, P, eds. New York: Routledge, 13-39, 2022.
200. Suchomel, TJ, Lamont, HS, and Moir, GL. Understanding vertical jump potentiation: A deterministic model. *Sports Med* 46:809-828, 2016.
201. Suchomel, TJ, Nimphius, S, Bellon, CR, Hornsby, WG, and Stone, MH. Training for muscular strength: Methods for monitoring and adjusting training intensity. *Sports Med* 51:2051-2066, 2021.
202. Suchomel, TJ, Nimphius, S, Bellon, CR, and Stone, MH. The importance of muscular strength: Training considerations. *Sports Med* 48:765-785, 2018.
203. Suchomel, TJ, Nimphius, S, and Stone, MH. The importance of muscular strength in athletic performance. *Sports Med* 46:1419-1449, 2016.
204. Suchomel, TJ, Sato, K, DeWeese, BH, Ebben, WP, and Stone, MH. Potentiation effects of half-squats performed in a ballistic or non-ballistic manner. *J Strength Cond Res* 30:1652-1660, 2016.
205. Suchomel, TJ, Sato, K, DeWeese, BH, Ebben, WP, and Stone, MH. Potentiation following ballistic and non-ballistic complexes: The effect of strength level. *J Strength Cond Res* 30:1825-1833, 2016.
206. Suchomel, TJ, Taber, CB, Sole, CJ, and Stone, MH. Force–time differences between ballistic and non-ballistic half-squats. *Sports* 6:79, 2018.
207. Tharp, GD. The role of glucocorticoids in exercise. *Med Sci Sports* 7:6-11, 1975.
208. Tillin, NA, and Bishop, D. Factors modulating post-activation potentiation and its effect on performance of subsequent explosive activities. *Sports Med* 39:147-166, 2009.
209. Trappe, S, Luden, N, Minchev, K, Raue, U, Jemiolo, B, and Trappe, T. Skeletal muscle signature of a champion sprint runner. *J Appl Physiol* 118:1460-1466, 2015.
210. Travis, SK, Ishida, A, Taber, CB, Fry, AC, and Stone, MH. Emphasizing task-specific hypertrophy to enhance sequential strength and power performance. *J Funct Morphol Kinesiol* 5:7, 2020.
211. Travis, SK, Zwetsloot, KA, Mujika, I, Stone, MH, and Bazyler, CD. Skeletal muscle adaptations and performance outcomes following a step and exponential taper in strength athletes. *Front Physiol* 12:735932, 2021.
212. Tremblay, MS, Copeland, JL, and Van Helder, W. Effect of training status and exercise mode on endogenous steroid hormones in men. *J Appl Physiol* 96:531-539, 2004. 213. Trinick, J. Elastic filaments and giant proteins in muscle. *Curr Opin Cell Biol* 3:112-119, 1991.
214. Tufano, JJ, Conlon, JA, Nimphius, S, Brown, LE, Seitz, LB, Williamson, BD, and Haff, GG. Maintenance of velocity and power with cluster sets during high-volume back squats. *Int J Sports Physiol Perform* 11:885-892, 2016.
215. van Cutsem, M, Duchateau, J, and Hainaut, K. Changes in single motor unit behaviour contribute to the increase in contraction speed after dynamic training in humans. *J Physiol* 513:295-305, 1998.
216. Vermeire, K, Ghijs, M, Bourgois, JG, and Boone, J. The fitness–fatigue model: What's in the numbers? *Int J Sports Physiol Perform* 17:810-813, 2022.
217. Vingren, JL, Kraemer, WJ, Hatfield, DL, Volek, JS, Ratamess, NA, Anderson, JM, Häkkinen, K, Ahtiainen, J, Fragala, MS, and Thomas, GA. Effect of resistance exercise on muscle steroid receptor protein content in strength-trained men and women. *Steroids* 74:1033-1039, 2009.
218. Walker, PM, Brunotte, F, Rouhier-Marcer, I, Cottin, Y, Casillas, J-M, Gras, P, and Didier, J-P. Nuclear magnetic resonance evidence of different muscular adaptations after resistance training. *Arch Phys Med Rehabil* 79:1391-1398, 1998.
219. Weiss, LW, Cureton, KJ, and Thompson, FN. Comparison of serum testosterone and androstenedione responses to weight lifting in men and women. *Eur J Appl Physiol Occup Physiol* 50:413-419, 1983.
220. West, DW, and Phillips, SM. Associations of exercise-induced hormone profiles and gains in strength and hypertrophy in a large cohort after weight training. *Eur J Appl Physiol* 112:26932702, 2012.
221. Wickiewicz, TL, Roy, RR, Powell, PL, and Edgerton, VR. Muscle architecture of the human lower limb. *Clin Orthop Relat Res* 179:275-283, 1983.
222. Wickiewicz, TL, Roy, RR, Powell, PL, Perrine, JJ, and Edgerton, VR. Muscle architecture and force–velocity relationships in humans. *J Appl Physiol* 57:435-443, 1984.
223. Wilkerson, JE, Horvath, SM, and Gutin, B. Plasma testosterone during treadmill exercise. *J Appl Physiol Respir Environ Exerc Physiol* 49:249-253, 1980.
224. Yakovlev, NN. Biochemical foundations of muscle training. *Uspekhi Sovr Biol* 27:257-271, 1949.
225. Yakovlev, NN. Biochemistry of sport in the Soviet Union: Beginning, development, and present status. *Med Sci Sports* 7:237-247, 1975.
226. Young, WB, and Bilby, GE. The effect of voluntary effort to influence speed of contraction on strength, muscular power, and hypertrophy development. *J Strength Cond Res* 7:172178, 1993.
227. Yuen, M, and Ottenheijm, CAC. Nebulin: Big protein with big responsibilities. *J Muscle Res Cell Motil* 41:103-124, 2020.
228. Zając, A, Chalimoniuk M, Maszczyk A, Gołaś A, and Lngfort J. Central and peripheral fatigue during resistance exercise – A critical review. *J Hum Kinet* 49:159, 2015.

Capítulo 3

1. Aagaard, P, Andersen, JL, Dyhre-Poulsen, P, Leffers, AM, Wagner, A, Magnusson, SP, Halkjær-Kristensen, J, and Simonsen, EB. A mechanism for increased contractile strength of human pennate muscle in response to strength training: Changes in muscle architecture. *J Physiol* 534:613-623, 2001.
2. Aagaard, P, Simonsen, EB, Andersen, JL, Magnusson, P, and Dyhre-Poulsen, P. Increased rate of force development and neural drive of human skeletal muscle following resistance training. *J Appl Physiol* 93:1318-1326, 2002.
3. Aagaard, P, Simonsen, EB, Andersen, JL, Magnusson, P, and Dyhre-Poulsen, P. Neural adaptation to resistance training: Changes in evoked V-wave and H-reflex responses. *J Appl Physiol* 92:2309-2318, 2002.
4. Aagaard, P, Simonsen, EB, Andersen, JL, Magnusson, SP, Halkjaer-Kristensen, J, and Dyhre-Poulsen, P. Neural inhibition during maximal eccentric and concentric quadriceps contraction: Effects of resistance training. *J Appl Physiol* 89:2249-2257, 2000.
5. Ahtiainen, JP, Pakarinen, A, Kraemer, WJ, and Häkkinen, K. Acute hormonal responses to heavy resistance exercise in strength athletes versus nonathletes. *Can J Appl Physiol* 29:527-543, 2004.
6. Alegre, LM, Jiménez, F, Gonzalo-Orden, JM, Martín-Acero, R, and Aguado, X. Effects of dynamic resistance training on fascicle length and isometric strength. *J Sports Sci* 24:501508, 2006.
7. Alen, M, Pakarinen, A, Häkkinen, K, and Komi, PV. Responses of serum androgenic-anabolic and catabolic hormones to prolonged strength training. *Int J Sports Med* 9:229-233, 1988.
8. Allen, SV, and Hopkins, WG. Age of peak competitive performance of elite athletes: A systematic review. *Sports Med* 45:1431-1441, 2015.
9. Andersen, LL, and Aagaard, P. Influence of maximal muscle strength and intrinsic muscle contractile properties on contractile rate of force development. *Eur J Appl Physiol* 96:4652, 2006.
10. Ash, GI, Scott, RA, Deason, M, Dawson, TA, Wolde, B, Bekele, Z, Teka, S, and Pitsiladis, YP. No association between ACE gene variation and endurance athlete status in Ethiopians. *Med Sci Sports Exerc* 43:590-597, 2011.
11. Azizi, E, Brainerd, EL, and Roberts, TJ. Variable gearing in pennate muscles. *Proc Natl Acad Sci USA* 105:1745-1750, 2008.
12. Baddeley, AD, and Longman, DJA. The influence of length and frequency of training session on the rate of learning to type. *Ergonomics* 21:627-635, 1978.
13. Balagué, N, Torrents, C, Hristovski, R, Davids, K, and Araújo, D. Overview of complex systems in sport. *J Syst Sci Complex* 26:4-13, 2013.
14. Balshaw, TG, Massey, GJ, Maden-Wilkinson, TM, MoralesArtacho, AJ, McKeown, A, Appleby, CL, and Folland, JP. Changes in agonist neural drive, hypertrophy and pre-training strength all contribute to the individual strength gains after resistance training. *Eur J Appl Physiol* 117:631-640, 2017.
15. Bang, M-L, Caremani, M, Brunello, E, Littlefield, R, Lieber, RL, Chen, J, Lombardi, V, and Linari, M. Nebulin plays a direct role in promoting strong actin-myosin interactions. *FASEB J* 23:4117-4125, 2009.
16. Barnard, RJ, Edgerton, VR, and Peter, JB. Effect of exercise on skeletal muscle. I. Biochemical and histochemical properties. *J Appl Physiol* 28:762-766, 1970.
17. Barr, MJ, Sheppard, JM, Gabbett, TJ, and Newton, RU. The effect of ball carrying on the sprinting speed of international rugby union players. *Int J Sports Sci Coach* 10:1-9, 2015.
18. Beiter, T, Nieß, AM, and Moser, D. Transcriptional memory in skeletal muscle. Don't forget (to) exercise. *J Cell Physiol* 235:5476-5489, 2020.
19. Bhasin, S, Woodhouse, L, Casaburi, R, Singh, AB, Bhasin, D, Berman, N, Chen, X, Yarasheski, KE, Magliano, L, and Dzekov, C. Testosterone dose-response relationships in healthy young men. *Am J Physiol Endocrinol Metab* 281:E1172-E1181, 2001.
20. Billeter, R, Jostarndt-Fögen, K, Günthör, W, and Hoppeler, H. Fiber type characteristics and myosin light chain expression in a world champion shot putter. *Int J Sports Med* 24:203-207, 2003.
21. Blazevich, AJ, Cannavan, D, Coleman, DR, and Horne, S. Influence of concentric and eccentric resistance training on architectural adaptation in human quadriceps muscles. *J Appl Physiol* 103:1565-1575, 2007.
22. Blazevich, AJ, Gill, ND, Bronks, R, and Newton, RU. Training-specific muscle architecture adaptation after 5-wk training in athletes. *Med Sci Sports Exerc* 35:2013-2022, 2003.
23. Bleisch, W, Luine, VN, and Nottebohm, F. Modification of synapses in androgen-sensitive muscle. I. Hormonal regulation of acetylcholine receptor number in the songbird syrinx. *J Neurosci* 4:786-792, 1984.
24. Bleisch, WV, and Harrelson, A. Androgens modulate endplate size and ACh receptor density at synapses in rat levator ani muscle. *J Neurobiol* 20:189-202, 1989.
25. Bobbert, MF, Gerritsen, KGM, Litjens, MCA, and Van Soest, AJ. Why is countermovement jump height greater than squat jump height? *Med Sci Sports Exerc* 28:1402-1412, 1996.
26. Bobbert, MF, and van Soest, AJ. Why do people jump the way they do? *Exerc Sport Sci Rev* 29:95-102, 2001.
27. Bojsen-Møller, J, Magnusson, SP, Rasmussen, LR, Kjaer, M, and Aagaard, P. Muscle performance during maximal isometric and dynamic contractions is influenced by the stiffness of the tendinous structures. *J Appl Physiol* 99:986-994, 2005.
28. Bonifazi, M, Sardella, F, and Lupo, C. Preparatory versus main competitions: Differences in performances, lactate responses and pre-competition plasma cortisol concentrations in elite male swimmers. *Eur J Appl Physiol* 82:368-373, 2000.
29. Bosco, C, Tihanyi, J, and Viru, A. Relationships between field fitness test and basal serum testosterone and cortisol levels in soccer players. *Clin Physiol* 16:317-322, 1996.
30. Bottinelli, R, Canepari, M, Pellegrino, MA, and Reggiani, C. Force-velocity properties of human skeletal muscle fibres: Myosin heavy chain isoform and temperature dependence. *J Physiol* 495:573-586, 1996.

31. Brainerd, EL, and Azizi, E. Muscle fiber angle, segment bulging and architectural gear ratio in segmented musculature. *J Exp Biol* 208:3249-3261, 2005.
32. Brechue, WF, Mayhew, JL, and Piper, FC. Equipment and running surface alter sprint performance of college foot-ball players. *J Strength Cond Res* 19:821-825, 2005.
33. Brooke, MH, and Kaiser, KK. Three "myosin adenosine triphosphatase" systems: The nature of their pH lability and sulfhydryl dependence. *J Histochem Cytochem* 18:670-672, 1970.
34. Buckner, SL, Mouser, JG, Jessee, MB, Dankel, SJ, Mattocks, KT, and Loenneke, JP. What does individual strength say about resistance training status? *Muscle Nerve* 55:455-457, 2017.
35. Burke, RE. Motor units: Anatomy, physiology, and functional organization. In *Handbook of Physiology, Section I, The Nervous System II*. Brooks, VB, ed. Washington, DC: American Physiological Society, 345-422, 1981.
36. Burke, RE, Levine, DN, Zajac, FE, Tsairis, P, and Engel, WK. Mammalian motor units: Physiological-histochemical correlation in three types in cat gastrocnemius. *Science* 174:709-712, 1971.
37. Busso, T, Häkkinen, K, Pakarinen, A, Kauhanen, H, Komi, PV, and Lacour, JR. Hormonal adaptations and modelled responses in elite weightlifters during 6 weeks of training. *Eur J Appl Physiol Occup Physiol* 64:381-386, 1992.
38. Campos, GE, Luecke, TJ, Wendeln, HK, Toma, K, Hagerman, FC, Murray, TF, Ragg, KE, Ratamess, NA, Kraemer, WJ, and Staron, RS. Muscular adaptations in response to three different resistance-training regimens: Specificity of repetition maximum training zones. *Eur J Appl Physiol* 88:50-60, 2002.
39. Cassidy, J, Young, W, Gorman, A, and Kelly, V. Merging athletic development with skill acquisition: Developing agility using an ecological dynamics approach. *Strength Cond J* 46:202-213, 2024.
40. Castillo, A, Nowak, R, Littlefield, KP, Fowler, VM, and Littlefield, RS. A nebulin ruler does not dictate thin filament lengths. *Biophys J* 96:1856-1865, 2009.
41. Cermak, NM, Snijders, T, McKay, BR, Parise, G, Verdijk, LB, Tarnopolsky, MA, Gibala, MJ, and Van Loon, LJ. Eccentric exercise increases satellite cell content in Type II muscle fibers. *Med Sci Sports Exerc* 45:230-237, 2013.
42. Cholewa, JM, Atalag, O, Zinchenko A, Johnson K, and Henselmans M. Anthropometrical determinants of deadlift variant performance. *J Sports Sci Med* 18:448-453, 2019.
43. Clarkson, PM, Devaney, JM, Gordish-Dressman, H, Thompson, PD, Hubal, MJ, Urso, M, Price, TB, Angelopoulos, TJ, Gordon, PM, and Moyna, NM. ACTN3 genotype is associated with increases in muscle strength in response to resistance training in women. *J Appl Physiol* 99:154-163, 2005.
44. Collins, M, Xenophontos, SL, Cariolou, MA, Mokone, GG, Hudson, DE, Anastasiades, L, and Noakes, TD. The ACE gene and endurance performance during the South African Ironman Triathlons. *Med Sci Sports Exerc* 36:1314-1320, 2004.
45. Coons, AH, Leduc, EH, and Connolly, JM. Studies on antibody production: I. A method for the histochemical demonstration of specific antibody and its application to a study of the hyperimmune rabbit. *J Exp Med* 102:49-60, 1955.
46. Cormie, P, McGuigan, MR, and Newton, RU. Developing maximal neuromuscular power: Part 2 – Training considerations for improving maximal power production. *Sports Med* 41:125-146, 2011.
47. Costill, DL, Daniels, J, Evans, W, Fink, W, Krahenbuhl, G, and Saltin, B. Skeletal muscle enzymes and fiber composition in male and female track athletes. *J Appl Physiol* 40:149-154, 1976.
48. Crewther, B, Cronin, J, Keogh, J, and Cook, C. The salivary testosterone and cortisol response to three loading schemes. *J Strength Cond Res* 22:250-255, 2008.
49. Crewther, B, Keogh, J, Cronin, J, and Cook, C. Possible stimuli for strength and power adaptation: Acute hormonal responses. *Sports Med* 36:215-238, 2006.
50. Crewther, BT, Cook, C, Cardinale, M, Weatherby, RP, and Lowe, T. Two emerging concepts for elite athletes: The shortterm effects of testosterone and cortisol on the neuromuscular system and the dose-response training role of these endogenous hormones. *Sports Med* 41:103-123, 2011.
51. Cronin, JB, McNair, PJ, and Marshall, RN. Magnitude and decay of stretch-induced enhancement of power output. *Eur J Appl Physiol* 84:575-581, 2001.
52. Crowell, HP, and Davis, IS. Gait retraining to reduce lower extremity loading in runners. *Clin Biomech* 26:78-83, 2011.
53. Cumming, DC, Wall, SR, Galbraith, MA, and Belcastro, AN. Reproductive hormone responses to resistance exercise. *Med Sci Sports Exerc* 19:234-238, 1987.
54. Davids, K, Button, C, and Bennett, S. *Dynamics of Skills Acquisition: A Constraints-Led Approach*. Champaign, IL: Human Kinetics, 2008.
55. Davids, K, Glazier, P, Araújo, D, and Bartlett, R. Movement systems as dynamical systems: The functional role of variability and its implications for sports medicine. *Sports Med* 33:245-260, 2003.
56. Delignières, D, Nourrit, D, Sioud, R, Leroyer, P, Zattara, M, and Micaleff, J-P. Preferred coordination modes in the first steps of the learning of a complex gymnastics skill. *Hum Mov Sci* 17:221-241, 1998.
57. DeLong, TH. The effects of the trunk, arm, thigh, and shank lengths on the initial lift-off position of the deadlift movement. In *Kinesiology*. Long Beach: California State University, 105, 2005.
58. Desmedt, JE, and Godaux, E. Ballistic contractions in man: Characteristic recruitment pattern of single motor units of the tibialis anterior muscle. *J Physiol* 264:673-693, 1977.
59. Desmedt, JE, and Godaux, E. Ballistic contractions in fast or slow human muscles: Discharge patterns of single motor units. *J Physiol* 285:185-196, 1978.
60. Doerr, P, and Pirke, KM. Cortisol-induced suppression of plasma testosterone in normal adult males. *J Clin Endocrinol Metab* 43:622-629, 1976.
61. Douglas, J, Pearson, S, Ross, A, and McGuigan, MR. Eccentric exercise: Physiological characteristics and acute responses. *Sports Med* 47:663-675, 2017.

62. Duchateau, J and Hainaut, K. Mechanisms of muscle and motor unit adaptation to explosive power training. In *Strength and Power in Sport*. Paavov, VK, ed. Oxford: Blackwell Scientific, 315-330, 2003.
63. Ehlert, T, Simon, P, and Moser, DA. Epigenetics in sports. *Sports Med* 43:93-110, 2013.
64. Ema, R, Wakahara, T, Miyamoto, N, Kanehisa, H, and Kawakami, Y. Inhomogeneous architectural changes of the quadriceps femoris induced by resistance training. *Eur J Appl Physiol* 113:2691-2703, 2013.
65. Enoka, RM. Morphological features and activation patterns of motor units. *J Clin Neurophysiol* 12:538-559, 1995.
66. Erskine, RM, Fletcher, G, and Folland, JP. The contribution of muscle hypertrophy to strength changes following resistance training. *Eur J Appl Physiol* 114:1239-1249, 2014.
67. Eynon, N, Hanson, ED, Lucia, A, Houweling, PJ, Garton, F, North, KN, and Bishop, DJ. Genes for elite power and sprint performance: ACTN3 leads the way. *Sports Med* 43:803-817, 2013.
68. Eynon, N, Ruiz, JR, Oliveira, J, Duarte, JA, Birk, R, and Lucia, A. Genes and elite athletes: A roadmap for future research. *J Physiol* 589:3063-3070, 2011.
69. Fahey, TD, Rolph, R, Moungmee, P, Nagel, J, and Mortara, S. Serum testosterone, body composition, and strength of young adults. *Med Sci Sports* 8:31-34, 1976.
70. Florini, JR. Hormonal control of muscle growth. *Muscle Nerve* 10:577-598, 1987.
71. Floyd, RT. *Manual of Structural Kinesiology*. New York: McGraw Hill, 2012.
72. Fragala, MS, Kraemer, WJ, Denegar, CR, Maresh, CM, Mastro, AM, and Volek, JS. Neuroendocrine-immune interactions and responses to exercise. *Sports Med* 41:621-639, 2011.
73. Franchi, MV, Atherton, PJ, Reeves, ND, Flück, M, Williams, J, Mitchell, WK, Selby, A, Beltran Valls, RM, and Narici, MV. Architectural, functional and molecular responses to concentric and eccentric loading in human skeletal muscle. *Acta Physiol* 210:642-654, 2014.
74. French, DN. The endocrine responses to training. In *Strength and Conditioning for Sports Performance*. Jeffreys, I, and Moody, J, eds. New York: Routledge, 132-152, 2021.
75. French, DN, Kraemer, WJ, Volek, JS, Spiering, BA, Judelson, DA, Hoffman, JR, and Maresh, CM. Anticipatory responses of catecholamines on muscle force production. *J Appl Physiol* 102:94-102, 2007.
76. Fry, AC, and Kraemer, WJ. Resistance exercise overtraining and overreaching. *Sports Med* 23:106-129, 1997.
77. Fry, AC, Kraemer, WJ, Stone, MH, Koziris, LP, Thrush, JT, and Fleck, SJ. Relationships between serum testosterone, cortisol, and weightlifting performance. *J Strength Cond Res* 14:338-343, 2000.
78. Fry, AC, Kraemer, WJ, Stone, MH, Warren, BJ, Fleck, SJ, Kearney, JT, and Gordon, SE. Endocrine responses to overreaching before and after 1 year of weightlifting. *Can J Appl Physiol* 19:400-410, 1994.
79. Fry, AC, Kraemer, WJ, Van Borselen, F, Lynch, JM, Triplett, NT, Koziris, LP, and Fleck, SJ. Catecholamine responses to short-term high-intensity resistance exercise overtraining. *J Appl Physiol* 77:941-946, 1994.
80. Fry, AC, and Schilling, BK. Weightlifting training and hormonal responses in adolescent males: Implications for program design. *Strength Cond J* 24:7-12, 2002.
81. Fry, AC, Schilling, BK, Fleck, SJ, and Kraemer, WJ. Relationships between competitive wrestling success and neuroendocrine responses. *J Strength Cond Res* 25:40-45, 2011.
82. Fry, AC, Schilling, BK, Staron, RS, Hagerman, FC, Hikida, RS, and Thrush, JT. Muscle fiber characteristics and performance correlates of male Olympic-style weightlifters. *J Strength Cond Res* 17:746-754, 2003.
83. Fry, AC, Webber, JM, Weiss, LW, Arber, MPH, Vaczi, M, and Pattison, NA. Muscle fiber characteristics of competitive power lifters. *J Strength Cond Res* 17:402-410, 2003.
84. Fukunaga, T, Ichinose, Y, Ito, M, Kawakami, Y, and Fukashiro, S. Determination of fascicle length and pennation in a contracting human muscle in vivo. *J Appl Physiol* 82:354-358, 1997.
85. Gabriel, DA, Kamen, G, and Frost, G. Neural adaptations to resistive exercise. *Sports Med* 36:133-149, 2006.
86. Galbo, H, and Gollnick, PD. Hormonal changes during and after exercise. In *Medicine and Sport Science*. Marconnet, P, Poortmans, J, and Hermansen, L, eds. Basel: Karger, 97-110, 1984.
87. Gans, C, and Gaunt, AS. Muscle architecture in relation to function. *J Biomech* 24:53-65, 1991.
88. Georgiades, E, Klissouras, V, Baulch, J, Wang, G, and Pitsiladis, Y. Why nature prevails over nurture in the making of the elite athlete. *BMC Genomics* 18:835, 2017.
89. Gilbert, C. Optimal physical performance in athletes: Key roles of dopamine in a specific neurotransmitter/hormonal mechanism. *Mech Ageing Dev* 84:83-102, 1995.
90. Gleason, BH, Hornsby, WG, Suarez, DG, Nein, MA, and Stone, MH. Troubleshooting a nonresponder: Guidance for the strength and conditioning coach. *Sports (Basel)* 9:83, 2021.
91. Goodwin, J. Maximum velocity is when we can no longer accelerate: Using biomechanics to inform speed development. *Prof Strength Cond* 21:3-9, 2011.
92. Gotshalk, LA, Loebel, CC, Nindl, BC, Putukian, M, Sebastianelli, WJ, Newton, RU, Häkkinen, K, and Kraemer, WJ. Hormonal responses of multiset versus single-set heavy-resistance exercise protocols. *Can J Appl Physiol* 22:244-255, 1997.
93. Granzier, HL, Akster, HA, and Ter Keurs, HE. Effect of thin filament length on the force-sarcomere length relation of skeletal muscle. *Am J Physiol* 260:C1060-C1070, 1991.
94. Hackney, AC, Szczepanowska, E, and Viru, AM. Basal testicular testosterone production in endurance-trained men is suppressed. *Eur J Appl Physiol* 89:198-201, 2003.
95. Haizlip, KM, Harrison, BC, and Leinwand, LA. Sex-based differences in skeletal muscle kinetics and fiber-type composition. *Physiology* 30:30-39, 2015.
96. Häkkinen, K. Neuromuscular and hormonal adaptations during strength and power training: A review. *J Sports Med Phys Fitness* 29:9, 1989.
97. Häkkinen, K, and Keskinen, KL. Muscle cross-sectional area and voluntary force production characteristics in eli-

te strength- and endurance-trained athletes and sprinters. *Eur J Appl Physiol Occup Physiol* 59:215-220, 1989.
98. Häkkinen, K, Komi, PV, Alen, M, and Kauhanen, H. EMG, muscle fibre and force production characteristics during a 1 year training period in elite weight-lifters. *Eur J Appl Physiol Occup Physiol* 56:419-427, 1987.
99. Häkkinen, K, Komi, PV, and Tesch, PA. Effect of combined concentric and eccentric strength training and detraining on force-time, muscle fiber and metabolic characteristics of leg extensor muscles. *Scand J Med Sci Sports* 3:50-58, 1981.
100. Häkkinen, K, and Pakarinen, A. Serum hormones in male strength athletes during intensive short term strength training. *Eur J Appl Physiol Occup Physiol* 63:194-199, 1991.
101. Häkkinen, K, and Pakarinen, A. Muscle strength and serum testosterone, cortisol and SHBG concentrations in middle-aged and elderly men and women. *Acta Physiol Scand* 148:199-207, 1993.
102. Häkkinen, K, Pakarinen, A, Alen, M, Kauhanen, H, and Komi, PV. Relationships between training volume, physical performance capacity, and serum hormone concentrations during prolonged training in elite weight lifters. *Int J Sports Med* 8:S61-S65, 1987.
103. Häkkinen, K, Pakarinen, A, Alen, M, and Komi, PV. Serum hormones during prolonged training of neuromuscular performance. *Eur J Appl Physiol Occup Physiol* 53:287-293, 1985.
104. Häkkinen, K, Pakarinen, A, Kyrolainen, H, Cheng, S, Kim, DH, and Komi, PV. Neuromuscular adaptations and serum hormones in females during prolonged power training. *Int J Sports Med* 11:91-98, 1990.
105. Handelsman, DJ, Hirschberg, AL, and Bermon, S. Circulating testosterone as the hormonal basis of sex differences in athletic performance. *Endocr Rev* 39:803-829, 2018.
106. Hansen, S, Kvorning, T, Kjaer, M, and Sjøgaard, G. The effect of short-term strength training on human skeletal muscle: The importance of physiologically elevated hormone levels. *Scand J Med Sci Sports* 11:347-354, 2001.
107. Harris, GR, Stone, MH, O'Bryant, HS, Proulx, CM, and Johnson, RL. Short-term performance effects of high power, high force, or combined weight-training methods. *J Strength Cond Res* 14:14-20, 2000.
108. Hart, CL, Ward, TE, and Mayhew, JL. Anthropometric correlates of bench press performance following resistance training. *Res Sports Med* 2:89-95, 1991.
109. Haug, WB, Drinkwater, EJ, and Chapman, DW. Learning the hang power clean: Kinetic, kinematic, and technical changes in four weightlifting naive athletes. *J Strength Cond Res* 29:1766-1779, 2015.
110. Haun, CT, Vann, CG, Osburn, SC, Mumford, PW, Roberson, PA, Romero, MA, Fox, CD, Johnson, CA, Parry, HA, and Kavazis, AN. Muscle fiber hypertrophy in response to 6 weeks of high-volume resistance training in trained young men is largely attributed to sarcoplasmic hypertrophy. *PLoS One* 14:e0215267, 2019.
111. Henneman, E, Clamann, HP, Gillies, JD, and Skinner, RD. Rank order of motoneurons within a pool: Law of combination. *J Neurophys* 37:1338-1349, 1974.
112. Henneman, E, Somjen, G, and Carpenter, DO. Excitability and inhibitability of motoneurons of different sizes. *J Neurophysiol* 28:599-620, 1965.
113. Hernández, D, de la Rosa, A, Barragán, A, Barrios, Y, Salido, E, Torres, A, Martín, B, Laynez, I, Duque, A, De Vera, A, Lorenzo, V, and González, A. The ACE/DD genotype is associated with the extent of exercise-induced left ventricular growth in endurance athletes. *J Am Coll Cardiol* 42:527-532, 2003.
114. Herzog, W. The multiple roles of titin in muscle contraction and force production. *Biophys Rev* 10:1187-1199, 2018.
115. Herzog, W, Duvall, M, and Leonard, TR. Molecular mechanisms of muscle force regulation: A role for titin? *Exerc Sport Sci Rev* 40:50-57, 2012.
116. Herzog, W, Powers, K, Johnston, K, and Duvall, M. A new paradigm for muscle contraction. *Front Physiol* 6:174, 2015.
117. Higuchi, H, Yoshioka, T, and Maruyama, K. Positioning of actin filaments and tension generation in skinned muscle fibres released after stretch beyond overlap of the actin and myosin filaments. *J Muscle Res Cell Motil* 9:491-498, 1988.
118. Hilton, EN, and Lundberg, TR. Transgender women in the female category of sport: Perspectives on testosterone suppression and performance advantage. *Sports Med* 51:199-214, 2021.
119. Holsbeeke, L, Ketelaar, M, Schoemaker, MM, and Gorter, JW. Capacity, capability, and performance: Different constructs or three of a kind? *Arch Phys Med Rehab* 90:849-855, 2009.
120. Hornsby, WG, Gentles, J, Comfort, P, Suchomel, TJ, Mizuguchi, S, and Stone, MH. Resistance training volume load with and without exercise displacement. *Sports* 6:137, 2018.
121. Hornsby, WG, Haff, GG, Suarez, DG, Ramsey, MW, Triplett, NT, Hardee, JP, Stone, ME, and Stone, MH. Alterations in adiponectin, leptin, resistin, testosterone, and cortisol across eleven weeks of training among Division One collegiate throwers: A preliminary study. *J Funct Morphol Kinesiol* 5:44, 2020.
122. Huxley, AF. Muscular contraction. *J Physiol* 243:1-43, 1974.
123. Issurin, VB. Generalized training effects induced by athletic preparation. A review. *J Sports Med Phys Fit* 49:333-345, 2009.
124. Izquierdo, M, Ibáñez, J, Häkkinen, K, Kraemer, WJ, Ruesta, M, and Gorostiaga, EM. Maximal strength and power, muscle mass, endurance and serum hormones in weightlifters and road cyclists. *J Sports Sci* 22:465-478, 2004.
125. Jensen, J, Oftebro, H, Breigan, B, Johnsson, A, Ohlin, K, Meen, HD, Strømme, SB, and Dahl, HA. Comparison of changes in testosterone concentrations after strength and endurance exercise in well trained men. *Eur J Appl Physiol Occup Physiol* 63:467-471, 1991.
126. Jezová, D, Vigas, M, Tatár, P, Kvetnanský, R, Nazar, K, Kaciuba-Uścilko, H, and Kozlowski, S. Plasma testosterone and catecholamine responses to physical exercise of dif-

ferent intensities in men. *Eur J Appl Physiol Occup Physiol* 54:6266, 1985.

127. Johnson, CC, Stone, MH, Byrd, RJ, and Lopez, SA. The response of serum lipids and plasma androgens to weight training exercise in sedentary males. *J Sports Med Phys Fitness* 23:39-44, 1983.
128. Jovy, D, Bruner, H, Klein, KE, and Am, W. Adaptive responses of adrenal cortex to some environmental stressors, exercise, and acceleration. In *Hormonal Steroids: Biochemistry, Pharmacology, and Therapeutics*. New York: Academic Press, 545-553, 1965.
129. Kadlec, D, Miller-Dicks, M, and Nimphius, S. Training for "worst-case" scenarios in sidestepping: Unifying strength and conditioning and perception-action approaches. *Sports Med Open* 9:22, 2023.
130. Kawakami, Y, Abe, T, and Fukunaga, T. Muscle-fiber pennation angles are greater in hypertrophied than in normal muscles. *J Appl Physiol* 74:2740-2744, 1993.
131. Kelly, A, Lyons, G, Gambki, B, and Rubinstein, N. Influences of testosterone on contractile proteins of the guinea pig temporalis muscle. *Adv Exp Med Biol* 182:155-168, 1985.
132. Kindermann, W, Schnabel, A, Schmitt, WM, Biro, G, Cassens, J, and Weber, F. Catecholamines, growth hormone, cortisol, insulin, and sex hormones in anaerobic and aerobic exercise. *Eur J Appl Physiol Occup Physiol* 49:389-399, 1982.
133. Kiss, B, Lee, EJ, Ma, W, Li, FW, Tonino, P, Mijailovich, SM, Irving, TC, and Granzier, HL. Nebulin stiffens the thin filament and augments cross-bridge interaction in skeletal muscle. *Proc Natl Acad Sci U S A* 115:10369-10374, 2018.
134. Kraemer, WJ. Endocrine responses and adaptations to strength training. In *Strength and Power in Sport*. Komi, PV, ed. Oxford: Blackwell Scientific, 291-304, 1992.
135. Kraemer, WJ. Hormonal mechanisms related to the expression of muscular strength and power. In *Strength and Power in Sport*. Komi, PV, ed. Oxford: Blackwell Scientific, 64-76, 1992.
136. Kraemer, WJ, Fleck, SJ, and Deschenes, MR. *Exercise Physiology: Integrating Theory and Application*. Baltimore, MD: Lippincott Williams & Wilkins, 2012.
137. Kraemer, WJ, Fleck, SJ, Dziados, JE, Harman, EA, Marchitelli, LJ, Gordon, SE, Mello, R, Frykman, PN, Koziris, LP, and Triplett, NT. Changes in hormonal concentrations after different heavy-resistance exercise protocols in women. *J Appl Physiol* 75:594-604, 1993.
138. Kraemer, WJ, Fleck, SJ, and Evans, WJ. Strength and power training: Physiological mechanisms of adaptation. *Exerc Sport Sci Rev* 24:363-397, 1996.
139. Kraemer, WJ, Fry, AC, Frykman, PN, Conroy, B, and Hoffman, J. Resistance training and youth. *Pediatr Exerc Sci* 1:336-350, 1989.
140. Kraemer, WJ, Fry, AC, Warren, BJ, Stone, MH, Fleck, SJ, Kearney, JT, Conroy, BP, Maresh, CM, Weseman, CA, and Triplett, NT. Acute hormonal responses in elite junior weightlifters. *Int J Sports Med* 13:103-109, 1992.
141. Kraemer, WJ, Gordon, SE, Fleck, SJ, Marchitelli, LJ, Mello, R, Dziados, JE, Friedl, K, Harman, E, Maresh, C, and Fry, AC. Endogenous anabolic hormonal and growth factor responses to heavy resistance exercise in males and females. *Int J Sports Med* 12:228-235, 1991.
142. Kraemer, WJ, Häkkinen, K, Newton, RU, Nindl, BC, Volek, JS, McCormick, M, Gotshalk, LA, Gordon, SE, Fleck, SJ, and Campbell, WW. Effects of heavy-resistance training on hormonal response patterns in younger vs. older men. *J Appl Physiol* 87:982-992, 1999.
143. Kraemer, WJ, Marchitelli, L, Gordon, SE, Harman, E, Dziados, JE, Mello, R, Frykman, P, McCurry, D, and Fleck, SJ. Hormonal and growth factor responses to heavy resistance exercise protocols. *J Appl Physiol* 69:1442-1450, 1990.
144. Kraemer, WJ, Noble, BJ, Clark, MJ, and Culver, BW. Physiologic responses to heavy-resistance exercise with very short rest periods. *Int J Sports Med* 8:247-252, 1987.
145. Kraemer, WJ, Patton, JF, Gordon, SE, Harman, EA, Deschenes, MR, Reynolds, K, Newton, RU, Triplett, NT, and Dziados, JE. Compatibility of high-intensity strength and endurance training on hormonal and skeletal muscle adaptations. *J Appl Physiol* 78:976-989, 1995.
146. Kraemer, WJ, Patton, JF, Knuttgen, HG, Hannan, CJ, Kettler, T, Gordon, SE, Dziados, JE, Fry, AC, Frykman, PN, and Harman, EA. Effects of high-intensity cycle exercise on sympathoadrenal-medullary response patterns. *J Appl Physiol* 70:8-14, 1991.
147. Kraemer, WJ, and Ratamess, NA. Hormonal responses and adaptations to resistance exercise and training. *Sports Med* 35:339-361, 2005.
148. Kraemer, WJ, Vingren, JL, and Spiering, B. Endocrine responses to resistance training. In *Essentials of Strength Training and Conditioning*. 4th ed. Haff, GG, and Triplett, NT, eds. Champaign, IL: Human Kinetics, 65-86, 2016.
149. Kubo, K, Yata, H, Kanehisa, H, and Fukunaga, T. Effects of isometric squat training on the tendon stiffness and jump performance. *Eur J Appl Physiol* 96:305-314, 2006.
150. Kuijper, EA, Lambalk, CB, Boomsma, DI, van der Sluis, S, Blankenstein, MA, de Geus, EJ, and Posthuma, D. Heritability of reproductive hormones in adult male twins. *Hum Reprod* 22:2153-2159, 2007.
151. Kuoppasalmi, K, and Adlercreutz, H. Interaction between catabolic and anabolic steroid hormones in muscular exercise. In *Exercise Endocrinology*. Fotherby, K, and Pal, SB, eds. Berlin: De Gruyter, 65-98, 1985.
152. Kvorning, T, Andersen, M, Brixen, K, and Madsen, K. Suppression of endogenous testosterone production attenuates the response to strength training: A randomized, placebocontrolled, and blinded intervention study. *Am J Physiol Endocrinol Metab* 291:E1325-E1332, 2006.
153. Kvorning, T, Andersen, M, Brixen, K, Schjerling, P, Suetta, C, and Madsen, K. Suppression of testosterone does not blunt mRNA expression of myoD, myogenin, IGF, myostatin or androgen receptor post strength training in humans. *J Physiol* 578:579-593, 2007.
154. Labeit, S, Ottenheijm, CAC, and Granzier, H. Nebulin, a major player in muscle health and disease. *FASEB J* 25:822-829, 2011.
155. Lehmann, M, Schmid, P, and Keul, J. Age- and exercise--related sympathetic activity in untrained volunteers, trained athletes and patients with impaired left-ventricular contractility. *Eur Heart J* 5:1-7, 1984.

156. Leong, B, Kamen, G, Patten, C, and Burke, JR. Maximal motor unit discharge rates in the quadriceps muscles of older weight lifters. *Med Sci Sports Exerc* 31:1638-1644, 1999.
157. Linnamo, V, Pakarinen, A, Komi, PV, Kraemer, WJ, and Häkkinen, K. Acute hormonal responses to submaximal and maximal heavy resistance and explosive exercises in men and women. *J Strength Cond Res* 19:566-571, 2005.
158. Linthorne, NP. The effect of wind on 100-m sprint times. *J Appl Biomech* 10:110-131, 1994.
159. Lloyd, RS, Cronin, JB, Faigenbaum, AD, Haff, GG, Howard, R, Kraemer, WJ, Micheli, LJ, Myer, GD, and Oliver, JL. National Strength and Conditioning Association position statement on long-term athletic development. *J Strength Cond Res* 30:1491-1509, 2016.
160. Lockie, RG, Moreno, MR, Orjalo, AJ, Lazar, A, Liu, TM, Stage, AA, Birmingham-Babauta, SA, Stokes, JJ, Giuliano, DV, and Risso, FG. Relationships between height, arm length, and leg length on the mechanics of the conventional and high-handle hexagonal bar deadlift. *J Strength Cond Res* 32:3011-3019, 2018.
161. Lopes dos Santos, M, Uftring, M, Stahl, CA, Lockie, RG, Alvar, B, Mann, JB, and Dawes, JJ. Stress in academic and athletic performance in collegiate athletes: A narrative review of sources and monitoring strategies. *Front Sports Act Living* 2:42, 2020.
162. Ma, F, Yang, Y, Li, X, Zhou, F, Gao, C, Li, M, and Gao, L. The association of sport performance with ACE and ACTN3 genetic polymorphisms: A systematic review and metaanalysis. *PLoS One* 8:e54685, 2013.
163. MacArthur, DG, and North, KN. ACTN3: A genetic influence on muscle function and athletic performance. *Exerc Sport Sci Rev* 35:30-34, 2007.
164. Maffiuletti, NA, Aagaard, P, Blazevich, AJ, Folland, J, Tillin, N, and Duchateau, J. Rate of force development: Physiological and methodological considerations. *Eur J Appl Physiol* 116:1091-1116, 2016.
165. Magill, RA. *Motor Learning and Control: Concepts and Applications.* New York: McGraw Hill, 2011.
166. Mann, JB, Mayhew, JL, Dos Santos, ML, Dawes, JJ, and Signorile, JF. Momentum, rather than velocity, is a more effective measure of improvements in Division IA foot-ball player performance. *J Strength Cond Res* 36:551-557, 2022.
167. Marx, JO, Ratamess, NA, Nindl, BC, Gotshalk, LA, Volek, JS, Dohi, K, Bush, JA, Gomez, AL, Mazzetti, SA, and Fleck, SJ. Low-volume circuit versus high-volume periodized resistance training in women. *Med Sci Sports Exerc* 33:635-643, 2001.
168. Mazzeo, RS. Catecholamine responses to acute and chronic exercise. *Med Sci Sports Exerc* 23:839-845, 1991.
169. McBride, JM, Triplett-McBride, T, Davie, AJ, Abernethy, PJ, and Newton, RU. Characteristics of titin in strength and power athletes. *Eur J Appl Physiol* 88:553-557, 2003.
170. McElhinny, AS, Kolmerer, B, Fowler, VM, Labeit, S, and Gregorio, CC. The N-terminal end of nebulin interacts with tropomodulin at the pointed ends of the thin filaments. *J Biol Chem* 276:583-592, 2001.
171. McKeever, S, and Howard, R. Resistance training. In *NSCA's Guide to High School Strength and Conditioning.* McHenry, P, and Nitka, MJ, eds. Champaign, IL: Human Kinetics, 223258, 2022.
172. McMillan, JL, Stone, MH, Sartin, J, Keith, R, Marples, D, Brown, C, and Lewis, RD. 20-hour physiological responses to a single weight-training session. *J Strength Cond Res* 7:921, 1993.
173. McMurray, RG, Eubank, TK, and Hackney, AC. Nocturnal hormonal responses to resistance exercise. *Eur J Appl Physiol Occup Physiol* 72:121-126, 1995.
174. McMurray, RG, Forsythe, WA, Mar, MH, and Hardy, CJ. Exercise intensity-related responses of beta-endorphin and catecholamines. *Med Sci Sports Exerc* 19:570-574, 1987.
175. Medlar, S. Mixing it up: The biological significance of hybrid skeletal muscle fibers. *J Exp Biol* 222:jeb200832, 2019.
176. Meechan, D, McMahon, JJ, Suchomel, TJ, and Comfort, P. A comparison of kinetic and kinematic variables during the pull from the knee and hang pull, across loads. *J Strength Cond Res* 34:1819-1829, 2020.
177. Meechan, D, Suchomel, TJ, McMahon, JJ, and Comfort, P. A comparison of kinetic and kinematic variables during the mid-thigh pull and countermovement shrug, across loads. *J Strength Cond Res* 34:1830-1841, 2020.
178. Miller, MS, Bedrin, NG, Ades, PA, Palmer, BM, and Toth, MJ. Molecular determinants of force production in human skeletal muscle fibers: Effects of myosin isoform expression and crosssectional area. *J Physiol Cell Physiol* 308:C473-C484, 2015.
179. Milner-Brown, HS, and Lee, RG. Synchronization of human motor units: Possible roles of exercise and supraspinal reflexes. *Electroencephalogr Clin Neurophysiol* 38:245-254, 1975.
180. Milner-Brown, HS, and Stein, RB. The relation between the surface electromyogram and muscular force. *J Physiol* 246:549-569, 1975.
181. Minetti, AE. On the mechanical power of joint extensions as affected by the change in muscle force (or cross-sectional area), ceteris paribus. *Eur J Appl Physiol* 86:363-369, 2002.
182. Moir, GL. Skill acquisition. In *Strength and Conditioning: A Biomechanical Approach.* Burlington, MA: Jones & Bartlett Learning, 387-430, 2016.
183. Monroy, JA, Powers, KL, Gilmore, LA, Uyeno, TA, Lindstedt, SL, and Nishikawa, KC. What is the role of titin in active muscle? *Exerc Sport Sci Rev* 40:73-78, 2012.
184. Morrison, S, and Newell, KM. Strength training as a dynamical model of motor learning. *J Sports Sci* 41:408-423, 2023.
185. Nagaya, N, and Herrera, AA. Effects of testosterone on synaptic efficacy at neuromuscular junctions in a sexually dimorphic muscle of male frogs. *J Physiol* 483:141-153, 1995.
186. Narici, MV, Roi, GS, Landoni, L, Minetti, AE, and Cerretelli, P. Changes in force, cross-sectional area and neural activation during strength training and detraining of the human quadriceps. *Eur J Appl Physiol Occup Physiol* 59:310-319, 1989.
187. Newell, KM. Coordination, control, and skill. In *Differing Perspectives in Motor Learning, Memory, and Control.*

Goodman, D, Wilberg, RB, and Franks, IM, eds. Amsterdam, Netherlands: North-Holland, 295-317, 1985.

188. Nicklas, BJ, Ryan, AJ, Treuth, MM, Harman, SM, Blackman, MR, Hurley, BF, and Rogers, MA. Testosterone, growth hormone and IGF-I responses to acute and chronic resistive exercise in men aged 55-70 years. *Int J Sports Med* 16:445450, 1995.

189. Nimphius, S. Lag time: The effect of a two week cessation from resistance training on force, velocity and power in elite softball players. *J Strength Cond Res* 24:1, 2010.

190. Nindl, BC, Kraemer, WJ, Gotshalk, LA, Marx, JO, Volek, JS, Bush, FA, Häkkinen, K, Newton, RU, and Fleck, SJ. Testosterone responses after resistance exercise in women: Influence of regional fat distribution. *Int J Sport Nutr Exerc Metab* 11:451-465, 2001.

191. Norman, B, Esbjornsson, M, Rundqvist, H, Osterlund, T, Von Walden, F, and Tesch, PA. Strength, power, fiber types, and mRNA expression in trained men and women with different ACTN3 R577X genotypes. *J Appl Physiol* 106:959-965, 2009.

192. Nourrit, D, Deschamps, T, Lauriot, B, Caillou, N, and Delignieres, D. The effects of required amplitude and practice on frequency stability and efficiency in a cyclical task. *J Sports Sci* 18:201-212, 2000.

193. Nuzzo, JL. Sex differences in skeletal muscle fiber types: A meta-analysis. *Clin Anat* 37:81-91, 2024.

194. Orysiak, J, Zmijewski, P, Klusiewicz, A, Kaliszewski, P, Malczewska-Lenczowska, J, Gajewski, J, and Pokrywka, A. The association between ACE gene variation and aerobic capacity in winter endurance disciplines. *Biol Sport* 30:249-253, 2013.

195. Ostrander, EA, Huson, HJ, and Ostrander, GK. Genetics of athletic performance. *Annu Rev Genomics Hum Genet* 10:407-429, 2009.

196. Ostrowski, KJ, Wilson, GJ, Weatherby, R, Murphy, PW, and Lyttle, AD. The effect of weight training volume on hormonal output and muscular size and function. *J Strength Cond Res* 11:148-154, 1997.

197. Otten, E. Concepts and models of functional architecture in skeletal muscle. *Exerc Sports Sci Rev* 26:89-137, 1988.

198. Ottenheijm, CAC, Fong, C, Vangheluwe, P, Wuytack, F, Babu, GJ, Periasamy, M, Witt, CC, Labeit, S, and Granzier, H. Sarcoplasmic reticulum calcium uptake and speed of relaxation are depressed in nebulin-free skeletal muscle. *FASEB J* 22:2912-2919, 2008.

199. Ottenheijm, CAC, and Granzier, H. New insights into the structural roles of nebulin in skeletal muscle. *J Biomed Biotechnol* 2010:968139, 2010.

200. Ottenheijm, CAC, Granzier, H, and Labeit, S. The sarcomeric protein nebulin: Another multifunctional giant in charge of muscle strength optimization. *Front Physiol* 3:37, 2012.

201. Painter, KB, Haff, GG, Triplett, NT, Stuart, C, Hornsby, G, Ramsey, MW, Bazyler, CD, and Stone, MH. Resting hormone alterations and injuries: Block vs. DUP weight-training among D-1 track and field athletes. *Sports* 6:3, 2018.

202. Papadimitriou, ID, Lucia, A, Pitsiladis, YP, Pushkarev, VP, Dyatlov, DA, Orekhov, EF, Artioli, GG, Guiherme, JPLF, Lancha, AH, Jr, Ginevičienė, V, Cieszczyk, P, MaciejewskaKarlowska, A, Sawczuk, M, Muniesa, CA, Kouvatsi, A, Massidda, M, Maria Calò, C, Garton, F, Houweling, PJ, Wang, G, Austin, K, Druzhevskaya, AM, Astratenkova, IV, Ahmetov, II, Bishop, DJ, North, KN, and Eynon, N. ACTN3 R577X and ACE I/D gene variants influence performance in elite sprinters: A multi-cohort study. *BMC Genom* 17:285, 2016.

203. Pappas, CT, Krieg, PA, and Gregorio, CC. Nebulin regulates actin filament lengths by a stabilization mechanism. *J Cell Biol* 189:859-870, 2010.

204. Paradisis, GP, and Cooke, CB. Kinematic and postural characteristics of sprint running on sloping surfaces. *J Sports Sci* 19:149-159, 2001.

205. Peeters, MW, Thomis, MA, Loos, RJ, Derom, CA, Fagard, R, Claessens, AL, Vlietinck, RF, and Beunen, GP. Heritability of somatotype components: A multivariate analysis. *Int J Obes* 31:1295-1301, 2007.

206. Pellegrino, MA, Canepari, M, Rossi, R, D'Antona, G, Reggiani, C, and Bottinelli, R. Orthologous myosin isoforms and scaling of shortening velocity with body size in mouse, rat, rabbit and human muscles. *J Physiol* 546:677-689, 2003.

207. Peter, JB, Barnard, RJ, Edgerton, VR, Gillespie, CA, and Stempel, KE. Metabolic profiles of three fiber types of skeletal muscle in guinea pigs and rabbits. *Biochem* 11:2627-2633, 1972. 208. Pette, D, and Staron, RS. Cellular and molecular diversities of mammalian skeletal muscle fibers. *Rev Physiol Biochem Pharmacol* 116:1-76, 1990.

209. Pette, D, and Staron, RS. Myosin isoforms, muscle fiber types and transitions. *Microsc Res Tech* 50:500-509, 2000.

210. Pette, D, and Staron, RS. Transitions of muscle fiber phenotypic profiles. *Histochem Cell Biol* 115:359-372, 2001.

211. Pimenta, EM, Coelho, DB, Veneroso, CE, Barros Coelho, EJ, Cruz, IR, Morandi, RF, De A Pussieldi, G, Carvalho, MRS, Garcia, ES, and De Paz Fernández, JA. Effect of ACTN3 gene on strength and endurance in soccer players. *J Strength Cond Res* 27:3286-3292, 2013.

212. Pitsiladis, YP, Tanaka, M, Eynon, N, Bouchard, C, North, KN, Williams, AG, Collins, M, Moran, CN, Britton, SL, Fuku, N, Ashley, EA, Klissouras, V, Lucia, A, Ahmetov, II, de Geus, E, and Alsayrafi, M. Athlome Project Consortium: A concerted effort to discover genomic and other "omic" markers of athletic performance. *Physiol Genomics* 48:183-190, 2016.

213. Plotkin, DL, Roberts, MD, Haun, CT, and Schoenfeld, BJ. Muscle fiber type transitions with exercise training: Shifting perspectives. *Sports* 9:127, 2021.

214. Powers, K, Nishikawa, K, Joumaa, V, and Herzog, W. Decreased force enhancement in skeletal muscle sarcomeres with a deletion in titin. *J Exp Biol* 219:1311-1316, 2016.

215. Pullinen, T, Huttunen, P, and Komi, PV. Plasma catecholamine responses and neural adaptation during short-term resistance training. *Eur J Appl Physiol* 82:68-75, 2000.

216. Roberts, MD, Haun, CT, Vann, CG, Osburn, SC, and Young, KC. Sarcoplasmic hypertrophy in skeletal muscle: A scientific "unicorn" or resistance training adaptation? *Front Physiol* 11:1-16, 2020.

217. Roberts, TJ. Contribution of elastic tissues to the mechanics and energetics of muscle function during movement. *J Exp Biol* 219:266-275, 2016.

218. Rodríguez-Romo, G, Yvert, T, de Diego, A, Santiago, C, Díaz de Durana, AL, Carratalá, V, Garatachea, N, and Lucia, A. No association between ACTN3 R577X polymorphism and elite judo athletic status. *Int J Sports Physiol Perform* 8:579581, 2013.
219. Rønnestad, BR, Nygaard, H, and Raastad, T. Physiological elevation of endogenous hormones results in superior strength training adaptation. *Eur J Appl Physiol* 111:2249-2259, 2011.
220. Roy, RR, and Edgerton, VR. Skeletal muscle architecture and performance. In *Strength and Power in Sport*. Komi, PV, ed. Oxford: Blackwell Scientific, 115-129, 1992.
221. Ruiz, JR, Arteta, D, Buxens, A, Artieda, M, Gómez-Gallego, F, Santiago, C, Yvert, T, Morán, M, and Lucia, A. Can we identify a power-oriented polygenic profile? *J Appl Physiol* 108:561-566, 2010.
222. Ruiz, JR, Fernández del Valle, M, Verde, Z, Díez-Vega, I, Santiago, C, Yvert, T, Rodríguez-Romo, G, Gómez-Gallego, F, Molina, JJ, and Lucia, A. ACTN3 R577X polymorphism does not influence explosive leg muscle power in elite volleyball players. *Scand J Med Sci Sports* 21:e34-e41, 2011.
223. Russell, B. The collected papers of Bertrand Russell. In *Détente or Destruction 1955-1957*. Bone, AG, ed. New York: Routledge, 2012.
224. Sands, WA, and McNeal, JR. Predicting athlete preparation and performance: A theoretical perspective. *J Sport Behav* 23:289-310, 2000.
225. Sant'Ana Pereira, JA, Sargeant, AJ, Rademaker, AC, de Haan, A, and van Mechelen, M. Myosin heavy chain isoform expression and high energy phosphate content in muscle fibres at rest and post-exercise. *J Physiol* 496:583-588, 1996.
226. Saplinskas, JS, Chobotas, MA, and Yashchaninas, II. The time of completed motor acts and impulse activity of single motor units according to the training level and sport specialization of tested persons. *Electromyogr Clin Neurophysiol* 20:529539, 1980.
227. Schakman, O, Kalista, S, Barbé, C, Loumaye, A, and Thissen, J-P. Glucocorticoid-induced skeletal muscle atrophy. *Int J Biochem Cell Biol* 45:2163-2172, 2013.
228. Schoenfeld, B. *Science and Development of Muscle Hypertrophy*. Champaign, IL: Human Kinetics, 2021.
229. Schoenfeld, BJ, Grgic, J, Ogborn, D, and Krieger, JW. Strength and hypertrophy adaptations between low-versus high-load resistance training: A systematic review and meta-analysis. *J Strength Cond Res* 31:3508-3523, 2017.
230. Schöner, G, and Kelso, JAS. Dynamic pattern generation in behavioral and neural systems. *Science* 239:1513-1520, 1988.
231. Schwab, R, Johnson, GO, Housh, TJ, Kinder, JE, and Weir, JP. Acute effects of different intensities of weight lifting on serum testosterone. *Med Sci Sports Exerc* 25:1381-1385, 1993.
232. Sedliak, M, Finni, T, Cheng, S, Kraemer, WJ, and Häkkinen, K. Effect of time-of-day-specific strength training on serum hormone concentrations and isometric strength in men. *Chronobiol Int* 24:1159-1177, 2007.
233. Semmler, JG. Motor unit synchronization and neuromuscular performance. *Exerc Sport Sci Rev* 30:8-14, 2002. 234. Semmler, JG, and Enoka, RM. Neural contributions to changes in muscle strength. In *Biomechanics in Sport: Performance Enhancement and Injury Prevention*. Zatsiorsky, V, ed. Oxford: Blackwell Scientific, 2-20, 2000.
235. Semmler, JG, Kutscher, DV, Zhou, S, and Enoka, RM. Motor unit synchronization is enhanced during slow shortening and lengthening contractions of the first dorsal interosseus muscle. *Soc Neurosci Abstr* 26:463, 2000.
236. Semmler, JG, and Nordstrom, MA. Motor unit discharge and force tremor in skill- and strength-trained individuals. *Exp Brain Res* 119:27-38, 1998.
237. Serrano, N, Colenso-Semple, LM, Lazauskus, KK, Siu, JW, Bagley, JR, Lockie, RG, Costa, PB, and Galpin, AJ. Extraordinary fast-twitch fiber abundance in elite weightlifters. *PLoS One* 14:e0207975, 2019.
238. Shepard, R. Hormonal control systems. In *Physiology and Biochemistry of Exercise*. New York: Praeger, 1982.
239. Silventoinen, K, Maia, J, Jelenkovic, A, Pereira, S, Gouveia, É, Antunes, A, Thomis, M, Lefevre, J, Kaprio, J, and Freitas, D. Genetics of somatotype and physical fitness in children and adolescents. *Am J Hum Biol* 33:e23470, 2021.
240. Smilios, I, Pilianidis, T, Karamouzis, M, and Tokmakidis, SP. Hormonal responses after various resistance exercise protocols. *Med Sci Sports Exerc* 35:644-654, 2003.
241. Spiteri, T, McIntyre, F, Specos, C, and Myszka, S. Cognitive training for agility: The integration between perception and action. *Strength Cond J* 40:39-46, 2018.
242. Staron RS, Hagerman FC, Hikida RS, Murray TF, Hostler DP, Crill MT, Ragg KE, and Toma K. Fiber type composition of the vastus lateralis muscle of young men and women. *J Histochem Cytochem* 48:623-629, 2000.
243. Staron, RS, and Hikida, RS. Histochemical, biochemical and ultrastructural analyses of single human muscle fibers with special reference to the C-fiber population. *J Histochem Cytochem* 40:563-568, 1992.
244. Staron, RS, Karapondo, DL, Kraemer, WJ, Fry, AC, Gordon, SE, Falkel, JE, Hagerman, FC, and Hikida, RS. Skeletal muscle adaptations during early phase of heavy-resistance training in men and women. *J Appl Physiol* 76:1247-1255, 1994.
245. Stone, MH, Cormie, P, Lamont, H, and Stone, ME. Developing strength and power. In *Strength and Conditioning for Sports Performance*. Jeffreys, I, and Moody, J, eds. New York: Routledge, 230-260, 2016.
246. Stone, MH, and Fry, AC. Increased training volume in strength/power athletes. In *Overtraining in Sport*. Kreider, R, Fry, AC, and O'Toole, M, eds. Champaign, IL: Human Kinetics, 87-106, 1997.
247. Stone, MH, O'Bryant, H, and Garhammer, J. A hypothetical model for strength training. *J Sports Med Phys Fitness* 21:342-351, 1981.
248. Stone, MH, O'Bryant, H, Garhammer, J, McMillan, J, and Rozenek, R. A theoretical model of strength training. *Strength Cond J* 4:36-39, 1982.
249. Stone, MH, O'Bryant, HS, McCoy, L, Coglianese, R, Lehmkuhl, M, and Schilling, B. Power and maximum strength relationships during performance of dynamic and static weighted jumps. *J Strength Cond Res* 17:140-147, 2003.

250. Stone, MH, Stone, M, and Sands, WA. *Principles and Practice of Resistance Training.* Champaign, IL: Human Kinetics, 2007.
251. Stone, MH, Suchomel, TJ, Hornsby, WG, Wagle, JP, and Cunanan, AJ. Exercise selection. In *Strength and Conditioning in Sports: From Science to Practice.* New York: Routledge, 252-272, 2022.
252. Stone, MH, Suchomel, TJ, Hornsby, WG, Wagle, JP, and Cunanan, AJ. General concepts and training principles for athlete development. In *Strength and Conditioning in Sports: From Science to Practice.* New York: Routledge, 221-251, 2022.
253. Stone, MH, Suchomel, TJ, Hornsby, WG, Wagle, JP, and Cunanan, AJ. Neuroendocrine factors. In *Strength and Conditioning in Sports: From Science to Practice.* New York: Routledge, 108-144, 2022.
254. Stone, MH, Suchomel, TJ, Hornsby, WG, Wagle, JP, and Cunanan, AJ. *Strength and Conditioning in Sports: From Science to Practice.* New York: Routledge, 2022.
255. Storer, TW, Magliano, L, Woodhouse, L, Lee, ML, Dzekov, C, Dzekov, J, Casaburi, R, and Bhasin, S. Testosterone dosedependently increases maximal voluntary strength and leg power, but does not affect fatigability or specific tension. *J Clin Endocrinol Metab* 88:1478-1485, 2003.
256. Stromme, SB, Meen, HD, and Aakvaag, A. Effects of an androgenic-anabolic steroid on strength development and plasma testosterone levels in normal males. *Med Sci Sports* 6:203-208, 1974.
257. Stuart, CA, Stone, WL, Howell, MEA, Brannon, MF, Hall, HK, Gibson, AL, and Stone, MH. Myosin content of individual human muscle fibers isolated by laser capture microdissection. *Am J Physiol Cell Physiol* 310:C381-C389, 2016.
258. Suchomel, TJ, and Comfort, P. Developing muscular strength and power. In *Advanced Strength and Conditioning: An Evidence-Based Approach.* Turner, A, and Comfort, P, eds. New York: Routledge, 13-39, 2022.
259. Suchomel, TJ, Nimphius, S, Bellon, CR, and Stone, MH. The importance of muscular strength: Training considerations. *Sports Med* 48:765-785, 2018.
260. Suchomel, TJ, Wagle, JP, Douglas, J, Taber, CB, Harden, M, Haff, GG, and Stone, MH. Implementing eccentric resistance training – Part 1: A brief review of existing methods. *J Funct Morphol Kinesiol* 4:38, 2019.
261. Taber, CB, Vigotsky, A, Nuckols, G, and Haun, CT. Exerciseinduced myofibrillar hypertrophy is a contributory cause of gains in muscle strength. *Sports Med* 49:993-997, 2019.
262. Tharp, GD. The role of glucocorticoids in exercise. *Med Sci Sports* 7:6-11, 1975.
263. Trappe, S, Luden, N, Minchev, K, Raue, U, Jemiolo, B, and Trappe, T. Skeletal muscle signature of a champion sprint runner. *J Appl Physiol*, 118:1460-1466, 2015.
264. Travis, SK, Ishida, A, Taber, CB, Fry, AC, and Stone, MH. Emphasizing task-specific hypertrophy to enhance sequential strength and power performance. *J Funct Morphol Kinesiol* 5:7, 2020.
265. Travis, SK, Zwetsloot, KA, Mujika, I, Stone, MH, and Bazyler, CD. Skeletal muscle adaptations and performance outcomes following a step and exponential taper in strength athletes. *Front Physiol* 12:735932, 2021.
266. Tremblay, MS, Copeland, JL, and Van Helder, W. Effect of training status and exercise mode on endogenous steroid hormones in men. *J Appl Physiol* 96:531-539, 2004. 267. Trinick, J. Elastic filaments and giant proteins in muscle. *Curr Opin Cell Biol* 3:112-119, 1991.
268. Trombitás, K, and Pollack, GH. Elastic properties of the titin filament in the Z-line region of vertebrate striated muscle. *J Muscle Res Cell Motil* 14:416-422, 1993.
269. Tsianos, G, Sanders, J, Dhamrait, S, Humphries, S, Grant, S, and Montgomery, H. The ACE gene insertion/deletion polymorphism and elite endurance swimming. *Eur J Appl Physiol* 92:360-362, 2004.
270. Tsolakis, C, Messinis D, Stergioulas A, and Dessypris A. Hormonal responses after strength training and detraining in prepubertal and pubertal boys. *J Strength Cond Res* 14:399404, 2000.
271. Turvey, MT, Fitch, HL, and Tuler, B. The Berstein perspective I: The problem of degrees of freedom and context conditioned variability. In *Human Motor Behavior: An Introduction.* Kelso, JAS, ed. Hillsdale, NJ: Erlbaum, 239-252, 1982.
272. van Cutsem, M, Duchateau, J, and Hainaut, K. Changes in single motor unit behaviour contribute to the increase in contraction speed after dynamic training in humans. *J Physiol* 513:295-305, 1998.
273. Vann, CG, Roberson, PA, Osburn, SC, Mumford, PW, Romero, MA, Fox, CD, Moore, JH, Haun, CT, Beck, DT, and Moon, JR. Skeletal muscle myofibrillar protein abundance is higher in resistance-trained men, and aging in the absence of training may have an opposite effect. *Sports* 8:7, 2020.
274. Varillas-Delgado, D, Del Coso, J, Gutiérrez-Hellín, J, AguilarNavarro, M, Muñoz, A, Maestro, A, and Morencos, E. Genetics and sports performance: The present and future in the identification of talent for sports based on DNA testing. *Eur J Appl Physiol* 122:1811-1830, 2022.
275. Verhoeven, FM, and Newell, KM. Unifying practice schedules in the timescales of motor learning and performance. *Hum Mov Sci* 59:153-169, 2018.
276. Vincent, B, De Bock, K, Ramaekers, M, Van den Eede, E, Van Leemputte, M, Hespel, P, and Thomis, MA. ACTN3 (R577X) genotype is associated with fiber type distribution. *Physiol Genomics* 32:58-63, 2007.
277. Vingren, JL, Kraemer, WJ, Hatfield, DL, Volek, JS, Ratamess, NA, Anderson, JM, Häkkinen, K, Ahtiainen, J, Fragala, MS, and Thomas, GA. Effect of resistance exercise on muscle steroid receptor protein content in strength-trained men and women. *Steroids* 74:1033-1039, 2009.
278. Vingren, JL, Kraemer, WJ, Ratamess, NA, Anderson, JM, Volek, JS, and Maresh, CM. Testosterone physiology in resistance exercise and training: The up-stream regulatory elements. *Sports Med* 40:1037-1053, 2010.
279. Viru, A, and Viru, M. *Biochemical Monitoring of Sport.* Champaign, IL: Human Kinetics, 2001.
280. Wagle, JP, Carroll, KM, Cunanan, AJ, Wetmore, A, Taber, CB, DeWeese, BH, Sato, K, Stuart, CA, and Stone, MH. Preliminary investigation into the effect of ACTN3 and ACE polymorphisms on muscle and performance characteristics. *J Strength Cond Res* 35:688-694, 2021.

281. Wakahara, T, Miyamoto, N, Sugisaki, N, Murata, K, Kanehisa, H, Kawakami, Y, Fukunaga, T, and Yanai, T. Association between regional differences in muscle activation in one session of resistance exercise and in muscle hypertrophy after resistance training. *Eur J Appl Physiol* 112:1569-1576, 2012.
282. Walker, PM, Brunotte, F, Rouhier-Marcer, I, Cottin, Y, Casillas, J-M, Gras, P, and Didier, J-P. Nuclear magnetic resonance evidence of different muscular adaptations after resistance training. *Arch Phys Med Rehabil* 79:1391-1398, 1998.
283. Wdowski, MM, and Gittoes, MJR. Kinematic adaptations in sprint acceleration performances without and with the constraint of holding a field hockey stick. *Sports Biomech* 12:143-153, 2013.
284. Webborn, N, Williams, A, McNamee, M, Bouchard, C, Pitsiladis, Y, Ahmetov, I, Ashley, E, Byrne, N, Camporesi, S, and Collins, M. Direct-to-consumer genetic testing for predicting sports performance and talent identification: Consensus statement. *Br J Sports Med* 49:1486-1491, 2015.
285. Weiss, LW, Cureton, KJ, and Thompson, FN. Comparison of serum testosterone and androstenedione responses to weight lifting in men and women. *Eur J Appl Physiol Occup Physiol* 50:413-419, 1983.
286. Wells, AJ, Fukuda, DH, Hoffman, JR, Gonzalez, AM, Jajtner, AR, Townsend, JR, Mangine, GT, Fragala, MS, and Stout, JR. Vastus lateralis exhibits non-homogenous adaptation to resistance training. *Muscle Nerve* 50:785-793, 2014.
287. Wickiewicz, TL, Roy, RR, Powell, PL, and Edgerton, VR. Muscle architecture of the human lower limb. *Clin Orthop Relat Res* 179:275-283, 1983.
288. Wickiewicz, TL, Roy, RR, Powell, PL, Perrine, JJ, and Edgerton, VR. Muscle architecture and force-velocity relationships in humans. *J Appl Physiol* 57:435-443, 1984.
289. Widmann, M, Nieß, AM, and Munz, B. Physical exercise and epigenetic modifications in skeletal muscle. *Sports Med* 49:509-523, 2019.
290. Wilkerson, JE, Horvath, SM, and Gutin, B. Plasma testosterone during treadmill exercise. *J Appl Physiol Respir Environ Exerc Physiol* 49:249-253, 1980.
291. Wortsman, J. Role of epinephrine in acute stress. *Endocrinol Metab Clin* 31:79-106, 2002.
292. Wulf, G. Attentional focus and motor learning: A review of 15 years. *Int Rev Sport Exerc Psychol* 6:77-104, 2013.
293. Yang, N, MacArthur, DG, Gulbin, JP, Hahn, AG, Beggs, AH, Easteal, S, and North, K. ACTN3 genotype is associated with human elite athletic performance. *Am J Hum Genet* 73:627631, 2003.
294. Yao, W, Fuglevand, RJ, and Enoka, RM. Motor-unit synchronization increases EMG amplitude and decreases force steadiness of simulated contractions. *J Neurophysiol* 83:441-452, 2000.
295. Young, WB, Pryor, JF, and Wilson, GJ. Effect of instructions on characteristics of countermovement and drop jump performance. *J Strength Cond Res* 9:232-236, 1995.
296. Yuen, M, and Ottenheijm, CAC. Nebulin: Big protein with big responsibilities. *J Muscle Res Cell Motil* 41:103-124, 2020.
297. Zamparo, P, Minetti, A, and di Prampero, P. Interplay among the changes of muscle strength, cross-sectional area and maximal explosive power: Theory and facts. *Eur J Appl Physiol* 88:193202, 2002.
298. Zaras, N, Methenitis, S, Stasinaki, A-N, Spiliopoulou, P, Anousaki, E, Karampatsos, G, Hadjicharalambous, M, and Terzis, G. Differences in rate of force development, muscle morphology and maximum strength between weightlifters and track and field throwers. *Appl Sci* 12:8031, 2022.

Capítulo 4

1. Androulakis-Korakakis, P, Fisher, JP, and Steele, J. The minimum effective training dose required to increase 1RM strength in resistance-trained men: A systematic review and meta-analysis. *Sports Med* 50:751-765, 2020.
2. Bazyler, CD, Abbott, HA, Bellon, CR, Taber, CB, and Stone, MH. Strength training for endurance athletes: Theory to practice. *Strength Cond J* 37:1-12, 2015.
3. Bazyler, CD, Mizuguchi, S, Harrison, AP, Sato, K, Kavanaugh, AA, DeWeese, BH, and Stone, MH. Changes in muscle architecture, explosive ability, and track and field throwing performance throughout a competitive season and following a taper. *J Strength Cond Res* 31:2785-2793, 2017.
4. Bazyler, CD, Mizuguchi, S, Sole, CJ, Suchomel, TJ, Sato, K, Kavanaugh, AA, DeWeese, BH, and Stone, MH. Jumping performance is preserved, but not muscle thickness in collegiate volleyball players after a taper. *J Strength Cond Res* 32:1029-1035, 2018.
5. Bazyler, CD, Sato, K, Wassinger, CA, Lamont, HS, and Stone, MH. The efficacy of incorporating partial squats in maximal strength training. *J Strength Cond Res* 28:3024-3032, 2014.
6. Bompa, TO, and Haff, G. *Periodization: Theory and Methodology of Training.* Champaign, IL: Human Kinetics, 2009.
7. Bondarchuk, A. Periodization of sports training. *Legkaya Atletika* 12:8-9, 1986.
8. Bosquet, L, Berryman, N, Dupuy, O, Mekary, S, Arvisais, D, Bherer, L, and Mujika, I. Effect of training cessation on muscular performance: A meta-analysis. *Scand J Med Sci Sports* 23:e140-149, 2013.
9. Branscheidt, M, Kassavetis, P, Anaya, M, Rogers, D, Huang, HD, Lindquist, MA, and Celnik, P. Fatigue induces long-lasting detrimental changes in motor-skill learning. *eLife* 8:40578, 2019.
10. Bryanton, MA, Kennedy, MD, Carey, JP, and Chiu, LZF. Effect of squat depth and barbell load on relative muscular effort in squatting. *J Strength Cond Res* 26:2820-2828, 2012.
11. Burgomaster, KA, Howarth, KR, Phillips, SM, Rakobowchuk, M, MacDonald, MJ, McGee, SL, and Gibala, MJ. Similar metabolic adaptations during exercise after low volume sprint interval and traditional endurance training in humans. *J Physiol* 586:151-160, 2008.
12. Burke, RE. The control of muscle force: Motor unit recruitment and firing patterns. In *Human Muscle Power.* Jones, NL, McCartney, M, and McComas, AJ. eds. Champaign, IL: Human Kinetics, 97-106, 1986.

13. Bushnell, T, and Hunter, I. Differences in technique between sprinters and distance runners at equal and maximal speeds. *Sports Biomech* 6:261-268, 2007.
14. Busso, T, Candau, R, and Lacour, JR. Fatigue and fitness modelled from the effects of training on performance. *Eur J Appl Physiol Occup Physiol* 69:50-54, 1994.
15. Campeiz, JM, and de Oliveira, PR. Effects of concentrated charges of strength training on anaerobic variables and body composition of professional soccer players. *J Sports Sci Med* 10:172, 2007.
16. Carroll, KM, Bazyler, CD, Bernards, JR, Taber, CB, Stuart, CA, DeWeese, BH, Sato, K, and Stone, MH. Skeletal muscle fiber adaptations following resistance training using repetition maximums or relative intensity. *Sports* 7:169, 2019.
17. Carroll, KM, Bernards, JR, Bazyler, CD, Taber, CB, Stuart, CA, DeWeese, BH, Sato, K, and Stone, MH. Divergent performance outcomes following resistance training using repetition maximums or relative intensity. *Int J Sports Physiol Perform* 14:46-54, 2019.
18. Carvalho, L, Morrigi, R, Jr, Truffi, G, Serra, A, Sander, R, De Souza, EO, and Barroso, R. Is stronger better? Influence of a strength phase followed by a hypertrophy phase on muscular adaptations in resistance-trained men. *Res Sports Med* 29:536546, 2021.
19. Comfort, P, Haff, GG, Suchomel, TJ, Soriano, MA, Pierce, KC, Hornsby, WG, Haff, EE, Sommerfield, LM, Chavda, S, Morris, SJ, Fry, AC, and Stone, MH. National Strength and Conditioning Association position statement on weightlifting for sports performance. *J Strength Cond Res* 37:1163-1190, 2023.
20. Comfort, P, McMahon, JJ, and Suchomel, TJ. Optimizing squat technique – Revisited. *Strength Cond J* 40:68-74, 2018.
21. Contreras, B, Vigotsky, AD, Schoenfeld, BJ, Beardsley, C, McMaster, DT, Reyneke, J, and Cronin, J. Effects of a six-week hip thrust versus front squat resistance training program on performance in adolescent males: A randomized-controlled trial. *J Strength Cond Res* 31:999-1008, 2017.
22. Coratella, G, Tornatore, G, Caccavale, F, Longo, S, Esposito, F, and Cè, E. The activation of gluteal, thigh, and lower back muscles in different squat variations performed by competitive bodybuilders: Implications for resistance training. *Int J Environ Res Public Health* 18:772, 2021.
23. Cormie, P, McGuigan, MR, and Newton, RU. Adaptations in athletic performance after ballistic power versus strength training. *Med Sci Sports Exerc* 42:1582-1598, 2010.
24. Cormie, P, McGuigan, MR, and Newton, RU. Changes in the eccentric phase contribute to improved stretch-shorten cycle performance after training. *Med Sci Sports Exerc* 42:17311744, 2010.
25. Cormie, P, McGuigan, MR, and Newton, RU. Influence of strength on magnitude and mechanisms of adaptation to power training. *Med Sci Sports Exerc* 42:1566-1581, 2010.
26. Cormie, P, McGuigan, MR, and Newton, RU. Developing maximal neuromuscular power: Part 2 – training considerations for improving maximal power production. *Sports Med* 41:125-146, 2011.
27. Cunanan, AJ, DeWeese, BH, Wagle, JP, Carroll, KM, Sausaman, R, Hornsby, WG, Haff, GG, Triplett, NT, Pierce, KC, and Stone, MH. The general adaptation syndrome: A foundation for the concept of periodization. *Sports Med* 48:787-797, 2018.
28. Dellal, A, Lago-Peñas, C, Rey, E, Chamari, K, and Orhant, E. The effects of a congested fixture period on physical performance, technical activity and injury rate during matches in a professional soccer team. *Br J Sports Med* 49:390-394, 2015.
29. DeWeese, BH, Bellon, CR, Magrum, E, Taber, CB, and Suchomel, TJ. Strengthening the springs: Improving sprint performance via strength training. *Techniques* 9:8-20, 2016.
30. DeWeese, BH, Hornsby, G, Stone, M, and Stone, MH. The training process: Planning for strength–power training in track and field. Part 1: Theoretical aspects. *J Sport Health Sci* 4:308-317, 2015.
31. DeWeese, BH, Hornsby, G, Stone, M, and Stone, MH. The training process: Planning for strength–power training in track and field. Part 2: Practical and applied aspects. *J Sport Health Sci* 4:318-324, 2015. 32. DeWeese, BH, and Scruggs, SK. The countermovement shrug. *Strength Cond J* 34:20-23, 2012.
33. DeWeese, BH, Serrano, AJ, Scruggs, SK, and Burton, JD. The midthigh pull: Proper application and progressions of a weightlifting movement derivative. *Strength Cond J* 35:54-58, 2013.
34. DeWeese, BH, Serrano, AJ, Scruggs, SK, and Sams, ML. The clean pull and snatch pull: Proper technique for weightlifting movement derivatives. *Strength Cond J* 34:82-86, 2012.
35. DeWeese, BH, Serrano, AJ, Scruggs, SK, and Sams, ML. The pull to knee – Proper biomechanics for a weightlifting movement derivative. *Strength Cond J* 34:73-75, 2012.
36. DeWeese, BH, Suchomel, TJ, Serrano, AJ, Burton, JD, Scruggs, SK, and Taber, CB. The pull from the knee: Proper technique and application. *Strength Cond J* 38:79-85, 2016.
37. Elliott, MCCW, Wagner, PP, and Chiu, L. Power athletes and distance training: Physiological and biomechanical rationale for change. *Sports Med* 37:47-57, 2007.
38. Ema, R, Sakaguchi, M, and Kawakami, Y. Thigh and psoas major muscularity and its relation to running mechanics in sprinters. *Med Sci Sports Exerc* 50:2085-2091, 2018.
39. Ema, R, Wakahara, T, Yanaka, T, Kanehisa, H, and Kawakami, Y. Unique muscularity in cyclists' thigh and trunk: A crosssectional and longitudinal study. *Scand J Med Sci Sports* 26:782-793, 2016.
40. Fitzpatrick, DA, Cimadoro, G, and Cleather, DJ. The magical horizontal force muscle? A preliminary study examining the "force-vector" theory. *Sports* 7:30, 2019.
41. Folland, JP, Buckthorpe, MW, and Hannah, R. Human capacity for explosive force production: Neural and contractile determinants. *Scand J Med Sci Sports* 24:894-906, 2014.
42. Foster, C. Monitoring training in athletes with reference to overtraining syndrome. *Med Sci Sports Exerc* 30:1164-1168, 1998.

43. Franco-Márquez, F, Rodríguez-Rosell, D, González-Suárez, JM, Pareja-Blanco, F, Mora-Custodio, R, Yañez-García, JM, and González-Badillo, JJ. Effects of combined resistance training and plyometrics on physical performance in young soccer players. *Int J Sports Med* 36:906-914, 2015.
44. Fry, AC, Kraemer, WJ, Lynch, JM, Triplett, NT, and Koziris, LP. Does short-term near-maximal intensity machine resistance training induce overtraining? *J Strength Cond Res* 8:188-191, 1994.
45. Fry, AC, Kraemer, WJ, van Borselen, F, Lynch, JM, Marsit, JL, Roy, EP, Triplett, NT, and Knuttgen, HG. Performance decrements with high-intensity resistance exercise overtraining. *Med Sci Sports Exerc* 26:1165-1173, 1994.
46. Fyfe, JJ, Hamilton, DL, and Daly, RM. Minimal-dose resistance training for improving muscle mass, strength, and function: A narrative review of current evidence and practical considerations. *Sports Med* 52:463-479, 2022.
47. Gehri, DJ, Ricard, MD, Kleiner, DM, and Kirkendall, DT. A comparison of plyometric training techniques for improving vertical jump ability and energy production. *J Strength Cond Res* 12:85-89, 1998.
48. Gergley, JC. Comparison of two lower-body modes of endurance training on lower-body strength development while concurrently training. *J Strength Cond Res* 23:979-987, 2009.
49. Green, CM, and Comfort, P. The affect of grip width on bench press performance and risk of injury. *Strength Cond J* 29:10-14, 2007.
50. Haff, GG, and Nimphius, S. Training principles for power. *Strength Cond J* 34:2-12, 2012.
51. Harris, GR, Stone, MH, O'Bryant, HS, Proulx, CM, and Johnson, RL. Short-term performance effects of high power, high force, or combined weight-training methods. *J Strength Cond Res* 14:14-20, 2000.
52. Haug, WB, Drinkwater, EJ, and Chapman, DW. Learning the hang power clean: Kinetic, kinematic, and technical changes in four weightlifting naive athletes. *J Strength Cond Res* 29:1766-1779, 2015.
53. Hawkins, SB, Doyle, TLA, and McGuigan, MR. The effect of different training programs on eccentric energy utilization in college-aged males. *J Strength Cond Res* 23:1996-2002, 2009.
54. Hawley, JA. Specificity of training adaptation: Time for a rethink? *J Physiol* 586:1-2, 2008.
55. Hodges, NJ, Hayes, S, Horn, RR, and Williams, AM. Changes in coordination, control and outcome as a result of extended practice on a novel motor skill. *Ergonomics* 48:1672-1685, 2005.
56. Hoshikawa, Y, Muramatsu, M, Iida, T, Uchiyama, A, Nakajima, Y, Kanehisa, H, and Fukunaga, T. Influence of the psoas major and thigh muscularity on 100-m times in junior sprinters. *Med Sci Sports Exerc* 38:2138-2143, 2006.
57. Hunter, SK. Performance fatigability: Mechanisms and task specificity. *Cold Spring Harb Perspect Med* 8:a029728, 2018.
58. Ishida, A, Rochau, K, Findlay, KP, Devero, B, Duca, M, and Stone, MH. Effects of an initial muscle strength level on sports performance changes in collegiate soccer players. *Sports* 8:127, 2020.
59. Issurin, VB. Block periodization versus traditional training theory: A review. *J Sports Med Phys Fitness* 48:65-75, 2008.
60. Issurin, VB. Generalized training effects induced by athletic preparation. A review. *J Sports Med Phys Fit* 49:333-345, 2009.
61. Issurin, VB. New horizons for the methodology and physiology of training periodization. *Sports Med* 40:189-206, 2010.
62. Issurin, VB. Benefits and limitations of block periodized training approaches to athletes' preparation: A review. *Sports Med* 46:329-338, 2016.
63. James, LP, Haff, GG, Kelly, VG, Connick, M, Hoffman, B, and Beckman, EM. The impact of strength level on adaptations to combined weightlifting, plyometric and ballistic training. *Scand J Med Sci Sports* 28:1494-1505, 2018.
64. James, LP, Haycraft, J, Pierobon, A, Suchomel, TJ, and Connick, M. Mixed versus focused resistance training during an Australian football pre-season. *J Funct Morphol Kinesiol* 5:99, 2020.
65. Koceja, DM, Davison, E, and Robertson, CT. Neuromuscular characteristics of endurance- and power-trained athletes. *Res Quart Exerc Sport* 75:23-30, 2004.
66. Kotani, Y, Lake, J, Guppy, SN, Poon, W, Nosaka, K, and Haff, GG. Agreement in squat jump force-time characteristics between Smith machine and free-weight squat jump forcetime characteristics. *J Strength Cond Res* 37:1955-1962, 2023.
67. Kotani, Y, Lake, JP, Guppy, SN, Poon, W, Nosaka, K, Hori, N, and Haff, GG. Reliability of the squat jump force--velocity and load-velocity profiles. *J Strength Cond Res* 36:3000-3007, 2022.
68. Kotzamanidis, C, Chatzopoulos, D, Michailidis C, Papaiakovou G, and Patikas D. The effect of a combined highintensity strength and speed training program on the running and jumping ability of soccer players. *J Strength Cond Res* 19:369-375, 2005.
69. Kozinc, Ž, Pleša, J, and Šarabon, N. Questionable utility of the eccentric utilization ratio in relation to the performance of volleyball players. *Int J Environ Res Public Health* 18:11754, 2021.
70. Kozinc, Ž, Žitnik, J, Smajla, D, and Šarabon, N. The difference between squat jump and countermovement jump in 770 male and female participants from different sports. *Eur J Sport Sci* 22:985-993, 2022.
71. Krieger, JW. Single versus multiple sets of resistance exercise: A meta-regression. *J Strength Cond Res* 23:1890-1901, 2009.
72. Kruger, A. From Russia with love? Sixty years of proliferation of L.P. Matveyev's concept of periodisation? *Staps* 114:51-59, 2016.
73. Lago-Peñas, C, Rey, E, Lago-Ballesteros, J, Casáis, L, and Domínguez, E. The influence of a congested calendar on physical performance in elite soccer. *J Strength Cond Res* 25:2111-2117, 2011.
74. Leslie, KLM, and Comfort, P. The effect of grip width and hand orientation on muscle activity during pull-ups and the lat pull-down. *Strength Cond J* 35:75-78, 2013.
75. Lindberg, K, Solberg, P, Bjørnsen, T, Helland, C, Rønnestad, B, Thorsen Frank, M, Haugen, T, Østerås, S, Kristof-

fersen, M, and Midttun, M. Force-velocity profiling in athletes: Reliability and agreement across methods. *PLoS One* 16:e0245791, 2021.
76. Loeb, GE. Hard lessons in motor control from the mammalian spinal cord. *Trends Neurosci* 10:108-113, 1987.
77. Loturco, I, Contreras, B, Kobal, R, Fernandes, V, Moura, N, Siqueira, F, Winckler, C, Suchomel, TJ, and Pereira, LA. Vertically and horizontally directed muscle power exercises: Relationships with top-level sprint performance. *PLoS One* 13:e0201475, 2018.
78. Mangine, GT, Hoffman, JR, Wang, R, Gonzalez, AM, Townsend, JR, Wells, AJ, Jajtner, AR, Beyer, KS, Boone, CH, and Miramonti, AA. Resistance training intensity and volume affect changes in rate of force development in resistance-trained men. *Eur J Appl Physiol* 116:2367-2374, 2016.
79. Matveyev, LP. *Periodization of Sports Training.* Moskow: Fizkultura i Sport, 1965.
80. Matveyev, LP. *Fundamentals of Sport Training.* Moscow: FIS Publisher, 1977.
81. Matveyev, LP, and Zdornyj, AP. *Fundamentals of Sports Training.* Moscow: Progress Publishers, 1981.
82. McGee, D, Jessee, TC, Stone, MH, and Blessing, D. Leg and hip endurance adaptations to three weight-training programs. *J Appl Sport Sci Res* 6:92-95, 1992.
83. McGuigan, MR, La Doyle, T, Newton, M, Edwards, DJ, Nimphius, S, and Newton, RU. Eccentric utilization ratio: Effect of sport and phase of training. *J Strength Cond Res* 20:992-995, 2006.
84. Minetti, AE. On the mechanical power of joint extensions as affected by the change in muscle force (or cross-sectional area), ceteris paribus. *Eur J Appl Physiol* 86:363-369, 2002.
85. Morais, JE, Silva, AJ, Garrido, ND, Marinho, DA, and Barbosa, TM. The transfer of strength and power into the stroke biomechanics of young swimmers over a 34-week period. *Eur J Sport Sci* 18:787-795, 2018.
86. Morris, SJ, Oliver, JL, Pedley, JS, Haff, GG, and Lloyd, RS. Taking a long-term approach to the development of weightlifting ability in young athletes. *Strength Cond J* 42:71-90, 2020.
87. Mujika, I. *Tapering and Peaking.* Champaign, IL: Human Kinetics, 2009.
88. Mujika, I, and Padilla, S. Detraining: Loss of training-induced physiological and performance adaptations. Part I: Short term insufficient training stimulus. *Sports Med* 30:79-87, 2000.
89. Mujika, I, and Padilla, S. Detraining: Loss of training-induced physiological and performance adaptations. Part II: Long term insufficient training stimulus. *Sports Med* 30:145-154, 2000.
90. Nagahara, R, Mizutani M, Matsuo A, Kanehisa H, and Fukunaga T. Association of sprint performance with ground reaction forces during acceleration and maximal speed phases in a single sprint. *J Appl Biomech* 34:104-110, 2018.
91. Newton, RU, Häkkinen, K, Häkkinen, A, McCormick, M, Volek, J, and Kraemer, WJ. Mixed-methods resistance training increases power and strength of young and older men. *Med Sci Sports Exerc* 34:1367-1375, 2002.
92. Newton, RU, and Kraemer, WJ. Developing explosive muscular power: Implications for a mixed methods training strategy. *Strength Cond J* 16:20-31, 1994.
93. O'Bryant, HS, Byrd, R, and Stone, MH. Cycle ergometer performance and maximum leg and hip strength adaptations to two different methods of weight-training. *J Strength Cond Res* 2:27-30, 1988.
94. Painter, KB, Haff, GG, Ramsey, MW, McBride, J, Triplett, T, Sands, WA, Lamont, HS, Stone, ME, and Stone, MH. Strength gains: Block versus daily undulating periodization weight training among track and field athletes. *Int J Sports Physiol Perform* 7:161-169, 2012.
95. Piper, TJ, and Waller, MA. Variations of the deadlift. *Strength Cond J* 23:66-73, 2001.
96. Plisk, SS, and Stone, MH. Periodization strategies. *Strength Cond J* 25:19-37, 2003.
97. Pyne, DB, Mujika, I, and Reilly, T. Peaking for optimal performance: Research limitations and future directions. *J Sports Sci* 27:195-202, 2009.
98. Rhea, MR, and Alderman, BL. A meta-analysis of periodized versus nonperiodized strength and power training programs. *Res Q Exerc Sport* 75:413-422, 2004.
99. Rhea, MR, Alvar, BA, and Burkett, LN. Single versus multiple sets for strength: A meta-analysis to address the controversy. *Res Quart Exerc Sport* 73:485-488, 2002.
100. Rhea, MR, Kenn, JG, Peterson, MD, Massey, D, Simão, R, Marin, PJ, Favero, M, Cardozo, D, and Krein, D. Joint-angle specific strength adaptations influence improvements in power in highly trained athletes. *Hum Mov* 17:43-49, 2016.
101. Rodríguez-Rosell, D, Torres-Torrelo, J, Franco-Márquez, F, González-Suárez, JM, and González-Badillo, JJ. Effects of light-load maximal lifting velocity weight training vs. combined weight training and plyometrics on sprint, vertical jump and strength performance in adult soccer players. *J Sci Med Sport* 20:695-699, 2017.
102. Rønnestad, BR, Hansen, EA, and Raastad, T. High volume of endurance training impairs adaptations to 12 weeks of strength training in well-trained endurance athletes. *Eur J Appl Physiol* 112:1457-1466, 2012.
103. Sale, DG. Neural adaptations to strength training. In *Strength and Power in Sport.* Komi, PV, ed. Oxford: Blackwell Scientific, 281-313, 2003.
104. Samozino, P, Rabita, G, Dorel, S, Slawinski, J, Peyrot, N, de Villarreal, ESS, and Morin, JB. A simple method for measuring power, force, velocity properties, and mechanical effectiveness in sprint running. *Scand J Med Sci Sports* 26:648-658, 2016.
105. Samozino, P, Rejc, E, Di Prampero, PE, Belli, A, and Morin, J-B. Optimal force–velocity profile in ballistic movements – Altius: Citius or Fortius? *Med Sci Sports Exerc* 44:313-322, 2012.
106. Schoenfeld, BJ, Grgic, J, Ogborn, D, and Krieger, JW. Strength and hypertrophy adaptations between low-versus high-load resistance training: A systematic review and meta-analysis. *J Strength Cond Res* 31:3508-3523, 2017.
107. Schot, P, Dart, J, and Schuh, M. Biomechanical analysis of two change-of-direction maneuvers while running. *J Orthop Sports Phys Ther* 22:254-258, 1995.

108. Sheppard, JM, Chapman, D, and Taylor, K-L. An evaluation of a strength qualities assessment method for the lower body. *J Aust Strength Cond* 19:4-10, 2011.
109. Sigward, SM, Cesar, GM, and Havens, KL. Predictors of frontal plane knee moments during side-step cutting to 45 and 110 men and women: Implications for ACL injury. *Clin J Sport Med* 25:529-534, 2015.
110. Stone, MH. Muscle conditioning and muscle injuries. *Med Sci Sports Exerc* 22:457-462, 1990.
111. Stone, MH, Hornsby, WG, Haff, GG, Fry, AC, Suarez, DG, Liu, J, Gonzalez-Rave, JM, and Pierce, KC. Periodization and block periodization in sports: Emphasis on strength-power training – A provocative and challenging narrative. *J Strength Cond Res* 35:2351-2371, 2021.
112. Stone, MH, Hornsby, WG, Suarez, DG, Duca, M, and Pierce, KC. Training specificity for athletes: Emphasis on strengthpower training: A narrative review. *J Funct Morphol Kinesiol* 7:102, 2022.
113. Stone, MH, Moir, G, Glaister, M, and Sanders, R. How much strength is necessary? *Phys Ther Sport* 3:88-96, 2002.
114. Stone, MH, O'Bryant, H, and Garhammer, J. A hypothetical model for strength training. *J Sports Med Phys Fitness* 21:342351, 1981.
115. Stone, MH, O'Bryant, H, Garhammer, J, McMillan, J, and Rozenek, R. A theoretical model of strength training. *Strength Cond J* 4:36-39, 1982.
116. Stone, MH, Plisk, S, and Collins, D. Training principles: Evaluation of modes and methods of resistance training – A coaching perspective. *Sports Biomech* 1:79-103, 2002.
117. Stone, MH, Stone, M, and Sands, WA. *Principles and Practice of Resistance Training*. Champaign, IL: Human Kinetics, 2007. 118. Stone, MH, Suchomel, TJ, Hornsby, WG, Wagle, JP, and Cunanan, AJ. Exercise selection. In *Strength and Conditioning in Sports: From Science to Practice*. New York: Routledge, 252-272, 2022.
119. Stone, MH, Suchomel, TJ, Hornsby, WG, Wagle, JP, and Cunanan, AJ. General concepts and training principles for athlete development. In *Strength and Conditioning in Sports: From Science to Practice*. New York: Routledge, 221-251, 2022.
120. Stowers, T, McMillan, J, Scala, D, Davis, V, Wilson, D, and Stone, M. The short-term effects of three different strengthpower training methods. *Strength Cond J* 5:24-27, 1983.
121. Suarez, DG, Mizuguchi, S, Hornsby, WG, Cunanan, AJ, Marsh, DJ, and Stone, MH. Phase-specific changes in rate of force development and muscle morphology throughout a block periodized training cycle in weightlifters. *Sports* 7:129, 2019.
122. Suarez, DG, Wagle, JP, Cunanan, AJ, Sausaman, RW, and Stone, MH. Dynamic correspondence of resistance training to sport: A brief review. *Strength Cond J* 41:80-88, 2019.
123. Suchomel, TJ. The gray area of programming weightlifting exercises. *Natl Strength Cond Assoc Coach* 7:6-14, 2020. 124. Suchomel, TJ. Resistance training strategies to train the forcevelocity characteristics of athletes. In *Central Virginia Sport Performance: The Manual*, Vol 7. DeMayo, J, ed. Amazon Publishing, 95-118, 2022.
125. Suchomel, TJ, and Comfort, P. Weightlifting for sports performance. In *Advanced Strength and Conditioning: An EvidenceBased Approach*. Turner, A, and Comfort, P, eds. New York: Routledge, 283-306, 2022.
126. Suchomel, TJ, DeWeese, BH, Beckham, GK, Serrano, AJ, and French, SM. The hang high pull: A progressive exercise into weightlifting derivatives. *Strength Cond J* 36:79-83, 2014.
127. Suchomel, TJ, DeWeese, BH, Beckham, GK, Serrano, AJ, and Sole, CJ. The jump shrug: A progressive exercise into weightlifting derivatives. *Strength Cond J* 36:43-47, 2014.
128. Suchomel, TJ, DeWeese, BH, and Serrano, AJ. The power clean and power snatch from the knee. *Strength Cond J* 38:98105, 2016.
129. Suchomel, TJ, McKeever, SM, and Comfort, P. Training with weightlifting derivatives: The effects of force and velocity overload stimuli. *J Strength Cond Res* 34:1808-1818, 2020.
130. Suchomel, TJ, McKeever, SM, McMahon, JJ, and Comfort, P. The effect of training with weightlifting catching or pulling derivatives on squat jump and countermovement jump forcetime adaptations. *J Funct Morphol Kinesiol* 5:28, 2020.
131. Suchomel, TJ, McKeever, SM, Nolen, JD, and Comfort, P. Muscle architectural and force-velocity curve adaptations following 10 weeks of training with weightlifting catching and pulling derivatives. *J Sports Sci Med* 21:504-516, 2022.
132. Suchomel, TJ, Nimphius, S, Bellon, CR, Hornsby, WG, and Stone, MH. Training for muscular strength: Methods for monitoring and adjusting training intensity. *Sports Med* 51:2051-2066, 2021.
133. Suchomel, TJ, Nimphius, S, Bellon, CR, and Stone, MH. The importance of muscular strength: Training considerations. *Sports Med* 48:765-785, 2018.
134. Suchomel, TJ, Nimphius, S, and Stone, MH. The importance of muscular strength in athletic performance. *Sports Med* 46:1419-1449, 2016.
135. Suchomel, TJ, Sole, CJ, Bellon, CR, and Stone, MH. Dynamic strength index: Relationships with common performance variables and contextualization of training recommendations. *J Hum Kinet* 74:59-70, 2020.
136. Suchomel, TJ, Taber, CB, Sole, CJ, and Stone, MH. Force-time differences between ballistic and non-ballistic half-squats. *Sports* 6:79, 2018.
137. Taber, CB, Bellon, CR, Abbott, H, and Bingham, GE. Roles of maximal strength and rate of force development in maximizing muscular power. *Strength Cond J* 38:71-78, 2016.
138. Thompson, SW, Rogerson, D, Ruddock, A, and Barnes, A. The effectiveness of two methods of prescribing load on maximal strength development: A systematic review. *Sports Med* 50:919-938, 2020.
139. Travis, SK, Mujika, I, Gentles, JA, Stone, MH, and Bazyler, CD. Tapering and peaking maximal strength for powerlifting performance: A review. *Sports (Basel)* 8:125, 2020.
140. Valenzuela, PL, Sánchez-Martínez, G, Torrontegi, E, VázquezCarrión, J, Montalvo, Z, and Haff, GG. Should we base training prescription on the force–velocity profile? Exploratory study of its between-day reliability and dif-

ferences between methods. *Int J Sports Physiol Perform* 16:1001-1007, 2021.
141. Verkhoshansky, Y, and Tatyan, V. Speed-strength preparation for future champions. *Sov Sports Rev* 18:166-170, 1983.
142. Verkhoshansky, YV. *Programming and organization of training*. Livonia, MI: Sportivny Press, 1985.
143. Verkhoshansky, YV, and Siff, MC. *Supertraining*. Verkhoshansky, 2009.
144. Wetmore, AB, Moquin, PA, Carroll, KM, Fry, AC, Hornsby, WG, and Stone, MH. The effect of training status on adaptations to 11 weeks of block periodization training. *Sports* 8:145, 2020.
145. Williams, TD, Tolusso, DV, Fedewa, MV, and Esco, MR. Comparison of periodized and non-periodized resistance training on maximal strength: A meta-analysis. *Sports Med* 47:2083-2100, 2017.
146. Willoughby, DS. A comparison of three selected weight training programs on the upper and lower body strength of trained males. *Ann J Appl Res Coach Athl* 7:124-146, 1992.
147. Willoughby, DS. The effects of mesocycle-length weight training programs involving periodization and partially equated volumes on upper and lower body strength. *J Strength Cond Res* 7:2-8, 1993.
148. Yavuz, HU, Erdağ, D, Amca, AM, and Aritan, S. Kinematic and EMG activities during front and back squat variations in maximum loads. *J Sports Sci* 33: 1058-1066, 2015.
149. Young, WB. Transfer of strength and power training to sports performance. *Int J Sports Physiol Perform* 1:74-83, 2006.
150. Zamparo, P, Minetti, A, and di Prampero, P. Interplay among the changes of muscle strength, cross-sectional area and maximal explosive power: Theory and facts. *Eur J Appl Physiol* 88:193-202, 2002.
151. Zatsiorsky, V. *Science and Practice of Strength Training*. Champaign, IL: Human Kinetics, 1995.

Capítulo 5

1. Aboodarda, SJ, Byrne, JM, Samson, M, Wilson, BD, Mokhtar, AH, and Behm, DG. Does performing drop jumps with additional eccentric loading improve jump performance? *J Strength Cond Res* 28:2314-2323, 2014.
2. Aboodarda, SJ, Page, PA, and Behm, DG. Eccentric and concentric jumping performance during augmented jumps with elastic resistance: A meta-analysis. *Int J Sports Phys Ther* 10:839-849, 2015.
3. Aboodarda, SJ, Yusof, A, Osman, NAA, Thompson, MW, and Mokhtar, AH. Enhanced performance with elastic resistance during the eccentric phase of a countermovement jump. *Int J Sports Physiol Perform* 8:181-187, 2013.
4. Aerts, I, Cumps, E, Verhagen, E, Verschueren, J, and Meeusen, R. A systematic review of different jump-landing variables in relation to injuries. *J Sports Med Phys Fitness* 53:509-519, 2013.
5. Alcaraz, PE, Carlos-Vivas, J, Oponjuru, BO, and Martine-zRodriguez, A. The effectiveness of resisted sled training (RST) for sprint performance: A systematic review and meta-analysis. *Sports Med* 48:2143-2165, 2018.
6. Allen, WJC, de Keijzer, KL, Raya-González, J, Castillo, D, Coratella, G, and Beato, M. Chronic effects of flywheel training on physical capacities in soccer players: A systematic review. *Res Sports Med* 31:228-248, 2023.
7. Andersen, LL, and Aagaard, P. Influence of maximal muscle strength and intrinsic muscle contractile properties on contractile rate of force development. *Eur J Appl Physiol* 96:4652, 2006.
8. Anderson, K, and Behm, DG. Trunk muscle activity increases with unstable squat movements. *Can J Appl Physiol* 30:33-45, 2005.
9. Andrade, DC, Manzo, O, Beltrán, AR, Alvares, C, Del Rio, R, Toledo, C, Moran, J, and Ramirez-Campillo, R. Kinematic and neuromuscular measures of intensity during plyometric jumps. *J Strength Cond Res* 34:3395-3402, 2020.
10. Appleby, BB, Cormack, SJ, and Newton, RU. Specificity and transfer of lower-body strength: Influence of bilateral or unilateral lower-body resistance training. *J Strength Cond Res* 33:318-326, 2019.
11. Appleby, BB, Cormack, SJ, and Newton, RU. Unilateral and bilateral lower-body resistance training does not transfer equally to sprint and change of direction performance. *J Strength Cond Res* 34:54-64, 2020.
12. Arabatzi, F, and Kellis, E. Olympic weightlifting training causes different knee muscle-coactivation adaptations compared with traditional weight training. *J Strength Cond Res* 26:2192-2201, 2012.
13. Asadi, A, Arazi, H, Young, WB, and de Villarreal, ESS. The effects of plyometric training on change-of-direction ability: A meta-analysis. *Int J Sports Physiol Perform* 11:563-573, 2016.
14. Augustsson, J, Esko, A, Thomeé, R, and Svantesson, U. Weight training of the thigh muscles using closed versus open kinetic chain exercises: A comparison of performance enhancement. *J Orthop Sports Phys Ther* 27:3-8, 1998.
15. Azevedo, P, Oliveira, MGD, and Schoenfeld, BJ. Effect of different eccentric tempos on hypertrophy and strength of the lower limbs. *Biol Sport* 39:443-449, 2022.
16. Bakrac, ND. Dynamics of muscle strength improvement during isokinetic rehabilitation of athletes with ACL rupture and chondromalacia patellae. *J Sports Med Phys Fitness* 43:69-74, 2003.
17. Beato, M, and Dello Iacono, A. Implementing flywheel (isoinertial) exercise in strength training: Current evidence, practical recommendations, and future directions. *Front Physiol* 11:569, 2020.
18. Beato, M, Maroto-Izquierdo, S, Hernández-Davó, JL, and Raya-González, J. Flywheel training periodization in team sports. *Front Physiol* 12:732802, 2021.
19. Behm, DG, and Anderson, KG. The role of instability with resistance training. *J Strength Cond Res* 20:716-722, 2006.
20. Berg, HE, and Tesch, A. A gravity-independent ergometer to be used for resistance training in space. *Aviat Space Environ Med* 65:752-756, 1994.
21. Berning, JM, Adams, KJ, DeBeliso, M, Sevene-Adams, PG, Harris, C, and Stamford, BA. Effect of functional isometric squats on vertical jump in trained and untrained men. *J Strength Cond Res* 24:2285-2289, 2010.

22. Blackburn, JR, and Morrissey, MC. The relationship between open and closed kinetic chain strength of the lower limb and jumping performance. *J Ortho Sports Phys Ther* 27:430-435, 1998.
23. Bobbert, MF, and Van Soest, AJ. Effects of muscle strengthening on vertical jump height: A simulation study. *Med Sci Sports Exerc* 26:1012-1020, 1994.
24. Brown, LE, and Whitehurst, M. The effect of short-term isokinetic training on force and rate of velocity development. *J Strength Cond Res* 17:88-94, 2003.
25. Brumitt, J, Gilpin, HE, Brunette, M, and Meira, EP. Incorporating kettlebells into a lower extremity sports rehabilitation program. *N Am J Sports Phys Ther* 5:257-265, 2010.
26. Buchheit, M, Samozino, P, Glynn, JA, Michael, BS, Al Haddad, H, Mendez-Villanueva, A, and Morin, JB. Mechanical determinants of acceleration and maximal sprinting speed in highly trained young soccer players. *J Sports Sci* 32:19061913, 2014.
27. Cabri, JMH, and Clarys, JP. Isokinetic exercise in rehabilitation. *Appl Ergon* 22:295-298, 1991.
28. Cahill, MJ, Oliver, JL, Cronin, JB, Clark, K, Cross, MR, Lloyd, RS, and Lee, JE. Influence of resisted sled-pull training on the sprint force-velocity profile of male high-school athletes. *J Strength Cond Res* 34:2751-2759, 2020.
29. Cahill, MJ, Oliver, JL, Cronin, JB, Clark, KP, Cross, MR, and Lloyd, RS. Influence of resisted sled-push training on the sprint force-velocity profile of male high school athletes. *Scand J Med Sci Sports* 30:442-449, 2020.
30. Campbell, BI, and Otto, WH, III. Should kettlebells be used in strength and conditioning? *Strength Cond J* 35:27-29, 2013.
31. Campney, HK, and Wehr, RW. Effects of calisthenics on selected components of physical fitness. *Res Q Am Assoc Health Phys Educ* 36:393-402, 1965.
32. Carlson, L, Jonker, B, Westcott, WL, Steele, J, and Fisher, JP. Neither repetition duration nor number of muscle actions affect strength increases, body composition, muscle size, or fasted blood glucose in trained males and females. *Appl Physiol Nutr Metab* 44:200-207, 2019.
33. Carroll, KM, Wagle, JP, Sato, K, Taber, CB, Yoshida, N, Bingham, GE, and Stone, MH. Characterising overload in inertial flywheel devices for use in exercise training. *Sports Biomech* 18:390-401, 2019.
34. Carzoli, JP, Sousa, CA, Belcher, DJ, Helms, ER, Khamoui, AV, Whitehurst, M, and Zourdos, MC. The effects of eccentric phase duration on concentric outcomes in the back squat and bench press in well-trained males. *J Sports Sci* 37:2676-2684, 2019.
35. Channell, BT, and Barfield, JP. Effect of Olympic and traditional resistance training on vertical jump improvement in high school boys. *J Strength Cond Res* 22:1522-1527, 2008.
36. Chaouachi, A, Hammami, R, Kaabi, S, Chamari, K, Drinkwater, EJ, and Behm, DG. Olympic weightlifting and plyometric training with children provides similar or greater performance improvements than traditional resistance training. *J Strength Cond Res* 28:1483-1496, 2014.
37. Chiu, LZF, Fry, AC, Weiss, LW, Schilling, BK, Brown, LE, and Smith, SL. Postactivation potentiation response in athletic and recreationally trained individuals. *J Strength Cond Res* 17:671-677, 2003.
38. Clark, BC, and Manini, TM. Can KAATSU exercise cause rhabdomyolysis? *Clin J Sport Med* 27:e1-e2, 2017.
39. Clark, KP. Determinants of top speed sprinting: Minimum requirements for maximum velocity. *Appl Sci* 12:8289, 2022.
40. Clark, KP, and Weyand, PG. Are running speeds maximized with simple-spring stance mechanics? *J Appl Physiol* 117:604615, 2014.
41. Clos, P, Laroche, D, Stapley, PJ, and Lepers, R. Neuromuscular and perceptual responses to sub-maximal eccentric cycling: A mini-review. *Front Physiol* 10:1-10, 2019.
42. Comfort, P, Dos'Santos, T, Thomas, C, McMahon, JJ, and Suchomel, TJ. An investigation into the effects of excluding the catch phase of the power clean on force-time characteristics during isometric and dynamic tasks: An intervention study. *J Strength Cond Res* 32:2116-2129, 2018.
43. Comfort, P, Fletcher, C, and McMahon, JJ. Determination of optimal loading during the power clean, in collegiate athletes. *J Strength Cond Res* 26:2970-2974, 2012.
44. Comfort, P, Haff, GG, Suchomel, TJ, Soriano, MA, Pierce, KC, Hornsby, WG, Haff, EE, Sommerfield, LM, Chavda, S, Morris, SJ, Fry, AC, and Stone, MH. National Strength and Conditioning Association position statement on weightlifting for sports performance. *J Strength Cond Res* 37:1163-1190, 2023.
45. Comfort, P, Jones, PA, and Udall, R. The effect of load and sex on kinematic and kinetic variables during the mid-thigh clean pull. *Sports Biomech* 14:139-156, 2015.
46. Comfort, P, Udall, R, and Jones, PA. The effect of loading on kinematic and kinetic variables during the midthigh clean pull. *J Strength Cond Res* 26:1208-1214, 2012.
47. Comfort, P, Williams, R, Suchomel, TJ, and Lake, JP. A comparison of catch phase force-time characteristics during clean derivatives from the knee. *J Strength Cond Res* 31:19111918, 2017.
48. Cormie, P, McGuigan, MR, and Newton, RU. Influence of strength on magnitude and mechanisms of adaptation to power training. *Med Sci Sports Exerc* 42:1566-1581, 2010.
49. Cortes, N, Onate, J, and Van Lunen, B. Pivot task increases knee frontal plane loading compared with sidestep and dropjump. *J Sports Sci* 29:83-92, 2011.
50. Cotter, S. *Kettlebell Training*. Champaign, IL: Human Kinetics, 2022.
51. Coudeyre, E, Jegu, AG, Giustanini, M, Marrel, JP, Edouard, P, and Pereira, B. Isokinetic muscle strengthening for knee osteoarthritis: A systematic review of randomized controlled trials with meta-analysis. *Ann Phys Rehabil Med* 59:207-215, 2016.
52. Cowley, ES, Olenick, AA, McNulty, KL, and Ross, EZ. "Invisible sportswomen": The sex data gap in sport and exercise science research. *Women Sport Phys Act J* 29:146-151, 2021.
53. Coyle, EF, Feiring, DC, Rotkis, TC, Cote, RW, Roby, FB, Lee, W, and Wilmore, JH. Specificity of power improvements through slow and fast isokinetic training. *J Appl Phys* 51:1437-1442, 1981.
54. Crewther, BT, Kilduff, LP, Cook, CJ, Middleton, MK, Bunce, PJ, and Yang, GZ. The acute potentiating effects of

back squats on athlete performance. *J Strength Cond Res* 25:3319-3325, 2011.

55. Cross, MR, Brughelli, M, Samozino, P, Brown, SR, and Morin, J-B. Optimal loading for maximizing power during sled-resisted sprinting. *Int J Sports Physiol Perform* 12:10691077, 2017.
56. Cuenca-Fernández, F, Smith, IC, Jordan, MJ, MacIntosh, BR, López-Contreras, G, Arellano, R, and Herzog, W. Nonlocalized postactivation performance enhancement (PAPE) effects in trained athletes: A pilot study. *Appl Physiol Nutr Metab* 42:1122-1125, 2017.
57. Dai, B, Garrett, WE, Gross, MT, Padua, DA, Queen, RM, and Yu, B. The effect of performance demands on lower extremity biomechanics during landing and cutting tasks. *J Sport Health Sci* 8:228-234, 2019.
58. Dalen, T, Welde, B, van den Tillaar, R, and Aune, TK. Effect of single vs. multi joint ballistic resistance training upon vertical jump performance. *Acta Kinesiol Univ Tartu* 19:86-97, 2013.
59. Davies, J, Parker, DF, Rutherford, OM, and Jones, DA. Changes in strength and cross sectional area of the elbow flexors as a result of isometric strength training. *Eur J Appl Physiol Occup Physiol* 57:667-670, 1988.
60. De Bleecker, C, Vermeulen, S, De Blaiser, C, Willems, T, De Ridder, R, and Roosen, P. Relationship between jump-landing kinematics and lower extremity overuse injuries in physically active populations: A systematic review and meta-analysis. *Sports Med* 50:1515-1532, 2020.
61. de Keijzer, KL, Gonzalez, JR, and Beato, M. The effect of flywheel training on strength and physical capacities in sporting and healthy populations: An umbrella review. *PLoS One* 17:e0264375, 2022.
62. de Keijzer, KL, McErlain-Naylor, SA, Brownlee, TE, Raya-González, J, and Beato, M. Perception and application of flywheel training by professional soccer practitioners. *Biol Sport* 39:809-817, 2022.
63. de Keijzer, KL, Raya-González J, López Samanés, Á, Moreno Perez, V, and Beato, M. Perception and use of flywheel resistance training amongst therapists in sport. *Front Sports Act Living* 5:1141431, 2023.
64. de Villarreal, ESS, Requena, B, and Cronin, JB. The effects of plyometric training on sprint performance: A meta-analysis. *J Strength Cond Res* 26:575-584, 2012.
65. de Villarreal, ESS, Requena, B, Izquierdo, M, and GonzalezBadillo, JJ. Enhancing sprint and strength performance: Combined versus maximal power, traditional heavy-resistance and plyometric training *J Sci Med Sport* 16:146-150, 2013.
66. de Villarreal, ESS, Requena, B, and Newton, RU. Does plyometric training improve strength performance? A metaanalysis. *J Sci Med Sport* 13:513-522, 2010.
67. Desmedt, JE, and Godaux, E. Ballistic contractions in man: Characteristic recruitment pattern of single motor units of the tibialis anterior muscle. *J Physiol* 264:673-693, 1977. 68. DeWeese, BH, and Nimphius, S. Speed and agility program design and technique. In *Essentials of Strength Training and Conditioning*. 4th ed. Haff, GG, and Triplett, NT, eds. Champaign, IL: Human Kinetics, 521-557, 2016.
69. DeWeese, BH, Bellon, CR, Magrum, E, Taber, CB, and Suchomel, TJ. Strengthening the springs: Improving sprint performance via strength training. *Techniques* 9:8-20, 2016.
70. DeWeese, BH, Sams, ML, and Serrano, AJ. Sliding toward Sochi – Part 1: A review of programming tactics used during the 2010-2014 quadrennial. *Natl Strength Cond Assoc Coach* 1:30-42, 2014.
71. DeWeese, BH, Sams, ML, and Serrano, AJ. Sliding toward Sochi – Part 2: A review of programming tactics used during the 2010-2014 quadrennial. *Natl Strength Cond Assoc Coach* 1:4-7, 2014.
72. DeWeese, BH, Sams, ML, Williams, JH, and Bellon, CR. The nature of speed: Enhancing sprint abilities through a short to long training approach. *Techniques* 8:8-22, 2015.
73. Dos'Santos, T, McBurnie, A, Comfort, P, and Jones, PA. The effects of six-weeks change of direction speed and technique modification training on cutting performance and movement quality in male youth soccer players. *Sports* 7:205, 2019.
74. Dos'Santos, T, Thomas, C, and Jones, PA. The effect of angle on change of direction biomechanics: Comparison and inter-task relationships. *J Sports Sci* 39:2618-2631, 2021.
75. Dos'Santos, T, Thomas, C, and Jones, PA. How early should you brake during a 180° turn? A kinetic comparison of the antepenultimate, penultimate, and final foot contacts during a 505 change of direction speed test. *J Sports Sci* 39:395-405, 2021.
76. Douglas, J, Pearson, S, Ross, A, and McGuigan, MR. Chronic adaptations to eccentric training: A systematic review. *Sports Med* 47:917-941, 2017.
77. Douglas, J, Pearson, S, Ross, A, and McGuigan, MR. Eccentric exercise: Physiological characteristics and acute responses. *Sports Med* 47:663-675, 2017.
78. Duchateau, J, and Hainaut, K. Mechanisms of muscle and motor unit adaptation to explosive power training. In *Strength and Power in Sport*. Paavov, VK, ed. Oxford, UK: Blackwell Science, 315-330, 2003.
79. Duehring, MD, Feldmann, CR, and Ebben, WP. Strength and conditioning practices of United States high school strength and conditioning coaches. *J Strength Cond Res* 23:2188-2203, 2009.
80. Dufour, SP, Lampert, E, Doutreleau, S, Lonsdorfer-Wolf, E, Billat, VL, Piquard, F, and Richard, R. Eccentric cycle exercise: Training application of specific circulatory adjustments. *Med Sci Sports Exerc* 36:1900-1906, 2004.
81. Dvir, Z, and Müller, S. Multiple-joint isokinetic dynamometry: A critical review. *J Strength Cond Res* 34:587-601, 2020.
82. Ebben, WP, and Blackard, DO. Strength and conditioning practices of National Football League strength and conditioning coaches. *J Strength Cond Res* 15:48-58, 2001.
83. Ebben, WP, Carroll, RM, and Simenz, CJ. Strength and conditioning practices of National Hockey League strength and conditioning coaches. *J Strength Cond Res* 18:889-897, 2004.
84. Ebben, WP, Fauth, ML, Garceau, LR, and Petushek, EJ. Kinetic quantification of plyometric exercise intensity. *J Strength Cond Res* 25:3288-3298, 2011.

85. Ebben, WP, Feldmann, CR, Vanderzanden, TL, Fauth, ML, and Petushek, EJ. Periodized plyometric training is effective for women, and performance is not influenced by the length of post-training recovery. *J Strength Cond Res* 24:1-7, 2010.
86. Ebben, WP, Hintz, MJ, and Simenz, CJ. Strength and conditioning practices of Major League Baseball strength and conditioning coaches. *J Strength Cond Res* 19:538-546, 2005.
87. Ebben, WP, and Jensen, RL. Electromyographic and kinetic analysis of traditional, chain, and elastic band squats. *J Strength Cond Res* 16:547-550, 2002.
88. Ebben, WP, Simenz, C, and Jensen, RL. Evaluation of plyometric intensity using electromyography. *J Strength Cond Res* 22:861-868, 2008.
89. Ebben, WP, Suchomel, TJ, and Garceau, LR. The effect of plyometric training volume on jumping performance. In *Proceedings of the 32nd International Conference of Biomechanics in Sports, Johnson City, TN, USA, 12-16 July, 2014.* Holland, MA: International Society of Biomechanics in Sports, 566-569, 2014.
90. Ebben, WP, Vanderzanden, T, Wurm, BJ, and Petushek, EJ. Evaluating plyometric exercises using time to stabilization. *J Strength Cond Res* 24:300-306, 2010.
91. Ellenbecker, TS, and Davies, GJ. The application of isokinetics in testing and rehabilitation of the shoulder complex. *J Athl Train* 35:338-350, 2000.
92. Esformes, JI, Keenan, M, Moody, J, and Bampouras, TM. Effect of different types of conditioning contraction on upper body postactivation potentiation. *J Strength Cond Res* 25:143148, 2011.
93. Farup, J, and Sorensen, H. Postactivation potentiation: Upper body force development changes after maximal force intervention. *J Strength Cond Res* 24:1874-1879, 2010.
94. Fleck, SJ, and Kraemer, WJ. *Designing Resistance Training Programs*. 4th ed. Champaign, IL: Human Kinetics, 2014.
95. Flores, FJ, Sedano, S, and Redondo, JC. Optimal load and power spectrum during jerk and back jerk in competitive weightlifters. *J Strength Cond Res* 31:809-816, 2017.
96. French, DN, Kraemer, WJ, and Cooke, CB. Changes in dynamic exercise performance following a sequence of preconditioning isometric muscle actions. *J Strength Cond Res* 17:678-685, 2003.
97. Gentil, P, Fisher, J, and Steele, J. A review of the acute effects and long-term adaptations of single- and multi-joint exercises during resistance training. *Sports Med* 47:843-855, 2017.
98. Gepfert, M, Trybulski, R, Stastny, P, and Wilk, M. Fast eccentric movement tempo elicits higher physiological responses than medium eccentric tempo in ice-hockey players. *Int J Environ Res Public Health* 18:7694, 2021.
99. Gillies, EM, Putman, CT, and Bell, GJ. The effect of varying the time of concentric and eccentric muscle actions during resistance training on skeletal muscle adaptations in women. *Eur J Appl Physiol* 97:443-453, 2006.
100. Gilmore, SL, Brilla, LR, Suprak, DN, Chalmers, GR, and Dahlquist, DT. Effect of a high-intensity isometric potentiating warm-up on bat velocity. *J Strength Cond Res* 33:152-158, 2019.
101. Gioftsidou, A, Beneka, A, Malliou, P, Pafis, G, and Godolias, G. Soccer players' muscular imbalances: Restoration with an isokinetic strength training program. *Percept Mot Skills* 103:151-159, 2006.
102. Gioftsidou, A, Ispirlidis, I, Pafis, G, Malliou, P, Bikos, C, and Godolias, G. Isokinetic strength training program for muscular imbalances in professional soccer players. *Sport Sci Health* 2:101-105, 2008.
103. Golik-Peric, D, Drapsin, M, Obradovic, B, and Drid, P. Shortterm isokinetic training versus isotonic training: Effects on asymmetry in strength of thigh muscles. *J Hum Kinet* 30:2935, 2011.
104. Gottschall, JS, and Kram, R. Ground reaction forces during downhill and uphill running. *J Biomech* 38:445-452, 2005.
105. Grimby, G. Isokinetic training. *Int J Sports Med* 3:S61-S64, 1982.
106. Grimby, G. Progressive resistance exercise for injury rehabilitation: Special emphasis on isokinetic training. *Sports Med* 2:309-315, 1985.
107. Grønfeldt, BM, Lindberg Nielsen, J, Mieritz, RM, Lund, H, and Aagaard, P. Effect of blood-flow restricted vs heavy-load strength training on muscle strength: Systematic review and meta-analysis. *Scand J Med Sci Sports* 30:837-848, 2020.
108. Guilhem, G, Cornu, C, and Guével, A. Neuromuscular and muscle-tendon system adaptations to isotonic and isokinetic eccentric exercise. *Ann Phys Rehabil Med* 53:319-341, 2010.
109. Guilhem, G, Cornu, C, Maffiuletti, NA, and Guével, A. Neuromuscular adaptations to isoload versus isokinetic eccentric resistance training. *Med Sci Sports Exerc* 45:326-335, 2013.
110. Gullich, A, and Schmidtbleicher, D. MVC-induced short-term potentiation of explosive force. *New Stud Athletics* 11:67-81, 1996.
111. Haff, GG. Roundtable discussion: Machines versus free weights. *Strength Cond J* 22:18-30, 2000.
112. Haff, GG, Whitley, A, McCoy, LB, O'Bryant, HS, Kilgore, JL, Haff, EE, Pierce, K, and Stone, MH. Effects of different set configurations on barbell velocity and displacement during a clean pull. *J Strength Cond Res* 17:95-103, 2003.
113. Handford, MJ, Bright, TE, Mundy, P, Lake, J, Theis, N, and Hughes, JD. A conceptual framework of different eccentric training methods. *Strength Cond J* 46:148-158, 2024.
114. Handford, MJ, Bright, TE, Mundy, P, Lake, JP, Theis, N, and Hughes, JD. The need for eccentric speed: A narrative review of the effects of accelerated eccentric actions during resistancebased training. *Sports Med* 52:2061-2083, 2022.
115. Harden, M, Wolf, A, Haff, GG, Hicks, KM, and Howatson, G. Repeatability and specificity of eccentric force output and the implications for eccentric training load prescription. *J Strength Cond Res* 33:676-683, 2019.
116. Harper, DJ, Carling, C, and Kiely, J. High-intensity acceleration and deceleration demands in elite team sports competitive match play: A systematic review and meta-analysis of observational studies. *Sports Med* 49:1923-1947, 2019.

117. Harper, DJ, Cohen, DD, Carling, C, and Kiely, J. Can countermovement jump neuromuscular performance qualities differentiate maximal horizontal deceleration ability in team sport athletes? *Sports* 8:76, 2020.
118. Harper, DJ, Jordan, AR, and Kiely, J. Relationships between eccentric and concentric knee strength capacities and maximal linear deceleration ability in male academy soccer players. *J Strength Cond Res* 35:465-472, 2021.
119. Harper, DJ, McBurnie, AJ, Santos, TD, Eriksrud, O, Evans, M, Cohen, DD, Rhodes, D, Carling, C, and Kiely, J. Biomechanical and neuromuscular performance requirements of horizontal deceleration: A review with implications for random intermittent multi-directional sports. *Sports Med* 52:2321-2354, 2022.
120. Harper, DJ, Morin, J-B, Carling, C, and Kiely, J. Measuring maximal horizontal deceleration ability using radar technology: Reliability and sensitivity of kinematic and kinetic variables. *Sports Biomech* 22:1192-1208, 2023.
121. Harris, NK, Woulfe, CJ, Wood, MR, Dulson, DK, Gluchowski, AK, and Keogh, JB. Acute physiological responses to strongman training compared to traditional strength training. *J Strength Cond Res* 30:1397-1408, 2016.
122. Harrison, JS. Bodyweight training: A return to basics. *Strength Cond J* 32:52-55, 2010.
123. Harrison, JS, Schoenfeld, B, and Schoenfeld, ML. Applications of kettlebells in exercise program design. *Strength Cond J* 33:86-89, 2011.
124. Haven, KL, and Sigward, SM. Whole body mechanics differ among running and cutting maneuvers in skilled athletes. *Gait Posture* 42:240-245, 2015.
125. Hedrick, A. Teaching the clean. *Strength Cond J* 26:70-72, 2004.
126. Hindle, B, Lorimer, A, Winwood, P, Brimm, D, and Keogh, JWL. The biomechanical characteristics of the strongman atlas stone lift. *PeerJ* 9:e12066, 2021.
127. Hindle, BR, Lorimer, A, Winwood, P, Brimm, D, and Keogh, JWL. The biomechanical characteristics of the strongman yoke walk. *Front Sports Act Living* 3:110, 2021.
128. Hindle, BR, Lorimer, A, Winwood, P, and Keogh, JWL. The biomechanics and applications of strongman exercises: A systematic review. *Sports Med Open* 5:49, 2019. 129. Hislop, HJ, and Perrine, J. The isokinetic concept of exercise. *Phys Ther* 47:114-117, 1967.
130. Hoffman, JR, Cooper, J, Wendell, M, and Kang, J. Comparison of Olympic vs. traditional power lifting training programs in football players. *J Strength Cond Res* 18:129-135, 2004.
131. Hollander, DB, Kraemer, RR, Kilpatrick, MW, Ramadan, ZG, Reeves, GV, Francois, M, Hebert, EP, and Tryniecki, JL. Maximal eccentric and concentric strength discrepancies between young men and women for dynamic resistance exercise. *J Strength Cond Res* 21:34-40, 2007.
132. Holmstrup, ME, Jensen, BT, Evans, WS, and Marshall, EC. Eight weeks of kettlebell swing training does not improve sprint performance in recreationally active females. *Int J Exerc Sci* 9:437-444, 2016.
133. Hortobágyi, T, and Katch, FI. Eccentric and concentric torque-velocity relationships during arm flexion and extension: Influence of strength level. *Eur J Appl Physiol Occup Physiol* 60:395-401, 1990.
134. Hughes, L, Paton, B, Rosenblatt, B, Gissane, C, and Patterson, SD. Blood flow restriction training in clinical musculoskeletal rehabilitation: A systematic review and meta-analysis. *Br J Sports Med* 51:1003-1011, 2017.
135. Hunter, JP, Marshall, RN, and McNair, PJ. Relationships between ground reaction force impulse and kinematics of sprint-running acceleration. *J Appl Biomech* 21:31-43, 2005.
136. Israetel, MA, McBride, JM, Nuzzo, JL, Skinner, JW, and Dayne, AM. Kinetic and kinematic differences between squats performed with and without elastic bands. *J Strength Cond Res* 24:190-194, 2010.
137. James, LP, Haff, GG, Kelly, VG, Connick, M, Hoffman, B, and Beckman, EM. The impact of strength level on adaptations to combined weightlifting, plyometric and ballistic training. *Scand J Med Sci Sports* 28:1494-1505, 2018.
138. Jarvis, MM, Graham-Smith, P, and Comfort, P. A methodological approach to quantifying plyometric intensity. *J Strength Cond Res* 30:2522-2532, 2016.
139. Jay, K, Frisch, D, Hansen, K, Zebis, MK, Andersen, CH, Mortensen, OS, and Andersen, LL. Kettlebell training for musculoskeletal and cardiovascular health: A randomized controlled trial. *Scand J Work Environ Health* 37:196-203, 2011.
140. Jay, K, Jakobsen, MD, Sundstrup, E, Skotte, JH, Jørgensen, MB, Andersen, CH, Pedersen, MT, and Andersen, LL. Effects of kettlebell training on postural coordination and jump performance: A randomized controlled trial. *J Strength Cond Res* 27:1202-1209, 2013.
141. Jensen, RL, and Ebben, WP. Quantifying plyometric intensity via rate of force development, knee joint, and ground reaction forces. *J Strength Cond Res* 21:763-767, 2007.
142. Jo, E, Judelson, DA, Brown, LE, Coburn, JW, and Dabbs, NC. Influence of recovery duration after a potentiating stimulus on muscular power in recreationally trained individuals. *J Strength Cond Res* 24:343-347, 2010.
143. Jones, PA, Thomas, C, Dos'Santos, T, McMahon, JJ, and Graham-Smith, P. The role of eccentric strength in 180 turns in female soccer players. *Sports* 5:42, 2017.
144. Kadlec, D, Miller-Dicks, M, and Nimphius, S. Training for "worst-case" scenarios in sidestepping: Unifying strength and conditioning and perception-action approaches. *Sports Med Open* 9:22, 2023.
145. Kawamori, N, Nosaka, K, and Newton, RU. Relationships between ground reaction impulse and sprint acceleration performance in team sport athletes. *J Strength Cond Res* 27:568573, 2013.
146. Keogh, JWL, Kattan, A, Logan, S, Bensley, J, Muller, C, and Powell, L. A preliminary kinematic gait analysis of a strongman event: The farmers walk. *Sports* 2:24-33, 2014.
147. Keogh, JWL, Newlands, C, Blewett, S, Payne, A, and Chun-Er, L. A kinematic analysis of a strongman-type event: The heavy sprint-style sled pull. *J Strength Cond Res* 24:3088-3097, 2010.
148. Khlifa, R, Aouadi, R, Hermassi, S, Chelly, MS, Jlid, MC, Hbacha, H, and Castagna, C. Effects of a plyometric training program with and without added load on jumping ability in basketball players. *J Strength Cond Res* 24:2955-2961, 2010.

149. Kilduff, LP, Bevan, HR, Kingsley, MI, Owen, NJ, Bennett, MA, Bunce, PJ, Hore, AM, Maw, JR, and Cunningham, DJ. Postactivation potentiation in professional rugby players: Optimal recovery. *J Strength Cond Res* 21:1134-1138, 2007.
150. Kipp, K, Malloy, PJ, Smith, J, Giordanelli, MD, Kiely, MT, Geiser, CF, and Suchomel, TJ. Mechanical demands of the hang power clean and jump shrug: A joint-level perspective. *J Strength Cond Res* 32:466-474, 2018.
151. Kojić, F, Ranisavljev, I, Ćosić, D, Popović, D, Stojiljković, S, and Ilić, V. Effects of resistance training on hypertrophy, strength and tensiomyography parameters of elbow flexors: Role of eccentric phase duration. *Biol Sport* 38:587-594, 2021.
152. Komi, PV, Viitasalo, JT, Rauramaa, R, and Vihko, V. Effect of isometric strength training on mechanical, electrical, and metabolic aspects of muscle function. *Eur J Appl Physiol Occup Physiol* 40:45-55, 1978.
153. Kon, M, Ikeda, T, Homma, T, Akimoto, T, Suzuki, Y, and Kawahara, T. Effects of acute hypoxia on metabolic and hormonal responses to resistance exercise. *Med Sci Sports Exerc* 42:1279-1285, 2010.
154. Kon, M, Ikeda, T, Homma, T, and Suzuki, Y. Effects of lowintensity resistance exercise under acute systemic hypoxia on hormonal responses. *J Strength Cond Res* 26:611-617, 2012.
155. Kossow, AJ, and Ebben, WP. Kinetic analysis of horizontal plyometric exercise intensity. *J Strength Cond Res* 32:12221229, 2018.
156. Kotarsky, CJ, Christensen, BK, Miller, JS, and Hackney, KJ. Effect of progressive calisthenic push-up training on muscle strength and thickness. *J Strength Cond Res* 32:651-659, 2018.
157. Kowalchuk, K, and Butcher, S. Eccentric overload flywheel training in older adults. *J Funct Morphol Kinesiol* 4:61, 2019.
158. Lahti, J, Jiménez-Reyes, P, Cross, MR, Samozino, P, Chassaing, P, Simond-Cote, B, Ahtiainen, JP, and Morin, J-B. Individual sprint force-velocity profile adaptations to in--season assisted and resisted velocity-based training in professional rugby. *Sports* 8:74, 2020.
159. Lake, JP, and Lauder, MA. Kettlebell swing training improves maximal and explosive strength. *J Strength Cond Res* 26:22282233, 2012.
160. Lake, JP, Lauder, MA, Smith, NA, and Shorter, KA. A comparison of ballistic and non-ballistic lower-body resistance exercise and the methods used to identify their positive lifting phases. *J Appl Biomech* 28:431-437, 2012.
161. Lake, JP, Mundy, PD, Comfort, P, McMahon, JJ, Suchomel, TJ, and Carden, P. The effect of barbell load on vertical jump landing force-time characteristics. *J Strength Cond Res* 35:25-32, 2021.
162. LaStayo, PC, Woolf, JM, Lewek, MD, Snyder-Mackler, L, Reich, T, and Lindstedt, SL. Eccentric muscle contractions: Their contribution to injury, prevention, rehabilitation, and sport. *J Ortho Sports Phys Ther* 33:557-571, 2003.
163. Lesmes, GR, Costill, DL, Coyle, EF, and Fink, WJ. Muscle strength and power changes during maximal isokinetic training. *Med Sci Sports* 10:266-269, 1978.
164. Lindstedt, SL, LaStayo, PC, and Reich, TE. When active muscles lengthen: Properties and consequences of eccentric contractions. *News Physiol Sci* 16:256-261, 2001.
165. Lixandrão, ME, Ugrinowitsch, C, Berton, R, Vechin, FC, Conceição, MS, Damas, F, Libardi, CA, and Roschel, H. Magnitude of muscle strength and mass adaptations between high-load resistance training versus low-load resistance training associated with blood-flow restriction: A systematic review and meta-analysis. *Sports Med* 48:361-378, 2018.
166. Loenneke, JP, Wilson, JM, Marín, PJ, Zourdos, MC, and Bemben, MG. Low intensity blood flow restriction training: A meta-analysis. *Eur J Appl Physiol* 112:1849-1859, 2012.
167. Lorenz, D, and Reiman, M. The role and implementation of eccentric training in athletic rehabilitation: Tendinopathy, hamstring strains, and ACL reconstruction. *Int J Sports Phys Ther* 6:27-44, 2011.
168. Lum, D, and Barbosa, TM. Brief review: Effects of isometric strength training on strength and dynamic performance. *Int J Sports Med* 40:363-375, 2019.
169. Lum, D, Barbosa, TM, Joseph, R, and Balasekaran, G. Effects of two isometric strength training methods on jump and sprint performances: A randomized controlled trial. *J Sci Sport Exerc* 3:115-124, 2021.
170. Lum, D, Comfort, P, Barbosa, TM, and Balasekaran, G. Comparing the effects of plyometric and isometric strength training on dynamic and isometric force-time characteristics. *Biol Sport* 39:189-197, 2022.
171. Lum, D, Haff, GG, and Barbosa, TM. The relationship between isometric force-time characteristics and dynamic performance: A systematic review. *Sports* 8:63, 2020.
172. Lum, D, Joseph, R, Ong, KY, Tang, JM, and Suchomel, TJ. Comparing the effects of long-term vs. periodic inclusion of isometric strength training on strength and dynamic performances. *J Strength Cond Res* 37:305-314, 2023.
173. MacIntosh, BR, Herzog, W, Suter, E, Wiley, JP, and Sokolosky, J. Human skeletal muscle fibre types and force: Velocity properties. *Eur J Appl Physiol Occup Physiol* 67:499-506, 1993.
174. Manocchia, P, Spierer, DK, Lufkin, AKS, Minichiello, J, and Castro, J. Transference of kettlebell training to strength, power, and endurance. *J Strength Cond Res* 27:477-484, 2013.
175. Marcinik, EJ, Hodgdon, JA, Mittleman, K, and O'Brien, JJ. Aerobic/calisthenic and aerobic/circuit weight training programs for Navy men: A comparative study. *Med Sci Sports Exerc* 17:482-487, 1985.
176. Markovic, G. Does plyometric training improve vertical jump height? A meta-analytical review. *Br J Sports Med* 41:349355, 2007.
177. Maroto-Izquierdo, S, García-López, D, Fernandez-Gonzalo, R, Moreira, OC, González-Gallego, J, and de Paz, JA. Skeletal muscle functional and structural adaptations after eccentric overload flywheel resistance training: A systematic review and meta-analysis. *J Sci Med Sport* 20:943-951, 2017.
178. Martín-Rivera, F, Beato, M, Alepuz-Moner, V, and MarotoIzquierdo, S. Use of concentric linear velocity to monitor flywheel exercise load. *Front Physiol* 13:1616, 2022.

179. Martínez-Hernández, D. Flywheel eccentric training: How to effectively generate eccentric overload. *Strength Cond J* 46:234-250, 2024.
180. Mattocks, KT, Jessee, MB, Mouser, JG, Dankel, SJ, Buckner, SL, Bell, ZW, Owens, JG, Abe T, and Loenneke JP. The application of blood flow restriction: Lessons from the laboratory. *Curr Sports Med Rep* 17:129-134, 2018.
181. McBurnie, AJ, Harper, DJ, Jones, PA, and Dos'Santos, T. Deceleration training in team sports: Another potential 'vaccine' for sports-related injury? *Sports Med* 52:1-12, 2022.
182. McCaw, ST, and Friday, JJ. A comparison of muscle activity between a free weight and machine bench press. *J Strength Cond Res* 8:259-264, 1994.
183. McCurdy, KW, Langford, GA, Doscher, MW, Wiley, LP, and Mallard, KG. The effects of short-term unilateral and bilateral lower-body resistance training on measures of strength and power. *J Strength Cond Res* 19:9-15, 2005.
184. McCurdy, KW, O'Kelley, E, Kutz, M, Langford, G, Ernest, J, and Torres, M. Comparison of lower extremity EMG between the 2-leg squat and modified single-leg squat in female athletes. *J Sport Rehabil* 19:57-70, 2010.
185. McQuilliam, SJ, Clark, DR, Erskine, RM, and Brownlee, TE. Mind the gap! A survey comparing current strength training methods used in men's versus women's first team and academy soccer. *Sci Med Footb* 6:597-604, 2022.
186. Mero, A. Force-time characteristics and running velocity of male sprinters during the acceleration phase of sprinting. *Res Quart Exerc Sport* 59:94-98, 1988.
187. Merrigan, JJ, Tufano, JJ, Falzone, M, and Jones, MT. Effectiveness of accentuated eccentric loading: Contingent on concentric load. *Int J Sports Physiol Perform* 16:66-72, 2020.
188. Merrigan, JJ, Tufano, JJ, and Jones, MT. Potentiating effects of accentuated eccentric loading are dependent upon relative strength. *J Strength Cond Res* 35:1208-1216, 2021.
189. Mike, J, Kerksick, CM, and Kravitz, L. How to incorporate eccentric training into a resistance training program. *Strength Cond J* 37:5-17, 2015.
190. Miyamoto, N, Wakahara, T, Ema, R, and Kawakami, Y. Further potentiation of dynamic muscle strength after resistance training. *Med Sci Sports Exerc* 45:1323-1330, 2013.
191. Moolyk, AN, Carey, JP, and Chiu, LZF. Characteristics of lower extremity work during the impact phase of jumping and weightlifting. *J Strength Cond Res* 27:3225-3232, 2013.
192. Moran, J, Ramirez-Campillo, R, Liew, B, Chaabene, H, Behm, DG, García-Hermoso, A, Izquierdo, M, and Granacher, U. Effects of bilateral and unilateral resistance training on horizontally orientated movement performance: A systematic review and meta-analysis. *Sports Med* 51:225-242, 2021.
193. Morin, J-B, Capelo-Ramirez, F, Rodriguez-Pérez, MA, Cross, MR, and Jimenez-Reyes, P. Individual adaptation kinetics following heavy resisted sprint training. *J Strength Cond Res* 36:1158-1161, 2022.
194. Morin, J-B, Slawinski, J, Dorel, S, Couturier, A, Samozino, P, Brughelli, M, and Rabita, G. Acceleration capability in elite sprinters and ground impulse: Push more, brake less? *J Biomech* 48:3149-3154, 2015.
195. Morris, SJ, Oliver, JL, Pedley, JS, Haff, GG, and Lloyd, RS. Comparison of weightlifting, traditional resistance training and plyometrics on strength, power and speed: A systematic review with meta-analysis. *Sports Med* 52:1533-1554, 2022.
196. Morriss, CJ, Tolfrey, K, and Coppack, RJ. Effects of short-term isokinetic training on standing long-jump performance in untrained men. *J Strength Cond Res* 15:498-502, 2001.
197. Muñoz-López, A, Nakamura, FY, and Beato, M. Eccentric overload differences between loads and training variables on flywheel training. *Biol Sport* 40:1151-1158, 2023.
198. Nagahara, R, Kanehisa, H, Matsuo, A, and Fukunaga, T. Are peak ground reaction forces related to better sprint acceleration performance? *Sports Biomech* 20:360-369, 2021.
199. Nagahara, R, Mizutani, M, Matsuo, A, Kanehisa, H, and Fukunaga, T. Association of sprint performance with ground reaction forces during acceleration and maximal speed phases in a single sprint. *J Appl Biomech* 34:104-110, 2018.
200. Nagahara, R, Takai, Y, Kanehisa, H, and Fukunaga, T. Vertical impulse as a determinant of combination of step length and frequency during sprinting. *Int J Sports Med* 39:282-290, 2018.
201. Nedergaard, NJ, Kersting, U, and Lake, M. Using accelerometry to quantify deceleration during a high-intensity soccer turning manoeuvre. *J Sports Sci* 32:1897-1905, 2014.
202. Newell, KM. Coordination, control, and skill. In *Differing Perspectives in Motor Learning, Memory, and Control.* Goodman, D, Wilberg, RB, and Franks, IM, eds. Amsterdam, Netherlands: North-Holland, 295-317, 1985.
203. Newton, RU, Kraemer, WJ, Häkkinen, K, Humphries, B, and Murphy, AJ. Kinematics, kinetics, and muscle activation during explosive upper body movements. *J Appl Biomech* 12:31-43, 1996.
204. Nimphius, S, Callaghan, SJ, Bezodis, NE, and Lockie, RG. Change of direction and agility tests: Challenging our current measures of performance. *Strength Cond J* 40:26-38, 2018.
205. Nimphius, S, Callaghan, SJ, Spiteri, T, and Lockie, RG. Change of direction deficit: A more isolated measure of change of direction performance than total 505 time. *J Strength Cond Res* 30:3024-3032, 2016.
206. Nimphius, S, Geib, G, Spiteri, T, and Carlisle, D. "Change of direction deficit" measurement in Division I American football players. *J Aust Strength Cond* 21:115-117, 2013.
207. Nóbrega, SR, Barroso, R, Ugrinowitsch, C, da Costa, JLF, Alvarez, IF, Barcelos, C, and Libardi, CA. Self-selected vs. fixed repetition duration: Effects on number of repetitions and muscle activation in resistance-trained men. *J Strength Cond Res* 32:2419-2424, 2018.
208. Noto, T, Hashimoto, G, Takagi, T, Awaya, T, Araki, T, Shiba, M, Iijima, R, Hara, H, Moroi, M, and Nakamura, M. PagetSchroetter syndrome resulting from thoracic outlet syndrome and KAATSU training. *Intern Med* 56:2595-2601, 2017.
209. Núñez, FJ, Galiano, C, Muñoz-López, A, and Floria, P. Is possible an eccentric overload in a rotary inertia device?

Comparison of force profile in a cylinder-shaped and a cone-shaped axis devices. *J Sports Sci* 38:1624-1628, 2020.
210. Nuñez Sanchez, FJ, and de Villarreal, ESS. Does flywheel paradigm training improve muscle volume and force? A metaanalysis. *J Strength Cond Res* 31:3177-3186, 2017.
211. Nuzzo, JL, Pinto, MD, Nosaka, K, and Steele, J. The eccentric:concentric strength ratio of human skeletal muscle in vivo: Meta-analysis of the influences of sex, age, joint action, and velocity. *Sports Med* 53:1125-1136, 2023.
212. Okudaira, M, Willwacher, S, Kawama, R, Ota, K, and Tanigawa, S. Sprinting kinematics and inter-limb coordination patterns at varying slope inclinations. *J Sports Sci* 39:24442453, 2021.
213. Oranchuk, DJ, Storey, AG, Nelson, AR, and Cronin, JB. Isometric training and long-term adaptations: Effects of muscle length, intensity, and intent: A systematic review. *Scand J Med Sci Sports* 29:484-503, 2019.
214. Oranchuk, DJ, Storey, AG, Nelson, AR, and Cronin, JB. Scientific basis for eccentric quasi-isometric resistance training: A narrative review. *J Strength Cond Res* 33:2846-2859, 2019.
215. Östenberg, A, Roos, E, Ekdah, C, and Roos, H. Isokinetic knee extensor strength and functional performance in healthy female soccer players. *Scand J Med Sci Sports* 8:257-264, 1998.
216. Otto, WH, III, Coburn, JW, Brown, LE, and Spiering, BA. Effects of weightlifting vs. kettlebell training on vertical jump, strength, and body composition. *J Strength Cond Res* 26:1199-1202, 2012.
217. Otzen, R. Recovering the past for the present: The history of Victorian calisthenics. *Lilith* 5:96-112, 1988.
218. Oxfeldt, M, Overgaard, K, Hvid, LG, and Dalgas, U. Effects of plyometric training on jumping, sprint performance, and lower body muscle strength in healthy adults: A systematic review and meta-analyses. *Scand J Med Sci Sports* 29:1453-1465, 2019.
219. Patterson, SD, Hughes, L, Warmington, S, Burr, J, Scott, BR, Owens, J, Abe, T, Nielsen JL, Libardi CA, and Laurentino G. Blood flow restriction exercise: Considerations of methodology, application, and safety. *Front Physiol* 10:533, 2019.
220. Pearson, J, Wadhi, T, Barakat, C, Aube, D, Schoenfeld, BJ, Andersen, JC, Barroso, R, Ugrinowitsch, C, and De Souza, EO. Does varying repetition tempo in a single-joint lower body exercise augment muscle size and strength in resistance-trained men? *J Strength Cond Res* 36:2162-2168, 2022.
221. Peñailillo, L, Blazevich, A, Numazawa, H, and Nosaka, K. Metabolic and muscle damage profiles of concentric versus repeated eccentric cycling. *Med Sci Sports Exerc* 45:17731781, 2013.
222. Pereira, PEA, Motoyama, YL, Esteves, GJ, Quinelato, WC, Botter, L, Tanaka, KH, and Azevedo, P. Resistance training with slow speed of movement is better for hypertrophy and muscle strength gains than fast speed of movement. *Int J Appl Exerc Physiol* 5:37-43, 2016.
223. Perera, E, Zhu, XM, Horner, NS, Bedi, A, Ayeni, OR, and Khan, M. Effects of blood flow restriction therapy for muscular strength, hypertrophy, and endurance in healthy and special populations: A systematic review and meta-analysis. *Clin J Sport Med* 32:531-545, 2022.
224. Petrakos, G, Morin, J-B, and Egan, B. Resisted sled sprint training to improve sprint performance: A systematic review. *Sports Med* 46:381-400, 2016.
225. Petré, H, Wernstål, F, and Mattsson, CM. Effects of flywheel training on strength-related variables: A meta-analysis. *Sports Med Open* 4:55, 2018.
226. Prevost, MC, Nelson, AG, and Maraj, BK. The effect of two days of velocity-specific isokinetic training on torque production. *J Strength Cond Res* 13:35-39, 1999.
227. Ramirez-Campillo, R, Sanchez-Sanchez, J, Gonzalo-Skok, O, Rodríguez-Fernandez, A, Carretero, M, and Nakamura, FY. Specific changes in young soccer player's fitness after traditional bilateral vs. unilateral combined strength and plyometric training. *Front Physiol* 9:265, 2018.
228. Ramirez-Campillo, R, Moran, J, Chaabene, H, Granacher, U, Behm, DG, García-Hermoso, A, and Izquierdo, M. Methodological characteristics and future directions for plyometric jump training research: A scoping review update. *Scand J Med Sci Sports* 30:983-997, 2020.
229. Ramírez-delaCruz, M, Bravo-Sánchez, A, Esteban-García, P, Jiménez, F, and Abián-Vicén, J. Effects of plyometric training on lower body muscle architecture, tendon structure, stiffness and physical performance: A systematic review and metaanalysis. *Sports Med Open* 8:1-29, 2022.
230. Raya-González, J, Castillo, D, de Keijzer, KL, and Beato, M. Considerations to optimize strength and muscle mass gains through flywheel resistance devices: A narrative review. *Strength Cond J* 45:111-121, 2023.
231. Raya-González, J, de Keijzer, KL, Bishop, C, and Beato, M. Effects of flywheel training on strength-related variables in female populations. A systematic review. *Res Sports Med* 30:353-370, 2022.
232. Renals, L, Lake, J, Keogh, J, and Austin, K. Strongman log push press: The effect log diameter has on force-time characteristics. *J Strength Cond Res* 32:2693-2700, 2018.
233. Rixon, KP, Lamont, HS, and Bemben, MG. Influence of type of muscle contraction, gender, and lifting experience on postactivation potentiation performance. *J Strength Cond Res* 21:500-505, 2007.
234. Roberts, BM, Nuckols, G, and Krieger, JW. Sex differences in resistance training: A systematic review and meta-analysis. *J Strength Cond Res* 34:1448-1460, 2020.
235. Ross, A, Leveritt, M, and Riek, S. Neural influences on sprint running. *Sports Med* 31:409-425, 2001.
236. Rossi, FE, Schoenfeld, BJ, Ocetnik, S, Young, J, Vigotsky, A, Contreras, B, Krieger, JW, Miller, MG, and Cholewa, J. Strength, body composition, and functional outcomes in the squat versus leg press exercises. *J Sports Med Phys Fitness* 58:263-270, 2018.
237. Schilling, BK, Falvo, MJ, and Chiu, LZ. Force-velocity, impulse-momentum relationships: Implications for efficacy of purposefully slow resistance training. *J Sports Sci Med* 7:299-304, 2008.
238. Schoenfeld, BJ, Ogborn, DI, and Krieger, JW. Effect of repetition duration during resistance training on muscle hypertrophy: A systematic review and meta-analysis. *Sports Med* 45:577-585, 2015.

239. Schot, P, Dart, J, and Schuh, M. Biomechanical analysis of two change-of-direction maneuvers while running. *J Orthop Sports Phys Ther* 22:254-258, 1995.
240. Schwanbeck, S, Chilibeck, PD, and Binsted, G. A comparison of free weight squat to Smith machine squat using electromyography. *J Strength Cond Res* 23:2588-2591, 2009.
241. Schwanbeck, SR, Cornish, SM, Barss, T, and Chilibeck, PD. Effects of training with free weights versus machines on muscle mass, strength, free testosterone, and free cortisol levels. *J Strength Cond Res* 34:1851-1859, 2020.
242. Scott, BR, Girard, O, Rolnick, N, McKee, JR, and Goods, PSR. An updated panorama of blood-flow-restriction methods. *Int J Sports Physiol Perform* 8:1461-1465, 2023.
243. Segers, N, Waldron, M, Howe, LP, Patterson, SD, Moran, J, Jones, B, Kidgell, DJ, and Tallent, J. Slow-speed compared with fast-speed eccentric muscle actions are detrimental to jump performance in elite soccer players in-season. *Int J Sports Physiol Perform* 17:1425-1431, 2022.
244. Seitz, LB, de Villarreal, ESS, and Haff, GG. The temporal profile of postactivation potentiation is related to strength level. *J Strength Cond Res* 28:706-715, 2014.
245. Seitz, LB, Mina, MA, and Haff, GG. Postactivation potentiation of horizontal jump performance across multiple sets of a contrast protocol. *J Strength Cond Res* 30:2733-2740, 2016.
246. Seitz, LB, Trajano, GS, and Haff, GG. The back squat and the power clean: Elicitation of different degrees of potentiation. *Int J Sports Physiol Perform* 9:643-649, 2014.
247. Sheppard, JM, Dingley, AA, Janssen, I, Spratford, W, Chapman, DW, and Newton, RU. The effect of assisted jumping on vertical jump height in high-performance volleyball players. *J Sci Med Sport* 14:85-89, 2011.
248. Sherman, WM, Pearson, DR, Plyley, MJ, Costill, DL, Habansky, AJ, and Vogelgesang, DA. Isokinetic rehabilitation after surgery: A review of factors which are important for developing physiotherapeutic techniques after knee surgery. *Am J Sports Med* 10:155-161, 1982.
249. Shibata, K, Takizawa, K, Nosaka, K, and Mizuno, M. Effects of prolonging eccentric phase duration in parallel back-squat training to momentary failure on muscle cross-sectional area, squat one repetition maximum, and performance tests in university soccer players. *J Strength Cond Res* 35:668-674, 2021.
250. Shvartz, E, and Tamir, D. Effect of calisthenics on strength, muscular endurance and total body reaction and movement times. *J Sports Med Phys Fitness* 11:75-79, 1971.
251. Sigward, SM, Cesar, GM, and Havens, KL. Predictors of frontal plane knee moments during side-step cutting to 45 and 110 men and women: Implications for ACL injury. *Clin J Sport Med* 25:529-534, 2015.
252. Silvester, LJ, and Bryce, GR. The effect of variable resistance and free-weight training programs on strength and vertical jump. *Strength Cond J* 3:30-33, 1981.
253. Simenz, CJ, Dugan, CA, and Ebben, WP. Strength and conditioning practices of National Basketball Association strength and conditioning coaches. *J Strength Cond Res* 19:495-504, 2005.
254. Singla, D, Hussain, ME, and Moiz, JA. Effect of upper body plyometric training on physical performance in healthy individuals: A systematic review. *Phys Ther Sport* 29:51-60, 2018.
255. Smith, MJ, and Melton, P. Isokinetic versus isotonic varia-bleresistance training. *Am J Sports Med* 9:275-279, 1981.
256. Soriano, MA, García-Ramos, A, Calderbank, J, Marín, PJ, Sainz de Baranda, P, and Comfort, P. Does sex impact the differences and relationships in the one repetition maximum performance across weightlifting overhead pressing exercises? *J Strength Cond Res* 36:1930-1935, 2022.
257. Soriano, MA, García-Ramos, A, Torres-González, A, Castillo-Palencia, J, Marín, PJ, de Baranda, PS, and Comfort, P. Comparison of 1-repetition-maximum performance across 3 weightlifting overhead pressing exercises and sport groups. *Int J Sports Physiol Perform* 15:862-867, 2020.
258. Soriano, MA, Lake, JP, Comfort, P, Suchomel, TJ, McMahon, JJ, Jiménez-Ormeño, E, and Sainz de Baranda, P. No differences in weightlifting overhead pressing exercises kinetics. *Sports Biomech*, 2021. [e-pub ahead of print].
259. Soriano, MA, Suchomel, TJ, and Comfort, P. Weightlifting overhead pressing derivatives: A review of the literature. *Sports Med* 49:867-885, 2019.
260. Speirs, DE, Bennett, MA, Finn, CV, and Turner, AP. Unilateral vs. bilateral squat training for strength, sprints, and agility in academy rugby players. *J Strength Cond Res* 30:386-392, 2016.
261. Spiteri, T, Cochrane, JL, Hart, NH, Haff, GG, and Nimphius, S. Effect of strength on plant foot kinetics and kinematics during a change of direction task. *Eur J Sport Sci* 13:646-652, 2013.
262. Spiteri, T, Newton, RU, Binetti, M, Hart, NH, Sheppard, JM, and Nimphius, S. Mechanical determinants of faster change of direction and agility performance in female basketball athletes. *J Strength Cond Res* 29:2205-2214, 2015.
263. Spiteri, T, Nimphius, S, Hart, NH, Specos, C, Sheppard, JM, and Newton, RU. Contribution of strength characteristics to change of direction and agility performance in female basketball athletes. *J Strength Cond Res* 28:2415-2423, 2014.
264. Spranger, MD, Krishnan, AC, Levy, PD, O'Leary, DS, and Smith, SA. Blood flow restriction training and the exercise pressor reflex: A call for concern. *Am J Physiol Heart Circ Physiol* 309:H1440-H1452, 2015.
265. Stasinaki, A-N, Zaras, N, Methenitis, S, Bogdanis, G, and Terzis, G. Rate of force development and muscle architecture after fast and slow velocity eccentric training. *Sports* 7:41, 2019.
266. Stone, MH, Collins, D, Plisk, S, Haff, GG, and Stone, ME. Training principles: Evaluation of modes and methods of resistance training. *Strength Cond J* 22:65-76, 2000.
267. Suchomel, TJ. The gray area of programming weightlifting exercises. *Natl Strength Cond Assoc Coach* 7:6-14, 2020.
268. Suchomel, TJ, Beckham, GK, and Wright, GA. Lower body kinetics during the jump shrug: Impact of load. *J Trainol* 2:19-22, 2013.
269. Suchomel, TJ, Beckham, GK, and Wright, GA. The impact of load on lower body performance variables during the hang power clean. *Sports Biomech* 13:87-95, 2014.

270. Suchomel, TJ, Beckham, GK, and Wright, GA. Effect of various loads on the force-time characteristics of the hang high pull. *J Strength Cond Res* 29:1295-1301, 2015.
271. Suchomel, TJ, Cantwell, CJ, Campbell, BA, Schroeder, ZS, Marshall, LK, and Taber, CB. Braking and propulsion phase characteristics of traditional and accentuated eccentric loaded back squats. *J Hum Kinet* 91:121-133, 2024.
272. Suchomel, TJ, and Comfort, P. Developing muscular strength and power. In *Advanced Strength and Conditioning: An Evidence-Based Approach*. Turner, A, and Comfort, P, eds. New York: Routledge, 13-39, 2022.
273. Suchomel, TJ, Comfort, P, and Lake, JP. Enhancing the forcevelocity profile of athletes using weightlifting derivatives. *Strength Cond J* 39:10-20, 2017.
274. Suchomel, TJ, Comfort, P, and Stone, MH. Weightlifting pulling derivatives: Rationale for implementation and application. *Sports Med* 45:823-839, 2015.
275. Suchomel, TJ, DeWeese, BH, Beckham, GK, Serrano, AJ, and French, SM. The hang high pull: A progressive exercise into weightlifting derivatives. *Strength Cond J* 36:79-83, 2014.
276. Suchomel, TJ, DeWeese, BH, Beckham, GK, Serrano, AJ, and Sole, CJ. The jump shrug: A progressive exercise into weightlifting derivatives. *Strength Cond J* 36:43-47, 2014.
277. Suchomel, TJ, DeWeese, BH, and Serrano, AJ. The power clean and power snatch from the knee. *Strength Cond J* 38:98105, 2016.
278. Suchomel, TJ, Garceau, LR, and Ebben, WP. Verbal instruction effect on stretch shortening cycle duration and reactive strength index-modified during plyometrics. *Med Sci Sports Exerc* 45:S428, 2013.
279. Suchomel, TJ, Garceau, LR, and Ebben, WP. The effect of verbal instruction on lower body performance variables during various plyometrics. *Med Sci Sports Exerc* 46:961, 2014.
280. Suchomel, TJ, Lake, JP, and Comfort, P. Load absorption forcetime characteristics following the second pull of weightlifting derivatives. *J Strength Cond Res* 31:1644-1652, 2017.
281. Suchomel, TJ, Lamont, HS, and Moir, GL. Understanding vertical jump potentiation: A deterministic model. *Sports Med* 46:809-828, 2016.
282. Suchomel, TJ, McKeever, SM, and Comfort, P. Training with weightlifting derivatives: The effects of force and velocity overload stimuli. *J Strength Cond Res* 34:1808-1818, 2020.
283. Suchomel, TJ, McKeever, SM, McMahon, JJ, and Comfort, P. The effect of training with weightlifting catching or pulling derivatives on squat jump and countermovement jump forcetime adaptations. *J Funct Morphol Kinesiol* 5:28, 2020.
284. Suchomel, TJ, McKeever, SM, Nolen, JD, and Comfort, P. Muscle architectural and force-velocity curve adaptations following 10 weeks of training with weightlifting catching and pulling derivatives. *J Sports Sci Med* 21:504-516, 2022.
285. Suchomel, TJ, Nimphius, S, Bellon, CR, and Stone, MH. The importance of muscular strength: Training considerations. *Sports Med* 48:765-785, 2018.
286. Suchomel, TJ, Nimphius, S, and Stone, MH. The importance of muscular strength in athletic performance. *Sports Med* 46:1419-1449, 2016.
287. Suchomel, TJ, and Sato, K. Baseball resistance training: Should power clean variations be incorporated? *J Athl Enhancement* 2:2, 2013.
288. Suchomel, TJ, Sato, K, DeWeese, BH, Ebben, WP, and Stone, MH. Potentiation effects of half-squats performed in a ballistic or non-ballistic manner. *J Strength Cond Res* 30:1652-1660, 2016.
289. Suchomel, TJ, Sato, K, DeWeese, BH, Ebben, WP, and Stone, MH. Potentiation following ballistic and non-ballistic complexes: The effect of strength level. *J Strength Cond Res* 30:1825-1833, 2016.
290. Suchomel, TJ, and Sole, CJ. Force-time curve comparison between weightlifting derivatives. *Int J Sports Physiol Perform* 12:431-439, 2017.
291. Suchomel, TJ, and Sole CJ. Power-time curve comparison between weightlifting derivatives. *J Sports Sci Med* 16:407413, 2017.
292. Suchomel, TJ, Taber, CB, Sole, CJ, and Stone, MH. Force--time differences between ballistic and non-ballistic half--squats. *Sports* 6:79, 2018.
293. Suchomel, TJ, Taber, CB, and Wright, GA. Jump shrug height and landing forces across various loads. *Int J Sports Physiol Perform* 11:61-65, 2016.
294. Suchomel, TJ, Wagle, JP, Douglas, J, Taber, CB, Harden, M, Haff, GG, and Stone, MH. Implementing eccentric resistance training – Part 1: A brief review of existing methods. *J Funct Morphol Kinesiol* 4:38, 2019.
295. Suchomel, TJ, Wagle, JP, Douglas, J, Taber, CB, Harden, M, Haff, GG, and Stone, MH. Implementing eccentric resistance training – Part 2: Practical recommendations. *J Funct Morphol Kinesiol* 4:55, 2019.
296. Suchomel, TJ, Wright, GA, Kernozek, TW, and Kline, DE. Kinetic comparison of the power development between power clean variations. *J Strength Cond Res* 28:350-360, 2014.
297. Suchomel, TJ, Wright, GA, and Lottig, J. Lower extremity joint velocity comparisons during the hang power clean and jump shrug at various loads. In *Proceedings of the 32nd International Conference of Biomechanics in Sports, Johnson City, TN, USA, 12-16 July, 2014*. Holland, MA: International Society of Biomechanics in Sports, 749-752, 2014.
298. Taber, CB, Bellon, CR, Abbott, H, and Bingham, GE. Roles of maximal strength and rate of force development in maximizing muscular power. *Strength Cond J* 38:71-78, 2016.
299. Takano, B. Coaching optimal technique in the snatch and the clean and jerk: Part I. *Strength Cond J* 9:50-59, 1987.
300. Takano, B. Coaching optimal technique in the snatch and the clean and jerk: Part II. *Strength Cond J* 9:52-56, 1987.
301. Takano, B. Coaching optimal techniques in the snatch and the clean and jerk: Part III. *Strength Cond J* 10:54-59, 1988.
302. Teo, SY, Newton, MJ, Newton, RU, Dempsey, AR, and Fairchild, TJ. Comparing the effectiveness of a short-term vertical jump versus weightlifting program on athletic power development. *J Strength Cond Res* 30:2741-2748, 2016.
303. Tesch, PA, Fernandez-Gonzalo, R, and Lundberg, TR. Clinical applications of iso-inertial, eccentric-overload (YoYo™) resistance exercise. *Front Physiol* 8:241, 2017. 304.

Thompson, WR. Worldwide survey of fitness trends for 2020. *ACSM's Health Fit J* 23:10-18, 2019.

305. Timmons, JF, Hone, M, Duffy, O, and Egan, B. When matched for relative leg strength at baseline, male and female older adults respond similarly to concurrent aerobic and resistance exercise training. *J Strength Cond Res* 36:2927-2933, 2022.
306. Tricoli, V, Lamas, L, Carnevale, R, and Ugrinowitsch, C. Short-term effects on lower-body functional power development: Weightlifting vs. vertical jump training programs. *J Strength Cond Res* 19:433-437, 2005.
307. Tsourlou, T, Gerodimos, V, Kellis, E, Stavropoulos, N, and Kellis, S. The effects of a calisthenics and a light strength training program on lower limb muscle strength and body composition in mature women. *J Strength Cond Res* 17:590-598, 2003.
308. van Cutsem, M, Duchateau, J, and Hainaut, K. Changes in single motor unit behaviour contribute to the increase in contraction speed after dynamic training in humans. *J Physiol* 513:295-305, 1998.
309. Van den Tillaar, R. Effect of descent velocity upon muscle activation and performance in two-legged free weight back squats. *Sports* 7:15, 2019.
310. Vanrenterghem, J, Venables, E, Pataky, T, and Robinson, MA. The effect of running speed on knee mechanical loading in females during side cutting. *J Biomech* 45:2444-2449, 2012.
311. Verheul, J, Nedergaard, NJ, Pogson, M, Lisboa, P, Gregson, W, Vanrenterghem, J, and Robinson, MA. Biomechanical loading during running: Can a two mass-spring-damper model be used to evaluate ground reaction forces for high-intensity tasks? *Sports Biomech* 20:571-582, 2021.
312. Verkhoshansky, YV, and Siff, MC. *Supertraining.* Verkhoshansky, 2009.
313. Vicens-Bordas, J, Esteve, E, Fort-Vanmeerhaeghe, A, Bandholm, T, and Thorborg, K. Is inertial flywheel resistance training superior to gravity-dependent resistance training in improving muscle strength? A systematic review with metaanalyses. *J Sci Med Sport* 21:75-83, 2018.
314. Vidmar, MF, Baroni, BM, Michelin, AF, Mezzomo, M, Lugokenski, R, Pimentel, GL, and Silva, MF. Isokinetic eccentric training is more effective than constant load eccentric training for quadriceps rehabilitation following anterior cruciate ligament reconstruction: A randomized controlled trial. *Braz J Phys Ther* 24:424-432, 2020.
315. Wagle, JP, Taber, CB, Cunanan, AJ, Bingham, GE, Carroll, K, DeWeese, BH, Sato, K, and Stone, MH. Accentuated eccentric loading for training and performance: A review. *Sports Med* 47:2473-2495, 2017.
316. Walker, S, Blazevich, AJ, Haff, GG, Tufano, JJ, Newton, RU, and Häkkinen, K. Greater strength gains after training with accentuated eccentric than traditional isoinertial loads in already strength-trained men. *Front Physiol* 7:1-12, 2016.
317. Wallace, BJ, Winchester, JB, and McGuigan, MR. Effects of elastic bands on force and power characteristics during the back squat exercise. *J Strength Cond Res* 20:268-272, 2006.
318. Weyand, PG, Sandell, RF, Prime, DNL, and Bundle, MW. The biological limits to running speed are imposed from the ground up. *J Appl Physiol* 108:950-961, 2010.
319. Weyand, PG, Sternlight, DB, Bellizzi, MJ, and Wright, S. Faster top running speeds are achieved with greater ground forces not more rapid leg movements. *J Appl Physiol* 89:19911999, 2000.
320. Wilk M, Gepfert, M, Krzysztofik, M, Mostowik, A, Filip, A, Hajduk, G, and Zajac, A. Impact of duration of eccentric movement in the one-repetition maximum test result in the bench press among women. *J Sports Sci Med* 19:317-322, 2020.
321. Wilk, M, Golas, A, Krzysztofik, M, Nawrocka, M, and Zajac, A. The effects of eccentric cadence on power and velocity of the bar during the concentric phase of the bench press movement. *J Sports Sci Med* 18:191-197, 2019.
322. Wilk, M, Golas, A, Stastny, P, Nawrocka, M, Krzysztofik, M, and Zajac, A. Does tempo of resistance exercise impact training volume? *J Hum Kinet* 62:241-250, 2018.
323. Wilk, M, Golas, A, Zmijewski, P, Krzysztofik, M, Filip, A, Del Coso, J, and Tufano, JJ. The effects of the movement tempo on the one-repetition maximum bench press results. *J Hum Kinetic* 72:151-159, 2020.
324. Wilk, M, Stastny, P, Golas, A, Nawrocka, M, Jelen, K, Zajac, A, and Tufano, JJ. Physiological responses to different neuromuscular movement task during eccentric bench press. *Neuro Endocrinol Lett* 39:26-32, 2018.
325. Wilk, M, Tufano, JJ, and Zajac, A. The influence of movement tempo on acute neuromuscular, hormonal, and mechanical responses to resistance exercise – A mini review. *J Strength Cond Res* 34:2369-2383, 2020.
326. Wilk, M, Zajac, A, and Tufano, JJ. The influence of movement tempo during resistance training on muscular strength and hypertrophy responses: A review. *Sports Med* 51:1629-1650, 2021.
327. Winwood, PW, Cronin, JB, Brown, SR, and Keogh, JWL. A biomechanical analysis of the heavy sprint-style sled pull and comparison with the back squat. *Int J Sports Sci Coach* 10:851-868, 2015.
328. Winwood, PW, Cronin, JB, Brown, SR, and Keogh, JWL. A biomechanical analysis of the strongman log lift and comparison with weightlifting's clean and jerk. *Int J Sports Sci Coach* 10:869-886, 2015.
329. Winwood, PW, Cronin, JB, Keogh, JWL, Dudson, MK, and Gill, ND. How coaches use strongman implements in strength and conditioning practice. *Int J Sports Sci Coach* 9:1107-1125, 2014.
330. Winwood, PW, Cronin, JB, Posthumus, LR, Finlayson, SJ, Gill, ND, and Keogh, JWL. Strongman vs. traditional resistance training effects on muscular function and performance. *J Strength Cond Res* 29:429-439, 2015.
331. Winwood, PW, Keogh, JW, and Harris, NK. The strength and conditioning practices of strongman competitors. *J Strength Cond Res* 25:3118-3128, 2011.
332. Winwood, PW, Pritchard, HJ, Wilson, D, Dudson, M, and Keogh, JWL. The competition-day preparation strategies of strongman athletes. *J Strength Cond Res* 33:2308-2320, 2019.
333. Wortman, RJ, Brown, SM, Savage-Elliott, I, Finley, ZJ, and Mulcahey, MK. Blood flow restriction training for athle-

tes: A systematic review. *Am J Sports Med* 49:1938-1944, 2021.
334. Wren, C, Beato, M, McErlain-Naylor, SA, Iacono, AD, and de Keijzer, KL. Concentric phase assistance enhances eccentric peak power during flywheel squats: Intersession reliability and the linear relationship between concentric and eccentric phases. *Int J Sports Physiol Perform* 18:428-434, 2023.
335. Young, WB, Pryor, JF, and Wilson, GJ. Effect of instructions on characteristics of countermovement and drop jump performance. *J Strength Cond Res* 9:232-236, 1995.
336. Zatsiorsky, VM. *Science and Practice of Strength Training.* Champaign, IL: Human Kinetics, 1995.
337. Zemke, B, and Wright, G. The use of strongman type implements and training to increase sport performance in collegiate athletes. *Strength Cond J* 33:1-7, 2011.
338. Zhang, Q, Léam, A, Fouré, A, Wong, DP, and Hautier, CA. Relationship between explosive strength capacity of the knee muscles and deceleration performance in female professional soccer players. *Front Physiol* 12:723041, 2021.

Capítulo 6

1. Aagaard, P, and Andersen, JL. Correlation between contractile strength and myosin heavy chain isoform composition in human skeletal muscle. *Med Sci Sports Exerc* 30:1217-1222, 1998.
2. Aboodarda, SJ, Yusof, A, Osman, NAA, Thompson, MW, and Mokhtar, AH. Enhanced performance with elastic resistance during the eccentric phase of a countermovement jump. *Int J Sports Physiol Perform* 8:181-187, 2013.
3. Andersen, V, Pedersen, H, Fimland, MS, Shaw, MP, Solstad, TEJ, Stien, N, Cumming, KT, and Saeterbakken, AH. Acute effects of elastic bands as resistance or assistance on EMG, kinetics, and kinematics during deadlift in resistance-trained men. *Front Sports Act Living* 2:598284, 2020.
4. Andersen, V, Prieske, O, Stien, N, Cumming, K, Solstad, TEJ, Paulsen, G, van den Tillaar, R, Pedersen, H, and Saeterbakken, AH. Comparing the effects of variable and traditional resistance training on maximal strength and muscle power in healthy adults: A systematic review and meta-analysis. *J Sci Med Sport* 25:1023-1032, 2022.
5. Anderson, CE, Sforzo, GA, and Sigg, JA. The effects of combining elastic and free weight resistance on strength and power in athletes. *J Strength Cond Res* 22:567-574, 2008.
6. Archer, DC, Brown, LE, Coburn, JW, Galpin, AJ, Drouet, PC, Leyva, WD, Munger, CN, and Wong, MA. Effects of short-term jump squat training with and without chains on strength and power in recreational lifters. *Int J Kinesiol Sports Sci* 4:18-24, 2016.
7. Armstrong, R, Baltzopoulos, V, Langan-Evans, C, Clark, D, Jarvis, J, Stewart, C, and O'Brien, T. An investigation of movement dynamics and muscle activity during traditional and accentuated-eccentric squatting. *PLoS One* 17:e0276096, 2022.
8. Ataee, J, Koozehchian, MS, Kreider, RB, and Zuo, L. Effectiveness of accommodation and constant resistance training on maximal strength and power in trained athletes. *PeerJ* 2:e441, 2014.
9. Baker, DG, and Newton, RU. Effect of kinetically altering a repetition via the use of chain resistance on velocity during the bench press. *J Strength Cond Res* 23:1941-1946, 2009.
10. Bellar, D, Judge, LW, Turk, M, and Judge, M. Efficacy of potentiation of performance through overweight implement throws on male and female collegiate and elite weight throwers. *J Strength Cond Res* 26:1469-1474, 2012.
11. Berning, JM, Coker, CA, and Adams, KJ. Using chains for strength and conditioning. *Strength Cond J* 26:80-84, 2004.
12. Berning, JM, Coker, CA, and Briggs, D. The biomechanical and perceptual influence of chain resistance on the performance of the Olympic clean. *J Strength Cond Res* 22:390-395, 2008.
13. Bevan, HR, Cunningham, DJ, Tooley, EP, Owen, NJ, Cook, CJ, and Kilduff, LP. Influence of postactivation potentiation on sprinting performance in professional rugby players. *J Strength Cond Res* 24:701-705, 2010.
14. Blazevich, AJ, and Babault, N. Post-activation potentiation (PAP) versus post-activation performance enhancement (PAPE) in humans: Historical perspective, underlying mechanisms, and current issues. *Front Physiol* 10:1-19, 2019.
15. Boullosa, D, Del Rosso, S, Behm, DG, and Foster, C. Postactivation potentiation (PAP) in endurance sports: A review. *Eur J Sport Sci* 18:595-610, 2018.
16. Brandenburg, JE, and Docherty, D. The effects of accentuated eccentric loading on strength, muscle hypertrophy, and neural adaptations in trained individuals. *J Strength Cond Res* 16:25-32, 2002.
17. Bridgeman, LA, McGuigan, MR, Gill, ND, and Dulson, DK. The effects of accentuated eccentric loading on the drop jump exercise and the subsequent postactivation potentiation response. *J Strength Cond Res* 31:1620-1626, 2017.
18. Bullock, N, and Comfort, P. An investigation into the acute effects of depth jumps on maximal strength performance. *J Strength Cond Res* 25:3137-3141, 2011.
19. Buttifant, D, and Hrysomallis, C. Effect of various practical warm-up protocols on acute lower-body power. *J Strength Cond Res* 29:656-660, 2015.
20. Byrne, PJ, Kenny, J, and O' Rourke, B. The acute potentiating effect of depth jumps on sprint performance. *J Strength Cond Res* 28:610-615, 2014.
21. Campbell, BA, Canwell, CJ, Marshall, LK, Schroeder, ZS, Chard, JB, Sundh, AE, Taber, CB, and Suchomel, TJ. The effect of load on accentuated eccentric loaded back squat performance in resistance-trained women. *J Strength Cond Res* 37:e921-e922, 2023.
22. Carzoli, JP, Sousa, CA, Belcher, DJ, Helms, ER, Khamoui, AV, Whitehurst, M, and Zourdos, MC. The effects of eccentric phase duration on concentric outcomes in the back squat and bench press in well-trained males. *J Sports Sci* 37:2676-2684, 2019.
23. Chiu, LZF, Fry, AC, Galpin, AJ, Salem, GJ, and Cabarkapa, D. Regulatory light-chain phosphorylation during weightlifting training: Association with postactivation performance enhancement. *J Strength Cond Res* 37:e563-e568, 2023.

24. Clarkson, PM, Kroll, W, and McBride, TC. Maximal isometric strength and fiber type composition in power and endurance athletes. *Eur J Appl Physiol Occup Physiol* 44:35-42, 1980.
25. Coker, CA, Berning, JM, and Briggs, DL. A preliminary investigation of the biomechanical and perceptual influence of chain resistance on the performance of the snatch. *J Strength Cond Res* 20:887-891, 2006.
26. Comfort, P, Allen, M, and Graham-Smith, P. Comparisons of peak ground reaction force and rate of force development during variations of the power clean. *J Strength Cond Res* 25:1235-1239, 2011.
27. Comfort, P, Allen, M, and Graham-Smith, P. Kinetic comparisons during variations of the power clean. *J Strength Cond Res* 25:3269-3273, 2011.
28. Comfort, P, Dos'Santos, T, Thomas, C, McMahon, JJ, and Suchomel, TJ. An investigation into the effects of excluding the catch phase of the power clean on force-time characteristics during isometric and dynamic tasks: An intervention study. *J Strength Cond Res* 32:2116-2129, 2018.
29. Comyns, TM, Harrison, AJ, Hennessy, LK, and Jensen, RL. The optimal complex training rest interval for athletes from anaerobic sports. *J Strength Cond Res* 20:471-476, 2006.
30. Cormie, P, McGuigan, MR, and Newton, RU. Influence of strength on magnitude and mechanisms of adaptation to power training. *Med Sci Sports Exerc* 42:1566-1581, 2010.
31. Crewther, BT, Kilduff, LP, Cook, CJ, Middleton, MK, Bunce, PJ, and Yang, GZ. The acute potentiating effects of back squats on athlete performance. *J Strength Cond Res* 25:3319-3325, 2011.
32. Crum, AJ, Kawamori, N, Stone, MH, and Haff, GG. The acute effects of moderately loaded concentric-only quarter squats on vertical jump performance. *J Strength Cond Res* 26:914-925, 2012.
33. Cuenca-Fernández, F, Smith, IC, Jordan, MJ, MacIntosh, BR, López-Contreras, G, Arellano, R, and Herzog, W. Nonlocalized postactivation performance enhancement (PAPE) effects in trained athletes: A pilot study. *Appl Physiol Nutr Metab* 42:1122-1125, 2017.
34. DeWeese, BH, Hornsby, G, Stone, M, and Stone, MH. The training process: Planning for strength–power training in track and field. Part 2: Practical and applied aspects. *J Sport Health Sci* 4:318-324, 2015.
35. Doan, BK, Newton, RU, Marsit, JL, Triplett-McBride, NT, Koziris, LP, Fry, AC, and Kraemer, WJ. Effects of increased eccentric loading on bench press 1RM. *J Strength Cond Res* 16:9-13, 2002.
36. Douglas, J, Pearson, S, Ross, A, and McGuigan, M. Effects of accentuated eccentric loading on muscle properties, strength, power, and speed in resistance-trained rugby players. *J Strength Cond Res* 32:2750-2761, 2018.
37. Dubé, JJ, Broskey, NT, Despines, AA, Stefanovic-Racic, M, Toledo, FG, Goodpaster, BH, and Amati, F. Muscle characteristics and substrate energetics in lifelong endurance athletes. *Med Sci Sports Exerc* 48:472-480, 2016.
38. Duchateau, J, and Hainaut, K. Mechanisms of muscle and motor unit adaptation to explosive power training. In *Strength and Power in Sport*. Paavov, VK, ed. Oxford: Blackwell Scientific, 315-330, 2003.
39. Ebben, WP, and Jensen, RL. Electromyographic and kinetic analysis of traditional, chain, and elastic band squats. *J Strength Cond Res* 16:547-550, 2002.
40. Ebben, WP, Wurm, B, Garceau, LR, and Suchomel, TJ. Supermaximal loads potentiate subsequent high load back squat performance. *J Strength Cond Res* 27:S94-S95, 2013.
41. Farup, J, and Sorensen, H. Postactivation potentiation: Upper body force development changes after maximal force intervention. *J Strength Cond Res* 24:1874-1879, 2010.
42. Finlay, MJ, Bridge, CA, Greig, M, and Page, RM. Postactivation performance enhancement of amateur boxers' punch force and neuromuscular performance following 2 upper-body conditioning activities. *Int J Sports Physiol Perform* 17:1621-1633, 2022.
43. Finlay, MJ, Bridge, CA, Greig, M, and Page, RM. Upper-body post-activation performance enhancement for athletic performance: A systematic review with meta-analysis and recommendations for future research. *Sports Med* 52:847-871, 2022.
44. Fleck, SJ, and Kraemer, WJ. *Designing Resistance Training Programs*. Champaign, IL: Human Kinetics, 2014.
45. Franchi, MV, Atherton, PJ, Reeves, ND, Flück, M, Williams, J, Mitchell, WK, Selby, A, Beltran Valls, RM, and Narici, MV. Architectural, functional and molecular responses to concentric and eccentric loading in human skeletal muscle. *Acta Physiol* 210:642-654, 2014.
46. Galpin, AJ, Malyszek, KK, Davis, KA, Record, SM, Brown, LE, Coburn, JW, Harmon, RA, Steele, JM, and Manolovitz, AD. Acute effects of elastic bands on kinetic characteristics during the deadlift at moderate and heavy loads. *J Strength Cond Res* 29:3271-3278, 2015.
47. García-López, D, Hernández-Sánchez, S, Martín, E, Marín, PJ, Zarzosa, F, and Herrero, AJ. Free-weight augmentation with elastic bands improves bench press kinematics in professional rugby players. *J Strength Cond Res* 30:2493-2499, 2016.
48. Gepfert, M, Trybulski, R, Stastny, P, and Wilk, M. Fast eccentric movement tempo elicits higher physiological responses than medium eccentric tempo in ice-hockey players. *Int J Environ Res Public Health* 18:7694, 2021.
49. Gillies, EM, Putman, CT, and Bell, GJ. The effect of varying the time of concentric and eccentric muscle actions during resistance training on skeletal muscle adaptations in women. *Eur J Appl Physiol* 97:443-453, 2006.
50. Gilmore, SL, Brilla, LR, Suprak, DN, Chalmers, GR, and Dahlquist, DT. Effect of a high-intensity isometric potentiating warm-up on bat velocity. *J Strength Cond Res* 33:152-158, 2019.
51. Godwin, MS, Fernandes, JFT, and Twist, C. Effects of variable resistance using chains on bench throw performance in trained rugby players. *J Strength Cond Res* 32:950-954, 2018.
52. Gouvêa, AL, Fernandes, IA, César, EP, Silva, WAB, and Gomes, PSC. The effects of rest intervals on jumping performance: A meta-analysis on post-activation potentiation studies. *J Sports Sci* 31:459-467, 2013.
53. Gullich, A, and Schmidtbleicher, D. MVC-induced short-term potentiation of explosive force. *New Stud Athletics* 11:67-81, 1996.

54. Haff, GG. Strength-isometric and dynamic testing. In *Performance Assessment in Strength and Conditioning*. Comfort, P, Jones, PA, and McMahon, JJ, eds. New York: Routledge, 166-192, 2019.
55. Häkkinen, K, Komi, PV, and Tesch, PA. Effect of combined concentric and eccentric strength training and detraining on force-time, muscle fiber and metabolic characteristics of leg extensor muscles. *Scand J Med Sci Sports* 3:50-58, 1981.
56. Hamada, T, Sale, DG, MacDougall, JD, and Tarnopolsky, MA. Postactivation potentiation, fiber type, and twitch contraction time in human knee extensor muscles. *J Appl Physiol* 88:21312137, 2000.
57. Hamada, T, Sale, DG, MacDougall, JD, and Tarnopolsky, MA. Interaction of fibre type, potentiation and fatigue in human knee extensor muscles. *Acta Physiol Scand* 178:165-173, 2003.
58. Handford, MJ, Rivera, FM, Maroto-Izquierdo, S, and Hughes, JD. Plyo-accentuated eccentric loading methods to enhance lower limb muscle power. *Strength Cond J* 43:54-64, 2021.
59. Harden, M, Comfort, P, and Haff, GG. Eccentric training: Scientific background and practical applications. In *Advanced Strength and Conditioning: An Evidence-Based Approach*. Turner, AN, and Comfort, P, eds. New York: Routledge, 190212, 2022.
60. Harden, M, Wolf, A, Evans, M, Hicks, KM, Thomas, K, and Howatson, G. Four weeks of augmented eccentric loading using a novel leg press device improved leg strength in welltrained athletes and professional sprint track cyclists. *PLoS One* 15:e0236663, 2020.
61. Harden, M, Wolf, A, Russell, M, Hicks, KM, French, D, and Howatson, G. An evaluation of supramaximally loaded eccentric leg press exercise. *J Strength Cond Res* 32:2708-2714, 2018.
62. Heelas, T, Theis, N, and Hughes, JD. Muscle activation patterns during variable resistance deadlift training with and without elastic bands. *J Strength Cond Res* 35:3006-3011, 2021.
63. Higuchi, T, Nagami, T, Mizuguchi, N, and Anderson, T. The acute and chronic effects of isometric contraction conditioning on baseball bat velocity. *J Strength Cond Res* 27:216-222, 2013.
64. Hollander, DB, Kraemer, RR, Kilpatrick, MW, Ramadan, ZG, Reeves, GV, Francois, M, Hebert, EP, and Tryniecki, JL. Maximal eccentric and concentric strength discrepancies between young men and women for dynamic resistance exercise. *J Strength Cond Res* 21:34-40, 2007.
65. Israetel, MA, McBride, JM, Nuzzo, JL, Skinner, JW, and Dayne, AM. Kinetic and kinematic differences between squats performed with and without elastic bands. *J Strength Cond Res* 24:190-194, 2010.
66. James, LP, Comfort, P, Suchomel, TJ, Kelly, VG, Beckman, EM, and Haff, GG. The impact of power clean ability and training age on adaptations to weightlifting-style training. *J Strength Cond Res* 36:1560-1567, 2022.
67. James, LP, Haff, GG, Kelly, VG, Connick, M, Hoffman, B, and Beckman, EM. The impact of strength level on adaptations to combined weightlifting, plyometric and ballistic training. *Scand J Med Sci Sports* 28:1494-1505, 2018.
68. Jo, E, Judelson, DA, Brown, LE, Coburn, JW, and Dabbs, NC. Influence of recovery duration after a potentiating stimulus on muscular power in recreationally trained individuals. *J Strength Cond Res* 24:343-347, 2010.
69. Judge, LW, Bellar, D, and Judge, M. Efficacy of potentiation of performance through overweight implement throws on male and female high-school weight throwers. *J Strength Cond Res* 24:1804-1809, 2010.
70. Kelekian, GK, Zaras, N, Stasinaki, AN, Spiliopoulou, P, Karampatsos, G, Bogdanis, G, and Terzis, G. Preconditioning strategies before maximum clean performance in female weightlifters. *J Strength Cond Res* 36:2318-2321, 2022.
71. Kilduff, LP, Bevan, HR, Kingsley, MI, Owen, NJ, Bennett, MA, Bunce, PJ, Hore, AM, Maw, JR, and Cunningham, DJ. Postactivation potentiation in professional rugby players: Optimal recovery. *J Strength Cond Res* 21:1134-1138, 2007.
72. Kipp, K, Malloy, PJ, Smith, J, Giordanelli, MD, Kiely, MT, Geiser, CF, and Suchomel, TJ. Mechanical demands of the hang power clean and jump shrug: A joint-level perspective. *J Strength Cond Res* 32:466-474, 2018.
73. Kipp, K, Suchomel, TJ, and Comfort, P. Correlational analysis between joint-level kinetics of countermovement jumps and weightlifting derivatives. *J Sports Sci Med* 18:663-668, 2019.
74. Kraemer, WJ, Fleck, SJ, and Evans, WJ. Strength and power training: Physiological mechanisms of adaptation. *Exerc Sport Sci Rev* 24:363-397, 1996. 75. Kraemer, WJ, and Newton, RU. Training for muscular power. *Phys Med Rehab Clin N Am* 11:341-368, 2000.
76. Kubo, T, Hirayama, K, Nakamura, N, and Higuchi, M. Effect of accommodating elastic bands on mechanical power output during back squats. *Sports* 6:151, 2018.
77. Lates, AD, Greer, BK, Wagle, JP, and Taber, CB. Accentuated eccentric loading and cluster set configurations in the bench press. *J Strength Cond Res* 36:1485-1489, 2022.
78. Lin, Y, Xu, Y, Hong, F, Li, J, Ye, W, and Korivi, M. Effects of variable-resistance training versus constant-resistance training on maximum strength: A systematic review and meta-analysis. *Int J Environ Res Public Health* 19:8559, 2022.
79. Loturco, I, Pereira, LA, Reis, VP, Zanetti, V, Bishop, C, and McGuigan, MR. Traditional free-weight vs. variable resistance training applied to elite young soccer players during a short preseason: Effects on strength, speed, and power performance. *J Strength Cond Res* 36:3432-3439, 2022.
80. Lum, D, and Chen, SE. Comparison of loaded countermovement jump with different variable resistance intensities on inducing post-activation potentiation. *J Sci Sport Exerc* 2:167-172, 2020.
81. MacIntosh, BR, Robillard, ME, and Tomaras, EK. Should postactivation potentiation be the goal of your warm-up? *Appl Physiol Nutr Metab* 37:546-550, 2012.
82. Maffiuletti, NA, Aagaard, P, Blazevich, AJ, Folland, J, Tillin, N, and Duchateau, J. Rate of force development: Physiological and methodological considerations. *Eur J Appl Physiol* 116:1091-1116, 2016.

83. Marcora, S, and Miller, MK. The effect of knee angle on the external validity of isometric measures of lower body neuromuscular function. *J Sports Sci* 18:313-319, 2000.
84. Masamoto, N, Larson, R, Gates, T, and Faigenbaum, A. Acute effects of plyometric exercise on maximum squat performance in male athletes. *J Strength Cond Res* 17:68-71, 2003.
85. Maughan, RJ, Watson, JS, and Weir, J. Strength and cross-sectional area of human skeletal muscle. *J Physiol* 338:37-49, 1983.
86. McMaster, DT, Cronin, J, and McGuigan, M. Forms of variable resistance training. *Strength Cond J* 31:50-64, 2009.
87. Merrigan, J, Borth, J, Taber, CB, Suchomel, TJ, and Jones, MT. Application of accentuated eccentric loading to elicit acute and chronic velocity and power improvements: A narrative review. *Int J Strength Cond* 2:1-16, 2022.
88. Merrigan, JJ, Tufano, JJ, Falzone, M, and Jones, MT. Effectiveness of accentuated eccentric loading: Contingent on concentric load. *Int J Sports Physiol Perform* 16:66-72, 2020.
89. Mina, MA, Blazevich, AJ, Giakas, G, and Kay, AD. The influence of variable resistance loading on subsequent free weight maximal back squat performance. *J Strength Cond Res* 28:2988-2995, 2014.
90. Mina, MA, Blazevich, AJ, Giannis, G, Seitz, LB, and Kay, AD. Chain-loaded variable resistance warm-up improves free-weight maximal back squat performance. *Eur J Sport Sci* 16:932-939, 2016.
91. Mina, MA, Blazevich, AJ, Tsatalas, T, Giakas, G, Seitz, LB, and Kay, AD. Variable, but not free-weight, resistance back squat exercise potentiates jump performance following a comprehensive task-specific warm-up. *Scand J Med Sci Sports* 29:380-392, 2019.
92. Minetti, AE. On the mechanical power of joint extensions as affected by the change in muscle force (or cross-sectional area), ceteris paribus. *Eur J Appl Physiol* 86:363-369, 2002.
93. Montalvo, S, Gruber, LD, Gonzalez, MP, Dietze-Hermosa, MS, and Dorgo, S. Effects of augmented eccentric load bench press training on one repetition maximum performance and electromyographic activity in trained powerlifters. *J Strength Cond Res* 35:1512-1519, 2021.
94. Moore, CA, and Schilling, BK. Theory and application of augmented eccentric loading. *Strength Cond J* 27:20-27, 2005.
95. Moore, CA, Weiss, LW, Schilling, BK, Fry, AC, and Li, Y. Acute effects of augmented eccentric loading on jump squat performance. *J Strength Cond Res* 21:372-377, 2007.
96. Munger, CN, Archer, DC, Leyva, WD, Wong, MA, Coburn, JW, Costa, PB, and Brown, LE. Acute effects of eccentric overload on concentric front squat performance. *J Strength Cond Res* 31:1192-1197, 2017.
97. Newton, RU, and Kraemer, WJ. Developing explosive muscular power: Implications for a mixed methods training strategy. *Strength Cond J* 16:20-31, 1994.
98. Nijem, RM, Coburn, JW, Brown, LE, Lynn, SK, and Ciccone, AB. Electromyographic and force plate analysis of the deadlift performed with and without chains. *J Strength Cond Res* 30:1177-1182, 2016.
99. Nilo Dos Santos, WD, Gentil, P, Lima de Araújo Ribeiro, A, Vieira, CA, and Martins, WR. Effects of variable resistance training on maximal strength: A meta-analysis. *J Strength Cond Res* 32:e52-e55, 2018.
100. Nuzzo, JL, Pinto, MD, Nosaka, K, and Steele, J. The eccentric:concentric strength ratio of human skeletal muscle in vivo: Meta-analysis of the influences of sex, age, joint action, and velocity. *Sports Med* 53:1125-1136, 2023.
101. O'Leary, DD, Hope, K, and Sale, DG. Posttetanic potentiation of human dorsiflexors. *J Appl Physiol* 83:2131-2138, 1997.
102. Ojasto, T, and Häkkinen, K. Effects of different accentuated eccentric load levels in eccentric-concentric actions on acute neuromuscular, maximal force, and power responses. *J Strength Cond Res* 23:996-1004, 2009.
103. Paditsaeree, K, Intiraporn, C, and Lawsirirat, C. Comparison between the effects of combining elastic and free-weight resistance and free-weight resistance on force and power production. *J Strength Cond Res* 30:2713-2722, 2016.
104. Peng, H-T, Zhan, D-W, Song, C-Y, Chen, Z-R, Gu, C-Y, Wang, I-L, and Wang, L-I. Acute effects of squats using elastic bands on postactivation potentiation. *J Strength Cond Res* 35:33343340, 2021.
105. Read, P, Miller, SC, and Turner, AN. The effects of post activation potentiation on golf club head speed. *J Strength Cond Res* 27:1579-1582, 2012.
106. Rhea, MR, Kenn, JG, and Dermody, BM. Alterations in speed of squat movement and the use of accommodated resistance among college athletes training for power. *J Strength Cond Res* 23:2645-2650, 2009.
107. Rønnestad, BR. Acute effects of various whole body vibration frequencies on 1RM in trained and untrained subjects. *J Strength Cond Res* 23:2068-2072, 2009.
108. Rønnestad, BR, Holden, G, Samnoy, LE, and Paulsen, G. Acute effect of whole-body vibration on power, one-repetition maximum, and muscle activation in power lifters. *J Strength Cond Res* 26:531-539, 2012.
109. Saeterbakken, AH, Andersen, V, and Van den Tillaar, R. Comparison of kinematics and muscle activation in free-weight back squat with and without elastic bands. *J Strength Cond Res* 30:945-952, 2016.
110. Sarto, F, Franchi, MV, Rigon, PA, Grigoletto, D, Zoffoli, L, Zanuso, S, and Narici, MV. Muscle activation during leg-press exercise with or without eccentric overload. *Eur J Appl Physiol* 120:1651-1656, 2020.
111. Scott, DJ, Ditroilo, M, and Marshall, P. Effect of accommodating resistance on the postactivation potentiation response in rugby league players. *J Strength Cond Res* 32:2510-2520, 2018.
112. Seitz, LB, de Villarreal, ESS, and Haff, GG. The temporal profile of postactivation potentiation is related to strength level. *J Strength Cond Res* 28:706-715, 2014.
113. Seitz, LB, and Haff, GG. Factors modulating post-activation potentiation of jump, sprint, throw, and upper-body ballistic performances: A systematic review with meta-analysis. *Sports Med* 46:231-240, 2016.
114. Seitz, LB, Mina, MA, and Haff, GG. Postactivation potentiation of horizontal jump performance across multiple

sets of a contrast protocol. *J Strength Cond Res* 30:2733-2740, 2016.
115. Sheppard, J, Hobson, S, Barker M, Taylor K, Chapman D, McGuigan M, and Newton RU. The effect of training with accentuated eccentric load counter-movement jumps on strength and power characteristics of high-performance volleyball players. *Int J Sports Sci Coach* 3:355-363, 2008.
116. Sheppard, JM, and Triplett, NT. Program design for resistance training. In *Essentials of Strength Training and Conditioning*. 4th ed. Haff, GG, and Triplett, NT, eds. Champaign, IL: Human Kinetics, 439-468, 2016.
117. Shi, L, Cai, Z, Chen, S, and Han, D. Acute effects of variable resistance training on force, velocity, and power measures: A systematic review and meta-analysis. *PeerJ* 10:e13870, 2022.
118. Shoepe, T, Ramirez, D, Rovetti, R, Kohler, D, and Almstedt, H. The effects of 24 weeks of resistance training with simultaneous elastic and free weight loading on muscular performance of novice lifters. *J Hum Kinet* 29:93-106, 2011.
119. Shoepe, TC, Ramirez, DA, and Almstedt, HC. Elastic band prediction equations for combined free-weight and elastic band bench presses and squats. *J Strength Cond Res* 24:195-200, 2010.
120. Smith, IC, and MacIntosh, BR. A comment on "A new taxonomy for postactivation potentiation in sport." *Int J Sports Physiol Perform* 16:163, 2021.
121. Spiteri, T, Nimphius, S, Hart, NH, Specos, C, Sheppard, JM, and Newton, RU. Contribution of strength characteristics to change of direction and agility performance in female basketball athletes. *J Strength Cond Res* 28:2415-2423, 2014.
122. Stevenson, MW, Warpeha, JM, Dietz, CC, Giveans, RM, and Erdman, AG. Acute effects of elastic bands during the freeweight barbell back squat exercise on velocity, power, and force production. *J Strength Cond Res* 24:2944-2954, 2010.
123. Stone, MH, Collins, D, Plisk, S, Haff, GG, and Stone, ME. Training principles: Evaluation of modes and methods of resistance training. *Strength Cond J* 22:65-76, 2000.
124. Stone, MH, Stone, M, and Sands, WA. *Principles and Practice of Resistance Training*. Champaign, IL: Human Kinetics, 2007.
125. Strokosch, A, Louit, L, Seitz, L, Clarke, R, and Hughes, JD. Impact of accommodating resistance in potentiating horizontaljump performance in professional rugby league players. *Int J Sports Physiol Perform* 13:1223-1229, 2018.
126. Suchomel, TJ, Cantwell, CJ, Campbell, BA, Schroeder, ZS, Marshall, LK, and Taber, CB. Braking and propulsion phase characteristics of traditional and accentuated eccentric loaded back squats. *J Hum Kinet* 91:121-133, 2024.
127. Suchomel, TJ, Comfort, P, and Lake, JP. Enhancing the forcevelocity profile of athletes using weightlifting derivatives. *Strength Cond J* 39:10-20, 2017.
128. Suchomel, TJ, Comfort, P, and Stone, MH. Weightlifting pulling derivatives: Rationale for implementation and application. *Sports Med* 45:823-839, 2015.
129. Suchomel, TJ, Lamont, HS, and Moir, GL. Understanding vertical jump potentiation: A deterministic model. *Sports Med* 46:809-828, 2016.
130. Suchomel, TJ, McKeever, SM, and Comfort, P. Training with weightlifting derivatives: The effects of force and velocity overload stimuli. *J Strength Cond Res* 34:1808-1818, 2020.
131. Suchomel, TJ, McKeever, SM, McMahon, JJ, and Comfort, P. The effect of training with weightlifting catching or pulling derivatives on squat jump and countermovement jump force-time adaptations. *J Funct Morphol Kinesiol* 5:28, 2020.
132. Suchomel, TJ, McKeever, SM, Nolen, JD, and Comfort, P. Muscle architectural and force-velocity curve adaptations following 10 weeks of training with weightlifting catching and pulling derivatives. *J Sports Sci Med* 21:504-516, 2022.
133. Suchomel, TJ, Nimphius, S, Bellon, CR, and Stone, MH. The importance of muscular strength: Training considerations. *Sports Med* 48:765-785, 2018.
134. Suchomel, TJ, Nimphius, S, and Stone, MH. The importance of muscular strength in athletic performance. *Sports Med* 46:14191449, 2016.
135. Suchomel, TJ, Sato, K, DeWeese, BH, Ebben, WP, and Stone, MH. Potentiation effects of half-squats performed in a ballistic or non-ballistic manner. *J Strength Cond Res* 30:1652-1660, 2016.
136. Suchomel, TJ, Sato, K, DeWeese, BH, Ebben, WP, and Stone, MH. Potentiation following ballistic and non-ballistic complexes: The effect of strength level. *J Strength Cond Res* 30:1825-1833, 2016.
137. Suchomel, TJ, Sato, K, DeWeese, BH, Ebben, WP, and Stone, MH. Relationships between potentiation effects following ballistic half-squats and bilateral symmetry. *Int J Sports Physiol Perform* 11:448-454, 2016.
138. Suchomel, TJ, and Sole, CJ. Force-time curve comparison between weightlifting derivatives. *Int J Sports Physiol Perform* 12:431-439, 2017.
139. Suchomel, TJ, and Sole, CJ. Power-time curve comparison between weightlifting derivatives. *J Sports Sci Med* 16:407413, 2017.
140. Suchomel, TJ, Wagle, JP, Douglas, J, Taber, CB, Harden, M, Haff, GG, and Stone, MH. Implementing eccentric resistance training – Part 2: Practical recommendations. *J Funct Morphol Kinesiol* 4:55, 2019.
141. Suchomel, TJ, Wright, GA, Kernozek, TW, and Kline, DE. Kinetic comparison of the power development between power clean variations. *J Strength Cond Res* 28:350-360, 2014.
142. Swinton, PA, Stewart, AD, Keogh, JWL, Agouris, I, and Lloyd, R. Kinematic and kinetic analysis of maximal velocity deadlifts performed with and without the inclusion of chain resistance. *J Strength Cond Res* 25:3163-3174, 2011.
143. Taber, CB, Butler, C, Dabek, V, Kochan, B, McCormick, K, Petro, E, Suchomel, TJ, and Merrigan, J. The effects of accentuated eccentric loading on barbell and trap bar countermovement jumps. *Int J Strength Cond* 3:1-15, 2023.
144. Terzis, G, Karampatsos, G, Kyriazis, T, Kavouras, SA, and Georgiadis, G. Acute effects of countermovement jumping and sprinting on shot put performance. *J Strength Cond Res* 26:684-690, 2012.
145. Terzis, G, Spengos, K, Karampatsos, G, Manta, P, and Georgiadis, G. Acute effect of drop jumping on throwing performance. *J Strength Cond Res* 23:2592-2597, 2009.

146. Tesch, PA, and Karlsson, J. Muscle fiber types and size in trained and untrained muscles of elite athletes. *J Appl Physiol* 59:1716-1720, 1985.
147. Thorstensson, A, Grimby, G, and Karlsson, J. Force-velocity relations and fiber composition in human knee extensor muscles. *J Appl Physiol* 40:12-16, 1976.
148. Tillin, NA, and Bishop, D. Factors modulating post-activation potentiation and its effect on performance of subsequent explosive activities. *Sports Med* 39:147-166, 2009.
149. van Cutsem, M, Duchateau, J, and Hainaut, K. Changes in single motor unit behaviour contribute to the increase in contraction speed after dynamic training in humans. *J Physiol* 513:295-305, 1998.
150. van den Tillaar, R, Andersen, V, and Saeterbakken, AH. The existence of a sticking region in free weight squats. *J Hum Kinet* 42:63-71, 2014.
151. van den Tillaar, R, and Kwan, K. The effects of augmented eccentric loading upon kinematics and muscle activation in bench press performance. *J Funct Morphol Kinesiol* 5:8, 2020.
152. Vandenboom, R, Grange, RW, and Houston, ME. Threshold for force potentiation associated with skeletal myosin phosphorylation. *Am J Physiol* 265:C1456-C1462, 1993.
153. Vandenboom, R, Grange, RW, and Houston, ME. Myosin phosphorylation enhances rate of force development in fast-twitch skeletal muscle. *Am J Physiol* 268:C596-603, 1995.
154. Vandervoort, AA, Quinlan, J, and McComas, AJ. Twitch potentiation after voluntary contraction. *Exp Neurol* 81:141152, 1983.
155. Vasconcelos, GC, Brietzke, C, Silva Cesario, JC, Bento Douetts, CD, Canestri, R, Vinicius, Í, Franco-Alvarenga, PE, and Pires, FO. No evidence of post-activation performance enhancement on endurance exercises: A comprehensive systematic review and meta-analysis. *Med Sci Sports Exerc* 56:315-327, 2024.
156. Wagle, JP, Cunanan, AJ, Carroll, KM, Sams, ML, Wetmore, A, Bingham, GE, Taber, CB, DeWeese, BH, Sato, K, and Stuart, CA. Accentuated eccentric loading and cluster set configurations in the back squat: A kinetic and kinematic analysis. *J Strength Cond Res* 35:420-427, 2021.
157. Wagle, JP, Taber, CB, Carroll, KM, Cunanan, AJ, Sams, ML, Wetmore, A, Bingham, GE, DeWeese, BH, Sato, K, and Stuart, CA. Repetition-to-repetition differences using cluster and accentuated eccentric loading in the back squat. *Sports* 6:59, 2018.
158. Wagle, JP, Taber, CB, Cunanan, AJ, Bingham, GE, Carroll, K, DeWeese, BH, Sato, K, and Stone, MH. Accentuated eccentric loading for training and performance: A review. *Sports Med* 47:2473-2495, 2017.
159. Walker, S, Blazevich, AJ, Haff, GG, Tufano, JJ, Newton, RU, and Häkkinen, K. Greater strength gains after training with accentuated eccentric than traditional isoinertial loads in already strength-trained men. *Front Physiol* 7:149, 2016.
160. Walker, S, Hulmi, JJ, Wernbom, M, Nyman, K, Kraemer, WJ, Ahtiainen, JP, and Häkkinen, K. Variable resistance training promotes greater fatigue resistance but not hypertrophy versus constant resistance training. *Eur J Appl Physiol* 113:22332244, 2013.
161. Wallace, BJ, Bergstrom, HC, and Butterfield, TA. Muscular bases and mechanisms of variable resistance training efficacy. *Int J Sports Sci Coach* 13:1177-1188, 2018.
162. Wallace, BJ, Winchester, JB, and McGuigan, MR. Effects of elastic bands on force and power characteristics during the back squat exercise. *J Strength Cond Res* 20:268-272, 2006.
163. Wilk, M, Golas, A, Krzysztofik, M, Nawrocka, M, and Zajac, A. The effects of eccentric cadence on power and velocity of the bar during the concentric phase of the bench press movement. *J Sports Sci Med* 18:191-197, 2019.
164. Wilson, JM, Duncan, NM, Marin, PJ, Brown, LE, Loenneke, JP, Wilson, SM, Jo, E, Lowery, RP, and Ugrinowitsch, C. Metaanalysis of postactivation potentiation and power: Effects of conditioning activity, volume, gender, rest periods, and training status. *J Strength Cond Res* 27:854-859, 2013.
165. Wyland, TP, Van Dorin, JD, and Reyes, GFC. Postactivation potentation effects from accommodating resistance combined with heavy back squats on short sprint performance. *J Strength Cond Res* 29:3115-3123, 2015.
166. Zamparo, P, Minetti, A, and di Prampero, P. Interplay among the changes of muscle strength, cross-sectional area and maximal explosive power: Theory and facts. *Eur J Appl Physiol* 88:193-202, 2002.
167. Zatsiorsky, V. *Science and Practice of Strength Training.* Champaign, IL: Human Kinetics, 1995.
168. Zimmermann, HB, MacIntosh, BR, and Dal Pupo, J. Does postactivation potentiation (PAP) increase voluntary performance? *Appl Physiol Nutr Metab* 45:349-356, 2020.

Capítulo 7

1. Aagaard, P, Simonsen, EB, Andersen, JL, Magnusson, P, and Dyhre-Poulsen, P. Increased rate of force development and neural drive of human skeletal muscle following resistance training. *J Appl Physiol* 93:1318-1326, 2002.
2. Adams, K, O'Shea, JP, O'Shea, KL, and Climstein, M. The effect of six weeks of squat, plyometric and squat-plyometric training on power production. *J Appl Sport Sci Res* 6:36-41, 1992.
3. Alcaraz, PE, Carlos-Vivas, J, Oponjuru, BO, and MartinezRodriguez, A. The effectiveness of resisted sled training (RST) for sprint performance: A systematic review and meta-analysis. *Sports Med* 48:2143-2165, 2018.
4. American College of Sports Medicine. American College of Sports Medicine position stand. Progression models in resistance training for healthy adults. *Med Sci Sports Exerc* 41:687-708, 2009.
5. Andersen, LL, Andersen, JL, Zebis, MK, and Aagaard, P. Early and late rate of force development: Differential adaptive responses to resistance training? *Scand J Med Sci Sports* 20:e162-e169, 2010.
6. Aubry, A, Hausswirth, C, Louis, J, Coutts, AJ, and Le Meur, Y. Functional overreaching: The key to peak performance during the taper? *Med Sci Sports Exerc* 46:1769-1777, 2014.
7. Augustsson, J, Esko, A, Thomeé, R, and Svantesson, U. Weight training of the thigh muscles using closed versus

open kinetic chain exercises: A comparison of performance enhancement. *J Orthop Sports Phys Ther* 27:3-8, 1998.

8. Barker, M, Wyatt, TJ, Johnson, RL, Stone, MH, O'Bryant, HS, Poe, C, and Kent, M. Performance factors, psychological assessment, physical characteristics, and football playing ability. *J Strength Cond Res* 7:224-233, 1993.
9. Bazyler, CD, Mizuguchi, S, Harrison, AP, Sato, K, Kavanaugh, AA, DeWeese, BH, and Stone, MH. Changes in muscle architecture, explosive ability, and track and field throwing performance throughout a competitive season and following a taper. *J Strength Cond Res* 31:2785-2793, 2017.
10. Bazyler, CD, Mizuguchi, S, Sole, CJ, Suchomel, TJ, Sato, K, Kavanaugh, AA, DeWeese, BH, and Stone, MH. Jumping performance is preserved, but not muscle thickness in collegiate volleyball players after a taper. *J Strength Cond Res* 32:1029-1035, 2018.
11. Bazyler, CD, Sato, K, Wassinger, CA, Lamont, HS, and Stone, MH. The efficacy of incorporating partial squats in maximal strength training. *J Strength Cond Res* 28:3024-3032, 2014.
12. Behm, DG, and Anderson, KG. The role of instability with resistance training. *J Strength Cond Res* 20:716-722, 2006.
13. Behm, DG, Young, JD, Whitten, JH, Reid, JC, Quigley, PJ, Low, J, Li, Y, de Lima, C, Hodgson, DD, Chaouachi, A, Prieske, O, and Granacher, U. Effectiveness of traditional strength versus power training on muscle strength, power and speed with youth: A systematic review and meta-analysis. *Front Physiol* 8:423, 2017.
14. Blackburn, JR, and Morrissey, MC. The relationship between open and closed kinetic chain strength of the lower limb and jumping performance. *J Ortho Sports Phys Ther* 27:430-435, 1998.
15. Boffey, D, Clark, NW, and Fukuda, DH. Efficacy of rest redistribution during squats: Considerations for strength and sex. *J Strength Cond Res* 35:586-595, 2021.
16. Borst, SE, De Hoyos, DV, Garzarella, L, Vincent, K, Pollock, BH, Lowenthal, DT, and Pollock, ML. Effects of resistance training on insulin-like growth factor-I and IGF binding proteins. *Med Sci Sports Exerc* 33:648-653, 2001.
17. Bryanton, MA, Kennedy, MD, Carey, JP, and Chiu, LZF. Effect of squat depth and barbell load on relative muscular effort in squatting. *J Strength Cond Res* 26:2820-2828, 2012.
18. Buckner, SL, Dankel, SJ, Mattocks, KT, Jessee, MB, Mouser, JG, Counts, BR, and Loenneke, JP. The problem of muscle hypertrophy: Revisited. *Muscle Nerve* 54:1012-1014, 2016.
19. Burleson, MA, Jr., O'Bryant, HS, Stone, MH, Collins, MA, and Triplett-McBride, T. Effect of weight training exercise and treadmill exercise on post-exercise oxygen consumption. *Med Sci Sports Exerc* 30:518-522, 1998.
20. Byrd, R, Centry, R, and Boatwright, D. Effect of interrepetition rest intervals in circuit weight training on PWC170 during arm-cranking exercise. *J Sports Med Phys Fitness* 28:336-340, 1988.
21. Cahill, MJ, Oliver, JL, Cronin, JB, Clark, K, Cross, MR, Lloyd, RS, and Lee, JE. Influence of resisted sled-pull training on the sprint force-velocity profile of male high-school athletes. *J Strength Cond Res* 34:2751-2759, 2020.
22. Cahill, MJ, Oliver, JL, Cronin, JB, Clark, KP, Cross, MR, and Lloyd, RS. Influence of resisted sled-push training on the sprint force-velocity profile of male high school athletes. *Scand J Med Sci Sports* 30:442-449, 2020.
23. Carroll, KM, Bazyler, CD, Bernards, JR, Taber, CB, Stuart, CA, DeWeese, BH, Sato, K, and Stone, MH. Skeletal muscle fiber adaptations following resistance training using repetition maximums or relative intensity. *Sports* 7:169, 2019.
24. Carroll, KM, Bernards, JR, Bazyler, CD, Taber, CB, Stuart, CA, DeWeese, BH, Sato, K, and Stone, MH. Divergent performance outcomes following resistance training using repetition maximums or relative intensity. *Int J Sports Physiol Perform* 14:46-54, 2019.
25. Carvajal-Espinoza, R, Talpey, S, and Salazar-Rojas, W. Effects of physical training on change of direction performance: A systematic review with meta-analysis. *Int J Sports Sci Coach* 18:1850-1866, 2023.
26. Chae, S, Bailey, CA, Hill, DW, McMullen, SM, Moses, SA, and Vingren, JL. Acute kinetic and kinematic responses to rest redistribution with heavier loads in resistance-trained men. *J Strength Cond Res* 37:987-993, 2023.
27. Chae, S, Hill, DW, Bailey, CA, Moses, SA, McMullen, SM, and Vingren, JL. Acute physiological and perceptual responses to rest redistribution with heavier loads in resistance-trained men. *J Strength Cond Res* 37:994-1000, 2023.
28. Clark, KP, and Weyand, PG. Are running speeds maximized with simple-spring stance mechanics? *J Appl Physiol* 117:604615, 2014.
29. Collins, C. Resistance training, recovery and genetics: AMPD1 the gene for recovery. *J Athl Enhanc* 6:2, 2017.
30. Comfort, P, Haff, GG, Suchomel, TJ, Soriano, MA, Pierce, KC, Hornsby, WG, Haff, EE, Sommerfield, LM, Chavda, S, Morris, SJ, Fry, AC, and Stone, MH. National Strength and Conditioning Association position statement on weightlifting for sports performance. *J Strength Cond Res* 37:1163-1190, 2023.
31. Comfort, P, Jones, PA, Thomas, C, Dos Santos, T, McMahon, JJ, and Suchomel, TJ. Changes in early and maximal isometric force production in response to moderate- and high-load strength and power training. *J Strength Cond Res* 36:593-599, 2022.
32. Comfort, P, Jones, PA, and Udall, R. The effect of load and sex on kinematic and kinetic variables during the mid--thigh clean pull. *Sports Biomech* 14:139-156, 2015.
33. Comfort, P, Udall, R, and Jones, PA. The effect of loading on kinematic and kinetic variables during the midthigh clean pull. *J Strength Cond Res* 26:1208-1214, 2012.
34. Comfort, P, Williams, R, Suchomel, TJ, and Lake, JP. A comparison of catch phase force–time characteristics during clean derivatives from the knee. *J Strength Cond Res* 31:19111918, 2017.
35. Cormie, P, McCaulley, GO, and McBride, JM. Power versus strength–power jump squat training: Influence on the load– power relationship. *Med Sci Sports Exerc* 39:996-1003, 2007.
36. Cormie, P, McCaulley, GO, Triplett, NT, and McBride, JM. Optimal loading for maximal power output during lower--body resistance exercises. *Med Sci Sports Exerc* 39:340-349, 2007.

37. Cormie, P, McGuigan, MR, and Newton, RU. Adaptations in athletic performance after ballistic power versus strength training. *Med Sci Sports Exerc* 42:1582-1598, 2010.
38. Cormier, P, Freitas, TT, Loturco, I, Turner, A, Virgile, A, Haff, GG, Blazevich, AJ, Agar-Newman, D, Henneberry, M, and Baker, DG. Within session exercise sequencing during programming for complex training: Historical perspectives, terminology, and training considerations. *Sports Med* 52:23712389, 2022.
39. Cormier, P, Freitas, TT, Rubio-Arias, JÁ, and Alcaraz, PE. Complex and contrast training: Does strength and power training sequence affect performance-based adaptations in team sports? A systematic review and meta-analysis. *J Strength Cond Res* 34:1461-1479, 2020.
40. Cortes, N, Onate, J, and Van Lunen, B. Pivot task increases knee frontal plane loading compared with sidestep and dropjump. *J Sports Sci* 29:83-92, 2011.
41. Cuadrado-Peñafiel, V, Castaño-Zambudio, A, MartínezAranda, LM, González-Hernández, JM, Martín-Acero, R, and Jiménez-Reyes, P. Microdosing sprint distribution as an alternative to achieve better sprint performance in field hockey players. *Sensors* 23:650, 2023.
42. Cuevas-Aburto, J, Jukic, I, Chirosa-Ríos, LJ, GonzálezHernández, JM, Janicijevic, D, Barboza-González, P, GuedeRojas, F, and García-Ramos, A. Effect of traditional, cluster, and rest redistribution set configurations on neuromuscular and perceptual responses during strength-oriented resistance training. *J Strength Cond Res* 36:1490-1497, 2022.
43. Cuthbert, M, Haff, GG, Arent, SM, Ripley, N, McMahon, JJ, Evans, M, and Comfort, P. Effects of variations in resistance training frequency on strength development in well-trained populations and implications for in-season athlete training: A systematic review and meta-analysis. *Sports Med* 51:19671982, 2021.
44. Cuthbert, M, Haff, GG, McMahon, JJ, Evans, M, and Comfort, P. Microdosing: A conceptual framework for use as programming strategy for resistance training in team sports. *Strength Cond J* 46:180-201, 2024.
45. Cuthbert, M, Ripley, NJ, McMahon, JJ, Evans, M, Haff, GG, and Comfort, P. The effect of Nordic hamstring exercise intervention volume on eccentric strength and muscle architecture adaptations: A systematic review and meta-analyses. *Sports Med* 50:83-99, 2020.
46. Dai, B, Garrett, WE, Gross, MT, Padua, DA, Queen, RM, and Yu, B. The effect of performance demands on lower extremity biomechanics during landing and cutting tasks. *J Sport Health Sci* 8:228-234, 2019.
47. Davies, T, Orr, R, Halaki, M, and Hackett, D. Effect of training leading to repetition failure on muscular strength: A systematic review and meta-analysis. *Sports Med* 46:487-502, 2016.
48. Davies, TB, Tran, DL, Hogan, CM, Haff, GG, and Latella, C. Chronic effects of altering resistance training set configurations using cluster sets: A systematic review and meta-analysis. *Sports Med* 51:707-736, 2021.
49. de Salles, BF, Simão, R, Miranda, F, da Silva Novaes, J, Lemos, A, and Willardson, JM. Rest interval between sets in strength training. *Sports Med* 39:765-777, 2009.
50. de Salles, BF, Simão, R, Miranda, H, Bottaro, M, Fontana, F, and Willardson, JM. Strength increases in upper and lower body are larger with longer inter-set rest intervals in trained men. *J Sci Med Sport* 13:429-433, 2010.
51. Denton, J, and Cronin, JB. Kinematic, kinetic, and blood lactate profiles of continuous and intraset rest loading schemes. *J Strength Cond Res* 20:528-534, 2006.
52. DeWeese, BH, Bellon, CR, Magrum, E, Taber, CB, and Suchomel, TJ. Strengthening the springs: Improving sprint performance via strength training. *Techniques* 9:8-20, 2016.
53. DeWeese, BH, Hornsby, G, Stone, M, and Stone, MH. The training process: Planning for strength–power training in track and field. Part 1: Theoretical aspects. *J Sport Health Sci* 4:308-317, 2015.
54. DeWeese, BH, Hornsby, G, Stone, M, and Stone, MH. The training process: Planning for strength–power training in track and field. Part 2: Practical and applied aspects. *J Sport Health Sci* 4:318-324, 2015.
55. DeWeese, BH, Sams, ML, and Serrano, AJ. Sliding toward Sochi – Part 1: A review of programming tactics used during the 2010-2014 quadrennial. *Natl Strength Cond Assoc Coach* 1:30-42, 2014.
56. DeWeese, BH, Sams, ML, and Serrano, AJ. Sliding toward Sochi – Part 2: A review of programming tactics used during the 2010-2014 quadrennial. *Natl Strength Cond Assoc Coach* 1:4-7, 2014.
57. Dias, I, de Salles, BF, Novaes, J, Costa, PB, and Simão, R. Influence of exercise order on maximum strength in untrained young men. *J Sci Med Sport* 13:65-69, 2010.
58. Dos'Santos, T, Thomas, C, and Jones, PA. How early should you brake during a 180° turn? A kinetic comparison of the antepenultimate, penultimate, and final foot contacts during a 505 change of direction speed test. *J Sports Sci* 39:395-405, 2021.
59. Ebben, WP, Fauth, ML, Garceau, LR, and Petushek, EJ. Kinetic quantification of plyometric exercise intensity. *J Strength Cond Res* 25:3288-3298, 2011.
60. Ebben, WP, Feldmann, CR, Vanderzanden, TL, Fauth, ML, and Petushek, EJ. Periodized plyometric training is effective for women, and performance is not influenced by the length of post-training recovery. *J Strength Cond Res* 24:1-7, 2010.
61. Ebben, WP, Suchomel, TJ, and Garceau, LR. The effect of plyometric training volume on jumping performance. In *Proceedings of the 32nd International Conference of Biomechanics in Sports, Johnson City, TN, USA, 12-16 July, 2014.* Holland, MA: International Society of Biomechanics in Sports, 566-569, 2014.
62. Eckard, TG, Padua, DA, Hearn, DW, Pexa, BS, and Frank, BS. The relationship between training load and injury in athletes: A systematic review. *Sports Med* 48:1929-1961, 2018.
63. Edman, KA. Double-hyperbolic nature of the force–velocity relation in frog skeletal muscle. *Adv Exp Med Biol* 226:643652, 1988.
64. Fisher, JP, Carlson, L, Steele, J, and Smith, D. The effects of pre-exhaustion, exercise order, and rest intervals in a full-body resistance training intervention. *Appl Physiol Nutr Metab* 39:1265-1270, 2014.

65. Fleck, SJ, and Kraemer, WJ. *Designing Resistance Training Programs*. Champaign, IL: Human Kinetics, 2014.
66. Fowles, JR, and Green, HJ. Coexistence of potentiation and low-frequency fatigue during voluntary exercise in human skeletal muscle. *Can J Physiol Pharmacol* 81:1092-1100, 2003.
67. Gonzalez, AM, Ghigiarelli, JJ, Sell, KM, Shone, EW, Kelly, CF, and Mangine, GT. Muscle activation during resistance exercise at 70% and 90% 1-repetition maximum in resistancetrained men. *Muscle Nerve* 56:505-509, 2017.
68. Gorostiaga, EM, Navarro-Amézqueta, I, Calbet, JAL, Hellsten, Y, Cusso, R, Guerrero, M, Granados, C, González-Izal, M, Ibañez, J, and Izquierdo, M. Energy metabolism during repeated sets of leg press exercise leading to failure or not. *PLoS One* 7:e40621, 2012.
69. Gorostiaga, EM, Navarro-Amézqueta, I, Cusso, R, Hellsten, Y, Calbet, JAL, Guerrero, M, Granados, C, González-Izal, M, Ibáñez, J, and Izquierdo, M. Anaerobic energy expenditure and mechanical efficiency during exhaustive leg press exercise. *PLoS One* 5:e13486, 2010.
70. Gouvêa, AL, Fernandes, IA, César, EP, Silva, WAB, and Gomes, PSC. The effects of rest intervals on jumping performance: A meta-analysis on post-activation potentiation studies. *J Sports Sci* 31:459-467, 2013.
71. Grgic, J, Schoenfeld, BJ, Davies, TB, Lazinica, B, Krieger, JW, and Pedisic, Z. Effect of resistance training frequency on gains in muscular strength: A systematic review and meta-analysis. *Sports Med* 48:1207-1220, 2018.
72. Grgic, J, Schoenfeld, BJ, Skrepnik, M, Davies, TB, and Mikulic, P. Effects of rest interval duration in resistance training on measures of muscular strength: A systematic review. *Sports Med* 38:137-151, 2018.
73. Haff, GG. Roundtable discussion: Machines versus free weights. *Strength Cond J* 22:18-30, 2000.
74. Haff, GG. Quantifying workloads in resistance training: A brief review. *Prof Strength Cond* 19:31-40, 2010.
75. Haff, GG. Cluster sets: Current methods for introducing variation to training sets. Presented at National Strength and Conditioning Association National Conference, New Orleans, LA, 2016.
76. Haff, GG, and Harden, M. Cluster sets: Scientific background and practical application. In *Advanced Strength and Conditioning: An Evidence-Based Approach*. Turner, AN, and Comfort, P, eds. New York: Routledge, 213-231, 2022.
77. Haff, GG, Hobbs, RT, Haff, EE, Sands, WA, Pierce, KC, and Stone, MH. Cluster training: A novel method for introducing training program variation. *Strength Cond J* 30:67-76, 2008.
78. Haff, GG, and Nimphius, S. Training principles for power. *Strength Cond J* 34:2-12, 2012.
79. Haff, GG, Whitley, A, McCoy, LB, O'Bryant, HS, Kilgore, JL, Haff, EE, Pierce, K, and Stone, MH. Effects of different set configurations on barbell velocity and displacement during a clean pull. *J Strength Cond Res* 17:95-103, 2003.
80. Häkkinen, K. Neuromuscular fatigue and recovery in male and female athletes during heavy resistance exercise. *Int J Sports Med* 14:53-59, 1993.
81. Halson, SL. Monitoring training load to understand fatigue in athletes. *Sports Med* 44:139-147, 2014.
82. Hardee, JP, Lawrence, MM, Utter, AC, Triplett, NT, Zwetsloot, KA, and McBride, JM. Effect of inter-repetition rest on ratings of perceived exertion during multiple sets of the power clean. *Eur J Appl Physiol* 112:3141-3147, 2012.
83. Hardee, JP, Lawrence, MM, Zwetsloot, KA, Triplett, NT, Utter, AC, and McBride, JM. Effect of cluster set configurations on power clean technique. *J Sports Sci* 31:488-496, 2013.
84. Hardee, JP, Triplett, NT, Utter, AC, Zwetsloot, KA, and McBride, JM. Effect of interrepetition rest on power output in the power clean. *J Strength Cond Res* 26:883-889, 2012.
85. Harper, DJ, Morin, J-B, Carling, C, and Kiely, J. Measuring maximal horizontal deceleration ability using radar technology: Reliability and sensitivity of kinematic and kinetic variables. *Sports Biomech* 22:1192-1208, 2023.
86. Harris, GR, Stone, MH, O'Bryant, HS, Proulx, CM, and Johnson, RL. Short-term performance effects of high power, high force, or combined weight-training methods. *J Strength Cond Res* 14:14-20, 2000.
87. Haun, CT, Mumford, PW, Roberson, PA, Romero, MA, Mobley, CB, Kephart, WC, Anderson, RG, Colquhoun, RJ, Muddle, TWD, Luera, MJ, Mackey, CS, Pascoe, DD, Young, KC, Martin, JS, DeFreitas, JM, Jenkins, NDM, and Roberts, MD. Molecular, neuromuscular, and recovery responses to light versus heavy resistance exercise in young men. *Physiol Rep* 5:e13457, 2017.
88. Havens, KL, and Sigward, SM. Whole body mechanics differ among running and cutting maneuvers in skilled athletes. *Gait Posture* 42:240-245, 2015.
89. Hodges, NJ, Hayes, S, Horn, RR, and Williams, AM. Changes in coordination, control and outcome as a result of extended practice on a novel motor skill. *Ergonomics* 48:1672-1685, 2005.
90. Hodgson, M, Docherty, D, and Robbins, D. Post-activation potentiation: Underlying physiology and implications for motor performance *Sports Med* 35:585-595, 2005.
91. Hornsby, WG, Gentles, J, Comfort, P, Suchomel, TJ, Mizuguchi, S, and Stone, MH. Resistance training volume load with and without exercise displacement. *Sports* 6:137, 2018.
92. Hornsby, WG, Gentles, JA, MacDonald, CJ, Mizuguchi, S, Ramsey, MW, and Stone, MH. Maximum strength, rate of force development, jump height, and peak power alterations in weightlifters across five months of training. *Sports* 5:78, 2017.
93. Iglesias-Soler, E, Carballeira, E, Sanchez-Otero, T, Mayo, X, and Fernandez-del-Olmo, M. Performance of maximum number of repetitions with cluster-set configuration. *Int J Sports Physiol Perform* 9:637-642, 2014.
94. Izquierdo, M, González-Badillo, JJ, Häkkinen, K, Ibáñez, J, Kraemer, WJ, Altadill, A, Eslava, J, and Gorostiaga, EM. Effect of loading on unintentional lifting velocity declines during single sets of repetitions to failure during upper and lower extremity muscle actions. *Int J Sports Med* 27:718-724, 2006.
95. James, LP, Comfort, P, Suchomel, TJ, Kelly, VG, Beckman, EM, and Haff, GG. The impact of power clean ability and

training age on adaptations to weightlifting-style training. *J Strength Cond Res* 36:1560-1567, 2022.

96. James, LP, Haff, GG, Kelly, VG, Connick, M, Hoffman, B, and Beckman, EM. The impact of strength level on adaptations to combined weightlifting, plyometric and ballistic training. *Scand J Med Sci Sports* 28:1494-1505, 2018.
97. James, LP, Haycraft, J, Pierobon, A, Suchomel, TJ, and Connick, M. Mixed versus focused resistance training during an Australian football pre-season. *J Funct Morphol Kinesiol* 5:99, 2020.
98. James, LP, Talpey, SW, Young, WB, Geneau, MC, Newton, RU, and Gastin, PB. Strength classification and diagnosis: Not all strength is created equal. *Strength Cond J* 45:333-341, 2023.
99. Janicijevic, D, González-Hernández, JM, Jiménez-Reyes, P, Márquez, G, and García-Ramos, A. Longitudinal effects of traditional and rest redistribution set configurations on explosive-strength and strength–endurance manifestations. *J Strength Cond Res* 37:980-986, 2023.
100. Jensen, RL, and Ebben, WP. Quantifying plyometric intensity via rate of force development, knee joint, and ground reaction forces. *J Strength Cond Res* 21:763-767, 2007.
101. Jensen, RL, Flanagan, EP, and Ebben, WP. Rate of force development and time to peak force during plyometric exercises. In *Proceedings of the 26th International Conference of Biomechanics in Sports, Seoul, Korea, 14-18, July, 2008.*
102. Jensen, RL, Flanagan, EP, Jensen, NL, and Ebben, WP. Kinetic responses during landings of plyometric exercises. In *Proceedings of the 26th International Conference of Biomechanics in Sports, Seoul, Korea, 14-18, July, 2008.*
103. Jo, E, Judelson, DA, Brown, LE, Coburn, JW, and Dabbs, NC. Influence of recovery duration after a potentiating stimulus on muscular power in recreationally trained individuals. *J Strength Cond Res* 24:343-347, 2010.
104. Jones, A, and Wood, J. *Nautilus Training Principles: Bulletin No. 1.* Arthur Jones, 1970.
105. Jukic, I, Ramos, AG, Helms, ER, McGuigan, MR, and Tufano, JJ. Acute effects of cluster and rest redistribution set structures on mechanical, metabolic, and perceptual fatigue during and after resistance training: A systematic review and metaanalysis. *Sports Med* 50:2209-2236, 2020.
106. Jukic, I, and Tufano, JJ. Rest Redistribution functions as a free and ad-hoc equivalent to commonly used velocity-based training thresholds during clean pulls at different loads. *J Hum Kinet* 68:5-16, 2019.
107. Jukic, I, Van Hooren, B, Ramos, AG, Helms, ER, McGuigan, MR, and Tufano, JJ. The effects of set structure manipulation on chronic adaptations to resistance training: A systematic review and meta-analysis. *Sports Med* 51:1061-1086, 2021.
108. Kaneko, M, Fuchimoto, T, Toji, H, and Suei, K. Training effect of different loads on the force–velocity relationship and mechanical power output in human muscle. *Scand J Sports Sci* 5:50-55, 1983.
109. Kilduff, LP, Bevan, HR, Kingsley, MI, Owen, NJ, Bennett, MA, Bunce, PJ, Hore, AM, Maw, JR, and Cunningham, DJ. Postactivation potentiation in professional rugby players: Optimal recovery. *J Strength Cond Res* 21:1134-1138, 2007.
110. Kilen, A, Hjelvang, LB, Dall, N, Kruse, NL, and Nordsborg, NB. Adaptations to short, frequent sessions of endurance and strength training are similar to longer, less frequent exercise sessions when the total volume is the same. *J Strength Cond Res* 29:S46-S51, 2015.
111. Kipp, K, Comfort, P, and Suchomel, TJ. Comparing biomechanical time series data during the hang-power clean and jump shrug. *J Strength Cond Res* 35:2389-2396, 2021.
112. Kipp, K, Malloy, PJ, Smith, J, Giordanelli, MD, Kiely, MT, Geiser, CF, and Suchomel, TJ. Mechanical demands of the hang power clean and jump shrug: A joint-level perspective. *J Strength Cond Res* 32:466-474, 2018.
113. Kossow, AJ, and Ebben, WP. Kinetic analysis of horizontal plyometric exercise intensity. *J Strength Cond Res* 32:12221229, 2018.
114. Kraemer, WJ. Exercise prescription in weight training: A needs analysis. *Natl Strength Cond Assoc J* 5:64-65, 1983.
115. Kraemer, WJ. A series of studies-The physiological basis for strength training in American Football: Fact over philosophy. *J Strength Cond Res* 11:131-142, 1997.
116. Kraemer, WJ, Adams, K, Cafarelli, E, Dudley, GA, Dooly, C, Feigenbaum, MS, Fleck, SJ, Franklin, B, Fry, AC, Hoffman, JR, Newton, RU, Potteiger, J, Stone, MH, Ratamess, NA, and Triplett-McBride, T. American College of Sports Medicine position stand. Progression models in resistance training for healthy adults. *Med Sci Sports Exerc* 34:364-380, 2002.
117. Kraemer, WJ, and Newton, RU. Training for muscular power. *Phys Med Rehab Clin N Am* 11:341-368, 2000.
118. Kraemer, WJ, Ratamess, N, Fry, AC, Triplett-McBride, T, Koziris, LP, Bauer, JA, Lynch, JM, and Fleck, SJ. Influence of resistance training volume and periodization on physiological and performance adaptations in collegiate women tennis players. *Am J Sports Med* 28:626-633, 2000.
119. Kramer, JB, Stone, MH, O'Bryant, HS, Conley, MS, Johnson, RL, Nieman, DC, Honeycutt, DR, and Hoke, TP. Effects of single vs. multiple sets of weight training: Impact of volume, intensity, and variation. *J Strength Cond Res* 11:143-147, 1997.
120. Krieger, JW. Single versus multiple sets of resistance exercise: A meta-regression. *J Strength Cond Res* 23:1890-1901, 2009.
121. Lake, JP, Mundy, PD, Comfort, P, McMahon, JJ, Suchomel, TJ, and Carden, P. The effect of barbell load on vertical jump landing force–time characteristics. *J Strength Cond Res* 35:25-32, 2021.
122. Latella, C, Teo, WP, Drinkwater, EJ, Kendall, K, and Haff, GG. The acute neuromuscular responses to cluster set resistance training: A systematic review and meta-analysis. *Sports Med* 49:1861-1877, 2019.
123. Lawton, T, Cronin, J, Drinkwater, E, Lindsell, R, and Pyne, D. The effect of continuous repetition training and intra-set rest training on bench press strength and power. *J Sports Med Phys Fitness* 44:361-367, 2004.
124. Lopes dos Santos, M, Uftring, M, Stahl, CA, Lockie, RG, Alvar, B, Mann, JB, and Dawes, JJ. Stress in academic and athletic performance in collegiate athletes: A narrative review of sources and monitoring strategies. *Front Sports Act Living* 2:1-10, 2020.

125. Lopez, P, Radaelli, R, Taaffe, DR, Newton, RU, Galvão, DA, Trajano, GS, Teodoro, JL, Kraemer, WJ, Häkkinen, K, and Pinto, RS. Resistance training load effects on muscle hypertrophy and strength gain: Systematic review and network meta-analysis. *Med Sci Sports Exerc* 53:1206-1216, 2021.
126. Lundberg, TR, and Weckström, K. Fixture congestion modulates post-match recovery kinetics in professional soccer players. *Res Sports Med* 25:408-420, 2017.
127. Lyttle, AD, Wilson, GJ, and Ostrowski, KJ. Enhancing performance, maximal power versus combined weights and plyometrics training. *J Strength Cond Res* 10:173-179, 1996.
128. Mangine, GT, Hoffman, JR, Wang, R, Gonzalez, AM, Townsend, JR, Wells, AJ, Jajtner, AR, Beyer, KS, Boone, CH, and Miramonti, AA. Resistance training intensity and volume affect changes in rate of force development in resistancetrained men. *Eur J Appl Physiol* 116:2367-2374, 2016.
129. Marshall, J, Bishop, C, Turner, A, and Haff, GG. Optimal training sequences to develop lower body force, velocity, power, and jump height: A systematic review with meta-analysis. *Sports Med* 51:1245-1271, 2021.
130. Marshall, PWM, McEwen, M, and Robbins, DW. Strength and neuromuscular adaptation following one, four, and eight sets of high intensity resistance exercise in trained males. *Eur J Appl Physiol* 111:3007-3016, 2011.
131. Martínez-Cava, A, Hernandez-Belmonte, A, Courel-Ibanez, J, Moran-Navarro, R, Gonzalez-Badillo, JJ, and Pallarés, JG. Bench press at full range of motion produces greater neuromuscular adaptations than partial executions after prolonged resistance training. *J Strength Cond Res* 36:10-15, 2022.
132. Matveyev, LP, and Zdornyj, AP. *Fundamentals of Sports Training*. Moscow: Progress Publishers, 1981.
133. McBride, JM, Blaak, JB, and Triplett-McBride, T. Effect of resistance exercise volume and complexity on EMG, strength, and regional body composition. *Eur J Appl Physiol* 90:626632, 2003.
134. McBride, JM, McCaulley, GO, Cormie, P, Nuzzo, JL, Cavill, MJ, and Triplett, NT. Comparison of methods to quantify volume during resistance exercise. *J Strength Cond Res* 23:106-110, 2009.
135. McCaulley, GO, McBride, JM, Cormie, P, Hudson, MB, Nuzzo, JL, Quindry, JC, and Triplett, NT. Acute hormonal and neuromuscular responses to hypertrophy, strength and power type resistance exercise. *Eur J Appl Physiol* 105:695-704, 2009.
136. McKeever, S, and Howard, R. Resistance training. In *NSCA's Guide to High School Strength and Conditioning*. McHenry, P, and Nitka, MJ, eds. Champaign, IL: Human Kinetics, 223258, 2022.
137. McMahon, JJ, Lake, JP, Dos'Santos, T, Jones, PA, Thomasson, ML, and Comfort, P. Countermovement jump standards in rugby league: What is a "good" performance? *J Strength Cond Res* 36:1691-1698, 2022.
138. Meechan, D, McMahon, JJ, Suchomel, TJ, and Comfort, P. A comparison of kinetic and kinematic variables during the pull from the knee and hang pull, across loads. *J Strength Cond Res* 34:1819-1829, 2020.
139. Meechan, D, McMahon, JJ, Suchomel, TJ, and Comfort, P. The effect of rest redistribution on kinetic and kinematic variables during the countermovement shrug. *J Strength Cond Res* 37:1358-1366, 2023.
140. Meechan, D, Suchomel, TJ, McMahon, JJ, and Comfort, P. A comparison of kinetic and kinematic variables during the mid-thigh pull and countermovement shrug, across loads. *J Strength Cond Res* 34:1830-1841, 2020.
141. Melby, C, Scholl, C, Edwards, G, and Bullough, R. Effect of acute resistance exercise on postexercise energy expenditure and resting metabolic rate. *J Appl Physiol* 75:1847-1853, 1993.
142. Merrigan, JJ, Tufano, JJ, Fields, JB, Oliver, JM, and Jones, MT. Rest redistribution does not alter hormone responses in resistance-trained women. *J Strength Cond Res* 34:1867-1874, 2020.
143. Merrigan, JJ, Tufano, JJ, Oliver, JM, White, JB, Fields, JB, and Jones, MT. Reducing the loss of velocity and power in women athletes via rest redistribution. *Int J Sports Physiol Perform* 15:255-261, 2020.
144. Minetti, AE. On the mechanical power of joint extensions as affected by the change in muscle force (or cross-sectional area), ceteris paribus. *Eur J Appl Physiol* 86:363-369, 2002.
145. Miranda, H, Figueiredo, T, Rodrigues, B, Paz, GA, and Simão, R. Influence of exercise order on repetition performance among all possible combinations on resistance training. *Res Sports Med* 21:355-366, 2013.
146. Miyamoto, N, Wakahara, T, Ema, R, and Kawakami, Y. Further potentiation of dynamic muscle strength after resistance training. *Med Sci Sports Exerc* 45:1323-1330, 2013.
147. Moir, GL, Snyder, BW, Connaboy, C, Lamont, HS, and Davis, SE. Using drop jumps and jump squats to assess eccentric and concentric force–velocity characteristics. *Sports* 6:125, 2018.
148. Monteiro, W, Simão, R, and Farinatti, P. Manipulation of exercise order and its influence on the number of repetitions and effort subjective perception in trained women. *Rev Bras Med Esporte* 11:146-150, 2005.
149. Mookerjee, S, and Ratamess, N. Comparison of strength differences and joint action durations between full and partial range-of-motion bench press exercise. *J Strength Cond Res* 13:76-81, 1999.
150. Moolyk, AN, Carey, JP, and Chiu, LZF. Characteristics of lower extremity work during the impact phase of jumping and weightlifting. *J Strength Cond Res* 27:3225-3232, 2013.
151. Morris, SJ, Oliver, JL, Pedley, JS, Haff, GG, and Lloyd, RS. Taking a long-term approach to the development of weightlifting ability in young athletes. *Strength Cond J* 42:71-90, 2020.
152. Naclerio, F, Faigenbaum, AD, Larumbe-Zabala, E, Perez-Bibao, T, Kang, J, Ratamess, NA, and Triplett, NT. Effects of different resistance training volumes on strength and power in team sport athletes. *J Strength Cond Res* 27:1832-1840, 2013.
153. Nagahara, R, Mizutani, M, Matsuo, A, Kanehisa, H, and Fukunaga, T. Association of sprint performance with ground reaction forces during acceleration and maximal speed phases in a single sprint. *J Appl Biomech* 34:104-110, 2018.

154. Nagatani, T, Haff, GG, Guppy, SN, and Kendall, KL. Practical application of traditional and cluster set configurations within a resistance training program. *Strength Cond J* 44:87-101, 2022.
155. Nagatani, T, Kendall, KL, Guppy, SN, and Haff, GG. Using cluster set configurations within a resistance training programme. *Prof Strength Cond* 65:7-17, 2022.
156. Nedergaard, NJ, Kersting, U, and Lake, M. Using accelerometry to quantify deceleration during a high-intensity soccer turning manoeuvre. *J Sports Sci* 32:1897-1905, 2014.
157. Newell, KM. Coordination, control, and skill. In *Advances in Psychology*. Goodman, D, Wilberg, RB, and Franks, IM, eds. Amsterdam, Netherlands: North-Holland, 295-317, 1985.
158. Newton, RU, and Kraemer, WJ. Developing explosive muscular power: Implications for a mixed methods training strategy. *Strength Cond J* 16:20-31, 1994.
159. Newton, RU, Kraemer, WJ, Häkkinen, K, Humphries, B, and Murphy, AJ. Kinematics, kinetics, and muscle activation during explosive upper body movements. *J Appl Biomech* 12:31-43, 1996.
160. Oliver, JM, Jagim, AR, Sanchez, AC, Mardock, MA, Kelly, KA, Meredith, HJ, Smith, GL, Greenwood, M, Parker, JL, and Riechman, SE. Greater gains in strength and power with intraset rest intervals in hypertrophic training. *J Strength Cond Res* 27:3116-3131, 2013.
161. Östenberg, A, Roos, E, Ekdah, C, and Roos, H. Isokinetic knee extensor strength and functional performance in healthy female soccer players. *Scand J Med Sci Sports* 8:257-264, 1998.
162. Pallarés, JG, Martínez-Cava, A, Courel-Ibáñez, J, GonzálezBadillo, JJ, and Morán-Navarro, R. Full squat produces greater neuromuscular and functional adaptations and lower pain than partial squats after prolonged resistance training. *Eur J Sport Sci* 20:115-124, 2020.
163. Paulsen, G, Myklestad, D, and Raastad, T. The influence of volume of exercise on early adaptations to strength training. *J Strength Cond Res* 17:115-120, 2003.
164. Peterson, MD, Rhea, MR, and Alvar, BA. Applications of the dose–response for muscular strength development: A review of meta-analytic efficacy and reliability for designing training prescription. *J Strength Cond Res* 19:950-958, 2005.
165. Petrakos, G, Morin, J-B, and Egan, B. Resisted sled sprint training to improve sprint performance: A systematic review. *Sports Med* 46:381-400, 2016.
166. Phillips, MD, Mitchell, JB, Currie-Elolf, LM, Yellott, RC, and Hubing, KA. Influence of commonly employed resistance exercise protocols on circulating IL-6 and indices of insulin sensitivity. *J Strength Cond Res* 24:1091-1101, 2010.
167. Pincivero, DM, Lephart, SM, and Karunakara, RG. Effects of rest interval on isokinetic strength and functional performance after short-term high intensity training. *Br J Sports Med* 31:229-234, 1997.
168. Plisk, SS, and Jeffreys, I. Effective needs analysis and functional training principles. In *Strength and Conditioning for Sports Performance*. Jeffreys, I, and Moody, J, eds. New York: Routledge, 2021.
169. Rahimi, R. Effect of different rest intervals on the exercise volume completed during squat bouts. *J Sports Sci Med* 4:361-366, 2005.
170. Ralston, GW, Kilgore, L, Wyatt, FB, and Baker, JS. The effect of weekly set volume on strength gain: A meta-analysis. *Sports Med* 47:2585-2601, 2017.
171. Ralston, GW, Kilgore, L, Wyatt, FB, Buchan, D, and Baker, JS. Weekly training frequency effects on strength gain: A meta-analysis. *Sports Med Open* 4:1-24, 2018.
172. Rassier, DE, and Macintosh, BR. Coexistence of potentiation and fatigue in skeletal muscle. *Braz J Med Biol Res* 33:499508, 2000.
173. Rhea, MR, Alvar, BA, Ball, SD, and Burkett, LN. Three sets of weight training superior to 1 set with equal intensity for eliciting strength. *J Strength Cond Res* 16:525-529, 2002.
174. Rhea, MR, Kenn, JG, Peterson, MD, Massey, D, Simão, R, Marin, PJ, Favero, M, Cardozo, D, and Krein, D. Joint-angle specific strength adaptations influence improvements in power in highly trained athletes. *Hum Mov* 17:43-49, 2016.
175. Robinson, JM, Stone, MH, Johnson, RL, Penland, CM, Warren, BJ, and Lewis, RD. Effects of different weight training exercise/rest intervals on strength, power, and high intensity exercise endurance. *J Strength Cond Res* 9:216-221, 1995. 176. Roll, F, and Omer, J. Football: Tulane football winter program. *Strength Cond J* 9:34-38, 1987.
177. Romano, N, Vilaça-Alves, J, Fernandes, HM, Saavedra, F, Paz, G, Miranda, H, Simão, R, Novaes, J, and Reis, V. Effects of resistance exercise order on the number of repetitions performed to failure and perceived exertion in untrained young males. *J Hum Kinet* 39:177-183, 2013.
178. Rønnestad, BR, Nymark, BS, and Raastad, T. Effects of inseason strength maintenance training frequency in professional soccer players. *J Strength Cond Res* 25:2653-2660, 2011.
179. Rooney, KJ, Herbert, RD, and Balnave, RJ. Fatigue contributes to the strength training stimulus. *Med Sci Sports Exerc* 26:1160-1164, 1994.
180. Sale, DG. Postactivation potentiation: Role in human performance. *Exerc Sport Sci Rev* 30:138-143, 2002.
181. Sanborn, K, Boros, R, Hruby, J, Schilling, B, O'Bryant, HS, Johnson, RL, Hoke, T, Stone, ME, and Stone, MH. Short--term performance effects of weight training with multiple sets not to failure vs. a single set to failure in women. *J Strength Cond Res* 14:328-331, 2000.
182. Schlumberger, A, Stec, J, and Schmidtbleicher, D. Single- vs. multiple-set strength training in women. *J Strength Cond Res* 15:284-289, 2001.
183. Schoenfeld, BJ, Contreras, B, Vigotsky, AD, and Peterson, M. Differential effects of heavy versus moderate loads on measures of strength and hypertrophy in resistance-trained men. *J Sports Sci Med* 15:715-722, 2016.
184. Schoenfeld, BJ, Grgic, J, Ogborn, D, and Krieger, JW. Strength and hypertrophy adaptations between low-versus high-load resistance training: A systematic review and meta-analysis. *J Strength Cond Res* 31:3508-3523, 2017.
185. Schoenfeld, BJ, Pope, ZK, Benik, FM, Hester, GM, Sellers, J, Nooner, JL, Schnaiter, JA, Bond-Williams, KE, Carter, AS, and Ross, CL. Longer inter-set rest periods enhance

muscle strength and hypertrophy in resistance-trained men. *J Strength Cond Res* 30:1805-1812, 2016.
186. Schot, P, Dart, J, and Schuh, M. Biomechanical analysis of two change-of-direction maneuvers while running. *J Orthop Sports Phys Ther* 22:254-258, 1995.
187. Seitz, LB, de Villarreal, ESS, and Haff, GG. The temporal profile of postactivation potentiation is related to strength level. *J Strength Cond Res* 28:706-715, 2014.
188. Seitz, LB, and Haff, GG. Factors modulating post-activation potentiation of jump, sprint, throw, and upper-body ballistic performances: A systematic review with meta-analysis. *Sports Med* 46:231-240, 2016.
189. Sforzo, GA, and Touey, PR. Manipulating exercise order affects muscular performance during a resistance exercise training session. *J Strength Cond Res* 10:20-24, 1996.
190. Sheppard, JM, and Triplett, NT. Program design for resistance training. In *Essentials of Strength Training and Conditioning.*
4th ed. Haff, GG, and Triplett, NT, eds. Champaign, IL: Human Kinetics, 439-468, 2016.
191. Siff, MC, and Verkhoshansky, Y. *Supertraining.* Denver, CO: Supertraining International, 1999.
192. Sigward, SM, Cesar, GM, and Havens, KL. Predictors of frontal plane knee moments during side-step cutting to 45 and 110 men and women: Implications for ACL injury. *Clin J Sport Med* 25:529-534, 2015.
193. Simão, R, de Salles, BF, Figueiredo, T, Dias, I, and Willardson, JM. Exercise order in resistance training. *Sports Med* 42:251-265, 2012.
194. Simão, R, de Tarso Veras Farinatti, P, Polito, MD, Maior, AS, and Fleck, SJ. Influence of exercise order on the number of repetitions performed and perceived exertion during resistance exercises. *J Strength Cond Res* 19:152-156, 2005.
195. Simão, R, de Tarso Veras Farinatti, P, Polito, MD, Viveiros, L, and Fleck, SJ. Influence of exercise order on the number of repetitions performed and perceived exertion during resistance exercise in women. *J Strength Cond Res* 21:23-28, 2007.
196. Simão, R, Spineti, J, de Salles, BF, Oliveira, LF, Matta, T, Miranda, F, Miranda, H, and Costa, PB. Influence of exercise order on maximum strength and muscle thickness in untrained men. *J Sports Sci Med* 9:1-7, 2010.
197. Soares, EG, Brown, LE, Gomes, WA, Corrêa, DA, Serpa, ÉP, da Silva, JJ, de Barros Vilela, G, Jr., Fioravanti, GZ, Aoki, MS, Lopes, CR, and Marchetti, PH. Comparison between pre-exhaustion and traditional exercise order on muscle activation and performance in trained men. *J Sports Sci Med* 15:111-117, 2016.
198. Soriano, MA, Suchomel, TJ, and Marin, PJ. The optimal load for improving maximal power production during upper-body exercises: A meta-analysis. *Sports Med* 47:757-768, 2017.
199. Spineti, J, de Salles, BF, Rhea, MR, Lavigne, D, Matta, T, Miranda, F, Fernandes, L, and Simão, R. Influence of exercise order on maximum strength and muscle volume in nonlinear periodized resistance training. *J Strength Cond Res* 24:29622969, 2010.
200. Stølen, T, Chamari, K, Castagna, C, and Wisløff, U. Physiology of soccer: An update. *Sports Med* 35:501-536, 2005.
201. Stone, MH, Collins, D, Plisk, S, Haff, GG, and Stone, ME. Training principles: Evaluation of modes and methods of resistance training. *Strength Cond J* 22:65-76, 2000.
202. Stone, MH, Cormie, P, Lamont, H, and Stone, ME. Developing strength and power. In *Strength and Conditioning for Sports Performance.* Jeffreys, I, and Moody, J, eds. New York: Routledge, 230-260, 2016.
203. Stone, MH, Hornsby, WG, Haff, GG, Fry, AC, Suarez, DG, Liu, J, Gonzalez-Rave, JM, and Pierce, KC. Periodization and block periodization in sports: Emphasis on strength–power training – A provocative and challenging narrative. *J Strength Cond Res* 35:2351-2371, 2021.
204. Stone, MH, Moir, G, Glaister, M, and Sanders, R. How much strength is necessary? *Phys Ther Sport* 3:88-96, 2002.
205. Stone, MH, O'Bryant, H, and Garhammer, J. A hypothetical model for strength training. *J Sports Med Phys Fitness* 21:342-351, 1981.
206. Stone, MH, Sands, WA, Pierce, KC, Ramsey, MW, and Haff,
GG. Power and power potentiation among strength-power athletes: Preliminary study. *Int J Sports Physiol Perform* 3:55-67, 2008.
207. Stone, MH, Stone, M, and Sands, WA. *Principles and Practice of Resistance Training.* Champaign, IL: Human Kinetics, 2007.
208. Stone, MH, Suchomel, TJ, Hornsby, WG, Wagle, JP, and Cunanan, AJ. Exercise selection. In *Strength and Conditioning in Sports: From Science to Practice.* New York: Routledge, 252-272, 2022.
209. Suarez, DG, Mizuguchi, S, Hornsby, WG, Cunanan, AJ, Marsh, DJ, and Stone, MH. Phase-specific changes in rate of force development and muscle morphology throughout a block periodized training cycle in weightlifters. *Sports* 7:129, 2019.
210. Suchomel, TJ. The gray area of programming weightlifting exercises. *Natl Strength Cond Assoc Coach* 7:6-14, 2020. 211. Suchomel, TJ. Resistance training strategies to train the force– velocity characteristics of athletes. In *Central Virginia Sport Performance: The Manual*, Vol. 7. J DeMayo, ed. Amazon Publishing, 95-118, 2022.
212. Suchomel, TJ, Beckham, GK, and Wright, GA. Lower body kinetics during the jump shrug: Impact of load. *J Trainol* 2:19-22, 2013.
213. Suchomel, TJ, Beckham, GK, and Wright, GA. Effect of various loads on the force–time characteristics of the hang high pull. *J Strength Cond Res* 29:1295-1301, 2015.
214. Suchomel, TJ, and Comfort, P. Developing muscular strength and power. In *Advanced Strength and Conditioning: An Evidence-Based Approach.* Turner, A, and Comfort, P, eds. New York: Routledge, 13-39, 2022.
215. Suchomel, TJ, and Comfort, P. Weightlifting for sports performance. In *Advanced Strength and Conditioning: An EvidenceBased Approach.* Turner, A, and Comfort, P, eds. New York: Routledge, 283-306, 2022.

216. Suchomel, TJ, Comfort, P, and Lake, JP. Enhancing the force- velocity profile of athletes using weightlifting derivatives. *Strength Cond J* 39:10-20, 2017.
217. Suchomel, TJ, Comfort, P, and Stone, MH. Weightlifting pulling derivatives: Rationale for implementation and application. *Sports Med* 45:823-839, 2015.
218. Suchomel, TJ, Giordanelli, MD, Geiser, CF, and Kipp, K. Comparison of joint work during load absorption between weightlifting derivatives. *J Strength Cond Res* 35:S127-S135, 2021.
219. Suchomel, TJ, Lake, JP, and Comfort, P. Load absorption force–time characteristics following the second pull of weightlifting derivatives. *J Strength Cond Res* 31:1644-1652, 2017.
220. Suchomel, TJ, Lamont, HS, and Moir, GL. Understanding vertical jump potentiation: A deterministic model. *Sports Med* 46:809-828, 2016.
221. Suchomel, TJ, McKeever, SM, and Comfort, P. Training with weightlifting derivatives: The effects of force and velocity overload stimuli. *J Strength Cond Res* 34:1808-1818, 2020.
222. Suchomel, TJ, McKeever, SM, McMahon, JJ, and Comfort, P. The effect of training with weightlifting catching or pulling derivatives on squat jump and countermovement jump force–time adaptations. *J Funct Morphol Kinesiol* 5:28, 2020.
223. Suchomel, TJ, McKeever, SM, Nolen, JD, and Comfort, P. Muscle architectural and force–velocity curve adaptations following 10 weeks of training with weightlifting catching and pulling derivatives. *J Sports Sci Med* 21:504-516, 2022.
224. Suchomel, TJ, McKeever, SM, Sijuwade, O, and Carpenter, L. Propulsion phase characteristics of loaded jump variations in resistance-trained women. *Sports* 11:44, 2023.
225. Suchomel, TJ, McKeever, SM, Sijuwade, O, Carpenter, L, McMahon, JJ, Loturco, I, and Comfort, P. The effect of load placement on the power production characteristics of three lower extremity jumping exercises. *J Hum Kinet* 68:109-122, 2019.
226. Suchomel, TJ, Nimphius, S, Bellon, CR, Hornsby, WG, and Stone, MH. Training for muscular strength: Methods for monitoring and adjusting training intensity. *Sports Med* 51:2051-2066, 2021.
227. Suchomel, TJ, Nimphius, S, Bellon, CR, and Stone, MH. The importance of muscular strength: Training considerations. *Sports Med* 48:765-785, 2018.
228. Suchomel, TJ, Nimphius, S, and Stone, MH. The importance of muscular strength in athletic performance. *Sports Med* 46:1419-1449, 2016.
229. Suchomel, TJ, Sands, WA, and McNeal, JR. Comparison of static, countermovement, and drop jumps of the upper and lower extremities in U.S. junior national team male gymnasts. *Sci Gymnastics J* 8:15-30, 2016.
230. Suchomel, TJ, Sato, K, DeWeese, BH, Ebben, WP, and Stone, MH. Potentiation effects of half-squats performed in a ballistic or non-ballistic manner. *J Strength Cond Res* 30:1652-1660, 2016.
231. Suchomel, TJ, Sato, K, DeWeese, BH, Ebben, WP, and Stone, MH. Potentiation following ballistic and non-ballistic complexes: The effect of strength level. *J Strength Cond Res* 30:1825-1833, 2016.
232. Suchomel, TJ, Sato, K, DeWeese, BH, Ebben, WP, and Stone, MH. Relationships between potentiation effects following ballistic half-squats and bilateral symmetry. *Int J Sports Physiol Perform* 11:448-454, 2016.
233. Suchomel, TJ, and Sole, CJ. Force–time curve comparison between weightlifting derivatives. *Int J Sports Physiol Perform* 12:431-439, 2017.
234. Suchomel, TJ, and Stone, MH. The relationships between hip and knee extensor cross-sectional area, strength, power, and potentiation characteristics. *Sports* 5:66, 2017.
235. Suchomel, TJ, Taber, CB, Sole, CJ, and Stone, MH. Force–time differences between ballistic and non-ballistic half-squats. *Sports* 6:79, 2018.
236. Suchomel, TJ, Wagle, JP, Douglas, J, Taber, CB, Harden, M, Haff, GG, and Stone MH. Implementing eccentric resistance training – Part 1: A brief review of existing methods. *J Funct Morphol Kinesiol* 4:38, 2019.
237. Suchomel, TJ, Wagle, JP, Douglas, J, Taber, CB, Harden, M, Haff, GG, and Stone, MH. Implementing eccentric resistance training - Part 2: Practical recommendations. *J Funct Morphol Kinesiol* 4:55, 2019.
238. Suchomel, TJ, Wright, GA, Kernozek, TW, and Kline, DE. Kinetic comparison of the power development between power clean variations. *J Strength Cond Res* 28:350-360, 2014.
239. Sundstrup, E, Jakobsen, MD, Andersen, CH, Zebis, MK, Mortensen, OS, and Andersen, LL. Muscle activation strategies during strength training with heavy loading vs. repetitions to failure. *J Strength Cond Res* 26:1897-1903, 2012.
240. Takei, S, Hirayama, K, and Okada, J. Comparison of the power output between the hang power clean and hang high pull across a wide range of loads in weightlifters. *J Strength Cond Res* 35:S84-S88, 2021.
241. Thompson, SW, Lake, JP, Rogerson, D, Ruddock, A, and Barnes, A. Kinetics and kinematics of the free-weight back squat and loaded jump squat. *J Strength Cond Res* 37:1-8, 2023.
242. Thompson, SW, Rogerson, D, Ruddock, A, and Barnes, A. The effectiveness of two methods of prescribing load on maximal strength development: A systematic review. *Sports Med* 50:919-938, 2020.
243. Tillin, NA, and Bishop, D. Factors modulating post-activation potentiation and its effect on performance of subsequent explosive activities. *Sports Med* 39:147-166, 2009.
244. Toji, H, and Kaneko, M. Effect of multiple-load training on the force–velocity relationship. *J Strength Cond Res* 18:792795, 2004.
245. Toji, H, Suei, K, and Kaneko, M. Effects of combined training programs on force–velocity relation and power output in human muscle. *Jpn J Phys Fit Sports Med* 44:439-446, 1995.
246. Toji, H, Suei, K, and Kaneko, M. Effects of combined training loads on relations among force, velocity, and power development. *Can J Appl Physiol* 22:328-336, 1997.
247. Tsoukos, A, Brown, LE, Terzis, G, Veligekas, P, and Bogdanis, GC. Potentiation of bench press throw performance using a heavy load and velocity-based repetition control. *J Strength Cond Res* 35:S72-S79, 2021.
248. Tufano, JJ, Brown, LE, and Haff, GG. Theoretical and practical aspects of different cluster set structures: A systematic review. *J Strength Cond Res* 31:848-867, 2017.

249. Tufano, JJ, Conlon, JA, Nimphius, S, Brown, LE, Banyard, HG, Williamson, BD, Bishop, LG, Hopper, AJ, and Haff, GG. Cluster sets permit greater mechanical stress without decreasing relative velocity. *Int J Sports Physiol Perform* 12:463-469, 2017.
250. Tufano, JJ, Conlon, JA, Nimphius, S, Brown, LE, Seitz, LB, Williamson, BD, and Haff, GG. Maintenance of velocity and power with cluster sets during high-volume back squats. *Int J Sports Physiol Perform* 11:885-892, 2016.
251. Tufano, JJ, Omcirk, D, Malecek, J, Pisz, A, Halaj, M, and Scott, BR. Traditional sets versus rest-redistribution: A laboratorycontrolled study of a specific cluster set configuration at fast and slow velocities. *Appl Physiol Nutr Metab* 45:421-430, 2020.
252. Turner, AN, Comfort, P, McMahon, JJ, Bishop, C, Chavda, S, Read, P, Mundy, P, and Lake, JP. Developing powerful athletes, Part 1: Mechanical underpinnings. *Strength Cond J* 42:30-39, 2020.
253. Turner, AN, Comfort, P, McMahon, JJ, Bishop, C, Chavda, S, Read, P, Mundy, P, and Lake, JP. Developing powerful athletes, Part 2: Practical applications. *Strength Cond J* 43:23-31, 2021.
254. Vanrenterghem, J, Venables, E, Pataky, T, and Robinson, MA. The effect of running speed on knee mechanical loading in females during side cutting. *J Biomech* 45:2444-2449, 2012.
255. Vargas-Molina, S, Romance, R, Schoenfeld, BJ, Garcia, M, Petro, JL, Bonilla, DA, Kreider, RB, Martin-Rivera, F, and Benitez-Porres, J. Effects of cluster training on body composition and strength in resistance-trained men. *Isokinet Exerc Sci* 28:391-399, 2020.
256. Verheul, J, Nedergaard, NJ, Pogson, M, Lisboa, P, Gregson, W, Vanrenterghem, J, and Robinson, MA. Biomechanical loading during running: Can a two mass-spring-damper model be used to evaluate ground reaction forces for high-intensity tasks? *Sports Biomech* 20:571-582, 2021.
257. Viitasalo, JT, and Komi, PV. Effects of fatigue on isometric force- and relaxation-time characteristics in human muscle. *Acta Physiol Scand* 111:87-95, 1981.
258. Willardson, JM, and Burkett, LN. A comparison of 3 different rest intervals on the exercise volume completed during a workout. *J Strength Cond Res* 19:23-26, 2005.
259. Willardson, JM, and Burkett, LN. The effect of rest interval length on bench press performance with heavy vs. light loads. *J Strength Cond Res* 20:396-399, 2006.
260. Willardson, JM, and Burkett, LN. The effect of rest interval length on the sustainability of squat and bench press repetitions. *J Strength Cond Res* 20:400-403, 2006.
261. Willardson, JM, and Burkett, LN. The effect of different rest intervals between sets on volume components and strength gains. *J Strength Cond Res* 22:146-152, 2008.
262. Wilson, JM, Duncan, NM, Marin, PJ, Brown, LE, Loenneke, JP, Wilson, SM, Jo, E, Lowery, RP, and Ugrinowitsch, C. Metaanalysis of postactivation potentiation and power: Effects of conditioning activity, volume, gender, rest periods, and training status. *J Strength Cond Res* 27:854-859, 2013.
263. Wisløff, U, Castagna, C, Helgerud, J, Jones, R, and Hoff, J. Strong correlation of maximal squat strength with sprint performance and vertical jump height in elite soccer players. *Br J Sports Med* 38:285-288, 2004.
264. Wolfe, BL, Lemura, LM, and Cole, PJ. Quantitative analysis of single- vs. multiple-set programs in resistance training. *J Strength Cond Res* 18:35-47, 2004.
265. Wragg, CB, Maxwell, NS, and Doust, JH. Evaluation of the reliability and validity of a soccer-specific field test of repeated sprint ability. *Eur J Appl Physiol* 83:77-83, 2000.
266. Zając, A, Chalimoniuk, M, Maszczyk, A, Gołaś, A, and Lngfort, J. Central and peripheral fatigue during resistance exercise: A critical review. *J Hum Kinet* 49:159-169, 2015.
267. Zamparo, P, Minetti, A, and di Prampero, P. Interplay among the changes of muscle strength, cross-sectional area and maximal explosive power: Theory and facts. *Eur J Appl Physiol* 88:193-202, 2002.
268. Zaras, N, Stasinaki, A-N, Spiliopoulou, P, Mpampoulis, T, Hadjicharalambous, M, and Terzis, G. Effect of inter-repetition rest vs. traditional strength training on lower body strength, rate of force development, and muscle architecture. *Appl Sciences* 11:45, 2020.
269. Zatsiorsky, V. *Science and Practice of Strength Training.* Champaign, IL: Human Kinetics, 1995.

Capítulo 8

1. Aagaard, P, and Andersen, JL. Effects of strength training on endurance capacity in top-level endurance athletes. *Scand J Med Sci Sports* 20:39-47, 2010.
2. Aagaard, P, Andersen, JL, Bennekou, M, Larsson, B, Olesen, JL, Crameri, R, Magnusson, SP, and Kjær, M. Effects of resistance training on endurance capacity and muscle fiber composition in young top-level cyclists. *Scand J Med Sci Sports* 21:e298-e307, 2011.
3. Abernethy, PJ. Influence of acute endurance activity on isokinetic strength. *J Strength Cond Res* 7:141-146, 1993.
4. Baar, K. Using molecular biology to maximize concurrent training. *Sports Med* 44:117-125, 2014.
5. Baker, D. Recent trends in high-intensity aerobic training for field sports. *Prof Strength Cond* 22:3-8, 2011.
6. Baker, D. Methods and progressions to improve the aerobic fitness of teenage field and court sport athletes. Presented at the Carroll University Sport Performance Institute Long-term Athlete Development Clinic, Virtual Conference, February 18, 2023.
7. Baquet, G, Berthoin, S, Gerbeaux, M, and Van Praagh, E. High-intensity aerobic training during a 10 week one--hour physical education cycle: Effects on physical fitness of adolescents aged 11 to 16. *Int J Sports Med* 22:295-300, 2001.
8. Bartolomei, S, Sadres, E, Church, DD, Arroyo, E, Iii, JAG, Varanoske, AN, Wang, R, Beyer, KS, Oliveira, LP, and Stout, JR. Comparison of the recovery response from high-intensity and high-volume resistance exercise in trained men. *Eur J Appl Physiol* 117:1287-1298, 2017.
9. Bell, GJ, Syrotuik, D, Martin, TP, Burnham, R, and Quinney, HA. Effect of concurrent strength and endurance training on skeletal muscle properties and hormone concentrations in humans. *Eur J Appl Physiol* 81:418-427, 2000.
10. Bentley, DJ, Smith, PA, Davie, AJ, and Zhou, S. Muscle activation of the knee extensors following high intensity

endurance exercise in cyclists. *Eur J Appl Physiol* 81:297-302, 2000.

11. Bentley, DJ, Zhou, S, and Davie, AJ. The effect of endurance exercise on muscle force generating capacity of the lower limbs. *J Sci Med Sport* 1:179-188, 1998.
12. Berryman, N, Mujika, I, Arvisais, D, Roubeix, M, Binet, C, and Bosquet, L. Strength training for middle- and longdistance performance: A meta-analysis. *Int J Sports Physiol Perform* 13:57-64, 2018.
13. Berryman, N, Mujika, I, and Bosquet, L. Concurrent training for sports performance: The 2 sides of the medal. *Int J Sports Physiol Perform* 14:279-285, 2019.
14. Berthoin, S, Gerbeaux, M, Turpin, E, Guerrin, F, Lensel-Corbeil, G, and Vandendorpe, F. Comparison of two field tests to estimate maximum aerobic speed. *J Sports Sci* 12:355-362, 1994.
15. Bishop, DJ, Bartlett, J, Fyfe, J, and Lee, M. Methodological considerations for concurrent training. In *Concurrent Aerobic and Strength Training: Scientific Basics and Practical Applications*. Schumann, M, and Rønnestad, BR, eds. Cham, Switzerland: Springer, 183-196, 2019.
16. Buchheit, M, and Laursen, P. Using HIIT weapons. In *Science and Application of High-Intensity Interval Training: Solutions to the Programming Puzzle*. Laursen, P, and Buchheit, M, eds. Champaign, IL: Human Kinetics, 73-118, 2019.
17. Buchheit, M, and Laursen, PB. High-intensity interval training, solutions to the programming puzzle. Part I: Cardiopulmonary emphasis. *Sports Med* 43:313-338, 2013.
18. Buchheit, M, and Laursen, PB. High-intensity interval training, solutions to the programming puzzle. Part II: Anaerobic energy, neuromuscular load and practical applications. *Sports Med* 43:927-954, 2013.
19. Burt, DG, and Twist, C. The effects of exercise-induced muscle damage on cycling time-trial performance. *J Strength Cond Res* 25:2185-2192, 2011.
20. Castagna, C, and Alvarez, JCB. Physiological demands of an intermittent futsal-oriented high-intensity test. *J Strength Cond Res* 24:2322-2329, 2010.
21. Chiwaridzo, M, Ferguson, GD, and Smits-Engelsman, B. A systematic review protocol investigating tests for physical or physiological qualities and game-specific skills commonly used in rugby and related sports and their psychometric properties. *Syst Rev* 5:1-9, 2016.
22. Chtara, M, Chamari, K, Chaouachi, M, Chaouachi, A, Koubaa, D, Feki, Y, Millet, GP, and Amri, M. Effects of intra-session concurrent endurance and strength training sequence on aerobic performance and capacity. *Br J Sports Med* 39:555-560, 2005.
23. Coffey, VG, and Hawley, JA. Concurrent exercise training: Do opposites distract? *J Physiol* 595:2883-2896, 2017.
24. Craig, BW, Lucas, J, Pohlman, R, and Stelling, H. The effects of running, weightlifting and a combination of both on growth hormone release. *J Strength Cond Res* 5:198-203, 1991.
25. Cunanan, AJ, DeWeese, BH, Wagle, JP, Carroll, KM, Sausaman, R, Hornsby, WG, Haff, GG, Triplett, NT, Pierce, KC, and Stone, MH. The general adaptation syndrome: A foundation for the concept of periodization. *Sports Med* 48:787-797, 2018.
26. de Salles Painelli, V, Alves, VT, Ugrinowitsch, C, Benatti, FB, Artioli, GG, Lancha, AH, Gualano, B, and Roschel, H. Creatine supplementation prevents acute strength loss induced by concurrent exercise. *Eur J Appl Physiol* 114:1749-1755, 2014.
27. de Souza, EO, Tricoli, V, Franchini, E, Paulo, AC, Regazzini, M, and Ugrinowitsch, C. Acute effect of two aerobic exercise modes on maximum strength and strength endurance. *J Strength Cond Res* 21:1286-1290, 2007.
28. Denadai, BS, de Aguiar, RA, de Lima, LCR, Greco, CC, and Caputo, F. Explosive training and heavy weight training are effective for improving running economy in endurance athletes: A systematic review and meta-analysis. *Sports Med* 47:545-554, 2017.
29. DeWeese, BH, Bellon, CR, Magrum, E, Taber, CB, and Suchomel, TJ. Strengthening the springs: Improving sprint performance via strength training. *Techniques* 9:8-20, 2016.
30. Doma, K, and Deakin, GB. The effects of combined strength and endurance training on running performance the following day. *Int J Sport Health Sci* 11:1-9, 2013.
31. Doma, K, and Deakin, GB. The effects of strength training and endurance training order on running economy and performance. *Appl Physiol Nutr Metab* 38:651-656, 2013.
32. Doma, K, Deakin, GB, Schumann, M, and Bentley, DJ. Training considerations for optimising endurance development: An alternate concurrent training perspective. *Sports Med* 49:669682, 2019.
33. Doncaster, GG, and Twist, C. Exercise-induced muscle damage from bench press exercise impairs arm cranking endurance performance. *Eur J Appl Physiol* 112:4135-4142, 2012.
34. Dupont, G, Blondel, N, Lensel, G, and Berthoin, S. Critical velocity and time spent at a high level of for short intermittent runs at supramaximal velocities. *Can J Appl Physiol* 27:103115, 2002.
35. Eddens, L, van Someren, K, and Howatson, G. The role of intrasession exercise sequence in the interference effect: A systematic review with meta-analysis. *Sports Med* 48:177-188, 2018.
36. Eihara, Y, Takao, K, Sugiyama, T, Maeo, S, Terada, M, Kanehisa, H, and Isaka, T. Heavy resistance training versus plyometric training for improving running economy and running time trial performance: A systematic review and meta-analysis. *Sports Med Open* 8:138, 2022.
37. Eklund, D, Pulverenti, T, Bankers, S, Avela, J, Newton, R, Schumann, M, and Häkkinen, K. Neuromuscular adaptations to different modes of combined strength and endurance training. *Int J Sports Med* 36:120-129, 2014.
38. Eklund, D, Schumann, M, Kraemer, WJ, Izquierdo, M, Taipale, RS, and Häkkinen, K. Acute endocrine and force responses and long-term adaptations to same-session combined strength and endurance training in women. *J Strength Cond Res* 30:164175, 2016.
39. Ellefsen, S, and Baar, K. Proposed mechanisms underlying the interference effect. In *Concurrent Aerobic and Strength Training: Scientific Basics and Practical Applications*. Schu-

mann, M, and Rønnestad, BR, eds. Cham, Switzerland: Springer, 89-98, 2019.

40. Fyfe, J, Buchheit, M, and Laursen, P. Incorporating HIIT into a concurrent training program. In *Science and Application of High-Intensity Interval Training: Solutions to the Programming Puzzle*. Laursen, P, and Buchheit, M, eds. Champaign, IL: Human Kinetics, 119-136, 2019.
41. Fyfe, JJ, Bartlett, JD, Hanson, ED, Stepto, NK, and Bishop, DJ. Endurance training intensity does not mediate interference to maximal lower-body strength gain during short-term concurrent training. *Front Physiol* 7:487, 2016.
42. Fyfe, JJ, Bishop, DJ, and Stepto, NK. Interference between concurrent resistance and endurance exercise: Molecular bases and the role of individual training variables. *Sports Med* 44:743-762, 2014.
43. Fyfe, JJ, and Loenneke, JP. Interpreting adaptation to concurrent compared with single-mode exercise training: Some methodological considerations. *Sports Med* 48:289-297, 2018.
44. Gao, J, and Yu, L. Effects of concurrent training sequence on $\dot{V}O_2$max and lower limb strength performance: A systematic review and meta-analysis. *Front Physiol* 14:1072679, 2023.
45. García-Pallarés, J, García-Fernández, M, Sánchez-Medina, L, and Izquierdo, M. Performance changes in world-class kayakers following two different training periodization models. *Eur J Appl Physiol* 110:99-107, 2010.
46. García-Pallarés, J, Sánchez-Medina, L, Carrasco, L, Díaz, A, and Izquierdo, M. Endurance and neuromuscular changes in world-class level kayakers during a periodized training cycle. *Eur J Appl Physiol* 106:629-638, 2009.
47. Glowacki, SP, Martin, SE, Maurer, A, Baek, W, Green, JS, and Crouse, SF. Effects of resistance, endurance, and concurrent exercise on training outcomes in men. *Med Sci Sports Exerc* 36:2119-2127, 2004.
48. Gomez-Piqueras, P, Gonzalez-Villora, S, Castellano, J, and Teoldo, I. Relation between the physical demands and success in professional soccer players. *J Hum Sport Exerc* 14:1-11, 2019.
49. Häkkinen, K, Alen, M, Kraemer, WJ, Gorostiaga, E, Izquierdo, M, Rusko, H, Mikkola, J, Häkkinen, A, Valkeinen, H, and Kaarakainen, E. Neuromuscular adaptations during concurrent strength and endurance training versus strength training. *Eur J Appl Physiol* 89:42-52, 2003.
50. Harper, DJ, Carling, C, and Kiely, J. High-intensity acceleration and deceleration demands in elite team sports competitive match play: A systematic review and meta-analysis of observational studies. *Sports Med* 49:1923-1947, 2019.
51. Harper, DJ, Sandford, GN, Clubb, J, Young, M, Taberner, M, Rhodes, D, Carling, C, and Kiely, J. Elite football of 2030 will not be the same as that of 2020: What has evolved and what needs to evolve? *Scand J Med Sci Sports* 31:493-494, 2021.
52. Hickson, RC. Interference of strength development by simultaneously training for strength and endurance. *Eur J Appl Physiol Occup Physiol* 45:255-263, 1980.
53. Hoff, J, Gran, A, and Helgerud, J. Maximal strength training improves aerobic endurance performance. *Scand J Med Sci Sports* 12:288-295, 2002.
54. Inoue, DS, Panissa, VLG, Monteiro, PA, Gerosa-Neto, J, Rossi, FE, Antunes, BMM, Franchini, E, Cholewa, JM, Gobbo, LA, and Lira, FS. Immunometabolic responses to concurrent training: The effects of exercise order in recreational weightlifters. *J Strength Cond Res* 30:1960-1967, 2016.
55. Jacobs, I, Esbjörnsson, M, Sylvén, C, Holm, I, and Jansson, E. Sprint training effects on muscle myoglobin, enzymes, fiber types, and blood lactate. *Med Sci Sports Exerc* 19:368374, 1987.
56. Jacobs, I, Kaiser, P, and Tesch, P. Muscle strength and fatigue after selective glycogen depletion in human skeletal muscle fibers. *Eur J Appl Physiol* 46:47-53, 1981.
57. Jones, TW, and Howatson, G. Immediate effects of endurance exercise on subsequent strength performance. In *Concurrent Aerobic and Strength Training: Scientific Basics and Practical Applications*. Schumann, M, and Rønnestad, BR, eds. Cham, Switzerland: Springer, 139-154, 2019.
58. Jones, TW, Howatson, G, Russell, M, and French, DN. Performance and neuromuscular adaptations following differing ratios of concurrent strength and endurance training. *J Strength Cond Res* 27:3342-3351, 2013.
59. Jones, TW, Howatson, G, Russell, M, and French, DN. Effects of strength and endurance exercise order on endocrine responses to concurrent training. *Eur J Sport Sci* 17:326-334, 2017.
60. Kraemer, WJ, Patton, JF, Gordon, SE, Harman, EA, Deschenes, MR, Reynolds, K, Newton, RU, Triplett, NT, and Dziados, JE. Compatibility of high-intensity strength and endurance training on hormonal and skeletal muscle adaptations. *J Appl Physiol* 78:976-989, 1995.
61. Laursen, P, and Buchheit, M, eds. *Science and Application of High-Intensity Interval Training: Solutions to the Programming Puzzle*. Champaign, IL: Human Kinetics, 2019.
62. Lee, MJC, Ballantyne, JK, Chagolla, J, Hopkins, WG, Fyfe, JJ, Phillips, SM, Bishop, DJ, and Bartlett, JD. Order of sameday concurrent training influences some indices of power development, but not strength, lean mass, or aerobic fitness in healthy, moderately-active men after 9 weeks of training. *PLoS One* 15:e0233134, 2020.
63. Leveritt, M, and Abernethy, PJ. Acute effects of high-intensity endurance exercise on subsequent resistance activity. *J Strength Cond Res* 13:47-51, 1999.
64. Leveritt, M, Abernethy, PJ, Barry, BK, and Logan, PA. Concurrent strength and endurance training: A review. *Sports Med* 28:413-427, 1999.
65. Leveritt, M, MacLaughlin, H, and Abernethy, PJ. Changes in leg strength 8 and 32 h after endurance exercise. *J Sports Sci* 18:865-871, 2000.
66. Llanos-Lagos, C, Ramirez-Campillo, R, Moran, J, and Sáez de Villarreal, E. Effect of strength training programs in middle- and long-distance runners' economy at different running speeds: A systematic review with meta-analysis. *Sports Med* 54:895-932, 2024.
67. Makhlouf, I, Castagna, C, Manzi, V, Laurencelle, L, Behm, DG, and Chaouachi, A. Effect of sequencing strength and endurance training in young male soccer players. *J Strength Cond Res* 30:841-850, 2016.
68. Mangine, GT, Hoffman, JR, Wang, R, Gonzalez, AM, Townsend, JR, Wells, AJ, Jajtner, AR, Beyer, KS, Boone, CH,

and Miramonti, AA. Resistance training intensity and volume affect changes in rate of force development in resistancetrained men. *Eur J Appl Physiol* 116:2367-2374, 2016.

69. McCarthy, JP, Agre, JC, Graf, BK, Pozniak, MA, and Vailas, AC. Compatibility of adaptive responses with combining strength and endurance training. *Med Sci Sports Exerc* 27:429436, 1995.
70. McCarthy, JP, Pozniak, MA, and Agre, JC. Neuromuscular adaptations to concurrent strength and endurance training. *Med Sci Sports Exerc* 34:511-519, 2002.
71. McGawley, K, and Andersson, P-I. The order of concurrent training does not affect soccer-related performance adaptations. *Int J Sports Med* 34:983-990, 2013.
72. Methenitis, S. A brief review on concurrent training: From laboratory to the field. *Sports* 6:127, 2018.
73. Mikkola, J, Rusko, H, Izquierdo, M, Gorostiaga, EM, and Häkkinen, K. Neuromuscular and cardiovascular adaptations during concurrent strength and endurance training in untrained men. *Int J Sports Med* 33:702-710, 2012.
74. Millet, GY, and Lepers, R. Alterations of neuromuscular function after prolonged running, cycling and skiing exercises. *Sports Med* 34:105-116, 2004.
75. Murlasits, Z, Kneffel, Z, and Thalib, L. The physiological effects of concurrent strength and endurance training sequence: A systematic review and meta-analysis. *J Sports Sci* 36:1212-1219, 2018.
76. Nader, GA. Concurrent strength and endurance training: From molecules to man. *Med Sci Sports Exerc* 38:1965-1970, 2006.
77. Nassis, GP, Massey, A, Jacobsen, P, Brito, J, Randers, MB, Castagna, C, Mohr, M, and Krustrup, P. Elite football of 2030 will not be the same as that of 2020: Preparing players, coaches, and support staff for the evolution. *Scand J Med Sci Sports* 30:962-964, 2020.
78. Paavolainen, L, Häkkinen, K, Hämäläinen, I, Nummela, A, and Rusko, H. Explosive-strength training improves 5-km running time by improving running economy and muscle power. *J Appl Physiol* 86:1527-1533, 1999.
79. Panissa, VLG, Julio, UF, Pinto e Silva, CM, Andreato, LV, Hardt, F, and Franchini, E. Effects of interval time between high-intensity intermittent aerobic exercise on strength performance: Analysis in individuals with different training background. *J Hum Sport Exerc* 7:815-825, 2012.
80. Panissa, VLG, Tricoli, VAA, Julio, UF, Ribeiro, N, de Azevedo Neto, RMA, Carmo, EC, and Franchini, E. Acute effect of high-intensity aerobic exercise performed on treadmill and cycle ergometer on strength performance. *J Strength Cond Res* 29:1077-1082, 2015.
81. Parra, J, Cadefau, JA, Rodas, G, Amigó, N, and Cussó, R. The distribution of rest periods affects performance and adaptations of energy metabolism induced by high--intensity training in human muscle. *Acta Physiol Scand* 169:157-165, 2000.
82. Petré, H, Hemmingsson, E, Rosdahl, H, and Psilander, N. Development of maximal dynamic strength during concurrent resistance and endurance training in untrained, moderately trained, and trained individuals: A systematic review and meta-analysis. *Sports Med* 51:991-1010, 2021.
83. Ratamess, NA, Kang, J, Porfido, TM, Ismaili, CP, Selamie, SN, Williams, BD, Kuper, JD, Bush, JA, and Faigenbaum, AD. Acute resistance exercise performance is negatively impacted by prior aerobic endurance exercise. *J Strength Cond Res* 30:2667-2681, 2016.
84. Reed, JP, Schilling, BK, and Murlasits, Z. Acute neuromuscular and metabolic responses to concurrent endurance and resistance exercise. *J Strength Cond Res* 27:793-801, 2013.
85. Reynolds, J, Connor, M, Jamil, M, and Beato, M. Quantifying and comparing the match demands of U18, U23, and 1st team English professional soccer players. *Front Physiol* 12:706451, 2021.
86. Robineau, J, Babault, N, Piscione, J, Lacome, M, and Bigard, AX. Specific training effects of concurrent aerobic and strength exercises depend on recovery duration. *J Strength Cond Res* 30:672-683, 2016.
87. Ross, A, and Leveritt, M. Long-term metabolic and skeletal muscle adaptations to short-sprint training: Implications for sprint training and tapering. *Sports Med* 31:1063-1082, 2001.
88. Sabag, A, Najafi, A, Michael, S, Esgin, T, Halaki, M, and Hackett, D. The compatibility of concurrent high intensity interval training and resistance training for muscular strength and hypertrophy: A systematic review and meta--analysis. *J Sports Sci* 36:2472-2483, 2018.
89. Sale, DG, Jacobs, I, MacDougall, JD, and Garner, S. Comparison of two regimens of concurrent strength and endurance training. *Med Sci Sports Exerc* 22:348-356, 1990.
90. Schumann, M, Feuerbacher, JF, Sünkeler, M, Freitag, N, Rønnestad, BR, Doma, K, and Lundberg, TR. Compatibility of concurrent aerobic and strength training for skeletal muscle size and function: An updated systematic review and meta-analysis. *Sports Med* 52:601-612, 2022.
91. Schumann, M, Küüsmaa, M, Newton, RU, Sirparanta, A-I, Syväoja, H, Häkkinen, A, and Häkkinen, K. Fitness and lean mass increases during combined training independent of loading order. *Med Sci Sports Exerc* 46:1758-1768, 2014. 92. Schumann, M, and Rønnestad, BR, eds. *Concurrent Aerobic and Strength Training: Scientific Basics and Practical Applications*. Cham, Switzerland: Springer, 2019.
93. Schumann, M, Walker, S, Izquierdo, M, Newton, RU, Kraemer, WJ, and Häkkinen, K. The order effect of combined endurance and strength loadings on force and hormone responses: Effects of prolonged training. *Eur J Appl Physiol* 114:867-880, 2014.
94. Seipp, D, Quittmann, OJ, Fasold, F, and Klatt, S. Concurrent training in team sports: A systematic review. *Int J Sports Sci Coach* 18:1342-1364, 2023.
95. Sporer, BC, and Wenger, HA. Effects of aerobic exercise on strength performance following various periods of recovery. *J Strength Cond Res* 17:638-644, 2003.
96. Stølen, T, Chamari, K, Castagna, C, and Wisløff, U. Physiology of soccer: An update. *Sports Med* 35:501-536, 2005.
97. Stone, MH, Hornsby, WG, Haff, GG, Fry, AC, Suarez, DG, Liu, J, Gonzalez-Rave, JM, and Pierce, KC. Periodization and block periodization in sports: Emphasis on strength--power training – A provocative and challenging narrative. *J Strength Cond Res* 35:2351-2371, 2021.
98. Suarez, DG, Mizuguchi, S, Hornsby, WG, Cunanan, AJ, Marsh, DJ, and Stone, MH. Phase-specific changes in rate

of force development and muscle morphology throughout a block periodized training cycle in weightlifters. *Sports* 7:129, 2019.

99. Suchomel, TJ, and Comfort, P. Weightlifting for sports performance. In *Advanced Strength and Conditioning: An EvidenceBased Approach*. Turner, A, and Comfort, P, eds. New York: Routledge, 283-306, 2022.
100. Suchomel, TJ, Nimphius, S, Bellon, CR, Hornsby, WG, and Stone, MH. Training for muscular strength: Methods for monitoring and adjusting training intensity. *Sports Med* 51:2051-2066, 2021.
101. Suchomel, TJ, Nimphius, S, Bellon, CR, and Stone, MH. The importance of muscular strength: Training considerations. *Sports Med* 48:765-785, 2018.
102. Tabata, I, Nishimura, K, Kouzaki, M, Hirai, Y, Ogita, F, and Miyachi, M. Effects of moderate intensity-endurance and high intensity-intermittent training on anaerobic capacity and $\dot{V}O_2$max. Presented at the First Annual Congress of the European College of Sport Science: Frontiers in Sport Science, the European Perspective, Nice, France, May 28-31, 1996.
103. Taipale, RS, and Häkkinen, K. Acute hormonal and force responses to combined strength and endurance loadings in men and women: The "order effect." *PLoS One* 8:e55051, 2013.
104. Taipale, RS, Schumann, M, Mikkola, J, Nyman, K, Kyröläinen, H, Nummela, A, and Häkkinen, K. Acute neuromuscular and metabolic responses to combined strength and endurance loadings: The "order effect" in recreationally endurance trained runners. *J Sports Sci* 32:1155-1164, 2014.
105. Tan, JG, Coburn, JW, Brown, LE, and Judelson, DA. Effects of a single bout of lower-body aerobic exercise on muscle activation and performance during subsequent lower- and upper-body resistance exercise workouts. *J Strength Cond Res* 28:1235-1240, 2014.
106. Taylor, JL, and Gandevia, SC. A comparison of central aspects of fatigue in submaximal and maximal voluntary contractions. *J Appl Physiol* 104:542-550, 2008.
107. Thomas, K, Goodall, S, Stone, M, Howatson, G, Gibson, ASC, and Ansley, L. Central and peripheral fatigue in male cyclists after 4-, 20-, and 40-km time trials. *Med Sci Sports Exerc* 47:537-546, 2015.
108. Volpe, SL, Walberg-Rankin, J, Rodman, KW, and Sebolt, DR. The effect of endurance running on training adaptations in women participating in a weight lifting program. *J Strength Cond Res* 7:101-107, 1993.
109. Wilson, A, and Lichtwark, G. The anatomical arrangement of muscle and tendon enhances limb versatility and locomotor performance. *Philos Trans R Soc B Biol Sci* 366:1540-1553, 2011.
110. Wilson, JM, Marin, PJ, Rhea, MR, Wilson, SM, Loenneke, JP, and Anderson, JC. Concurrent training: A meta-analysis examining interference of aerobic and resistance exercises. *J Strength Cond Res* 26:2293-2307, 2012.
111. Wong, P-l, Chaouachi, A, Chamari, K, Dellal, A, and Wisloff, U. Effect of preseason concurrent muscular strength and high-intensity interval training in professional soccer players. *J Strength Cond Res* 24:653-660, 2010.

Capítulo 9

1. Adams, GM. *Exercise Physiology Laboratory Manual*. Boston: McGraw Hill, 1998.
2. Ashby, BM, and Heegaard, JH. Role of arm motion in the standing long jump. *J Biomech* 35:1631-1637, 2002.
3. Baca, A. A comparison of methods for analyzing drop jump performance. *Med Sci Sports Exerc* 31:437-442, 1999.
4. Badby, AJ, Comfort, P, Mundy, PD, Lake, JP, and McMahon, JJ. Agreement among countermovement jump force-time variables obtained from a wireless dual force plate system and an industry gold standard system. Presented at the 40th International Society of Biomechanics in Sport Conference, Liverpool, UK, July 19-22, 2022.
5. Bailey, CA, Sato, K, Alexander, R, Chiang, C-Y, and Stone, MH. Isometric force production symmetry and jumping performance in collegiate athletes. *J Trainology* 2:1-5, 2013.
6. Bailey, CA, Sato, K, Burnett, A, and Stone, MH. Carry-over of force production symmetry in athletes of differing strength levels. *J Strength Cond Res* 29:3188-3196, 2015.
7. Bailey, CA, Sato, K, Burnett, A, and Stone, MH. Force production asymmetry in male and female athletes of differing strength levels. *Int J Sports Physiol Perform* 10:504-508, 2015.
8. Bailey, CA, Sato, K, and McInnis, TC. A technical report on reliability measurement in asymmetry studies. *J Strength Cond Res* 35:1779-1783, 2021.
9. Bailey, CA, Suchomel, TJ, Beckham, GK, Sole, CJ, and Grazer, JL. Reactive strength index-modified differences between baseball position players and pitchers. In *Proceedings of the 32nd International Conference of Biomechanics in Sports, Johnson City, TN, USA, 12-16 July, 2014*. Holland, MA: International Society of Biomechanics in Sports, 562-565, 2014.
10. Baker, D. Comparison of upper-body strength and power between professional and college-aged rugby league players. *J Strength Cond Res* 15:30-35, 2001.
11. Baker, D, Nance, S, and Moore, M. The load that maximizes the average mechanical power output during explosive bench press throws in highly trained athletes. *J Strength Cond Res* 15:20-24, 2001.
12. Baker, D, Nance, S, and Moore, M. The load that maximizes the average mechanical power output during jump squats in power-trained athletes. *J Strength Cond Res* 15:92-97, 2001.
13. Balsalobre-Fernández, C, García-Ramos, A, and JiménezReyes, P. Load–velocity profiling in the military press exercise: Effects of gender and training. *Int J Sports Sci Coach* 13:743-750. 2018.
14. Banyard, HG, Nosaka, K, and Haff, GG. Reliability and validity of the load–velocity relationship to predict the 1RM back squat. *J Strength Cond Res* 31:1897-1904, 2017.
15. Barker, L, Siedlik, J, Magrini, M, Uesato, S, Wang, H, Sjovold, A, Ewing, G, and Harry, JR. Eccentric force velocity profiling: Motor control strategy considerations and relationships to strength and jump performance. *J Strength Cond Res* 37:574-580, 2023.
16. Bassa, E, Adamopoulos, I, Panoutsakopoulos, V, Xenofondos, A, Yannakos, A, Galazoulas, C, and Patikas, DA.

Optimal drop height in prepubertal boys is revealed by the performance in squat jump. *Sports* 11:1, 2022.

17. Batterham, AM, and Hopkins, WG. Making meaningful inferences about magnitudes. *Int J Sports Physiol Perform* 1:50-57, 2006.
18. Bazyler, CD, Bailey, CA, Chiang, C-Y, Sato, K, and Stone, MH. The effects of strength training on isometric force production symmetry in recreationally trained males. *J Trainology* 3:6-10, 2014.
19. Bazyler, CD, Beckham, GK, and Sato, K. The use of the isometric squat as a measure of strength and explosiveness. *J Strength Cond Res* 29:1386-1392, 2015.
20. Beckham, GK, Mizuguchi, S, Carter, C, Sato, K, Ramsey, M, Lamont, H, Hornsby, G, Haff, G, and Stone, M. Relationships of isometric mid-thigh pull variables to weightlifting performance. *J Sports Med Phys Fitness* 53:573-581, 2013.
21. Beckham, GK, Sato, K, Santana, HAP, Mizuguchi, S, Haff, GG, and Stone, MH. Effect of body position on force production during the isometric midthigh pull. *J Strength Cond Res* 32:48-56, 2018.
22. Beckham, GK, Suchomel, TJ, Bailey, CA, Sole, CJ, and Grazer, JL. The relationship of the reactive strength index-modified and measures of force development in the isometric mid-thigh pull. In *Proceedings of the 32nd International Conference of Biomechanics in Sports, Johnson City, TN, USA, 12-16 July, 2014*. Holland, MA: International Society of Biomechanics in Sports, 501-504, 2014.
23. Beckham, GK, Suchomel, TJ, and Mizuguchi, S. Force plate use in performance monitoring and sport science testing. *New Stud Athl* 29:25-37, 2014.
24. Beckham, GK, Suchomel, TJ, Sole, CJ, Bailey, CA, Grazer, JL, Kim, SB, Talbot, KB, and Stone, MH. Influence of sex and maximum strength on reactive strength index-modified. *J Sports Sci Med* 18:65-72, 2019.
25. Benton, MJ, Raab, S, and Waggener, GT. Effect of training status on reliability of one repetition maximum testing in women. *J Strength Cond Res* 27:1885-1890, 2013.
26. Bevan, HR, Bunce, PJ, Owen, NJ, Bennett, MA, Cook, CJ, Cunningham, DJ, Newton, RU, and Kilduff, LP. Optimal loading for the development of peak power output in professional rugby players. *J Strength Cond Res* 24:43-47, 2010.
27. Bishop, C, Read, P, Lake, J, Loturco, I, Dawes, J, Madruga, M, Romero-Rodrigues, D, Chavda, S, and Turner, A. Unilateral isometric squat: Test reliability, interlimb asymmetries, and relationships with limb dominance. *J Strength Cond Res* 35:S144-S151, 2021.
28. Bishop, C, Read, P, McCubbine, J, and Turner, A. Vertical and horizontal asymmetries are related to slower sprinting and jump performance in elite youth female soccer players. *J Strength Cond Res* 35:56-63, 2021.
29. Bishop, C, Turner, A, Maloney, S, Lake, J, Loturco, I, Bromley, T, and Read, P. Drop jump asymmetry is associated with reduced sprint and change-of-direction speed performance in adult female soccer players. *Sports* 7:29, 2019.
30. Bishop, C, Turner, A, and Read, P. Effects of inter-limb asymmetries on physical and sports performance: A systematic review. *J Sports Sci* 36:1135-1144, 2018.
31. Blackburn, JR, and Morrissey, MC. The relationship between open and closed kinetic chain strength of the lower limb and jumping performance. *J Ortho Sports Phys Ther* 27:430-435, 1998.
32. Blazevich, AJ, Gill, N, and Newton, RU. Reliability and validity of two isometric squat tests. *J Strength Cond Res* 16:298-304, 2002.
33. Blazevich, AJ, and Gill, ND. Reliability of unfamiliar, multijoint, uni- and bilateral strength tests: Effects of load and laterality. *J Strength Cond Res* 20:226-230, 2006.
34. Bobbert, MF, and Casius, LJ. Is the effect of a countermovement on jump height due to active state development? *Med Sci Sports Exerc* 37:440-446, 2005.
35. Bobbert, MF, Gerritsen, KGM, Litjens, MCA, and Van Soest, AJ. Why is countermovement jump height greater than squat jump height? *Med Sci Sports Exerc* 28:1402-1412, 1996.
36. Brady, CJ, Harrison, AJ, and Comyns, TM. A review of the reliability of biomechanical variables produced during the isometric mid-thigh pull and isometric squat and the reporting of normative data. *Sports Biomech* 19:1-25, 2020.
37. Brady, CJ, Harrison, AJ, Flanagan, EP, Haff, GG, and Comyns, TM. A comparison of the isometric midthigh pull and isometric squat: Intraday reliability, usefulness, and the magnitude of difference between tests. *Int J Sports Physiol Perform* 13:844-852, 2018.
38. Buchheit, M, and Brown, M. Pre-season fitness testing in elite soccer: Integrating the 30–15 Intermittent Fitness Test into the weekly microcycle. *Sport Perform Sci Rep* 111:1-3, 2020.
39. Buckner, SL, Jessee, MB, Mattocks, KT, Mouser, JG, Counts, BR, Dankel, SJ, and Loenneke, JP. Determining strength: A case for multiple methods of measurement. *Sports Med* 47:193-195, 2017.
40. Burns, GT, Deneweth Zendler, J, and Zernicke, RF. Validation of a wireless shoe insole for ground reaction force measurement. *J Sports Sci* 37:1129-1138, 2019.
41. Byrne, PJ, Moran, K, Rankin, P, and Kinsella, S. A comparison of methods used to identify 'optimal' drop height for early phase adaptations in depth jump training. *J Strength Cond Res* 24:2050-2055, 2010.
42. Cabarkapa, D, Fry, AC, Cabarkapa, DV, Myers, CA, Jones, GT, and Deane, MA. Kinetic and kinematic characteristics of proficient and non-proficient 2-point and 3-point basketball shooters. *Sports* 10:2, 2021.
43. Carroll, KM, Bazyler, CD, Bernards, JR, Taber, CB, Stuart, CA, DeWeese, BH, Sato, K, and Stone, MH. Skeletal muscle fiber adaptations following resistance training using repetition maximums or relative intensity. *Sports* 7:169, 2019.
44. Carroll, KM, Bernards, JR, Bazyler, CD, Taber, CB, Stuart, CA, DeWeese, BH, Sato, K, and Stone, MH. Divergent performance outcomes following resistance training using repetition maximums or relative intensity. *Int J Sports Physiol Perform* 14:46-54, 2019.
45. Clark, KP, and Weyand, PG. Are running speeds maximized with simple-spring stance mechanics? *J Appl Physiol* 117:604615, 2014.
46. Cometti, G, Maffiuletti, NA, Pousson, M, Chatard, JC, and Maffulli, N. Isokinetic strength and anaerobic power

of elite, subelite and amateur French soccer players. *Int J Sports Med* 22:45-51, 2001.
47. Comfort, P, Dos'Santos, T, Beckham, GK, Stone, MH, Guppy, SN, and Haff, GG. Standardization and methodological considerations for the isometric midthigh pull. *Strength Cond J* 41:57-79, 2019.
48. Comfort, P, Fletcher, C, and McMahon, JJ. Determination of optimal loading during the power clean, in collegiate athletes. *J Strength Cond Res* 26:2970-2974, 2012.
49. Comfort, P, Jones, PA, and Udall, R. The effect of load and sex on kinematic and kinetic variables during the mid--thigh clean pull. *Sports Biomech* 14:139-156, 2015.
50. Comfort, P, and McMahon, JJ. Reliability of maximal back squat and power clean performances in inexperienced athletes. *J Strength Cond Res* 29:3089-3096, 2015.
51. Comfort, P, and Pearson, SJ. Scaling – Which methods best predict performance? *J Strength Cond Res* 28:1565-1572, 2014.
52. Comfort, P, Suchomel, TJ, and Stone, MH. Normalisation of early isometric force production as a percentage of peak force, during multi-joint isometric assessment. *Int J Sports Physiol Perform* 15:478-482, 2019.
53. Comfort, P, Thomas, C, Dos'Santos, T, Jones, PA, Suchomel, TJ, and McMahon, JJ. Comparison of methods of calculating dynamic strength index. *Int J Sports Physiol Perform* 13:320325, 2018.
54. Comfort, P, Thomas, C, Dos'Santos, T, Suchomel, TJ, Jones, PA, and McMahon, JJ. Changes in dynamic strength index in response to strength training. *Sports* 6:176, 2018.
55. Comfort, P, Udall, R, and Jones, PA. The effect of loading on kinematic and kinetic variables during the midthigh clean pull. *J Strength Cond Res* 26:1208-1214, 2012.
56. Comyns, TM, Flanagan, EP, Fleming, S, Fitzgerald, E, and Harper, DJ. Inter-day reliability and usefulness of reactive strength index derived from two maximal rebound jump tests. *Int J Sports Physiol Perform* 14:1200-1204, 2019.
57. Cormie, P, McBride, JM, and McCaulley, GO. Power-time, force-time, and velocity-time curve analysis during the jump squat: Impact of load. *J Appl Biomech* 24:112-120, 2008.
58. Cormie, P, McCaulley, GO, Triplett, NT, and McBride, JM. Optimal loading for maximal power output during lower--body resistance exercises. *Med Sci Sports Exerc* 39:340-349, 2007.
59. Cormie, P, McGuigan, MR, and Newton, RU. Adaptations in athletic performance after ballistic power versus strength training. *Med Sci Sports Exerc* 42:1582-1598, 2010.
60. Cormie, P, McGuigan MR, and Newton, RU. Influence of strength on magnitude and mechanisms of adaptation to power training. *Med Sci Sports Exerc* 42:1566-1581, 2010.
61. Costley, L, Wallace, E, Johnston, M, and Kennedy, R. Reliability of bounce drop jump parameters within elite male rugby players. *J Sports Med Phys Fitness* 58:1390-1397, 2017.
62. Dai, B, Garrett, WE, Gross, MT, Padua, DA, Queen, RM, and Yu, B. The effect of performance demands on lower extremity biomechanics during landing and cutting tasks. *J Sport Health Sci* 8:228-234, 2019.
63. De Witt, JK, English, KL, Crowell, JB, Kalogera, KL, Guilliams, ME, Nieschwitz, BE, Hanson, AM, and Ploutz-Snyder, LL. Isometric midthigh pull reliability and relationship to deadlift one repetition maximum. *J Strength Cond Res* 32:528533, 2018.
64. Donahue, PT, Hill, CM, Wilson, SJ, Williams, CC, and Garner, JC. Squat jump movement onset thresholds influence on kinetics and kinematics. *Int J Kinesiol Sports Sci* 9:1-7, 2021.
65. Dos'Santos, T, Jones, PA, Comfort, P, and Thomas, C. Effect of different onset thresholds on isometric midthigh pull forcetime variables. *J Strength Cond Res* 31:3463-3473, 2017.
66. Dos'Santos, T, Thomas, C, and Jones, PA. The effect of angle on change of direction biomechanics: Comparison and intertask relationships. *J Sports Sci* 39:2618-2631, 2021.
67. Dos'Santos, T, Thomas, C, Jones, PA, McMahon, JJ, and Comfort, P. The effect of hip joint angle on isometric midthigh pull kinetics. *J Strength Cond Res* 31:2748-2757, 2017.
68. Dos'Santos, T, Thomas, C, McBurnie, A, Comfort, P, and Jones, PA. Change of direction speed and technique modification training improves 180° turning performance, kinetics, and kinematics. *Sports (Basel)* 9:73, 2021.
69. Dos'Santos, T, Jones, PA, Kelly, J, McMahon, JJ, Comfort, P, and Thomas, C. Effect of sampling frequency on isometric midthigh-pull kinetics. *Int J Sports Physiol Perform* 14:525530, 2019.
70. Dos'Santos, T, Thomas, C, Jones, PA, and Comfort, P. Assessing muscle-strength asymmetry via a unilateral-stance isometric midthigh pull. *Int J Sports Physiol Perform* 12:505511, 2017.
71. Doyle, TLA. How effectively is the stretch-shortening cycle being used by athletes? *Strength Cond Coach* 13:7-12, 2005.
72. Drake, D, Kennedy, RA, and Wallace, ES. Measuring what matters in isometric multi-joint rate of force development. *J Sports Sci* 37:2667-2675, 2019.
73. Drake, D, Kennedy, RA, and Wallace, ES. Multi-joint rate of force development testing protocol affects reliability and the smallest detectible difference. *J Sports Sci* 37:1570-1581, 2019.
74. Ebben, WP, and Petushek, EJ. Using the reactive strength index modified to evaluate plyometric performance. *J Strength Cond Res* 24:1983-1987, 2010.
75. Edwards, T, Weakley, J, Woods, CT, Breed, R, Benson, AC, Suchomel, TJ, and Banyard, HG. Comparison of countermovement jump and squat jump performance between 627 state and non-state representative junior Australian football players. *J Strength Cond Res* 37:641-645, 2023.
76. Exell, T, Irwin, G, Gittoes, M, and Kerwin, D. Strength and performance asymmetry during maximal velocity sprint running. *Scand J Med Sci Sports* 27:1273-1282, 2017.
77. Faigenbaum, AD, McFarland, JE, Herman, RE, Naclerio, F, Ratamess, NA, Kang, J, and Myer, GD. Reliability of the onerepetition-maximum power clean test in adolescent athletes. *J Strength Cond Res* 26:432-437, 2012.
78. Fernandes, JFT, Dingley, AF, Garcia-Ramos, A, Perez--Castilla, A, Tufano, JJ, and Twist, C. Prediction of one repetition maximum using reference minimum velocity threshold values in young and middle-aged resistance--trained males. *Behav Sci* 11:71, 2021.

79. Flanagan, EP, and Comyns, TM. The use of contact time and the reactive strength index to optimize fast stretch-shortening cycle training. *Strength Cond J* 30:32-38, 2008.
80. Flanagan, EP, Ebben, WP, and Jensen, RL. Reliability of the reactive strength index and time to stabilization during depth jumps. *J Strength Cond Res* 22:1677-1682, 2008.
81. Gabbett, TJ, Kelly, J, Ralph, S, and Driscoll, D. Physiological and anthropometric characteristics of junior elite and sub-elite rugby league players, with special reference to starters and non-starters. *J Sci Med Sport* 12:215-222, 2009.
82. Gabbett, TJ, Nassis, GP, Oetter, E, Pretorius, J, Johnston, N, Medina, D, Rodas, G, Myslinski T, Howells D, and Beard A. The athlete monitoring cycle: A practical guide to interpreting and applying training monitoring data. *Br J Sports Med* 51:1451-1452, 2017.
83. García-López, J, Morante, JC, Ogueta-Alday, A, and Rodríguez-Marroyo, JA. The type of mat (Contact vs. Photocell) affects vertical jump height estimated from flight time. *J Strength Cond Res* 27:1162-1167, 2013.
84. Gathercole, R, Sporer, B, Stellingwerff, T, and Sleivert, G. Alternative countermovement-jump analysis to quantify acute neuromuscular fatigue. *Int J Sports Physiol Perform* 10:84-92, 2015.
85. Gehri, DJ, Ricard, MD, Kleiner, DM, and Kirkendall, DT. A comparison of plyometric training techniques for improving vertical jump ability and energy production. *J Strength Cond Res* 12:85-89, 1998.
86. Gillies, EM, Putman, CT, and Bell, GJ. The effect of varying the time of concentric and eccentric muscle actions during resistance training on skeletal muscle adaptations in women. *Eur J Appl Physiol* 97:443-453, 2006.
87. Gleason, BH, Suchomel, TJ, Brewer, C, McMahon, E, Lis, RP, and Stone, MH. Defining the sport scientist: Common specialties and subspecialties. *Strength Cond J* 46:18-27, 2024.
88. Gleason, BH, Suchomel, TJ, Brewer, C, McMahon, EL, Lis, RP, and Stone, MH. Defining the sport scientist. *Strength Cond J* 46:2-17, 2024.
89. González-Badillo, JJ, and Sánchez-Medina, L. Movement velocity as a measure of loading intensity in resistance training. *Int J Sports Med* 31:347-352, 2010.
90. Gonzalo-Skok, O, Tous-Fajardo, J, Suarez-Arrones, L, ArjolSerrano, JL, Casajús, JA, and Mendez-Villanueva, A. Singleleg power output and between-limbs imbalances in team-sport players: Unilateral versus bilateral combined resistance training. *Int J Sports Physiol Perform* 12:106-114, 2017.
91. Greig, L, Aspe, RR, Hall, A, Comfort, P, Cooper, K, and Swinton, PA. The predictive validity of individualised loadvelocity relationships for predicting 1RM: A systematic review and individual participant data meta-analysis. *Sports Med* 53:1693-1708, 2023.
92. Grgic, J, Lazinica, B, Schoenfeld, BJ, and Pedisic, Z. Test–retest reliability of the one-repetition maximum (1RM) strength assessment: A systematic review. *Sports Med Open* 6:1-16, 2020.
93. Haff, GG, Ruben, RP, Lider, J, Twine, C, and Cormie, P. A comparison of methods for determining the rate of force development during isometric midthigh clean pulls. *J Strength Cond Res* 29:386-395, 2015.
94. Haff, GG, Stone, MH, O'Bryant, HS, Harman, E, Dinan, C, Johnson, R, and Han, K-H. Force-time dependent characteristics of dynamic and isometric muscle actions. *J Strength Cond Res* 11:269-272, 1997.
95. Haff, GG, Whitley, A, McCoy, LB, O'Bryant, HS, Kilgore, JL, Haff, EE, Pierce, K, and Stone, MH. Effects of different set configurations on barbell velocity and displacement during a clean pull. *J Strength Cond Res* 17:95-103, 2003.
96. Haischer, MH, Krzyszkowski, J, Roche, S, and Kipp, K. Impulse-based dynamic strength index: Considering timedependent force expression. *J Strength Cond Res* 35:1177-1181, 2021.
97. Häkkinen, K, Newton, RU, Walker, S, Häkkinen, A, Krapi, S, Rekola, R, Koponen, P, Kraemer, WJ, Haff, GG, and Blazevich, AJ. Effects of upper body eccentric versus concentric strength training and detraining on maximal force, muscle activation, hypertrophy and serum hormones in women. *J Sports Sci Med* 21:200-213, 2022.
98. Halperin, I, Williams, KJ, Martin, DT, and Chapman, DW. The effects of attentional focusing instructions on force production during the isometric midthigh pull. *J Strength Cond Res* 30:919-923, 2016.
99. Halson, SL. Monitoring training load to understand fatigue in athletes. *Sports Med* 44:139-147, 2014.
100. Hamilton, D. Drop jumps as an indicator of neuromuscular fatigue and recovery in elite youth soccer athletes following tournament match play. *J Aust Strength Cond* 17:3-8, 2009.
101. Hara, M, Shibayama, A, Takeshita, D, and Fukashiro, S. The effect of arm swing on lower extremities in vertical jumping. *J Biomech* 39:2503-2511, 2006.
102. Hara, M, Shibayama, A, Takeshita, D, Hay, DC, and Fukashiro, S. A comparison of the mechanical effect of arm swing and countermovement on the lower extremities in vertical jumping. *Hum Mov Sci* 27:636-648, 2008.
103. Harden, M, Wolf, A, Evans, M, Hicks, KM, Thomas, K, and Howatson, G. Four weeks of augmented eccentric loading using a novel leg press device improved leg strength in welltrained athletes and professional sprint track cyclists. *PLoS One* 15:e0236663, 2020.
104. Harper, DJ, Morin, J-B, Carling, C, and Kiely, J. Measuring maximal horizontal deceleration ability using radar technology: Reliability and sensitivity of kinematic and kinetic variables. *Sports Biomech* 22:1192-1208, 2023.
105. Harry, JR, Krzyszkowski, J, Chowning, LD, and Kipp, K. Phase-specific force and time predictors of standing long jump distance. *J Appl Biomech* 37:400-407, 2021.
106. Harry, JR, Paquette, MR, Schilling, BK, Barker, LA, James, CR, and Dufek, JS. Kinetic and electromyographic subphase characteristics with relation to countermovement vertical jump performance. *J Appl Biomech* 34:291-297, 2018.
107. Hawkins, SB, Doyle, TLA, and McGuigan, MR. The effect of different training programs on eccentric energy utilization in college-aged males. *J Strength Cond Res* 23:1996-2002, 2009.
108. Hoeger, WWK, Hopkins, DR, Barette, SL, and Hale, DF. Relationship between repetitions and selected percentages of one repetition maximum: A comparison between

untrained and trained males and females. *J Strength Cond Res* 4:47-54, 1990.

109. Hopkins, WG. Measures of reliability in sports medicine and science. *Sports Med* 30:1-15, 2000.
110. Hornsby, WG, Gentles, JA, MacDonald, CJ, Mizuguchi, S, Ramsey, MW, and Stone, MH. Maximum strength, rate of force development, jump height, and peak power alterations in weightlifters across five months of training. *Sports* 5:78, 2017.
111. Impellizzeri, FM, and Marcora, SM. Test validation in sport physiology: Lessons learned from clinimetrics. *Int J Sports Physiol Perform* 4:269-277, 2009.
112. James, LP, and Comfort, P. The reliability of novel, temporalbased dynamic strength index metrics. *Sports Biomech*, 2022. [e-pub ahead of print].
113. James, LP, Haff, GG, Kelly, VG, Connick, M, Hoffman, B, and Beckman, EM. The impact of strength level on adaptations to combined weightlifting, plyometric and ballistic training. *Scand J Med Sci Sports* 28:1494-1505, 2018.
114. James, LP, Roberts, LA, Haff, GG, Kelly, VG, and Beckman, EM. Validity and reliability of a portable isometric mid--thigh clean pull. *J Strength Cond Res* 31:1378-1386, 2017.
115. James, LP, Talpey, SW, Young, WB, Geneau, MC, Newton, RU, and Gastin, PB. Strength classification and diagnosis: Not all strength is created equal. *Strength Cond J* 45:333-341, 2023.
116. James, LP, Weakley, J, Comfort, P, and Huynh, M. The relationship between isometric and dynamic strength following resistance training: A systematic review, meta--analysis, and level of agreement. *Int J Sports Physiol Perform* 19:2-12, 2023.
117. Jidovtseff, B, Harris, NK, Crielaard, J-M, and Cronin, JB. Using the load-velocity relationship for 1RM prediction. *J Strength Cond Res* 25:267-270, 2011.
118. Jiménez-Reyes, P, Samozino, P, Brughelli, M, and Morin, J-B. Effectiveness of an individualized training based on forcevelocity profiling during jumping. *Front Physiol* 7:677, 2017.
119. Jiménez-Reyes, P, Samozino, P, Cuadrado-Peñafiel, V, Conceição, F, González-Badillo, JJ, and Morin, J-B. Effect of countermovement on power–force–velocity profile. *Eur J Appl Physiol* 114:2281-2288, 2014.
120. Jiménez-Reyes, P, Samozino, P, García-Ramos, A, CuadradoPeñafiel, V, Brughelli, M, and Morin, J-B. Relationship between vertical and horizontal force-velocity-power profiles in various sports and levels of practice. *PeerJ* 6:e5937, 2018.
121. Jiménez-Reyes, P, Samozino, P, Pareja-Blanco, F, Conceição, F, Cuadrado-Peñafiel, V, González-Badillo, JJ, and Morin, J-B. Validity of a simple method for measuring force-velocitypower profile in countermovement jump. *Int J Sports Physiol Perform* 12:36-43, 2017.
122. Julio, UF, Panissa, VLG, and Franchini, E. Prediction of one repetition maximum from the maximum number of repetitions with submaximal loads in recreationally strength-trained men. *Sci Sport* 27:e69-e76, 2012.
123. Kawamori, N, Crum, AJ, Blumert, PA, Kulik, JR, Childers, JT, Wood, JA, Stone, MH, and Haff, GG. Influence of different relative intensities on power output during the hang power clean: Identification of the optimal load. *J Strength Cond Res* 19:698-708, 2005.
124. Kenny, IC, Cairealláin, AÓ, and Comyns, TM. Validation of an electronic jump mat to assess stretch-shortening cycle function. *J Strength Cond Res* 26:1601-1608, 2012.
125. Khuu, S, Musalem, L, and Beach, TAC. Verbal instructions acutely affect drop vertical jump biomechanics-implications for athletic performance and injury risk assessments. *J Strength Cond Res* 29:2816-2826, 2015.
126. Kilduff, LP, Bevan, H, Owen, N, Kingsley, MI, Bunce, P, Bennett, M, and Cunningham, D. Optimal loading for peak power output during the hang power clean in professional rugby players. *Int J Sports Physiol Perform* 2:260-269, 2007.
127. Kipp, K, Kiely, MT, and Geiser, CF. The reactive strength index modified is a valid measure of explosiveness in collegiate female volleyball players. *J Strength Cond Res* 30:1341-1347, 2016.
128. Kipp, K, Kiely, MT, Giordanelli, MD, Malloy, PJ, and Geiser, CF. Biomechanical determinants of the reactive strength index during drop jumps. *Int J Sports Physiol Perform* 13:44-49, 2018.
129. Kipp, K, Malloy, PJ, Smith, J, Giordanelli, MD, Kiely, MT, Geiser, CF, and Suchomel, TJ. Mechanical demands of the hang power clean and jump shrug: A joint-level perspective. *J Strength Cond Res* 32:466-474, 2018.
130. Kotani, Y, Lake, J, Guppy, SN, Poon, W, Nosaka, K, and Haff, GG. Agreement in squat jump force-time characteristics between Smith machine and free-weight squat jump forcetime characteristics. *J Strength Cond Res* 37:1955-1962, 2023.
131. Kotani, Y, Lake, JP, Guppy, SN, Poon, W, Nosaka, K, Hori, N, and Haff, GG. Reliability of the squat jump force--velocity and load-velocity profiles. *J Strength Cond Res* 36:3000-3007, 2022.
132. Kozinc, Ž, Pleša, J, and Šarabon, N. Questionable utility of the eccentric utilization ratio in relation to the performance of volleyball players. *Int J Environ Res Public Health* 18:11754, 2021.
133. Kozinc, Ž, Žitnik, J, Smajla, D, and Šarabon, N. The difference between squat jump and countermovement jump in 770 male and female participants from different sports. *Eur J Sport Sci* 22:985-993, 2022.
134. Kraemer, WJ, Ratamess, NA, Fry, AC, and French, DN. Strength training: Development and evaluation of methodology. In *Physiological Assessment of Human Fitness*. Maud, P, and Foster, C, eds. Champaign, IL: Human Kinetics, 119-150, 2006.
135. Krzyszkowski, J, Chowning, LD, and Harry, JR. Phasespecific predictors of countermovement jump performance that distinguish good from poor jumpers. *J Strength Cond Res* 36:1257-1263, 2022.
136. Lake, JP, Mundy, PD, Comfort, P, McMahon, JJ, Suchomel, TJ, and Carden, P. Concurrent validity of a portable force plate using vertical jump force-time characteristics. *J Appl Biomech* 34:410-413, 2018.
137. Lake, JP, Mundy, PD, Comfort, P, and Suchomel, TJ. Do the peak and mean force methods of assessing vertical jump force asymmetry agree? *Sports Biomech* 19:227-234, 2020.

138. Layer, JS, Grenz, C, Hinshaw, TJ, Smith, DT, Barrett, SF, and Dai, B. Kinetic analysis of isometric back squats and isometric belt squats. *J Strength Cond Res* 32:3301-3309, 2018.
139. Lees, A, Vanrenterghem, J, and Clercq, DD. Understanding how an arm swing enhances performance in the vertical jump. *J Biomech* 37:1929-1940, 2004.
140. Lees, A, Vanrenterghem, J, and De Clercq, D. The energetics and benefit of an arm swing in submaximal and maximal vertical jump performance. *J Sports Sci* 24:51-57, 2006.
141. Lindberg, K, Solberg, P, Bjørnsen, T, Helland, C, Rønnestad, B, Thorsen Frank, M, Haugen, T, Østerås, S, Kristoffersen, M, and Midttun, M. Force-velocity profiling in athletes: Reliability and agreement across methods. *PLoS One* 16:e0245791, 2021.
142. Lockie, RG, Callaghan, SJ, Berry, SP, Cooke, ERA, Jordan, CA, Luczo, TM, and Jeffriess, MD. Relationship between unilateral jumping ability and asymmetry on multidirectional speed in team-sport athletes. *J Strength Cond Res* 28:3557-3566, 2014.
143. Lockie, RG, Callaghan, SJ, Moreno, MR, Risso, FG, Liu, TM, Stage, AA, Birmingham-Babauta, SA, Stokes, JJ, Giuliano, DV, and Lazar, A. An investigation of the mechanics and sticking region of a one-repetition maximum close-grip bench press versus the traditional bench press. *Sports* 5:46, 2017.
144. Lockie, RG, Murphy, AJ, Knight, TJ, and de Jonge, XAKJ. Factors that differentiate acceleration ability in field sport athletes. *J Strength Cond Res* 25:2704-2714, 2011.
145. Loturco, I, Kobal, R, Moraes, JE, Kitamura, K, Cal Abad, CC, Pereira, LA, and Nakamura, FY. Predicting the maximum dynamic strength in bench press: The high precision of the bar velocity approach. *J Strength Cond Res* 31:1127-1131, 2017.
146. Loturco, I, McGuigan, M, Freitas, TT, Nakamura, F, Boullosa, D, Valenzuela, P, Pereira, LA, and Pareja-Blanco, F. Squat and countermovement jump performance across a range of loads: A comparison between Smith machine and free weight execution modes in elite sprinters. *Biol Sport* 39:1043-1048, 2022.
147. Loturco, I, Pereira, L, Kobal, R, Cal Abad, C, Fernandes, V, Ramirez-Campillo, R, and Suchomel, TJ. Portable force plates: A viable and practical alternative to rapidly and accurately monitor elite sprint performance. *Sports* 6:61, 2018.
148. Loturco, I, Pereira, LA, Abad, CCC, Gil, S, Kitamura, K, Kobal, R, and Nakamura, FY. Using bar velocity to predict maximum dynamic strength in the half-squat exercise. *Int J Sports Physiol Perform* 11:697-700, 2016.
149. Louder, T, Bressel, M, and Bressel, E. The kinetic specificity of plyometric training: Verbal cues revisited. *J Hum Kinet* 49:201-208, 2015.
150. Louder, T, Thompson, BJ, and Bressel, E. Association and agreement between reactive strength index and reactive strength index-modified scores. *Sports* 9:97, 2021.
151. Lum, D, and Aziz, AR. Relationship between isometric force- time characteristics and sprint kayaking performance. *Int J Sports Physiol Perform* 16:474-479, 2020.
152. Mackala, K, Stodólka, J, Siemienski, A, and Coh, M. Biomechanical analysis of standing long jump from varying starting positions. *J Strength Cond Res* 27:2674-2684, 2013.
153. Maloney, SJ. The relationship between asymmetry and athletic performance: A critical review. *J Strength Cond Res* 33:25792593, 2019.
154. Mann, JB, Bird, M, Signorile, JF, Brechue, WF, and Mayhew, JL. Prediction of anaerobic power from standing long jump in NCAA Division IA football players. *J Strength Cond Res* 35:1542-1546, 2021.
155. Marcora, S, and Miller, MK. The effect of knee angle on the external validity of isometric measures of lower body neuromuscular function. *J Sports Sci* 18:313-319, 2000.
156. Matic, MS, Pazin, NR, Mrdakovic, VD, Jankovic, NN, Ilic, DB, and Stefanovic, DLJ. Optimum drop height for maximizing power output in drop jump: The effect of maximal muscle strength. *J Strength Cond Res* 29:3300-3310, 2015.
157. Mayhew, JL, Ball, TE, and Bowen, JC. Prediction of bench press lifting ability from submaximal repetitions before and after training. *Sports Med Train Rehabil* 3:195-201, 1992.
158. Mayhew, JL, Johnson, BD, LaMonte, MJ, Lauber, D, and Kemmler, W. Accuracy of prediction equations for determining one repetition maximum bench press in women before and after resistance training. *J Strength Cond Res* 22:1570-1577, 2008.
159. McBride, JM, Haines, TL, and Kirby, TJ. Effect of loading on peak power of the bar, body, and system during power cleans, squats, and jump squats. *J Sports Sci* 29:1215-1221, 2011.
160. McClymont, D. Use of the reactive strength index (RSI) as an indicator of plyometric training conditions. In *Science and Football V: The Proceedings of the Fifth World Congress on Sports Science and Football*. Reilly, T, Cabri, J, and Araújo D, eds. New York: Routledge, 16, 2003.
161. McGuigan, M. Principles of test selection and administration. In *Essentials of Strength Training and Conditioning*. 4th ed. Haff, GG, and Triplett, NT, eds. Champaign, IL: Human Kinetics, 249-258, 2016.
162. McGuigan, MR, Cormack, S, and Newton, RU. Long-term power performance of elite Australian rules football players. *J Strength Cond Res* 23:26-32, 2009.
163. McGuigan, MR, Cormack, SJ, and Gill, ND. Strength and power profiling of athletes: Selecting tests and how to use the information for program design. *Strength Cond J* 35:7-14, 2013.
164. McGuigan, MR, La Doyle, T, Newton, M, Edwards, DJ, Nimphius, S, and Newton, RU. Eccentric utilization ratio: Effect of sport and phase of training. *J Strength Cond Res* 20:992-995, 2006.
165. McGuigan, MR, Newton, MJ, Winchester, JB, and Nelson, AG. Relationship between isometric and dynamic strength in recreationally trained men. *J Strength Cond Res* 24:25702573, 2010.
166. McMahon, JJ, Jones, PA, and Comfort, P. Comparison of countermovement jump–derived reactive strength index modified and underpinning force-time variables between super league and championship rugby league players. *J Strengt Cond Res* 36:226-231, 2022.

167. McMahon, JJ, Jones, PA, Dos'Santos, T, and Comfort, P. Influence of dynamic strength index on countermovement jump force-, power-, velocity-, and displacement-time curves. *Sports* 5:72, 2017.
168. McMahon, JJ, Jones, PA, Suchomel, TJ, Lake, JP, and Comfort, P. Influence of reactive strength index modified on force- and power-time curves. *Int J Sports Physiol Perform* 13:220-227, 2018.
169. McMahon, JJ, Lake, JP, and Comfort, P. Identifying and reporting position-specific countermovement jump outcome and phase characteristics within rugby league. *PLoS One* 17:e0265999, 2022.
170. McMahon, JJ, Lake, JP, Dos'Santos, T, Jones, PA, Thomasson, ML, and Comfort, P. Countermovement jump standards in rugby league: What is a "good" performance? *J Strength Cond Res* 36:1691-1698, 2022.
171. McMahon, JJ, Lake, JP, and Suchomel, TJ. Vertical jump testing. In *Performance Assessment in Strength and Conditioning*. Comfort, P, Jones, PA, and McMahon, JJ, eds. New York: Routledge, 96-116, 2019.
172. McMahon, JJ, Murphy, S, Rej, SJE, and Comfort, P. Contermovement-jump-phase characteristics of senior and academy rugby league players. *Int J Sports Physiol Perform* 12:803811, 2017.
173. McMahon, JJ, Ripley, NJ, and Comfort, P. Force plate-derived countermovement jump normative data and benchmarks for professional rugby league players. *Sensors* 22:8669, 2022.
174. McMahon, JJ, Suchomel, TJ, Lake, JP, and Comfort, P. Understanding the key phases of the countermovement jump forcetime curve. *Strength Cond J* 40:96-106, 2018.
175. McMahon, JJ, Suchomel, TJ, Lake, JP, and Comfort, P. Relationship between reactive strength index variants in rugby league players. *J Strength Cond Res* 35:280-285, 2021.
176. McMaster, DT, Gill, N, Cronin, J, and McGuigan, MR. A brief review of strength and ballistic assessment methodologies in sport. *Sports Med* 44:603-623, 2014.
177. Meechan, D, McMahon, JJ, Suchomel, TJ, and Comfort, P. A comparison of kinetic and kinematic variables during the pull from the knee and hang pull, across loads. *J Strength Cond Res* 34:1819-1829, 2020.
178. Meechan, D, McMahon, JJ, Suchomel, TJ, and Comfort, P. The effect of rest redistribution on kinetic and kinematic variables during the countermovement shrug. *J Strength Cond Res* 37:1358-1366, 2023.
179. Meechan, D, Suchomel, TJ, McMahon, JJ, and Comfort, P. A comparison of kinetic and kinematic variables during the mid-thigh pull and countermovement shrug, across loads. *J Strength Cond Res* 34:1830-1841, 2020.
180. Mero, A, Komi, PV, and Gregor, RJ. Biomechanics of sprint running. *Sports Med* 13:376-392, 1992.
181. Meyers, RW, Oliver, JL, Hughes, MG, Lloyd, RS, and Cronin, JB. Asymmetry during maximal sprint performance in 11- to 16-year-old boys. *Pediatr Exerc Sci* 29:94-102, 2017.
182. Miller, J, Comfort, P, and McMahon, JJ. *Laboratory Manual for Strength and Conditioning*. New York: Routledge, 2023.
183. Minetti, AE. On the mechanical power of joint extensions as affected by the change in muscle force (or cross-sectional area), ceteris paribus. *Eur J Appl Physiol* 86:363-369, 2002.
184. Moir, G, Sanders, R, Button, C, and Glaister, M. The influence of familiarization on the reliability of force variables measured during unloaded and loaded vertical jumps. *J Strength Cond Res* 19:140-145, 2005.
185. Moir, GL. Three different methods of calculating vertical jump height from force platform data in men and women. *Meas Phys Educ Exerc Sci* 12:207-218, 2008.
186. Moir, GL, Snyder, BW, Connaboy, C, Lamont, HS, and Davis, SE. Using drop jumps and jump squats to assess eccentric and concentric force-velocity characteristics. *Sports* 6:125, 2018.
187. Morales, J, and Sobonya, S. Use of submaximal repetition tests for predicting 1-RM strength in class athletes. *J Strength Cond Res* 10:186-189, 1996.
188. Moresi, MP, Bradshaw, EJ, Greene, D, and Naughton, G. The assessment of adolescent female athletes using standing and reactive long jumps. *Sports Biomech* 10:73-84, 2011.
189. Morin, J-B, and Samozino, P. Interpreting power-force--velocity profiles for individualized and specific training. *Int J Sports Physiol Perform* 11:267-272, 2016.
190. Morin, J-B, Samozino, P, Murata, M, Cross, MR, and Nagahara, R. A simple method for computing sprint acceleration kinetics from running velocity data: Replication study with improved design. *J Biomech* 94:82-87, 2019.
191. Morin, J-B, Slawinski, J, Dorel, S, Couturier, A, Samozino, P, Brughelli, M, and Rabita, G. Acceleration capability in elite sprinters and ground impulse: Push more, brake less? *J Biomech* 48:3149-3154, 2015.
192. Müller, S, Baur, H, König, T, Hirschmüller, A, and Mayer, F. Reproducibility of isokinetic single- and multi-joint strength measurements in healthy and injured athletes. *Isokinet Exerc Sci* 15:295-302, 2007.
193. Muñoz-López, M, Marchante, D, Cano-Ruiz, MA, Chicharro, JL, and Balsalobre-Fernández, C. Load, force and powervelocity relationships in the prone pull-up exercise. *Int J Sports Physiol Perform* 12:1249-1255, 2017.
194. Murphy, AJ, and Wilson, GJ. Poor correlations between isometric tests and dynamic performance: Relationship to muscle activation. *Eur J Appl Physiol Occup Physiol* 73:353-357, 1996.
195. Murphy, AJ, Wilson, GJ, Pryor, JF, and Newton, RU. Isometric assessment of muscular function: The effect of joint angle. *J Appl Biomech* 11:205-215, 1995.
196. Nagahara, R, Mizutani, M, Matsuo, A, Kanehisa, H, and Fukunaga, T. Association of sprint performance with ground reaction forces during acceleration and maximal speed phases in a single sprint. *J Appl Biomech* 34:104-110, 2018.
197. Nagahara, R, and Morin, J-B. Sensor insole for measuring temporal variables and vertical force during sprinting. *Proc Inst Mech Eng P: J Sports Eng Technol* 232:369-374, 2018.
198. Newton, RU, Cormie, P, and Cardinale, M. Principles of athlete testing. In *Strength and Conditioning: Biological and Practical Applications*. Cardinale, M, Newton, RU, and Nosaka, K, eds. Chichester: Wiley-Blackwell, 2011.

199. Newton, RU, and Dugan, E. Application of strength diagnosis. *Strength Cond J* 24:50-59, 2002.
200. Newton, RU, Häkkinen, K, Häkkinen, A, McCormick, M, Volek, J, and Kraemer, WJ. Mixed-methods resistance training increases power and strength of young and older men. *Med Sci Sports Exerc* 34:1367-1375, 2002.
201. Nibali, ML, Tombleson, T, Brady, PH, and Wagner, P. Influence of familiarization and competitive level on the reliability of countermovement vertical jump kinetic and kinematic variables. *J Strength Cond Res* 29:2827-2835, 2015.
202. Nimphius, S. Re-evaluating what we "know" about female athletes in biomechanics research: Across the continuum from capacity to skill. *ISBS Proc Arch* 36:1059, 2018.
203. Nimphius, S. Exercise and sport science failing by design in understanding female athletes. *Int J Sports Physiol Perform* 14:1157-1158, 2019.
204. Nimphius, S, McGuigan, MR, Suchomel, TJ, and Newton, RU. Variability of a "force signature" during windmill softball pitching and relationship between discrete force variables and pitch velocity. *Hum Mov Sci* 47:151-158, 2016.
205. Nuzzo, JL, McBride, JM, Cormie, P, and McCaulley, GO. Relationship between countermovement jump performance and multijoint isometric and dynamic tests of strength. *J Strength Cond Res* 22:699-707, 2008.
206. O'Connor, B, Simmons, J, and O'Shea, P. *Weight Training Today.* St. Paul, MN: West Publishing, 1989.
207. Owen, NJ, Watkins, J, Kilduff, LP, Bevan, HR, and Bennett, MA. Development of a criterion method to determine peak mechanical power output in a countermovement jump. *J Strength Cond Res* 28:1552-1558, 2014.
208. Pallarés, JG, Sánchez-Medina, L, Pérez, CE, De La CruzSánchez, E, and Mora-Rodriguez, R. Imposing a pause between the eccentric and concentric phases increases the reliability of isoinertial strength assessments. *J Sports Sci* 32:1165-1175, 2014.
209. Parsonage, J, Secomb, J, Dowse, R, Ferrier, B, Sheppard, J, and Nimphius, S. The assessment of isometric, dynamic, and sports-specific upper-body strength in male and female competitive surfers. *Sports* 6:53, 2018.
210. Pedley, JS, Radnor, JM, Lloyd, RS, and Oliver, JL. Analyzing drop jump ground reaction forces in Microsoft Excel. *Strength Cond J* 45:683-697, 2023.
211. Peng, H-T, Khuat, CT, Kernozek, TW, Wallace, BJ, Lo, S-L, and Song, C-Y. Optimum drop jump height in Division III athletes: Under 75% of vertical jump height. *Int J Sports Med* 38:842-846, 2017.
212. Peng, H-T, Song, C-Y, Wallace, BJ, Kernozek, TW, Wang, M-H, and Wang, Y-H. Effects of relative drop heights of drop jump biomechanics in male volleyball players. *Int J Sports Med* 40:863-870, 2019.
213. Petridis, L, Tróznai, Z, Pálinkás, G, Kalabiska, I, and Szabó, T. Modified reactive strength index in adolescent athletes competing in different sports and its relationship with force production. *Am J Sports Sci Med* 5:21-26, 2017.
214. Porter, JM, Ostrowski, EJ, Nolan, RP, and Wu, WFW. Standing long-jump performance is enhanced when using an external focus of attention. *J Strength Cond Res* 24:1746-1750, 2010.
215. Renner, KE, Williams, DSB, and Queen, RM. The reliability and validity of the Loadsol® under various walking and running conditions. *Sensors* 19:265, 2019.
216. Reynolds, JM, Gordon, TJ, and Robergs, RA. Prediction of one repetition maximum strength from multiple repetition maximum testing and anthropometry. *J Strength Cond Res* 20:584-592, 2006.
217. Ritti-Dias, RM, Avelar, A, Salvador, EP, and Cyrino, ES. Influence of previous experience on resistance training on reliability of one-repetition maximum test. *J Strength Cond Res* 25:1418-1422, 2011.
218. Rouis, M, Coudrat, L, Jaafar, H, Filliard, JR, Vandewalle, H, Barthelemy, Y, and Driss, T. Assessment of isokinetic knee strength in elite young female basketball players: Correlation with vertical jump. *J Sports Med Phys Fitness* 55:1502-1508, 2015.
219. Ruf, L, Chéry, C, and Taylor, K-L. Validity and reliability of the load-velocity relationship to predict the one-repetition maximum in deadlift. *J Strength Cond Res* 32:681-689, 2018.
220. Ryman Augustsson, S, and Svantesson, U. Reliability of the 1 RM bench press and squat in young women. *Eur J Physiother* 15:118-126, 2013.
221. Samozino, P, Edouard, P, Sangnier, S, Brughelli, M, Gimenez, P, and Morin, J-B. Force-velocity profile: Imbalance determination and effect on lower limb ballistic performance. *Int J Sports Med* 35:505-510, 2014.
222. Samozino, P, Morin, J-B, Hintzy, F, and Belli, A. A simple method for measuring force, velocity and power output during squat jump. *J Biomech* 41:2940-2945, 2008.
223. Samozino, P, Rabita, G, Dorel, S, Slawinski, J, Peyrot, N, de Villarreal, ESS, and Morin, JB. A simple method for measuring power, force, velocity properties, and mechanical effectiveness in sprint running. *Scand J Med Sci Sports* 26:648-658, 2016.
224. Samozino, P, Rejc, E, Di Prampero, PE, Belli, A, and Morin, J-B. Optimal force–velocity profile in ballistic movements – Altius: Citius or Fortius? *Med Sci Sports Exerc* 44:313-322, 2012.
225. Sanchez-Medina, L, Perez, CE, and Gonzalez-Badillo, JJ. Importance of the propulsive phase in strength assessment. *Int J Sports Med* 31:123-129, 2010.
226. Sánchez-Sixto, A, McMahon, JJ, and Floría, P. Verbal instructions affect reactive strength index modified and time-series waveforms in basketball players. *Sports Biomech* 23:211-221, 2024.
227. Sands, W, Cardinale, M, McNeal, J, Murray, S, Sole, C, Reed, J, Apostolopoulos, N, and Stone, M. Recommendations for measurement and management of an elite athlete. *Sports* 7:105, 2019.
228. Sands, WA, Kavanaugh, AA, Murray, SR, McNeal, JR, and Jemni, M. Modern techniques and technologies applied to training and performance monitoring. *Int J Sports Physiol Perform* 12:63-72, 2017.
229. Sannicandro, I, Cofano, G, Rosa, RA, and Piccinno, A. Balance training exercises decrease lower-limb strength asymmetry in young tennis players. *J Sports Sci Med* 13:397-402, 2014.

230. Šarabon, N, Kozinc, Ž, and Perman, M. Establishing reference values for isometric knee extension and flexion strength. *Front Physiol* 12:767941, 2021.
231. Sayers, MGL, Schlaeppi, M, Hitz, M, and Lorenzetti, S. The impact of test loads on the accuracy of 1RM prediction using the load-velocity relationship. *BMC Sports Sci Med Rehabil* 10:9, 2018.
232. Schmidtbleicher, D. Training for power events. In *Strength and Power in Sport*. Komi, PV, ed. London: Blackwell Scientific, 381-395, 1992.
233. Secomb, JL, Nimphius, S, Farley, ORL, Lundgren, LE, Tran, TT, and Sheppard, JM. Relationships between lower-body muscle structure and, lower-body strength, explosiveness and eccentric leg stiffness in adolescent athletes. *J Sports Sci Med* 14:691, 2015.
234. Seitz, LB, de Villarreal, ESS, and Haff, GG. The temporal profile of postactivation potentiation is related to strength level. *J Strength Cond Res* 28:706-715, 2014.
235. Seo, DI, Kim, E, Fahs, CA, Rossow, L, Young, K, Ferguson, SL, Thiebaud, R, Sherk, VD, Loenneke, JP, Kim, D, Lee, MK, Choi, KH, Bemben, DA, Bemben, MG, and So, WY. Reliability of the one-repetition maximum test based on muscle group and gender. *J Sports Sci Med* 11:221-225, 2012.
236. Sharp, AP, Cronin, JB, and Neville, J. Using smartphones for jump diagnostics: A brief review of the validity and reliability of the My Jump app. *Strength Cond J* 41:96-107, 2019.
237. Sheppard, JM, Chapman, D, and Taylor, K-L. An evaluation of a strength qualities assessment method for the lower body. *J Aust Strength Cond* 19:4-10, 2011.
238. Sheppard, JM, Cormack, S, Taylor, K-L, McGuigan, MR, and Newton, RU. Assessing the force-velocity characteristics of the leg extensors in well-trained athletes: The incremental load power profile. *J Strength Cond Res* 22:1320-1326, 2008.
239. Shimano, T, Kraemer, WJ, Spiering, BA, Volek, JS, Hatfield, DL, Silvestre, R, Vingren, JL, Fragala, MS, Maresh, CM, and Fleck, SJ. Relationship between the number of repetitions and selected percentages of one repetition maximum in free weight exercises in trained and untrained men. *J Strength Cond Res* 20:819-823, 2006.
240. Soares-Caldeira, LF, Ritti-Dias, RM, Okuno, NM, Cyrino, ES, Gurjão, ALD, and Ploutz-Snyder, LL. Familiarization indexes in sessions of 1-RM tests in adult women. *J Strength Cond Res* 23:2039-2045, 2009.
241. Sole, CJ, Mizuguchi, S, Sato, K, Moir, GL, and Stone, MH. Phase characteristics of the countermovement jump force-time curve: A comparison of athletes by jumping ability. *J Strength Cond Res* 32:1155-1165, 2018.
242. Sole, CJ, Suchomel, TJ, and Stone, MH. Preliminary scale of reference values for evaluating reactive strength index-modified in male and female NCAA Division I athletes. *Sports* 6:133, 2018.
243. Soriano, MA, Jiménez-Reyes, P, Rhea, MR, and Marín, PJ. The optimal load for maximal power production during lower-body resistance exercises: A meta-analysis. *Sports Med* 45:1191-1205, 2015.
244. Soriano, MA, Suchomel, TJ, and Marin, PJ. The optimal load for improving maximal power production during upper-body exercises: A meta-analysis. *Sports Med* 47:757-768, 2017.
245. Spiteri, T, Nimphius, S, Hart, NH, Specos, C, Sheppard, JM, and Newton, RU. Contribution of strength characteristics to change of direction and agility performance in female basketball athletes. *J Strength Cond Res* 28:2415-2423, 2014.
246. Stone, MH, O'Bryant, H, and Garhammer, J. A hypothetical model for strength training. *J Sports Med Phys Fitness* 21:342-351, 1981.
247. Stone, MH, and O'Bryant, HS. *Weight Training: A Scientific Approach.* Minneapolis, MN: Burgess International, 1987.
248. Stone, MH, Sanborn, K, O'Bryant, HS, Hartman, M, Stone, ME, Proulx, C, Ward, B, and Hruby, J. Maximum strengthpower-performance relationships in collegiate throwers. *J Strength Cond Res* 17:739-745, 2003.
249. Stratford, C, Dos'Santos, T, and McMahon, JJ. Comparing drop jumps with 10/5 repeated jumps to measure reactive strength index. *Prof Strength Cond* 57:23-28, 2020.
250. Street, G, McMillan, S, Board, W, Rasmussen, M, and Heneghan, JM. Sources of error in determining countermovement jump height with the impulse method. *J Appl Biomech* 17:43-54, 2001.
251. Suarez, DG, Mizuguchi, S, Hornsby, WG, Cunanan, AJ, Marsh, DJ, and Stone, MH. Phase-specific changes in rate of force development and muscle morphology throughout a block periodized training cycle in weightlifters. *Sports* 7:129, 2019.
252. Suchomel, TJ, Bailey, CA, Sole, CJ, Grazer, JL, and Beckham, GK. Using reactive strength index-modified as an explosive performance measurement tool in Division I athletes. *J Strength Cond Res* 29:899-904, 2015.
253. Suchomel, TJ, Beckham, GK, and Wright, GA. Lower body kinetics during the jump shrug: Impact of load. *J Trainol* 2:19-22, 2013.
254. Suchomel, TJ, Beckham, GK, and Wright, GA. The impact of load on lower body performance variables during the hang power clean. *Sports Biomech* 13:87-95, 2014.
255. Suchomel, TJ, Beckham, GK, and Wright, GA. Effect of various loads on the force-time characteristics of the hang high pull. *J Strength Cond Res* 29:1295-1301, 2015.
256. Suchomel, TJ, Comfort, P, and Lake, JP. Enhancing the forcevelocity profile of athletes using weightlifting derivatives. *Strength Cond J* 39:10-20, 2017.
257. Suchomel, TJ, Comfort, P, and Stone, MH. Weightlifting pulling derivatives: Rationale for implementation and application. *Sports Med* 45:823-839, 2015.
258. Suchomel, TJ, Garceau, LR, and Ebben, WP. Verbal instruction effect on stretch shortening cycle duration and reactive strength index-modified during plyometrics. *Med Sci Sports Exerc* 45:S428, 2013.
259. Suchomel, TJ, Garceau, LR, and Ebben, WP. The effect of verbal instruction on lower body performance variables during various plyometrics. *Med Sci Sports Exerc* 46:961, 2014.
260. Suchomel, TJ, McKeever, SM, and Comfort, P. Training with weightlifting derivatives: The effects of force and velocity overload stimuli. *J Strength Cond Res* 34:1808-1818, 2020.

261. Suchomel, TJ, McKeever, SM, McMahon, JJ, and Comfort, P. The effect of training with weightlifting catching or pulling derivatives on squat jump and countermovement jump forcetime adaptations. *J Funct Morphol Kinesiol* 5:28, 2020.
262. Suchomel, TJ, McKeever, SM, Nolen, JD, and Comfort, P. Muscle architectural and force-velocity curve adaptations following 10 weeks of training with weightlifting catching and pulling derivatives. *J Sports Sci Med* 21:504-516, 2022.
263. Suchomel, TJ, McKeever, SM, Sijuwade, O, and Carpenter, L. Propulsion phase characteristics of loaded jump variations in resistance-trained women. *Sports* 11:44, 2023.
264. Suchomel, TJ, McKeever, SM, Sijuwade, O, Carpenter, L, McMahon, JJ, Loturco, I, and Comfort, P. The effect of load placement on the power production characteristics of three lower extremity jumping exercises. *J Hum Kinet* 68:109-122, 2019.
265. Suchomel, TJ, McMahon, JJ, and Lake, JP. Combined assessment methods. In *Performance Assessment in Strength and Conditioning*. Comfort, P, Jones, PA, and McMahon, JJ, eds. New York: Routledge, 275-290, 2019.
266. Suchomel, TJ, Nimphius, S, Bellon, CR, Hornsby, WG, and Stone, MH. Training for muscular strength: Methods for monitoring and adjusting training intensity. *Sports Med* 51:2051-2066, 2021.
267. Suchomel, TJ, Nimphius, S, Bellon, CR, and Stone, MH. The importance of muscular strength: Training considerations. *Sports Med* 48:765-785, 2018.
268. Suchomel, TJ, Nimphius, S, and Stone, MH. The importance of muscular strength in athletic performance. *Sports Med* 46:1419-1449, 2016.
269. Suchomel, TJ, Nimphius, S, and Stone, MH. Scaling isometric mid-thigh pull maximum strength in Division I athletes: Are we meeting the assumptions? *Sports Biomech* 19:532-546, 2020.
270. Suchomel, TJ, Sato, K, DeWeese, BH, Ebben, WP, and Stone, MH. Potentiation effects of half-squats performed in a ballistic or non-ballistic manner. *J Strength Cond Res* 30:1652-1660, 2016.
271. Suchomel, TJ, Sato, K, DeWeese, BH, Ebben, WP, and Stone, MH. Potentiation following ballistic and non-ballistic complexes: The effect of strength level. *J Strength Cond Res* 30:1825-1833, 2016.
272. Suchomel, TJ, Sato, K, DeWeese, BH, Ebben, WP, and Stone, MH. Relationships between potentiation effects following ballistic half-squats and bilateral symmetry. *Int J Sports Physiol Perform* 11:448-454, 2016.
273. Suchomel, TJ, Sole, CJ, Bailey, CA, Grazer, JL, and Beckham, GK. A comparison of reactive strength index-modified between six U.S. collegiate athletic teams. *J Strength Cond Res* 29:1310-1316, 2015.
274. Suchomel, TJ, Sole, CJ, Bellon, CR, and Stone, MH. Dynamic strength index: Relationships with common performance variables and contextualization of training recommendations. *J Hum Kinet* 74:59-70, 2020.
275. Suchomel, TJ, Sole, CJ, Sams, ML, Hollins, JE, Griggs, CV, and Stone, MH. The effect of a competitive season on the explosive performance characteristics of collegiate male soccer players. Presented at the Ninth Annual Sport Science and Coaches College, Johnson City, TN, December 5-6, 2014.
276. Suchomel, TJ, Sole, CJ, and Stone, MH. Comparison of methods that assess lower body stretch-shortening cycle utilization. *J Strength Cond Res* 30:547-554, 2016.
277. Suchomel, TJ, and Stone, MH. The relationships between hip and knee extensor cross-sectional area, strength, power, and potentiation characteristics. *Sports* 5:66, 2017.
278. Suchomel, TJ, Wright, GA, Kernozek, TW, and Kline, DE. Kinetic comparison of the power development between power clean variations. *J Strength Cond Res* 28:350-360, 2014.
279. Swinton, PA, Stewart, AD, Lloyd, R, Agouris, I, and Keogh, JW. Effect of load positioning on the kinematics and kinetics of weighted vertical jumps. *J Strength Cond Res* 26:906-913, 2012.
280. Thomas, C, Dos'Santos, T, and Jones, PA. A Comparison of dynamic strength index between team-sport athletes. *Sports* 5:71, 2017.
281. Thomas, C, Jones, PA, and Comfort, P. Reliability of the dynamic strength index in college athletes. *Int J Sports Physiol Perform* 10:542-545, 2015.
282. Thomas, GA, Kraemer, WJ, Spiering, BA, Volek, JS, Anderson, JM, and Maresh, CM. Maximal power at different percentages of one repetition maximum: Influence of resistance and gender. *J Strength Cond Res* 21:336-342, 2007.
283. Turner, TS, Tobin, DP, and Delahunt, E. Optimal loading range for the development of peak power output in the hexagonal barbell jump squat. *J Strength Cond Res* 29:1627-1632, 2015.
284. Valenzuela, PL, Sánchez-Martínez, G, Torrontegi, E, VázquezCarrión, J, Montalvo, Z, and Haff, GG. Should we base training prescription on the force–velocity profile? Exploratory study of its between-day reliability and differences between methods. *Int J Sports Physiol Perform* 16:1001-1007, 2021.
285. van den Tillaar, R, and Ettema, G. A comparison of muscle activity in concentric and counter movement maximum bench press. *J Hum Kinet* 38:63-71, 2013.
286. Van Hooren, B, and Bosch, F. Influence of muscle slack on high-intensity sport performance: A review. *Strength Cond J* 38:75-87, 2016.
287. Van Hooren, B, and Zolotarjova, J. The difference between countermovement and squat jump performances: A review of underlying mechanisms with practical applications. *J Strength Cond Res* 31:2011-2020, 2017.
288. Vanrenterghem, J, Venables, E, Pataky, T, and Robinson, MA. The effect of running speed on knee mechanical loading in females during side cutting. *J Biomech* 45:2444-2449, 2012.
289. Verheul, J, Nedergaard, NJ, Pogson, M, Lisboa, P, Gregson, W, Vanrenterghem, J, and Robinson, MA. Biomechanical loading during running: Can a two mass-spring-damper model be used to evaluate ground reaction forces for high-intensity tasks? *Sports Biomech* 20:571-582, 2021.
290. Walshe, AD, Wilson, GJ, and Murphy, AJ. The validity and reliability of a test of lower body musculotendinous stiffness. *Eur J Appl Physiol* 73:332-339, 1996.
291. Wang, R, Hoffman, JR, Tanigawa, S, Miramonti, AA, La Monica, MB, Beyer, KS, Church, DD, Fukuda, DH, and

Stout, JR. Isometric mid-thigh pull correlates with strength, sprint, and agility performance in collegiate rugby union players. *J Strength Cond Res* 30:3051-3056, 2016.

292. Weakley, J, Black, G, McLaren, S, Scantlebury, S, Suchomel, TJ, McMahon, E, Watts, D, and Read, DB. Testing and profiling athletes: Recommendations for test selection, implementation, and maximizing information. *Strength Cond J* 46:159-179, 2023.
293. Weyand, PG, Sternlight, DB, Bellizzi, MJ, and Wright, S. Faster top running speeds are achieved with greater ground forces not more rapid leg movements. *J Appl Physiol* 89:19911999, 2000.
294. Wilson, JM, and Flanagan, EP. The role of elastic energy in activities with high force and power requirements: A brief review. *J Strength Cond Res* 22:1705-1715, 2008.
295. Woolford, S, Polglaze, T, Rowsell, G, and Spencer, M. Field testing principles and protocols. In *Physiological Tests for Elite Athletes*. Tanner, R, and Gore, C, eds. Champaign, IL: Human Kinetics, 2012.
296. Wu, WFW, Porter, JM, and Brown, LE. Effect of attentional focus strategies on peak force and performance in the standing long jump. *J Strength Cond Res* 26:1226-1231, 2012.
297. Young, KP, Haff, GG, Newton, RU, Gabbett, TJ, and Sheppard, JM. Assessment and monitoring of ballistic and maximal upper-body strength qualities in athletes. *Int J Sports Physiol Perform* 10:232-237, 2015.
298. Young, KP, Haff, GG, Newton, RU, and Sheppard, JM. Reliability of a novel testing protocol to assess upper-body strength qualities in elite athletes. *Int J Sports Physiol Perform* 9:871-875, 2014.
299. Young, WB. Laboratory strength assessment of athletes. *New Stud Athl* 10:89-96, 1995.
300. Young, WB, Pryor, JF, and Wilson, GJ. Effect of instructions on characteristics of countermovement and drop jump performance. *J Strength Cond Res* 9:232-236, 1995.
301. Zamparo, P, Minetti, A, and di Prampero, P. Interplay among the changes of muscle strength, cross-sectional area and maximal explosive power: Theory and facts. *Eur J Appl Physiol* 88:193-202, 2002.
302. Zaras, ND, Stasinaki, AN, Methenitis, SK, Krase, AA, Karampatsos, GP, Georgiadis, GV, Spengos, KM, Terzis, GD, and Zaras, N. Rate of force development, muscle architecture, and performance in young competitive track and field throwers. *J Strength Cond Res* 30:81-92, 2016.

Capítulo 10

1. Andrade, DC, Manzo, O, Beltrán, AR, Alvares, C, Del Rio, R, Toledo, C, Moran, J, and Ramirez-Campillo, R. Kinematic and neuromuscular measures of intensity during plyometric jumps. *J Strength Cond Res* 34:3395-3402, 2020.
2. Arabatzi, F, and Kellis, E. Olympic weightlifting training causes different knee muscle-coactivation adaptations compared with traditional weight training. *J Strength Cond Res* 26:2192-2201, 2012.
3. Arazi, H, and Asadi, A. The relationship between the selected percentages of one repetition maximum and the number of repetitions in trained and untrained males. *FU Phys Ed Sport* 9:25-33, 2011.
4. Arede, J, Vaz, R, Gonzalo-Skok, O, Balsalobre-Fernandéz, C, Varela-Olalla, D, Madruga-Parera, M, and Leite, N. Repetitions in reserve vs maximum effort resistance training programs in youth female athletes. *J Sports Med Phys Fitness* 60:1231-1239, 2020.
5. Baechle, TR, and Earle, RW. Learning how to manipulate training variables to maximize results. In *Weight Training: Steps to Success*. Champaign, IL: Human Kinetics, 177-188, 2011.
6. Balsalobre-Fernández, C, García-Ramos, A, and JiménezReyes, P. Load–velocity profiling in the military press exercise: Effects of gender and training. *Int J Sports Sci Coach* 13:743-750, 2018.
7. Balsalobre-Fernández, C, Marchante, D, Baz-Valle, E, AlonsoMolero, I, Jiménez, SL, and Muñóz-López, M. Analysis of wearable and smartphone-based technologies for the measurement of barbell velocity in different resistance training exercises. *Front Physiol* 8:649, 2017.
8. Banyard, HG, Nosaka, K, and Haff, GG. Reliability and validity of the load–velocity relationship to predict the 1RM back squat. *J Strength Cond Res* 31:1897-1904, 2017.
9. Barroso, R, Cardoso, RK, Carmo, EC, and Tricoli, V. Perceived exertion in coaches and young swimmers with different training experience. *Int J Sports Physiol Perform* 9:212-216, 2014.
10. Bartholomew, JB, Stults-Kolehmainen, MA, Elrod, CC, and Todd, JS. Strength gains after resistance training: The effect of stressful, negative life events. *J Strength Cond Res* 22:12151221, 2008.
11. Bompa, TO, and Buzzichelli, CA. Principles of training. In *Periodization*. Champaign, IL: Human Kinetics, 29-49, 2019.
12. Bompa, TO, and Buzzichelli, CA. Strength and power development. In *Periodization*. Champaign, IL: Human Kinetics, 229-263, 2019.
13. Borg, GAV. Perceived exertion as an indicator of somatic stress. *Scand J Rehab Med* 2:92-98, 1970.
14. Borg, GAV. Psychophysical bases of perceived exertion. *Med Sci Sports Exerc* 14:377-381, 1982.
15. Campos, GE, Luecke, TJ, Wendeln, HK, Toma, K, Hagerman, FC, Murray, TF, Ragg, KE, Ratamess NA, Kraemer WJ, and Staron RS. Muscular adaptations in response to three different resistance-training regimens: Specificity of repetition maximum training zones. *Eur J Appl Physiol* 88:50-60, 2002.
16. Carroll, KM, Bazyler, CD, Bernards, JR, Taber, CB, Stuart, CA, DeWeese, BH, Sato, K, and Stone, MH. Skeletal muscle fiber adaptations following resistance training using repetition maximums or relative intensity. *Sports* 7:169, 2019.
17. Carroll, KM, Bernards, JR, Bazyler, CD, Taber, CB, Stuart, CA, DeWeese, BH, Sato, K, and Stone, MH. Divergent performance outcomes following resistance training using repetition maximums or relative intensity. *Int J Sports Physiol Perform* 14:46-54, 2019.
18. Colquhoun, RJ, Gai, CM, Walters, J, Brannon, AR, Kilpatrick, MW, D'Agostino, DP, and Campbell, WI. Comparison of powerlifting performance in trained men using

traditional and flexible daily undulating periodization. *J Strength Cond Res* 31:283-291, 2017.

19. Conceição, F, Fernandes, J, Lewis, M, Gonzaléz-Badillo, JJ, and Jimenéz-Reyes, P. Movement velocity as a measure of exercise intensity in three lower limb exercises. *J Sports Sci* 34:1099-1106, 2016.
20. Cunanan, AJ, DeWeese, BH, Wagle, JP, Carroll, KM, Sausaman, R, Hornsby, WG, Haff, GG, Triplett, NT, Pierce, KC, and Stone, MH. The general adaptation syndrome: A foundation for the concept of periodization. *Sports Med* 48:787-797, 2018.
21. Day, ML, McGuigan, MR, Brice, G, and Foster, C. Monitoring exercise intensity during resistance training using the session RPE scale. *J Strength Cond Res* 18:353-358, 2004.
22. DeLorme, TL. Restoration of muscle power by heavy-resistance exercises. *J Bone Joint Surg* 27:645-667, 1945.
23. DeLorme, TL, Ferris, BG, and Gallagher, JR. Effect of progressive resistance exercise on muscle contraction time. *Arch Phys Med Rehabil* 33:86-92, 1952.
24. DeLorme, TL, West, FE, and Shriber, WJ. Influence of progressive-resistance exercises on knee function following femoral fractures. *J Bone Joint Surg* 32:910-924, 1950.
25. DeWeese, BH, Hornsby, G, Stone, M, and Stone, MH. The training process: Planning for strength–power training in track and field. Part 1: Theoretical aspects. *J Sport Health Sci* 4:308-317, 2015.
26. DeWeese, BH, Hornsby, G, Stone, M, and Stone, MH. The training process: Planning for strength–power training in track and field. Part 2: Practical and applied aspects. *J Sport Health Sci* 4:318-324, 2015.
27. DeWeese, BH, Sams, ML, and Serrano, AJ. Sliding toward Sochi – Part 1: A review of programming tactics used during the 2010-2014 quadrennial. *Natl Strength Cond Assoc Coach* 1:30-42, 2014.
28. Duchateau, J, and Hainaut, K. Isometric or dynamic training: Differential effects on mechanical properties of a human muscle. *J Appl Physiol* 56:296-301, 1984.
29. Ebben, WP, Fauth, ML, Garceau, LR, and Petushek, EJ. Kinetic quantification of plyometric exercise intensity. *J Strength Cond Res* 25:3288-3298, 2011.
30. Ebben, WP, Suchomel, TJ, and Garceau, LR. The effect of plyometric training volume on jumping performance. In *Proceedings of the 32nd International Conference of Biomechanics in Sports, Johnson City, TN, USA, 12-16 July, 2014.* Holland, MA: International Society of Biomechanics in Sports, 566-569, 2014.
31. Fernandes, JFT, Lamb, KL, Clark, CCT, Moran, J, Drury, B, Garcia-Ramos, A, and Twist, C. Comparison of the FitroDyne and GymAware rotary encoders for quantifying peak and mean velocity during traditional multijointed exercises. *J Strength Cond Res* 35:1760-1765, 2021.
32. Fernandes, JFT, Dingley, AF, Garcia-Ramos, A, Perez--Castilla, A, Tufano, JJ, and Twist, C. Prediction of one repetition maximum using reference minimum velocity threshold values in young and middle-aged resistance--trained males. *Behav Sci* 11:71, 2021.
33. Fernández-Valdés, B, Sampaio, J, Exel, J, González, J, TousFajardo, J, Jones, B, and Moras, G. The influence of functional flywheel resistance training on movement variability and movement velocity in elite rugby players. *Front Psychol* 11:1205, 2020.
34. Garcia-Ramos, A, and Jaric, S. Two-point method: A quick and fatigue-free procedure for assessment of muscle mechanical capacities and the 1 repetition maximum. *Strength Cond J* 40:54-66, 2018.
35. García-Ramos, A, Pestana-Melero, FL, Pérez-Castilla, A, Rojas, FJ, and Haff, GG. Differences in the load–velocity profile between 4 bench-press variants. *Int J Sports Physiol Perform* 13:326-331, 2018.
36. García-Ramos, A, Suzovic, D, and Pérez-Castilla, A. The loadvelocity profiles of three upper-body pushing exercises in men and women. *Sports Biomech* 20:693-705, 2021.
37. Garhammer, J, and Gregor, R. Propulsion forces as a function of intensity for weightlifting and vertical jumping. *J Strength Cond Res* 6:129-134, 1992.
38. González-Badillo, JJ, and Sánchez-Medina, L. Movement velocity as a measure of loading intensity in resistance training. *Int J Sports Med* 31:347-352, 2010.
39. González-Badillo, JJ, Yañez-García, JM, Mora-Custodio, R, and Rodríguez-Rosell, D. Velocity loss as a variable for monitoring resistance exercise. *Int J Sports Med* 38:217-225, 2017.
40. Graham, T, and Cleather, DJ. Autoregulation by "repetitions in reserve" leads to greater improvements in strength over a 12-week training program than fixed loading. *J Strength Cond Res* 35:2451-2456, 2021.
41. Greig, L, Aspe, RR, Hall, A, Comfort, P, Cooper, K, and Swinton, PA. The predictive validity of individualised loadvelocity relationships for predicting 1RM: A systematic review and individual participant data meta-analysis. *Sports Med* 53:1693-1708, 2023.
42. Hackett, DA, Cobley, SP, Davies, TB, Michael, SW, and Halaki, M. Accuracy in estimating repetitions to failure during resistance exercise. *J Strength Cond Res* 31:2162-2168, 2017.
43. Hackett, DA, Cobley, SP, and Halaki, M. Estimation of repetitions to failure for monitoring resistance exercise intensity: Building a case for application. *J Strength Cond Res* 32:13521359, 2018.
44. Hackett, DA, Johnson, NA, Halaki, M, and Chow, C-M. A novel scale to assess resistance-exercise effort. *J Sports Sci* 30:1405-1413, 2012. 45. Haff, GG, and Nimphius, S. Training principles for power. *Strength Cond J* 34:2-12, 2012.
46. Helms, ER, Byrnes, RK, Cooke, DM, Haischer, MH, Carzoli, JP, Johnson, TK, Cross, MR, Cronin, JB, Storey, AG, and Zourdos, MC. RPE vs. percentage 1RM loading in periodized programs matched for sets and repetitions. *Front Physiol* 9:247, 2018.
47. Helms, ER, Storey, A, Cross, MR, Brown, SR, Lenetsky, S, Ramsay, H, Dillen, C, and Zourdos, MC. RPE and velocity relationships for the back squat, bench press, and deadlift in powerlifters. *J Strength Cond Res* 31:292-297, 2017.
48. Herrick, AB, and Stone, WJ. The effects of periodization versus progressive resistance exercise on upper and lower body strength in women. *J Strength Cond Res* 10:72-76, 1996.
49. Hoeger, WWK, Hopkins, DR, Barette, SL, and Hale, DF. Relationship between repetitions and selected percentages of one repetition maximum: A comparison between

untrained and trained males and females. *J Strength Cond Res* 4:47-54, 1990.

50. Hoffman, JR, Ratamess, NA, Klatt, M, Faigenbaum, AD, Ross, RE, Tranchina, NM, McCurley, RC, Kang, J, and Kraemer, WJ. Comparison between different off-season resistance training programs in Division III American college football players. *J Strength Cond Res* 23:11-19, 2009.
51. Holsbeeke, L, Ketelaar, M, Schoemaker, MM, and Gorter, JW. Capacity, capability, and performance: Different constructs or three of a kind? *Arch Phys Med Rehab* 90:849-855, 2009.
52. Hornsby, WG, Fry, AC, Haff, GG, and Stone, MH. Addressing the confusion within periodization research. *J Funct Morphol Kinesiol* 5:68, 2020.
53. Hornsby, WG, Gentles, JA, MacDonald, CJ, Mizuguchi, S, Ramsey, MW, and Stone, MH. Maximum strength, rate of force development, jump height, and peak power alterations in weightlifters across five months of training. *Sports* 5:78, 2017.
54. Hotermans, C, Peigneux, P, de Noordhout, AM, Moonen, G, and Maquet, P. Early boost and slow consolidation in motor skill learning. *Learn Mem* 13:580-583, 2006.
55. Izquierdo, M, González-Badillo, JJ, Häkkinen, K, Ibáñez, J, Kraemer, WJ, Altadill, A, Eslava, J, and Gorostiaga, EM. Effect of loading on unintentional lifting velocity declines during single sets of repetitions to failure during upper and lower extremity muscle actions. *Int J Sports Med* 27:718-724, 2006.
56. Izquierdo, M, Ibanez, J, González-Badillo, JJ, Häkkinen, K, Ratamess, NA, Kraemer, WJ, French, DN, Eslava, J, Altadill, A, and Asiain, X. Differential effects of strength training leading to failure versus not to failure on hormonal responses, strength, and muscle power gains. *J Appl Physiol* 100:16471656, 2006.
57. Jukic, I, Prnjak, K, McGuigan, MR, and Helms, ER. One velocity loss threshold does not fit all: Consideration of sex, training status, history, and personality traits when monitoring and controlling fatigue during resistance training. *Sports Med Open* 9:80, 2023.
58. Julio, UF, Panissa, VLG, and Franchini, E. Prediction of one repetition maximum from the maximum number of repetitions with submaximal loads in recreationally strength-trained men. *Sci Sport* 27:e69-e76, 2012.
59. Knight, KL. Knee rehabilitation by the daily adjustable progressive resistive exercise technique. *Am J Sports Med* 7:336-337, 1979.
60. Knight, KL. Quadriceps strengthening with the DAPRE technique: Case studies with neurological implications. *Med Sci Sports Exerc* 17:646-650, 1985.
61. Knudson, D. Qualitative biomechanical principles for application in coaching. *Sports Biomech* 6:109-118, 2007.
62. Lagally, KM, and Robertson, RJ. Construct validity of the OMNI resistance exercise scale. *J Strength Cond Res* 20:252256, 2006.
63. Lake, JP, Mundy, PD, Comfort, P, McMahon, JJ, Suchomel, TJ, and Carden, P. The effect of barbell load on vertical jump landing force-time characteristics. *J Strength Cond Res* 35:2532, 2021.
64. LeSuer, DA, McCormick, JH, Mayhew, JL, Wasserstein, RL, and Arnold, MD. The accuracy of prediction equations for estimating 1-RM performance in the bench press, squat, and deadlift. *J Strength Cond Res* 11:211-213, 1997.
65. Lopes dos Santos, M, Uftring, M, Stahl, CA, Lockie, RG, Alvar, B, Mann, JB, and Dawes, JJ. Stress in academic and athletic performance in collegiate athletes: A narrative review of sources and monitoring strategies. *Front Sports Act Living* 2:42, 2020.
66. Lovegrove, S, Hughes, LJ, Mansfield, SK, Read, PJ, Price, P, and Patterson, SD. Repetitions in reserve is a reliable tool for prescribing resistance training load. *J Strength Cond Res* 36:2696-2700, 2022.
67. Lum, D, and Barbosa, TM. Brief review: Effects of isometric strength training on strength and dynamic performance. *Int J Sports Med* 40:363-375, 2019.
68. MacKenzie, SJ, Lavers, RJ, and Wallace, BB. A biomechanical comparison of the vertical jump, power clean, and jump squat. *J Sports Sci* 32:1576-1585, 2014.
69. Mann, JB. *The APRE: The Scientifically Proven Fastest Way to Get Strong.* Columbia, MO: Self-published. 2011.
70. Mann, JB. A programming comparison: The APRE vs. linear perodization in short term periods (PhD dissertation). Columbia: University of Missouri, 91, 2011.
71. Mann, JB. *Developing Explosive Athletes: Use of Velocity Based Training in Athletes.* Muskegon, MI: Ultimate Athlete Concepts, 2016.
72. Mann, JB, Thyfault, JP, Ivey, PA, and Sayers, SP. The effect of autoregulatory progressive resistance exercise vs. linear periodization on strength improvement in college athletes. *J Strength Cond Res* 24:1718-1723, 2010.
73. Mansfield, SK, Peiffer, JJ, Hughes, LJ, and Scott, BR. Estimating repetitions in reserve for resistance exercise: An analysis of factors which impact on prediction accuracy. *J Strength Cond Res*, 2020. [e-pub ahead of print].
74. Maroto-Izquierdo, S, García-López, D, Fernandez-Gonzalo, R, Moreira, OC, González-Gallego, J, and de Paz, JA. Skeletal muscle functional and structural adaptations after eccentric overload flywheel resistance training: A systematic review and meta-analysis. *J Sci Med Sport* 20:943-951, 2017.
75. McBurnie, AJ, Allen, KP, Maybanks, G, McDwyer, M, Dos'Santos, T, Jones, PA, Comfort, P, and McMahon, JJ. The benefits and limitations of predicting one repetition maximum using the load-velocity relationship. *Strength Cond J* 41:2840, 2019.
76. McGuigan, MR, and Foster, C. A new approach to monitoring resistance training. *Strength Cond J* 26:42-47, 2004.
77. McKeever, S, and Howard, R. Resistance training, in: *NSCA's Guide to High School Strength and Conditioning.* P. McHenry, M.J. Nitka, eds. Champaign, IL: Human Kinetics, 223-258, 2022.
78. McNamara, JM, and Stearne, DJ. Flexible nonlinear periodization in a beginner college weight training class. *J Strength Cond Res* 24:2012-2017, 2010.
79. Miranda, F, Simão, R, Rhea, M, Bunker, D, Prestes, J, Leite, RD, Miranda, H, de Salles, BF, and Novaes, J. Effects of linear vs. daily undulatory periodized resistance training

on maximal and submaximal strength gains. *J Strength Cond Res* 25:1824-1830, 2011.

80. Moore, CA, and Fry, AC. Nonfunctional overreaching during off-season training for skill position players in collegiate American football. *J Strength Cond Res* 21:793-800, 2007.
81. Moras, G, Fernández-Valdés, B, Vázquez-Guerrero, J, TousFajardo, J, Exel, J, and Sampaio, J. Entropy measures detect increased movement variability in resistance training when elite rugby players use the ball. *J Sci Med Sport* 21:1286-1292, 2018.
82. Morita, Y, Ogawa, K, and Uchida, S. The effect of a daytime 2-hour nap on complex motor skill learning. *Sleep Biol Rhythms* 10:302-309, 2012.
83. Mulloy, F, Irwin, G, Williams, GKR, and Mullineaux, DR. Quantifying bi-variate coordination variability during longitudinal motor learning of a complex skill. *J Biomech* 95:109295, 2019.
84. Newell, KM. Coordination, control, and skill. In *Differing Perspectives in Motor Learning, Memory, and Control.* Goodman, D, Wilberg, RB, and Franks, IM, eds. Amsterdam, Netherlands: North-Holland, 295-317, 1985.
85. Nuzzo, J, Pinto, M, Nosaka, K, and Steele, J. Maximal number of repetitions at percentages of the one repetition maximum: A meta-regression and moderator analysis of sex, age, training status, and exercise. *Sports Med* 54:303-321, 2024.
86. Oranchuk, DJ, Storey, AG, Nelson, AR, and Cronin, JB. Isometric training and long-term adaptations: Effects of muscle length, intensity, and intent: A systematic review. *Scand J Med Sci Sports* 29:484-503, 2019.
87. Ormsbee, MJ, Carzoli, JP, Klemp, A, Allman, BR, Zourdos, MC, Kim, J-S, and Panton, LB. Efficacy of the repetitions in reserve-based rating of perceived exertion for the bench press in experienced and novice benchers. *J Strength Cond Res* 33:337-345, 2019.
88. Painter, KB, Haff, GG, Ramsey, MW, McBride, J, Triplett, T, Sands, WA, Lamont, HS, Stone, ME, and Stone, MH. Strength gains: Block versus daily undulating periodization weight training among track and field athletes. *Int J Sports Physiol Perform* 7:161-169, 2012.
89. Pérez-Castilla, A, García-Ramos, A, Padial, P, MoralesArtacho, AJ, and Feriche, B. Load-velocity relationship in variations of the half-squat exercise: Influence of execution technique. *J Strength Cond Res* 34:1024-1031, 2020.
90. Pérez-Castilla, A, Jaric, S, Feriche, B, Padial, P, and GarcíaRamos, A. Evaluation of muscle mechanical capacities through the two-load method: Optimization of the load selection. *J Strength Cond Res* 32:1245-1253, 2018.
91. Pérez-Castilla, A, Piepoli, A, Delgado-García, G, GarridoBlanca, G, and García-Ramos, A. Reliability and concurrent validity of seven commercially available devices for the assessment of movement velocity at different intensities during the bench press. *J Strength Cond Res* 33:1258-1265, 2019.
92. Pestaña-Melero, FL, Haff, GG, Rojas, FJ, Pérez-Castilla, A, and García-Ramos, A. Reliability of the load–velocity relationship obtained through linear and polynomial regression models to predict the 1-repetition maximum load. *J Appl Biomech* 34:184-190, 2018.
93. Peterson, MD, Rhea, MR, and Alvar, BA. Applications of the dose-response for muscular strength development: A review of meta-analytic efficacy and reliability for designing training prescription. *J Strength Cond Res* 19:950-958, 2005.
94. Preatoni, E, Hamill, J, Harrison, AJ, Hayes, K, Van Emmerik, REA, Wilson, C, and Rodano, R. Movement variability and skills monitoring in sports. *Sports Biomech* 12:69-92, 2013.
95. Rhea, MR, Ball, SD, Phillips, WT, and Burkett, LN. A comparison of linear and daily undulating periodized programs with equated volume and intensity for strength. *J Strength Cond Res* 16:250-255, 2002.
96. Rice, PE, and Nimphius, S. When task constraints delimit movement strategy: Implications for isolated joint training in dancers. *Front Sports Act Living* 2:49, 2020.
97. Richens, B, and Cleather, DJ. The relationship between the number of repetitions performed at given intensities is different in endurance and strength trained athletes. *Biol Sport* 31:157-161, 2014.
98. Robertson, RJ, Goss, FL, Rutkowski, J, Lenz, B, Dixon, C, Timmer, J, Frazee, K, Dube, J, and Andreacci, J. Concurrent validation of the OMNI perceived exertion scale for resistance exercise. *Med Sci Sports Exerc* 35:333-341, 2003.
99. Ruf, L, Chéry, C, and Taylor, K-L. Validity and reliability of the load-velocity relationship to predict the one-repetition maximum in deadlift. *J Strength Cond Res* 32:681-689, 2018.
100. Sánchez-Medina, L, and González-Badillo, JJ. Velocity loss as an indicator of neuromuscular fatigue during resistance training. *Med Sci Sports Exerc* 43:1725-1734, 2011.
101. Sánchez-Medina, L, González-Badillo, JJ, Perez, CE, and Pallarés, JG. Velocity- and power-load relationships of the bench pull vs. bench press exercises. *Int J Sports Med* 35:209216, 2014.
102. Sánchez, CC, Moreno, FJ, Vaíllo, RR, Romero, AR, Coves, Á, and Murillo, DB. The role of motor variability in motor control and learning depends on the nature of the task and the individual's capabilities. *Eur J Hum Mov* 38:12-26, 2017.
103. Scott, BR, Duthie, GM, Thornton, HR, and Dascombe, BJ. Training monitoring for resistance exercise: Theory and applications. *Sports Med* 46:687-698, 2016.
104. Shattock, K, and Tee, JC. Autoregulation in resistance training: A comparison of subjective versus objective methods. *J Strength Cond Res* 36:641-648, 2022.
105. Sheppard, JM, and Triplett, NT. Program design for resistance training. In *Essentials of Strength Training and Conditioning.* 4th ed. Haff, GG, and Triplett, NT, eds. Champaign, IL: Human Kinetics, 439-468, 2016.
106. Shimano, T, Kraemer, WJ, Spiering, BA, Volek, JS, Hatfield, DL, Silvestre, R, Vingren, JL, Fragala, MS, Maresh, CM, and Fleck, SJ. Relationship between the number of repetitions and selected percentages of one repetition maximum in free weight exercises in trained and untrained men. *J Strength Cond Res* 20:819-823, 2006.
107. Shishov, N, Melzer, I, and Bar-Haim, S. Parameters and measures in assessment of motor learning in neurorehabilitation: A systematic review of the literature. *Front Hum Neurosci* 11:82, 2017.

108. Siff, MC. *Supertraining.* Denver, CO: Supertraining Institute, 2000.
109. Soriano, MA, Suchomel, TJ, and Comfort, P. Weightlifting overhead pressing derivatives: A review of the literature. *Sports Med* 49:867-885, 2019.
110. Stone, MH, and O'Bryant, HS. *Weight Training: A Scientific Approach.* Minneapolis, MN: Burgess International, 1987.
111. Suarez, DG, Mizuguchi, S, Hornsby, WG, Cunanan, AJ, Marsh, DJ, and Stone, MH. Phase-specific changes in rate of force development and muscle morphology throughout a block periodized training cycle in weightlifters. *Sports* 7:129, 2019.
112. Suchomel, TJ, Beckham, GK, and Wright, GA. Lower body kinetics during the jump shrug: Impact of load. *J Trainol* 2:19-22, 2013.
113. Suchomel, TJ, Beckham, GK, and Wright, GA. The impact of load on lower body performance variables during the hang power clean. *Sports Biomech* 13:87-95, 2014.
114. Suchomel, TJ, Beckham, GK, and Wright, GA. Effect of various loads on the force-time characteristics of the hang high pull. *J Strength Cond Res* 29:1295-1301, 2015.
115. Suchomel, TJ, Comfort, P, and Lake, JP. Enhancing the forcevelocity profile of athletes using weightlifting derivatives. *Strength Cond J* 39:10-20, 2017.
116. Suchomel, TJ, Comfort, P, and Stone, MH. Weightlifting pulling derivatives: Rationale for implementation and application. *Sports Med* 45:823-839, 2015.
117. Suchomel, TJ, McKeever, SM, and Comfort, P. Training with weightlifting derivatives: The effects of force and velocity overload stimuli. *J Strength Cond Res* 34:1808-1818, 2020.
118. Suchomel, TJ, McKeever, SM, McMahon, JJ, and Comfort, P. The effect of training with weightlifting catching or pulling derivatives on squat jump and countermovement jump forcetime adaptations. *J Funct Morphol Kinesiol* 5:28, 2020.
119. Suchomel, TJ, McKeever, SM, Sijuwade, O, and Carpenter, L. Propulsion phase characteristics of loaded jump variations in resistance-trained women. *Sports* 11:44, 2023.
120. Suchomel, TJ, McKeever, SM, Sijuwade, O, Carpenter, L, McMahon, JJ, Loturco, I, and Comfort, P. The effect of load placement on the power production characteristics of three lower extremity jumping exercises. *J Hum Kinet* 68:109-122, 2019.
121. Suchomel, TJ, Nimphius, S, Bellon, CR, Hornsby, WG, and Stone, MH. Training for muscular strength: Methods for monitoring and adjusting training intensity. *Sports Med* 51:20512066, 2021.
122. Suchomel, TJ, Wagle, JP, Douglas, J, Taber, CB, Harden, M, Haff, GG, and Stone, MH. Implementing eccentric resistance training – Part 1: A brief review of existing methods. *J Funct Morphol Kinesiol* 4:38, 2019.
123. Suchomel, TJ, Wagle, JP, Douglas, J, Taber, CB, Harden, M, Haff, GG, and Stone, MH. Implementing eccentric resistance training – Part 2: Practical recommendations. *J Funct Morphol Kinesiol* 4:55, 2019.
124. Sweet, TW, Foster, C, McGuigan, MR, and Brice, G. Quantitation of resistance training using the session rating of perceived exertion method. *J Strength Cond Res* 18:796-802, 2004.
125. Swinton, PA, Stewart, AD, Lloyd, R, Agouris, I, and Keogh, JW. Effect of load positioning on the kinematics and kinetics of weighted vertical jumps. *J Strength Cond Res* 26:906-913, 2012.
126. Thompson, SW, Rogerson, D, Dorrell, HF, Ruddock, A, and Barnes, A. The reliability and validity of current technologies for measuring barbell velocity in the free-weight back squat and power clean. *Sports* 8:94, 2020.
127. Thompson, SW, Rogerson, D, Ruddock, A, and Barnes, A. The effectiveness of two methods of prescribing load on maximal strength development: A systematic review. *Sports Med* 50:919-938, 2020.
128. Torrejón, A, Balsalobre-Fernández, C, Haff, GG, and GarcíaRamos, A. The load-velocity profile differs more between men and women than between individuals with different strength levels. *Sports Biomech* 18:245-255, 2019.
129. Tufano, JJ, Conlon, JA, Nimphius, S, Brown, LE, Seitz, LB, Williamson, BD, and Haff, GG. Maintenance of velocity and power with cluster sets during high-volume back squats. *Int J Sports Physiol Perform* 11:885-892, 2016.
130. Wagle, JP, Taber, CB, Cunanan, AJ, Bingham, GE, Carroll, K, DeWeese, BH, Sato, K, and Stone, MH. Accentuated eccentric loading for training and performance: A review. *Sports Med* 47:2473-2495, 2017.
131. Weakley, JJS, Chalkley, D, Johnston, R, García-Ramos, A, Townshend, A, Dorrell, H, Pearson, M, Morrison, M, and Cole, M. Criterion validity, and interunit and between--day reliability of the FLEX for measuring barbell velocity during commonly used resistance training exercises. *J Strength Cond Res* 34:1519-1524, 2020.
132. Weakley, JJS, Mann, JB, Banyard, H, McLaren, S, Scott, T, and Garcia-Ramos, A. Velocity-based training: From theory to application. *Strength Cond J* 43:31-49, 2021.
133. Weakley, JJS, McLaren, S, Ramirez-Lopez, C, García-Ramos, A, Dalton-Barron, N, Banyard, H, Mann, B, Weaving, D, and Jones, B. Application of velocity loss thresholds during freeweight resistance training: Responses and reproducibility of perceptual, metabolic, and neuromuscular outcomes. *J Sports Sci* 38:477-485, 2020.
134. Weakley, JJS, Ramirez-Lopez, C, McLaren, S, Dalton-Barron, N, Weaving, D, Jones, B, Till, K, and Banyard, H. The effects of 10%, 20%, and 30% velocity loss thresholds on kinetic, kinematic, and repetition characteristics during the barbell back squat. *Int J Sports Physiol Perform* 15:180-188, 2020.
135. Weakley, JJS, Till, K, Read, DB, Phibbs, PJ, Roe, G, DarrallJones, J, and Jones, BL. The effects of superset configuration on kinetic, kinematic, and perceived exertion in the barbell bench press. *J Strength Cond Res* 34:65-72, 2020.
136. Weakley, JJS, Wilson, KM, Till, K, Banyard, H, Dyson, J, Phibbs, PJ, Read, DB, and Jones, B. Show me, tell me, encourage me: The effect of different forms of feedback on resistance training performance. *J Strength Cond Res* 34:3157-3163, 2020.
137. Weakley, JJS, Wilson, KM, Till, K, Read, DB, Darrall-Jones, J, Roe, GAB, Phibbs, PJ, and Jones, B. Visual feedback attenuates mean concentric barbell velocity loss and improves motivation, competitiveness, and perceived wor-

kload in male adolescent athletes. *J Strength Cond Res* 33:2420-2425, 2019.
138. Weakley, JJS, Wilson, KM, Till, K, Read, DB, Scantlebury, S, Sawczuk, T, Neenan, C, and Jones, B. Visual kinematic feedback enhances velocity, power, motivation and competitiveness in adolescent female athletes. *J Aust Strength Cond* 27:16-22, 2019.
139. Weber, CJ. Effects of autoregulatory progressive resistance exercise periodization versus linear periodization on muscular strength and anaerobic power in collegiate wrestlers (master's thesis). Whitewater: University of Wisconsin, 33, 2015.
140. Winchester, JB, Erickson, TM, Blaak, JB, and McBride, JM. Changes in bar-path kinematics and kinetics after power-clean training. *J Strength Cond Res* 19:177-183, 2005.
141. Wren, TAL, O'Callahan, B, Katzel, MJ, Zaslow, TL, Edison, BR, VandenBerg, CD, Conrad-Forrest, A, and Mueske, NM. Movement variability in pre-teen and teenage athletes performing sports related tasks. *Gait Posture* 80:228-233, 2020.
142. Wulf, G, and Lewthwaite, R. Optimizing performance through intrinsic motivation and attention for learning: The OPTIMAL theory of motor learning. *Psychon Bull Rev* 23:1382-1414, 2016.
143. Zhang, X, Li, H, Bi, S, Cao, Y, and Zhang, G. Auto-regulation method vs. fixed-loading method in maximum strength training for athletes: A systematic review and meta-analysis. *Front Physiol* 12:244, 2021.
144. Zourdos, MC, Goldsmith, JA, Helms, ER, Trepeck, C, Halle, JL, Mendez, KM, Cooke, DM, Haischer, MH, Sousa, CA, and Klemp, A. Proximity to failure and total repetitions performed in a set influences accuracy of intraset repetitions in reserve-based rating of perceived exertion. *J Strength Cond Res* 35:S158-S165, 2021.
145. Zourdos, MC, Klemp, A, Dolan, C, Quiles, JM, Schau, KA, Jo, E, Helms, E, Esgro, B, Duncan, S, and Merino, SG. Novel resistance training–specific rating of perceived exertion scale measuring repetitions in reserve. *J Strength Cond Res* 30:267275, 2016.

Capítulo 11

1. Abe, H. Role of histidine-related compounds as intracellular proton buffering constituents in vertebrate muscle. *Biochemistry (Mosc)* 65:757-765, 2000.
2. Almond, CS, Shin, AY, Fortescue, EB, Mannix, RC, Wypij, D, Binstadt, BA, Duncan, CN, Olson, DP, Salerno, AE, Newburger, JW, and Greenes, DS. Hyponatremia among runners in the Boston Marathon. *N Engl J Med* 352:1550-1556, 2005.
3. Anderson, L, Naughton, RJ, Close, GL, Di Michele, R, Morgans, R, Drust, B, and Morton, JP. Daily distribution of macronutrient intakes of professional soccer players from the English Premier League. *Int J Sport Nutr Exerc Metab* 27:491-498, 2017.
4. Arent, SM, Cintineo, HP, McFadden, BA, Chandler, AJ, and Arent, MA. Nutrient timing: A garage door of opportunity? *Nutrients* 12:1948, 2020.
5. Artioli, GG, Gualano, B, Smith, A, Stout, J, and Lancha, AH, Jr. Role of beta-alanine supplementation on muscle carnosine and exercise performance. *Med Sci Sports Exerc* 42:1162-1173, 2010.
6. Atkinson, FS, Brand-Miller, JC, Foster-Powell, K, Buyken, AE, and Goletzke, J. International tables of glycemic index and glycemic load values 2021: A systematic review. *Am J Clin Nutr* 114:1625-1632, 2021.
7. Atkinson, FS, Foster-Powell, K, and Brand-Miller, JC. International tables of glycemic index and glycemic load values: 2008. *Diabetes Care* 31:2281-2283, 2008.
8. Aussieker, T, Hilkens, L, Holwerda, AM, Fuchs, CJ, Houben, LHP, Senden, JM, van Dijk, J-W, Snijders, T, and van Loon, LJC. Collagen protein ingestion during recovery from exercise does not increase muscle connective protein synthesis rates. *Med Sci Sports Exerc* 55:1792-1802, 2023.
9. Ayoama, R, Hiruma, E, and Sasaki, H. Effects of creatine loading on muscular strength and endurance of female softball players. *J Sports Med Phys Fitness* 43:481-487, 2003.
10. Baar, K. Training and nutrition to prevent soft tissue injuries and accelerate return to play. *GSSI SSE* 28:1-6, 2015.
11. Baguet, A, Bourgois, J, Vanhee, L, Achten, E, and Derave, W. Important role of muscle carnosine in rowing performance. *J Appl Physiol* 109:1096-1101, 2010.
12. Baguet, A, Reyngoudt, H, Pottier, A, Everaert, I, Callens, S, Achten, E, and Derave, W. Carnosine loading and washout in human skeletal muscles. *J Appl Physiol* 106:837-842, 2009.
13. Bailey, RL, Saldanha, LG, Gahche, JJ, and Dwyer, JT. Estimating caffeine intake from energy drinks and dietary supplements in the United States. *Nutr Rev* 72:9-13, 2014.
14. Barber, JJ, McDermott, AY, McGaughey, KJ, Olmstead, JD, and Hagobian, TA. Effects of combined creatine and sodium bicarbonate supplementation on repeated sprint performance in trained men. *J Strength Cond Res* 27:252-258, 2013.
15. Bassinello, D, de Salles Painelli, V, Dolan, E, Lixandrão, M, Cajueiro, M, de Capitani, M, Saunders, B, Sale, C, Artioli, GG, Gualano, B, and Roschel, H. Beta-alanine supplementation improves isometric, but not isotonic or isokinetic strength endurance in recreationally strength-trained young men. *Amino Acids* 51:27-37, 2019.
16. Bazzucchi, I, Felici, F, Montini, M, Figura, F, and Sacchetti, M. Caffeine improves neuromuscular function during maximal dynamic exercise. *Muscle Nerve* 43:839-844, 2011.
17. Beelen, M, Tieland, M, Gijsen, AP, Vandereyt, H, Kies, AK, Kuipers, H, Saris, WHM, Koopman, R, and van Loon, LJC. Coingestion of carbohydrate and protein hydrolysate stimulates muscle protein synthesis during exercise in young men, with no further increase during subsequent overnight recovery. *J Nutr* 138:2198-2204, 2008.
18. Bellar, DM, Kamimori, G, Judge, L, Barkley, JE, Ryan, EJ, Muller, M, and Glickman, EL. Effects of low-dose caffeine supplementation on early morning performance in the standing shot put throw. *Eur J Sport Sci* 12:57-61, 2012.
19. Bemben, MG, Bemben, DA, Loftiss, DD, and Knehans, AW. Creatine supplementation during resistance training in college football athletes. *Med Sci Sports Exerc* 33:1667-1673, 2001.

20. Bender, A, and Klopstock, T. Creatine for neuroprotection in neurodegenerative disease: End of story? *Amino Acids* 48:1929-1940, 2016.
21. Berrazaga, I, Micard, V, Gueugneau, M, and Walrand, S. The role of the anabolic properties of plant-versus animal--based protein sources in supporting muscle mass maintenance: A critical review. *Nutrients* 11:1825, 2019.
22. Bertin, M, Pomponi, SM, Kokuhuta, C, Iwasaki, N, Suzuki, T, and Ellington, WR. Origin of the genes for the isoforms of creatine kinase. *Gene* 392:273-282, 2007.
23. Bishop, D, and Claudius, B. Effects of induced metabolic alkalosis on prolonged intermittent-sprint performance. *Med Sci Sports Exerc* 37:759-767, 2005.
24. Bishop, D, Edge, J, Davis, C, and Goodman, C. Induced metabolic alkalosis affects muscle metabolism and repeated-sprint ability. *Med Sci Sports Exerc* 36:807-813, 2004.
25. Blue, MN, Trexler, ET, Hirsch, KR, and Smith-Ryan, AE. A profile of body composition, omega-3 and vitamin D in National Football League players. *J Sports Med Phys Fitness* 59:87-93, 2018.
26. Bobb, A, Pringle, D, and Ryan, AJ. A brief study of the diet of athletes. *J Sports Med Phys Fitness* 9:255-262, 1969.
27. Bowers, RW, and Fox, EL. *Sports Physiology.* New York: Saunders, 1992.
28. Brooks, GA, Fahey, TD, and Baldwin, KM. *Exercise Physiology: Human Bioenergetics and Its Applications.* New York: McGraw Hill, 2005.
29. Buford, TW, Kreider, RB, Stout, JR, Greenwood, M, Campbell, B, Spano, M, Ziegenfuss, T, Lopez, H, Landis, J, and Antonio, J. International Society of Sports Nutrition position stand: Creatine supplementation and exercise. *J Int Soc Sports Nutr* 4:1-8, 2007.
30. Burke, DG, Chilibeck, PD, Parise, G, Candow, DG, Mahoney, D, and Tarnopolsky, M. Effect of creatine and weight training on muscle creatine and performance in vegetarians. *Med Sci Sports Exerc* 35:1946-1955, 2003.
31. Burke, LE, Wang, J, and Sevick, MA. Self-monitoring in weight loss: A systematic review of the literature. *J Am Diet Assoc* 111:92-102, 2011.
32. Burke, LM, Collier, GR, and Hargreaves, M. Muscle glycogen storage after prolonged exercise: Effect of the glycemic index of carbohydrate feedings. *J Appl Physiol* 75:1019-1023, 1993.
33. Burke, LM, and Hawley, JA. Swifter, higher, stronger: What's on the menu? *Science* 362:781-787, 2018.
34. Burke, LM, Hawley, JA, Wong, SHS, and Jeukendrup, AE. Carbohydrates for training and competition. *J Sports Sci* 29:S17-S27, 2011.
35. Burke, LM, van Loon, LJC, and Hawley, JA. Postexercise muscle glycogen resynthesis in humans. *J Appl Physiol* 122:1055-1067, 2017.
36. Burke, LM, Winter, JA, Cameron-Smith D, Enslen M, Farnfield M, and Decombaz J. Effect of intake of different dietary protein sources on plasma amino acid profiles at rest and after exercise. *Int J Sport Nutr Exerc Metab* 22:452-462, 2012.
37. Burleson, MA, Jr, O'Bryant, HS, Stone, MH, Collins, MA, and Triplett-McBride, T. Effect of weight training exercise and treadmill exercise on post-exercise oxygen consumption. *Med Sci Sports Exerc* 30:518-522, 1998.
38. Cabre, HE, Moore, SR, Smith-Ryan, AE, and Hackney, AC. Relative energy deficiency in sport (RED-S): Scientific, clinical, and practical implications for the female athlete. *Dtsch Z Sportmed* 73:225-234, 2022.
39. Carr, AJ, Gore, CJ, and Dawson, B. Induced alkalosis and caffeine supplementation: Effects on 2,000-m rowing performance. *Int J Sport Nutr Exerc Metab* 21:357-364, 2011.
40. Carr, BM, Webster, MJ, Boyd, JC, Hudson, GM, and Scheett, TP. Sodium bicarbonate supplementation improves hypertrophy-type resistance exercise performance. *Eur J Appl Physiol* 113:743-752, 2013.
41. Cermak, NM, de Groot, LC, Saris, WHM, and Van Loon, LJC. Protein supplementation augments the adaptive response of skeletal muscle to resistance-type exercise training: A metaanalysis. *Am J Clin Nutr* 96:1454-1464, 2012.
42. Chiang, C-M, Ismaeel, A, Griffis, RB, and Weems, S. Effects of vitamin D supplementation on muscle strength in athletes: A systematic review. *J Strength Cond Res* 31:566-574, 2017.
43. Church, DD, Hirsch, KR, Park, S, Kim, I-Y, Gwin, JA, Pasiakos, SM, Wolfe, RR, and Ferrando, AA. Essential amino acids and protein synthesis: Insights into maximizing the muscle and whole-body response to feeding. *Nutrients* 12:3717, 2020.
44. Claudino, JG, Mezêncio, B, Amaral, S, Zanetti, V, Benatti, F, Roschel, H, Gualano, B, Amadio, AC, and Serrão, JC. Creatine monohydrate supplementation on lower-limb muscle power in Brazilian elite soccer players. *J Int Soc Sports Nutr* 11:32, 2014.
45. Close, GL, Ashton, T, McArdle, A, and Maclaren, DPM. The emerging role of free radicals in delayed onset muscle soreness and contraction-induced muscle injury. *Comp Biochem Physiol A Mol Integr Physiol* 142:257-266, 2005.
46. Close, GL, Kasper, AM, and Morton, JP. Nutrition for human performance. In *Strength and Conditioning for Sports Performance.* Jeffreys, I, and Moody, J, eds. New York: Routledge, 153-190, 2021.
47. Close, GL, Russell, J, Cobley, JN, Owens, DJ, Wilson, G, Gregson, W, Fraser, WD, and Morton, JP. Assessment of vitamin D concentration in non-supplemented professional athletes and healthy adults during the winter months in the UK: Implications for skeletal muscle function. *J Sports Sci* 31:344-353, 2013.
48. Cohen, M, and Bendich, A. Safety of pyridoxine – A review of human and animal studies. *Toxicol Lett* 34:129-139, 1986.
49. Cooke, MB, Rybalka, E, Williams, AD, Cribb, PJ, and Hayes, A. Creatine supplementation enhances muscle force recovery after eccentrically-induced muscle damage in healthy individuals. *J Int Soc Sports Nutr* 6:13, 2009.
50. Cornish, SM, Chilibeck, PD, and Burke, DG. The effect of creatine monohydrate supplementation on sprint skating in ice-hockey players. *J Sports Med Phys Fitness* 46:90-98, 2006.
51. Cox, GR, Clark, SA, Cox, AJ, Halson, SL, Hargreaves, M, Hawley, JA, Jeacocke, N, Snow, RJ, Yeo, WK, and Burke, LM. Daily training with high carbohydrate availability increases exogenous carbohydrate oxidation during endurance cycling. *J Appl Physiol* 109:126-134, 2010.

52. Cribb, PJ, and Hayes, A. Effects of supplement-timing and resistance exercise on skeletal muscle hypertrophy. *Med Sci Sports Exerc* 38:1918-1925, 2006.
53. Culbertson, JY, Kreider, RB, Greenwood, M, and Cooke, M. Effects of beta-alanine on muscle carnosine and exercise performance: A review of the current literature. *Nutrients* 2:75-98, 2010.
54. da Silva, RP, de Oliveira, LF, Saunders, B, de Andrade Kratz, C, de Salles Painelli, V, da Eira Silva, V, Marins, JCB, Franchini, E, Gualano, B, and Artioli, GG. Effects of β-alanine and sodium bicarbonate supplementation on the estimated energy system contribution during high-intensity intermittent exercise. *Amino Acids* 51:83-96, 2019.
55. Dalbo, VJ, Roberts, MD, Stout, JR, and Kerksick, CM. Putting to rest the myth of creatine supplementation leading to muscle cramps and dehydration. *Br J Sports Med* 42:567-573, 2008.
56. Dawson, B, Vladich, T, and Blanksby, BA. Effects of 4 weeks of creatine supplementation in junior swimmers on freestyle sprint and swim bench performance. *J Strength Cond Res* 16:485-490, 2002.
57. de Ataide e Silva, T, Di Cavalcanti Alves de Souza, ME, de Amorim, JF, Stathis, CG, Leandro, CG, and Lima-Silva, AE. Can carbohydrate mouth rinse improve performance during exercise? A systematic review. *Nutrients* 6:1-10, 2013.
58. de Oliveira, JJ, Crisp, AH, Barbosa, CGR, de Silva, AS, Baganha, RJ, and Verlengia, R. Influence of carbohydrate mouth rinse on sprint performance: A systematic review and meta-analysis. *J Exerc Physiol Online* 20:88-99, 2017.
59. de Salles Painelli, V, Roschel, H, De Jesus, F, Sale, C, Harris, RC, Solis, MY, Benatti, FB, Gualano, B, Lancha, AH, Jr, and Artioli, GG. The ergogenic effect of beta-alanine combined with sodium bicarbonate on high-intensity swimming performance. *Appl Physiol Nutr Metab* 38:525-532, 2013.
60. de Souza, JG, Del Coso, J, Fonseca, FS, Silva, BVC, de Souza, DB, da Silva Gianoni, RL, Filip-Stachnik, A, Serrão, JC, and Claudino, JG. Risk or benefit? Side effects of caffeine supplementation in sport: A systematic review. *Eur J Nutr* 61:38233834, 2022.
61. Deakin, V. Iron depletion in athletes. In *Clinical Sports Nutrition*. L Burke, V Deakin, eds. Rossville, NSW: McGraw Hill Australia, 270-310, 2000.
62. Deminice, R, Rosa, FT, Franco, GS, Jordao, AA, and de Freitas, EC. Effects of creatine supplementation on oxidative stress and inflammatory markers after repeated-sprint exercise in humans. *Nutrition* 29:1127-1132, 2013.
63. Doepker, C, Lieberman, HR, Smith, AP, Peck, JD, El-Sohemy, A, and Welsh, BT. Caffeine: Friend or foe? *Annu Rev Food Sci Technol* 7:117-137, 2016.
64. Doherty, M, and Smith, PM. Effects of caffeine ingestion on rating of perceived exertion during and after exercise: A metaanalysis. *Scand J Med Sci Sports* 15:69-78, 2005.
65. Donaldson, CM, Perry, TL, and Rose, MC. Glycemic index and endurance performance. *Int J Sport Nutr Exerc Metab* 20: 154-165, 2010.
66. Douroudos, II, Fatouros, IG, Gourgoulis, V, Jamurtas, AZ, Tsitsios, T, Hatzinikolaou, A, Margonis, K, Mavromatidis, K, and Taxildaris, K. Dose-related effects of prolonged $NaHCO_3$ ingestion during high-intensity exercise. *Med Sci Sports Exerc* 38:1746-1753, 2006.
67. Duncan, MJ, and Oxford, SW. Acute caffeine ingestion enhances performance and dampens muscle pain following resistance exercise to failure. *J Sports Med Phys Fitness* 52:280285, 2012.
68. Duncan, MJ, Stanley, M, Parkhouse, N, Cook, K, and Smith, M. Acute caffeine ingestion enhances strength performance and reduces perceived exertion and muscle pain perception during resistance exercise. *Eur J Sport Sci* 13:392-399, 2013.
69. Duncan, MJ, Weldon, A, and Price, MJ. The effect of sodium bicarbonate ingestion on back squat and bench press exercise to failure. *J Strength Cond Res* 28:1358-1366, 2014.
70. Dutra, MT, Martins, WR, Ribeiro, ALA, and Bottaro, M. The effects of strength training combined with vitamin C and E supplementation on skeletal muscle mass and strength: A systematic review and meta-analysis. *J Sports Med* 2020:1-9, 2020.
71. Ellis, D, and Close, GL. Fueling for training and performance. In *High-Performance Training for Sports: The Authoritative Guide for Ultimate Athletic Conditioning*. Joyce, D, and Lewindon, D, eds. Champaign, IL: Human Kinetics, 2022.
72. Engell, DB, Maller, O, Sawka, MN, Francesconi, RN, Drolet, L, and Young, AJ. Thirst and fluid intake following graded hypohydration levels in humans. *Physiol Behav* 40:229-236, 1987.
73. Everaert, I, Mooyaart, A, Baguet, A, Zutinic, A, Baelde, H, Achten, E, Taes, Y, De Heer, E, and Derave, W. Vegetarianism, female gender and increasing age, but not CNDP1 genotype, are associated with reduced muscle carnosine levels in humans. *Amino Acids* 40:1221-1229, 2011.
74. Ferrando, AA, Wolfe, RR, Hirsch, KR, Church, DD, Kviatkovsky, SA, Roberts, MD, Stout, JR, Gonzalez, DE, Sowinski, RJ, and Kreider, RB. International Society of Sports Nutrition position stand: Essential amino acid supplementation on skeletal muscle and performance. *J Int Soc Sports Nutr* 20:2263409, 2023.
75. Ferrugem, LC, Martini, GL, and De Souza, CG. Influence of the glycemic index of pre-exercise meals in sports performance: A systematic review. *Int J Med Rev* 5:151-158, 2018.
76. Fredholm, BB. Astra Award Lecture: Adenosine, adenosine receptors and the actions of caffeine. *Pharmacol Toxicol* 76:93101, 1995.
77. Freitas, MC, Cholewa, J, Panissa, V, Quizzini, G, de Oliveira, JV, Figueiredo, C, Gobbo, LA, Caperuto, E, Zanchi, NE, Lira, F, and Rossi, FE. Short-time β-alanine supplementation on the acute strength performance after high-intensity intermittent exercise in recreationally trained men. *Sports* 7:108, 2019.
78. Ftaiti, F, Grélot, L, Coudreuse, JM, Nicol, C, and Coudreuse, JM. Combined effect of heat stress, dehydration and exercise on neuromuscular function in humans. *Eur J Appl Physiol* 84:87-94, 2001.
79. Ganio, MS, Klau, JF, Casa, DJ, Armstrong, LE, and Maresh, CM. Effect of caffeine on sport-specific endurance

performance: A systematic review. *J Strength Cond Res* 23:315-324, 2009.
80. Gao, J, Costill, DL, Horswill, CA, and Park, SH. Sodium bicarbonate ingestion improves performance in interval swimming. *Eur J Appl Physiol Occup Physiol* 58:171-174, 1988.
81. Gleeson, M, Nieman, DC, and Pedersen, BK. Exercise, nutrition and immune function. *J Sports Sci* 22:115-125, 2004.
82. Gomez-Cabrera, M-C, Domenech, E, and Viña, J. Moderate exercise is an antioxidant: Upregulation of antioxidant genes by training. *Free Radic Biol Med* 44:126-131, 2008.
83. Graham, TE. Caffeine and exercise: Metabolism, endurance and performance. *Sports Med* 31:785-807, 2001.
84. Green, AL, Hultman, E, Macdonald, IA, Sewell, DA, and Greenhaff, PL. Carbohydrate ingestion augments skeletal muscle creatine accumulation during creatine supplementation in humans. *Am J Physiol Endocrinol Metab* 271:E821-E826, 1996.
85. Greenwood, M, Farris, J, Kreider, R, Greenwood, L, and Byars, A. Creatine supplementation patterns and perceived effects in select Division I collegiate athletes. *Clin J Sport Med* 10:191194, 2000.
86. Greenwood, M, Kreider, R, Earnest, C, Rasmussen, C, and Almada, A. Differences in creatine retention among three nutritional formulations of oral creatine supplements. *J Exerc Physiol Online* 6:37-43, 2003.
87. Greenwood, M, Kreider, RB, Greenwood, L, and Byars, A. Cramping and injury incidence in collegiate football players are reduced by creatine supplementation. *J Athl Train* 38:216219, 2003.
88. Greenwood, M, Kreider, RB, Melton, C, Rasmussen, C, Lancaster, S, Cantler, E, Milnor, P, and Almada, A. Creatine supplementation during college football training does not increase the incidence of cramping or injury. *Mol Cell Biochem* 244:83-88, 2003.
89. Grgic, J, and Del Coso, J. Ergogenic effects of acute caffeine intake on muscular endurance and muscular strength in women: A meta-analysis. *Int J Environ Res Public Health* 18:5773, 2021.
90. Grgic, J, Garofolini, A, Pickering, C, Duncan, MJ, Tinsley, GM, and Del Coso, J. Isolated effects of caffeine and sodium bicarbonate ingestion on performance in the yo-yo test: A systematic review and meta-analysis. *J Sci Med Sport* 23:41-47, 2020.
91. Grgic, J, Grgic, I, Del Coso, J, Schoenfeld, BJ, and Pedisic, Z. Effects of sodium bicarbonate supplementation on exercise performance: An umbrella review. *J Int Soc Sports Nutr* 18:71, 2021.
92. Grgic, J, Grgic, I, Pickering, C, Schoenfeld, BJ, Bishop, DJ, and Pedisic, Z. Wake up and smell the coffee: Caffeine supplementation and exercise performance – An umbrella review of 21 published meta-analyses. *Br J Sports Med* 54:681-688, 2020.
93. Grgic, J, and Mikulic, P. Effects of caffeine on rate of force development: A meta-analysis. *Scand J Med Sci Sports* 32:644653, 2022.
94. Grgic, J, Mikulic, P, Schoenfeld, BJ, Bishop, DJ, and Pedisic, Z. The influence of caffeine supplementation on resistance exercise: A review. *Sports Med* 49:17-30, 2019.
95. Grgic, J, Pedisic, Z, Saunders, B, Artioli, GG, Schoenfeld, BJ, McKenna, MJ, Bishop, DJ, Kreider, RB, Stout, JR, and Kalman, DS. International Society of Sports Nutrition position stand: Sodium bicarbonate and exercise performance. *J Int Soc Sports Nutr* 18:61, 2021.
96. Grgic, J, and Pickering, C. The effects of caffeine ingestion on isokinetic muscular strength: A meta-analysis. *J Sci Med Sport* 22:353-360, 2019.
97. Grgic, J, Rodriguez, RF, Garofolini, A, Saunders, B, Bishop, DJ, Schoenfeld, BJ, and Pedisic, Z. Effects of sodium bicarbonate supplementation on muscular strength and endurance: A systematic review and meta-analysis. *Sports Med* 50:13611375, 2020.
98. Grgic, J, Trexler, ET, Lazinica, B, and Pedisic, Z. Effects of caffeine intake on muscle strength and power: A systematic review and meta-analysis. *J Int Soc Sports Nutr* 15:11, 2018.
99. Griffen, C, Rogerson, D, Ranchordas, M, and Ruddock, A. Effects of creatine and sodium bicarbonate coingestion on multiple indices of mechanical power output during repeated Wingate tests in trained men. *Int J Sport Nutr Exerc Metab* 25:298-306, 2015.
100. Grindstaff, PD, Kreider, R, Bishop, R, Wilson, M, Wood, L, Alexander, C, and Almada, A. Effects of creatine supplementation on repetitive sprint performance and body composition in competitive swimmers. *Int J Sport Nutr* 7:330-346, 1997.
101. Guest, NS, VanDusseldorp, TA, Nelson, MT, Grgic, J, Schoenfeld, BJ, Jenkins, NDM, Arent, SM, Antonio, J, Stout, JR, and Trexler, ET. International Society of Sports Nutrition position stand: Caffeine and exercise performance. *J Int Soc Sports Nutr* 18:1, 2021.
102. Hammond, KM, Impey, SG, Currell, K, Mitchell, N, Shepherd, SO, Jeromson, S, Hawley, JA, Close, GL, Hamilton, LD, and Sharples, AP. Postexercise high-fat feeding suppresses p70S6K1 activity in human skeletal muscle. *Med Sci Sports Exerc* 48:2108-2117, 2016.
103. Hannah, R, Stannard, RL, Minshull, C, Artioli, GG, Harris, RC, and Sale, C. β-alanine supplementation enhances human skeletal muscle relaxation speed but not force production capacity. *J Appl Physiol* 118:604-612, 2015.
104. Hansen, AK, Fischer, CP, Plomgaard, P, Andersen, JL, Saltin, B, and Pedersen, BK. Skeletal muscle adaptation: Training twice every second day vs. training once daily. *J Appl Physiol* 98:93-99, 2005.
105. Harcourt, BA, Panagiotopoulos, M, Sardelis, S, Terzis, G, and Bogdanis, GC. The effect of dehydration on vertical jump, muscle strength and sprint performance. *MDPI Proceedings* 25:10, 2019.
106. Harris, RC, Jones, G, Hill, CH, Kendrick, IP, Boobis, L, Kim, C, Kim, H, Dang, VH, Edge, J, and Wise, JA. The carnosine content of vastus lateralis in vegetarians and omnivores. *FASEB J* 21:pA944, 2007.
107. Harris, RC, Jones, GA, Kim, HJ, Kim, CK, Price, KA, and Wise, JA. Changes in muscle carnosine of subjects with 4 weeks supplementation with a controlled release formu-

lation of beta-alanine (Carnosyn™), and for 6 weeks post. *FASEB J* 23:599.594, 2009.

108. Harris, RC, Tallon, MJ, Dunnett, M, Boobis, L, Coakley, J, Kim, HJ, Fallowfield, JL, Hill, CA, Sale, C, and Wise, JA. The absorption of orally supplied β-alanine and its effect on muscle carnosine synthesis in human vastus lateralis. *Amino Acids* 30:279-289, 2006.
109. Hayward, S, Wilborn, CD, Taylor, LW, Urbina, SL, Outlaw, JJ, Foster, CA, and Roberts, MD. Effects of a high protein and omega-3-enriched diet with or without creatine supplementation on markers of soreness and inflammation during 5 consecutive days of high volume resistance exercise in females. *J Sports Sci Med* 15:704-714, 2016.
110. Heffernan, SM, Horner, K, De Vito, G, and Conway, GE. The role of mineral and trace element supplementation in exercise and athletic performance: A systematic review. *Nutrients* 11:696, 2019.
111. Heibel, AB, Perim, PHL, Oliveira, LF, McNaughton, LR, and Saunders, B. Time to optimize supplementation: Modifying factors influencing the individual responses to extracellular buffering agents. *Front Nutr* 5:35, 2018.
112. Heileson, JL, Machek, SB, Harris, DR, Tomek, S, de Souza, LC, Kieffer, AJ, Barringer, ND, Gallucci, A, Forsse, JS, and Funderburk, LK. The effect of fish oil supplementation on resistance training-induced adaptations. *J Int Soc Sports Nutr* 20:2174704, 2023.
113. Henselmans, M, Bjørnsen, T, Hedderman, R, and Vårvik, FT. The effect of carbohydrate intake on strength and resistance training performance: A systematic review. *Nutrients* 14:856, 2022.
114. Herbert, WG. Water and electrolytes. In *Ergogenic Aids in Sport*. Williams, MH, ed. Champaign, IL: Human Kinetics, 56-98, 1983.
115. Hespel, P, Op't Eijnde, B, Van Leemputte, M, Ursø, B, Greenhaff, PL, Labarque, V, Dymarkowski, S, Van Hecke, P, and Richter, EA. Oral creatine supplementation facilitates the rehabilitation of disuse atrophy and alters the expression of muscle myogenic factors in humans. *J Physiol* 536:625-633, 2001.
116. Hespel, P, Op't, Eijnde B, and Van Leemputte, M. Opposite actions of caffeine and creatine on muscle relaxation time in humans. *J Appl Physiol* 92:513-518, 2002.
117. Hetland, ML, Haarbo, J, and Christiansen, C. Low bone mass and high bone turnover in male long distance runners. *J Clin Endocrinol Metab* 77:770-775, 1993.
118. Heung-Sang Wong, S, Sun, F-H, Chen, Y-J, Li, C, Zhang, Y-J, and Ya-Jun Huang, W. Effect of pre-exercise carbohydrate diets with high vs low glycemic index on exercise performance: A meta-analysis. *Nutr Rev* 75:327-338, 2017.
119. Higgins, MF, Wilson, S, Hill, C, Price, MJ, Duncan, M, and Tallis, J. Evaluating the effects of caffeine and sodium bicarbonate, ingested individually or in combination, and a tastematched placebo on high-intensity cycling capacity in healthy males. *Appl Physiol Nutr Metab* 41:354-361, 2016.
120. Higgins, S, Straight, CR, and Lewis, RD. The effects of preexercise caffeinated coffee ingestion on endurance performance: An evidence-based review. *Int J Sport Nutr Exerc Metab* 26:221-239, 2016.
121. Hilton, NP, Leach, NK, Sparks, SA, Gough, LA, Craig, MM, Deb, SK, and McNaughton, LR. A novel ingestion strategy for sodium bicarbonate supplementation in a delayed-release form: A randomised crossover study in trained males. *Sports Med Open* 5:1-8, 2019.
122. Hobson, RM, Harris, RC, Martin, D, Smith, P, Macklin, B, Gualano, B, and Sale, C. Effect of beta-alanine with and without sodium bicarbonate on 2,000-m rowing performance. *Int J Sport Nutr Exerc Metab* 23:480-487, 2013.
123. Hobson, RM, Saunders, B, Ball, G, Harris, RC, and Sale, C. Effects of β-alanine supplementation on exercise performance: A meta-analysis. *Amino Acids* 43:25-37, 2012.
124. Hoffman, J, Ratamess, N, Kang, J, Mangine, G, Faigenbaum, A, and Stout, J. Effect of creatine and ß-alanine supplementation on performance and endocrine responses in strength/ power athletes. *Int J Sport Nutr Exerc Metab* 16:430-446, 2006.
125. Hoffman, J, Ratamess, NA, Ross, R, Kang, J, Magrelli, J, Neese, K, Faigenbaum, AD, and Wise, JA. Beta-alanine and the hormonal response to exercise. *Int J Sports Med* 29:952-958, 2008.
126. Hoffman, JR, Ratamess, NA, Faigenbaum, AD, Ross, R, Kang, J, Stout, JR, and Wise, JA. Short-duration beta-alanine supplementation increases training volume and reduces subjective feelings of fatigue in college football players. *Nutr Res* 28:31-35, 2008.
127. Holwerda, AM, and van Loon, LJC. The impact of collagen protein ingestion on musculoskeletal connective tissue remodeling: A narrative review. *Nutr Rev* 80:1497-1514, 2022.
128. Howarth, KR, Phillips, SM, MacDonald, MJ, Richards, D, Moreau, NA, and Gibala, MJ. Effect of glycogen availability on human skeletal muscle protein turnover during exercise and recovery. *J Appl Physiol* 109:431-438, 2010.
129. Hulston, CJ, Venables, MC, Mann, CH, Martin, C, Philp, A, Baar, K, and Jeukendrup, AE. Training with low muscle glycogen enhances fat metabolism in well-trained cyclists. *Med Sci Sports Exerc* 42:2046-2055, 2010.
130. Hultman, E, Soderlund, K, Timmons, JA, Cederblad, G, and Greenhaff, PL. Muscle creatine loading in men. *J Appl Physiol* 81:232-237, 1996.
131. Impey, SG, Hearris, MA, Hammond, KM, Bartlett, JD, Louis, J, Close, GL, and Morton, JP. Fuel for the work required: A theoretical framework for carbohydrate periodization and the glycogen threshold hypothesis. *Sports Med* 48:1031-1048, 2018.
132. Invernizzi, PL, Limonta, E, Riboli, A, Bosio, A, Scurati, R, and Esposito, F. Effects of acute carnosine and β-alanine on isometric force and jumping performance. *Int J Sports Physiol Perform* 11:344-349, 2016.
133. Ivy, JL. Regulation of muscle glycogen repletion, muscle protein synthesis and repair following exercise. *J Sports Sci Med* 3:131, 2004.
134. Ivy, JL, and Portman, R. *Nutrient Timing*. Nashville, TN: Basic Health Publishing Company, 2004.
135. Jäger, R, Purpura, M, Shao, A, Inoue, T, and Kreider, RB. Analysis of the efficacy, safety, and regulatory status of novel forms of creatine. *Amino Acids* 40:1369-1383, 2011.

136. Jentjens, R, and Jeukendrup, AE. Determinants of post--exercise glycogen synthesis during short-term recovery. *Sports Med* 33:117-144, 2003.
137. Jeukendrup, A. A step towards personalized sports nutrition: Carbohydrate intake during exercise. *Sports Med* 44:25-33, 2014.
138. Jeukendrup, AE. Periodized nutrition for athletes. *Sports Med* 47:51-63, 2017.
139. Jones, NL, Sutton, JR, Taylor, R, and Toews, CJ. Effect of pH on cardiorespiratory and metabolic responses to exercise. *J Appl Physiol* 43:959-964, 1977.
140. Jones, RL, Stellingwerff, T, Artioli, GG, Saunders, B, Cooper, S, and Sale, C. Dose-response of sodium bicarbonate ingestion highlights individuality in time course of blood analyte responses. *Int J Sport Nutr Exerc Metab* 26:445-453, 2016.
141. Jouris, KB, McDaniel, JL, and Weiss, EP. The effect of omega-3 fatty acid supplementation on the inflammatory response to eccentric strength exercise. *J Sports Sci Med* 10:432-438, 2011.
142. Judelson, DA, Maresh, CM, Anderson, JM, Armstrong, LE, Casa, DJ, Kraemer, WJ, and Volek, JS. Hydration and muscular performance: Does fluid balance affect strength, power and high-intensity endurance? *Sports Med* 37:907-921, 2007.
143. Juhász I, Györe I, Csende Z, Racz L, and Tihanyi J. Creatine supplementation improves the anaerobic performance of elite junior fin swimmers. *Acta Physiol Hung* 96:325-336, 2009.
144. Kamimori, GH, Karyekar, CS, Otterstetter, R, Cox, DS, Balkin, TJ, Belenky, GL, and Eddington, ND. The rate of absorption and relative bioavailability of caffeine administered in chewing gum versus capsules to normal healthy volunteers. *Int J Pharm* 234:159-167, 2002.
145. Kasper, AM, Cocking, S, Cockayne, M, Barnard, M, Tench, J, Parker, L, McAndrew, J, Langan-Evans, C, Close, GL, and Morton, JP. Carbohydrate mouth rinse and caffeine improves high-intensity interval running capacity when carbohydrate restricted. *Eur J Sport Sci* 16:560-568, 2016.
146. Kendrick, IP, Harris, RC, Kim, HJ, Kim, CK, Dang, VH, Lam, TQ, Bui, TT, Smith, M, and Wise, JA. The effects of 10 weeks of resistance training combined with beta--alanine supplementation on whole body strength, force production, muscular endurance and body composition. *Amino Acids* 34:547-554, 2008.
147. Kerksick, CM, Arent, S, Schoenfeld, BJ, Stout, JR, Campbell, B, Wilborn, CD, Taylor, L, Kalman, D, Smith-Ryan, AE, Kreider, RB, Willoughby, D, Arciero, PJ, VanDusseldorp, TA, Ormsbee, MJ, Wildman, R, Greenwood, M, Ziegenfuss, TN, Aragon, AA, and Antonio, J. International Society of Sports Nutrition position stand: Nutrient timing. *J Int Soc Sports Nutr* 14:33, 2017.
148. Kerksick, CM, Wilborn, CD, Campbell, WI, Harvey, TM, Marcello, BM, Roberts, MD, Parker, AG, Byars, AG, Greenwood, LD, and Almada, AL. The effects of creatine monohydrate supplementation with and without D-pinitol on resistance training adaptations. *J Strength Cond Res* 23:2673-2682, 2009.
149. Kim, HJ, Kim, CK, Carpentier, A, and Poortmans, JR. Studies on the safety of creatine supplementation. *Amino Acids* 40:1409-1418, 2011.
150. Kim, J, Lee, J, Kim, S, Yoon, D, Kim, J, and Sung, DJ. Role of creatine supplementation in exercise-induced muscle damage: A mini review. *J Exerc Rehabil* 11:244-250, 2015.
151. King, A, Helms, E, Zinn, C, and Jukic, I. The ergogenic effects of acute carbohydrate feeding on resistance exercise performance: A systematic review and meta-analysis. *Sports Med* 52:2691-2712, 2022.
152. Kovacs, EM, Schmahl, RM, Senden, JM, and Brouns, F. Effect of high and low rates of fluid intake on post-exercise rehydration. *Int J Sport Nutr Exerc Metab* 12:14-23, 2002.
153. Kreider, RB. Effects of creatine supplementation on performance and training adaptations. *Mol Cell Biochem* 244:89-94, 2003.
154. Kreider, RB, Ferreira, M, Wilson, M, Grindstaff, P, Plisk, S, Reinardy, J, Cantler, E, and Almada, AL. Effects of creatine supplementation on body composition, strength, and sprint performance. *Med Sci Sports Exerc* 30:73-82, 1998.
155. Kreider, RB, and Jung, YP. Creatine supplementation in exercise, sport, and medicine. *J Exerc Nutr Biochem* 15:53-69, 2011.
156. Kreider, RB, Kalman, DS, Antonio, J, Ziegenfuss, TN, Wildman, R, Collins, R, Candow, DG, Kleiner, SM, Almada, AL, and Lopez, HL. International Society of Sports Nutrition position stand: Safety and efficacy of creatine supplementation in exercise, sport, and medicine. *J Int Soc Sports Nutr* 14:18, 2017.
157. Kreider, RB, Melton, C, Rasmussen, CJ, Greenwood, M, Lancaster, S, Cantler, EC, Milnor, P, and Almada, AL. Longterm creatine supplementation does not significantly affect clinical markers of health in athletes. *Mol Cell Biochem* 244:95-104, 2003.
158. Krustrup, P, Ermidis, G, and Mohr, M. Sodium bicarbonate intake improves high-intensity intermittent exercise performance in trained young men. *J Int Soc Sports Nutr* 12:25, 2015.
159. Lancha, AH, Jr, de Salles Painelli, V, Saunders, B, and Artioli, GG. Nutritional strategies to modulate intracellular and extracellular buffering capacity during high-intensity exercise. *Sports Med* 45:71-81, 2015.
160. Lanhers, C, Pereira, B, Naughton, G, Trousselard, M, Lesage, F-X, and Dutheil, F. Creatine supplementation and lower limb strength performance: A systematic review and meta-analyses. *Sports Med* 45:1285-1294, 2015.
161. Lanhers, C, Pereira, B, Naughton, G, Trousselard, M, Lesage, F-X, and Dutheil, F. Creatine supplementation and upper limb strength performance: A systematic review and meta-analysis. *Sports Med* 47:163-173, 2017.
162. Lee, JK, Shirreffs, SM, and Maughan, RJ. Cold drink ingestion improves exercise endurance capacity in the heat. *Med Sci Sports Exerc* 40:1637-1644, 2008.
163. Lee, JKW, and Shirreffs, SM. The influence of drink temperature on thermoregulatory responses during prolonged exercise in a moderate environment. *J Sports Sci* 25:975-985, 2007.
164. Lemon, PW. Do athletes need more dietary protein and amino acids? *Int J Sport Nutr* 5:S39-S61, 1995.

165. Leveritt, M, and Abernethy, PJ. Effects of carbohydrate restriction on strength performance. *J Strength Cond Res* 13:52-57, 1999.
166. Lim, MT, Pan, BJ, Toh, DWK, Sutanto, CN, and Kim, JE. Animal protein versus plant protein in supporting lean mass and muscle strength: A systematic review and meta-analysis of randomized controlled trials. *Nutrients* 13:661, 2021.
167. Lis, DM, Jordan, M, Lipuma, T, Smith, T, Schaal, K, and Baar, K. Collagen and vitamin C supplementation increases lower limb rate of force development. *Int J Sport Nutr Exerc Metab* 32:65-73, 2021.
168. Lobo, V, Patil, A, Phatak, A, and Chandra, N. Free radicals, antioxidants and functional foods: Impact on human health. *Pharmacogn Rev* 4:118-126, 2010.
169. Loucks, AB, Kiens, B, and Wright, HH. Energy availability in athletes. *J Sports Sci* 29:S7-S15, 2011.
170. Manore, MM. Effect of physical activity on thiamine, riboflavin, and vitamin B-6 requirements. *Am J Clin Nutr* 72:598S606S, 2000.
171. Manore, MM. Dietary recommendations and athletic menstrual dysfunction. *Sports Med* 32:887-901, 2002.
172. Maridakis, V, O'Connor, PJ, Dudley, GA, and McCully, KK. Caffeine attenuates delayed-onset muscle pain and force loss following eccentric exercise. *J Pain* 8:237-243, 2007.
173. Marquet, L-A, Brisswalter, J, Louis, J, Tiollier, E, Burke, L, Hawley, J, and Hausswirth, C. Enhanced endurance performance by periodization of CHO intake: "Sleep low" strategy. *Med Sci Sports Exerc* 48:663-672, 2016.
174. Marriott, M, Krustrup, P, and Mohr, M. Ergogenic effects of caffeine and sodium bicarbonate supplementation on intermittent exercise performance preceded by intense arm cranking exercise. *J Int Soc Sports Nutr* 12:1-8, 2015.
175. Maté-Muñoz, JL, Lougedo, JH, Garnacho-Castaño, MV, Veiga-Herreros, P, Lozano-Estevan, MDC, García-Fernández, P, de Jesús, F, Guodemar-Pérez, J, San Juan, AF, and Domínguez, R. Effects of β-alanine supplementation during a 5-week strength training program: A randomized, controlled study. *J Int Soc Sports Nutr* 15:19, 2018.
176. Maughan, RJ. Role of micronutrients in sport and physical activity. *Br Med Bull* 55:683-690, 1999.
177. Maughan, RJ. Impact of mild dehydration on wellness and on exercise performance. *Eur J Clin Nutr* 57:S19-S23, 2003.
178. Maughan, RJ, Burke, LM, Dvorak, J, Larson-Meyer, DE, Peeling, P, Phillips, SM, Rawson, ES, Walsh, NP, Garthe, I, and Geyer, H. IOC consensus statement: Dietary supplements and the high-performance athlete. *Int J Sport Nutr Exerc Metab* 28:104-125, 2018.
179. Maughan, RJ, Depiesse, F, and Geyer, H. The use of dietary supplements by athletes. *J Sports Sci* 25:S103-S113, 2007.
180. McNaughton, LR. Bicarbonate ingestion: Effects of dosage on 60 s cycle ergometry. *J Sports Sci* 10:415-423, 1992.
181. Mero, AA, Keskinen, KL, Malvela, MT, and Sallinen, JM. Combined creatine and sodium bicarbonate supplementation enhances interval swimming. *J Strength Cond Res* 18:306310, 2004.
182. Mettler, S, Mitchell, N, and Tipton, KD. Increased protein intake reduces lean body mass loss during weight loss in athletes. *Med Sci Sports Exerc* 42:326-337, 2010.
183. Mielgo-Ayuso, J, Marques-Jiménez, D, Refoyo, I, Del Coso, J, León-Guereño, P, and Calleja-González, J. Effect of caffeine supplementation on sports performance based on differences between sexes: A systematic review. *Nutrients* 11:2313, 2019.
184. Mielgo-Ayuso, J, Zourdos, MC, Calleja-González, J, Urdampilleta, A, and Ostojic, S. Iron supplementation prevents a decline in iron stores and enhances strength performance in elite female volleyball players during the competitive season. *Appl Physiol Nutr Metab* 40:615-622, 2015.
185. Milioni, F, de Poli, RAB, Saunders, B, Gualano, B, da Rocha, AL, da Silva, ASR, de Tarso Guerrero Muller, P, and Zagatto, AM. Effect of β-alanine supplementation during high-intensity interval training on repeated sprint ability performance and neuromuscular fatigue. *J Appl Physiol* 127:1599-1610, 2019.
186. Miller, P, Robinson, AL, Sparks, SA, Bridge, CA, Bentley, DJ, and McNaughton, LR. The effects of novel ingestion of sodium bicarbonate on repeated sprint ability. *J Strength Cond Res* 30:561-568, 2016.
187. Morton, RW, Murphy, KT, McKellar, SR, Schoenfeld, BJ, Henselmans, M, Helms, E, Aragon, AA, Devries, MC, Banfield, L, and Krieger, JW. A systematic review, meta-analysis and meta-regression of the effect of protein supplementation on resistance training-induced gains in muscle mass and strength in healthy adults. *Br J Sports Med* 52:376-384, 2018.
188. Mozaffarian, D, Katan, MB, Ascherio, A, Stampfer, MJ, and Willett, WC. Trans fatty acids and cardiovascular disease. *N Engl J Med* 354:1601-1613, 2006.
189. Mujika, I, Halson, S, Burke, LM, Balagué, G, and Farrow, D. An integrated, multifactorial approach to periodization for optimal performance in individual and team sports. *Int J Sports Physiol Perform* 13:538-561, 2018.
190. Murphy, MJ, Rushing, BR, Sumner, SJ, and Hackney, AC. Dietary supplements for athletic performance in women: Betaalanine, caffeine, and nitrate. *Int J Sport Nutr Exerc Metab* 32:311-323, 2022.
191. Naderi, A, de Oliveira, EP, Ziegenfuss, TN, and Willems, MET. Timing, optimal dose and intake duration of dietary supplements with evidence-based use in sports nutrition. *J Exerc Nutr Biochem* 20:1-12, 2016.
192. Oppliger, RA, and Bartok, C. Hydration testing of athletes. *Sports Med* 32: 959-971, 2002.
193. Owens, DJ, Allison, R, and Close, GL. Vitamin D and the athlete: Current perspectives and new challenges. *Sports Med* 48:3-16, 2018.
194. Owens, DJ, Sharples, AP, Polydorou, I, Alwan, N, Donovan, T, Tang, J, Fraser, WD, Cooper, RG, Morton, JP, and Stewart, C. A systems-based investigation into vitamin D and skeletal muscle repair, regeneration, and hypertrophy. *Am J Physiol Endcrinol Metab* 309:E1019-E1031, 2015.
195. Owens, DJ, Tang, JCY, Bradley, WJ, Sparks, SA, Fraser, WD, Morton, JP, and Close, GL. Efficacy of high dose vitamin D supplements for elite athletes. *Med Sci Sports Exerc* 49:349356, 2016.
196. Pallares, JG, Fernandez-Elias, VE, Ortega, JF, Munoz, G, Munoz-Guerra, J, and Mora-Rodriguez, R. Neuromuscular responses to incremental caffeine doses: Performance and side effects. *Med Sci Sports Exerc* 45:2184-2192, 2013.

197. Paxton, JZ, Grover, LM, and Baar, K. Engineering an in vitro model of a functional ligament from bone to bone. *Tissue Eng Part A* 16:3515-3525, 2010.
198. Phillips, SM. Protein requirements and supplementation in strength sports. *Nutrition* 20:689-695, 2004.
199. Phillips, SM. The science of muscle hypertrophy: Making dietary protein count. *Proc Nutr Soc* 70:100-103, 2011.
200. Phillips, SM. The impact of protein quality on the promotion of resistance exercise-induced changes in muscle mass. *Nutr Metab* 13:1-9, 2016.
201. Phillips, SM, Tipton, KD, Ferrando, AA, and Wolfe, RR. Resistance training reduces the acute exercise-induced increase in muscle protein turnover. *Am J Physiol Endocrinol Metab* 276:E118-E124, 1999.
202. Philpott, JD, Witard, OC, and Galloway, SDR. Applications of omega-3 polyunsaturated fatty acid supplementation for sport performance. *Res Sports Med* 27:219-237, 2019.
203. Pinckaers, PJM, Trommelen, J, Snijders, T, and van Loon, LJC. The anabolic response to plant-based protein ingestion. *Sports Med* 51:59-74, 2021.
204. Polito, MD, Souza, DB, Casonatto, J, and Farinatti, P. Acute effect of caffeine consumption on isotonic muscular strength and endurance: A systematic review and meta-analysis. *Science Sports* 31:119-128, 2016.
205. Powers, SK, and Jackson, MJ. Exercise-induced oxidative stress: Cellular mechanisms and impact on muscle force production. *Physiol Rev* 88:1243-1276, 2008.
206. Pruscino, CL, Ross, MLR, Gregory, JR, Savage, B, and Flanagan, TR. Effects of sodium bicarbonate, caffeine, and their combination on repeated 200-m freestyle performance. *Int J Sport Nutr Exerc Metab* 18:116-130, 2008.
207. Quesnele, JJ, Laframboise, MA, Wong, JJ, Kim, P, and Wells, GD. The effects of beta-alanine supplementation on performance: A systematic review of the literature. *Int J Sport Nutr Exerc Metab* 24:14-27, 2014.
208. Ramírez-Campillo, R, González-Jurado, JA, Martínez, C, Nakamura, FY, Peñailillo, L, Meylan, CMP, Caniuqueo, A, Cañas-Jamet, R, Moran, J, and Alonso-Martínez, AM. Effects of plyometric training and creatine supplementation on maximal-intensity exercise and endurance in female soccer players. *J Sci Med Sport* 19:682-687, 2016.
209. Ramos-Campo, DJ, Clemente-Suárez, VJ, Cupeiro, R, BenítezMuñoz, JA, Andreu Caravaca, L, and Rubio-Arias, JÁ. The ergogenic effects of acute carbohydrate feeding on endurance performance: A systematic review, meta-analysis and metaregression. *Crit Rev Food Sci Nutr* 14:1-10, 2023.
210. Rasmussen, BB, Tipton, KD, Miller, SL, Wolf, SE, and Wolfe, RR. An oral essential amino acid-carbohydrate supplement enhances muscle protein anabolism after resistance exercise. *J Appl Physiol* 88:386-392, 2000.
211. Rawson, ES, Conti, MP, and Miles, MP. Creatine supplementation does not reduce muscle damage or enhance recovery from resistance exercise. *J Strength Cond Res* 21:1208-1213, 2007.
212. Raya-González, J, Rendo-Urteaga, T, Domínguez, R, Castillo, D, Rodríguez-Fernández, A, and Grgic, J. Acute effects of caffeine supplementation on movement velocity in resistance exercise: A systematic review and meta-analysis. *Sports Med* 50:717-729, 2020.
213. Robinson, TM, Sewell, DA, Casey, A, Steenge, G, and Greenhaff, PL. Dietary creatine supplementation does not affect some haematological indices, or indices of muscle damage and hepatic and renal function. *Br J Sports Med* 34:284-288, 2000.
214. Rogers, DR, Lawlor, DJ, and Moeller, JL. Vitamin C supplementation and athletic performance: A review. *Curr Sports Med Rep* 22:255-259, 2023.
215. Rosene, J, Matthews, T, Ryan, C, Belmore, K, Bergsten, A, Blaisdell, J, Gaylord, J, Love, R, Marrone, M, Ward, K, and Wilson, E. Short and longer-term effects of creatine supplementation on exercise induced muscle damage. *J Sports Sci Med* 8:89-96, 2009.
216. Roy, SR, and Irwin, W. *Sports Medicine.* Englewood Cliffs, NJ: Prentice Hall, 1983.
217. Sabol, F, Grgic, J, and Mikulic, P. The effects of 3 different doses of caffeine on jumping and throwing performance: A randomized, double-blind, crossover study. *Int J Sports Physiol Perform* 14:1170-1177, 2019.
218. Sale, C, Hill, CA, Ponte, J, and Harris, RC. β-alanine supplementation improves isometric endurance of the knee extensor muscles. *J Int Soc Sports Nutr* 9:26, 2012.
219. Sale, C, Saunders, B, and Harris, RC. Effect of beta-alanine supplementation on muscle carnosine concentrations and exercise performance. *Amino Acids* 39:321-333, 2010.
220. Sale, C, Saunders, B, Hudson, S, Wise, JA, Harris, RC, and Sunderland, CD. Effect of β-alanine plus sodium bicarbonate on high-intensity cycling capacity. *Med Sci Sports Exerc* 43:19721978, 2011.
221. Salinero, JJ, Lara, B, and Del Coso, J. Effects of acute ingestion of caffeine on team sports performance: A systematic review and meta-analysis. *Res Sports Med* 27:238-256, 2019.
222. Saltin, B, and Stenberg, J. Circulatory response to prolonged severe exercise. *J Appl Physiol* 19:833-838, 1964.
223. Saunders, B, de Oliveira, LF, Dolan, E, Durkalec-Michalski, K, McNaughton, L, Artioli, GG, and Swinton, PA. Sodium bicarbonate supplementation and the female athlete: A brief commentary with small scale systematic review and meta-analysis. *Eur J Sport Sci* 22:745-754, 2022.
224. Savoie, F-A, Kenefick, RW, Ely, BR, Cheuvront, SN, and Goulet, EDB. Effect of hypohydration on muscle endurance, strength, anaerobic power and capacity and vertical jumping ability: A meta-analysis. *Sports Med* 45:1207-1227, 2015.
225. Sawka, MN, Burke, LM, Eichner, ER, Maughan, RJ, Montain, SJ, and Stachenfeld, NS. American College of Sports Medicine position stand. Exercise and fluid replacement. *Med Sci Sports Exerc* 39:377-390, 2007.
226. Scheid, JL, and Lupien, SP. Fitness watches and nutrition apps: Behavioral benefits and emerging concerns. *ACSM Health Fitness J* 25:21-25, 2021.
227. Schlattner, U, Klaus, A, Ramirez Rios, S, Guzun, R, Kay, L, and Tokarska-Schlattner, M. Cellular compartmentation of energy metabolism: Creatine kinase microcompartments and recruitment of B-type creatine kinase to specific subcellular sites. *Amino Acids* 48:1751-1774, 2016.
228. Schoenfeld, BJ, Aragon, AA, and Krieger, JW. The effect of protein timing on muscle strength and hypertrophy: A metaanalysis. *J Int Soc Sports Nutr* 10:53, 2013.

229. Schoffstall, JE, Branch, JD, Leutholtz, BC, and Swain, DE. Effects of dehydration and rehydration on the one-repetition maximum bench press of weight-trained males. *J Strength Cond Res* 15:102-108, 2001.
230. Shaw, G, Lee-Barthel, A, Ross, MLR, Wang, B, and Baar, K. Vitamin C–enriched gelatin supplementation before intermittent activity augments collagen synthesis. *Am J Clin Nutr* 105:136143, 2017.
231. Siegler, JC, and Gleadall-Siddall, DO. Sodium bicarbonate ingestion and repeated swim sprint performance. *J Strength Cond Res* 24:3105-3111, 2010.
232. Silva, AJ, Machado Reis, V, Guidetti, L, Bessone Alves, F, Mota, P, Freitas, J, and Baldari, C. Effect of creatine on swimming velocity, body composition and hydrodynamic variables. *J Sports Med Phys Fitness* 47:58-64, 2007.
233. Simopoulos, AP. The importance of the ratio of omega-6/omega-3 essential fatty acids. *Biomed Pharmacother* 56:365-379, 2002.
234. Sist, M, Galloway, SDR, and Rodriguez-Sanchez, N. Effects of vitamin D supplementation on maximal strength and power in athletes: A systematic review and meta-analysis of randomized controlled trials. *Front Nutr* 10:1163313, 2023.
235. Smith-Ryan, AE, Hirsch, KR, Saylor, HE, Gould, LM, and Blue, MNM. Nutritional considerations and strategies to facilitate injury recovery and rehabilitation. *J Athl Train* 55:918-930, 2020.
236. Smith, AE, Walter, AA, Graef, JL, Kendall, KL, Moon, JR, Lockwood, CM, Fukuda, DH, Beck, TW, Cramer, JT, and Stout, JR. Effects of beta-alanine supplementation and high-intensity interval training on endurance performance and body composition in men; A double-blind trial. *J Int Soc Sports Nutr* 6:5, 2009.
237. Snijders, T, Smeets, JSJ, van Vliet, S, van Kranenburg, J, Maase, K, Kies, AK, Verdijk, LB, and van Loon, LJC. Protein ingestion before sleep increases muscle mass and strength gains during prolonged resistance-type exercise training in healthy young men. *J Nutr* 145:1178-1184, 2015.
238. Southward, K, Rutherfurd-Markwick, K, Badenhorst, C, and Ali, A. The role of genetics in moderating the inter-individual differences in the ergogenicity of caffeine. *Nutrients* 10:1352, 2018.
239. Steenge, GR, Simpson, EJ, and Greenhaff, PL. Protein- and carbohydrate-induced augmentation of whole body creatine retention in humans. *J Appl Physiol* 89:1165-1171, 2000.
240. Stegen, S, Blancquaert, L, Everaert, I, Bex, T, Taes, Y, Calders, P, Achten, E, and Derave, W. Meal and beta-alanine coingestion enhances muscle carnosine loading. *Med Sci Sports Exerc* 45:1478-1485, 2013.
241. Stellingwerff, T, Anwander, H, Egger, A, Buehler, T, Kreis, R, Decombaz, J, and Boesch, C. Effect of two β-alanine dosing protocols on muscle carnosine synthesis and washout. *Amino Acids* 42:2461-2472, 2012.
242. Stellingwerff, T, Decombaz, J, Harris, RC, and Boesch, C. Optimizing human in vivo dosing and delivery of β-alanine supplements for muscle carnosine synthesis. *Amino Acids* 43:57-65, 2012.
243. Stellingwerff, T, Spriet, LL, Watt, MJ, Kimber, NE, Hargreaves, M, Hawley, JA, and Burke, LM. Decreased PDH activation and glycogenolysis during exercise following fat adaptation with carbohydrate restoration. *Am J Physiol Endocrinol Metab* 290:E380-E388, 2006.
244. Stockton, KA, Mengersen, K, Paratz, JD, Kandiah, D, and Bennell, KL. Effect of vitamin D supplementation on muscle strength: A systematic review and meta-analysis. *Osteoporos Int* 22:859-871, 2011.
245. Stone, MH, Fleck, SJ, Triplett, NT, and Kraemer, WJ. Health- and performance-related potential of resistance training. *Sports Med* 11:210-231, 1991.
246. Stone, MH, and Karatzeferi, C. Connective tissue (and bone) response to strength training. In *Strength and Power in Sport*. Komi, PV, ed. Oxford: Blackwell Scientific, 2002.
247. Stone, MH, Keith, RE, Kearney, JT, Fleck, SJ, Wilson, GD, and Triplett, NT. Overtraining: A review of the signs, symptoms and possible causes. *J Strength Cond Res* 5:35-50, 1991.
248. Stone, MH, Sanborn, K, Smith, LL, O'Bryant, HS, Hoke, T, Utter, AC, Johnson, RL, Boros, R, Hruby, J, Pierce, KC, Stone, ME, and Garner, B. Effects of in-season (5 weeks) creatine and pyruvate supplementation on anaerobic performance and body composition in American football players. *Int J Sport Nutr* 9:146-165, 1999.
249. Stone, MH, Stone, M, and Sands, WA. *Principles and Practice of Resistance Training*. Champaign, IL: Human Kinetics, 2007.
250. Stone, MH, Suchomel, TJ, Hornsby, WG, Wagle, JP, and Cunanan, AJ. Nutrition and metabolic factors. In *Strength and Conditioning in Sports: From Science to Practice*. New York: Routledge, 145-180, 2022.
251. Stout, JR, Cramer, JT, Mielke, M, O'Kroy, J, Torok, DJ, and Zoeller, RF. Effects of twenty-eight days of beta-alanine and creatine monohydrate supplementation on the physical working capacity at neuromuscular fatigue threshold. *J Strength Cond Res* 20:928-931, 2006.
252. Stout, JR, Cramer, JT, Zoeller, RF, Torok, D, Costa, P, Hoffman, JR, Harris, RC, and O'Kroy, J. Effects of beta-alanine supplementation on the onset of neuromuscular fatigue and ventilatory threshold in women. *Amino Acids* 32:381-386, 2007.
253. Sun, R, Sun, J, Li, J, and Li, S. Effects of caffeine ingestion on physiological indexes of human neuromuscular fatigue: A systematic review and meta-analysis. *Brain Behav* 12:e2529, 2022.
254. Suominen, H. Bone mineral density and long term exercise. An overview of cross-sectional athlete studies. *Sports Med* 16:316-330, 1993.
255. Suzuki, T, Mizuta, C, Uda, K, Ishida, K, Mizuta, K, Sona, S, Compaan, DM, and Ellington, WR. Evolution and divergence of the genes for cytoplasmic, mitochondrial, and flagellar creatine kinases. *J Mol Evol* 59:218-226, 2004.
256. Suzuki, Y, Nakao, T, Maemura, H, Sato, M, Kamahara, K, Morimatsu, F, and Takamatsu, K. Carnosine and anserine ingestion enhances contribution of nonbicarbonate buffering. *Med Sci Sports Exerc* 38:334-338, 2006.
257. Tarnopolsky, MA. Protein and amino acid needs for training and bulking up. In *Clinical Sports Nutrition*. L Burke, V Deakin, eds. Rossville, NSW: McGraw Hill Australia, 90-117, 2006s.

258. Tarnopolsky, MA, and MacLennan, DP. Creatine monohydrate supplementation enhances high-intensity exercise performance in males and females. *Int J Sport Nutr Exerc Metab* 10:452463, 2000.
259. Thompson, D, Williams, C, McGregor, SJ, Nicholas, CW, McArdle, F, Jackson, MJ, and Powell, JR. Prolonged vitamin C supplementation and recovery from demanding exercise. *Int J Sport Nutr Exerc Metab* 11:466-481, 2001.
260. Tinsley, GM, Hamm, MA, Hurtado, AK, Cross, AG, Pineda, JG, Martin, AY, Uribe, VA, and Palmer, TB. Effects of two pre-workout supplements on concentric and eccentric force production during lower body resistance exercise in males and females: A counterbalanced, double-blind, placebo-controlled trial. *J Int Soc Sports Nutr* 14:46, 2017.
261. Tipton, KD, Rasmussen, BB, Miller, SL, Wolf, SE, OwensStovall, SK, Petrini, BE, and Wolfe, RR. Timing of amino acid-carbohydrate ingestion alters anabolic response of muscle to resistance exercise. *Am J Physiol* 281:E197-E206, 2001.
262. Tomlinson, PB, Joseph, C, and Angioi, M. Effects of vitamin D supplementation on upper and lower body muscle strength levels in healthy individuals. A systematic review with metaanalysis. *J Sci Med Sport* 18:575-580, 2015.
263. Trexler, ET, and Smith-Ryan, AE. Creatine and caffeine: Considerations for concurrent supplementation. *Int J Sport Nutr Exerc Metab* 25:607-623, 2015.
264. Trexler, ET, Smith-Ryan, AE, Stout, JR, Hoffman, JR, Wilborn, CD, Sale, C, Kreider, RB, Jäger, R, Earnest, CP, and Bannock, L. International Society of Sports Nutrition position stand: Beta-alanine. *J Int Soc Sports Nutr* 12:30, 2015.
265. Trommelen, J, and Van Loon, LJC. Pre-sleep protein ingestion to improve the skeletal muscle adaptive response to exercise training. *Nutrients* 8:763, 2016.
266. Tyler, TF, Nicholas, SJ, Hershman, EB, Glace, BW, Mullaney, MJ, and McHugh, MP. The effect of creatine supplementation on strength recovery after anterior cruciate ligament (ACL) reconstruction: A randomized, placebo--controlled, doubleblind trial. *Am J Sports Med* 32:383-388, 2004.
267. van der Beek, EJ. Vitamin supplementation and physical exercise performance. *J Sports Sci* 9:77-90, 1991.
268. Van Gammeren, D. Vitamins and minerals. In *Essentials of Sports Nutrition and Supplements*. Antonio, J, Kalman, D, Stout, JR, Greenwood, M, Willoughby, DS, and Haff, GG, eds. New York: Springer, 313-328, 2009.
269. Van Loon, LJC, Greenhaff, PL, Constantin-Teodosiu, D, Saris, WHM, and Wagenmakers, AJM. The effects of increasing exercise intensity on muscle fuel utilisation in humans. *J Physiol* 536:295-304, 2001.
270. Van Thienen, R, Van Proeyen, K, Vanden Eynde, B, Puype, J, Lefere, T, and Hespel, P. Beta-alanine improves sprint performance in endurance cycling. *Med Sci Sports Exerc* 41:898-903, 2009.
271. Vandenberghe, K, Gillis, N, Van Leemputte, M, Van Hecke, P, Vanstapel, F, and Hespel, P. Caffeine counteracts the ergogenic action of muscle creatine loading. *J Appl Physiol* 80:452-457, 1996.
272. Vandenberghe, K, Goris, M, Van Hecke, P, Van Leemputte, M, Vangerven, L, and Hespel, P. Long-term creatine intake is beneficial to muscle performance during resistance training. *J Appl Physiol* 83:2055-2063, 1997.
273. Vandenbogaerde, TJ, and Hopkins, WG. Effects of acute carbohydrate supplementation on endurance performance: A meta-analysis. *Sports Med* 41:773-792, 2011.
274. Varanoske, AN, Hoffman, JR, Church, DD, Coker, NA, Baker, KM, Dodd, SJ, Harris, RC, Oliveira, LP, Dawson, VL, Wang, R, Fukuda, DH, and Stout, JR. Comparison of sustainedrelease and rapid-release β-alanine formulations on changes in skeletal muscle carnosine and histidine content and isometric performance following a muscle--damaging protocol. *Amino Acids* 51:49-60, 2019.
275. Vist, GE, and Maughan, RJ. The effect of osmolality and carbohydrate content on the rate of gastric emptying of liquids in man. *J Physiol* 486:523-531, 1995.
276. Volek, JS, Kraemer, WJ, Bush, JA, Boetes, M, Incledon, T, Clark, KL, and Lynch, JM. Creatine supplementation enhances muscular performance during high-intensity resistance exercise. *J Am Diet Assoc* 97:765-770, 1997.
277. Volek, JS, Ratamess, NA, Rubin, MR, Gomez, AL, French, DN, McGuigan, MR, Scheett, TP, Sharman, MJ, Häkkinen, K, and Kraemer, WJ. The effects of creatine supplementation on muscular performance and body composition responses to short-term resistance training overreaching. *Eur J Appl Physiol* 91:628-637, 2004.
278. Wallimann, T, Tokarska-Schlattner, M, and Schlattner, U. The creatine kinase system and pleiotropic effects of creatine. *Amino Acids* 40:1271-1296, 2011.
279. Walsh, NP. Nutrition and athlete immune health: New perspectives on an old paradigm. *Sports Med* 49:153-168, 2019.
280. Walsh, RM, Noakes, TD, Hawley, JA, and Dennis, SC. Impaired high-intensity cycling performance time at low levels of dehydration. *Int J Sports Med* 15:392-398, 1994.
281. Warren, GL, Park, ND, Maresca, RD, McKibans, KI, and Millard-Stafford, ML. Effect of caffeine ingestion on muscular strength and endurance: A meta-analysis. *Med Sci Sports Exerc* 42:1375-1387, 2010.
282. WHO (World Health Organization). Protein and amino acid requirements in human nutrition. *World Health Organ Tech Rep Ser* 935:1, 2007.
283. Wickham, KA, and Spriet, LL. Administration of caffeine in alternate forms. *Sports Med* 48:79-91, 2018.
284. Wilmore, JH and Costill, DL. *Physiology of Sport and Exercise*. Champaign, IL: Human Kinetics, 1994.
285. Wilson, MM, and Morley, JE. Impaired cognitive function and mental performance in mild dehydration. *Eur J Clin Nutr* 57:S24-S29, 2003.
286. Woolf, K, and Manore, MM. B-vitamins and exercise: Does exercise alter requirements? *Int J Sport Nutr Exerc Metab* 16:453-484, 2006.
287. Yamaguchi, GC, Nemezio, K, Schulz, ML, Natali, J, Cesar, JE, Riani, LA, Gonçalves, LS, Möller, GB, Sale, C, de Medeiros, MHG, Gualano, B, and Artioli, GG. Kinetics of muscle carnosine decay after β-alanine supplementation: A 16-wk washout study. *Med Sci Sports Exerc* 53:1079-1088, 2021.
288. Yeo, WK, Carey, AL, Burke, L, Spriet, LL, and Hawley, JA. Fat adaptation in well-trained athletes: Effects on cell metabolism. *Appl Physiol Nutr Metab* 36:12-22, 2011.

289. Yeo, WK, Paton, CD, Garnham, AP, Burke, LM, Carey, AL, and Hawley, JA. Skeletal muscle adaptation and performance responses to once a day versus twice every second day endurance training regimens. *J Appl Physiol* 105:1462-1470, 2008.
290. Zajac, A, Cholewa, J, Poprzecki, S, Waskiewicz, Z, and Langfort, J. Effects of sodium bicarbonate ingestion on swim performance in youth athletes. *J Sports Sci Med* 8:45-50, 2009.

Capítulo 12

1. Abaidia, A-E, Lamblin, J, Delecroix, B, Leduc, C, Mccall, A, Nédélec, M, Dawson, B, Baquet, G, and Dupont, G. Recovery from exercise-induced muscle damage: Cold-water immersion versus whole-body cryotherapy. *Int J Sports Physiol Perform* 12:402-409, 2017.
2. Afonso, J, Clemente, FM, Nakamura, FY, Morouço, P, Sarmento, H, Inman, RA, and Ramirez-Campillo, R. The effectiveness of post-exercise stretching in short-term and delayed recovery of strength, range of motion and delayed onset muscle soreness: A systematic review and meta-analysis of randomized controlled trials. *Front Physiol* 12:25, 2021.
3. Babault, N, Cometti, C, Maffiuletti, NA, and Deley, G. Does electrical stimulation enhance post-exercise performance recovery? *Eur J Appl Physiol* 111:2501-2507, 2011.
4. Banfi, G, Lombardi, G, Colombini, A, and Melegati, G. Wholebody cryotherapy in athletes. *Sports Med* 40:509-517, 2010.
5. Barnett, A. Using recovery modalities between training sessions in elite athletes: Does it help? *Sports Med* 36:781-796, 2006.
6. Beaven, CM, Cook, C, Gray, D, Downes, P, Murphy, I, Drawer, S, Ingram, JR, Kilduff, LP, and Gill, N. Electrostimulation's enhancement of recovery during a rugby preseason. *Int J Sports Physiol Perform* 8:92-98, 2013.
7. Beckham, GK, Suchomel, TJ, and Mizuguchi, S. Force plate use in performance monitoring and sport science testing. *New Stud Athl* 29:25-37, 2014.
8. Bieuzen, F. Water-immersion therapy. In *Recovery for Performance in Sport*. Hausswirth, C, and Mujika, I, eds. Champaign, IL: Human Kinetics, 191-199, 2013.
9. Bieuzen, F, Bleakley, CM, and Costello, JT. Contrast water therapy and exercise induced muscle damage: A systematic review and meta-analysis. *PLoS One* 8:e62356, 2013.
10. Biggins, M, Purtill, H, Fowler, P, Bender, A, Sullivan, KO, Samuels, C, and Cahalan, R. Sleep in elite multi-sport athletes: Implications for athlete health and wellbeing. *Phys Ther Sport* 39:136-142, 2019.
11. Bleakley, CM, Bieuzen, F, Davison, GW, and Costello, JT. Whole-body cryotherapy: Empirical evidence and theoretical perspectives. *Open Access J Sports Med* 5:25-36, 2014. 12. Boksem, MA, and Tops, M. Mental fatigue: Costs and benefits. *Brain Res Rev* 59:125-139, 2008.
13. Bonnar, D, Bartel, K, Kakoschke, N, and Lang, C. Sleep interventions designed to improve athletic performance and recovery: A systematic review of current approaches. *Sports Med* 48:683-703, 2018.
14. Brauer, AA. Prevalence and causes of sleep problems in athletes. *Curr Sleep Med Rep* 8:180-186, 2022.
15. Broatch, JR, Bishop, DJ, and Halson, S. Lower limb sports compression garments improve muscle blood flow and exercise performance during repeated-sprint cycling. *Int J Sports Physiol Perform* 13:882-890, 2018.
16. Brown, F, Gissane, C, Howatson, G, Van Someren, K, Pedlar, C, and Hill, J. Compression garments and recovery from exercise: A meta-analysis. *Sports Med* 47:2245-2267, 2017.
17. Brown, F, Jeffries, O, Gissane, C, Howatson, G, van Someren, K, Pedlar, C, Myers, T, and Hill, JA. Custom-fitted compression garments enhance recovery from muscle damage in rugby players. *J Strength Cond Res* 36:212-219, 2022.
18. Cafarelli, E, Sim, J, Carolan, B, and Liebesman, J. Vibratory massage and short-term recovery from muscular fatigue. *Int J Sports Med* 11:474-478, 1990.
19. Caia, J, Scott, TJ, Halson, SL, and Kelly, VG. The influence of sleep hygiene education on sleep in professional rugby league athletes. *Sleep Health* 4:364-368, 2018.
20. Capps, SG, and Brook, M. Cryotherapy and intermittent pneumatic compression for soft tissue trauma. *Int J Athl Ther Train* 14:2-4, 2009.
21. Chase, JE. The impact of a single intermittent pneumatic compression bout on performance, inflammatory markers, and myoglobin in football athletes (master's thesis). Manitoba, Canada: University of Manitoba, 129, 2017.
22. Chleboun, GS, Howell, JN, Baker, HL, Ballard, TN, Graham, JL, Hallman, HL, Perkins, LE, Schauss, JH, and Conatser, RR. Intermittent pneumatic compression effect on eccentric exercise-induced swelling, stiffness, and strength loss. *Arch Phys Med Rehab* 76:744-749, 1995.
23. Cochrane, DJ, Booker, HR, Mundel, T, and Barnes, MJ. Does intermittent pneumatic leg compression enhance muscle recovery after strenuous eccentric exercise? *Int J Sports Med* 34:969-974, 2013.
24. Cook, JD, and Charest, J. Sleep and performance in professional athletes. *Curr Sleep Med Rep* 9:56-81, 2023.
25. Córdova, A, Sureda, A, Albina, ML, Linares, V, Bellés, M, and Sánchez, DJ. Oxidative stress markers after a race in professional cyclists. *Int J Sport Nutr Exerc Metab* 25:171-178, 2015.
26. Coté, DJ, Prentice, WE, Jr, Hooker, DN, and Shields, EW. Comparison of three treatment procedures for minimizing ankle sprain swelling. *Phys Ther* 68:1072-1076, 1988.
27. Counsilman, JE, and Counsilman, BE. *The New Science of Swimming*. Englewood Cliffs, NJ: Prentice Hall, 1994.
28. Coutts, A, Reaburn, P, Piva, T, and Rowswell, G. Markers of recovery in team sport athletes. *J Sci Med Sport* 5:S6, 2002.
29. Crampton, D, Donne, B, Egaña, M, and Warmington, SA. Sprint cycling performance is maintained with short-term contrast water immersion. *Med Sci Sports Exerc* 43:21802188, 2011.
30. Craven, J, McCartney, D, Desbrow, B, Sabapathy, S, Bellinger, P, Roberts, L, and Irwin, C. Effects of acute sleep loss on physical performance: A systematic and meta-analytical review. *Sports Med* 52:2669-2690, 2022.
31. Cunanan, AJ, DeWeese, BH, Wagle, JP, Carroll, KM, Sausaman, R, Hornsby, WG, Haff, GG, Triplett, NT, Pierce, KC, and Stone, MH. The general adaptation syndrome: A

foundation for the concept of periodization. *Sports Med* 48:787-797, 2018.

32. Dattilo, M, Antunes, HKM, Medeiros, A, Neto, MM, Souza, HS, Tufik, S, and de Mello, MT. Sleep and muscle recovery: Endocrinological and molecular basis for a new and promising hypothesis. *Med Hypotheses* 77:220-222, 2011.
33. Davis, HL, Alabed, S, and Chico, TJA. Effect of sports massage on performance and recovery: A systematic review and meta-analysis. *BMJ Open Sport Exerc Med* 6:e000614, 2020.
34. Dawson, LG, Dawson, KA, and Tiidus, PM. Evaluating the influence of massage on leg strength, swelling, and pain following a half-marathon. *J Sports Sci Med* 3:37-43, 2004.
35. Delextrat, A, Calleja-González, J, Hippocrate, A, and Clarke, ND. Effects of sports massage and intermittent cold-water immersion on recovery from matches by basketball players. *J Sports Sci* 31:11-19, 2013.
36. Draper, SN, Kullman, EL, Sparks, KE, Little, K, and Thoman, J. Effects of intermittent pneumatic compression on delayed onset muscle soreness (DOMS) in long distance runners. *Int J Exerc Sci* 13:75-86, 2020.
37. Duffield, R, Murphy, A, Kellett, A, and Reid, M. Recovery from repeated on-court tennis sessions: Combining cold-water immersion, compression, and sleep interventions. *Int J Sports Physiol Perform* 9:273-282, 2014.
38. Dupuy, O, Douzi, W, Theurot, D, Bosquet, L, and Dugué, B. An evidence-based approach for choosing post-exercise recovery techniques to reduce markers of muscle damage, soreness, fatigue, and inflammation: A systematic review with meta-analysis. *Front Physiol* 9:403, 2018.
39. Farr, T, Nottle, C, Nosaka, K, and Sacco, P. The effects of therapeutic massage on delayed onset muscle soreness and muscle function following downhill walking. *J Sci Med Sport* 5:297-306, 2002.
40. Ferguson, RA, Dodd, MJ, and Paley, VR. Neuromuscular electrical stimulation via the peroneal nerve is superior to graduated compression socks in reducing perceived muscle soreness following intense intermittent endurance exercise. *Eur J Appl Physiol* 114:2223-2232, 2014.
41. Ferreira-Junior, JB, Bottaro, M, Loenneke, JP, Vieira, A, Vieira, CA, and Bemben, MG. Could whole-body cryotherapy (below −100° C) improve muscle recovery from muscle damage? *Front Physiol* 5:247, 2014.
42. Fielding, R, Riede, L, Lugo, JP, and Bellamine, A. L-carnitine supplementation in recovery after exercise. *Nutrients* 10:349, 2018.
43. Fonda, B, and Sarabon, N. Effects of whole-body cryotherapy on recovery after hamstring damaging exercise: A crossover study. *Scand J Med Sci Sports* 23:e270-e278, 2013.
44. Fowler, PM, Knez, W, Thornton, HR, Sargent, C, Mendham, AE, Crowcroft, S, Miller, J, Halson, S, and Duffield, R. Sleep hygiene and light exposure can improve performance following long-haul air travel. *Int J Sports Physiol Perform* 16:517-526, 2020.
45. French, DN, Kraemer, WJ, Volek, JS, Spiering, BA, Judelson, DA, Hoffman, JR, and Maresh, CM. Anticipatory responses of catecholamines on muscle force production. *J Appl Physiol* 102:94-102, 2007.
46. French, DN, Thompson, KG, Garland, SW, Barnes, CA, Portas, MD, Hood, PE, and Wilkes, G. The effects of contrast bathing and compression therapy on muscular performance. *Med Sci Sports Exerc* 40:1297-1306, 2008.
47. Gill, ND, Beaven, CM, and Cook, C. Effectiveness of post-match recovery strategies in rugby players. *Br J Sports Med* 40:260-263, 2006.
48. Gilson, SF, Saunders, MJ, Moran, CW, Moore, RW, Womack, CJ, and Todd, MK. Effects of chocolate milk consumption on markers of muscle recovery following soccer training: A randomized cross-over study. *J Int Soc Sports Nutr* 7:19, 2010.
49. Gregson, W, Black, MA, Jones, H, Milson, J, Morton, J, Dawson, B, Atkinson, G, and Green, DJ. Influence of cold water immersion on limb and cutaneous blood flow at rest. *Am J Sports Med* 39:1316-1323, 2011.
50. Guilhem, G, Hug, F, Couturier, A, Regnault, S, Bournat, L, Filliard, J-R, and Dorel, S. Effects of air-pulsed cryotherapy on neuromuscular recovery subsequent to exercise-induced muscle damage. *Am J Sports Med* 41:1942-1951, 2013.
51. Habay, J, Van Cutsem, J, Verschueren, J, De Bock, S, Proost, M, De Wachter, J, Tassignon, B, Meeusen, R, and Roelands, B. Mental fatigue and sport-specific psychomotor performance: A systematic review. *Sports Med* 51:1527-1548, 2021.
52. Halson, SL. Nutrition, sleep and recovery. *Eur J Sport Sci* 8:119-126, 2008.
53. Halson, SL. Does the time frame between exercise influence the effectiveness of hydrotherapy for recovery? *Int J Sports Physiol Perform* 6:147-159, 2011.
54. Halson, SL. Sleep in elite athletes and nutritional interventions to enhance sleep. *Sports Med* 44:13-23, 2014.
55. Halson, SL, Bartram, J, West, N, Stephens, J, Argus, CK, Driller, MW, Sargent, C, Lastella, M, Hopkins, WG, and Martin, DT. Does hydrotherapy help or hinder adaptation to training in competitive cyclists? *Med Sci Sports Exerc* 46:1631-1639, 2014.
56. Halson, SL, and Martin, DT. Lying to win – Placebos and sport science. *Int J Sports Physiol Perform* 8:597-599, 2013.
57. Harre, D. *Principles of Sports Training.* Berlin: Sportverlag, 1982.
58. Hausswirth, C, Louis, J, Bieuzen, F, Pournot, H, Fournier, J, Filliard, J-R, and Brisswalter, J. Effects of whole-body cryotherapy vs. far-infrared vs. passive modalities on recovery from exercise-induced muscle damage in highly-trained runners. *PLoS One* 6:e27749, 2011.
59. Hausswirth, C, and Mujika, I, eds. *Recovery for Performance in Sport.* Champaign, IL: Human Kinetics, 2013.
60. Havas, E, Parviainen, T, Vuorela, J, Toivanen, J, Nikula, T, and Vihko, V. Lymph flow dynamics in exercising human skeletal muscle as detected by scintography. *J Physiol* 504:233239, 1997.
61. Heapy, AM, Hoffman, MD, Verhagen, HH, Thompson, SW, Dhamija, P, Sandford, FJ, and Cooper, MC. A randomized controlled trial of manual therapy and pneumatic compression for recovery from prolonged running – An extended study. *Res Sports Med* 26:354-364, 2018.
62. Hemmings, BJ. Physiological, psychological and performance effects of massage therapy in sport: A review of the literature. *Phys Ther Sport* 2:165-170, 2001.

63. Higgins, TR, Greene, DA, and Baker, MK. Effects of cold water immersion and contrast water therapy for recovery from team sport: A systematic review and meta-analysis. *J Strength Cond Res* 31:1443-1460, 2017.
64. Hilbert, JE, Sforzo, GA, and Swensen, T. The effects of massage on delayed onset muscle soreness. *Br J Sports Med* 37:72-75, 2003.
65. Hoffman, MD, Badowski, N, Chin, J, and Stuempfle, KJ. A randomized controlled trial of massage and pneumatic compression for ultramarathon recovery. *J Orthop Sports Phys Ther* 46:320-326, 2016.
66. Hooper, SL, MacKinnon, LT, and Hanrahan, S. Mood states as an indication of staleness and recovery. *Int J Sport Psychol* 28:1-12, 1997.
67. Hooper, SL, Mackinnon, LT, Howard, A, Gordon, RD, and Bachmann, AW. Markers for monitoring overtraining and recovery. *Med Sci Sports Exerc* 27:106-112, 1995.
68. Issurin, VB. New horizons for the methodology and physiology of training periodization. *Sports Med* 40:189-206, 2010.
69. Ivy, JL, and Portman, R. *Nutrient Timing.* Nashville, TN: Basic Health Publishing Company, 2004.
70. Kellmann, M, Altenburg, D, Lormes, W, and Steinacker, JM. Assessing stress and recovery during preparation for the world championships in rowing. *Sport Psychol* 15:151-167, 2001.
71. Kellmann, M, and Kallus, K. *The Recovery-Stress Questionnaire for Athletes: User Manual.* Champaign, IL: Human Kinetics, 2001.
72. Kelly, V, Holmberg, P, and Jenkins, D. Strategies to enhance athlete recovery. In *Advanced Strength and Conditioning: An Evidence-Based Approach.* Turner, AN, and Comfort, P, eds. New York: Routledge, 133-154, 2022.
73. Khanna, A, Gougoulias, N, and Maffulli, N. Intermittent pneumatic compression in fracture and soft-tissue injuries healing. *Br Med Bull* 88:147-156, 2008.
74. Kosar, AC, Candow, DG, and Putland, JT. Potential beneficial effects of whole-body vibration for muscle recovery after exercise. *J Strength Cond Res* 26:2907-2911, 2012.
75. Kraemer, WJ, Flanagan, SD, Comstock, BA, Fragala, MS, Earp, JE, Dunn-Lewis, C, Ho, J-Y, Thomas, GA, Solomon-Hill, G, and Penwell, ZR. Effects of a whole body compression garment on markers of recovery after a heavy resistance workout in men and women. *J Strength Cond Res* 24:804-814, 2010.
76. Kraemer, WJ, Hooper, DR, Kupchak, BR, Saenz, C, Brown, LE, Vingren, JL, Luk, HY, DuPont, WH, Szivak, TK, and Flanagan, SD. The effects of a roundtrip trans-American jet travel on physiological stress, neuromuscular performance, and recovery. *J Appl Physiol* 121:438-448, 2016.
77. Lastella, M, Roach, GD, Halson, SL, and Sargent, C. Sleep/wake behaviours of elite athletes from individual and team sports. *Eur J Sport Sci* 15:94-100, 2015.
78. Lau, WY, and Nosaka, K. Effect of vibration treatment on symptoms associated with eccentric exercise-induced muscle damage. *Am J Phys Med Rehabil* 90:648-657, 2011.
79. Laurent, CM, Green, JM, Bishop, PA, Sjokvist, J, Schumacker, RE, Richardson, MT, and Curtner-Smith, M. A practical approach to monitoring recovery: Development of a perceived recovery status scale. *J Strength Cond Res* 25:620-628, 2011.
80. Lee, EC, Fragala, MS, Kavouras, SA, Queen, RM, Pryor, JL, and Casa, DJ. Biomarkers in sports and exercise: Tracking health, performance, and recovery in athletes. *J Strength Cond Res* 31:2920-2937, 2017.
81. Leeder, J, Glaister, M, Pizzoferro, K, Dawson, J, and Pedlar, C. Sleep duration and quality in elite athletes measured using wristwatch actigraphy. *J Sports Sci* 30:541-545, 2012.
82. Leeder, JDC, Godfrey, M, Gibbon, D, Gaze, D, Davison, GW, Van Someren, KA, and Howatson, G. Cold water immersion improves recovery of sprint speed following a simulated tournament. *Eur J Sport Sci* 19:1166-1174, 2019.
83. Lewis, NA, Redgrave, A, Homer, M, Burden, R, Martinson, W, Moore, B, and Pedlar, CR. Alterations in redox homeostasis during recovery from unexplained underperformance syndrome in an elite international rower. *Int J Sports Physiol Perform* 13:107-111, 2018.
84. Lombardi, G, Ziemann, E, and Banfi, G. Whole-body cryotherapy in athletes: From therapy to stimulation. An updated review of the literature. *Front Physiol* 8:258, 2017.
85. Lopes dos Santos, M, Uftring, M, Stahl, CA, Lockie, RG, Alvar, B, Mann, JB, and Dawes, JJ. Stress in academic and athletic performance in collegiate athletes: A narrative review of sources and monitoring strategies. *Front Sports Act Living* 2:42, 2020.
86. Luboshitzky, R, Zabari, Z, Shen-Orr, Z, Herer, P, and Lavie, P. Disruption of the nocturnal testosterone rhythm by sleep fragmentation in normal men. *J Clin Endocrinol Metab* 86:11341139, 2001.
87. Main, LC, Dawson, B, Heel, K, Grove, JR, Landers, GJ, and Goodman, C. Relationship between inflammatory cytokines and self-report measures of training overload. *Res Sports Med* 18:127-139, 2010.
88. Malone, JK, Blake, C, and Caulfield, BM. Neuromuscular electrical stimulation during recovery from exercise: A systematic review. *J Strength Cond Res* 28:2478-2506, 2014.
89. Mancinelli, CA, Davis, DS, Aboulhosn, L, Brady, M, Eisenhofer, J, and Foutty, S. The effects of massage on delayed onset muscle soreness and physical performance in female collegiate athletes. *Phys Ther Sport* 7:5-13, 2006.
90. Manimmanakorn, N, Ross, JJ, Manimmanakorn, A, Lucas, SJE, and Hamlin, MJ. Effect of whole-body vibration therapy on performance recovery. *Int J Sports Physiol Perform* 10:388395, 2015.
91. Montgomery, PG, Pyne, DB, Hopkins, WG, Dorman, JC, Cook, K, and Minahan, CL. The effect of recovery strategies on physical performance and cumulative fatigue in competitive basketball. *J Sports Sci* 26:1135-1145, 2008.
92. Mujika, I, Halson, S, Burke, LM, Balagué, G, and Farrow, D. An integrated, multifactorial approach to periodization for optimal performance in individual and team sports. *Int J Sports Physiol Perform* 13:538-561, 2018.
93. Nagasawa, Y, Komori, S, Sato, M, Tsuboi, Y, Umetani, K, Watanabe, Y, and Tamura, K. Effects of hot bath immersion on autonomic activity and hemodynamics: Comparison of the elderly patient and the healthy young. *Jpn Circ J* 65:587-592, 2001.
94. Nédélec, M, Halson, S, Abaidia, A-E, Ahmaidi, S, and Dupont, G. Stress, sleep and recovery in elite soccer: A

critical review of the literature. *Sports Med* 45:1387-1400, 2015.

95. Nédélec, M, Halson, S, Delecroix, B, Abaidia, A-E, Ahmaidi, S, and Dupont, G. Sleep hygiene and recovery strategies in elite soccer players. *Sports Med* 45:1547-1559, 2015.
96. Négyesi, J, Hortobágyi, T, Hill, J, Granacher, U, and Nagatomi, R. Can compression garments reduce the deleterious effects of physical exercise on muscle strength? A systematic review and meta-analyses. *Sports Med* 52:2159-2175, 2022.
97. Nowakowska, A, Kostrzewa-Nowak, D, Buryta, R, and Nowak, R. Blood biomarkers of recovery efficiency in soccer players. *Int J Environ Res Public Health* 16:3279, 2019.
98. O'Donnell, S, and Driller, MW. Sleep-hygiene education improves sleep indices in elite female athletes. *Int J Exerc Sci* 10:522-530, 2017.
99. Overmayer, RG, and Driller, MW. Pneumatic compression fails to improve performance recovery in trained cyclists. *Int J Sports Physiol Perform* 13:490-495, 2018.
100. Pageaux, B, and Lepers, R. The effects of mental fatigue on sport-related performance. *Prog Brain Res* 240:291-315, 2018.
101. Peake, J, McGorm, H, Roberts, L, Coombes, J, CameronSmith, D, and Raastad, T. Chronic and acute effects of hot water immersion on strength, recovery and hypertrophy. *FASEB J* 31 lb735, 2017.
102. Peake, JM, Markworth, JF, Nosaka, K, Raastad, T, Wadley, GD, and Coffey, VG. Modulating exercise-induced hormesis: Does less equal more? *J Appl Physiol* 119:172-189, 2015.
103. Peake, JM, Neubauer, O, Della Gatta, PA, and Nosaka, K. Muscle damage and inflammation during recovery from exercise. *J Appl Physiol* 122:559-570, 2017.
104. Pinar, S, Kaya, F, Bicer, B, Erzeybek, MS, and Cotuk, HB. Different recovery methods and muscle performance after exhausting exercise: Comparison of the effects of electrical muscle stimulation and massage. *Biol Sport* 29:269-275, 2012.
105. Poppendieck, W, Wegmann, M, Ferrauti, A, Kellmann, M, Pfeiffer, M, and Meyer, T. Massage and performance recovery: A meta-analytical review. *Sports Med* 46:183-204, 2016.
106. Pournot, H, Tindel, J, Testa, R, Mathevon, L, and Lapole, T. The acute effect of local vibration as a recovery modality from exercise-induced increased muscle stiffness. *J Sports Sci Med* 15:142-147, 2016.
107. Proost, M, Habay, J, De Wachter, J, De Pauw, K, Rattray, B, Meeusen, R, Roelands, B, and Van Cutsem, J. How to tackle mental fatigue: A systematic review of potential countermeasures and their underlying mechanisms. *Sports Med* 52:21292158, 2022. 108. Pyne, D. Monitoring physical training loads in swimmers. *Swim Austr* 15:5-9, 1999.
109. Reynolds, AC, and Banks, S. Total sleep deprivation, chronic sleep restriction and sleep disruption. *Prog Brain Res* 185:91103, 2010.
110. Robson-Ansley, PJ, Gleeson, M, and Ansley, L. Fatigue management in the preparation of Olympic athletes. *J Sports Sci* 27:1409-1420, 2009.
111. Rose, C, Edwards, KM, Siegler, J, Graham, K, and Caillaud, C. Whole-body cryotherapy as a recovery technique after exercise: A review of the literature. *Int J Sports Med* 38:10491060, 2017.
112. Rowsell, GJ, Coutts, AJ, Reaburn, P, and Hill-Haas, S. Effects of cold-water immersion on physical performance between successive matches in high-performance junior male soccer players. *J Sports Sci* 27:565-573, 2009.
113. Russell, M, Birch, J, Love, T, Cook, CJ, Bracken, RM, Taylor, T, Swift, E, Cockburn, E, Finn, C, and Cunningham, D. The effects of a single whole-body cryotherapy exposure on physiological, performance, and perceptual responses of professional academy soccer players after repeated sprint exercise. *J Strength Cond Res* 31:415-421, 2017.
114. Russell, S, Jenkins, D, Rynne, S, Halson, SL, and Kelly, V. What is mental fatigue in elite sport? Perceptions from athletes and staff. *Eur J Sport Sci* 19:1367-1376, 2019.
115. Russell, S, Jenkins, D, Smith, M, Halson, S, and Kelly, V. The application of mental fatigue research to elite team sport performance: New perspectives. *J Sci Med Sport* 22:723-728, 2019.
116. Russell, S, Jenkins, DG, Halson, SL, Juliff, LE, and Kelly, VG. How do elite female team sport athletes experience mental fatigue? Comparison between international competition, training and preparation camps. *Eur J Sport Sci* 22:877-887, 2022.
117. Sands, WA. Thinking sensibly about recovery. In *Strength and Conditioning for Sports Performance.* Jeffreys, I, and Moody, J, eds. New York: Routledge, 451-483, 2016.
118. Sands, WA, Apostolopoulos, N, Kavanaugh, AA, and Stone, MH. Recovery-adaptation. *Strength Cond J* 38:10-26, 2016.
119. Sands, WA, McNeal, JR, Murray, SR, Ramsey, MW, Sato, K, Mizuguchi, S, and Stone, MH. Stretching and its effects on recovery: A review. *Strength Cond J* 35:30-36, 2013.
120. Sands, WA, McNeal, JR, Murray, SR, and Stone, MH. Dynamic compression enhances pressure-to-pain threshold in elite athlete recovery: Exploratory study. *J Strength Cond Res* 29:1263-1272, 2015.
121. Sands, WA, and Murray, SR. Recovery 'science.' In *Strength and Conditioning for Sports Performance.* Jeffreys, I, and Moody, J, eds. New York: Routledge, 437-462, 2021.
122. Sargent, C, Lastella, M, Halson, SL, and Roach, GD. How much sleep does an elite athlete need? *Int J Sports Physiol Perform* 16:1746-1757, 2021.
123. Selfe, J, Alexander, J, Costello, JT, May, K, Garratt, N, Atkins, S, Dillon, S, Hurst, H, Davison M, and Przybyla D. The effect of three different (−135°C) whole body cryotherapy exposure durations on elite rugby league players. *PLoS One* 9:e86420, 2014.
124. Selye, H. Experimental evidence supporting the conception of "adaptation energy." *Am J Physiol* 123:758-765, 1938.
125. Selye, H. The general adaptation syndrome and the diseases of adaptation. *J Clin Endocrinol* 6:117-230, 1946.
126. Selye, H. Stress and the general adaptation syndrome. *Br Med J* 1:1383-1392, 1950.
127. Skein, M, Duffield, R, Edge, J, Short, MJ, and Muendel, T. Intermittent-sprint performance and muscle glyco-

gen after 30 h of sleep deprivation. *Med Sci Sports Exerc* 43:1301-1311, 2011.

128. Skein, M, Duffield, R, Minett, GM, Snape, A, and Murphy, A. The effect of overnight sleep deprivation after competitive rugby league matches on postmatch physiological and perceptual recovery. *Int J Sports Physiol Perform* 8:556-564, 2013.
129. Skorski, S, Mujika, I, Bosquet, L, Meeusen, R, Coutts, AJ, and Meyer, T. The temporal relationship between exercise, recovery processes, and changes in performance. *Int J Sports Physiol Perform* 14:1015-1021, 2019.
130. Smith, LL. Acute inflammation: The underlying mechanism in delayed onset muscle soreness? *Med Sci Sports Exerc* 23:542-551, 1991.
131. Smith, MR, Thompson, C, Marcora, SM, Skorski, S, Meyer, T, and Coutts, AJ. Mental fatigue and soccer: Current knowledge and future directions. *Sports Med* 48:1525-1532, 2018.
132. Stephens, JM, Halson, S, Miller, J, Slater, GJ, and Askew, CD. Cold-water immersion for athletic recovery: One size does not fit all. *Int J Sports Physiol Perform* 12:2-9, 2017.
133. Stephens, JM, and Halson, SL. Recovery and sleep. In *NSCA's Essentials of Sport Science*. French, D, and Torres-Ronda, L, eds. Champaign, IL: Human Kinetics, 355-364, 2022.
134. Stephens, JM, Sharpe, K, Gore, C, Miller, J, Slater, GJ, Versey, N, Peiffer, J, Duffield, R, Minett, GM, and Crampton, D. Core temperature responses to cold-water immersion recovery: A pooled-data analysis. *Int J Sports Physiol Perform* 13:917925, 2018.
135. Sun, H, Soh, KG, Roslan, S, Wazir, MRWN, and Soh, KL. Does mental fatigue affect skilled performance in athletes? A systematic review. *PLoS One* 16:e0258307, 2021.
136. Timon, R, Tejero, J, Brazo-Sayavera, J, Crespo, C, and Olcina, G. Effects of whole-body vibration after eccentric exercise on muscle soreness and muscle strength recovery. *J Phys Ther Sci* 28:1781-1785, 2016.
137. Turner, B, Pennefather, J, and Edmonds, C. Cardiovascular effects of hot water immersion (suicide soup). *Med J Aus* 2:39-40, 1980.
138. Vaile, J, Halson, S, Gill, N, and Dawson, B. Effect of hydrotherapy on recovery from fatigue. *Int J Sports Med* 29:539544, 2007.
139. Vaile, J, Halson, S, Gill, N, and Dawson, B. Effect of hydrotherapy on the signs and symptoms of delayed onset muscle soreness. *Eur J Appl Physiol* 102:447-455, 2008.
140. Vaile, J, Halson, S, and Graham, S. Recovery review: Science vs. practice. *J Aust Strength Cond* 18:5-21, 2010.
141. Vaile, JM, Gill, ND, and Blazevich, AJ. The effect of contrast water therapy on symptoms of delayed onset muscle soreness. *J Strength Cond Res* 21:697-702, 2007.
142. Van Cutsem, J, Marcora, S, De Pauw, K, Bailey, S, Meeusen, R, and Roelands, B. The effects of mental fatigue on physical performance: A systematic review. *Sports Med* 47:1569-1588, 2017.
143. Van Hooren, B, and Peake, JM. Do we need a cool-down after exercise? A narrative review of the psychophysiological effects and the effects on performance, injuries and the long-term adaptive response. *Sports Med* 48:1575-1595, 2018.
144. Versey, N, Halson, S, and Dawson, B. Effect of contrast water therapy duration on recovery of cycling performance: A dose– response study. *Eur J Appl Physiol* 111:37-46, 2011.
145. Versey, NG, Halson, SL, and Dawson, BT. Water immersion recovery for athletes: Effect on exercise performance and practical recommendations. *Sports Med* 43:1101-1130, 2013.
146. Vieira, A, Bottaro, M, Ferreira-Junior, JB, Vieira, C, Cleto, VA, Cadore, EL, Simões, HG, Carmo, JD, and Brown, LE. Does whole-body cryotherapy improve vertical jump recovery following a high-intensity exercise bout? *Open Access J Sports Med* 6:49-54, 2015.
147. Wahl, P, Mathes, S, Bloch, W, and Zimmer, P. Acute impact of recovery on the restoration of cellular immunological homeostasis. *Int J Sports Med* 41:12-20, 2020.
148. Weakley, J, Broatch, J, O'Riordan, S, Morrison, M, Maniar, N, and Halson, SL. Putting the squeeze on compression garments: Current evidence and recommendations for future research: A systematic scoping review. *Sports Med* 52:1141-1160, 2022.
149. Webb, NP. The use of post game recovery modalities following team contact sport: A review. *J Aust Strength Cond* 21:70-79, 2013. 150. Weeks, B, and Horan, S. Massage: Diagnosis and management. *Mod Athlete Coach* 47:16-20, 2009.
151. Wiewelhove, T, Döweling, A, Schneider, C, Hottenrott, L, Meyer, T, Kellmann, M, Pfeiffer, M, and Ferrauti, A. A metaanalysis of the effects of foam rolling on performance and recovery. *Front Physiol* 10:15, 2019.
152. Williams, CA, and Ratel, S. Definitions in muscle fatigue. In *Human Muscle Fatigue*. Williams, CA, and Ratel, S, eds. London: Routledge, 3-16, 2009.
153. Wilson, LJ, Dimitriou, L, Hills, FA, Gondek, MB, and Cockburn, E. Whole body cryotherapy, cold water immersion, or a placebo following resistance exercise: A case of mind over matter? *Eur J Appl Physiol* 119:135-147, 2019.
154. Winke, M, and Williamson, S. Comparison of a pneumatic compression device to a compression garment during recovery from DOMS. *Int J Exerc Sci* 11:375-383, 2018.
155. Zandvoort, CS, De Zwart, JR, Van Keeken, BL, Viroux, PJF, and Tiemessen, IJH. A customised cold-water immersion protocol favours one-size-fits-all protocols in improving acute performance recovery. *Eur J Sport Sci* 18:54-61, 2018.
156. Zuj, KA, Prince, CN, Hughson, R, and Peterson, SD. Enhanced muscle blood flow with intermittent pneumatic compression of the lower leg during plantar flexion exercise and recovery. *J Appl Physiol* 124:302-311, 2018.
157. Zuj, KA, Prince, CN, Hughson, RL, and Peterson, SD. Superficial femoral artery blood flow with intermittent pneumatic compression of the lower leg applied during walking exercise and recovery. *J Appl Physiol* 127:559-567, 2019.

Índice remissivo

B

C

D

E

F

G

H

I

J

K

L

P

R

S

T

U

V

W

Z